La Nuit rwandaise

Les images présentées ici ne sont pas toutes de très bonne qualité et nous vous prions de nous en excuser, elles proviennent de différentes émissions télévisées dont nous indiquons ci-dessous les références. Ces rares images du génocide appartiennent au patrimoine de l'humanité. Ce sont d'ailleurs souvent les mêmes qui se retrouvent dans les différentes émissions.

Liste des sources audiovisuelles:

ARTE, dans l'émission Les mercredis de l'histoire: « Rwanda, l'insoutenable laissez-faire », Diffusé le 13 septembre 2000.

ARTE, dans la soirée thématique Rwanda: « Rwanda un génocide plus tard », diffusée le 12 février 1998.

BBC, émission Panorama: « The Bloody Tricolour », diffusée le 28 août 1995.

Canal +, émission Le vrai Journal de Karl Zéro, diffusée le 6 avril 1999.

Film de Luc de Heusch: « Une République devenue folle, Rwanda (1894-1994) », diffusé par ARTE le 12 février 1998 dans sa soirée thématique Rwanda.

Film de Robert Genoud et Vénuste Kayimahe, « Rwanda, récit d'un survivant ». Films du Village.

FR3, émission État d'urgence de Jean-Marie Cavada (hors série de la Marche du siècle): « Rwanda, autopsie d'un génocide », diffusée en septembre 1994.

France 2, dans l'émission Envoyé spécial: « Rwanda, un génocide sans coupable », diffusée le 26 avril 2001.

France 2, dans l'émission Le jour du seigneur, document produit par l'association Chrétiens en Grandes Écoles, Mission étudiante catholique d'Île de France: « Chrétiens dans l'enfer du Rwanda », diffusée le 9 octobre 1994.

France 2, émission La vingt-cinquième heure: « La France au Rwanda, une neutralité coupable », diffusée le 26 septembre 1999.

La 5, émission Arrêt sur Image diffusée le 17 mai 1998.

RTBF, journaux télévisés diffusés les 25 avril et le 2 août 1994.

1. Mise en place du génocide
De la colonisation à la République hutu

Type de race twa (Nyakisozi, Territoire d'Astrida).

Tutsi portant la coiffure traditionnelle en forme de croissant: amasunzu (Kigali).

Type de race hutu (Runyinya, Territoire d'Astrida).

Le Rwanda pastoral: technique permettant de conduire une vache là où l'on veut qu'elle aille.
Le porteur est de type hutu.

L'ethnicisation coloniale de la société rwandaise, 1950.

Le Mwami Yuhi V Musinga, à droite, et le chef Kabare (avant 1911).

1900. Fondation de la première Mission catholique au Rwanda.
Installation des Pères blancs.

Yuhi Musinga entouré de ses enfants.
La cour du roi à Nyanza en 1920.

Les Pères blancs se mettent en devoir de conquérir les âmes, en commençant par celles du roi Musinga et des chefs tutsi. Ci-dessous, le jeune roi Mutara III Rudahigwa, catholique, successeur de Musinga.

Les Pères blancs dispensent l'enseignement primaire et secondaire aux fils de chefs tutsi, tandis que les Hutu en quête d'éducation et de promotion sociale se dirigent vers les petits séminaires.

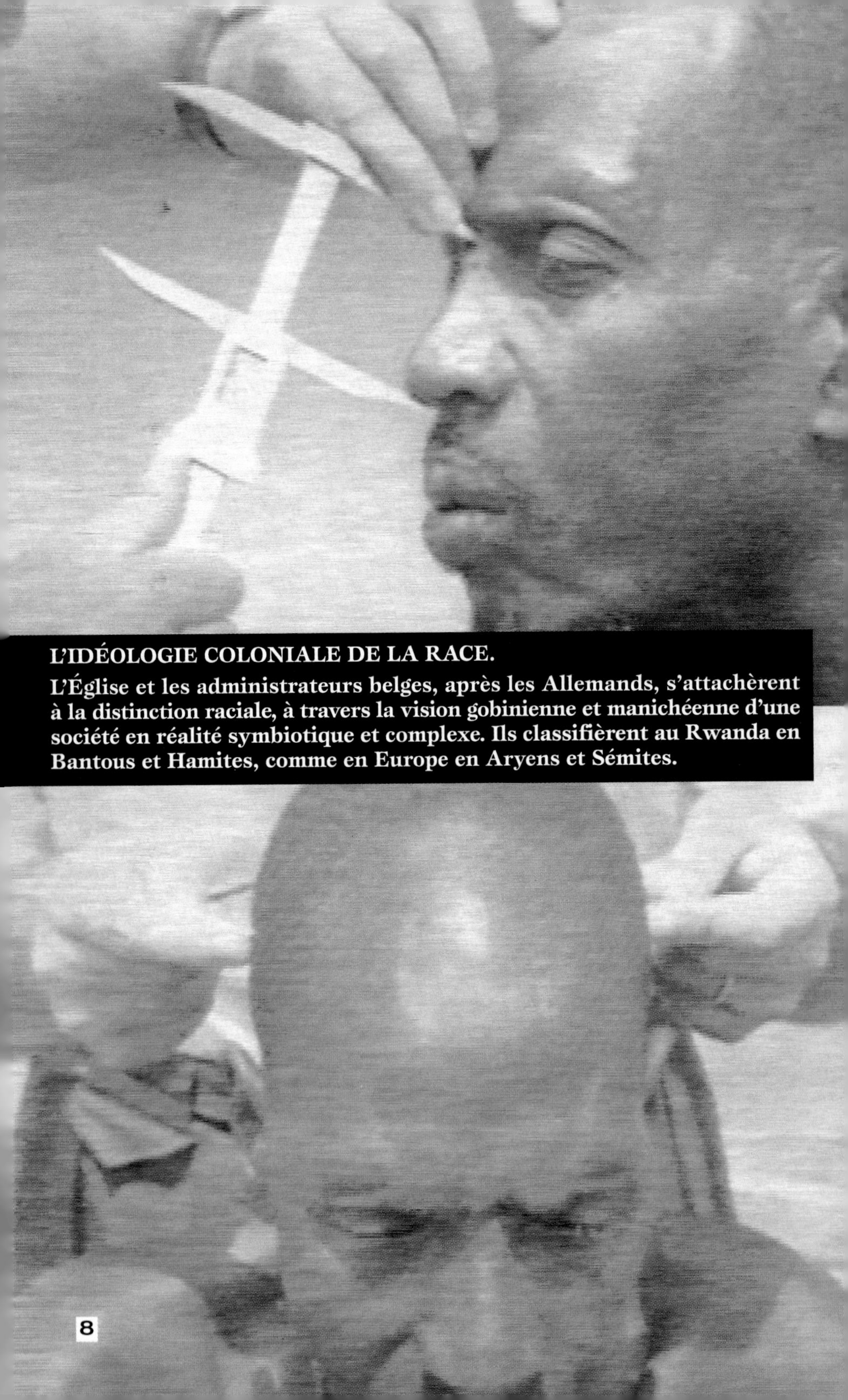

L'IDÉOLOGIE COLONIALE DE LA RACE.

L'Église et les administrateurs belges, après les Allemands, s'attachèrent à la distinction raciale, à travers la vision gobinienne et manichéenne d'une société en réalité symbiotique et complexe. Ils classifièrent au Rwanda en Bantous et Hamites, comme en Europe en Aryens et Sémites.

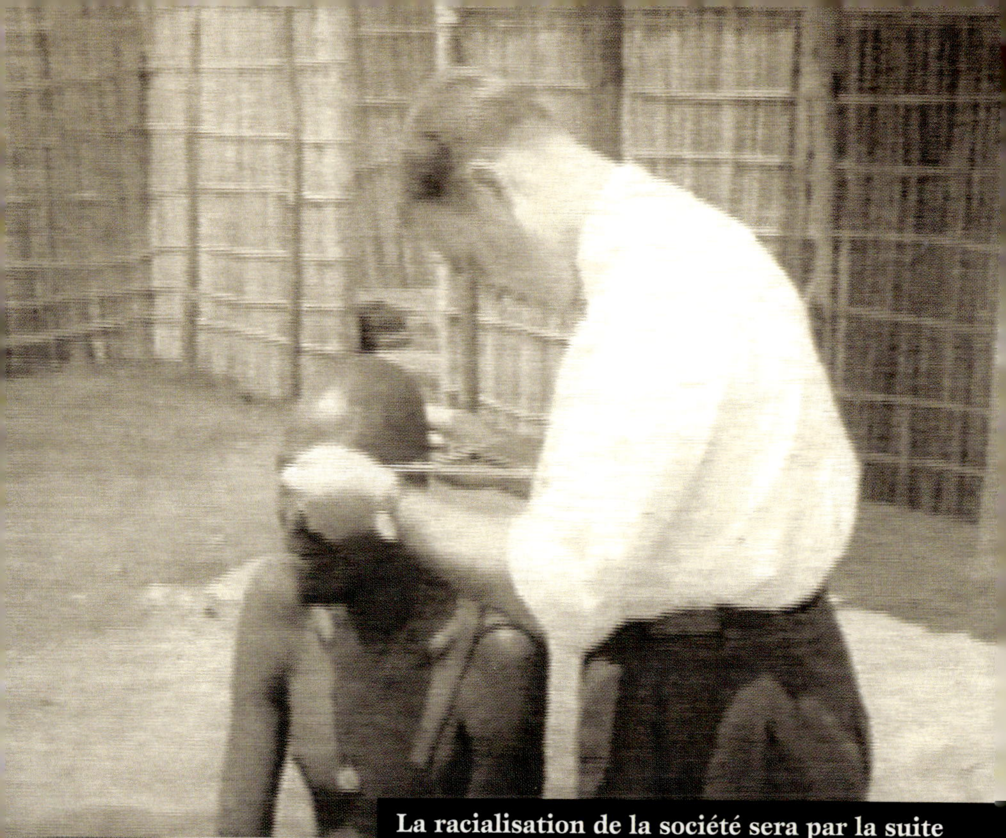

La racialisation de la société sera par la suite un dogme fondateur de la République hutu.

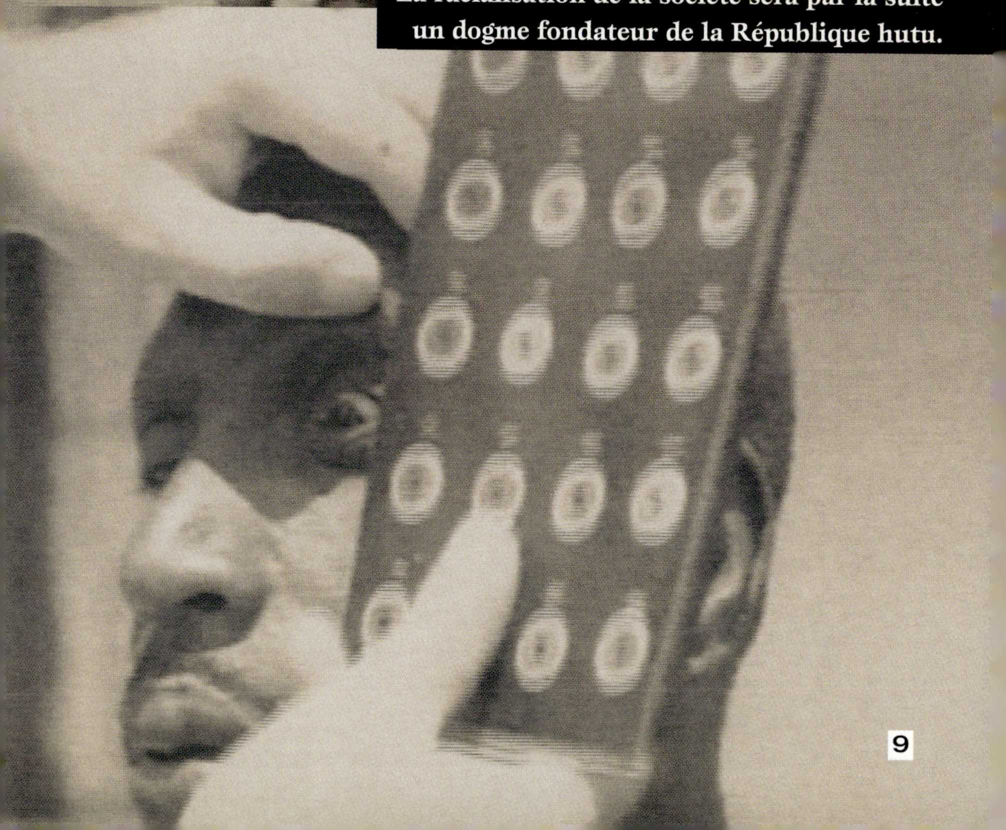

En 1946, le roi Rudahigwa consacre son pays au Christ Roi.

L'Église catholique obtiendra une avalanche de conversions des masses paysannes hutu et tutsi : le Rwanda va devenir le pays le plus catholique d'Afrique.

« L'Église est pour toute les races… »
Message de Carême de
Mgr André Perraudin, en 1959.

Mgr Aloys Bigirumwami.

Un peuple nourri spirituellement par l'Église.
Les prêtres baptisent à tour de bras et s'opposent
à la politique de contraception

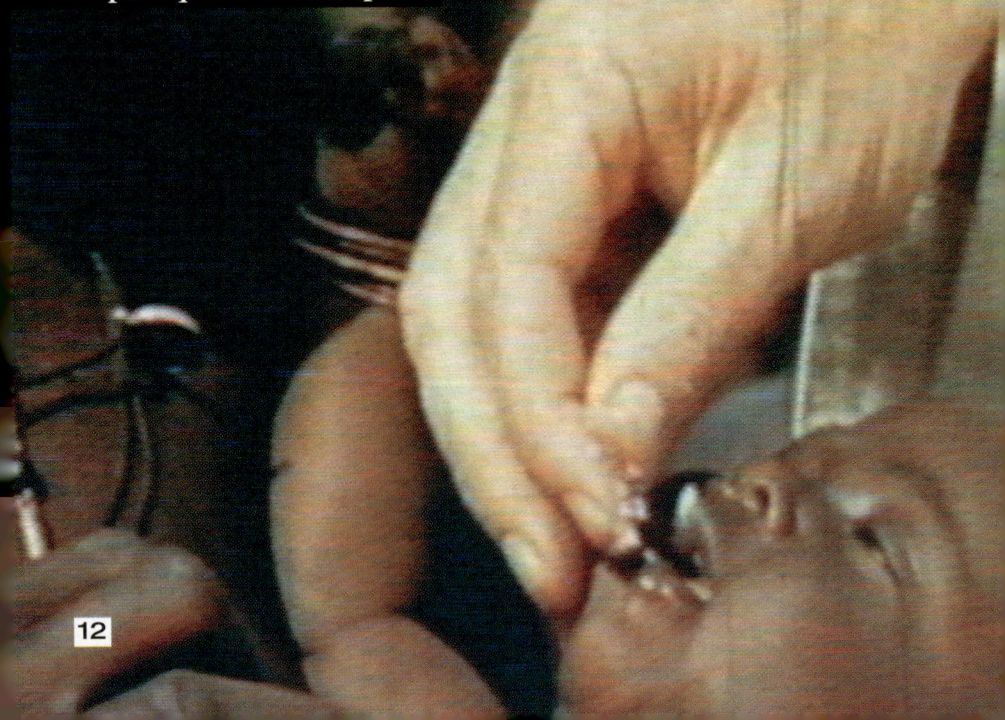

Le Mwami Mutara III, courtisé, offre au roi Baudouin, le cadeau traditionnel : cent vingt lances, toutes différentes, Nyanza, juin 1955.

Jubilé des vingt-cinq ans de règne du Mwami Mutara III. Les vaches *Imbyukuruke* viennent d'être traites en grande cérémonie et le Mwami distribue leur lait à des enfants, Nyanza, juin 1957.

MISE EN PLACE DE L'IDÉOLOGIE GÉNOCIDAIRE.
Grégoire Kayibanda, jeune séminariste hutu et secrétaire particulier de Mgr Perraudin en 1957, deviendra le premier président de la République en 1961, après un coup d'État.

« *Ce sera la fin totale et précipitée de la race tutsi* » **Discours du 11 mars 1964.**

Le colonel Logiest représentait l'autorité belge. Il agissait en arrière-plan pour la réussite du coup d'État de Kayibanda et sera responsable du succès de la « révolution hutu » pendant lequel des milliers de familles tutsi ont été massacrés.

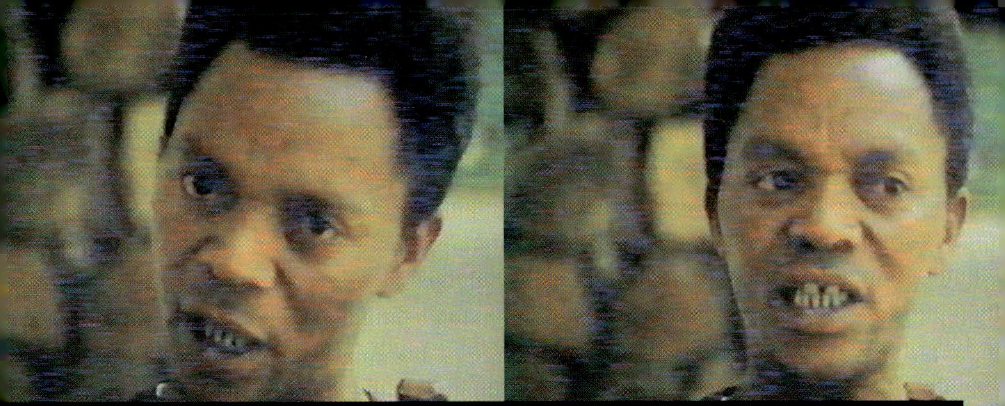

Le président Kayibanda en 1973, la fin de la première République.
Menacé par les militaires du Nord, il lance à nouveau de vastes pogromes antitutsi pour tenter de rétablir son autorité sur les Hutu.

Habyarimana prend le pouvoir en 1973 après un coup d'État au cours duquel une cinquantaine de notables de l'ancien régime sont assassinés. Il fera mourir en prison son prédécesseur Kayibanda, en 1976, dans des conditions atroces. Cela ne l'empêchera pas d'en louer la mémoire et de se revendiquer de sa « révolution hutu ».

Réception en France du président Habyarimana, surnommé « l'invincible », à son apogée en 1990.

« RWANDA TERA INBERE. MRND SUGIRA »
(Rwanda en avant. Le MRND triomphera.)

Réception du président Habyarimana à l'Élysée, en 1990.

« le président Habyarimana priait et allait à la messe régulièrement. »

Georges Martres, ambassadeur.

Petits cadeaux échangés par les premières dames de France et du Rwanda : Mmes Danielle Mitterrand et Agathe Habyarimana, lors de la visite officielle effectuée en France en 1990.

Documents trouvés dans la résidence présidentielle en juillet 1994 avec l'album de photos de la famille Habyarimana.

Le sommet franco-africain de La Baule en juin 1990.

Opération *Noroît* (1990-1993)

Tank des Forces armées rwandaises (FAR).

Les militaires français, pendant l'opération *Noroît*, stopperont l'avancée du FPR à plusieurs reprises.

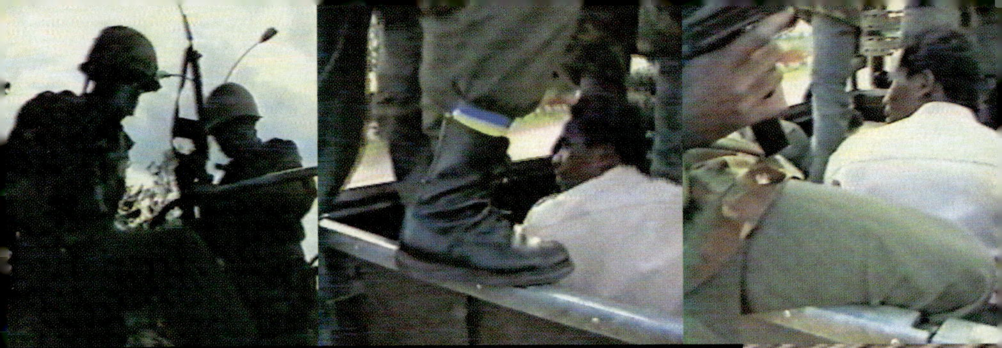

Les soldats français associés aux violences des FAR.

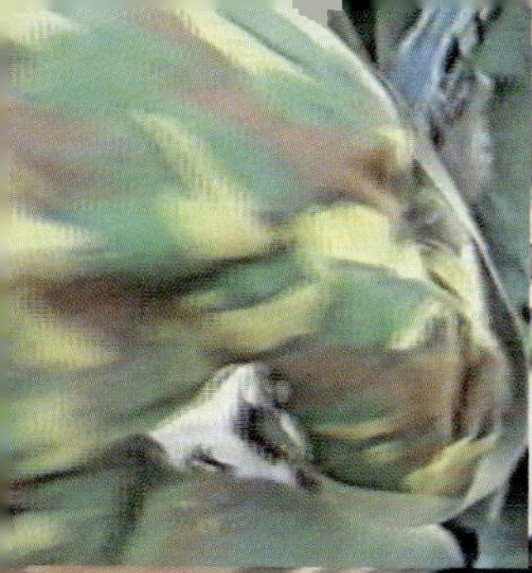

« En janvier 1993, j'ai vu dans le fameux camp de Bigogwe, entre Gisenyi et Ruhengeri, des "para-commando" français qui formaient des soldats responsables des massacres dans la région. Par camions entiers les civils étaient amenés, torturés et exécutés, et c'est aussi par camions que les corps étaient enterrés dans une fosse commune près du cimetière. »

Jean Carbonare.

Le christianisme, religion d'État, jouit de privilèges considérables.

Habyarimana et Mgr Perraudin.

Habyarimana et Mgr Nsengyumva.

Au service de la très catholique République hutu :
les militaires français de l'opération *Noroît*.

Armement des milices.

Réponse d'un militaire français à un poste de contrôle :
« On sait très bien que les Tutsi sont l'ennemi… »

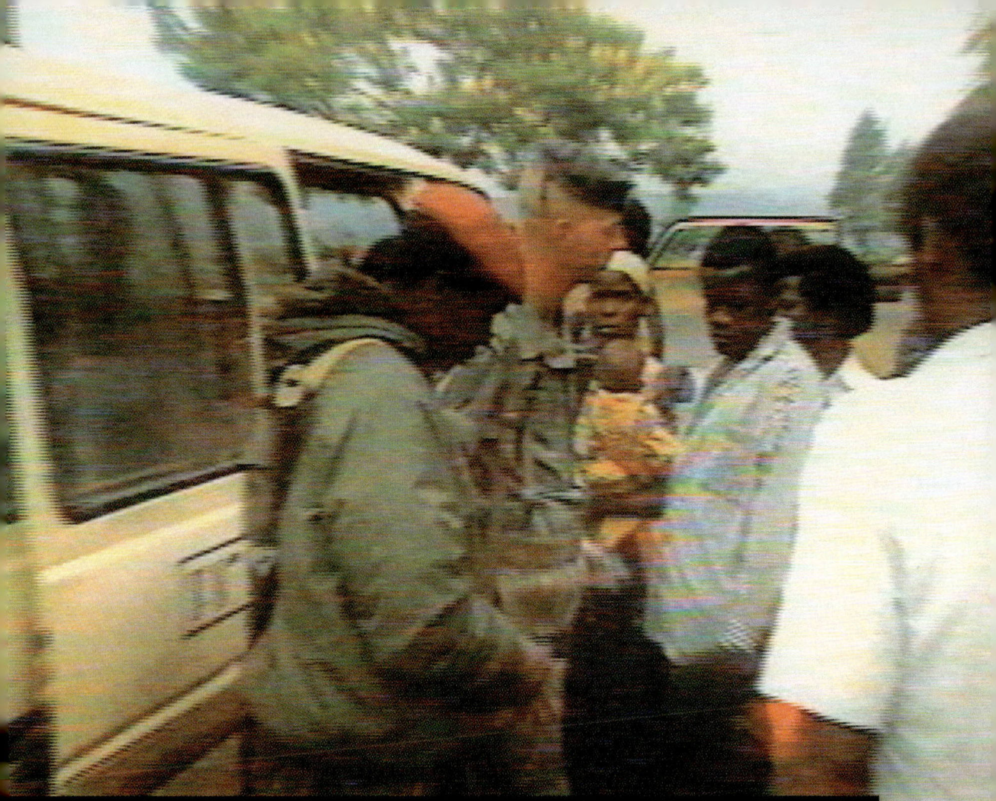

Contrôle ethnique à un barrage tenu par les militaires français.

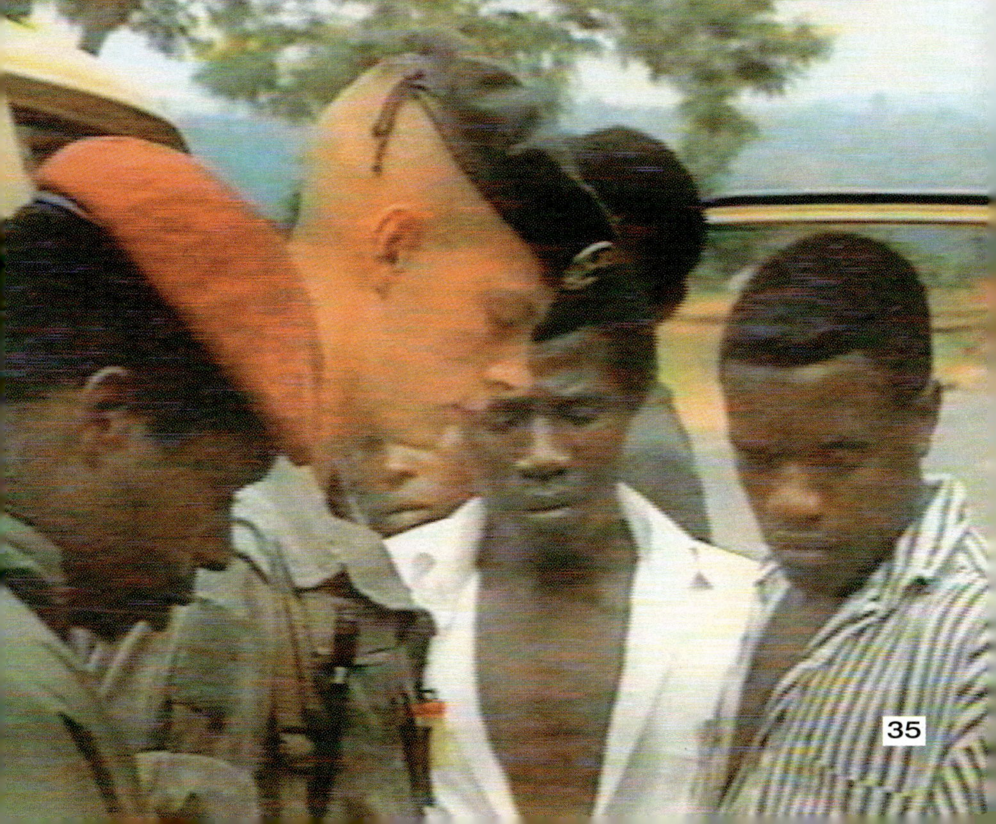

Entraînement des miliciens.

« Les militaires français entraînaient aussi les miliciens du MRND [les Interahamwe] »

Léon Mugesera appelle au meurtre des Tutsi qu'il faut *« supprimer et surtout qu'ils ne partent pas »*. Discours du 22 novembre 1992, à Kabaya.

Ferdinand Nahimana, accusé,
l'idéologue du génocide se proclame
incapable d'égorger un poulet.

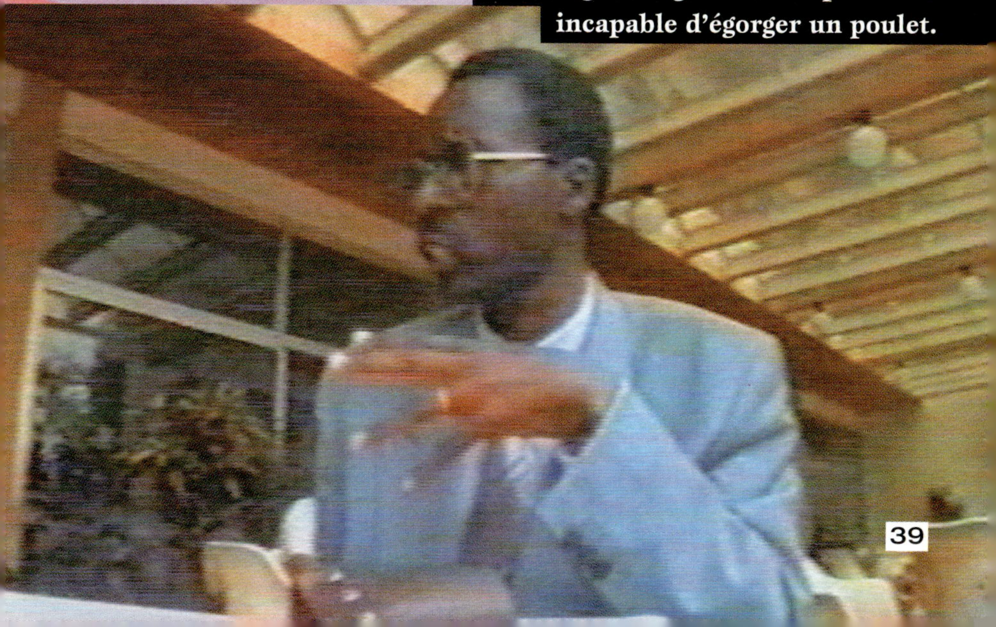

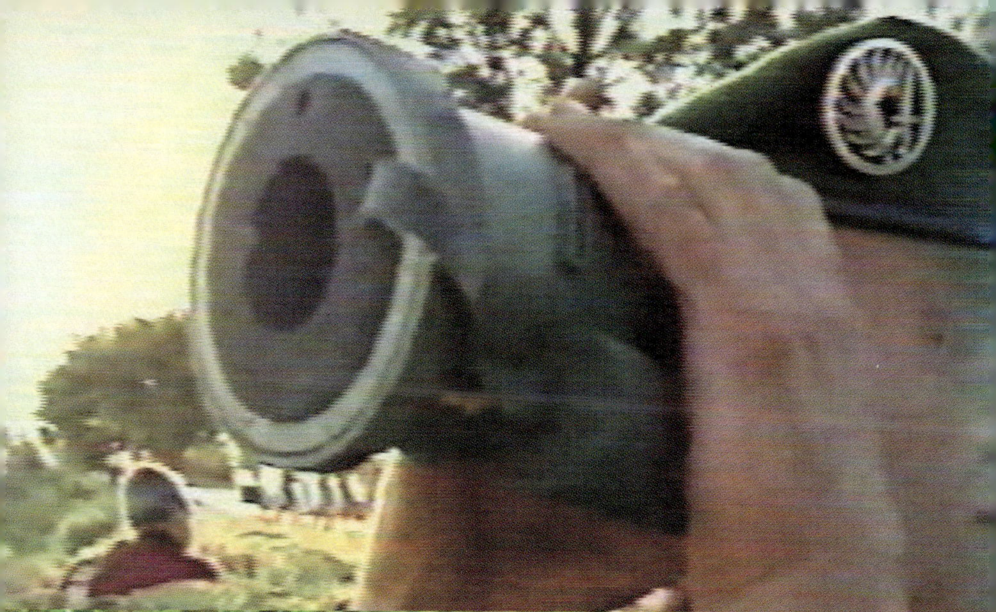

Violence militaire rwandaise contre les civils tutsi, sous présence militaire française.

Locaux et équipements à Kigali de la Radio-Télévision libre des mille-collines, RTLM.

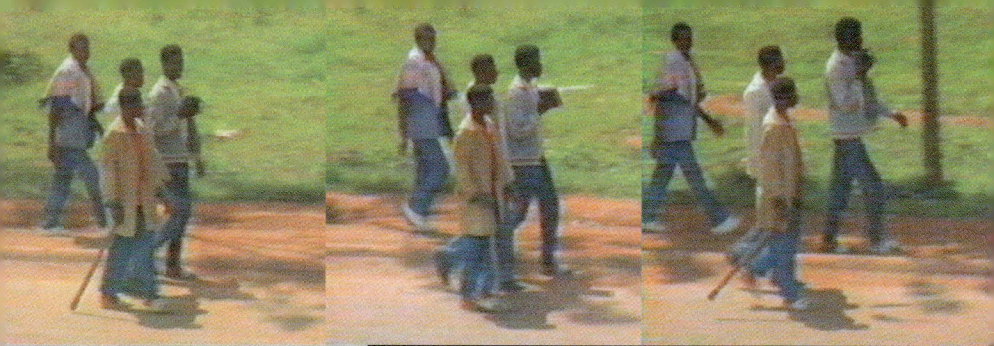

La RTLM, a commencé à diffuser ses appels à la haine et aux massacres en août 1993.

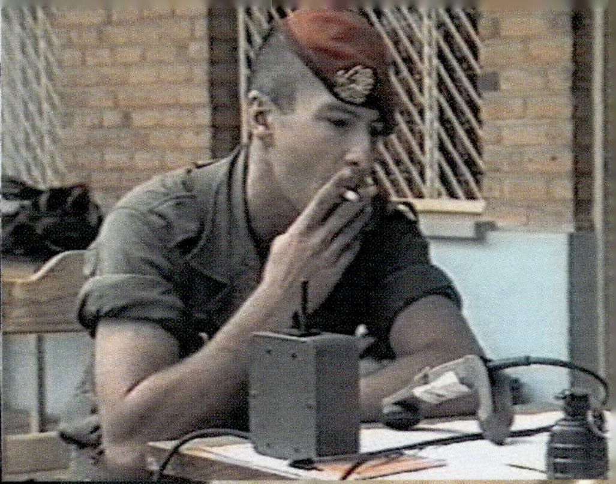

Noroît : une opération néocoloniale…

… réalisée par une armée néocoloniale.

Le général Joseph Canal, commandant des forces françaises en Afrique (1991-1992). Sur l'affiche est écrit : « *Trois couleurs, un drapeau, un empire.* »

L'arrivée du FPR à Kigali
le 28 décembre 1993
est filmé de l'un des cars
transportant le bataillon,
précédé de l'escorte de l'ONU.
Une foule immense laisse
éclater sa joie :
la venue des hommes politiques
du FPR signifiait la fin
de la guerre et l'application
des accords d'Arusha.

UN

UN

UN

Propagande du MRND.

« Au meeting, les conseillers dirent que les Hutu devaient tuer les Tutsi et tous ceux qui étaient contre le gouvernement [...]. *»*

3. Exécution du génocide

Opération *Amaryllis* (avril 1994)

Signature des accords d'Arusha en 1993.
En arrière plan le Falcon présidentiel.

Un attentat pour déclencher le génocide.
Crash du Falcon présidentiel, le 6 avril 1994.

Les présidents Juvénal Habyarimana et son homologue burundais
Cyprien Ntaramira seront tués avec trois Français,
les deux pilotes et le mécanicien de vol.

TBF

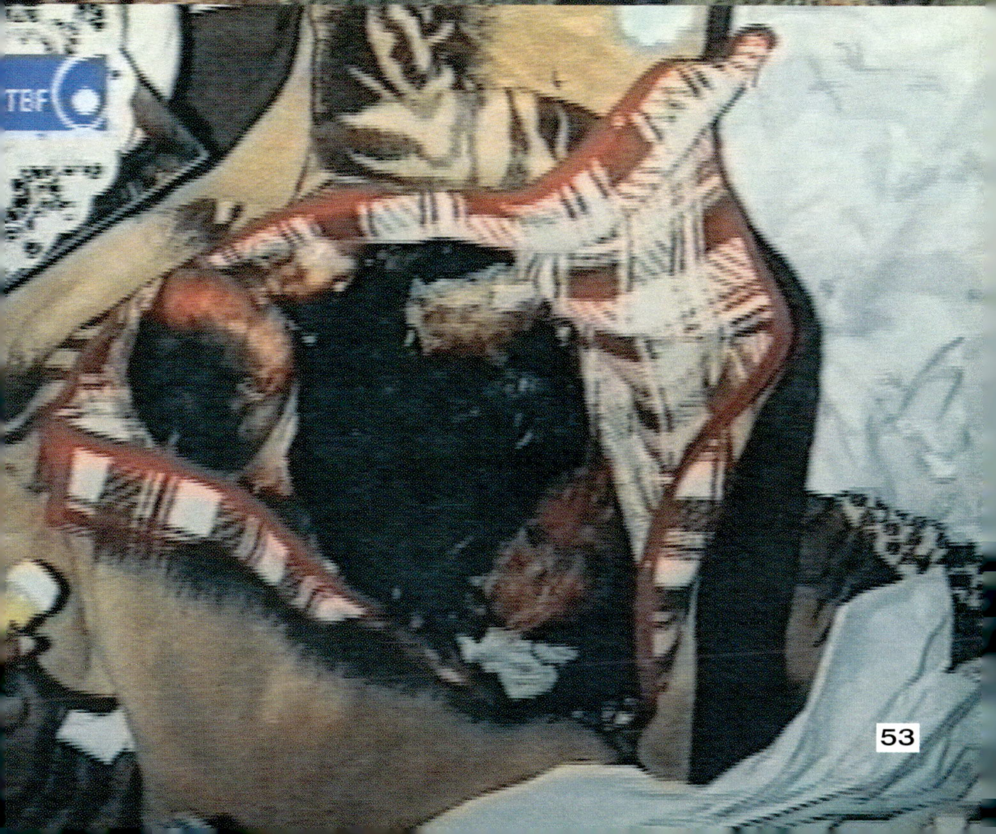
TBF

Opération *Amaryllis*: le feu vert pour le génocide.

L'évacuation des Blancs… et de leurs animaux de compagnie.
Souvenir émouvant : l'évacuation du chien de l'Ambassadeur.

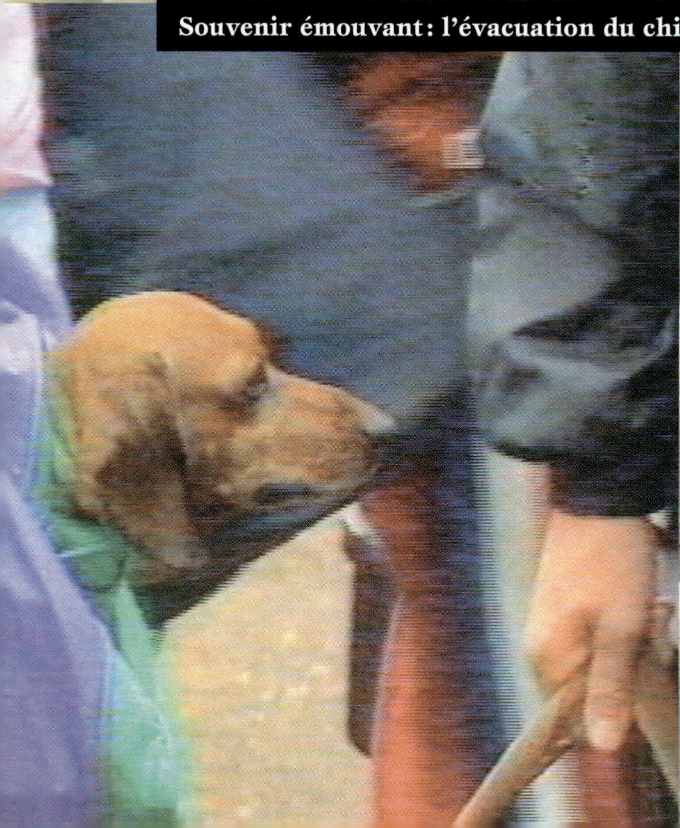

Mort des 10 Casques bleus belges.
Leurs corps sont évacués dans une camionnette.

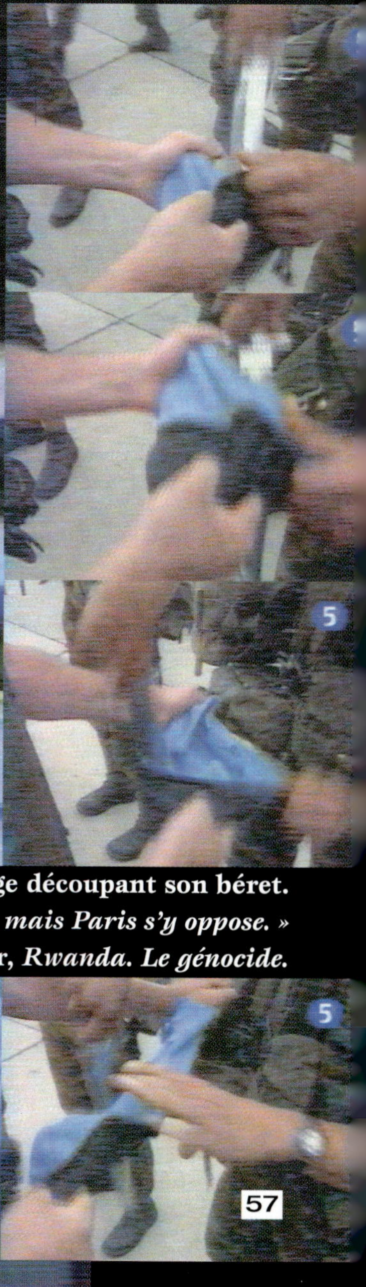

Casque bleu belge découpant son béret.
« La Belgique souhaite intervenir, mais Paris s'y oppose. »
Gérard Prunier, *Rwanda. Le génocide.*

La machine à tuer est contrôlée par les autorités politiques et administratives du pays.

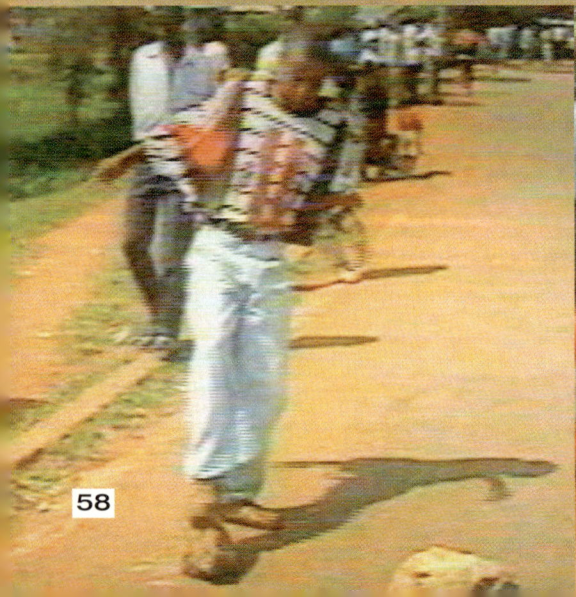

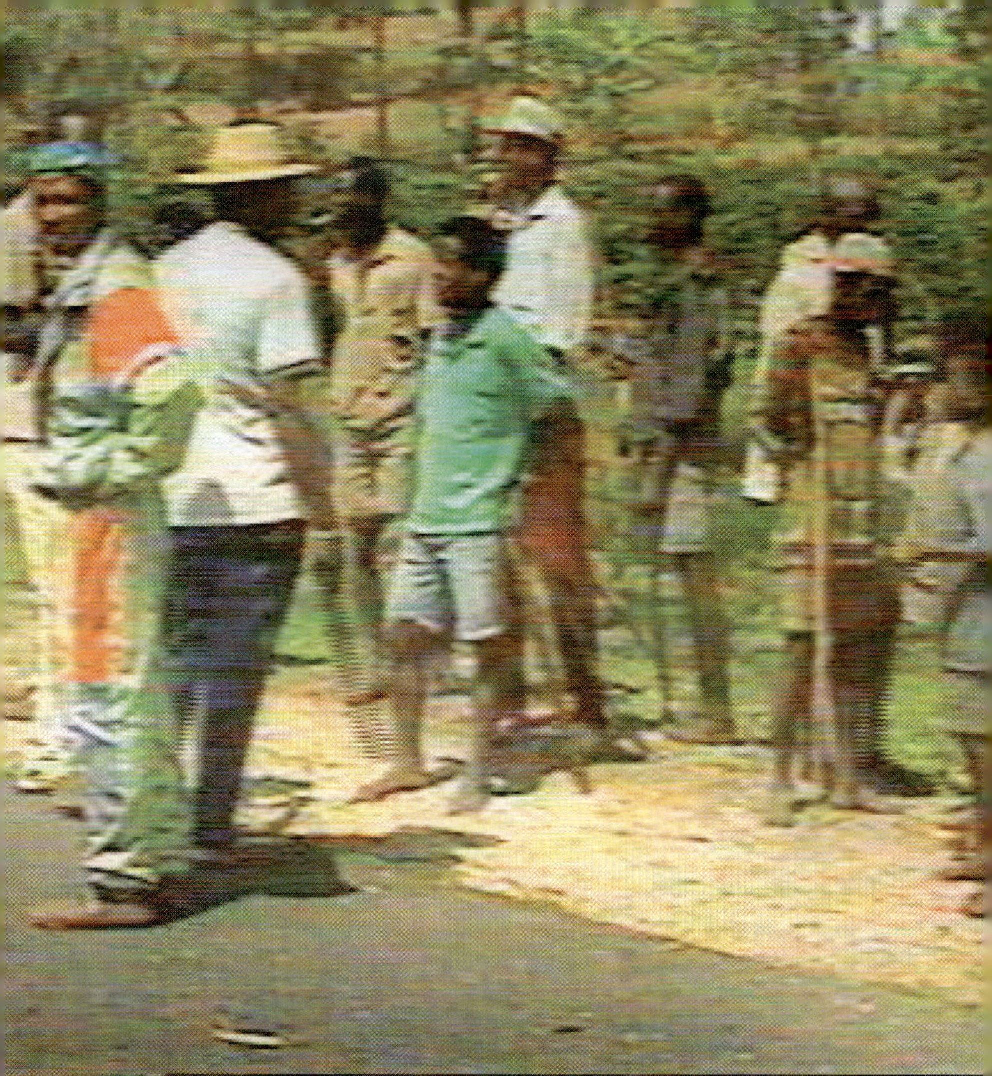

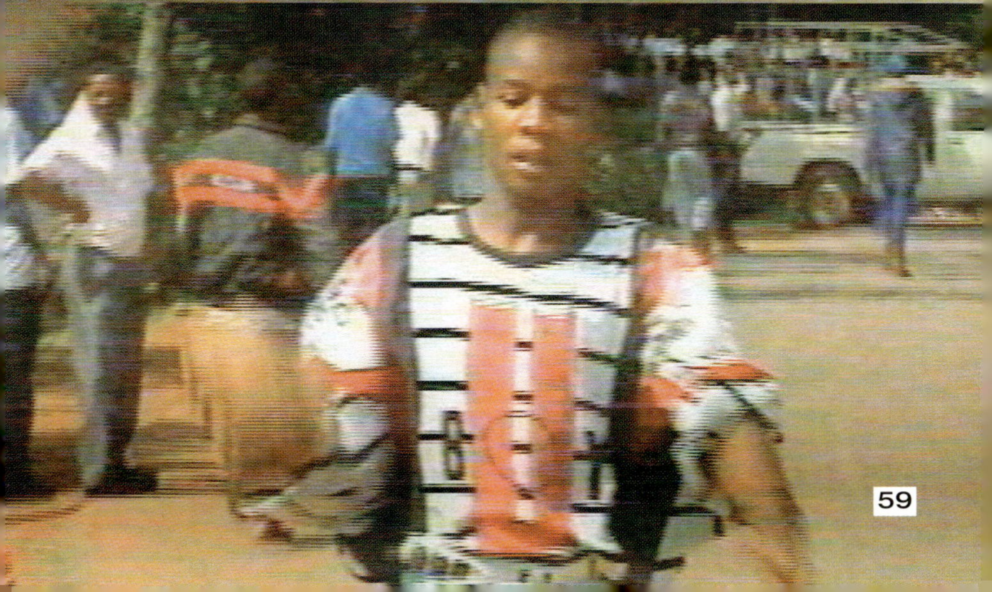

Barrages routiers et contrôles ethniques:
La machine à tuer est lancée: « *Surtout ne les laissez pas sortir* ».

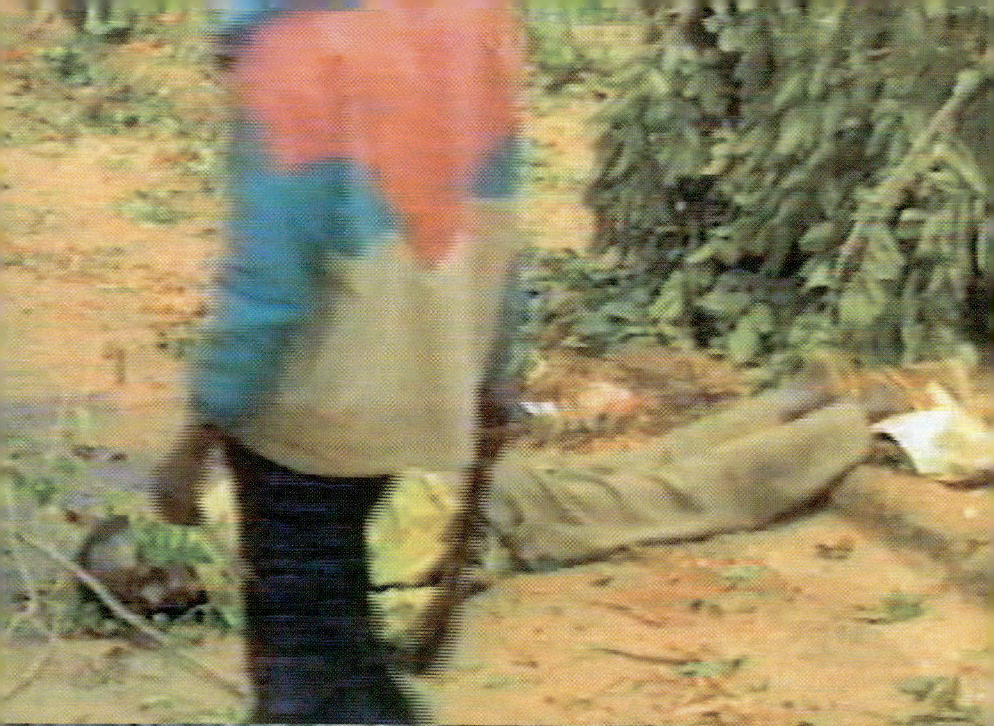

« […] *Vous savez que c'est pécher deux fois. Voir une veuve qui souffre avec toute sa famille, avec toute la population et dire des choses pareilles, c'est pour me tuer deux fois…* […]. *J'en suis sûr que le Bon Dieu va venger notre famille !* » **Interview d'Agathe Habyarimana par la RTBF à Paris, le 25 avril 1994.**

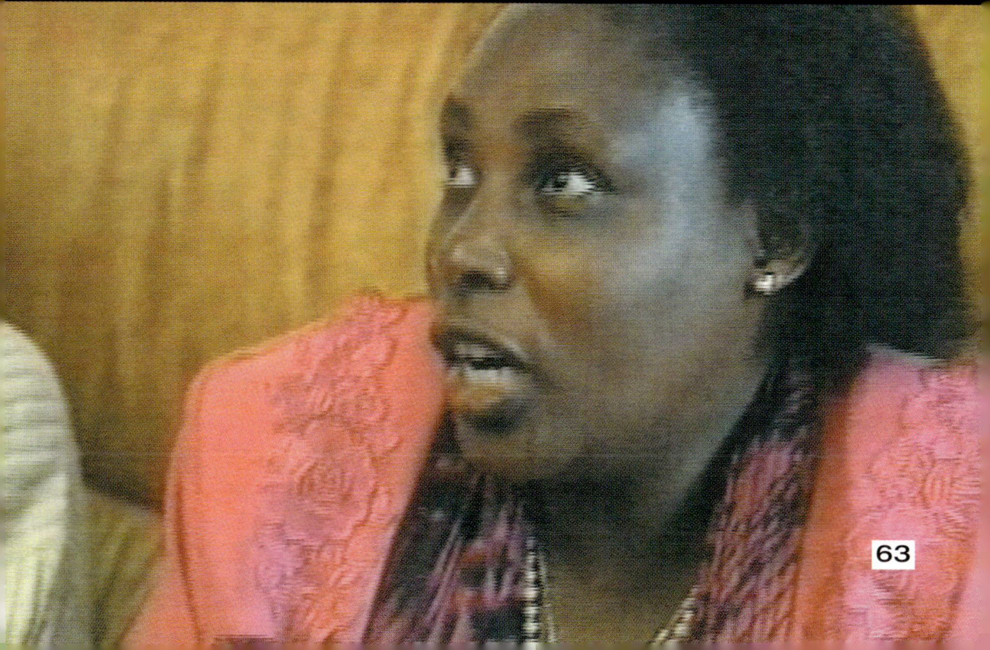

Ceux qui avaient la case « Tutsi » cochée sur leur carte d'identité étaient tués sur-le-champ, suivant les exortations de Jean Kantano sur la RTLM.

« Celui qui ne se sent pas concerné par notre combat, eh bien qu'il fiche le camp ! Certains sont chargés de nous en débarrasser. Qu'ils y mettent du zèle ! »
Théodore Sindikubwabo, président du gouvernement intérimaire.

Le Rwanda transformé en abattoir.

La nostalgie de la Révolution de 1959 : le temps des machettes (*Kangura*, décembre 1993, n° 26, couverture)

— *Batutsi, race de Dieu !*

— *Quelles armes pourrons-nous utiliser pour vaincre définitivement les* Inyenzi *?*

— *Et si on nous ramenait la révolution des Hutu de 1959 pour battre les cafards tutsi !*

Tous les Hutu sont conviés aux massacres
et les biens des victimes sont distribués par les autorités.

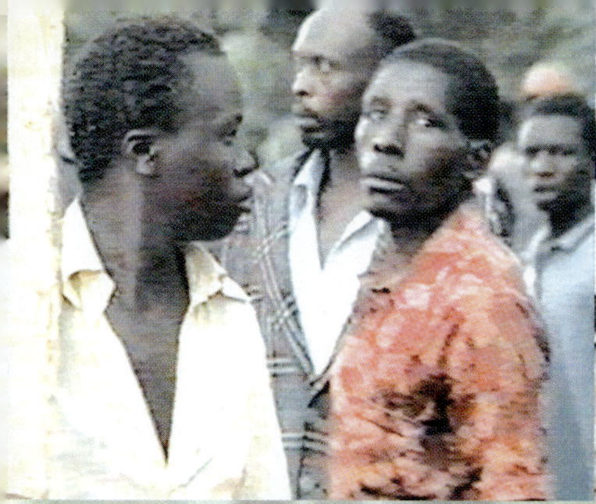

« Combattez les Inyenzi, écrasez-les, debout ! **[…]**
Avec vos lances, vos bâtons, vos fusils, vos machettes, des pierres,
tout, coupez-les, ces cafards, ces ennemis de la démocratie,
montrez que vous savez vous défendre, encouragez vos soldats **[…]. »**
Kantano Habimana à la RTLM (mai 1994).

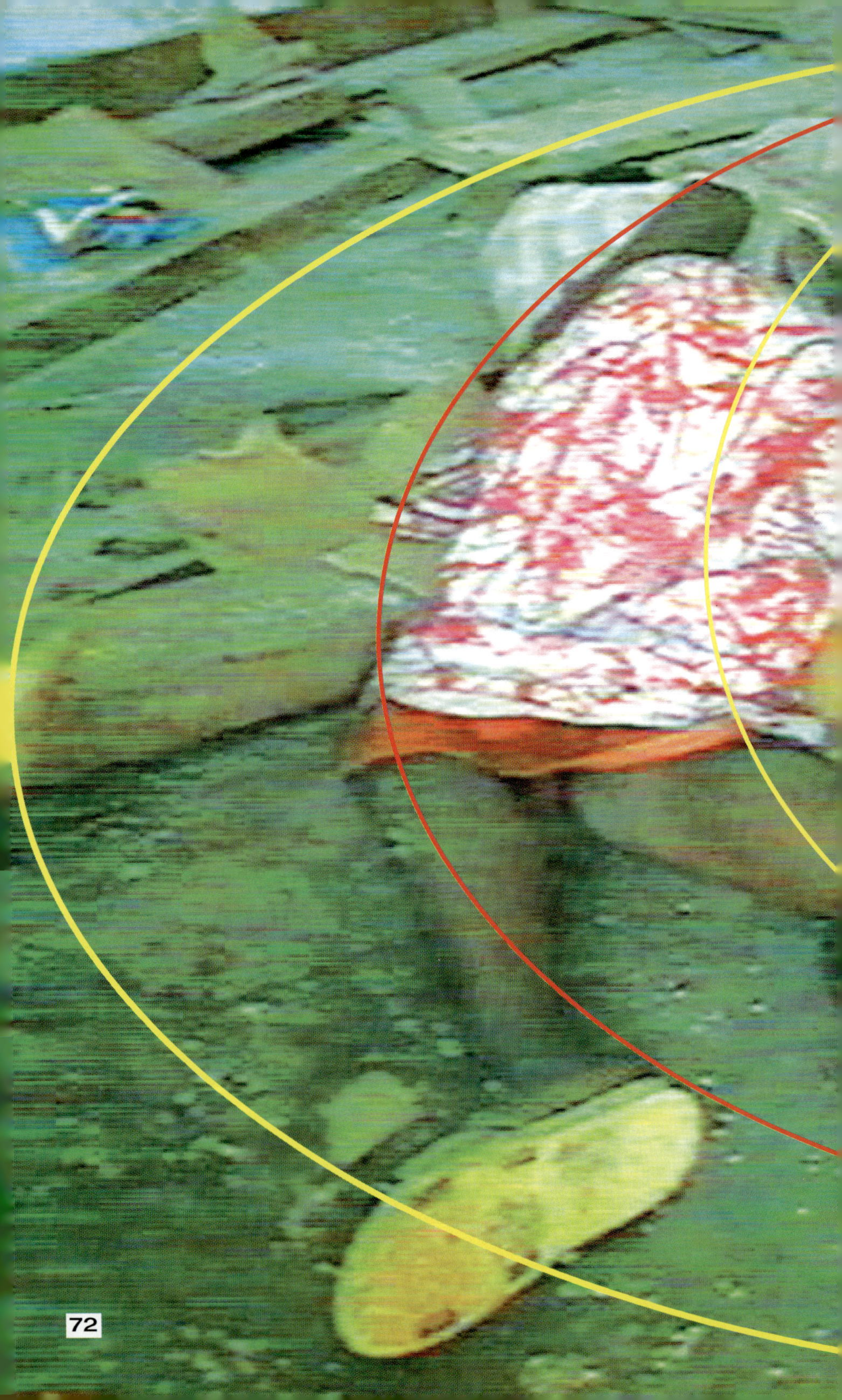

« Le 5 mai, le nettoyage des Tutsi devra être terminé… Les fosses communes ne sont qu'à moitié pleines, qui va nous aider à les remplir ? »
Kantano Habimana à la RTLM (mai 1994).

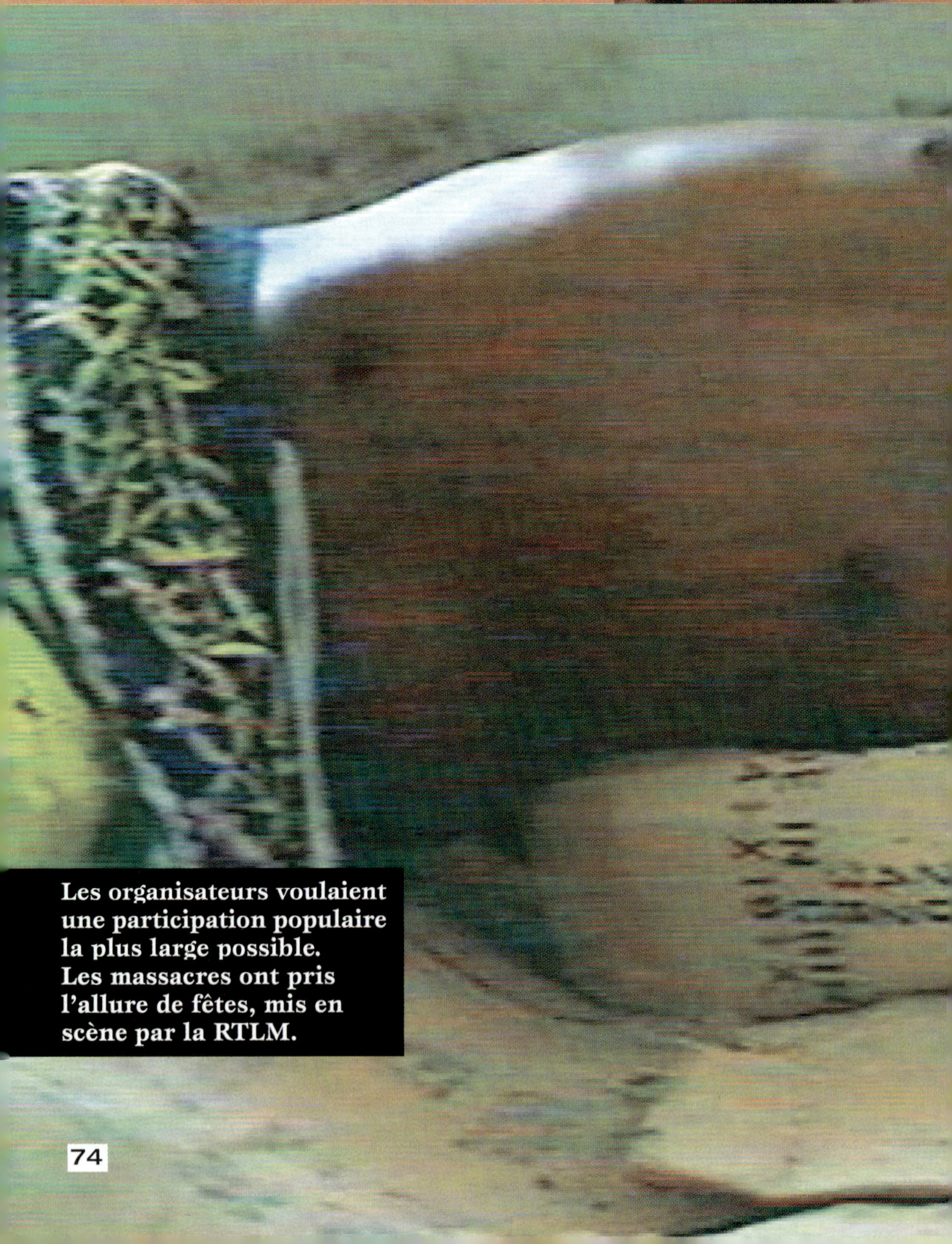

Les organisateurs voulaient une participation populaire la plus large possible. Les massacres ont pris l'allure de fêtes, mis en scène par la RTLM.

Un milicien, armé d'une perceuse, parade avec une perruque bleue.

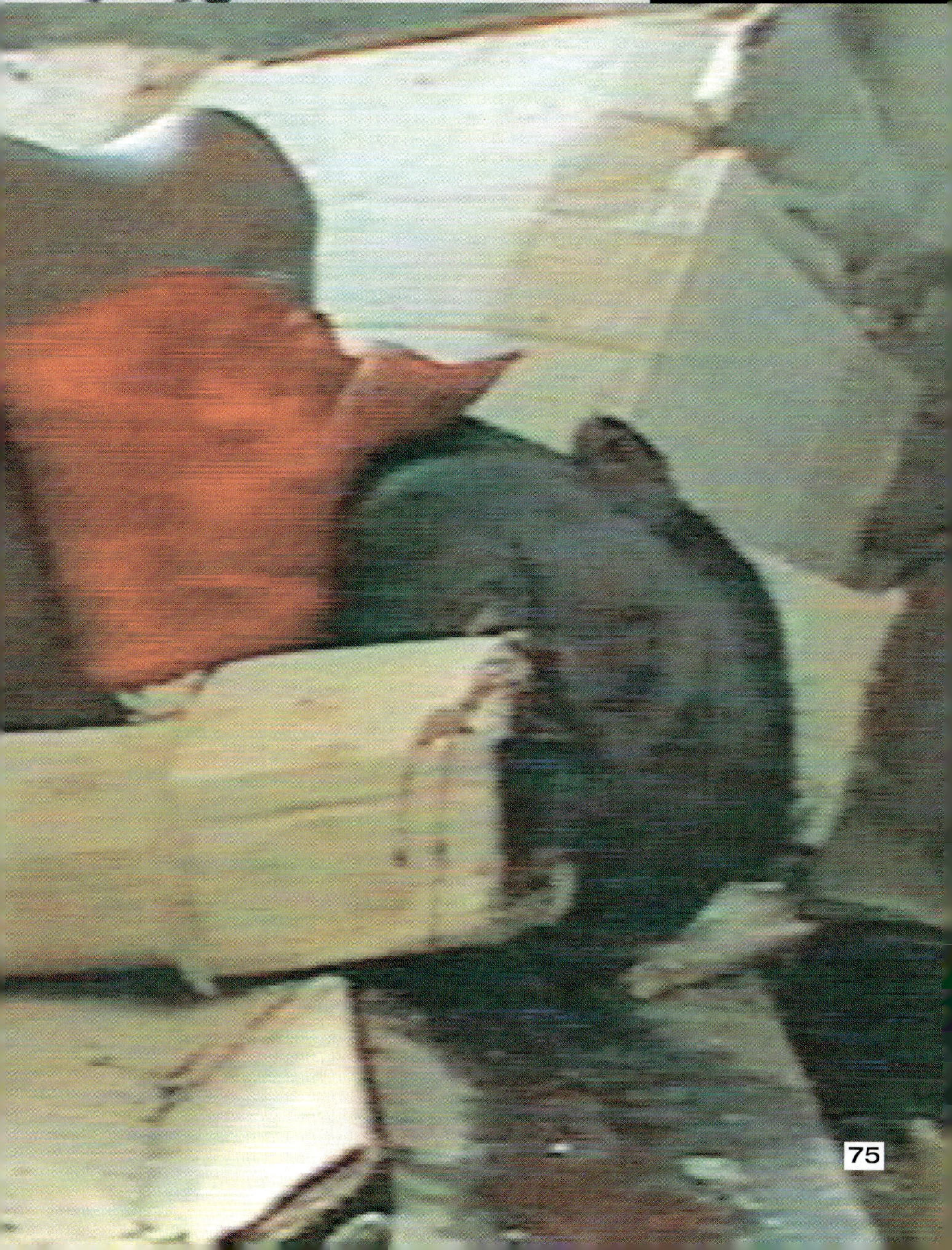

Jérôme Bicamumpaka, ministre des Affaires étrangères du GIR, qui occupait le siège du Rwanda au Conseil de sécurité de l'ONU, ajouta:
« Les soldats du FPR dévoraient le cœur de leurs victimes… »

RWANDA

« [...] *L'Église se tait ou se contente de dire que les Hutu "raccourcissent" les Tutsi, en leur coupant les jambes...* » Colette Braeckman.
Chaque village du Rwanda est un Oradour-sur-Glane.

« Les premiers massacres des Tutsi en 1959 étaient surtout localisés autour des grandes missions d'où les Pères blancs avaient construit leur idéologie de races. »

En 1994, ce sont dans les missions et les églises que seront réalisées les tueries les plus massives, parfois plus de 4 000 personnes, comme dans l'église Saint-Pierre de Kibuye.

Le Vatican reconnaît les apparitions de la Vierge Marie à Kibeho.
« Le Christ n'aime pas qu'on tue bien sûr. Mais la Vierge Marie va intercéder auprès de son fils pour qu'il nous comprenne ».
Les vierges de Kibeho.

Mgr Misago, Évêque de Gikongora, demandera au Cardinal Etchegaray *« une solution au problème du clergé tutsi dont la population ne voulait plus. »*

Le génocide s'est déroulé avec une ampleur et une efficacité extraordinaire. Les tueries sont exécutées dans des conditions affreusement cruelles et atroces.

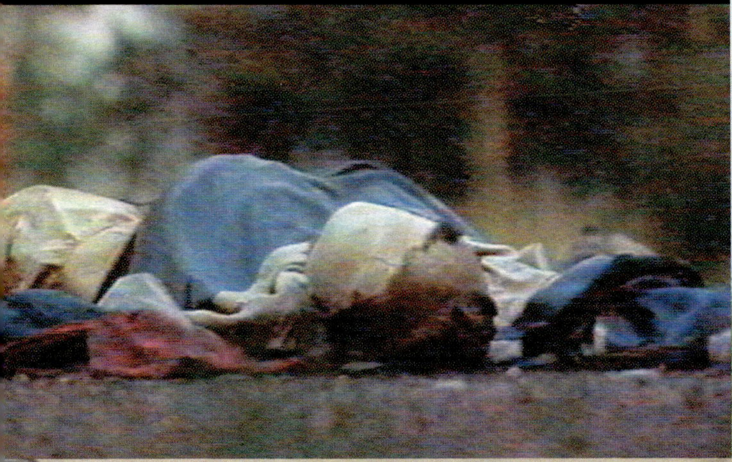

En trois mois près de 90 % de la population Tutsi – entre un et deux millions de victimes – aura été assassinée.

Des camions-bennes font la navette jusqu'aux fosses communes pour le ramassage des cadavres à Kigali.

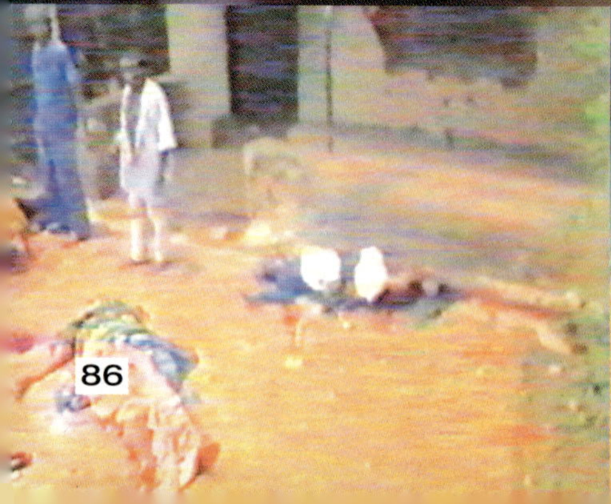

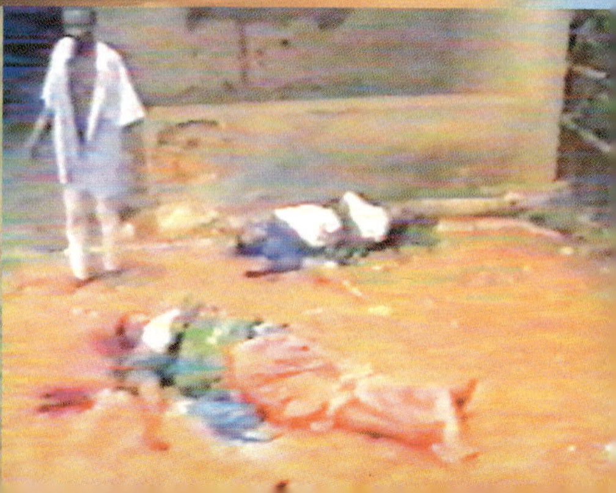

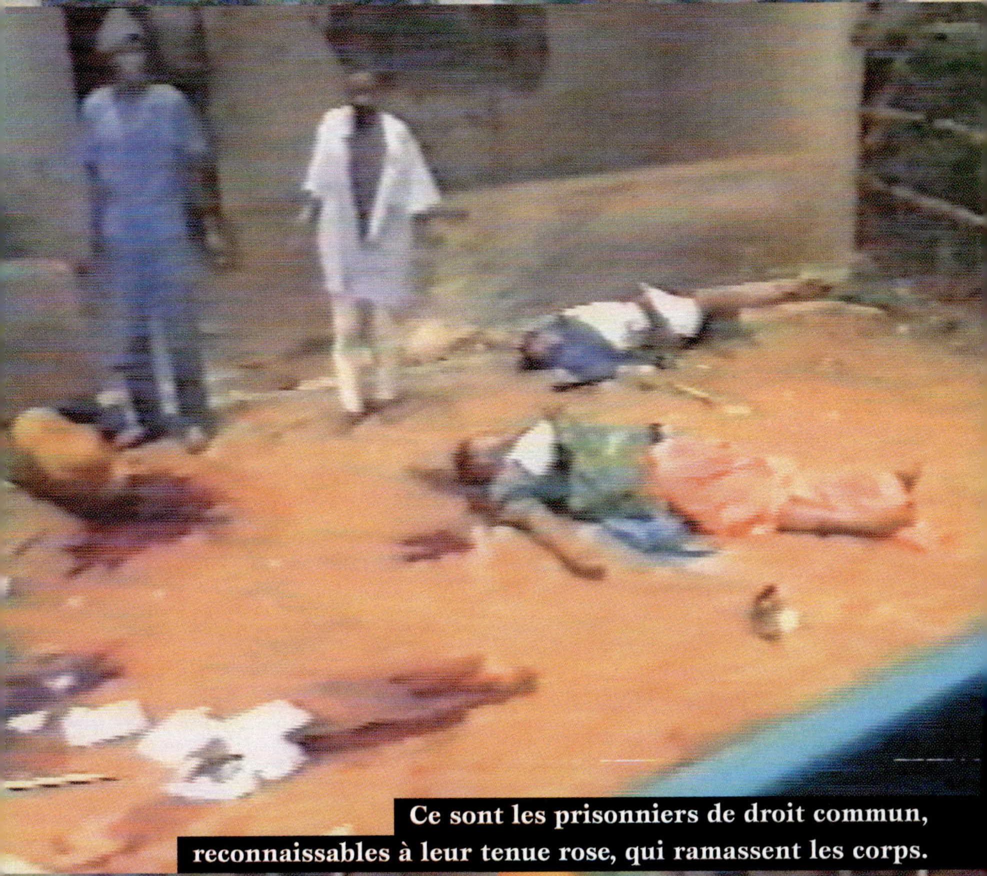

Ce sont les prisonniers de droit commun, reconnaissables à leur tenue rose, qui ramassent les corps.

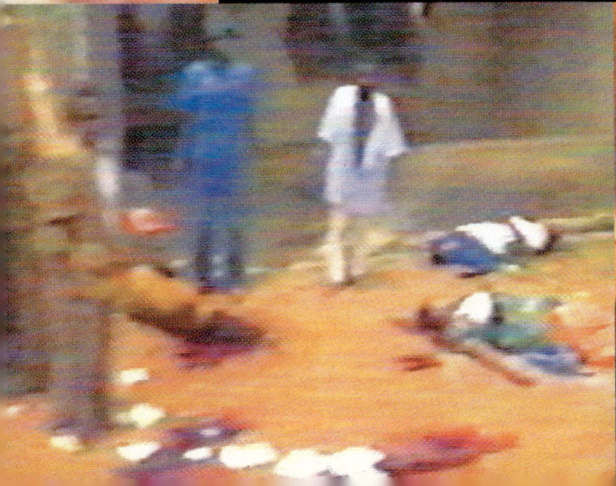

Un crime qui ne peut s'oublier…

… Mais que l'on s'est efforcé de dissimuler
***Globe hebdo*, 27 juillet 1994.**

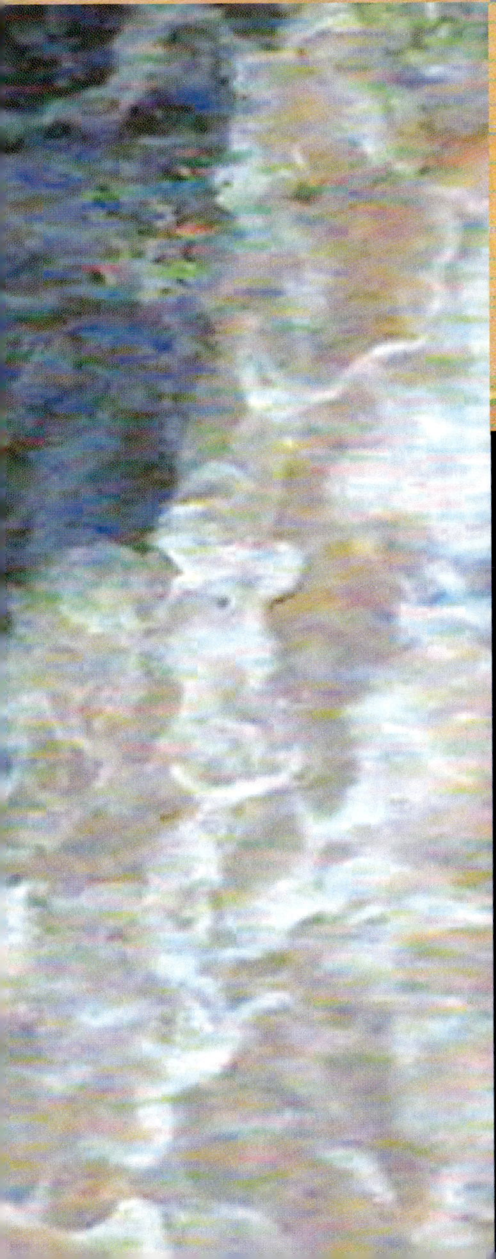

La Croix Rouge internationale a recensé jusqu'à une centaine de cadavres par heure, charriés depuis le Rwanda par la rivière Kagera jusqu'à son embouchure dans le lac Victoria, en Ouganda. L'ONG Médecins du monde a pris en charge le traitement chimique d'environ 40 000 corps qui se sont échoués sur la rive nord, ougandaise, du lac.

4. Les brouillards de l'après-génocide

Opération *Turquoise* (juillet-août 1994)

La politique de la terre brûlée.
Exode forcé des populations hutu après le génocide des Tutsi, sous la supervision des génocidaires.

La victoire du FPR met fin au génocide.
Paul Kagame a la réputation d'un chef austère et intègre.

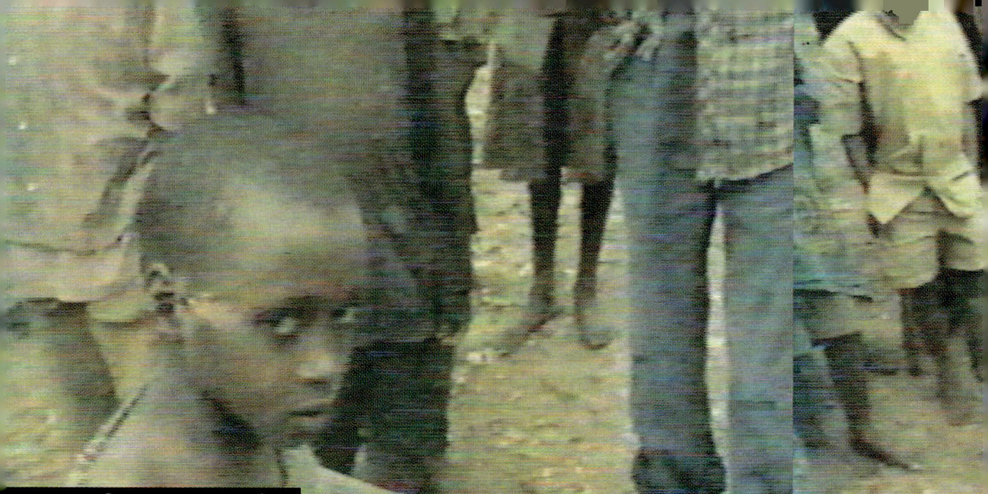

Enfants rescapés.
Ils ont tout vu. Pourront-ils un jour dire ce qu'ils ont vécu?

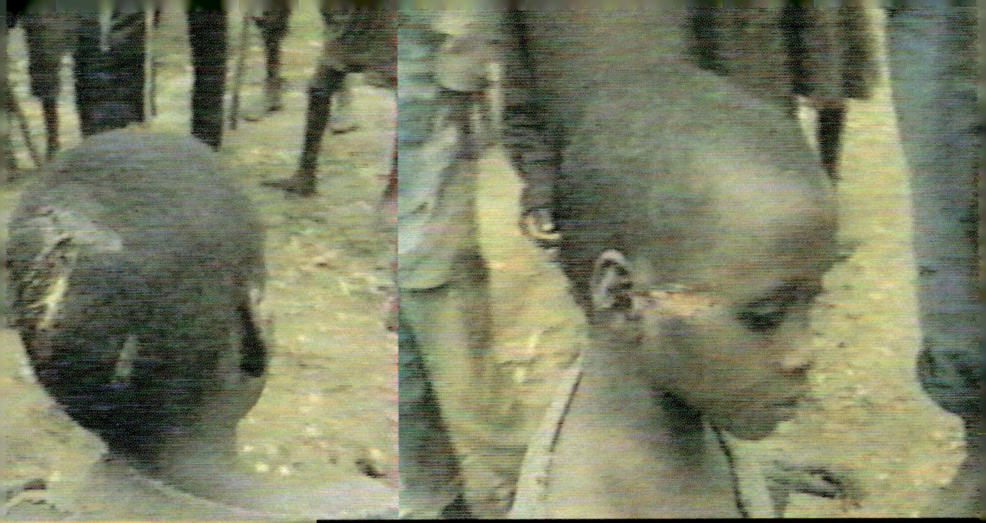

Rémy aura passé deux nuits sous les cadavres.
Sa mère, sa sœur et ses frères ont été tués sous ses yeux.

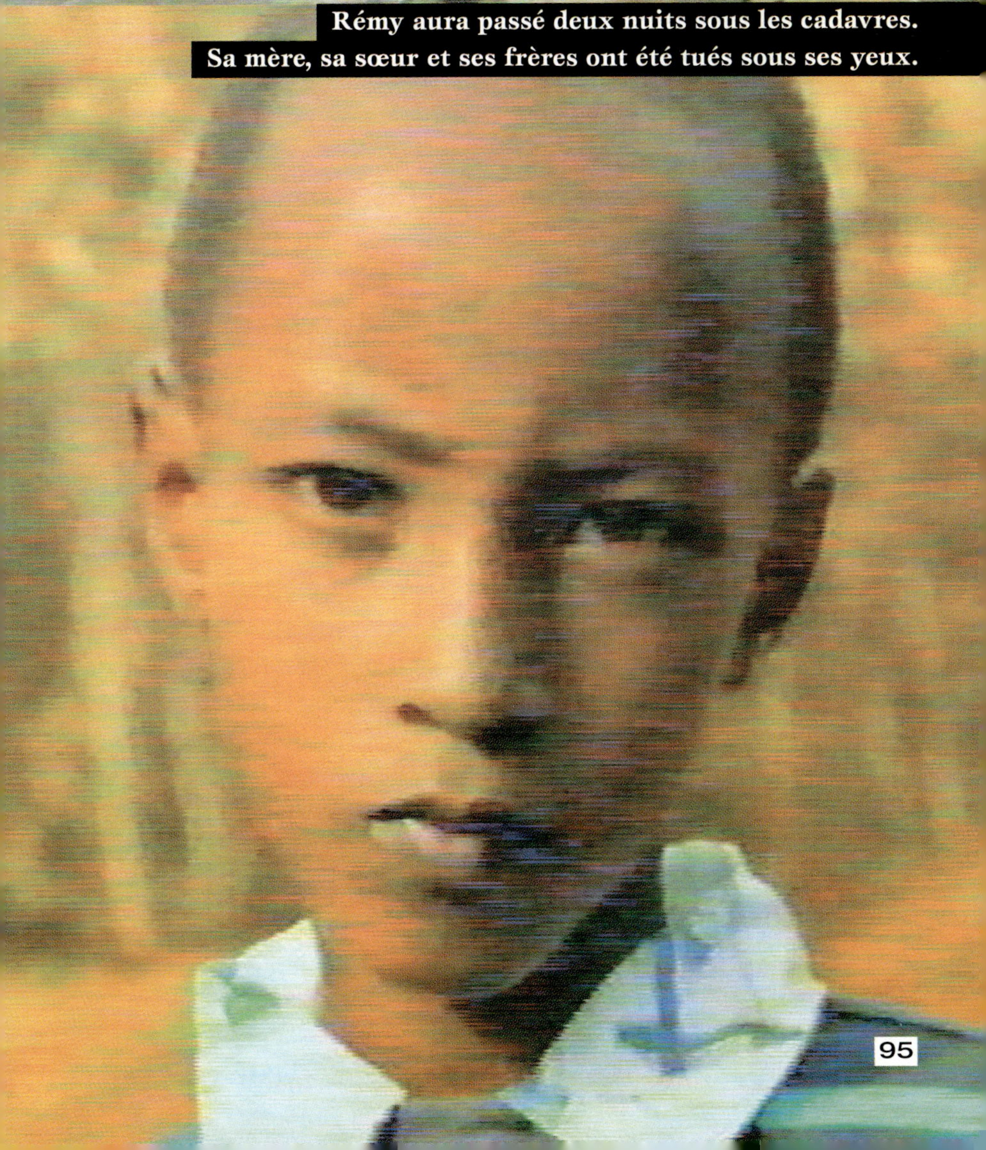

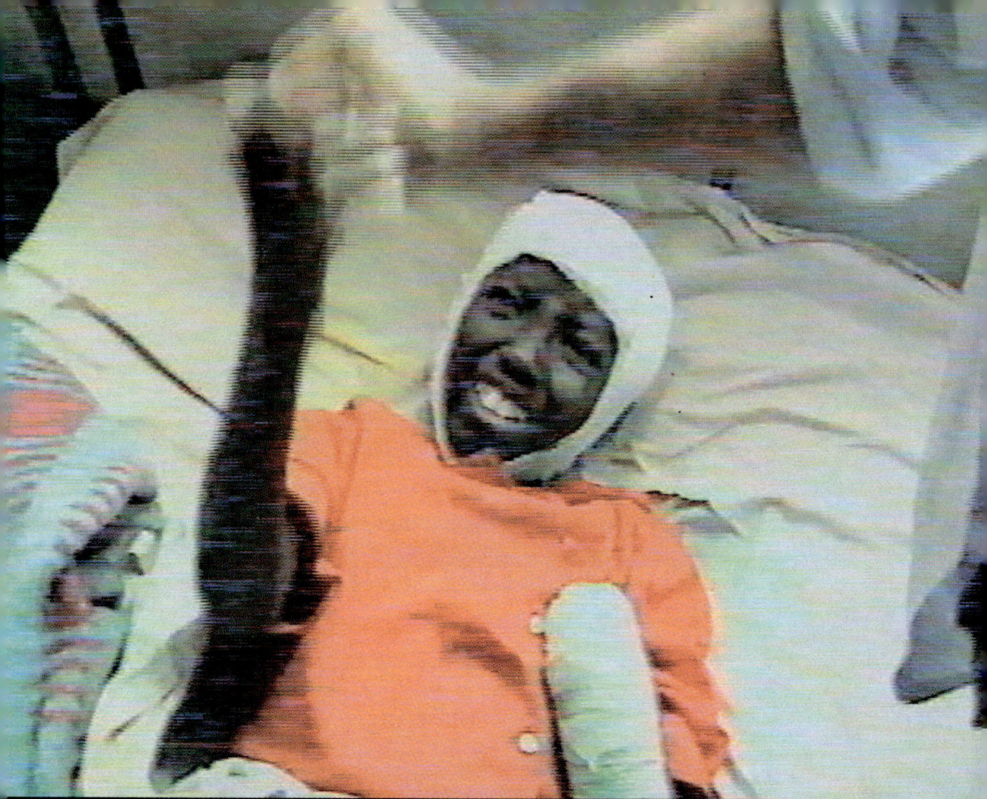

Sauvetage de deux enfants trouvés à quelques mètres de l'hôpital de campagne de Médecins sans frontières.

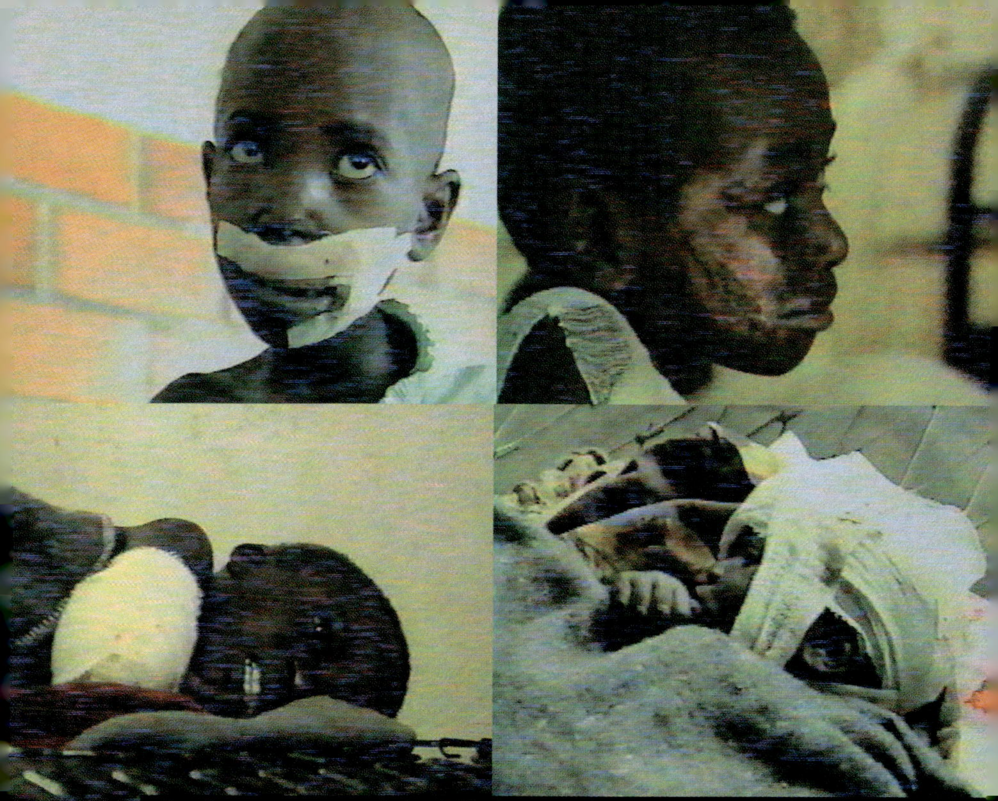

Ces horreurs ont été réalisées sur les ordres et à l'instigation d'extrémistes hutu, cadres et intellectuels…

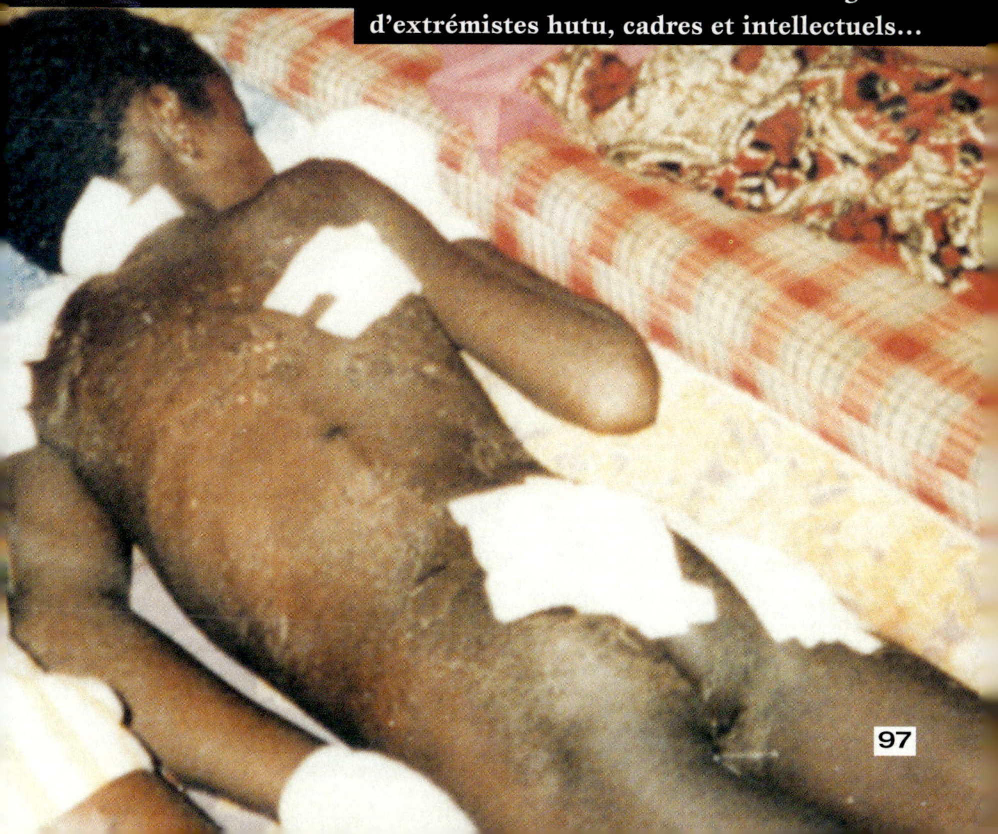

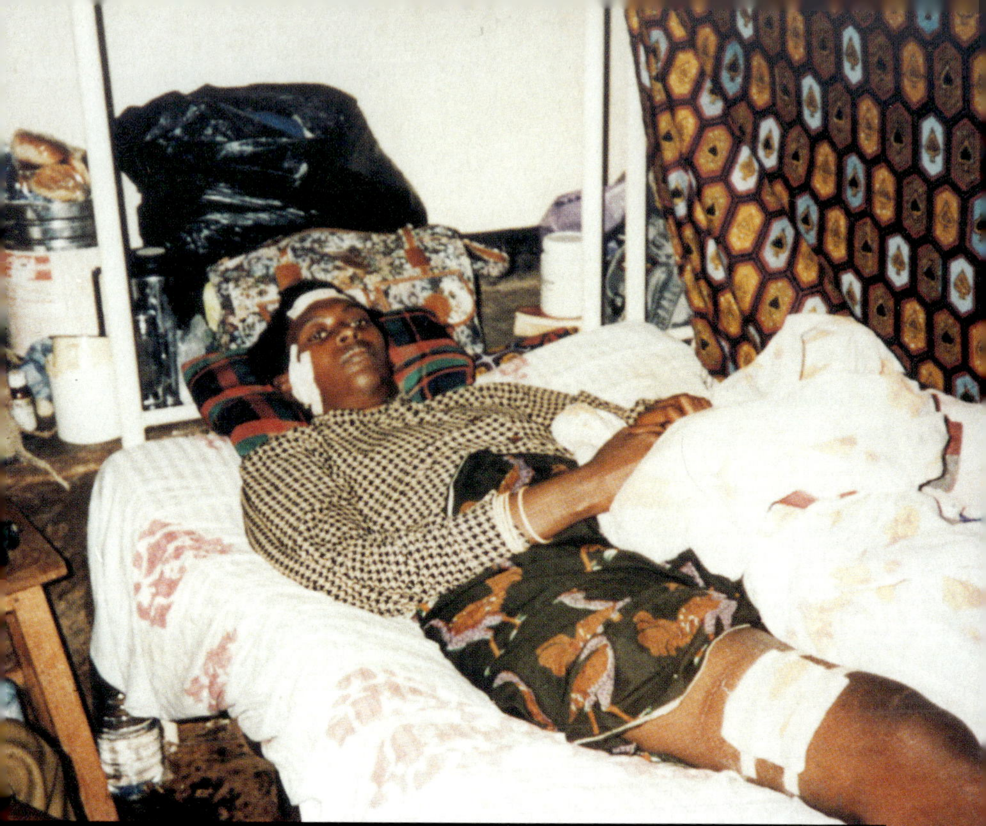

La théorie « *inivo ni ugutwi* » (viser le niveau de l'oreille), était appliquée à travers tout le pays car c'est l'endroit le plus mortel.

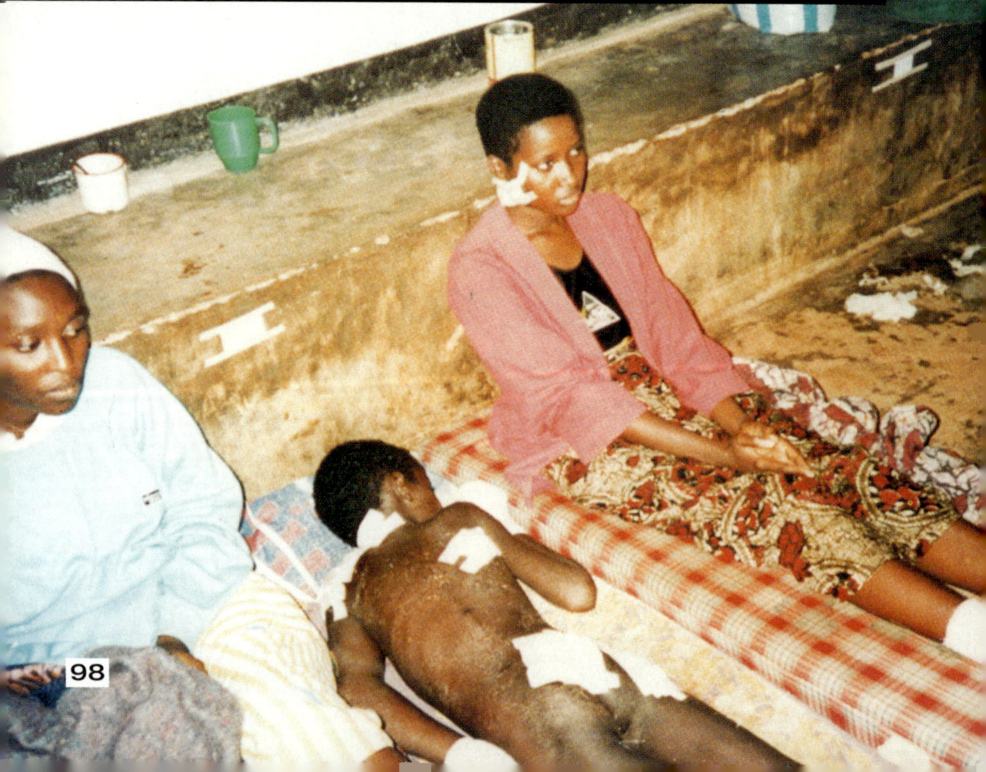

Les femmes victimes deux fois,
le viol demeure un objet de non-dit.

Appel à témoignage

Le fait que l'armée française a été mise à disposition d'un État qui préparait puis a réalisé un génocide doit être inacceptable pour nombre de soldats et d'officiers français.

Nous appelons ceux de ces militaires
qui ont participé à des actions au Rwanda à témoigner.

Général Lanxade : « [...] *il n'y avait pas de contrôle d'identité à proprement dit, ce n'était pas le rôle des forces françaises.* »

Les assassins fêtent l'arrivée des troupes françaises. Plusieurs jours avant, la RTLM lance des appels aux filles : « *Vous, les filles hutu, lavez-vous, et mettez une belle robe pour accueillir nos alliés français. Toutes les filles tutsi sont mortes, vous avez vos chances !* »

Retour des exilés hutu. Au fur et à mesure que le FPR progressait et arrêtait le génocide, les responsables fuyaient et entraînaient la population hutu. Celle-ci fut placée dans les camps sous le contrôle des responsables du génocide et des miliciens. Après la libération des camps du Zaïre, plus de 600 000 exilés hutu rentrèrent au Rwanda.

Il est aujourd'hui question de réconciliation et d'oubli…

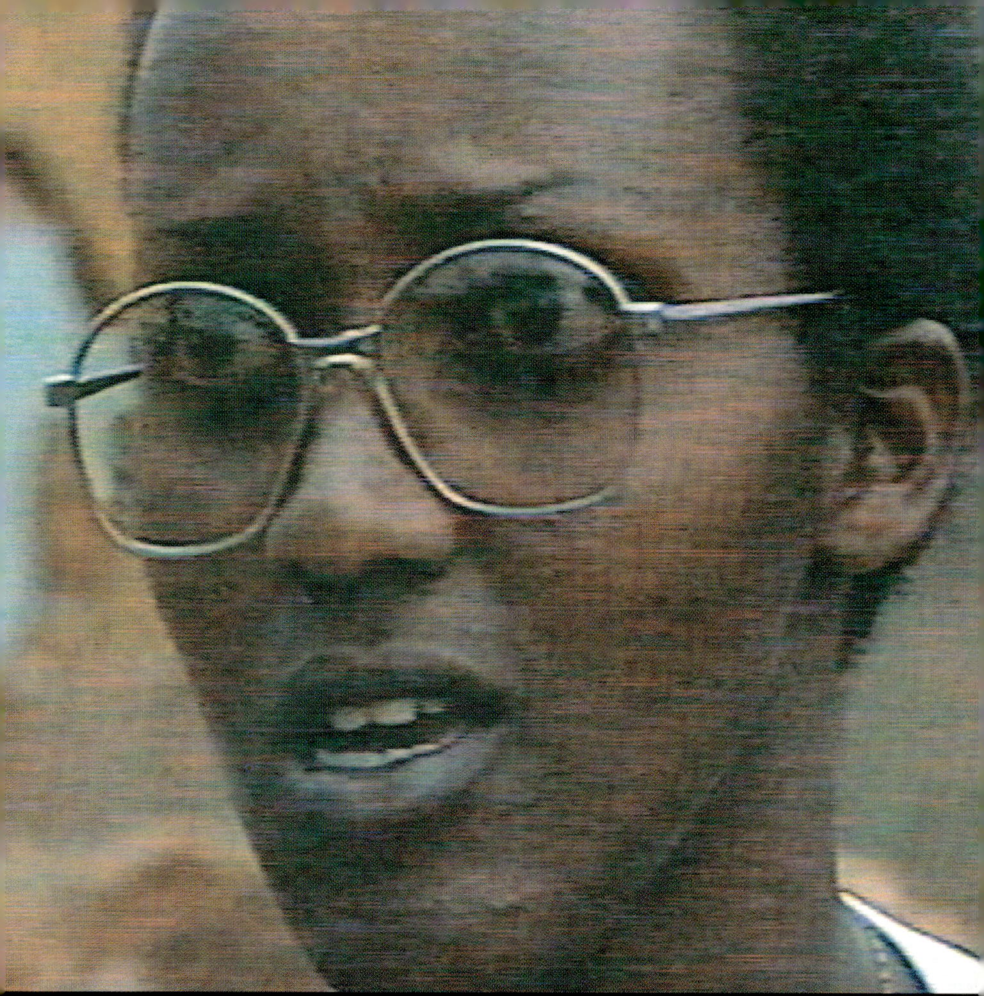

Angélique, rescapée : « *Je dois vivre dans un pays où il ne me reste rien. [...] où il y a des Interahamwe seulement ! Comment ! [...] Est-ce que tu peux pardonner facilement à des gens comme ça ?* »

Charnier de Ruhashya (novembre 1995).

Gikongoro-Karama.

L'enceinte de la paroisse Karubamba, Rukara (mai 1994).

Dépôt de gerbes de fleurs sur l'étalage des crânes des victimes du génocide par le président de la République, Pasteur Bizimungu, à Ntarama (1995).

Le prêtre rwandais Wenceslas Munyeshyaka en France.
« Mais qu'est-ce que vous faites là, jusqu'à quand vous allez me pourchasser ! […] *Allez vous faire foutre ! »*

Le préfet Laurent Bucyibaruta, en France.
« Ma conscience est tranquille parce que je vous ai dit que j'ai fait ce que j'ai pu faire de bon, et je n'ai fait que ce qui était raisonnable, suivant mes possibilités… »

« La haine est entrée dans mon cœur [...] J'en veux profondément [...] à tous mes amis [...] Je ne pourrais pas leur pardonner [...] au sens où on l'entend communément. Et je crois que ça, c'est la pire des tentations, celle de... de peut-être en vouloir... j'allais dire "à mort", à tous ces amis qui ont tué, torturé, violé, etc. [...] »

Le père Forestier, Père blanc,
responsable des médias catholiques au Rwanda en 1994.

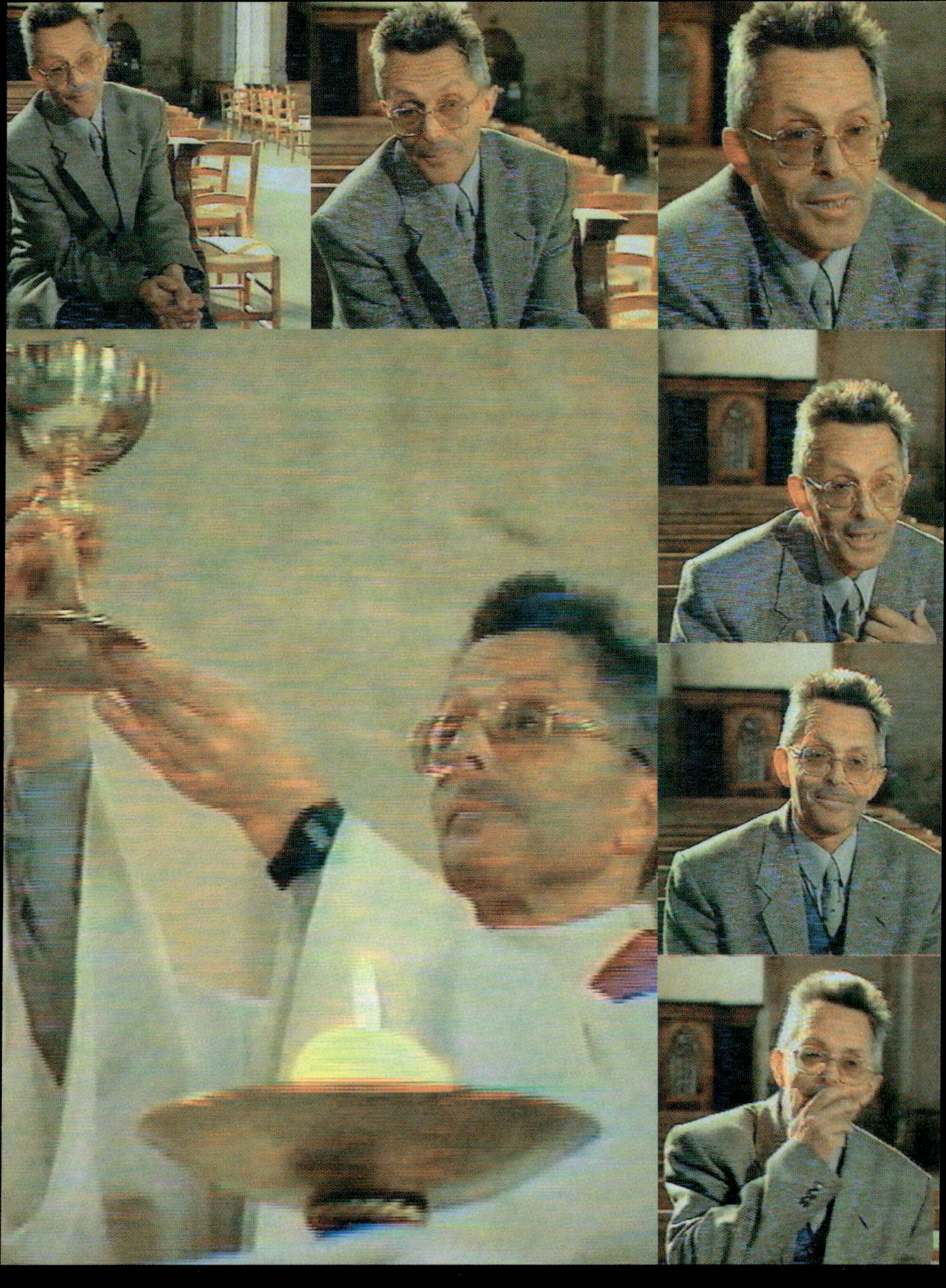

Gabriel Maindron se présente comme un ange apolitique, témoin silencieux mais compatissant des atrocités faites sous ses yeux.

Interrogé par un journaliste, « *le Blanc CDR* » comme le surnommait les Rwandais, a été démasqué. Il s'embrouille et finit par dire son activisme au MRND, parti dont les dirigeants organisèrent le génocide et dont la CDR était la filiale extrémiste.

« Je suis allé voir le Bourgmestre. Il a dit : ne perds pas ton temps à vérifier. Tous les Tutsi ont été éliminés. Je suis un vrai Hutu et je les ai finis. Il dit qu'ils avaient tué tous les hommes tutsi un par un et qu'ils étaient prêts à tuer les veuves et les orphelins si tu veux… »

Janvier Africa, milicien, mars 1993.

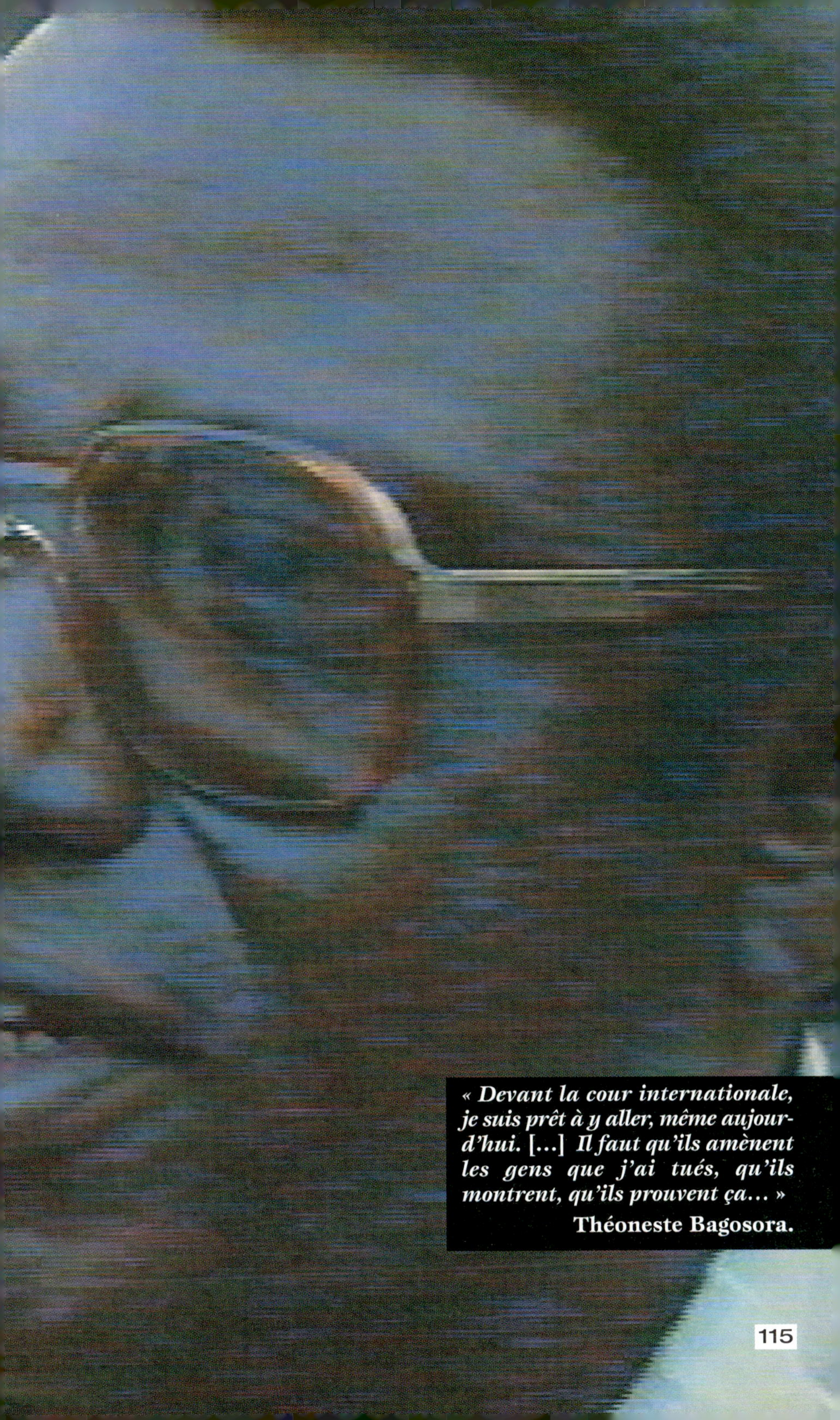

« Devant la cour internationale, je suis prêt à y aller, même aujourd'hui. [...] Il faut qu'ils amènent les gens que j'ai tués, qu'ils montrent, qu'ils prouvent ça... »

Théoneste Bagosora.

« C'est-à-dire que les gens du FPR ne sont qu'une bande de terroristes et de tueurs. » **Capitaine Paul Barril.**

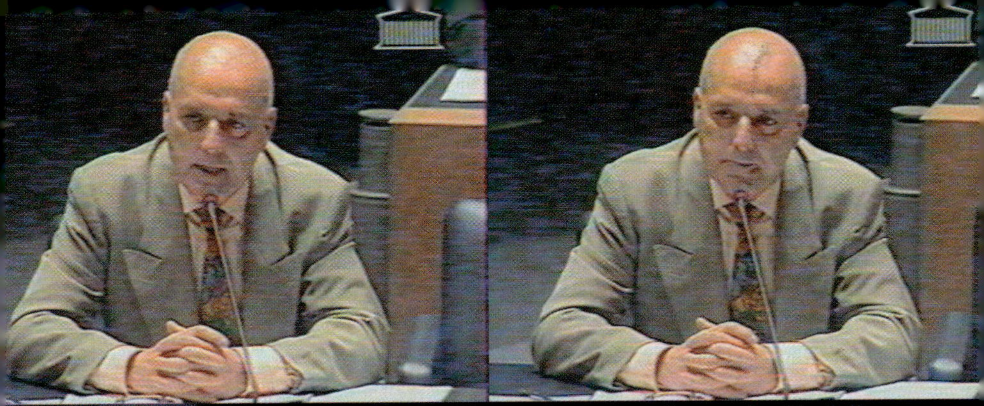

« *L'honneur d'un militaire* [...] *c'est de savoir désobéir...* »
Audition du général Christian Quesnot à la Mission d'information.

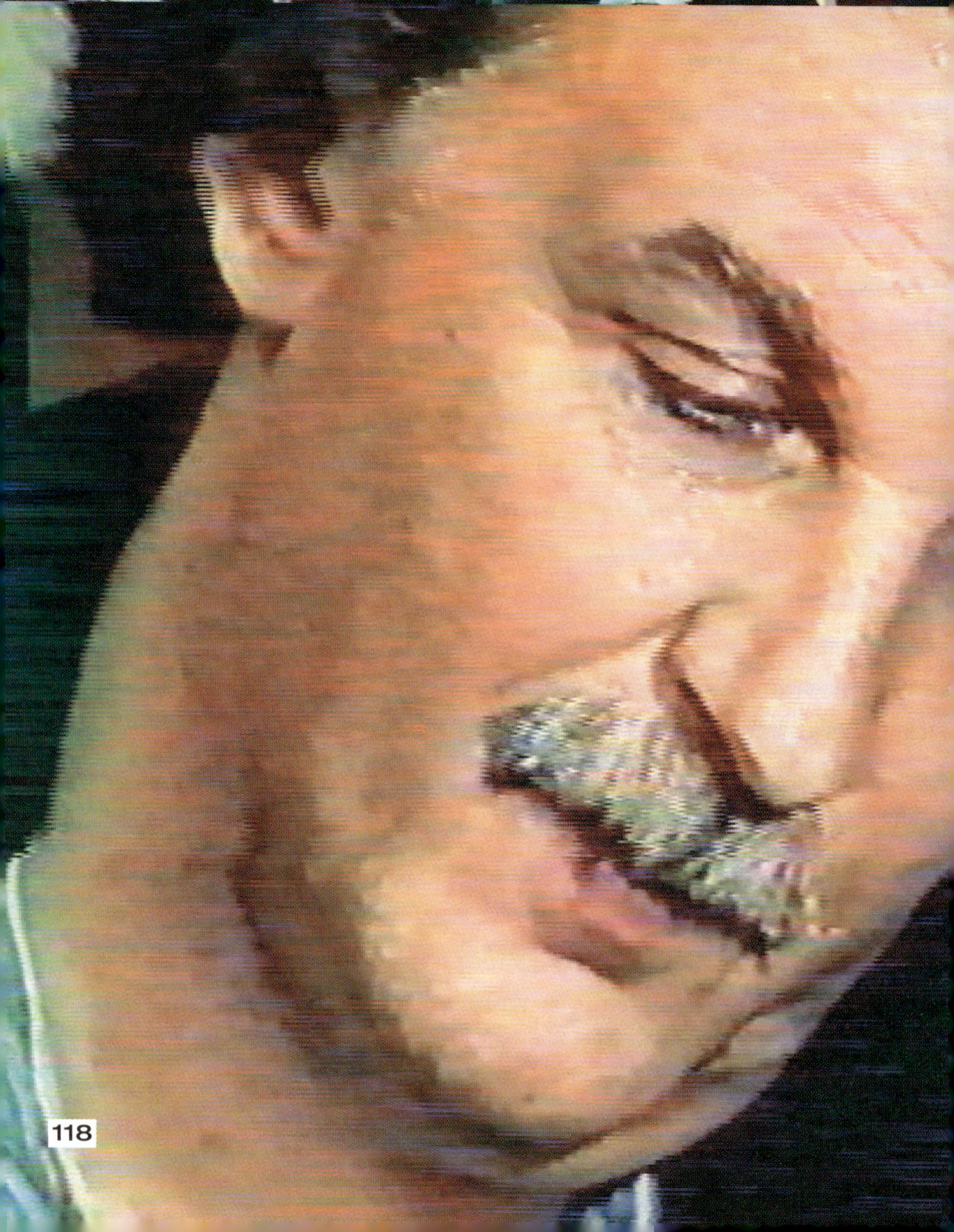

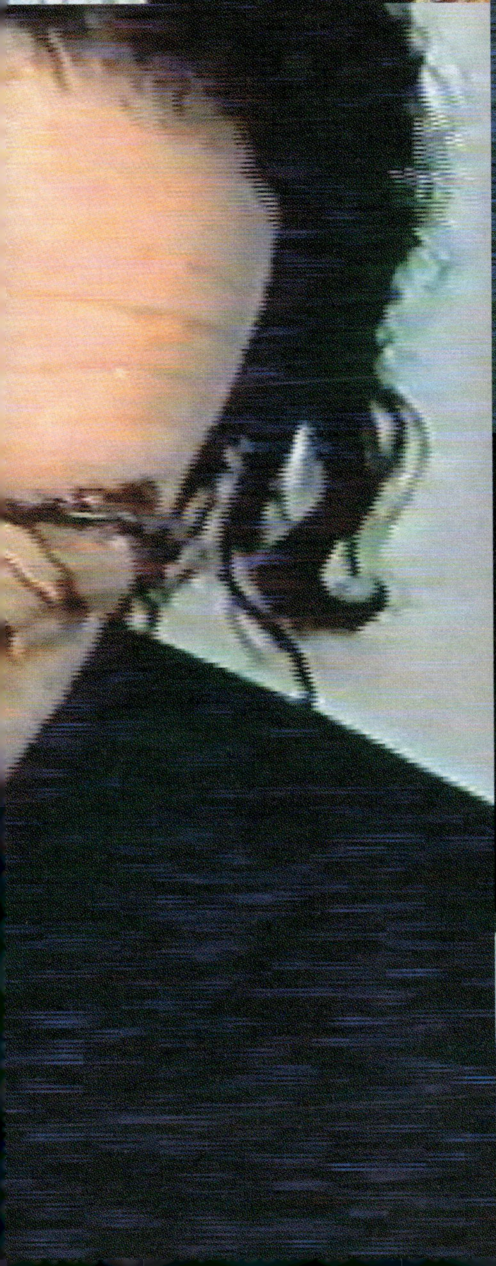

« Cette machine à tuer aurait-elle pu exister si vous et votre père n'aviez pas donné à ce gouvernement tellement d'encouragement ?

— Bullshit ! Et je réponds en anglais, volontairement.

C'est tout. Seule réponse. Ridicule, ridicule… »

Jean-Christophe Mitterrand, ancien conseiller de François Mitterrand.

François Léotard et Édouard Balladur lors de leurs auditions à l'Assemblée nationale par la Mission d'information.
« […] *Nous avons un devoir sacré d'égoïsme national.* » Édouard Balladur.

« Je conçois un sentiment de légitime fierté pour la manière dont le France a montré l'exemple. » **Alain Juppé.**

« C'est un président qui est Hutu, ce qui ne choque personne puisqu'il représente 80 % de la population. » **Hubert Védrine.**

Laurent Walpen, enquêteur général et Carla del Ponte, procureur au TPIR (Tribunal pénal international d'Arusha).

« [...] Aussi longtemps que le corps des enquêteurs et des avocats de la défense ne sera constitué que par des personnes révisionnistes ou déterminées à nier le génocide, les décisions du TPIR seront loin de constituer une justice équitable. »

Associations de rescapés et des veuves du génocide.

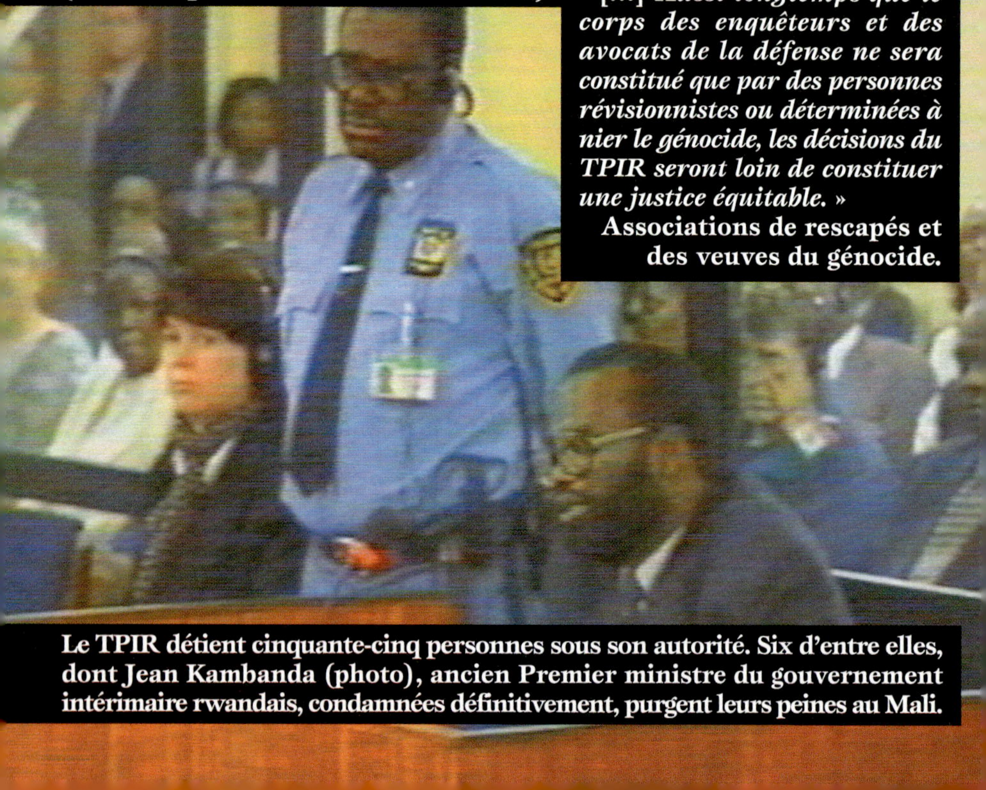

Le TPIR détient cinquante-cinq personnes sous son autorité. Six d'entre elles, dont Jean Kambanda (photo), ancien Premier ministre du gouvernement intérimaire rwandais, condamnées définitivement, purgent leurs peines au Mali.

Légendes

1. Mise en place du génocide

De la colonisation à la République hutu

Page 3

– **L'ethnicisation coloniale de la société rwandaise.** Le Rwanda précolonial n'était pas idyllique, il y avait des riches et des pauvres, des dominants et des dominés. Mais la démarcation était sociale, et non raciale. Les chefs des terres étaient hutu. Étaient tutsi ceux qui disposaient de plus de dix vaches. Il y avait des chefs hutu puissants et respectés, et des paysans tutsi pauvres...

« *Être Hutu, Tutsi ou Twa ne déterminait pas, en 1900, une identité fixe. Ces catégories variaient selon les régions et l'on pouvait en changer. Mais dans les années trente, de telles subtilités échappèrent aux colonisateurs qui se référèrent rapidement à la notion de "race", beaucoup plus simple et familière.* » Isabelle Gaudin, *Les Crises rwandaises depuis 1959.*

Page 4

– **Le Mwami Yuhi V Musinga** (1895-1931), à droite, en compagnie du grand chef Kabare, oncle de Musinga, favorable à la collaboration avec le colonisateur allemand.

– En février 1900, les premiers Pères blancs, appelés par le colonisateur allemand, sont envoyés par le cardinal Lavigerie. Ils s'installent à Save, dans le centre du pays. Depuis, l'histoire du Rwanda moderne est intimement liée à celle de l'Église catholique, qui a toujours collaboré étroitement avec les autorités civiles.

Page 5

– Yuhi Musinga entouré de ses enfants.

– La cour de Yuhi Musinga à Nyanza en 1920.

Depuis la mort du grand roi Rwabugiri en 1895, le pays était en état de guerre civile larvée. Grâce aux colonisateurs allemands, puis belges, le jeune roi Musinga agrandit son royaume. En 1913, les Allemands avaient déjà écrasé des roitelets hutu. Entre 1929 et 1931, les Belges supprimèrent les dernières chefferies hutu et les remplacèrent partout par des responsables issus de la noblesse tutsi.

Pages 6/7

– Les premiers Pères blancs avec Yuhi Musinga vers 1900, au moment de la fondation de la première mission catholique à Save.

« *Les Pères blancs, qui jouissent au Rwanda d'un quasi-monopole, se mettent en devoir de conquérir les âmes, en commençant par celles du roi et des chefs tutsi. Et se chargent de l'éducation et la santé. Le groupe scolaire d'Astrida (Butare aujourd'hui) dispense l'enseignement primaire et secondaire aux fils de chefs tutsi, tandis que les Hutu en quête d'éducation et de promotion sociale se dirigent vers les petits séminaires.* »
(Colette Braeckman, *Le Soir* du 5 mai 2001).

– Le jeune roi Mutara III Rudahigwa, successeur de Musinga. En 1946, l'Église contraint le roi Rudahigwa à consacrer son pays au Christ-Roi au cours d'une cérémonie solennelle. Récitant un texte préparé par les autorités ecclésiastiques, celui-ci déclara reconnaître dans le Christ « *le souverain Maître du Rwanda, la racine de laquelle sort tout pouvoir et toute puissance* » et rejeter « *les erreurs et les vices du paganisme* ».

Pages 8/9

– L'idéologie coloniale de la race. Ethnie : terme introduit par le darwiniste social Vacher de Lapouge (1854-1936), apologiste de l'aryanité blonde, en même temps que le terme d'eugénisme (*Dictionnaire du darwinisme*, sous la direction de Patrick Tort, 1996).

Nourris de la philosophie gobiniste de l'époque, l'Église et les administrateurs belges, après les Allemands, s'attachèrent à la distinction raciale, exacerbant les différences physiques et psychologiques, gommant ce qui unifiait. La même idéologie qui distingue aryens et sémites intervient alors en Afrique pour séparer bantus (Hutu) et hamites (Tutsi).

La théorie raciste de la supériorité de la race « hamite » allait être intégrée par une élite tutsi formée par les Pères blancs. La racialisation de la société sera par la suite un dogme fondateur de la République hutu. Elle oppose d'un côté le peuple de la houe, majoritaire et autochtone, et de l'autre les éleveurs, minoritaires et allogènes. Le premier est censé incarner la naïveté et le bon cœur, les autres la ruse et la fourberie.

Pages 10/11

– Le premier évêque du Rwanda, Mgr Classe, a déclaré en 1930 que les Tutsi étaient des chefs-nés, qu'ils étaient intelligents et dynamiques, les seuls capables de comprendre et de suivre le colonisateur belge. En 1946, le roi Rudahigwa consacre son pays au Christ-Roi. L'Église catholique obtiendra une avalanche de conversions des masses paysannes hutu et tutsi : le Rwanda va devenir le pays le plus catholique d'Afrique.

Page 12

– **Mgr André Perraudin.** Père blanc suisse très proche du pouvoir colonial et Vicaire apostolique de Kagbayi, véritable incarnation de l'Église au Rwanda, il va théoriser le nouvel intégrisme ethnique qui est au cœur de la doctrine du Parmehutu et qui fonde l'idéologie des deux premières Républiques. En 1959, Mgr Perraudin, dans son message de Carême, déclare: « *L'Église est pour toutes les races qu'elle embrasse d'un égal amour et d'un égal dévouement. Mais dans notre Rwanda, les différences et les inégalités sociales sont pour une grande part liées aux différences de race, en ce sens que les richesses d'une part et le pouvoir politique d'autre part sont en réalité en proportion considérable entre les mains des gens d'une même race.* »

– **Mgr Aloys Bigirumwami.** En septembre 1958, face aux dérives racistes de Mgr Perraudin et répondant au « Manifeste des Bahutu », l'évêque Aloys Bigirumwami s'interrogeait: « *Sur quels critères se fonder pour donner les définitions de Muhutu et de Mututsi ? Sont-ce des critères physiques, raciaux ou des critères sociaux et économiques ? Les Bahutu s'adressent, n'est-ce pas, aux Batutsi ? Mais est-ce à tous ceux qui portent l'étiquette de Batutsi ? Est-ce à un petit groupe ? Est-ce spécifiquement aux chefs de provinces qui ne sont au Rwanda qu'une poignée de 52 personnes ? Est-ce aux sous-chefs et à leurs aides, atteignant à peine le nombre de mille ?* »

– L'Église devient le premier propriétaire foncier du Rwanda. Les prêtres baptisent à tour de bras et s'opposent à la politique de contraception que la coopération internationale voudrait implanter. Le taux de croissance de la population est de 3,5 % l'an.

Page 13

– À la fin des années cinquante, Mutara III Rudahigwa s'oppose aux Belges par son désir d'indépendance. Ce roi est aujourd'hui reconnu par le gouvernement rwandais comme un héros national (catégorie : *Imena*), en raison de son opposition aux travaux forcés institués par le colonisateur (*Grands Lacs hebdo* du 12 février 2002). Lorsque l'élite tutsi demanda la fin de la tutelle coloniale, missionnaires et administrateurs belges lancèrent à l'assaut du pouvoir une contre-élite hutu qui leur était inconditionnellement dévouée.

– Visite du roi Baudoin au Rwanda, juin 1955. À Nyanza, le Mwami Mutara offre en cadeau traditionnel cent vingt lances, toutes différentes.

– Jubilé des vingt-cinq ans de règne du Mwami Mutara III. Les vaches *Imbyukuruke* viennent d'être traites en grande cérémonie et le Mwami distribue leur lait à des enfants, Nyanza, juin 1957.

Page 14

– **1957-1964, l'idéologie génocidaire est en place**. Secrétaire particulier de Mgr Perraudin, Grégoire Kayibanda, jeune séminariste hutu, deviendra le premier président de la République en 1961, après un coup d'État. En 1963, sous la supervision de Mgr Perraudin et du major Tulpin, chef des renseignements belges, il fera assassiner son propre cousin Michel Rwagasana ainsi que de nombreux autres hutu membres ou sympathisants du parti Unar, opposé au Parmehutu.

– Kayibanda dans les années soixante : la population civile tutsi prise en otage. En cas d'attaque, « *ce sera la fin totale et précipitée de la race tutsi* ». Discours radiodiffusé du 11 mars 1964.

Page 15

– **Le colonel Logiest** représentait l'autorité belge. Il agissait en arrière-plan pour la réussite du coup d'État de Kayibanda et sera responsable du succès de la « révolution hutu » pendant laquelle des milliers de familles tutsi ont été massacrées. Les huttes sont brûlées et le bétail tué. Il s'ensuivra l'exode de dizaines de milliers d'éleveurs tutsi.

« *Il* [Logiest] *construit le mythe funeste qui va transformer une ancienne classe sociale dominante en une race perverse. Il oppose les longs "hamitisés"* [...] *à la race hutu, opprimée, véritable autochtone, seule maîtresse légitime du Rwanda.* » Luc de Heusch, *Les Temps modernes* n° 579, 1995.

Page 16

– **Le président Kayibanda** en 1973 : la fin de la première République. Devant le mécontentement général de la population, en particulier des politiciens et des militaires du Nord, Kayibanda tente de sauver son pouvoir en lançant de vastes pogromes antitutsi à travers tout le pays. Ce sera l'ultime tentative du régime sudiste pour instaurer dans le sang une unité hutu sous son autorité.

Page 17

– **Habyarimana est arrivé au pouvoir** après un coup d'État, en 1973, au cours duquel une cinquantaine de notables de l'ancien régime seront assassinés. Il fera mourir en prison son prédécesseur Kayibanda, en 1976, dans des conditions atroces. Cela ne l'empêchera pas d'en louer la mémoire et de se revendiquer de sa « révolution hutu ».

Pages 18/19/20

– **Réception en France du président Habyarimana** en 1990. Discussion en tête à tête avec le président François Mitterrand et avec le ministres des Affaires étrangères Roland Dumas. Repas à l'Élysée. On reconnaît autour de la table avec les invités africains : Jacques Delors, Roland Dumas, François Mitterrand (photos de l'album familial Habyarimana : collection Mémorial international).

– Le président Habyarimana, surnommé « l'invincible », à son apogée en 1990 : « *Je n'ai jamais perdu, car quand la partie semblait mal tourner, je n'ai jamais hésité à briser la jambe du joueur de l'équipe adverse. Il m'est même arrivé de casser le ballon lui-même. Je suis comme ça.* » Propos tenus le 20 mars 1994, à l'aéroport de Kigali, devant l'équipe nationale de football du Rwanda, cité par Colette Braeckman, *Rwanda, histoire d'un génocide*.

Page 21

– **L'ambassadeur Georges Martres**. « *J'ai connu personnellement le président Habyarimana. Il s'exprimait en français, il avait des positions intéressantes qui donnaient l'impression d'un homme d'une grande moralité. Le président Habyarimana priait régulièrement, allait à la messe régulièrement. Je ne dis pas que ce sont des éléments qui ont entraîné la décision du président Mitterrand, mais généralement l'image présentée par le président Habyarimana et sa famille au président Mitterrand était perçue de manière favorable.* »

Pages 22/23

Les deux faces, l'une exhibée et l'autre cachée de l'*akazu*, la belle-famille d'Habyarimana :

– Petits cadeaux échangés par les premières dames de France et du Rwanda : Mmes Danielle Mitterrand et Agathe Habyarimana, lors de la visite officielle effectuée en France en 1990 (photos extraites de l'album personnel d'Agathe Habyarimana).

– Documents trouvés dans la résidence présidentielle en juillet 1994 avec l'album de photos de la famille Habyarimana : des bobines de films sur *Mein Kampf* d'Hitler et la collection complète de *Kangura*, la publication raciste et extrémiste de l'*akazu* (photos : Mémorial international).

Pages 24/25

– **Le sommet franco-africain de La Baule** en juin 1990. « *Effrayé par les effets de son discours de La Baule en faveur de la démocratie* [écrit par Éric Orsenna], *le président Mitterrand change radicalement de position dans les dix-huit mois qui suivent* [...]. [Après l'opération *Noroît*] *le message au reste de l'Afrique francophone était clair : qu'importe la "démocratie" ou les "droits de l'homme"* [...]. *Ces mots ne sont pas à prendre au sérieux.* » Gérard Prunier, *Rwanda, le génocide*.

2. Préparation du génocide
Opération *Noroît* (1990-1993)

Page 26

– Tank des Forces armées rwandaises (FAR).

Confession du colonel des ex-Forces armées rwandaises, Emmanuel Habyarimana (homonyme du président, sans lien de parenté): « *C'était un climat de terreur* [...]. *C'était des assassinats...* »

Question du journaliste de la BBC, émission Panorama: « The Bloody Tricolour », diffusée le 28 août 1995: *Est-ce que les Français savaient tout cela?*

E.H.: Dire qu'ils savaient, ça je ne peux pas le dire. Mais ils étaient dans le pays.
Et alors?
E.H.: Et alors, je pense que, comme tout le monde, ils voyaient ce qui se passait.

Page 27

– Militaires français pendant l'opération *Noroît*. Stephen Smith raconte dans *Libération* du 11 juin 1992 qu'une colonne de ravitaillement du FPR a été stoppée « *au lance-roquettes, par un hélicoptère de combat. Aux commandes était alors un officier de la DGSE, le contre-espionnage français* ». Et Paul Barril explique dans *Playboy* de mars 1995: « *Les services spéciaux officiels ont bloqué en 90 l'attaque* [conjointe] *des terroristes du FPR* [et de] *l'Ouganda, ce fut le travail de la DGSE. Un travail remarquable, dont on peut être fier, fut effectué durant cette première phase de la guerre.* [...] *Des types qui ont pris des initiatives folles, qui ont fait des cartons à l'extérieur avec seulement quelques hélicoptères et quelques canons. Il y aurait matière à écrire un livre sur l'héroïsme des services secrets français au Rwanda, face à l'Ouganda et au FPR* [...]. *Ça a été une belle partie.* » Robert Galley, ancien ministre de la Coopération, confirmera à la Mission d'information sur le Rwanda que les attaques du FPR « *ont été stoppées par les parachutistes français* ».

Pages 28/29

– Les soldats français associés aux violences des FAR. Jean Carbonare, membre de la commission d'enquête internationale de 1993 sur la violation des droits humains au Rwanda, témoigne: « *En janvier 1993, j'ai vu dans le fameux camp de Bigogwe, entre Gisenyi et Ruhengeri, des "para-commandos" français qui formaient des soldats responsables des massacres dans la région. Par camions entiers les civils étaient amenés, torturés et exécutés, et c'est aussi par camions que les corps étaient enterrés dans une fosse commune près du cimetière.* » (*L'Humanité-dimanche* du 26 mai au 1er juin 1994).

Page 30

– Le christianisme, religion d'État. Le 27 novembre 1993, jubilé de Mgr Nikwigize, évêque de Ruhengeri, fief de l'*akazu*. S'y retrouvent les principaux planificateurs et futurs maîtres d'œuvre du génocide.

« *L'Église catholique a pratiquement été une religion d'État, jouissant de privilèges considérables tels que, depuis le temps colonial, le quasi-monopole de l'enseignement, une audience forte dans les milieux du pouvoir, la possession de propriétés très grandes et pas toujours exploitées, des exonérations fort étendues dans le domaine fiscal.* [...] *Les membres de la hiérarchie, missionnaires comme autochtones, ont fini par être confondus avec la nomenklatura des régimes successifs.* » Père jésuite Octave Ugirashebuja, *Étude*, revue française des jésuites, Paris, février 1995. Le père Octave Ugirashebuja est responsable du Centre Christus de Remera à Kigali.

– Lorsque Kayibanda est destitué, l'Église catholique soutient tout aussi fermement son successeur Habyarimana. Celui-ci serait proche de l'Opus Dei et membre de l'Emmanuel, une communauté charismatique franco-belge fondée par un ancien militant de l'OAS, Pierre Goursat (*Notes d'information du Réseau Voltaire* RV/97/0397 et RV/98/0407). Jean-Paul II, qui a béatifié en 1992 Escriva de Balaguer, le fondateur de l'Opus Dei, sera un soutien fidèle du président. L'archevêque du Rwanda, Mgr Nsengyumva, proche de l'*akazu*, est membre du comité central du parti unique et le restera jusqu'en 1990, moment où il démissionnera diplomatiquement, afin de faciliter la visite du pape Jean-Paul II au Rwanda.

Page 31

– Au service de la très catholique République hutu : les militaires français de l'opération *Noroît*. « [...] *des troupes françaises sont intervenues pour sauver in extremis le dictateur du Rwanda Juvénal Habyarimana* [...]. *Une mission* [opération *Noroît*] *présentée, selon la formule consacrée, pour protéger les Français vivant dans le pays. En vérité, des conseillers militaires français assuraient une assistance technique à l'armée gouvernementale et à la garde présidentielle* » (*L'Humanité* du 11 avril 1994). On disait couramment dans les milieux expatriés du Rwanda à l'époque que « *les militaires français repéraient l'objectif, ils pointaient l'artillerie, l'officier français commandait le feu, et... le seul militaire rwandais présent appuyait sur le bouton.* » (*L'Humanité* du 17 juin 1994).

Page 32

– Armement des milices.

Question : *On vous disait à quoi devaient servir ces armes ?*
— Ces armes devaient tuer tous ceux qui étaient pour le FPR.
Il n'y a pas que des Tutsi qui ont été tués ?
— Non.
Vous aviez la liste des gens à tuer ? Comment saviez-vous qui devait être tué ?
— [...] Il y avait chaque fois un responsable dans la zone qui donnait la liste de ceux qui devaient être tués.

RTBF, l'Hebdo, *Rwanda : le cauchemar éveillé*, juin 1994. L'auteur des aveux fait partie d'un groupe d'hommes armés fait prisonnier par le FPR dans la région de Gahini.

Pages 33/34/35

– Contrôle ethnique réalisé par les militaires français. Réponse d'un militaire français à un poste de contrôle : « *On sait très bien que les Tutsi sont l'ennemi...* »

« *Sur la commune de Nyacyonga* [...] *il y avait des filles qui étaient violées par les militaires français.* » Témoignage d'Yvonne Mutimura-Galinier (voir annexe).

Pages 36/37

– « *Les militaires français entraînaient aussi les miliciens du MRND* [les Interahamwe]. » Témoignage d'Yvonne Mutimura-Galinier (voir annexe).

« *Pendant ces dernières décennies, d'innombrables pogromes ont eu lieu* [contre les populations civiles tutsi]. *Les responsables n'ont jamais été jugés. Bien au contraire, c'était une des formes de promotion politique au Rwanda. Nombre de dirigeants politiques, militaires et miliciens considéraient qu'ils pouvaient ainsi rendre la "machine à tuer" plus performante.* » (François Rutayisire, *L'Humanité* du 5 août 1994).

Page 38

– Léon Mugesera, ancien professeur à l'université nationale du Rwanda, était conseiller ministériel, membre du comité central et vice-président du parti présidentiel MRND pour la préfecture de Gisenyi.

Dans son discours du 22 novembre 1992, à Kabaya (préfecture de Ruhengeri), il appelle au meurtre des Tutsi qu'il faut « *supprimer et surtout qu'ils ne partent pas* ». « *Il faut constituer la liste des ennemis de l'intérieur. Si ce n'est pas fait nous nous occuperons nous-mêmes de cette bande de salauds!* » Il exhorte à éviter « *l'erreur fatale que nous avons commise en 1959, c'est de les avoir laissés sortir* ». Il prédit que les Tutsi vont être cette fois renvoyés « *chez eux, en Éthiopie* », mais sous forme de cadavres, « *nous allons leur trouver un raccourci, la rivière Nyabarongo* ». Il exhorte aussi à la poursuite de leurs « complices » des partis d'opposition: « *Leur peine, c'est la mort et pas moins.* » (Rapport de la Commission internationale d'enquête sur les violations des droits de l'homme au Rwanda depuis le 1er octobre 1990, 7-21 janvier 1993, pages 26-25).

« *Dernièrement j'ai dit à quelqu'un qui venait de se vanter devant moi d'appartenir au PL* [Parti libéral, opposé au régime Habyarimana]. *Je lui ai dit: "L'erreur que nous avons commise en 1959 est que, j'étais encore un enfant, nous vous avons laissés sortir." Je lui ai demandé s'il n'a pas entendu raconter l'histoire des Falashas qui sont retournés chez eux en Israël en provenance de l'Éthiopie ? Il m'a répondu qu'il n'en savait rien! Je lui ai dit: "Ne sais-tu pas donc ni écouter ni lire ? Moi, je te fais savoir que chez toi c'est en Éthiopie, que nous vous ferons passer par la Nyabarongo pour que vous parveniez vite là-bas."* » (Traduction du professeur Thomas Kamanzi).

Bien qu'arrêté le 26 janvier 1995 par les agents de l'immigration canadienne, la justice du Canada, par la décision du juge Nadon, ordonne le 12 avril 2001 que Mugesera reste libre et ne soit pas expulsé de ce pays.

Page 39

– **Ferdinand Nahimana**, historien et idéologue, membre influent de l'*akazu*, il fut le directeur de l'Office rwandais d'information (Orinfor), puis actionnaire et éminence grise de la RTLM.

Pages 40/41

– **Violence militaire rwandaise contre les civils tutsi**, sous présence militaire française. La coopération militaire française se renforce bien que le régime révèle son caractère génocidaire :

- 8 octobre 1990 : massacre de la population civile tutsi (Bahima) dans le Mutara (un millier de victimes) ;
- 11-13 octobre 1990 : massacre de Tutsi dans la commune de Kilibira ;
- janvier-février 1991 : début de l'extermination de 2000 Tutsi bagogwe ;
- mars 1992 : nouveaux massacres de Tutsi à Kilibira ;
- août 1992 : massacre de Tutsi dans la région de Kibuye ;
- 20-22 février 1993 : violences à Kigali. Massacre de Tutsi et d'opposants hutu dans les préfectures de Gisenyi, Ruhengeri, Kibuye et Byumba.

Pages 42/43

– La Radio-Télévision libre des mille-collines, RTLM, a commencé à diffuser ses appels à la haine et aux massacres en août 1993. Extension radiophonique du journal *Kangura*, elle jouera un rôle central pendant le génocide. Elle donnera aux « médias de la haine » une nouvelle dimension. « *Dans un pays où une grande majorité de la population est analphabète, la radio joue un rôle considérable* », explique le docteur Émile, un responsable du FPR. « *Sur les stations gouvernementales, nous avons toujours été diabolisé.* » (Maria Malagardis, *La Croix* du 3 juin 1994). La RTLM utilisait les émetteurs, les fréquences et le budget de Radio Rwanda. La plupart de ses cadres et animateurs venaient également de la radio d'État.

Pages 44/45

– Le général Joseph Canal, commandant des forces françaises en Afrique (1991-1992), interviewé par la BBC dans son bureau :

Général Canal : « [Les militaires français] *ont soutenu les troupes en formant leurs cadres, dans le cadre des accords de coopération de défense* [...]. »
Question : *Présence sur le terrain ?*
G. C. : Présence sur le terrain, oui, mais toujours en arrière des troupes gouvernementales hutu [...].
Toujours en arrière ?
G. C. : Oui, toujours en arrière. C'est vrai, beaucoup de choses ont été racontées, mais ce qui a été raconté c'est FAUX ! C'est FAUX !

Pages 46/47

– Arrivée du FPR à Kigali. L'arrivée du FPR à Kigali le 28 décembre 1993 est filmée de l'un des cars transportant le bataillon, précédé de l'escorte de l'ONU. Une foule immense laisse éclater sa joie : la venue des hommes politiques du FPR signifiait la fin de la guerre et l'application des accords d'Arusha.

Page 48

– Propagande du MRND. Comme au temps du Parmehutu de Kayibanda, le seul programme du MRND ou de la CDR est l'appel à la haine raciale pour rassembler tous les Hutu derrière leurs leaders. « *Au meeting, les conseillers dirent que les Hutu devaient tuer les Tutsi et tous ceux qui étaient contre le gouvernement* [...]. » Un père de famille, cité dans Danielle Helbig *et col., Documents sur le génocide*.

3. Exécution du génocide
Opération *Amaryllis* (avril 1994)

Pages 50/51

– **Signature des accords d'Arusha en janvier 1993.** Juvénal Habyarimana est accueilli par son homologue ougandais Yoveri Museveni. En arrière-plan, le Falcon présidentiel qui sera abattu le 6 avril 1994 de retour d'Arusha. Calqué sur le modèle burundais de 1993, l'assassinat du président Habyarimana doit servir de prétexte pour mobiliser les masses et permettre de réaliser le plan prévu: l'extermination de la minorité tutsi, base démographique présumée du FPR, et dans la foulée, l'élimination des opposants hutu. Le 6 avril, un missile tiré de la colline de Masaka abat l'avion qui s'écrase au sol dans les jardins de la résidence présidentielle. Aucun de ses passagers ne survivra. Le lendemain, les milices hutu commencent à massacrer la minorité tutsi. La garde présidentielle massacre également tous les habitants hutu de la colline de Masaka.

Pages 52/53

– Le 14 juin 1994, François Mitterrand décore à titre posthume les trois Français présents dans l'avion de la Légion d'honneur. En 1997, l'épouse de l'un des pilotes mort dans l'attentat (Jean-Pierre Minaberry) dépose une plainte auprès de la justice française.

Page 54

– **Opération *Amaryllis*: le feu vert pour le génocide.** « *La première mission humanitaire de l'armée française en direction du Rwanda a consisté à évacuer les responsables des réseaux Zéro et M*me *Habyarimana, personnages qui adressent des menaces de mort aux opposants hutu et tutsi vivant en France.* », Jean-François Bayart, interviewé par Agnès Rotivel (*La Croix* des 21-22-23 mai 1994).

« *Cent quatre-vingt-dix parachutistes français sont déposés le matin du 9, pour l'opération baptisée* Amaryllis. *Ils ont pour mission d'évacuer tous les citoyens étrangers qui le souhaitent, mais pas de Rwandais. Ils ne doivent pas intervenir au niveau politique ni s'occuper de la sécurité des nationaux. Les 250 soldats belges qui arrivent le matin du 10 sont aussi venus principalement pour sauver leurs compatriotes de l'anarchie grandissante à Kigali. Mais le débat politique est quelque peu différent. Willy Claes, le ministre belge des Affaires étrangères, demande aux Nations unies de modifier le mandat de la Minuar pour permettre aux soldats internationaux d'intervenir militairement et d'arrêter les massacres. La Belgique déplore toujours le meurtre de ses dix casques bleus et souhaite intervenir, mais seulement sous l'égide de l'ONU. Il est prévu que les 250 parachutistes qui viennent d'arriver rejoignent le contingent belge de l'ONU déjà sur place, mais Paris reste inflexible et s'y oppose.* » Gérard Prunier, *Rwanda, le génocide*.

Page 55

– « *S'il vous plaît, aidez-nous, venez nous secourir, on nous tue...*
— Non ! ce n'est malheureusement pas possible. Nous ne procédons pas à l'évacuation de Rwandais. Ce sont les ordres. »

Supplications de Vénuste Kayimahe et réponse d'un soldat français de l'opération *Amaryllis*. Extraits de *France-Rwanda : les coulisses du génocide*, Dagorno, 2001.

Pages 56/57

– Mort des dix casques bleus belges. Les corps sont évacués dans une camionnette. « *Désarmés, abandonnés par les soldats ghanéens qui ont pu quitter les lieux, les paras belges ne sont plus rien : on les frappe à la baïonnette, on les déshabille, on les jette face contre terre. Trois d'entres eux seront tués par balle, dont le lieutenant Lotin, touché à la gorge. L'un des hommes, qui a une formation de karatéka, tente de se défendre malgré tout et se bat à mains nues. On le retrouvera les doigts brisés. Un autre, qui a gardé sur lui une arme de corps, fait feu sur ses assaillants. Cette ultime résistance n'empêche pas l'exorcisme : chaque soldat rwandais donne son coup de grâce. On sectionne les tendons, on crève les yeux, on coupe le nez, les membres, les bras. À ce moment certains sont déjà morts, d'autres pas. Un soldat sera scalpé, quatre crânes seront fracassés à coups de baïonnette.* »
Colette Braeckman, *Rwanda, histoire d'un génocide*.

Page 57

– Casque bleu belge découpant son béret : « *En raison de leur béret bleu, ces paras ne disposaient en effet ni des armes, ni des pouvoirs requis pour intervenir en fonction des circonstances. En outre, les extrémistes hutu avaient pu se rendre compte que ces restrictions leur permettaient de harceler les paras coiffés de bérets bleus sans devoir craindre la moindre réaction.* [...] *C'est leur fierté, leur dignité et leur défense* [que] *le mandat des Nations unies au Rwanda leur a enlevées* [...]. *Et c'est ainsi qu'a débuté le génocide de la minorité tutsi sous les yeux de paras belges condamnés à l'impuissance* [...]. » (Marc Bossuyt, *Le Soir* du 21 mai 1994).

Pages 58/59/60/61

– **La machine à tuer est contrôlée par les autorités politiques et administratives du pays.** « *J'ai personnellement tué cinq personnes à la machette* [...]. *Les bourgmestres de Murambi et Kayonza dirigeaient les opérations dans notre commune.* [...] [Ils] *répandaient la rumeur que les Tutsi de la région s'étaient réunis et avaient décidé de tuer les Hutu. C'était des soldats qui colportaient cette histoire. Ils allaient chez les officiels des différentes cellules et chez les conseillers et leur demandaient de répéter cette information aux gens.* » Témoignage recueilli par African Rights, *Rwanda, Death, Despair and Defiance.*

– Barrages routiers et contrôles ethniques : « *Quelques Tutsi réussissent à embarquer à bord de camions en route pour l'aéroport : ils doivent descendre des véhicules au premier barrage de la milice et ils sont massacrés sous les yeux de soldats français ou belges qui, conformément aux ordres, ne réagissent pas.* » Gérard Prunier, *Rwanda, le génocide.*

Page 62

– **La machine à tuer se met en route.** On tue les Tutsi en plein jour, devant tout le monde, c'est la « normalité », instituée par les autorités. « *Lorsque les autorités nationales ordonnèrent l'extermination des Tutsi, des dizaines de milliers de Hutu répondirent rapidement, impitoyablement et continuellement. Ils tuèrent sans aucun scrupule et en y prenant parfois du plaisir. Ils déambulaient dans les rues de Kigali en chantant "qu'on les extermine tous !". Ils marchaient dans les rues de Butare, en criant "Power, Power !"* ». Alison Des Forges, *Aucun témoin ne doit survivre.*

Page 63

– **Interview d'Agathe Habyarimana** par la RTBF à Paris, le 25 avril 1994. Questionnée sur les auteurs de l'attentat contre son mari : « *Je peux vous dire que tout de suite la population a dit que c'est le FPR. Mais comme moi j'ai quitté le pays sans savoir ce que les gens disaient. Je peux vous garantir que ce n'est pas l'armée rwandaise qui a tiré sur le président, parce que l'armée rwandaise elle n'avait pas de missiles.* [...] *Vous savez que c'est pécher deux fois. Voir une veuve qui souffre avec toute sa famille, avec toute la population et dire des choses pareilles, c'est pour me tuer deux fois* [...]. *J'en suis sûr que le Bon Dieu va venger notre famille !* »

Pages 64/65

– **Contrôle ethnique.** Ceux qui avaient la case « Tutsi » cochée sur leur carte d'identité étaient tués sur-le-champ. Le filtrage se faisait aussi au faciès, suivant les conseils que Jean Kantano prodigue sur la RTLM :

« *Regardez donc une personne et voyez sa taille et son apparence physique. Regardez seulement son joli petit nez et ensuite cassez-le.* » Cité par Jean-Pierre Chrétien *et col., Les Médias du génocide.*

« *Il y avait des dizaines de postes de contrôle, la plupart assurés par des civils. C'était toujours la même question: "Où sont les Tutsi ?" Quand ils voyaient le soldat qui nous accompagnait, ils lui disaient: "Nous avons fait le gros du travail. Quelques-uns sont encore cachés, mais nous les aurons." Ils étaient furieux lorsque nous disions qu'il n'y avait pas de Tutsi dans notre groupe, et ils demandaient à voir nos cartes d'identité. La plupart ne savaient pas lire. Ils ont appelé quelqu'un qu'ils nommaient "le conseiller" pour lire les cartes* [...]. » Un missionnaire africain, interviewé à Nairobi le 29 avril 1994, ayant fui la paroisse de Fitorama. Rapporté dans *Rwanda. Documents sur le génocide*, Luc Pire, 1997.

Pages 66/67

– Le Rwanda transformé en abattoir. « *On faisait tout en même temps. Les uns coupaient, les autres frappaient. Moi j'avais une machette, je coupais: le bras, la tête, la nuque. Tu frappais où tu pouvais. On faisait les choses à la hâte.* » Un jeune homme. Déclaration faite à la prison de Kigali. FR3, émission *État d'urgence* de Jean-Marie Cavada (hors série de la Marche du siècle): « Rwanda, autopsie d'un génocide », diffusée en septembre 1994.

– Théodore Sindikubwabo, président du gouvernement intérimaire. Fin avril, il appelle la population de Butare « *à se mettre au travail* ». Son discours diffusé par la radio nationale a permis d'initier les massacres dans cette préfecture qui avait jusque-là résisté. Extrait: « *Celui qui ne se sent pas concerné par notre combat, eh bien qu'il fiche le camp! Certains sont chargés de nous en débarrasser. Qu'ils y mettent du zèle!* »

Après le génocide, il est interviewé à Bukavu, au Zaïre, où le gouvernement intérimaire en exil s'était réorganisé. Théodore Sindikubwabo: « *Je savais qu'il y avait des tensions à Butare. J'avais été averti de ces tensions à Butare. Je suis parti à Butare expressément pour donner le message de pacification, pour demander aux gens à Butare de s'occuper plutôt du travail manuel au profit de leur ménage au lieu de se perdre dans des querelles politiques. Voilà l'expression de ma visite à Butare.* »

Question: *Et vous avez l'impression que les gens ont pris au pied de la lettre ce que vous leur disiez ?*

Théodore Sindikubwabo: Ah! Les gens, s'ils ont pris au pied de la lettre qu'il faut travailler pour leur ménage, ou bien s'il y en a qui ont interprété autrement ma parole et ma pensée, ça je ne sais pas.

Vous n'avez, vous nous l'assurez monsieur le président, donné aucun ordre dans ce sens ?

T. S. : Je n'ai donné aucun ordre dans le sens d'affrontements entre les populations. Au contraire, j'ai plutôt donné l'ordre de vaquer à ses occupations habituelles, ce qu'on appelle « Umuganda » [travail collectif d'intérêt public].

Page 67

– Couverture du journal *Kangura* de décembre 1993. Trois années de propagande par les médias de la haine ont porté leurs fruits. Le numéro de décembre 1990 de ce même journal donnait les « Dix commandements du Hutu ». La page quatre de couverture présentait un portrait de Mitterrand avec le proverbe : « *C'est dans la difficulté que l'on reconnaît ses amis* ». Illustration reprise de Jean-Pierre Chrétien *et col.*, *Les Médias du génocide.*

Pages 68/69

– Tous les Hutu sont conviés aux massacres et les biens des victimes tutsi sont distribués par les autorités. « *Au début du génocide, les autorités avaient gelé les comptes bancaires des Tutsi, probablement dans l'intention de transférer ces fonds au profit du gouvernement.* [...] *Les autorités avaient demandé aux bourgmestres de régler sans tarder la redistribution des biens et des terres des Tutsi.* [...] *Les listes des personnes tuées, préparées à cette époque* [mi-avril 1994], *avaient pour objet de recenser d'une part les familles qui avaient été complètement éliminées et dont les biens pouvaient être redistribués, et d'autre part celles dans lesquelles il y avait des survivants, ce qui signifiait que leur terre ne serait disponible qu'après de nouvelles tueries. Les bourgmestres des communes rurales se préoccupaient surtout de la redistribution des parcelles cultivables, tandis que ceux des villes, comme à Butare, attribuaient les maisons, voire des étals sur les marchés, et ce pendant les mois de mai et de juin* [...]. » Alison Des Forges, *Aucun témoin ne doit survivre.*

Pages 70/71

– Kantano Habimana à la RTLM (mai 1994) : « *Combattez les Inyenzi, écrasez-les, debout !* [...] *Avec vos lances, vos bâtons, vos fusils, vos machettes, des pierres, tout, coupez-les, ces cafards, ces ennemis de la démocratie, montrez que vous savez vous défendre, encouragez vos soldats* [...]. »

Pages 72/73

– (Antenne RTLM en médaillon) Kantano Habimana à la RTLM (mai 1994) : « *Le 5 mai, le nettoyage des Tutsi devra être terminé... Les fosses communes ne sont qu'à moitié pleines, qui va nous aider à les remplir ?* » En juin, la présentatrice Valérie Bemeriki incitait les tueurs à achever l'élimination des Tutsi, réclamant sur les ondes de la RTLM « *leur totale extermination, leur mise à mort, leur totale extinction* ».

Pages 74/75

– Les organisateurs rwandais ont fait le nécessaire pour obtenir une participation populaire la plus large possible. Les massacres ont pris l'allure d'une fête, mise en scène par la très interactive RTLM. Ils se sont faits en plein jour et impliquaient le maximum de participants et de spectateurs.

« *Les femmes et les adolescentes se joignirent aux foules entourant les églises et les hôpitaux et autres endroits de refuge, maniant des machettes, des matraques cloutées et des lances. Elles furent excellentes dans le rôle de meneuses du génocide, encourageant les tueurs de leurs chants et de leurs hurlements. Elles entrèrent dans les églises, écoles, stades et hôpitaux pour achever les blessés, taillant en pièces femmes, enfants et même hommes. Certaines femmes ont été accusées d'avoir tué leurs propres maris et enfants.* » African Rights, *Moins innocentes qu'il n'y paraît.*

Pages 76/77

– **Jérôme Bicamumpaka**, le ministre des Affaires étrangères du GIR, occupait le siège du Rwanda au Conseil de sécurité de l'ONU. Pendant le trimestre du génocide, il travaillait étroitement avec la France. « *Outre les affirmations habituelles sur les centaines de milliers de Hutu tués par le FPR simplement parce qu'ils étaient Hutu, il ajouta que les soldats du FPR dévoraient le cœur de leurs victimes.* » Alison Des Forges, *Aucun témoin ne doit survivre.* Il sera reçu à Matignon et à l'Élysée pendant le génocide.

Pages 78/79/80/81

– « *Les premiers massacres des Tutsi en 1959 étaient surtout localisés autour des grandes missions d'où les Pères blancs avaient construit leur idéologie de races.* » Félicien Karege, « J'ai retrouvé le berceau de mon enfance », *Regards africains* n° 37, hiver 1996, pages 26-27. En 1994, ce sont dans les missions et les églises que seront réalisées les tueries les plus massives, parfois plus de 4000 personnes, comme dans l'église Saint-Pierre de Kibuye. « *Les églises deviennent des pièges mortels. D'une paroisse à l'autre, la technique s'affine, devient plus efficace. Lorsque les gens sont rassemblés à l'intérieur, c'est l'armée qui entame les opérations. Elle cerne les lieux, puis jette des explosifs. Les miliciens entrent alors en action.* » Colette Braeckman, *Rwanda, histoire d'un génocide.*

– « *Lorsqu'en 1961, 63, 64, 72, des Tutsi sont massacrés, l'Église se tait ou se contente de dire que les Hutu "raccourcissent" les Tutsi, en leur coupant les jambes…* » (Colette Braeckman, *Le Soir* du samedi 5 mai 2001).

Page 82

– Les vierges de Kibeho. Pendant le génocide, une de ces illuminées a déclaré à la radio nationale : « *Le Christ n'aime pas qu'on tue bien sûr. Mais la Vierge Marie va intercéder auprès de son fils pour qu'il nous comprenne.* » Autrement dit, lors de ses apparitions à Kibeho, la Vierge Marie révélait qu'elle intervenait auprès de Jésus-Christ pour qu'il « comprenne » la nécessité de l'extermination des Tutsi. Est-ce l'origine du révisionnisme affiché par le Vatican ?

– Le Vatican reconnaît les apparitions de la Vierge Marie à Kibeho. Devant tous les évêques catholiques du Rwanda, le cardinal Etchegaray et le nonce apostolique, Mgr Misago l'a annoncé officiellement à Kigali, le 29 juin 2001, à l'occasion du jubilé (les cent ans de présence de l'Église catholique au Rwanda).

Page 83

– Ces apparitions mariales avaient été mises en scène dès 1981 par l'abbé Gabriel Maindron. Mgr Misago a déclaré : « *Oui, la Vierge Marie est apparue à Kibeho dans la journée du 28 novembre 1981 et au cours des mois qui ont suivi.* » (« Déclaration portant jugement définitif sur les apparitions de Kibeho », *Le Monde vu de Rome*, vendredi 29 juin 2001).

Pages 84/85

– « *Les tueries sont exécutées dans des conditions atroces, affreusement cruelles. Elles sont en effet précédées d'actes de torture ou autres traitements cruels, inhumains et dégradants. D'une manière générale, les victimes sont attaquées à coups de machette, de hache, de gourdin, de massue, de bâton et de barre de fer. Les bourreaux vont parfois jusqu'à couper successivement les doigts, la main, les bras, les jambes avant de trancher la tête ou de fendre le crâne.* » Nations unies, Conseil économique et social, commission des droits de l'homme des Nations unies, rapporteur R. Degni-Ségui, I. 28 juin 1994 - II. 12 août 1994 - III. 11 novembre 1994.

– Au ministère du Plan, on savait depuis 1978 que la population tutsi était de l'ordre de 32 %, bien supérieure aux chiffres de la propagande officielle. Celle-ci justifiait la quasi-absence des Tutsi parmi les cadres de l'administration, les bourgmestres, les officiers, les étudiants boursiers et les hauts dignitaires ecclésiastiques, par le dogme de l'« ethnie majoritaire » et des 9 % de Tutsi. À Kibuye, dans les communes de Rwamatamu et Gishyita, il y avait 65 % de Tutsi ; à Gitezi et Mabanza, entre 40 et 50% ; dans la région du Muyaga (Gitarama) et dans les communes de Mugina, de Ntongwe et dans de nombreuses autres communes du Bugesera-Mayaga, 50 % ; à Butare, les Tutsi n'étaient nulle part moins de 30 %, etc. Le recensement de 1991, pendant la guerre civile, n'a pas eu lieu pour trouver des outils de la planification économique, mais pour résoudre, par l'extermination, l'importance démographique de cette minorité.

Pages 86/87

– **Ramassage des cadavres à Kigali**. Ce sont les prisonniers de droit commun, reconnaissables à leur tenue rose, qui ramassent les corps. Ils les mettent dans des camions-bennes qui font la navette jusqu'aux fosses communes, pendant que la RTLM appelle au « travail » pour les remplir. Un observateur a observé jusqu'à vingt-cinq déchargements par jour de ces gros camions-bennes remplis de cadavres, dans une fosse commune près de Kigali.

Page 88

– **Un crime qui ne peut s'oublier...** « *Les attaquants rentrèrent dans la maternité. Ils rassemblèrent les enfants et commencèrent à les frapper à coups de machette.* [...] *Ils quittèrent la clinique quand ils pensèrent que tout le monde était mort et allèrent vers l'église où il y avait beaucoup plus de monde. Quelques enfants vivaient encore, mais l'un d'eux était gravement blessé. Nous sommes restés de longs jours à l'intérieur avec les morts et les blessés, jusqu'à l'arrivé des Inkotanyi.* » Témoignage de Jean-Baptiste Ndeze, 10 ans, de Gahini, cité par African Rights, *Rwanda, Death, Despair and Defiance*.

Page 89

– **... Mais que l'on s'est efforcé de dissimuler.** *Globe hebdo*, le journal Mitterrandien dirigé par Georges-Marc Benamou, est un bon exemple de la désinformation organisée d'en haut sur ce génocide.

Globe hebdo, du 27 juillet 1994, ne parle que de « guerre civile » entre Hutu et Tutsi et brandit la menace d'un FPR vainqueur. Cette carte représente Hutu et Tutsi en lutte dans des pseudo-costumes traditionnels, une façon de faire disparaître le génocide derrière l'imagerie coloniale des « massacres interethniques ». Cultivant la confusion, l'article s'efforce de faire croire que ce sont les Hutu qui ont été les principales victimes des massacres.

Pages 90/91

– Pendant le génocide, la rivière Kagera va rejeter des milliers de cadavres dans le lac Victoria. Plus de 40 000 corps s'échoueront sur la rive ougandaise du lac. L'appel à la solution finale de Léon Mugesera en 1992, exhortant à massacrer tous les Tutsi « Inyenzi » et à les renvoyer en Éthiopie « *par voyage express via la rivière Nyabarongo* », aura été entendu.

4. Les brouillards de l'après-génocide

Opération *Turquoise* (juillet août 1994)

Page 92

– **La politique de la terre brûlée**. Exode forcé des populations hutu après le génocide des Tutsi, sous la supervision des génocidaires.

La technique consistant à dissimuler les assassins dans la masse des civils avait déjà été utilisée dans la région peu de temps auparavant [octobre 1993] lorsque 250000 réfugiés du Burundi avaient traversé la frontière rwandaise, après l'assassinat du président Ndadaye. Parmi ces paysans fuyant la revanche de l'armée se cachaient beaucoup d'assassins qui avaient massacré à la machette leurs voisins tutsi. Ils transformèrent en sanctuaire les camps de réfugiés où des entraînements militaires furent organisés. Plus tard [en 1994] ces réfugiés du Burundi participeront à la chasse aux Tutsi. D'après Colette Braeckman, *Rwanda, histoire d'un génocide*.

Page 93

– **La victoire du FPR met fin au génocide**. Paul Kagame a la réputation d'un chef austère et intègre. « *Le FPR a d'abord recruté chez les Tutsi pour une raison simple : ils constituaient la majorité des exilés. Aujourd'hui le FPR est une force nationale regroupant toutes les communautés venues de toutes les régions. Plus de 40 % de nos combattants* [sur un effectif de 25000 hommes] *appartiennent aux deux autres communautés : hutu et twa.* » Patrick Mazimpaka, vice-président du FPR, interviewé par Jean Chatain, (*L'Humanité* du 19 mai 1994).

Pages 94

– **Rescapés de Bisesero**. Jean-Hervé Bradol voulant évacuer les blessés des quartiers de Kigali est confronté à des miliciens qui lui déclarent « *Pas la peine de chercher des blessés, nous les tuons tous.* » Danielle Helbig *et col., Document sur le génocide*.

Page 95

– Rémy, enfant rescapé. « *Et parmi les survivants il y a le jeune Rémy. Il a passé ici deux nuits dans les cadavres, sans boire, sans manger, sans rien du tout. Il venait de perdre sa mère, ses frères, sa sœur* […]. »

Page 96

– Témoignage d'une équipe de Médecins sans frontières sur le sauvetage de deux enfants trouvés à quelques mètres de leur hôpital de campagne: « *À notre arrivée, une bande de badauds commentait le spectacle en crachant sur les cadavres encore chauds d'une famille parmi tant d'autres, prise au sein du carnage. Les enfants étaient là, en contrebas d'un chemin de terre raviné par les pluies. Jean-de-Dieu était recroquevillé, une boule de chair en sang, juste un filet de regard sorti droit du néant, un regard sans vision fixait un autre corps: Marie-Ange, lovée sur un tronc d'arbre, les bras ballants, les jambes écartelées souillées d'excréments, de sperme et de sang, l'anus n'étant plus qu'une plaie béante. Dans sa bouche un sexe coupé à la machette, celui de son père. Dans un trou d'eau puante gisaient quatre corps découpés, empilés, leurs parents et frères aînés.* [...] *Il a onze ans, sa sœur neuf. Il nous explique* [après plusieurs jours de soins intensifs] *avec des mots d'enfants ce qu'est une fellation, qu'il a dû faire à plusieurs reprises à des gamins et à des hommes. Avant d'être laissé battu pour mort, il a assisté au viol de sa petite sœur et au massacre de sa famille.* » (René Caravielhe, « Rwanda: 13 avril-19 mai. », *Médecins sans frontières info* n° 30, mai-juin 1994).

Page 97

– **Complicités intellectuelles**. Ces horreurs ont été réalisées sur les ordres et à l'instigation d'extrémistes hutu, cadres et intellectuels, dont certains exfiltrés à l'étranger sont toujours virulents et actifs. Ces responsables sont toujours assidus aux offices religieux. Par leur talent de manipulateurs, ils rallient à leur cause des exilés hutu innocents, ainsi que des Occidentaux trop naïfs.

Page 98

– La théorie « *inivo ni ugutwi* » (il faut viser le niveau de l'oreille, car c'est l'endroit le plus mortel) était appliquée à travers tout le pays, Byumba, mai 1994; (photos © Vénuste Kayimahe, pour *Ibuka*, association de rescapés du génocide).

Page 99

– **Les femmes tuées deux fois**. Reconnu comme crime contre l'humanité par le Conseil de sécurité (résolution 955), le viol, commis systématiquement durant le génocide, demeure cependant un objet de non-dit. Danièle Helbig *et col.*, *Documents sur le génocide*.

Pages 100/101

– **L'opération *Turquoise***. Appel à témoignage : le fait que l'armée française ait été mise à disposition d'un État qui préparait puis a réalisé un génocide, doit être inacceptable pour nombre de soldats et d'officiers français. Nous appelons ceux de ces militaires qui ont participé à des actions au Rwanda à témoigner.

Page 102

– Audition du général Lanxade (Mission d'information) : « *Étant donné l'exiguïté du territoire, pour ne pas être surpris, il y avait des postes avancés autour de Kigali, pour s'assurer, et bien, qu'il n'y avait pas d'arrivée de force, enfin d'unité du FPR, et ne pas être pris par surprise, mais ça ne va pas au-delà de cela, il n'y avait pas de contrôle d'identité à proprement dit, ce n'était pas le rôle des forces françaises.* »

Page 103

– **Les assassins fêtent l'arrivée des Français**. Plusieurs jours avant l'arrivée des troupes françaises, la Radio des mille-collines, RTLM, lance des appels aux filles : « *Vous, les filles hutu, lavez-vous, et mettez une belle robe pour accueillir nos alliés français. Toutes les filles tutsi sont mortes, vous avez vos chances.* » Gérard Prunier, *Rwanda, le génocide*.

– Un accueil enthousiaste. « *Sur le terrain, l'accueil réservé aux troupes françaises par les Interahamwe et les autorités locales de l'ancien régime est enthousiaste. D'immenses drapeaux tricolores sont mis en place partout, même sur les véhicules militaires des FAR.* » Gérard Prunier, *Rwanda, le génocide*.

Page 104

– **Retour des exilés hutu**. Au fur et à mesure que le FPR progressait et arrêtait le génocide, les responsables fuyaient et entraînaient la population hutu. Ils ne laissaient derrière eux qu'un pays détruit, brûlé, pillé et vide d'habitants.

Comme en témoigne un réfugié : « *Des gens très malins nous ont poussés à fuir, il y a deux mois. Les militaires des FAR ouvraient le cortège avec un camion. Il fallait les suivre, poussés par d'autres, derrière, avec des fusils.* » (Florence Aubenas, *Libération* du 2 août 1994).

Les masses hutu étaient restées dans les camps de Goma, Bukavu (au Zaïre) et de Benaco (en Tanzanie) sous l'administration des responsables du génocide et le contrôle des soldats des ex-FAR ainsi que des miliciens interahamwe. Au Zaïre, ils procédaient à l'épuration ethnique, éliminant notamment les populations tutsi locales. La résistance victorieuse des

Banyamulenge (Tutsi congolais) a permis la libération des camps en 1996. Plus de six cent mille exilés hutu rentrèrent alors au Rwanda.

Ils rentrent et récupèrent leurs maisons. Celles des Tutsi n'existent plus, détruites dans la rage du génocide. Les biens du pillage qui n'ont pu être emportés y sont encore entreposés, mobilier et tôles. Il arrive que les réfugiés, étonnés, retrouvent au village un survivant, un rescapé parmi ceux qu'ils croyaient tous morts. Maintenant, il est question de réconciliation et d'oubli.

– La « communication » grand public de Médecins du monde. Cette affiche présente les génocides comme une sorte de catastrophe naturelle. Pourquoi dénoncer des « coupables » alors qu'un génocide en Afrique ne serait qu'une mêlée confuse où des Noirs, comme le dit Bernard Kouchner, « *se coupent en rondelles* ». Inutile, dans ces conditions, de chercher des victimes et des bourreaux… Médecins du monde ne veut voir que les blessés. Les French Doctors ne font pas de politique. Or, un génocide est la traduction en actes d'une idéologie. C'est la conséquence d'actions politiques et de complicités criminelles.

Il y a là un abominable danger: celui de garantir en toute circonstance la plus totale irresponsabilité politique. L'humanitaire permettrait tout, assurant un « service après-vente » médiatique aux dérives d'une politique néocoloniale et aux industries de l'armement. Cette conception de l'humanitaire est celle des réseaux mafieux de la Françafrique et des services secrets français qui managent les potentats africains.

Les tyrans africains méprisent les populations placées sous leur coupe. La protection que leur assure la « France » leur épargne d'avoir à se préoccuper de leurs « sujets ». Il existe des clauses secrètes dans les accords de coopération militaire avec la France qui garantissent leur maintien au pouvoir ou, au pire des cas, leur évacuation. Les guerres, mais aussi les famines et les politiques sanitaires désastreuses que les dirigeants les plus corrompus font subir à leurs propres citoyens, relèvent de stratégies prédatrices pour se maintenir au pouvoir ou pour s'enrichir. L'humanitaire intervient alors comme une aide pour perpétuer cette stratégie.

Page 105

– Angélique, rescapée. « *Je dois vivre dans un pays où il ne me reste rien. Je dois vivre dans le pays où il y a des Interahamwe seulement! Comment! Et je dois aller au marché avec eux, je dois aller étudier avec eux, je dois aller au travail avec! Comment on ne peut pas vouloir quitter un tel pays? On a tué des parents, des parents innocents qui n'ont rien, on a tué ma petite sœur, ma grande sœur, les cousines… Qu'est-ce qu'elles ont fait? Rien! Parce qu'ils étaient Tutsi! Comment! Est-ce que ça c'est un péché? Des collègues de travail peuvent venir te tuer, et puis après t'avoir tuer, on te* *dit bon, il faut pardonner si on a tué ton papa, ta mère et il faut pardonner, puis vous allez essayer de revivre ensemble ! Comment cela ! C'est une chose qui n'est pas facile, et puis c'est ce que nous sommes en train de vivre ici, la "réconciliation", la paix nationale ! Comment ! Est-ce que c'est à nous de nous réconcilier ? Est-ce que tu peux pardonner facilement à des gens comme ça ? C'est pas une chose facile, je te le dis, c'est pas une chose facile…* » Elle essuie une larme et détourne la tête (FR3, émission *État d'urgence* de Jean-Marie Cavada : « Rwanda, autopsie d'un génocide », diffusée en septembre 1994).

Pages 106/107

– **Charnier de Ruhashya**. Un des milliers de charniers où les corps des Tutsi exterminés étaient jetés par les organisateurs des tueries. À partir des grands sites recensés des massacres (églises, bureaux communaux, stades, établissements scolaires), l'ex-Premier ministre Rwigema avait estimé en 1996 le nombre des victimes à un million deux cent mille. À ceux-là s'ajoutent tous ceux qui ont été tués dans les bananeraies, les marais ou jetés dans les rivières (novembre 1995) ; (photos © Vénuste Kayimahe, pour *Ibuka*).

Page 108

– **Gikongoro-Karama**. Au Rwanda, des collines entières ont été « nettoyées » de leurs occupants tutsi et de leurs éventuels défenseurs hutu. Parmi tous ces morts, combien de paysans pauvres exterminés avec leur famille et dont il ne reste aucun membre vivant pour témoigner ? Ceux-là ne feront jamais partie des listes des victimes recensées. Ils n'existent plus aux yeux du monde, ils ont été rayés de la réalité ; (photo © Vénuste Kayimahe, pour *Ibuka*).

Page 109

– L'enceinte de la paroisse Karubamba, Rukara (mai 1994), (photo © Vénuste Kayimahe, pour *Ibuka*).

– Dépôt de gerbes de fleurs sur l'étalage des crânes des victimes du génocide par le président de la République, Pasteur Bizimungu, à Ntarama (1995) ; (photo © Vénuste Kayimahe, pour *Ibuka*).

Page 110

– **Le prêtre rwandais Wenceslas Munyeshyaka en France**. Interrogé par des rescapé-e-s alors qu'il venait de dire la messe dans la petite paroisse de Bourg-Saint-Andéol, dans l'Ardèche.

W. M. : Mais qu'est-ce que vous faites là, jusqu'à quand vous allez me pourchasser !

Une rescapée : *Nous sommes là, alors qu'à cause de toi on devrait être mortes.*

W. M. : Allez vous faire foutre !

La rescapée : *Un prêtre ne peut pas parler comme ça, et les chrétiens qui t'entendent, tu continues à les tromper.*

Ce prêtre a obtenu l'asile en France grâce à Mgr Joseph Duval, président de la Conférence épiscopale de France, qui aurait couvert sa fuite en lui offrant en prime un ministère sacerdotal. Il a été accusé de génocide par des rescapés, en 1995. L'Église catholique le finance largement et prend en charge tous ses frais d'avocats. Il aurait livré aux milices hutu des Tutsi qui s'étaient retranchés dans son église. Mais la cour d'appel de Nîmes s'est déclarée incompétente. Elle a estimé ne pas pouvoir poursuivre des crimes commis par un étranger sur territoire étranger et avec des victimes étrangères. Cet arrêt a été cassé, en 1998, par la Cour de cassation et l'affaire a été transmise au juge d'instruction parisien Roger Le Loire. En septembre 2000, celui-ci a demandé à pouvoir partir en commission rogatoire au Rwanda mais, depuis, il n'y a pas eu de suite. Source : Avocats sans frontières.

Rose Rwanga se réfugia à la Sainte Famille après avoir perdu son mari et ses deux fils, alors qu'ils se trouvaient au centre des missionnaires d'Afrique. Elle accuse le père Wenceslas Munyeshyaka d'être responsable de la mort de sa fille : « *Plusieurs fois je suis venue le trouver, lui demandant de conduire ma fille de vingt ans, la seule qui me restait, a l'hôtel des Mille Collines ou de lui donner une petite chambre. Il a toujours refusé, alors qu'il acceptait de le faire pour certaines femmes qui avaient ses faveurs.* » Plusieurs réfugiés accusent le père Wenceslas d'avoir abusé de ses protégées. (*Le Soir* du 25 novembre 1995).

Page 111

– Le préfet Laurent Bucyibaruta, en France. À propos de l'attaque de l'école de Murambi, lieu d'une des exterminations les plus massives des familles tutsi, rassemblées là par les autorités :

Question : *Vous êtes vous rendu à Murambi ?*

L. B. : Non, je ne me suis pas rendu là-bas.

Le lendemain ?

L. B. : Non, je ne suis pas allé.

Vous avez regardé avec vos jumelles ?

L. B. : Non. Non je l'ai pas fait. Pourquoi ?

Pour vous rendre compte. C'était dans votre préfecture.

L. B. : Du moment qu'on m'avait dit ce qui s'était passé, le spectacle était tellement désolant que je ne trouvais pas la force d'y aller.

Le préfet Laurent Bucyibaruta avait-il le pouvoir d'empêcher cela ?
L. B. : Le préfet, au Rwanda, du moins à cette époque, ne disposait d'aucun corps de police, aucune gendarmerie, aucune armée sous ses ordres. S'il trouve qu'il y a des troubles, ce qu'il fait c'est demander aux forces armées d'arrêter justement les troubles, ça je l'ai fait. Ma conscience est tranquille parce que je vous ai dit que j'ai fait ce que j'ai pu faire de bon, et je n'ai fait que ce qui était raisonnable, suivant mes possibilités.

[S'il avait voulu empêcher le génocide, il aurait parfaitement pu le faire, comme l'a fait le préfet de Butare. Le gouvernement intérimaire a du destituer ce préfet et le faire assassiner pour déclencher les massacres dans cette préfecture]. Mis en accusation par la chambre spécialisée de Kigali, au Rwanda, Laurent Bucyibaruta figurait sur le même acte d'accusation que son ami Mgr Misago. Après une plainte de la Ligue des droits de l'homme devant le parquet de Paris, Laurent Bucyibaruta est mis en examen le 31 mai 2000, pour génocide et crimes contre l'humanité. Le 6 juin 2000, il est arrêté dans un foyer de Bar-sur-Aube, dans l'est de la France puis transféré et détenu à la prison de la Santé, à Paris. L'affaire est transmise au parquet de Paris, dans le courant du mois de juin. Le 20 décembre 2000, Laurent Bucyibaruta est libéré sur décision du juge d'instruction.

Interrogé pour savoir s'il allait quitter la France, il répond : « *Où voulez-vous que j'aille ? Ma seule possibilité de survie, c'est l'aide que je perçois du gouvernement français, je n'ai pas d'autre moyen de subsistance.* »

Après le génocide, les planificateurs et les complices de ces crimes utilisent leurs capacités intellectuelles à les nier ou les attribuer au FPR. Ce révisionnisme reçoit le soutien de leurs amis européens. Ainsi, le FPR (entendre : « les Tutsi ») serait responsable du génocide (« coresponsable » dit Filip Reyntjens).

Page 112

– Le père Forestier, Père blanc, responsable des médias catholiques au Rwanda en 1994 : « *La haine est entrée dans mon cœur, je ne sais plus comment la sortir. Chaque fois que je vois des images du Rwanda, que je lis des articles dans la presse sur le Rwanda, j'ai la haine dans le cœur et c'est fini, je ne sais plus comment la sortir. Or, moi je suis prêtre, alors qu'est-ce que vous voulez aller dire à des gens qui ne sont pas prêtres, qui sont peut-être chrétiens, mais il n'y a pas que des chrétiens qui sont au Rwanda, et qui ont perdu toute leur famille dans des conditions atroces. Qu'est-ce que vous voulez leur dire ? Moi, je ne sais pas quoi leur dire. J'y vais pour les écouter, ce sera à eux de parler.* [...] *Moi, je ne peux plus rien dire. C'est fini. On verra.*

J'en veux profondément, au fond de mon cœur, à tous mes amis que j'ai là-bas et qui ont massacré. Je ne pourrais pas leur pardonner. Je ne sais pas, mais je ne pense pas pouvoir leur pardonner au sens où on l'entend communément. Et je crois que ça, c'est la pire des tentations, celle de... de peut-être en vouloir... j'allais dire "à mort", à tous ces amis qui ont tué, torturé, violé, etc. Et ça, cette tentation-là, celle-là, je demande à Dieu de me l'éviter. »

Page 113

– **Maindron démasqué**. Dans le livre d'entretiens qu'il donne à Nicolas Poincaré, *Un prêtre dans la tragédie*, Gabriel Maindron se présente comme un ange apolitique, témoin silencieux mais compatissant des atrocités faites sous ses yeux (l'assassinat devant lui des enfants « *lui donnait l'envie de vomir* »). Dans un autre entretien, « *le Blanc CDR* », comme le surnommaient les Rwandais, a été démasqué. Interrogé par le journaliste, il s'embrouille et finit par dire son activisme au MRND, parti dont les dirigeants organisèrent le génocide et dont la CDR était la filiale extrémiste. Cet aveu involontaire devant témoin entraîne la fuite du prêtre avec un ricanement gêné (à la télévision le 6 avril 1997 à 13h30 sur Canal Plus dans « Le vrai journal » de Karl Zéro).

Gabriel Maindron couvrit le bourgmestre de Rutsiro, responsable de l'élimination de Tutsi de la communauté bagogwe en 1991. Ponce Pilate pendant le génocide, il a organisé l'évacuation des Tutsi réfugiés dans son église vers la préfecture. Il savait qu'il les envoyait à une mort horrible, mais préférait s'en débarrasser, plutôt que les voir dans son église où, avec ses relations politiques, il aurait éventuellement pu les protéger. Mais il adhérait à l'idéologie de ses amis.

Page 114

– **Janvier Africa** (médaillon), milicien. Entretien en mars 1993 avec les enquêteurs de la Commission internationale d'enquête. Concernant l'extermination des Bagogwe en 1990-1992, supervisée par le « réseau Zéro » de l'*akazu*: « *Je suis allé voir le Bourgmestre. Il a dit: ne perds pas ton temps à vérifier. Tous les Tutsi ont été éliminés. Je suis un vrai Hutu et je les ai finis. Il dit qu'ils avaient tué tous les hommes tutsi un par un et qu'ils étaient prêts à tuer les veuves et les orphelins si tu veux...* » On peut voir dans cette « confession », apparemment tolérée par les autorités, un test d'acceptabilité. Le projet de génocide est exposé. La France, qui est devenue le tuteur du régime, ne bronche pas. Les autorités politiques et militaires françaises avaient choisi de jouer l'instigateur de ces crimes, le Colonel Bagosora.

Page 115

– **Théoneste Bagosora**. Entretien dans le camp de Goma, au Zaïre, après le génocide :
Question du journaliste : *Les escadrons de la mort, ça n'a jamais existé au Rwanda ?*
B. : Ça n'a jamais existé, mais il y a un escadron de la mort du FPR, ça oui, ça…
Pas d'escadron de la mort du côté du gouvernement ?
B. : Non, non, c'est archi-faux, ça n'a jamais été, c'est une invention pure et simple du FPR.
Vous n'avez jamais participé à des réunions occultes ?
B. : Non, vraiment, en fait ce que j'ai pu me rendre compte, des journalistes, et même des gens que j'ai rencontrés, ils ont des préjugés, et les gardent pour eux… Pourquoi faire des réunions occultes ?
Il y a des témoins qui rapportent ça, ce qu'on appelle des repentis [allusion à la confession de Janvier Africa].
B. : Des repentis ?
Oui des gens qui ont participé à ces réunions en votre présence.
B. : Ah ! Dis donc ! J'aimerai bien les voir, j'aimerai bien revoir ces, ces… repentis, parce que moi personnellement j'ignore ces réunions.
Est-ce que vous accepterez de témoigner devant la justice internationale si un jour on vous demande des comptes ?
B. : Bien sûr, bien sûr ! Mais pas devant le FPR, pas devant le FPR, non, parce qu'il ne peut pas être fait juge et partie, mais devant la cour internationale, je suis prêt à y aller, même aujourd'hui. Même aujourd'hui… Il faut qu'ils amènent les gens que j'ai tués, qu'ils montrent, qu'ils prouvent ça…
Sincèrement… vous pensez qu'ils peuvent les amener ?
B. : Amener les gens que j'ai tués ? Vous avez été aussi payé ? Ça suffit, ce que vous avez mangé ça vous suffit ! Un jour tu vas mourir… Tu commences à me narguer jusqu'à ce point ?… Merci.

Page 116

– **Capitaine Paul Barril** : « *Il faut savoir que l'action menée à partir de l'Ouganda n'était pas l'action d'une armée classique, c'était une action de terroristes : villages rasés, enfants qui étaient éventrés. C'est-à-dire que les gens du FPR ne sont qu'une bande de terroristes et de tueurs. Kagame est un militaire, très intelligent, mais Kagame c'est un produit américain, c'est la CIA. Il a fait… heu… D'abord, il ne parle pas un mot de français. Il parle anglais.* » Interview à la BBC.

Paul Barril se vante d'avoir hissé les couleurs de la France sur le mât de l'ambassade pendant le génocide (le 27 avril). Paul Barril, *Guerres secrètes à l'Élysée*.

Page 117

– **Audition du général Christian Quesnot** (Mission d'information) : « *Pour les accords militaires, entre le, heu..., d'Arusha et heu... Je vais vous donner mon sentiment personnel, heu... Moi, j'estime que ces accords faisaient une part assez exorbitante au FPR. 50 % des postes d'officiers, et, heu, 40 % de la troupe, ce point m'a fait penser que ça serait extrêmement difficile à mettre en œuvre, sinon impossible.* [...] *Il y avait sur place la Minuar de monsieur Dallaire, qui avait 2500 hommes, de valeur inégale, c'est vrai, mais bon, il n'avait pas forcément le mandat. Mais je, je pense que, heu..., ça va peut-être... vous choquer, mais... l'honneur d'un militaire... c'est de savoir désobéir... dans ce cas particulier. Et il y aurait désobéi, il aurait peut-être réussi... Donc il se serait fait virer après, heu..., mais enfin, bon. Et donc mon sentiment est qu'avec, l'ordre de grandeur est variable, entre 1000 et 2500 hommes... heu... décidés, on pouvait arrêter les massacres.* »

Pages 118/119

– **Jean-Christophe Mitterrand**, interviewé par la BBC :

Question : *Etiez-vous informé à propos du réseau Zéro ?*

J.-C. M. : Ça c'est un mot utilisé par ces personnes. Je ne crois pas qu'il y ait une organisation. Qu'il y ait de la corruption, des gangsters, c'est possible... J'allais dire, il y a des affaires partout.

Croyez-vous qu'il y a eu un plan de génocide organisé au Rwanda

J.-C. M. : Je ne peux pas l'imaginer, je ne peux pas l'imaginer connaissant l'Afrique et le Rwanda. Ça demande une organisation que je ne vois pas dans l'état – j'allais dire de leur technologie – de leur communication, qui n'existait pas vraiment ou très mal. Il pouvait y avoir des petites organisations qui se sont créées toutes seules, mais il n'y avait pas d'ordre au sommet.

Le Rwanda vous empêche-t-il parfois de dormir ?

J.-C. M. : Pas du tout, si vous parlez de responsabilité, pas du tout. Si vous parlez de l'horreur des massacres, évidemment oui, mais on a vu la même chose en Mauritanie, on a vu la même chose dans l'histoire de la Bosnie-Herzégovine.

Cette machine à tuer aurait-elle pu exister si vous et votre père n'aviez pas donné à ce gouvernement tellement d'encouragement ?

J.-C. M. : Bullshit ! [*Merde !*] Et je réponds en anglais, volontairement. C'est tout. Seule réponse. Ridicule, ridicule...

– Audition de Jean-Christophe Mitterrand : « *Vous me permettrez, je vous en remercie, de saisir l'occasion qui m'est offerte pour démentir des allégations mensongères. Non et je répète non, les conseillers successifs chargés des Affaires africaines du président François Mitterrand – je ne peux parler que de ça – n'avaient que pour rôle, et seul rôle, d'informer le président, de répondre à ses questions, de nourrir sa réflexion et d'effectuer les missions qu'il jugeait utiles.* »

Page 120

– François Léotard, ancien ministre de la Défense, et Édouard Balladur, ancien Premier ministre, lors de leurs auditions à l'Assemblée nationale par la Mission d'information.

– Audition d'Édouard Balladur : « *Je voudrais redire que l'opération* Turquoise *était une opération extraordinairement courageuse et risquée. Je me suis résolument opposé à tout ce qui pourrait apparaître comme une intervention militaire de la France, prenant parti pour les uns ou pour les autres.* [...] *Nous avons un devoir sacré d'égoïsme national.* » (Entretien avec François Soudan, *Jeune Afrique* du 2 au 8 juin 1994).

Page 121

– Audition d'Alain Juppé, ancien ministre des Affaires étrangères : « *Ces décisions d'évacuation ont été prises, heu..., sur place, entre l'ambassadeur monsieur Marlaud et les responsables d'*Amaryllis, *en fonction de ce qui était faisable dans une ville qui était en proie, je le rappelle, aux massacres et où de nombreux sites étaient totalement inaccessibles. Le détail pourra paraître mineur, mais le téléphone était coupé. Ont pu être évacuées les personnes qui étaient à l'ambassade et sur les lieux de regroupement, et je le dis ici, heu... jusqu'à ce qu'on m'apporte la preuve du contraire, qu'il s'agisse de Français, d'étrangers de toute nationalité, de Rwandais hutu ou tutsi. Des personnels de l'ambassade ont été sauvés quelles que soient leurs origines et, heu... je trouve qu'il est heu... gravissime d'affirmer sans preuve concrète qu'un tri aurait été fait à l'ambassade au moment de l'évacuation, j'affirme le contraire sur la base des informations dont je dispose. À charge pour ceux qui soutiennent cette thèse de l'étayer par des preuves et je voudrais dire que ceci est vraiment d'une extrême gravité lorsqu'on affirme des choses de ce type. Je conçois un sentiment de légitime fierté pour la manière dont la France a montré l'exemple.* » [Note : Lors de son audition, Michel Cuignet, chef de la Mission de coopération (octobre 1992/septembre 1994), a fourni les preuves que réclame Alain Juppé : « *Les personnels de l'ambassade... moi je peux vous dire malheureusement que les personnels de la Mission de coopération ont pratiquement tous été tués, dont certains devant moi. Et les personnels de chez moi ont tous été tués.* »]

– **Audition d'Hubert Védrine**, ancien chef de cabinet de Mitterrand: « *Quand je dis qu'il* [Mitterrand] *estime qu'il faut faire front sur Habyarimana, c'est parce que, comme je le rappelais tout à l'heure, sa réputation est bonne, à l'époque. Je rappelais la réputation de Suisse de l'Afrique appliquée au Rwanda. Donc, c'est un président qui est hutu, ce qui ne choque personne puisqu'il représente au moins 80 % de la population, et, d'autre part, il a plutôt bien géré son affaire. Et sur le plan politique, les tensions, comme je disais, les problèmes de fond ne sont pas réglés, mais les tensions sont plutôt apaisées. Pourquoi la France, comme d'ailleurs n'importe quel autre pays se lancerait dans une aventure consistant à aller faire des manipulations à l'ancienne pour remplacer celui-là par un autre, pourquoi ? Dans quel but ? Dans quel motif ? Quel autre ? Tout ça n'aurait pas de sens, donc. Comme très souvent en politique étrangère on a moins le choix que les gens croient en fait. Donc, on fait avec ce qu'il y a et on essaye de faire le mieux possible, le moins mal possible.* »

Page 122

– **Laurent Walpen**, enquêteur général, et **Carla del Ponte**, procureur au TPIR (Tribunal pénal international d'Arusha).

En plus de tous les dysfonctionnements dénoncés dans ce livre, le TPIR vient de se distinguer par le harcèlement des victimes venant témoigner à charge. Les témoins sont agressés brutalement, accusés sans preuve de délation et de mensonge par les avocats de la défense. Le 31 octobre 2001, les juges de la deuxième chambre ont même été pris de fou rire lorsque l'avocat de la défense s'est moqué d'une femme violée pendant le génocide. Trop, c'est trop. Les associations de rescapés *Ibuka* (Souviens-toi) et des veuves du génocide *Avega* ont décidé, le 25 janvier 2002, de suspendre leur collaboration avec le TPIR. Elles énumèrent les raisons suivantes : l'engagement par le TPIR d'enquêteurs impliqués directement dans le génocide ou ayant des relations familiales directes avec les inculpés ; l'insécurité des témoins à charge ; le harcèlement de ceux-ci, en particulier de victimes de viols collectifs ; l'incrimination des associations de rescapés qualifiées de « syndicats de délateurs » par les avocats de la défense en présence des juges du TPIR ; le fait que les rescapés n'aient pas le droit d'exercer d'actions civiles auprès du TPIR, ni d'être assistés et protégés physiquement et psychologiquement en tant que témoins vulnérables. Ainsi, les infirmes et les femmes violées qui ont été inoculées par le VIH n'ont aucune aide, alors que leurs bourreaux bénéficient à Arusha du traitement le plus approprié. Songeons que la plupart des rescapés sont en train de mourir dans la misère et faute de soins et que cet abandon permet d'éliminer les derniers témoins du génocide. Les associations concluent qu'« *aussi longtemps que le corps des enquêteurs et des avocats de la défense ne sera constitué que par des personnes révisionnistes ou déterminées à nier le génocide, les décisions du TPIR seront loin de constituer une justice équitable.* »

– Au début de l'année 2002, **Jean Kambanda**, Premier ministre du gouvernement intérimaire, Jean-Paul Akayesu, maire de Taba, Clément Kayishema, préfet de Kibuye, et Alfred Musema, directeur d'usine, ont tous les quatre été condamnés à l'emprisonnement à vie, ces condamnations étant confirmées en appel. Ignace Bagilishema, maire de Mabanza, a été acquitté et libéré. Seize autres procès sont en cours ou en appel. Le parquet demande un procès collectif pour les anciens ministres : Casimir Bizimungu (Santé), Prosper Mugiraneza (Fonction publique), Justin Mugenzi (Commerce et Industrie), Mpambara Emmanuel (Finances), Édouard Karemera (Intérieur), Jérôme Bicamumpaka (Affaires étrangères), Jean de Dieu Kamuhanda (Enseignement supérieur, Recherche scientifique et Culture), André Rwamakuba (Éducation primaire), et Eliézer Niyitegeka (Information). Le procès de quatre officiers de l'ex-armée rwandaise devrait s'ouvrir en avril 2002 : l'ancien directeur de cabinet au ministère de la Défense, le colonel Théoneste Bagosora, et trois autres officiers, le lieutenant-colonel Anatole Nsengiyumva, le major Aloys Ntabakuze, ainsi que le général de brigade Gratien Kabiligi. Bagosora est défendu par un avocat français, maître Raphaël Constant.

Le TPIR détient cinquante-cinq personnes sous son autorité. Six d'entre elles, dont l'ancien Premier ministre Jean Kambanda, condamnées définitivement, purgent leurs peines au Mali (Fondation Hirondelle, AT/GF/FH (cl-0117a).

Jean-Paul Gouteux

La Nuit rwandaise

L'implication française dans le dernier génocide du siècle

L'ESPRIT FRAPPEUR
avec Dagorno

Éditions Izuba
32730 Montégut/Arros

en coédition avec les Éditions L'Esprit frappeur
9, passage Dagorno ~ 75020 Paris

ISBN : 2-910019-75-6

« *Le génocide n'était pas inévitable. Il aurait aussi pu être arrêté une fois commencé. Ce n'était ni une tempête, ni le résultat des forces impersonnelles de l'histoire. C'était le résultat de décisions politiques, prises par des hommes politiques…* »
Alison Des Forges, audition à l'Assemblée nationale,
le 16 juin 1998.

« *Les complices, eux, ne se salissent pas les mains. Mais dans un environnement criminel, ils contribuent à développer la mentalité génocidaire, c'est-à-dire à s'engager dans le meurtre collectif de membres d'un groupe.* »
Yves Ternon, *L'État criminel*, Seuil, 1995.

Basile Museminali, rescapé du génocide,
décédé accidentellement le 5 mai 1999, à Lyon.

À Basile Museminali (1970-1999), mon beau-frère et ami,
à la mémoire de sa famille,
paysans de la région de Kibuye, commune de Gishyita :
Kabano Donati, son père,
Kabayundo Rose, sa mère,
ses frères et sœurs,
Nkussi Vincent, Nyirahategeka Dative, Mukantagala Anastasie,
Ngarambe Philippe, Mukasine Anathalie, tués à Bisesero,
Kabahiga Vital, tué à Kigali,
leurs maris et épouses, leurs treize enfants.

À toutes les victimes, mortes au Rwanda
sans sépulture, tuées parce qu'elles étaient tutsi
ou parce qu'elles refusaient d'obéir à l'État génocidaire.

À tous les enfants dont les cris ont déchiré la nuit rwandaise,
et que nous n'avons pas entendus.

Sommaire

Pour que la nuit s'achève

La nuit est tombée le 6 avril 1994 au Rwanda
et depuis le soleil ne s'est plus levé.

Quand l'opération Amaryllis *s'est terminée, fin avril, le tri était fait. Les Blancs avaient été évacués. On avait tiré le rideau. Les massacres pouvaient se développer dans tout le pays sans témoin étranger, sans Occidentaux gênants, dans la nuit rwandaise... Les responsables français avaient donné leur accord aux tueurs.*

Cela faisait quatre ans que les militaires français étaient là, pour soutenir une dictature finissante. Ils ont appelé cette fausse opération humanitaire Noroît. *La nuit rwandaise, ils la voyaient descendre peu à peu. Le ciel s'emplissait des premiers massacres. Eux, ils coopéraient militairement. Leur ministre était même venu à Kigali, le 28 février 1993, appeler tous les Hutu à s'unir contre le FPR-Tutsi. Une semaine avant la formation du front Hutu Power.*

Le 6 avril 1994 à huit heures du soir, le ciel était noir. La nuit était enfin tombée, les alliés de « la France » allaient pouvoir faire leur travail. Le président Habyarimana venait d'être assassiné.

La nuit rwandaise, c'est l'abandon d'une minorité désarmée, l'holocauste d'un million et demi d'innocents. Un holocauste attendu, prévu, pensé par ceux qui organisaient l'évacuation des Européens. La nuit rwandaise était si profonde que nul ne devait la voir. À ceux qui s'interrogeaient, on parlait de « conflits interethniques », de massacres « traditionnels », d'Africains qui allaient régler leur problème entre eux et à leur manière.

*Dans ses brumes, la nuit rwandaise laissait entrevoir les légionnaires et les paras français d'*Amaryllis. *Ils se déplaçaient, actifs, rapides et efficaces, au milieu de ce bain de sang. Ils étaient salués, machettes levées, par leurs élèves enthousiastes. Les « comités d'autodéfense populaires » dont ils avaient eu l'idée se livraient, sous leurs regards blasés, à l'extermination des civils.*

La nuit rwandaise est dans nos têtes.

Des centaines de milliers d'enfants assassinés. L'horreur cachée de leur mort et de leur supplice. Images de terreur. Les témoignages remontent à la surface de notre bonne conscience. Les cris de ces enfants sont dans nos têtes.

Un million et demi d'hommes, de femmes et d'enfants mis à mort, pour le crime d'être nés. Les Tutsi ont été condamnés par des militaires galonnés, enfoncés dans les fauteuils de cuir de l'avenue de l'Élysée, du boulevard Mortier et de la rue Monsieur. Des respectables « Monsieur Afrique », des ministres bien convenables, des secrétaires d'État propres sur eux, à la langue de bois fleurie « Ce ne sont pas les militaires français qui tenaient les machettes », *nous disent-ils.*

En France, Mitterrand était contre la peine de mort.

Au cœur des ténèbres, tout est permis.

La nuit rwandaise, c'est le lyrisme de Jean d'Ormesson, emmené sur le terrain en juillet 1994 par les militaires français de l'opération Turquoise « Sortez vos mouchoirs : il va y avoir des larmes. Âmes sensibles s'abstenir : le sang va couler à flots sous les coups de machette. [...] Ce sont des massacres grandioses dans des paysages sublimes. » [1] *C'est cette jubilation devant une transgression acceptée et magnifiée. Parce que c'était la nuit, parce qu'elle était rwandaise.*

---

1. *Le Figaro* des 19 et 20 juillet 1994.

Incroyable, s'exclame-t-on! Mais non. Turquoise, *dernière fausse opération humanitaire au Rwanda, était conçue pour éviter la défaite et camoufler le crime.*

La nuit rwandaise s'enfonce dans les ténèbres de la religion, s'emplit des méandres ethno-politiques de l'Église catholique, s'immerge dans son soutien au Hutu Power.

Après les coups de sifflet des miliciens et les hurlements des victimes, s'élève la voix du cardinal Etchegaray « Le sang des martyrs est semence de chrétiens. » [2] *Devant les fosses communes l'envoyé spécial du pape assume l'holocauste et récupère les martyrs. Cela ne fait qu'une complicité de plus.*

La nuit rwandaise n'a pas fini d'être dans les têtes quand on retrouve en France, dans la presse, à la radio, dans les travaux de chercheurs, les idées, les thèmes, l'idéologie de ceux qui se sont livrés à cette boucherie sanglante. Quand on veut rendre honorable le déshonneur. Quand on tente de justifier l'injustifiable. Quand il est demandé de se taire. Quand on reproche de cracher dans la soupe, une soupe empoisonnée qui a fait plus d'un million de victimes.

La nuit rwandaise est dans nos têtes quand des journalistes mercenaires de Libération, *du* Monde *et d'ailleurs orchestrent la désinformation et manipulent l'opinion française. Quand les politiques assassinent la mémoire, enterrent le scandale avec une mission d'information conçue pour cela. Quand des sociologues et des historiens cautionnent cette mascarade. Quand des humanitaires préfèrent se taire, face aux subventions et à la raison d'État.*

Dans cette nuit, les complices de l'innommable osent brandir « l'honneur de la France » contre la vérité, nous replongeant cent ans en arrière : c'est une « campagne dirigée contre la France », *nous dit Balladur, Premier ministre pendant le génocide. D'un côté les patriotes, les bons Français, de l'autre le lobby tutsi, les agents du FPR, les pions des Anglo-Saxons…*

---

2. *La Croix* du 4 août 1994.

En attendant que les Français ne supportent plus d'être englobés dans une responsabilité collective. Tant qu'ils l'accepteront, les bourreaux rwandais les associeront à leurs crimes. Qui est coupable ? Le vaisseau « France » ou ceux qui tenaient la barre ?

Car la nuit rwandaise finira. La vérité d'un génocide finit toujours pas émerger.

Ceux qui tenaient la barre le savent et ils ont peur.

Faudra-t-il de nouveau cinquante ans pour que le jour vienne ? Faudra-t-il attendre la diminution physique ou la faiblesse politique des responsables et des complices ? Leur disparition ?

En attendant, c'est le règne de l'impunité. Une impunité lourde de nouvelles compromissions, de nouveaux crimes.

D'autres nuits rwandaises.

30 décembre 2000.

Avant-propos

« La décennie qui vient de se dérouler semble promettre aux crimes de masse un grand avenir, et de lourdes tâches à l'ONU – à supposer qu'elle veuille un jour se départir de sa solide tradition démissionnaire ou complice. Mais ici, l'ordre de l'amnésie règne. À l'heure, donc, où la "communauté internationale" se retournerait sur ses "défaillances" en Bosnie et au Rwanda, elle a laissé faire le pire au Congo-Brazzaville et au Timor. Rappelons que la haute direction de l'ONU connaissait l'existence de "Plan B", dit "Opération Nettoyage Total", préparé de longue date en Indonésie, comme elle savait à l'avance ce qui allait se passer au Rwanda. La question qu'il faut se poser maintenant est : combien y a-t-il aujourd'hui de tels plans dans le monde ? Ainsi, les fonctionnaires de l'ONU pourraient être prévenus et évacués à l'avance. »

Catherine Coquio [1].

Quelques livres ont osé lever le voile sur l'implication française dans le génocide des Tutsi [2]. Dès 1994, Colette Braeckman publie *Rwanda. Histoire d'un génocide* [3] et Pascal Krop *Le Génocide franco-africain*, sous-titré « *Faut-il juger les Mitterrand ?* » [4]. Ils sont immédiatement suivis de *Rwanda : compli-*

1. « Du malentendu » *in Parler des camps, penser les génocides*, textes réunis par Catherine Coquio, Albin Michel, 1999. Catherine Coquio, professeur de lettres, est cofondatrice de l'association Airgrige, Association internationale de recherche sur les crimes contre l'humanité et les génocides, fondée en 1997. Site web : www.aircrige.org

2. Selon l'usage adopté par les africanistes (mais non par les journalistes), les noms Tutsi, Hutu ainsi que leurs adjectifs dérivés sont invariables. Le kinyarwanda étant une langue bantu, la forme correcte du singulier et du pluriel utilise les préfixes *mu* et *ba* respectivement (exemple : un Muhutu, des Bahutu).

3. Fayard, 1994. Journaliste au *Soir* (Bruxelles), Colette Braeckman mentionnera « deux Français impliqués dans l'attentat » contre le président rwandais Habyarimana qui déclenchera le génocide.

4. Jean-Claude Lattès, 1994. L'auteur était journaliste à *L'Événement du jeudi*. Un titre prémonitoire. Le fils, Jean-Christophe, est inculpé en janvier 2001 pour une affaire de trafic d'armes.

cité de génocide ? de François-Xavier Verschave [5]. Mehdi Ba, avec *Rwanda, un génocide français*, puis Michel Sitbon, avec *Un génocide sur la conscience*, ont révélé à leur tour ce que personne ne voulait savoir [6]. Dans *Un génocide secret d'État*, paru en 1998, j'écrivais « *l'occultation de cet épisode, le refus de voir, le silence gêné, c'est l'acceptation du pire* » [7]. Cette phrase résume la motivation de tous ces livres : le refus du pire. C'est l'enjeu de la vérité.

En 1997, diverses pétitions circulaient en France, appelant à une commission d'enquête sur le Rwanda. Une enquête sénatoriale avait été conduite en Belgique. Irrésistiblement, le scandale commençait à émerger. Un courant d'opinion se formait, des ONG regroupées dans divers collectifs [8] demandaient, avec de plus en plus de force et d'insistance, une commission d'enquête parlementaire et la levée du secret défense pour faire la vérité [9]. Puis, brusquement en janvier 1998, à la suite du *Figaro*, toute la presse prit le relais. Après avoir été silencieuse pendant le génocide, elle faisait, avec quatre ans de retard, son travail d'information. Le gouvernement français était au pied du mur. Sa réaction immédiate fut la mise sur pied d'une mission d'information présidée par Paul Quilès. Le scandale à peine apparu sur la scène médiatique put être éclipsé à la fin de la même année grâce au concours des parlementaires.

Aujourd'hui, au début de 2001, cette complicité française est à la fois connue et occultée. Deux gros rapports l'ont mise à nu, rendant plus lourd encore ce climat d'*omerta*. Le premier est celui d'Alison Des Forges, *Aucun témoin ne doit survivre* [10], fruit d'une longue

---

5. La Découverte, 1995. L'auteur est président de l'association Survie.

6. L'Esprit frappeur, 1997 et 1998, respectivement. Michel Sitbon est éditeur et Mehdi Ba est journaliste.

7. Extrait de la présentation d'*Un génocide secret d'État*, Éditions Sociales, 1998.

8. Notamment l'association Survie, Vigilance Rwanda, le mensuel *Maintenant*, le bulletin *Liaison-Rwanda*, etc.

9. Une commission d'enquête dispose en théorie des moyens légaux que n'a pas une mission d'information.

10. Human Rights Watch Africa/FIDH, Karthala, 1999, 933 pages. Alison Des Forges est historienne, professeur à Harvard.

enquête. Le second est celui de l'OUA, *Un génocide évitable* [11], remarquable réflexion sur les informations disponibles. Leur objectif est d'analyser l'ensemble du processus génocidaire, sans se focaliser particulièrement sur la complicité française. Cette complicité apparaît pourtant, au fil des pages, comme une évidence. Certains passages en sont des constats terribles et irrécusables. Trois ans après l'enterrement prématuré du scandale par la mission Quilès, les fantômes continuent de surgir de la nuit rwandaise. Deux autres livres importants, *La Françafrique* [12] et *Noir silence* [13] de François-Xavier Verschave, reprennent et complètent ces informations. Mais ils concernent l'ensemble de la politique africaine de la France et pas seulement le Rwanda. Une synthèse spécifique sur l'implication française dans le génocide était donc nécessaire. Ce présent livre est l'approfondissement d'*Un génocide secret d'État*, à la fois réflexion pour sortir du silence et rébellion contre l'apathie et l'indifférence [14].

L'Église catholique s'est engagée depuis la fin des années cinquante dans une politique de soutien à l'ethnisme hutu. Sa complicité persistante, jamais désavouée même après le génocide, est un autre scandale, parallèle à celui de la complicité française et qui fait également l'objet d'un « silence gêné » [15]. Nous verrons que les

---

11. Rapport établi à la demande de l'Organisation de l'unité africaine (OUA) par une commission présidée par Ketumile Masire (Botswana), Ahamadou Toumani Touré (Mali), Lisbet Palme (Suède), Ellen Johnson-Sireleaf (Liberia), P. N. Bhagwati (Inde), Hocine Djoudi (Algérie), Stephen Lewis (Canada), 296 pages, achevé le 29 mai et diffusé le 7 juillet 2000.

12. Stock, 1998.

13. Les Arènes, 2000.

14. Un aperçu résumé et simplifié vient d'être publié simultanément *Un génocide sans importance. La Françafrique au Rwanda*, éditions Tahin-Party, 20, rue Cavenne, 69007 Lyon. tahin.party@free.fr.

15. Voir Jean-Damascène Bizimana, *L'Église et le génocide au Rwanda. Les Pères blancs et le négationnisme,* L'Harmattan, 2001. Les catholiques qui animent la revue *Golias* le révèlent également dans les numéros 37, été 1994; 43, été 1995 et son supplément; 48-49, été 1996, excellent numéro spécial « Rwanda: l'honneur perdu des missionnaires »; 65, mars avril 1999, et le livre *Rwanda: l'honneur perdu de l'Église*, éditions Golias, sous la direction de Christian Terras, avec la collaboration de Mehdi Ba et Jean Musy, 1999. Il ne s'agit pourtant pas d'« honneur perdu » comme l'indiquent ces titres, mais bien de complicité criminelle, comme le montre hélas le contenu. Le titre « L'Église au service du crime » aurait été mieux approprié. *Golias*, BP 3045, 69605 Villeurbanne Cedex.

deux complicités s'enchevêtrent. Les Hutu, présentés souvent comme le « *peuple de la glèbe* », des « *ilotes* » [16], sont aussi loués pour leur « *foi catholique sincère et pure* » [17]. Six ans après le génocide, le Vatican continue à aider les prêtres impliqués dans l'extermination de leurs fidèles tutsi. La prélature personnelle de Jean-Paul II, l'Opus Dei, se trouve en l'an 2000 à la pointe du négationnisme et du révisionnisme. Avec le soutien et la bénédiction du Vatican, cette organisation catholique d'extrême droite diffuse sur Internet tout ce qui a une connotation raciste antitutsi [18]. La complicité religieuse dans ce génocide est unique. Même si l'Église catholique s'était gravement compromise dans le génocide des Juifs [19], jamais la bonne conscience, ce « *racisme de bon aloi* » [20], n'avait été aussi loin et n'avait persisté aussi longtemps. Il est impossible d'aborder la problématique de la complicité française dans le génocide des Tutsi sans faire l'historique des implications religieuses qui en sont à l'origine.

Il faut aussi souligner les complicités intellectuelles et médiatiques qui ont permis d'en nier l'évidence, d'en étouffer le scandale et de le faire disparaître hors du champ de vision. L'enjeu étant l'impunité des responsables militaires et politiques français. Des experts ont été sollicités par la mission Quilès. D'autres ont écrit spontanément des articles lénifiants, parce qu'ils voyaient là leur devoir. Au moment où la presse se livrait au devoir de vérité, quatre ans après les faits, des journalistes se sont employés à colmater les brèches que faisaient leurs confrères. Des présidents d'ONG, sensibles à l'honneur de l'armée française, ont expliqué qu'elle ne faisait qu'obéir aux ordres. On ne peut comprendre la réussite du blanchiment politique opéré par la mission Quilès sans signaler les attitudes intellectuelles, les mensonges, les silences et les omissions, qui permettent de détourner si facilement les regards.

---

16. Stephen Smith, « Génocide, le mot et les morts », *Libération* du 6 au 10 mars 1997.

17. Bernard Debré, *Le Retour du Mwami*, Ramsay, 1998, p. 46.

18. Sur le site Internet Inshuti de Minorisa basé en Espagne dont la virulence révisionniste est inégalée (www2.minorisa.es/inshuti).

19. Dont l'historien Henri Fabre fait une recension courageuse *L'Église catholique face au fascisme et au nazisme*, EPO/Espace de Liberté, 1995.

20. Dont parle la journaliste Marie-France Cros, *La Libre Belgique* du 1er juin 1994.

Le combat pour la vérité dans le cas d'un scandale d'État est particulièrement difficile. Il remet en question des autorités politiques et militaires toujours en exercice. Il s'affronte aux institutions. Pour un universitaire ou un journaliste, un tel affrontement avec le pouvoir étatique sort des normes habituelles et des limites admises. C'est contraire aux bonnes manières institutionnelles, ce n'est pas dans les mœurs. Concernant le Rwanda, la complicité intellectuelle ne relève pas des archives mais de l'actualité. De surcroît, le négationnisme et le révisionnisme s'affirment et se développent avant même que le travail des historiens ne soit commencé. Pour ceux qui ont leurs petites et grandes entrées dans les ministères, l'approche des responsables politiques donne l'enivrante impression d'être dans les coulisses du pouvoir. Elle donne aussi l'illusion d'y participer.

Les conclusions lénifiantes de la mission Quilès sont en contradiction avec certains éléments de son rapport qui démontrent l'implication française dans le génocide. Et pourtant, la sélection des témoins et le rejet des documents trop compromettants ont été systématiquement opérés. L'acteur principal du drame, la cellule de l'Élysée, n'en fournira aucun, laissant ses activités dans l'obscurité totale. Le secret défense évoqué pour occulter le rôle de l'Élysée ou pour justifier l'audition de militaires à huis clos révèle le caractère biaisé et manipulateur de cette mission. Quelle caricature, aussi, que Paul Quilès apostrophant violemment au téléphone une rescapée du génocide pour la dissuader de se faire entendre ! Cet épisode mérite un développement. La rescapée en question est une ancienne employée de la coopération française [21]. Son témoignage, envoyé sous forme écrite, ne sera publié dans aucun des quatre gros volumes de la mission Quilès [22].

Cette rescapée a subi les contrôles d'identité ethnique effectués sur les barrières à proximité de Kigali, par des soldats français. Elle a entendu les cris de filles tutsi violées à ces mêmes postes de

21. Yvonne Mutimura-Galinier. François-Xavier Verschave rapporte ce fait et résume le témoignage occulté, dans *Noir silence*, pp. 524-525, ouvrage cité.

22. Son témoignage publié partiellement dans *L'Afrique à Biarritz*, Karthala, 1995, pp. 134-136, ainsi que son interview dans *Libération* du 26 février 1998 sont donnés en annexe, avec celui de Pierre Galinier.

contrôle, par des militaires français. Elle a vu les militaires français entraînant les sinistres Interahamwe, basses œuvres du génocide. Abandonnée aux massacres comme les autres employés tutsi des services français en avril 1994 lors de l'opération d'évacuation des Occidentaux (*Amaryllis*), elle sera sauvée *in extremis* par des soldats belges. Une vie sauvée bien gênante pour les responsables français, une expérience vécue qu'ils ne souhaitent pas entendre. À travers elle, c'est la mémoire des victimes qui était sommée de se taire. De façon systématique, la mission Quilès évitera l'évocation des rescapé(e)s du génocide et ne dira pas un mot de leur misère actuelle au Rwanda.

« *Itsembatsemba ni icyaha kidasibangana* » : un génocide est un crime qui ne s'oublie pas [23], répétait une voix rwandaise dans l'émission de Daniel Mermet, « Rwanda sous silence » [24]. Les acteurs français, coupables de complicité, le savent. Ils savent aussi que le temps est un paramètre relativiste. Ils peuvent le ralentir. Ils peuvent différer, faire attendre, occulter, noyer le poisson, brouiller les cartes, pour profiter le plus longtemps possible de leur impunité. Ils s'emploient à dissimuler leurs responsabilités. Selon le député socialiste Paul Quilès, sa mission a abouti à l'exonération complète des responsabilités françaises au Rwanda. Ce résultat, qu'il avait l'impudence de promettre dès le début, permet sans doute aux complices du génocide de 1994 de dormir tranquilles.

Les personnages les plus impliqués vont se protéger, créer des bunkers au sein de l'État. Ainsi, Hubert Védrine, secrétaire général de la présidence de la République de 1991 à 1995, est devenu en 1995 ministre des Affaires étrangères de Lionel Jospin à la demande du président Jacques Chirac. Bruno Delaye, conseiller de Mitterrand de 1992 à 1995, est promu en août 2000 directeur à la Direction générale de la coopération internationale et du développement (DGCID), après avoir bénéficié pendant quatre ans d'une ambas-

23. Comme on peut traduire ces propos du kinyarwanda, la langue unique autochtone du Rwanda.

24. Richard Butera *in* Daniel Mermet, *Là-bas si j'y suis*, La Découverte/France Inter, 1999, p. 103.

sade au Mexique. Un exemple dans l'histoire immédiate peut les inspirer: l'ancien secrétaire général de la préfecture de la Gironde, Maurice Papon. Après sa complicité dans la déportation des Juifs sous l'Occupation, il a pu devenir préfet de police de Paris sous de Gaulle de 1958 à 1967. Il continuera sa carrière politique comme député UDR et trésorier de ce parti sous Pompidou. Il finira en apothéose comme ministre sous Giscard d'Estaing. Jugé *in extremis* à quatre-vingt-sept ans, son procès arrive trop tard, cinquante ans après les faits. Un tel procès reste l'exception, la plupart des fonctionnaires de Vichy étant passés discrètement de la collaboration aux IVe et Ve Républiques.

Mais l'impunité engendre de terribles conséquences. C'est la mère des crimes futurs. N'oublions pas que, le 17 octobre 1961, ce même Maurice Papon sera à l'origine de la répression brutale de la manifestation algérienne. On sait aujourd'hui qu'elle s'est soldée par quelque deux cents victimes nord-africaines, matraquées et jetées dans la Seine. Les événements de ces six dernières années ont montré l'aboutissement de l'impunité française au Rwanda. Le pire s'est à nouveau réalisé dans une guerre secrète au Congo Brazzaville, organisée par les réseaux françafricains et financée par Elf: l'extermination de populations civiles, désignées comme victimes en fonction de leur appartenance ethnique [25]. Comme au Congo Kinshasa, l'implication française s'est faite au moyen de mercenaires « officiels » et par l'utilisation des anciennes Forces armées rwandaises (ex-FAR), génocidaires devenus de véritables supplétifs de l'armée néocoloniale française.

La barbarie est systématisée à grande échelle. Les crimes contre l'humanité sont devenus banalités. Parfois présentées comme une fatalité inhérente au continent africain, ces horreurs sont le plus souvent occultées par les médias. C'est le cas de la guerre du Congo Brazzaville. Au Sierra Leone, les médias ont décrit une guerre de terreur où les mutilations des civils sont systématisées. Mais qui sait que des fonctionnaires et des militaires français ont contribué à ces

25. François-Xavier Verschave, *Noir silence*, Les Arènes, 1999.

atrocités, à travers une aide directe, par les commandos des services secrets impliqués sur le terrain, ou, indirectement, par les réseaux de l'Élysée qui finançaient et agissaient en coulisse [26] ? Qu'ils se soient déroulés dans le silence des médias ou qu'ils aient été présentés à travers une information tronquée et manipulée, ces crimes sont liés à l'action souterraine du pouvoir français dans ses anciennes colonies dont le clientélisme et la corruption forgent le concept de « Françafrique » [27].

Le Rwanda a été le laboratoire de ce type d'intervention secrète. Le génocide des Tutsi, qui aurait dû mettre un terme à ces pratiques élyséennes, est resté un scandale étouffé. À travers lui, c'est la Françafrique qui est dénoncée : c'est ce système de négation des indépendances mis au point par Jacques Foccart qui a permis d'en arriver à l'holocauste d'un million et demi d'innocents. C'est aussi la partie immergée de l'iceberg des relations franco-africaines, invisible aux yeux du citoyen, désinformé ou non informé par la grande presse et les journaux télévisés. Mais ses propres excès forcent à ouvrir les yeux : la Françafrique, dans sa version mondialisée, continue aujourd'hui de détruire l'Afrique. Il est temps de l'arrêter.

---

26. *Ibidem*, pages 83-94.

27. Ce concept, désormais incontournable, est issu du combat de l'association Survie pour l'assainissement des relations franco-africaines et vulgarisé par les livres de François-Xavier Verschave.
Survie, 57, avenue du Maine, 75014 Paris, http://www.globenet.org/survie

Introduction

« L'État et le pouvoir de l'État seront toujours un masque,
ce qui ne nous libérera pas du devoir de l'arracher,
car le visage, lui, est le nôtre. »
Pierre Vidal-Naquet [1].

La guerre secrète de l'Élysée

Un coup de téléphone du président Habyarimana à Jean-Christophe Mitterrand [2] a suffi à embarquer la France le 4 octobre 1990, hors de tout contrôle parlementaire, dans une guerre contre les soldats du Front patriotique rwandais (FPR). L'engagement s'est fait sous couvert d'humanitaire, par le biais de l'opération *Noroît* qui consistait officiellement en l'évacuation des ressortissants français. L'Élysée s'est ainsi lancé dans une guerre secrète au Rwanda qui s'est poursuivie jusqu'au génocide des Tutsi de 1994. Relayée par la coopération militaire, l'opération *Noroît* a engagé deux compagnies de parachutistes et les paramilitaires du « service action » de la DGSE [3]. Ces commandos ont ainsi stoppé en 1990

1. Cité par Pierre-Serge Heger, « Détentions et poursuites judiciaires en Suisse », *in La Justice internationale face au drame rwandais*, sous la direction de Jean-François Dupaquier, Karthala, 1996, p. 169.

2. Le fils de François Mitterrand, Jean-Christophe, était alors responsable de la cellule africaine de l'Élysée et lié avec le fils Habyarimana, Jean-Pierre. Un tableau du personnage et de la confusion entre ses activités privées et officielles est donné par Pascal Krop, *Le Génocide franco-africain. Faut-il juger les Mitterrand ?* ouvrage cité.

3. Direction générale des services extérieurs, ex-Sdece (Service de documentation extérieur et de contre-espionnage) qui a changé de nom en 1981. Ce service secret était autrefois interconnecté avec les « réseaux Foccart » et a gardé des liaisons étroites avec les réseaux parallèles illicites et mafieux. La DGSE est toujours utilisée pour gérer les néocolonies par un système fondé sur la corruption généralisée.

et 1993, à l'aide d'hélicoptères de combat, les troupes du FPR aux portes de Kigali. Ce que Robert Galley, ancien ministre de la Coopération, confirmera à la Mission d'information sur le Rwanda « [les premières attaques du FPR] *ont été stoppées par les parachutistes français* » [4]. Les soldats français quitteront officiellement le Rwanda en décembre 1993. Mais alors que la coopération française aurait dû être suspendue, le ministre de la Coopération de l'époque, Michel Roussin, avoue que vingt-quatre soldats français de l'opération *Noroît* sont restés sur place « *dans le cadre du programme d'entraînement de l'état-major de l'armée et de la gendarmerie* » [5]. En réalité, c'est de quarante à soixante-dix coopérants militaires qui resteront [6], notamment des membres d'unités spécialisées dans l'espionnage et les écoutes. D'autres reviendront en février 1994, comme « touristes » [7]. Un « officieux », Paul Barril, ex-gendarme de l'Élysée, est également présent pendant cette période aux côtés des extrémistes hutu. L'opération *Noroît* était en réalité la partie apparente d'une opération secrète dénommée *Panda* [8].

Si le FPR a décidé de rentrer par les armes au Rwanda, c'est que le régime de Habyarimana ne lui laissait aucune autre possibilité. De nombreux soldats du FPR sont des Banyarwanda (population rwandophone) ougandais d'origine hutu, mais le gros des troupes est composé des fils des réfugiés tutsi de 1959-1964. Le FPR est né du désir de ces exilés de rentrer au pays, de cesser de vivre en parias en Ouganda où les Banyarwanda exilés ou réfugiés étaient considérés comme des étrangers. Ce parti, caractérisé par

---

4. Robert Galley a été ministre de la Coopération de 1976 à 1978 et de 1980 à 1981. Audition du 13 mai 1998. *Enquête sur la tragédie rwandaise* (1990-1994), tome III, p. 277. Voir aussi le témoignage recueilli par Nicolas Poincaré auprès de deux officiers français de la 11e Division parachutiste à Kigali, le 10 avril 1994, *Un Prêtre dans la tragédie*, Éditions de l'Atelier, 1995, p. 44.

5. Nombre officiel, donné par Michel Roussin, lors de son audition à l'Assemblée nationale. Mission parlementaire, tome III, auditions, vol. 1, p. 110.

6. Toujours selon Michel Roussin. Propos rapportés par Patrick de Saint-Exupéry « France-Rwanda: des mensonges d'État », *Le Figaro* du 2 avril 1998.

7. Audition à huis clos des lieutenants-colonels Jean-Claude Maurin et Gilles Chollet, le 3 juin 1998, à la mission d'information.

8. Révélée en 1998 par Patrick de Saint-Exupéry, *Le Figaro* des 31 mars et 2 avril 1998.

son panafricanisme et le refus de l'idéologie ethniste, a été rejoint par des jeunes réfugiés tutsi du Burundi, du Zaïre et par les intellectuels qui ont fui les pogromes de 1973 au Rwanda. Le FPR était financé par les enfants de ces réfugiés dont la réussite sociale en Europe et en Amérique du Nord n'avait pas supprimé la nostalgie du pays et le désir d'y rentrer. En octobre 1982, le général-président Habyarimana avait refoulé à la frontière 80000 réfugiés tutsi expulsés d'Ouganda par le régime de Milton Obote [9]. Ceux qui avaient échappé aux camps-mouroirs surpeuplés qui leur avaient été réservés dans leur propre pays (Nakivala et Nsongezi) ont préféré rejoindre le maquis en 1984 [10]. C'est parce qu'ils sont persécutés par le régime de Milton Obote, plus tyrannique encore que celui d'Idi Amin Dada, que de nombreux jeunes réfugiés tutsi en Ouganda se sont engagés dans les rangs du National Resistance Movement, la rébellion de Yoweri Museveni en Ouganda. Devant le refus réitéré d'accorder ce droit au retour, le FPR, fort d'une expérience acquise dans la lutte aux côtés du président ougandais Yoweri Museveni, décide six ans plus tard, en octobre 1990, de rentrer par la force.

Les Tutsi de la diaspora s'étaient exilés pour échapper aux massacres organisés par Kayibanda, un Hutu du Sud, président de la première République. Kayibanda avait assis son pouvoir sur des principes ethniques. Le texte fondateur de son parti unique, le Parmehutu (Parti pour l'émancipation des masses hutu), définissait le Rwanda comme « *le pays des Hutu* » [11]. Habyarimana, un Hutu du Nord, lui succède en 1973 après un coup d'État sanglant. Il fera mourir en prison deux ans plus tard son prédécesseur, mais reprendra à son compte sa politique ethnique. Les Tutsi seront toujours exclus de l'armée et des postes de responsabilités, les Hutu du Sud se

9. Gérard Prunier, « L'Ouganda et le Front patriotique rwandais », *in Enjeux nationaux et dynamiques régionales dans l'Afrique des Grands Lacs*, université de Lille I, 1992, pp. 43-50.

10. Callixte Karege, « Rwanda: l'autre pays de l'apartheid », *Bulletin du Cridev* n° 102, mai-juin 1991.

11. « Notes sur l'aspect social du problème racial indigène au Rwanda », connu sous le nom de *Manifeste des Bahutu*. F. Nkundabagenzi, *Le Rwanda politique (1958-1960)*, Crisp, Bruxelles, 1961.

voient également réduits à la portion congrue : presque tous les postes de responsabilités politiques et économiques seront progressivement monopolisés par les Hutu ressortissants des préfectures nordistes de Gisenyi et Ruhengeri. Signe de son mépris pour l'aspiration à la démocratie, le dictateur, surnommé « l'invincible » (*Ikinani*), était réélu avec 99,98 % des voix en décembre 1988.

À la fin des années quatre-vingt les manifestations populaires se multiplièrent : le 8 janvier 1990, 100000 Rwandais manifestaient à Kigali contre le gouvernement. Une autre manifestation eut lieu à Kigali le 15 janvier. Des marches importantes se produisirent également à Gitarama et à Butare. Les Hutu du Sud se révoltaient contre le népotisme « nordiste » du régime et celui-ci multipliait les arrestations. Après avoir simulé une attaque du FPR sur Kigali le 6 octobre 1990 en tirant en l'air, le régime incarcère très brutalement 10000 Tutsi et opposants politiques. Un témoin privilégié, employé au centre culturel français, signale que cette attaque simulée a été faite sur les conseils et avec le concours de militaires français de l'opération *Noroît* venus stopper la première attaque du FPR, le 1er octobre [12]. Encouragée par la rébellion du FPR, une opposition démocratique forte et courageuse s'est rapidement développée à l'intérieur du pays. D'une part, la répression ne fit qu'accroître la détermination de la population et, d'autre part, les deux oppositions intérieure et extérieure se renforçaient mutuellement.

Finalement, Habyarimana dut céder : la conférence de 1991 à Dar es-Salaam sur le droit au retour des réfugiés entraîna la modification de la Constitution, la reconnaissance du pluripartisme et de la liberté de la presse. L'essentiel de l'opposition intérieure s'est alors regroupé dans quatre partis : le Mouvement démocratique républicain (MDR), le Parti libéral (PL), le Parti social-démocrate (PSD) et le Parti démocrate chrétien (PDC). Alors que Habyarimana est contraint à partager le pouvoir, la famille de son épouse et ses proches (son *akazu* ou maisonnée) créent par réaction en mars 1992 la Coalition pour la défense de la République (CDR). L'ex-parti

12. Vénuste Kayimahe, *France-Rwanda : les coulisses d'un génocide*, Dagorno, 2002.

unique présidentiel, le MRND [13], y trouve un parti frère qui peut exprimer tout haut ce que les dignitaires du pays pensent tout bas. La CDR joue le rôle de l'aile dure du MRND. Affichant une ligne ethniste radicale, ce parti devient immédiatement l'enfant chéri des autorités françaises. Ses discours ressassent l'idée de la « solution finale » au problème tutsi. Le journal de cette tendance raciste extrémiste, *Kangura*, avait déjà publié en 1990 les célèbres « Dix commandements du Hutu », un pamphlet prônant l'élimination des Tutsi [14]. À la fin de la même année, un militaire français, le lieutenant-colonel Chollet dirige et organise l'armée rwandaise. Paul Barril est déjà en contact avec les extrémistes de l'*akazu*, le clan familial du président.

L'appel au « front commun » hutu

En face, le FPR et l'opposition démocratique nouent des contacts. Ils se réunissent en juin 1992, à Bruxelles, puis à Paris. Ces concertations aboutissent à la création d'un front démocratique en faveur des accords de paix et du retour des réfugiés. Sous la pression des Occidentaux et de ses pairs africains, Habyarimana a finalement dû signer les Accords d'Arusha le 4 août 1993. Ces accords mettaient fin au système du parti unique et établissaient le partage du pouvoir avec les partis de l'opposition et notamment avec l'opposition armée du FPR [15]. Une véritable dynamique démocratique s'était donc

13. Mouvement révolutionnaire national pour le développement. Parti affilié à l'Internationale démocrate chrétienne (IDC) qui rassemble la plupart des partis chrétiens en Europe, notamment la puissante CDU allemande.

14. Vincent Ntezimana, professeur d'université rwandais jugé le 17 avril 2001 à Bruxelles, a été accusé d'avoir rédigé et en tout cas diffusé en Belgique ces « Dix commandements du Hutu » au début des années quatre-vingt-dix. Ce texte a été ensuite publié en décembre 1990 dans *Kangura*.

15. Les Accords d'Arusha prévoient l'intégration des forces armées des deux parties, l'effectif de la nouvelle armée nationale est limité à 13000 hommes dont 60 % proviennent des FAR (Forces armées rwandaises) et 40 % du FPR. Quant aux postes de commandement, ils sont attribués à parts égales (50 %-50 %) aux deux parties, le poste de chef d'état-major de l'armée revenant aux FAR. L'effectif de la gendarmerie est limité à 6000 hommes, composé de 60 % des FAR et 40 % du FPR, avec les postes de commandement répartis équitablement (50 %-50 %) entre les deux parties, le poste de chef d'état-major de la gendarmerie revenant au FPR.

enclenchée grâce à l'alliance avec le FPR. Cette évolution s'accompagnait d'un véritable enthousiasme populaire, car les forces qui refusaient la régionalisation et l'ethnicisation du pouvoir étaient majoritaires au Rwanda. Le bataillon du FPR rejoint son cantonnement à Kigali le 28 décembre 1993 encadré par une foule en liesse. Dans les camions du convoi, les soldats chantaient qu'ils « *apportent leurs bras pour se mettre au service du Rwanda* ». Voici leur arrivée, racontée par un témoin « *Tous les habitants de Kigali, sympathisants ou non de ce mouvement, fermèrent leurs maisons, leurs magasins, leurs boutiques et se précipitèrent au bord de la route, pour voir ces hommes sortis de la brousse. Les amis du FPR, ressentirent cette occasion comme un moment unique de leur existence. Ce fut vrai pour beaucoup d'entre eux, ils ne connaîtront du FPR que ce laps de temps éclair, car ils mourront avec ce rêve.* » [16] Un rêve remplacé par le cauchemar du génocide.

L'Élysée, derrière une façade pro-Arusha, manifestait discrètement son soutien aux extrémistes du clan présidentiel, irréductiblement hostiles à tout partage du pouvoir. Si bien que Habyarimana lui-même se sentait menacé par les plus radicaux de son propre parti, issus de la fameuse *akazu* [17]. Le double langage élyséen est flagrant [18]. On ne peut soutenir les négociations d'Arusha et envoyer, comme l'a fait Mitterrand, une lettre officielle de remerciements, le 1er septembre 1992, au leader extrémiste de la CDR, Jean-Bosco Barayagwiza [19]. Celui-ci avait organisé le 20 août précédent une pétition pour louer l'action de la France, en même temps que cette formation fasciste déclenchait les massacres de Kibuye pour torpiller

16. Ntaribi Kamanzi, *Rwanda. Du génocide à la défaite*, Éditions Rebero, Kigali, 1997. L'émission de la BBC « The Bloody Tricolour », *Panorama*, 28 août 1995, montre cette arrivée dans Kigali vue du convoi.

17. Gérard Prunier, *Rwanda : le génocide* (ex-*Rwanda 1959-1995. Histoire d'un génocide*), Dagorno, 1997. L'auteur donne de nombreux détails sur les luttes politiques sous-jacentes au drame.

18. Jean-François Bayart, Gustave Massiah, *Les Temps modernes* n° 583, juillet-août 1995. Voir aussi les multiples aveux des militaires, dont le général Christian Quesnot, lors des auditions de la mission parlementaire, tome III, Auditions.

19. Lettre du cabinet présidentiel, signée par le responsable de la cellule africaine, Bruno Delaye.

l'accord qui venait d'être signé. Les responsables français disent aujourd'hui avoir été les artisans d'Arusha, alors qu'ils soutenaient la faction du régime la plus radicalement opposée à ces accords. Le ministre de la Coopération de l'époque, Marcel Debarge, appela les Hutu de l'opposition à faire front commun contre le FPR, lors de son passage à Kigali le 28 février 1993. « *Dans un tel climat de tensions ethniques, après les massacres des dernières semaines, cet appel à un "front commun", forcément basé sur la race, est presque un appel à la guerre raciale.* » [20] Cette déclaration autorisée d'un ministre français est l'acte de naissance du Hutu Power. Un mouvement qui rassemblait tous les partisans de l'intégrisme racial antitutsi des différents partis de l'opposition démocratique [21].

Le 6 avril 1994, Habyarimana rentre d'Arusha où il a une nouvelle fois promis d'appliquer les accords. Au moment d'atterrir, à 20h30, son avion, un Falcon 50 « cadeau » de François Mitterrand, est touché de plein fouet par une roquette et tombe dans les jardins mêmes de la présidence, à côté de l'aéroport. Il n'y a aucun survivant. Un quart d'heure après commencent les premiers assassinats ciblés conduits par la Garde présidentielle (GP) sous le commandement de fait du colonel Bagosora [22]. Les maisons des personnalités de l'opposition démocratique hutu sont fouillées et la GP procède aux éliminations par famille entière. À 21h15, les miliciens du MRND, les Interahamwe, ont déjà installé des barrages et les Tutsi y sont systématiquement tués [23]. Alors

20. Comme le remarque Gérard Prunier, *Rwanda: le génocide*, ouvrage cité, pp. 216-217 (première édition).

21. Reprenant le slogan de Froduald Karamira, deuxième vice-président du parti MDR, hurlé à la radio « *MDR-Power! CDR-Power! Hutu Power!* »

22. Théoneste Bagosora est diplômé de l'École des officiers de Kigali avec le grade de sous-lieutenant. En France, il a fait l'école de guerre et en est titulaire du « brevet d'études militaires supérieures ». Au Rwanda, il a successivement occupé les fonctions de commandant en second de l'École supérieure militaire de Kigali et de commandant du camp militaire de Kanombe avant d'être nommé, en juin 1992, directeur de cabinet au ministère de la Défense. Mis à la retraite de l'armée rwandaise le 23 septembre 1993, il a néanmoins continué d'exercer les fonctions de directeur de cabinet au ministère de la Défense. Pendant le génocide, il exercera de fait le contrôle de la Garde présidentielle dont le commandant officiel est le major Mpiranya.

23. Les Interahamwe constituent le mouvement de jeunesse du MRND. Interahamwe peut se traduire comme « ceux qui tuent ensemble ».

qu'ils étaient supposés avoir quitté le Rwanda en décembre 1993, les soldats français se manifestent aussi : dès le lendemain de l'attentat, « *quatre soldats français montaient la garde devant le domicile de Habyarimana, tandis que les visiteurs étaient accueillis et raccompagnés par des membres de la Garde présidentielle* » [24]. Le lieutenant-colonel Grégoire de Saint-Quentin avait déjà examiné les restes de l'avion le soir de l'attentat.

Le Rwanda vient de sombrer dans l'horreur. Une horreur longuement pensée et préméditée [25]. Très vite, le territoire est bouclé et les frontières sont fermées. Comme le remarque Willy Claes, ministre belge des Affaires étrangères : « *Il est remarquable que dans un pays qui n'est pas des mieux organisés, comme le Rwanda, toutes les voies d'accès à l'aéroport aient été bouclées dans les dix minutes après l'attentat contre l'avion de Juvénal Habyarimana et que les massacres aient commencé jusqu'à 100 kilomètres de Kigali une heure plus tard à peine. On aurait dit la phase numéro un d'un plan soigneusement préparé.* » [26] Dans les églises et les paroisses où ils croient trouver refuge, les Tutsi sont encerclés par l'armée qui amorce les tueries en jetant des grenades. Les miliciens et les paysans volontaires ou réquisitionnés entrent ensuite en action et tuent les gens à la machette. Si les populations menacées ne se replient pas dans ces « refuges », les gendarmes les y obligent.

Les autorités rwandaises ont acheté pendant le seul mois de février 1994 plus de machettes que pendant toute l'année 1993 ! [27] Des demandes de licences d'importation, datées de janvier 1993 jusqu'en mars 1994, montrent que 581 tonnes de machettes furent importées au Rwanda, soit une machette pour un homme hutu adulte

24. Bruxelles, Détachement judiciaire, Auditorat militaire, PV n° 1013 du 22 juin 1994. Cité par Alison Des Forges, *Aucun témoin ne doit survivre*, ouvrage cité, p. 764.

25. Voir Gérard Prunier, *Rwanda : le génocide*, ouvrage cité, pour la citation d'une douzaine d'articles de presse confirmant le caractère organisé et prémédité des massacres.

26. Propos rapportés par *L'Humanité* du 20 avril 1994.

27. Achetées à la compagnie Chillington selon *La Lettre du continent* du 16 juin 1994. Le commanditaire est Félicien Kabuga, un homme d'affaires originaire de Byumba, membre de *l'akazu* de Habyarimana, auquel il était lié par le mariage de l'un de ses enfants. *Diplomatie judiciaire*, 13 septembre 1999.

sur trois au Rwanda [28]. On a peu d'information sur la distribution de ce matériel. Incidemment, le procès d'un présumé responsable du génocide, Mgr Misago, a fait apparaître le rôle de certaines ONG religieuses. La sœur responsable du centre de santé de Cyanika a témoigné qu'elle avait reçu de la Caritas diocésaine de Butare un lot très important de machettes à distribuer. Ayant compris ce à quoi était destiné ce matériel, elle refusa de le faire et le retourna à la Caritas [29]. Celle-ci les distribue alors aux réfugiés hutu burundais de Muganza « *et durant le génocide ces machettes serviront à ravager le sud du Rwanda* » [30].

Les 1 500 hommes de la Garde présidentielle n'auront besoin que de trente-six heures pour éliminer pratiquement tous les leaders de l'opposition et les personnalités libérales hutu. Après ces massacres politiques, le génocide des Tutsi va se dérouler avec une ampleur et une efficacité extraordinaire à travers tout le pays. Il durera trois mois et fera entre un et deux millions de victimes, soit près de 90 % de la population tutsi (de 80 % à plus de 99 % selon les endroits), massacrées principalement à l'arme blanche. Dans toute l'histoire humaine, jamais autant d'êtres humains n'ont été tués en aussi peu de temps. La gestion administrative rigoureuse du fichage ethnique hérité de la colonisation a trouvé là sa finalité implicite. En 1964, le président Kayibanda, grand admirateur d'Hitler, menaçait déjà les Tutsi d'extermination par représailles. Nous verrons dans le chapitre suivant que c'est de cette époque que date la conception « génocidaire » de la politique rwandaise. La propagande de Habyarimana reprend ces menaces après le déclenchement de la guerre civile en 1990. Le recensement de la population effectué en 1991, en pleine période de guerre civile, était la première étape du projet génocidaire. Un projet immanent à l'idéologie raciste des deux Républiques hutu successives.

28. *Diplomatie judiciaire*, 13 septembre 1999.

29. Témoignage de sœur Marie-Josée Mukabayire lors du procès de Mgr Misago, déposition du 29 février 2000.

30. *ARI/RNA* n° 199 du 15 au 21 juin 2000. Les exilés hutu du Burundi ont été extrêmement actifs pendant le génocide, se distinguant par leur cruauté.

L'horreur indicible

« *S'il est impossible de comprendre, il est impératif de savoir.* »
Primo Levi

Lancée au début du génocide, immédiatement après l'attentat contre l'avion présidentiel, l'opération *Amaryllis* organisée par les militaires français consistait à « extraire » tous les Européens présents au Rwanda, en exfiltrant quelques gros bonnets de l'extrémisme hutu [31]. On abandonnait en même temps à une mort certaine des milliers de civils implorant du secours. Cet épisode dramatique est l'un des faits les plus marquants de ce génocide [32]. L'abandon délibéré des Tutsi au début d'un génocide déjà identifié comme tel par tous les observateurs présents sur place a été un signe très fort, une sorte de feu vert pour les organisateurs du génocide. Ils le diront eux-mêmes : « *Les Tutsi ont été abandonnés par les hommes... Plus aucun Blanc n'éprouve de la compassion pour vous.* » [33] Cet abandon conscient valait autorisation : « *L'évacuation des Européens au début du génocide a été perçue comme une autorisation de tuer les Tutsi. Il semble en particulier que les tueurs aient été impressionnés par ce qui s'est passé à Kicukiro et à Ndera. À Kicukiro, près de 2 000 personnes s'étaient réfugiées auprès d'un contingent belge de la Minuar. Alors qu'on savait très bien ce qui attendait ces réfugiés, le contingent fut évacué avec les autres. Les miliciens appuyés par les militaires fondirent sur le groupe et massacrèrent tout le monde. Un scénario identique s'est déroulé à Ndera.* » [34]

---

31. Le récit de l'évacuation du « staff » de l'appareil génocidaire par la France a pu être fait par un témoin accidentel, Joseph Ngarambe, l'un des rares rescapés de l'opposition rwandaise. Son témoignage se trouve dans le livre de Pascal Krop, *Le Génocide franco-africain*, ouvrage cité, et dans *Le Nouvel Observateur* du 14 juillet 1994.
32. Le livre de Pierre-Olivier Richard, *Casques bleus, sang noir,* rapporte l'événement dans toute son ignominie. Éditions EPO, Bruxelles, 1997.
33. Kantano Habimana, RTLM, le 12 juin 1994.
34. *antit*, ouvrage cité, p. 197. Sur les massacres de Ndera et Kicukiro, lire « Left to die at ETO [École Technique Officielle] and Nyanza. The stories of Rwandese civilians abandoned by UN troops on 11 april 1994 », African Rights, 2001, 112 pages.

Pendant trois mois, le Rwanda a subi un déferlement d'horreurs inouïes. Identifiés au faciès [35] ou par le fichage ethnique, les Tutsi, hommes, femmes, enfants jusqu'aux nourrissons, ne furent pas seulement tués, mais suppliciés. La systématisation des atrocités atteint les limites de l'imaginable. Ainsi, les enfants suppliciés, violés et tués devant leurs parents, eux-mêmes promis à une lente agonie ; les femmes et jeunes filles empalées, les blessés découpés à la machette jetés encore vivants dans les latrines… Dans cette abomination que constitue le meurtre de masse, le génocide des Tutsi se distingue par la systématisation des souffrances infligées aux victimes avant la mise à mort. Certaines tortures sont indicibles. La banalisation de l'horreur est bien traduite par des scènes racontées par des témoins, comme cet époux qui enterre vivante sa femme tutsi parce qu'il ne pouvait se résoudre à la tuer à coups de machette, en lui expliquant que « *l'heure est venue…* » [36]. Les tortures « *entraînaient les tueurs à se donner les uns aux autres, publiquement, la démonstration que l'unique conduite à tenir à l'égard des Tutsi était une*

---

35. Les morphotypes raciaux hutu et tutsi, établis par les missionnaires et les premiers colons, repris ensuite par une certaine presse de vulgarisation, se définissent par opposition : petite taille, silhouette trapue et puissante, visage aux lèvres épaisses, au nez épaté et au front bas pour le premier ; grande taille (on parlait même de « guerriers géants »), allure élancée, visage au nez fin, aux lèvres délicates et au large front bombé, pour le second. Ces morphotypes coloniaux correspondent à des extrêmes qui caractérisent probablement moins de 10 % de la population censée y appartenir. La plupart des personnes classées Hutu ou Tutsi se fondent entre ces deux extrêmes caricaturaux et présentent toutes les combinaisons de caractères possibles. Il n'en reste pas moins que celles qui correspondaient de façon flagrante au morphotype « tutsi » ont été systématiquement tuées, sans même un contrôle de leur carte d'identité. Ainsi, les fils miliciens d'un bourgmestre hutu ont été finalement tués par des militaires sur la barrière qu'ils surveillaient, fin avril. Bien qu'étant des Interahamwe, leur aspect physique était trop manifestement « tutsi » pour qu'ils aient une chance de survivre au génocide organisé par le Hutu Power. Inversement, des Rwandais fichés Tutsi mais bénéficiant d'un aspect « hutu » ont pu échapper au massacre. Certains d'entre eux se sont même livrés aux tueries avec zèle, accroissant par leurs actes la protection que leur donnait leur physique (cas signalé par Yolande Mukagasana, dans son livre de témoignages, *Les Blessures du silence*, Actes Sud, 2001, p. 107). À remarquer que les soldats français de *Noroît* avaient également l'ordre de contrôler au faciès les Rwandais « de type éthiopien », c'est-à-dire correspondant au morphotype fantasmé du Tutsi (voir le témoignage de Pierre Galinier en annexe).

36. Cité par Jean-Claude Willame, *Aux Sources de l'hécatombe rwandaise*, Cedaf-L'Harmattan, 1995, qui reprend des témoignages parus dans la presse belge.

conduite d'inhumanité pure » [37]. Cette extrême cruauté se retrouve avec une constance hallucinante dans tous les récits des rescapés et des témoins. Elle est partie intégrante de l'histoire de ce génocide.

« *La première cible des tueurs furent les hommes et les garçons tutsi* [les femmes, les nourrissons et les jeunes enfants qui avaient survécu ou avaient été épargnés pendant les premières semaines du génocide furent massacrés à la mi-mai]. *Les Tutsi éduqués furent particulièrement recherchés ainsi que ceux qui travaillaient dans les organisations internationales. L'université fut "nettoyée". Les meurtres furent perpétrés avec une cruauté particulière. Les tueurs brûlèrent vifs les gens, souvent dans les plafonds où ils s'étaient réfugiés. Les gens furent jetés, vivants ou morts, dans les latrines ; ils furent aussi contraints de tuer leurs proches. Ceux qui cherchèrent à échapper à une mort lente par la machette devaient payer les tueurs pour être exécutés avec un fusil.* » [38]

Les femmes hutu mariées à des Tutsi ont parfois été forcées de tuer leurs enfants pour prouver leur loyauté au mouvement Hutu Power [39]. Ces tueries ont également été accomplies par des femmes et même par des enfants. Une enquête de l'Unicef, l'organisation des Nations unies pour l'enfance, établit que 42 % des enfants rescapés ont été des témoins directs du meurtre d'enfants par d'autres enfants et une large majorité ont vu des enfants participer aux massacres [40]. Les conséquences se font sentir encore aujourd'hui. Ainsi, en 1999, un enfant de neuf ans a été arrêté pour avoir tué un bébé de trois ans. « *Prince Hamisi a tué à Cyangugu une fillette de trois ans par massue* », informe une dépêche rwandaise. Interrogé à la gendarmerie, il révèle avoir tué plusieurs autres enfants avant

37. Claudine Vidal, « La pratique collective de l'extrême cruauté », *in* « Les politiques de la haine », *Les Temps modernes* n° 583, juillet-août 1995, pp. 26-29.

38. African Rights, *Rwanda : Death, Despair and Defiance*, 1995, traduction de Jean-Claude Willame. Cette enquête de 1 200 pages est actuellement la contribution la plus importante à la connaissance de ce génocide.

39. Ces enfants sont par définition tutsi puisque l'héritage « racial » se fait par voie patrilinéaire.

40. Enquête sur les séquelles psychologiques des enfants survivants, *L'Humanité* du 5 novembre 1994. Voir aussi le reportage de Pierre Hazan, *Libération* du 7 mars 1995.

celle-ci : « *Il y en a que j'ai immergé dans de l'eau chaude. Il y en a une à qui j'ai enfoncé un couteau dans le sexe. Il y a un autre bébé que j'ai achevé par un couteau sur le cou.* » Cet enfant est élevé chez son grand-père, son père reconnu comme « génocidaire » est en prison. À quatre ans, en 1994, lors du génocide, Prince Hamisi a suivi son père partout et assisté aux meurtres systématiques des Tutsi et aux tortures qu'il était courant d'infliger avant de tuer. Cependant, Prince Hamisi, lui, tue sans distinction d'ethnies. Il était probablement trop jeune pour intégrer la haine antitutsi, comme l'explique une Rwandaise : « *Son père n'a pas su lui expliquer qui il faut tuer et l'enfant a cru qu'il faut tuer tous les enfants et il a seulement appris comment les tuer.* » [41] Le rôle actif joué par les femmes dans les tueries est sans précédent dans le monde [42]. Des femmes, souvent éduquées, qui avaient accès au pouvoir politique, aux moyens économiques et à l'éducation, ont tué et incité aux viols et aux meurtres, infligeant elles-mêmes aux femmes tutsi, réputées pour leur beauté, des traitements extraordinairement cruels [43].

Le génocide des Tutsi, avec ses atrocités indicibles, avec le traumatisme des survivants, est un terrain d'autant plus fertile pour le négationnisme et le révisionnisme qu'il implique des complicités occidentales pesantes et insistantes. À l'inaction à peine croyable de la communauté internationale s'est superposé le rôle au contraire actif et souterrain de l'État français en faveur du régime génocidaire [44]. Si l'extrême cruauté fait partie intégrante du génocide, c'est aussi un élément puissant de sa négation, car elle est indicible et de toute façon inaudible, incroyable. « *L'immensité même des crimes connus donne aux meurtriers, qui proclament leur innocence à grand renfort de mensonge, l'assurance d'être crus plus volontiers que les*

---

41. Ces citations sont tirées de l'agence *ARI/RNA* n° 167, du 8 novembre 1999.

42. D'après l'enquête d'African Rights, *Moins innocentes qu'il n'y paraît.* Sous-titre « Quand les femmes deviennent des meurtrières », African Rights, 1997. Traduction française (par Christel Taine) de *Not so innocent; when women become killers*, août 1995.

43. Voir pour cet aspect sexuel du génocide l'article de Frédéric Baillettes « Figures du corps, ethnicité et génocide au Rwanda », *Quasimodo* n° 6, printemps 2000, pp. 7-38.

44. Pendant tout le déroulement du génocide, ce régime a été reconnu et soutenu (financièrement et diplomatiquement) par les autorités françaises.

victimes », écrivait Hannah Arendt. Il est humainement déchirant de solliciter le témoignage de rescapés quand on sent qu'on ouvre ainsi sous leurs pieds un abîme de folie et de haine. Beaucoup se réfugient d'ailleurs dans le mutisme. La folie et l'autisme guettent l'esprit des survivants, notamment des enfants. Quant aux témoins, même innocents, « *l'immensité même des crimes* » paralyse aussi leur langue.

La déshumanisation est au cœur de tout processus génocidaire. Primo Levi, rescapé d'Auschwitz, explique que « *la victime doit être dégradée afin que le meurtrier sente moins le poids de sa faute* » [45]. Mais elle atteint son point culminant au Rwanda. Une telle cruauté, outre le fait qu'elle est à peine crédible, nous interroge [46]. On ne retrouve pas dans les autres génocides ce sommet dans l'horreur gratuite. Les nazis pratiquaient certes largement la torture, mais ce traitement était réservé à des victimes particulières, aux politiques notamment. Il était distinct du meurtre de masse où seule l'efficacité était recherchée. Une explication pour tenter de comprendre est de mettre en avant la proximité des Rwandais. Qu'ils soient tutsi ou hutu, rien ou presque rien ne les distingue : même langue, même culture, même religion. Le physique non plus ne constituait pas un critère puisque les tueurs étaient le plus souvent obligés de vérifier la mention de l'ethnie sur les cartes d'identité. De surcroît, la victime était dans bien des cas le propre voisin, une connaissance, voire un parent de son bourreau. L'extrême cruauté avant la mise à mort serait alors un moyen de briser cette proximité extrême par un rejet hors de l'humanité de ceux qu'il faut tuer.

Cette horreur supplémentaire traduit surtout l'exacerbation de la haine. Techniquement, égorger un mouton ou un enfant demande des gestes identiques. La différence entre ces deux actes se situe uniquement dans la valeur que l'on accorde à ces vies. Au moment de son arrestation, Ferdinand Nahimana, principal idéologue du génocide, s'insurgeait contre le fait qu'on pouvait l'accuser de ce crime, alors que, disait-il, il était « *incapable de tuer un poulet* ». Ce directeur de l'organe médiatique du génocide, la Radio-Télévision Libre des Mille

45. Primo Lewi, *Les Naufragés et les Rescapés*, Gallimard, 1989.

46. Voir Claudine Vidal, « La pratique collective de l'extrême cruauté », article cité.

Collines (RTLM), n'a en effet probablement pas tué de ses mains. Lui et ses amis journalistes mettaient seulement dans la tête des gens l'idée que la vie d'un Tutsi ne valait pas celle d'un poulet. Avec l'idée supplémentaire qu'un Tutsi est haïssable, ce que ne sont ni les moutons, ni les poulets. D'où les tortures gratuites infligées aux Tutsi, qu'aucun milicien hutu n'aurait l'idée d'infliger à un animal [47].

La comptabilité macabre est l'arme favorite des révisionnistes, adeptes du « génocide des Hutu ». Ils avancent à l'appui n'importe quel nombre astronomique, censé pallier les défaillances de la théorie du double génocide. Cette comptabilité a été au contraire un moyen constant de minimiser l'importance du génocide des Tutsi. Par exemple, les communiqués de l'AFP (Agence France-Presse) ont longtemps mentionné une fourchette imprécise « *de 250000 à 500000 victimes* », puis ce dernier nombre. On parle aussi de 800000 victimes, qui est l'estimation donnée par Gérard Prunier [48]. Mais celle-ci repose sur le recensement actualisé de 1991 – c'est-à-dire ce que le régime a bien voulu communiquer – et sur 12 % de Tutsi vivant alors au Rwanda, estimation incertaine faite par cet auteur sans aucune base solide. De plus en plus couramment, on parle d'un million de Tutsi tués, ce qui correspond aux évaluations de l'ONU qui considère que de 80 à 90 % de la population tutsi résidant au Rwanda a été éliminée [49]. L'ONU se fonde pour cette estimation sur une proportion officielle de 9 % de Tutsi dans la population. Or, cette proportion intangible donnée par les deux Républiques hutu depuis 1959 est fausse. C'est une sous-estimation qui fait partie de la propagande du pouvoir et de sa notion de « peuple majoritaire ».

47. Ces remarques ne signifient pas que la vie d'un animal ne vaut rien. Le respect de la vie animale et le respect de la vie humaine sont liés. Une civilisation qui admet que l'on tue des animaux pour le plaisir, à la chasse ou à la corrida, est une civilisation où le génocide reste possible. La prise de conscience émergeant en Occident d'un respect pour l'animal, l'évolution du statut philosophique et juridique des animaux, sont des avancées heureuses. Voir Estiva Reus *et al.*, *Espèces et éthique*, Tahin-Party, 2001, et la série de publication de l'Inra sur l'élevage et l'abattage industriel, notamment Florence Burgat et Robert Dantzer, *Les Animaux d'élevage ont-ils droit au bien-être ?* Inra, 2001.

48. *Rwanda : le génocide*, ouvrage cité, p. 315.

49. Rapport de l'ONU du 28 juin 1994, E/CN.4/1995/7, § 24 et 31.

Tous ces nombres seraient donc en deçà de la réalité. Diverses sources officieuses d'organismes onusiens ou d'ONG citent des pourcentages de Tutsi de 15 % à 25 %. « *Le recensement de la population rwandaise organisé et financé par le Programme des Nations unies pour le développement* (Pnud) *en 1978 a révélé que les Tutsi résidant au Rwanda (sans tenir compte des réfugiés qui sont au dehors depuis 1959) sont plus de 25 %* [...] *Ce pourcentage a été gardé secret par le gouvernement rwandais.* » [50] Si on considère qu'il y avait 25 % de Tutsi sur les 7,5 millions de Rwandais et que 90 % d'entre eux ont été exterminés, le nombre des victimes est de 1 700 000. Or, ce nombre de 7,5 millions est lui aussi sujet à caution. En actualisant le recensement de 1978 avec le taux de natalité, on trouve 8,6 millions de Rwandais avant le génocide [51]. En incluant donc les nouveau-nés et les jeunes enfants, le nombre de victimes tutsi serait en réalité 1 900 000, soit le double du million généralement admis. Sur le terrain, des officiels rwandais avaient également évalué ce nombre à deux millions. Le recensement, réalisé au Rwanda en 1995, donnait une estimation minimale de 1 364 020 victimes (recensement des corps fait par commune et préfecture, jusqu'à la cellule) [52]. Ce travail ne compte pas les dizaines de milliers de victimes jetées dans les grandes rivières (Nyabarongo, Mukungwa, Mwogo) et les lacs (Kivu, Muhazi, etc.). Il ne compte pas non plus les victimes de certaines communes non enquêtées (comme Gisenyi), et celles jetées dans de nombreuses fosses recensées mais non ouvertes [53]. En attendant une étude démographique complète qui reste à faire, je considère dans ce livre que le nombre de 1 500 000 de victimes tutsi du génocide est une estimation minimale vraisemblable [54].

50. Théo Karabayinga et José Kagabo, « Les réfugiés, de l'exil au retour armé », *Les Temps modernes* n° 583, juillet-août 1995, page 78.

51. Estimation faite par la CIA, le 30 mai 1997 (site http://www.odci.gov/cia/publications/factbook/rw.html). Informations communiquées par Luc Pillionnel.

52. « Rapport préliminaire d'identification des sites du génocide et des massacres d'avril-juillet 1994 au Rwanda », paru en février 1996.

53. Antoine Kapiteni, *Rwanda-Libération*, document repris sur le site RwandaNet de Jean-Luc Chavagneux, août 2000, http://rwanda.free.fr/docs1_c.htm

54. Emmanuel Nkunzumwami, dans *La Tragédie rwandaise. Historique et perspectives*, L'Harmattan, 1996, estime à « plus de 1,5 million » le nombre de victimes.

Refus de savoir et privilège d'impunité

L'implication des élites hutu est maintenant bien connue. Ce qui est moins connu, ce que l'on ne veut toujours pas savoir, c'est l'implication des autorités françaises dans ce carnage. Plusieurs politiques l'ont dit, Charles Josselin, ministre de la Coopération, l'a répété en 1997 : « *Je fais observer que ce ne sont pas les Français qui tenaient les machettes qui ont tué plusieurs centaines de milliers de Tutsi.* » [55] Les militaires français n'ont pas tué à grands coups de machette des fillettes et des garçons de sept ans implorant, pleurant, demandant « pardon » d'être tutsi. Non. Mais ceux qui supervisaient ces crimes étaient les militaires et les miliciens qu'ils avaient formés pendant quatre ans. Ces assassinats étaient réalisés devant eux, sous leurs yeux pendant l'opération d'évacuation *Amaryllis*, par leurs alliés, par leurs élèves, dans une connivence totale. Pris quasiment sur le fait, les responsables français, acteurs de la politique rwandaise pendant quatre ans, endossent brusquement le rôle de spectateurs passifs. Alors que les services secrets des deux pays travaillaient ensemble à élaborer la désinformation sur « l'agression du FPR », « organisée par l'Ouganda » ou « les Américains ». Alors que les plus hautes autorités françaises soutenaient diplomatiquement l'État génocidaire, ni elles, ni les militaires français ne seraient impliqués, puisqu'ils ne tenaient pas eux-mêmes les machettes !

« *On ne peut nous reprocher d'avoir armé ceux qui tuent. D'ailleurs les massacres ont été faits à coups de bâtons, de machettes, d'armes blanches* » [56], déclarait l'amiral Lanxade, chef d'état-major des forces armées. Il disait ces paroles alors que la population civile tutsi finissait d'être exterminée selon le scénario de la « guerre tribale ». Le malaise pesant de ces déclarations est éloquent. Un malaise d'autant plus lourd que l'importation massive de machettes en 1993-1994 révèle que le génocide était bien programmé pour être justifié par la « fureur populaire ». Car si les militaires utili-

55. Entretien dans *Ouest France* du 17 octobre 1997.

56. Déclaration faite sur Radio Monte-Carlo, rapportée dans *L'Humanité* du 29 juin 1994.

saient fusils et kalachnikovs pour rabattre le gibier humain, c'est l'abattage à l'arme blanche, machettes, petites houes et gourdins cloutés qui était réalisé ensuite par les miliciens et les villageois. Ce n'est pas seulement l'économie de quelques cartouches qui était en jeu. Les fusils et grenades dont disposaient les militaires suffisaient bien aux exécutions et auraient même permis une plus grande efficacité. On a donc voulu faire apparaître les massacres comme une « réaction populaire spontanée ». En somme, les concepteurs du génocide se souciaient de l'image du régime auprès de l'opinion publique internationale.

L'engagement militaire et politique français auprès du Hutu Power n'est ni une coïncidence regrettable, ni une erreur d'appréciation, encore moins une malheureuse « cécité », mais une politique élaborée au plus haut niveau. En toute connaissance de cause. Depuis 1990, Paris coopérait militairement très étroitement avec l'armée rwandaise, les FAR, armée hutu, statutairement ethnique. En quatre ans, le financement des contribuables français a permis d'équiper et de faire passer cette armée de 5 300 à plus de 40 000 hommes. La formation des milices du MRND par des militaires français est toujours niée par les autorités françaises [57]. Or, elle est attestée par des sources multiples, notamment par un ancien milicien [58]. Récemment, un témoin parlant devant le Tribunal pénal international pour le Rwanda (TPIR) l'a encore confirmé lors du procès de Georges Rutaganda, vice-président des Interahamwe. Un milicien lui a confié que « *les militaires français lui avaient appris à tuer* » [59]. Des diplomates à Kigali signalent avoir vu des officiers français

57. Dans le rapport de la mission d'information, les militaires ont suggéré qu'il s'agit de confusion avec les soldats de la Garde présidentielle. D'une part, cette confusion est impossible, les Interahamwe étant vêtus de leur célèbre tunique en pagne coloré et, d'autre part, la Garde présidentielle a joué un rôle d'encadrement dans le génocide plus important et décisif que celui des miliciens, simples exécuteurs des basses œuvres.

58. Témoignage de Janvier Africa, montré à la BBC, « The Bloody Tricolour », *Panorama*, 28 août 1995 et repris dans *Courrier international,* du 30 juin au 6 juillet 1994.

59. Voir également *L'Humanité* du 13 juin 1997 pour ce qui concerne l'entraînement des miliciens de la Coalition pour la défense de la République (CDR), composante la plus ouvertement raciste de l'ancienne dictature.

en 1992 et 1993 dans le Parc national de Gabiro en compagnie d'unités Interahamwe [60]. Deux militaires français ont d'ailleurs à cette occasion contracté la trypanosomiase (maladie du sommeil) [61].

Il n'est fait ici aucun procès d'intention. Tenons-nous-en aux faits : ceux qui ont engagé la France dans le soutien aux extrémistes hutu savaient que la population tutsi était menacée d'extermination. C'est indéniable, puisque cela a même été reconnu devant la mission d'information. Les déclarations du colonel René Galinié lors de son audition sur « *l'extermination de 700 000 Tutsi par 7 000 000 de Hutu* » sont explicites « *Toute avancée du FPR risquait de déclencher de la part de la population hutu agressée le massacre de la population tutsi vivant au Rwanda.* » [62] Le scénario d'un génocide camouflé en « conflit interethnique » était né de la collaboration des responsables français avec les extrémistes hutu pendant quatre ans. L'ambassadeur Georges Martres expliquait que « *le génocide constituait une hantise quotidienne pour les Tutsi* » [63]. Le génocide était programmé. « *Certains Hutu avaient d'ailleurs eu l'audace d'y faire allusion. Le colonel Serubuga, chef d'état-major adjoint de l'armée rwandaise, s'était réjoui de l'attaque du FPR, qui servirait de justification aux massacres des Tutsi* », a avoué l'ambassadeur [64]. Les relations de Serubuga avec ses collègues français étaient étroites, voire intimes. Ce militaire impatient de déclencher l'extermination rencontrait tous les jours le lieutenant-colonel Jean-Jacques Maurin [65]. L'accord était acquis.

---

60. Interviews, Genève, mars 1995 ; Kigali et Dar es-Salaam, août 1995. Cités dans *La Réponse internationale au conflit et au génocide : enseignements à tirer de l'expérience au Rwanda*, tome II : *Les signes avant-coureurs et la gestion du conflit.* Évaluation conjointe de l'aide d'urgence au Rwanda. Copenhague, mars 1996, p. 37.

61. Ce qui m'a été confirmé oralement lors d'un colloque sur cette endémie à Anvers (Belgique) en décembre 1998.

62. Audition du 6 mai 1998. *Enquête sur la tragédie rwandaise* (1990-1994), tome I, p. 345.

63. Audition du 22 avril 1998. *Enquête sur la tragédie rwandaise* (1990-1994), tome III, p. 119. Martres a été remplacé par Marlaud en 1993.

64. *Ibidem.*

65. *Idem*, pp. 138-139.

D'ici à trente ou cinquante ans, l'éventuelle levée du secret défense devrait permettre de connaître les termes précis dans lesquels cet accord a été formulé. Les historiens évalueront alors les divers degrés du consensus génocidaire et pourront polémiquer là-dessus. Aujourd'hui, on sait que cet acte a été accompli avec l'accord de ceux qui avaient en main la politique africaine de la France. Il ne pouvait l'être sans leur feu vert. Le gouvernement intérimaire (GIR) qui réalisa le génocide des Tutsi a été composé, dans les deux jours qui ont suivi l'assassinat du président Habyarimana, à l'intérieur même de l'ambassade de France, sous la houlette de l'ambassadeur Jean-Philippe Marlaud, et au ministère de la Défense, sous le contrôle du colonel Bagosora. Bagosora se présente ainsi à la fois comme l'organisateur du génocide et la personnalité que les autorités françaises semblent avoir choisie pour être le véritable maître du pays, son futur président. Pendant tout le déroulement du génocide, ce gouvernement assassin aux ordres du colonel bénéficia d'un soutien politique officiel de l'État français et de son soutien officieux par la livraison d'armements en violation de l'embargo. Le génocide des Tutsi a été largement financé par l'État français, notamment à l'aide de prêts garantis par le Crédit Lyonnais et par la Banque Nationale de Paris (BNP). Cette garantie a permis en 1992 l'achat pour quelque 35 000 000 de francs d'armements à l'Égypte [66]. Le soutien politique s'est exprimé clairement par la réception de responsables à Paris pendant le génocide et par une aide diplomatique efficace à l'ONU.

L'extrême cruauté du génocide des Tutsi protège paradoxalement ses coresponsables parisiens. Dépassant l'imaginable, elle anesthésie l'intelligence, bloque les facultés de penser. Elle rend parfaitement irréelle la chaîne des responsabilités. L'implication française dans une telle barbarie n'est pas concevable. Elle dérange trop. Les Français préfèrent l'ignorer. Les historiens, les sociologues, les scientifiques en général, les journalistes sont des gens raisonnables. Ils savent qu'il y a des choses qu'il n'est pas convenable de

---

66. Hervé Gattegno, « L'aide militaire de la France à l'ancien régime », *Le Monde* du 22 septembre 1994.

penser et encore moins de dire. Le principe de base sous-entendu, inhérent à tous leurs travaux sur le sujet, est l'innocence dans l'intention des responsables politiques et militaires français. Ils ne sont pas « présumés innocents », ils sont *effectivement* innocents. La certitude de leur innocence n'a même pas besoin d'être dite. Elle est implicite [67]. Parfois, certains frôlent un instant la vérité. L'historien Gérard Prunier parle « *des gens qui au Rwanda se sont mouillés au-delà de l'imaginable et qui relèvent des tribunaux ordinaires* » [68]. Bien qu'une telle accusation soit manifestement explosive, elle se désamorce en restant dans le vague. Qui sont-ils ? Qu'ont-ils fait exactement ? C'est précisément « au-delà de l'imaginable ». Et l'on s'arrête là. Le sujet devient malsain. Cette accusation jetée dans une phrase, au cours d'un entretien, reste sans suite.

Même sans conséquence, une telle accusation est brûlante. Ancien membre du secrétariat international du Parti socialiste, spécialiste de l'Afrique de l'Est, Gérard Prunier est extrêmement bien informé. Mais sa connaissance des faits s'oppose à ses fonctions politiques. Dans son livre sur le génocide des Tutsi [69], les informations les plus accablantes sont en notes de bas de page. Gérard Prunier livre aux lecteurs des faits terribles sur les implications françaises dans le génocide sans en tirer lui-même les conséquences politiques ou judiciaires qu'ils méritent. Comme beaucoup d'autres intellectuels français, il serait victime d'une sorte de « syndrome de Vichy » qui modifie la perception du génocide et interdit d'associer les élites dirigeantes à de telles atrocités. Ce syndrome met en place un « révisionnisme » involontaire par une sorte de manipulation réflexe des faits. C'est un état de conscience qui empêche de les interpréter [70]. L'innocence (et donc la naïveté) des responsables politiques français est une vérité collective qui s'impose socialement. Les intellectuels français sont piégés à leur insu par ce consensus, et personne ne peut

67. Attitude que l'on retrouve typiquement chez David Ambrosetti, *La France au Rwanda. Un discours de légitimation morale*, Karthala, 2001.

68. Entretien avec Gérard Prunier conduit par Vincent Hugeux, « Grands lacs : les clés d'une guerre sans fin », *Politique internationale,* hiver 1998-1999, pp. 364-376.

69. *Rwanda : le génocide*, ouvrage cité.

70. Voir Michel Sitbon, *Un génocide sur la conscience*, ouvrage cité.

dire qu'il ne l'a pas été, à un moment ou un autre. On sait que les Allemands ont été victimes en 1945 d'un syndrome du même type pour la Shoah. À la différence que la victoire des Alliés les a obligés à ouvrir les yeux. Contre leur volonté. En ce qui concerne les Français, il n'y a aucune puissance étrangère victorieuse pour les y contraindre.

Bien qu'il garde malgré tout un langage cru et vrai, indisposant les adeptes de la langue de bois, Gérard Prunier ne peut que dissocier l'atrocité des massacres de masse et l'honorabilité des autorités françaises. Il est effectivement très difficile de rapprocher le monde de la barbarie, du bain de sang et des machettes de celui, lustré et vénérable, des hommes du pouvoir en France. Ces hommes, Gérard Prunier les a fréquentés dans leurs bureaux parisiens ou rencontrés dans les couloirs de l'Élysée. Comment pourrait-il mélanger la respectabilité française et la boue sanglante rwandaise ? Comment pourrait-il confondre l'Élysée sous Mitterrand et les génocidaires de Kigali : le royaume de « Dieu » [71] et l'enfer ? Entre l'horrifique et l'honorifique, les cloisons semblent étanches et les distances incommensurablement plus grandes que Paris-Kigali. L'étude de l'histoire contemporaine pourrait pourtant révéler combien l'univers des divinités qui peuplent les hautes sphères de la politique est « relativiste » [72]. Il suffit au Prince de tomber la Cagoule pour s'habiller en socialiste, avec un costume dont l'endroit est celui de la collaboration et l'envers celui de la Résistance. Ces divinités savent « penser pluriel ». Le monde du pouvoir est celui de l'ambivalence cynique.

Les « *assassins de la mémoire* » [73] sont à tout crime d'État ce que sont les asticots pour les cadavres : des fossoyeurs. Ils abondent, ils grouillent comme eux. Ce type d'assassin n'est pas seulement militaire ou politique, il est aussi religieux, journaliste, sociologue, historien

71. Dont parle Erik Orsenna, ancien « nègre » de François Mitterrand, dans *Grand amour*, Seuil, 1993.

72. Et même, pour rester dans la physique, « quantique », au sens où la réalité est bien différente de la perception qu'on peut benoîtement en avoir. Le passé de Mitterrand est suffisamment édifiant pour en prendre conscience. Voir plus loin, chapitre III, « Implication politique ».

73. Par référence à l'ouvrage de Pierre Vidal-Naquet, *Les Assassins de la mémoire*, La Découverte, 1991.

et même un sympathique militant pour les droits de l'homme. Ce sont des « *assassins* » propres sur eux, repus de bonne conscience. La bonne conscience négationniste ou révisionniste du génocide des Tutsi s'acquiert différemment selon les cas. Pour les partisans fanatiques de la « cause hutu », c'est une franche adhésion à l'idéologie ethniste qui est à la base du génocide. Pour certains, c'est seulement une « compréhension », bienveillante ou intéressée, de cette même idéologie. Pour les plus cyniques, elle relève du mépris pour les victimes comme pour les bourreaux, amalgamés dans un même racisme à l'encontre de l'Africain et des Noirs en général. Enfin la dernière catégorie, la plus importante, concerne tous ceux qui préfèrent nier ce crime ou en réviser l'histoire, plutôt que d'être obligés d'y associer les autorités françaises. Mais, en conséquence, tous assurent l'impunité, l'irresponsabilité et préparent les crimes de demain. Ils dessinent à l'horizon d'autres nuits rwandaises, d'autres génocides, d'autres abominations, comme autant de transgressions acceptées.

Comme l'a été le génocide arménien pour le IIIe Reich, on peut craindre que le génocide des Tutsi devienne un modèle pour de futures tentatives. Le Congo de Kabila a déjà appliqué la recette en août 1998. Timor a été le théâtre d'un scénario identique en 1999 : extermination d'une minorité gênante à l'aide de milices instrumentalisées par un État génocidaire. Avec la complicité du tuteur australien et, toujours, la passivité de l'ONU.

Des tueurs devenus « réfugiés »

> « *La plus grande partie de l'élite hutu – militaire, administrative, religieuse, intellectuelle –* [a été] *amenée, bon gré mal gré, à participer à la machine génocidaire ou à la cautionner.* » [74]

Cette participation des cadres de l'État rwandais et de leurs réseaux d'influence en Europe a réussi à mystifier une grande partie de l'opinion internationale. Quand la déroute des FAR s'est avérée inéluctable, l'Élysée a déclenché, après avoir obtenu l'aval de l'ONU, la fausse opération humanitaire *Turquoise*, qui a rendu possible leur repli

74. François-Xavier Verschave, *Noir silence*, ouvrage cité.

en bon ordre en leur ouvrant un couloir jusqu'au Zaïre. Arrachée au conseil de sécurité de l'ONU, *Turquoise* a permis à l'appareil politique du génocide d'échapper à la justice en 1994 et 1995. Mais surtout elle lui a évité une déroute morale. *Turquoise* préserve aussi soigneusement l'instrument médiatique du génocide, la Radio-Télévision Libre des Mille Collines (RTLM), ce qui permet aux autorités en fuite de continuer à diriger l'extermination des Tutsi survivants en maintenant leur contrôle sur une partie de la population [75]. Nous reviendrons sur cette opération qui montre que le génocide, crime d'État, a fait intervenir à tous les niveaux la complicité des États rwandais et français.

Les tueurs en fuite ont poussé devant eux les masses hutu prises en otages. Dans les camps du Zaïre (Goma, Mugunga, Bukavu) et de Tanzanie (Benaco), les exilés hutu ont été parqués sous l'autorité de leurs bergers génocidaires. Le Haut Commissariat aux réfugiés (HCR) a ainsi donné le statut de « réfugié » aux concepteurs et exécutants de la solution finale au problème tutsi. Le soutien des groupes de pression occidentaux liés avec l'ancien régime s'est déguisé rapidement en aide humanitaire. Les camps du Zaïre et de Tanzanie sont devenus de 1994 à 1996 le sanctuaire des assassins, d'où s'opérait leur exfiltration vers l'étranger. Derrière les relais humanitaires français mais aussi suisses, belges et allemands, ces élites hutu, responsables ou complices, sont omniprésentes. Exilées à travers le monde, elles forment aujourd'hui un immense réseau « *dont les éléments les plus lointains peuvent se rencontrer en Australie comme en Scandinavie, aux Seychelles comme au Canada* » [76]. Parmi les membres de la diaspora hutu, ceux qui ont participé physiquement ou moralement à cette abomination se veulent les représentants de leur « ethnie », victimes, voire martyrs du FPR, autrement dit des « Tutsi ». Le « FPR », a toujours servi à désigner les Tutsi dans la mouvance ethniste Hutu Power, mais depuis le génocide c'est devenu une façon « politiquement correcte » de le faire.

75. La RTLM, Radio-Télévision Libre des Mille Collines, version radiophonique de *Kangura*, créée en 1993 à l'initiative de Ferdinand Nahimana et Jean-Bosco Barayagwiza et financée par l'*akazu*.

76. Luc Cambrézi, *Politique africaine* n° 68, décembre 1997.

Il est pourtant évident qu'en aucune façon des criminels contre l'humanité, agressifs et armés, ne peuvent être qualifiés de réfugiés. Et les populations qu'ils contrôlent ne sont pas des « réfugiés », qui se seraient placés sous leur « protection », mais bien leurs otages. Les termes de la convention de Genève de 1951 relative au statut des réfugiés et du protocole de New York de 1967, seuls textes de référence internationale en la matière, sont clairs et précis : il y est expressément affirmé qu'« *un individu ne peut bénéficier du statut de réfugié si on a des raisons sérieuses de penser qu'il a commis un crime contre la paix, un crime de guerre, un crime contre l'humanité ; qu'il a commis un crime grave de droit commun hors du pays d'accueil, qu'il s'est rendu coupable d'agissements contraires aux buts et principes des Nations unies* ». La convention exclut donc de cette catégorie les masses qui ont directement participé aux massacres, les miliciens, les autorités de l'État, l'élite politique et les forces armées qui les ont encadrés pendant l'extermination des Tutsi sur toute l'étendue du territoire rwandais. Certains exilés ont fui contraints par l'armée et les milices, les autres étaient manipulés par la propagande. La RTLM, instrument médiatique essentiel du génocide, n'a pas cessé de diffuser malgré la déroute des FAR et l'exode au Zaïre, grâce à la présence des militaires français de l'opération *Turquoise* et leur volonté de ne pas l'interrompre.

Le fait que ces prétendus « réfugiés » arrivés au Zaïre se sont livrés jusqu'en 1996 au massacre des populations tutsi du Kivu ne semble avoir ému personne. Les journalistes devaient trouver cela normal. Des ONG ont même fourni des équipements et des financements pour installer un abattoir moderne dans le camp de Mugunga, près de Goma au Zaïre. Le bétail provenait des éleveurs tutsi congolais du Masisi (province du Nord-Kivu) que les ex-FAR et les Interahamwe étaient en train de massacrer. Un cheptel bovin de 450000 têtes a ainsi été entièrement anéanti et des éleveurs ont été éliminés avec les méthodes du génocide perpétré au Rwanda en 1994. Le 16 mai 1996, quatre pères trappistes français abandonnent leur couvent de Mokoto dans le Masisi où s'étaient réfugiées 800 personnes d'origine tutsi, menacées par les miliciens hutu. « *Ils n'ont osé tuer personne devant nous, mais ils sont venus nous montrer des mains coupées et nous menacer si nous ne quittions pas les lieux* », a affirmé l'un des pères. Les rescapés ont témoigné du caractère génocidaire de ces massacres : « *Les Tutsi sont massacrés à la machette, les femmes violées, les enfants écrasés au pilon, les maisons pillées, incendiées, les églises vidées.* » [77] Les Tutsi qui échappèrent aux massacres vinrent se réfugier au Rwanda. Il y en avait 30000 en 1998 dans les camps de Mudende, Nkamira, Mbugangari et Byumba près de Gisenyi. Ces prétendus « réfugiés » reproduisaient, sur le même modèle et avec la même idéologie, les massacres qui avaient fait un million et demi de morts au Rwanda deux ans plus tôt.

Comment expliquer cette inversion des rôles qui transforme les tueurs en réfugiés et rend suspects ceux qui ont arrêté les massacres ? Ce génocide a été réalisé par un gouvernement que l'État français reconnaissait et soutenait diplomatiquement, et cela jusqu'à la fin de l'extermination des Tutsi. Tout le poids et la crédibilité du « pays des droits de l'homme » sont derrière cette aberration. L'échec militaire de la France est le premier enregistré en Afrique par l'armée française depuis la fin de la colonisation. Cette défaite militaire a encore alimenté chez de nombreux officiers français le sentiment de haine anti-FPR et le soutien, inconditionnel et persévérant, au régime génocidaire. Cette persévérance s'est traduite par l'armement des ex-FAR et des milices *via* le Zaïre; par le soutien à Mobutu, pilier d'une contre-attaque contre le FPR. « *Au Quai, rue Monsieur, rue Saint-Dominique, à la Piscine* [boulevard Mortier, siège de la DGSE]*... tous ceux qui soutinrent sans retenue l'alliance avec le camp génocidaire continuent d'instruire la politique française au Rwanda. Les schémas de diabolisation (du FPR, de l'Ouganda, des anglophones...) hantent toujours les esprits, sous-tendent les analyses.* [...] *L'Internationale démocrate-chrétienne poursuit son travail de sape, tandis que certains milieux catholiques sont plus tentés par la croisade que par l'amende honorable.* » [78]

77. *Le Soir* des 6-7 avril 1996, propos recueillis par Colette Braeckman. Voir aussi *Le Soir* du 8 mars 1996.

78. *Billets d'Afrique,* octobre 1995.

L'aide apportée par des associations « humanitaires » d'inspiration ou d'obédience chrétienne n'a été que subsidiaire, bien que culturellement importante. Des associations comme Frères des hommes (une ONG spécialisée dans les projets de développement) ou Amnesty International sont restées pendant plusieurs années des relais complaisants de ces cadres rwandais impliqués, sinon dans les crimes racistes, du moins dans l'ethnisme hutu : il s'agissait de leurs collaborateurs ou de leurs informateurs, que ces ONG ont gardés après le génocide. À partir des camps d'exilés hutu du Zaïre ou de Tanzanie, ces cadres ont pu répandre leurs thèses négationnistes de 1994 à 1996. Leurs relais religieux ou démocrates-chrétiens en ont exfiltré un grand nombre en Europe. Le gouvernement intérimaire (GIR) en exil à Bukavu (principale ville du Kivu dans l'est du Congo-Zaïre) était alimenté financièrement par le HCR et soutenu moralement par une myriade d'ONG, telles que la Caritas et d'autres institutions catholiques. Ces dirigeants responsables d'un génocide ont régné pendant deux ans sur deux millions de Hutu.

Six ans après, on retrouve encore en France, en Belgique ou en Suisse, dans les journaux ou des revues sérieuses, les résidus de l'idéologie ethniste du Hutu Power. Les thèmes négationnistes utilisés par les assassins au moment même où ils commettaient leur forfait y sont tranquillement repris : soit le génocide lui-même est nié, soit les Tutsi seraient responsables du malheur qui les a frappés. Souvent la négation du génocide s'accompagne de sa justification, paradoxe trivial que l'on retrouve dans tous les autres génocides. L'extermination systématique de 1994 est présentée comme une réaction spontanée « *d'autodéfense du peuple contre l'agression du FPR* ». Est évoqué aussi un « *second génocide* », qui aurait été accompli par le FPR « *contre les Hutu* ». Si les crimes du FPR ne suffisent pas, on ajoute ceux de « *l'armée monoethnique tutsi* » du Burundi [79]. Au final, les négationnistes-révisionnistes inventent deux camps politico-ethniques irréductibles, s'affrontant de toute éternité et qui auraient commis des crimes équivalents de chaque côté. Le résultat

79. Qui est en réalité composée de Hutu et de Tutsi, comme les différentes factions opposées au Burundi !

est un jeu à somme nulle. « *Le délire idéologique peut aller loin s'il se trouve toujours des pseudo-bonnes âmes pour y prêter foi* », remarque l'historien Jean-Pierre Chrétien [80].

Derrière ces élites responsables ou complices, les relais occidentaux sont omniprésents. L'hebdomadaire *Jeune Afrique*, par exemple, a dans son personnel Spérancia Karwera Mutwe, ancienne directrice de l'information à la présidence du MNRD, le parti de Habyarimana, ainsi que du journal de ce parti (*Umurwanashyaka*). Elle est en quarante-cinquième position sur la liste des génocidaires établie par Kigali [81]. Aidés par leurs anciennes relations, les milliers de cadres hutu impliqués dans le génocide forment une diaspora active, interconnectée sur Internet et très bien organisée. L'enquêteur principal du Tribunal pénal international d'Arusha (TPIR), Laurent Walpen, expliquait que les présumés génocidaires sont informés des mandats d'arrêt avant même les autorités chargées de les arrêter [82]. Le Rassemblement pour la démocratie et le retour (RDR), formation créée dans les camps du Zaïre à l'ombre de l'état-major des FAR en exil, a pris aujourd'hui la relève du MRND génocidaire pour le retour au pouvoir des exilés.

« Il n'y a pas les bons d'un côté, les méchants de l'autre »

Concernant le génocide des Tutsi, il y a une phrase clé que tout le monde a entendue ou lue « *Sans doute faut-il se garder de toute naïveté : il n'y a pas les bons d'un côté, les méchants de l'autre.* » Cette formulation est de Jean-Marie Colombani dans *Le Monde* [83]. On peut aussi citer celle de Stephen Smith dans *Libération* [84] « [les

80. Jean-Pierre Chrétien, « *Rwanda-Débat*, une revue Hutu Power en Suisse », document déposé en août 2000 au tribunal de Neuchâtel en Suisse.

81. Elle figurait en 2000 dans l'« ours » de *Jeune Afrique*.

82. Sur France 2, émission *Envoyé spécial* « Un génocide sans coupable » diffusée en avril 2001.

83. Du samedi 23 juillet 1994.

84. Du 6 mars 1997. En 2000, Stephen Smith passera d'ailleurs au *Monde*.

Tutsi] *ne seraient pas les "bons" face aux Hutu, qui, comme collectivité, seraient les "méchants"* [...] ».

Toute la manipulation idéologique de l'ethnicité se trouve dans cette phrase piège : la bonne conscience, une apparente ouverture d'esprit à la « complexité du problème hutu-tutsi ». En réalité, il s'agit d'une réduction affligeante. La force de cette idée du partage des « bons » et des « méchants » tient à sa banalité : qui pourrait prétendre le contraire ? Personne ne peut attribuer un de ces caractères moraux à un groupe humain plutôt qu'à un autre. Mais en même temps elle insinue l'existence de deux camps opposés, « hutu » et « tutsi », sans doute irréductibles, mais en tout cas moralement équivalents. Elle parvient donc simultanément à nier le génocide en parlant de « bons » et de « méchants » et à renforcer l'idéologie raciale sur laquelle il est construit. Cette référence à des critères moraux simplistes et manichéens évite en effet d'avoir à discerner entre victimes et bourreaux. C'est une autre façon d'occulter le génocide qui n'est pas l'extermination des « bons » par les « méchants ». Le problème d'identifier les acteurs du génocide en tant qu'idéologues, concepteurs, organisateurs, meneurs locaux, grands ou petits tueurs ne se pose plus. Cette phrase est une arme négationniste. Il n'est pas étonnant que cette idée ait été formulée par de nombreux responsables politiques et pas seulement par des journalistes comme Stephen Smith et Jean-Marie Colombani.

Parler de « bons » et de « méchants » dans chacun des camps, permet donc de faire passer l'explication de la lutte tribale. Ces expressions d'apparence anodine sont utilisées par le discours ethnique et en illustrent parfaitement la nature insidieuse et perfide. Car l'attitude à avoir face à un génocide est d'identifier clairement l'idéologie qui le sous-tend et qui conduit à l'extermination d'un groupe humain. Cette idéologie détermine le groupe où se trouvent les victimes et celui où se recrutent les bourreaux. Mais c'est bien l'idéologie qui est criminelle et non le groupe. Au Rwanda, cette idéologie a conduit à la mise à mort des Hutu qui protégeaient des Tutsi, ainsi que des Hutu qui correspondaient au stéréotype physique que cette idéologie associe aux Tutsi (grande taille, minceur, nez fin). Le FPR, que les bourreaux désignaient comme tutsi, a commis des crimes de guerre, c'est incontestable. En 1945, les vainqueurs avaient aussi des crimes de guerre à se reprocher. Que cela soit infiniment regrettable, nul ne le conteste. Mais il est indéniable aussi que cela n'a rien changé à la réalité de la Shoah. Dresde et Hiroshima ne peuvent faire oublier Treblinka, encore moins l'excuser.

Une autre formulation, conclusive et lapidaire, de cette idée a été faite par Jean d'Ormesson : « *La leçon de cette tragédie, c'est que les hommes sont tous coupables et sont tous innocents.* » [85] Jean d'Ormesson, membre de l'Académie française, vient, juste après son extase sur les « *massacres sublimes dans des paysages grandioses* » [86], en rajouter une couche. Une telle morale, « tous coupables et tous innocents », dans le contexte d'un génocide, est une abomination négationniste. Elle sert exclusivement ceux qui s'y sont compromis, parce qu'elle exclut d'avance toute recherche de responsabilités. Or, celles-ci sont lourdes et il est urgent de les examiner d'un point de vue politique. On ne peut qu'applaudir au « coup de gueule » de Daniel Mermet à la lecture de ces propos : « *La leçon de la tragédie du Rwanda, c'est qu'il n'y a pas que le racisme des skinheads sans conscience. Il y a aussi celui, plus pervers, plus mondain, plus refoulé, plus inconscient, d'hommes dont j'apprécie le soin qu'ils apportent à choisir leurs cravates.* » [87] Une qualité qu'il reconnaît quelques lignes plus haut à Jean d'Ormesson.

Disons à la décharge de l'académicien que ces deux articles ont été écrits à chaud (en juillet 1994). Jean d'Ormesson, sollicité par les militaires français du Service d'information et de relations publiques des armées, le Sirpa, a fait partie des nombreux journalistes qu'ils ont emmenés avec eux sur le terrain pour couvrir l'opération *Turquoise*. Sa morale, comme ses élans poétiques devant les charniers, est significative de son embrigadement par le Sirpa. Il s'agit de contagion idéologique. On peut s'interroger sur le fait que

85. *Le Figaro* du 21 juillet 1994.

86. *Le Figaro* des 19 et 20 juillet 1994.

87. Daniel Mermet, *Là-bas si j'y suis. Carnet de route*, La Découverte/France Inter, 1999, pp. 105-107.

Jean d'Ormesson a rapporté cinq ans plus tard les propos antisémites de Mitterrand [88]. Cela plaiderait-il contre toute accusation de « racisme mondain » ? Ni pour, ni contre. On peut tout à fait dénoncer vertueusement l'antisémitisme (d'un ennemi politique et de surcroît après sa mort), et par ailleurs éviter de juger des nègres dont on reconnait implicitement l'atavisme meurtrier. Mais de tels propos révèlent surtout l'efficacité du Sirpa chargé d'« expliquer » la situation à travers la grille de lecture des autorités militaires françaises. Une efficacité qui a fait école puisque la DRM dispose désormais d'un Bureau d'action psychologique, le BAP, qui anime une cellule Argument et dialogue auprès du Premier ministre.

Le racisme, une idéologie pleine d'avenir ?

Le mouvement Hutu Power n'a rien d'exotique, il est occidental et moderne. Ce n'est pas l'expression d'un atavisme tribal enraciné dans l'Afrique profonde. Sociologues et historiens en ont fait le constat : ceux qui ont pensé la solution finale, intellectuels et cadres politiques hutu, « *ont accompli des études supérieures occidentales* [...] *car* [cette idéologie] *comportait une conception de la pureté raciale radicalement étrangère à la culture traditionnelle* » [89]. Cette pensée biologique de la race est totalement spécifique à notre univers occidental. Car le choix politique ne suffit pas. Il faut une idéologie *ad hoc*. Pas de Shoah sans antisémitisme. Pas de génocide des Tutsi sans ethnisme. Des Français, hommes politiques, journalistes, universitaires ou chercheurs, ont justifié la politique française au Rwanda à l'aide de considérations ethniques. Comment relaye-t-on l'idéologie qui permet un génocide ? Quelle force, quelle motivation peut-on trouver pour justifier le soutien à un régime manipulant l'ethnicité ? Le comprendre c'est descendre dans les bas-fonds de l'antisémitisme à la française, racisme intégré à l'idéologie de gauche comme de droite depuis

88. Dans *Le Rapport Gabriel*, Gallimard, 1999. *Le Monde* du 27 août 1999 s'est fait l'écho de la polémique consécutive à ces propos, notamment avec la fille naturelle du président, Mazarine Pingeot.
89. Claudine Vidal, « Les politiques de la haine. Modernité de l'ethnisme », *Les Temps modernes* n° 583, juillet-août 1995, pp. 6-33.

Bernanos, Daudet, Fourier, Proudhon, Renan, Sorel et Voltaire, etc. [90] C'est patauger dans un racisme bien-pensant, ancré dans les mentalités contemporaines et habituellement non dit. Ce racisme, il est dans notre vision de l'autre, hier du Juif, aujourd'hui de l'Africain.

La journaliste belge Marie-France Cros explique ainsi ce qu'elle appelle un « *racisme de bon aloi* »:

« *Seuls les Hutu sont de vrais Rwandais, les Tutsi étant censés venir d'Égypte.* [...] *Pendant des années, les Européens – Belges en particulier, mais aussi Français – n'y ont rien trouvé à redire. Missionnaires, coopérants ou hommes politiques, ils ont pourtant connu la Seconde Guerre mondiale ou ont appris à l'école que le fascisme et l'exclusion systématique menaient tout droit à la "catastrophe" que fut la Shoah pour les Juifs. Ils le savent si bien qu'aucun d'eux n'oserait décrire aujourd'hui les Juifs comme avares, sales et le nez crochu, selon la caricature couramment utilisée avant la guerre. Nous avons cependant entendu souvent nos compatriotes – pas tous! – liés au Rwanda expliquer benoîtement que "les Tutsi sont intelligents et fourbes tandis que les Hutu sont balourds mais gentils", sous-entendant par là qu'il était normal que les premiers, dangereux, subissent une discrimination, afin de permettre aux seconds, demi-innocents, de s'épanouir.* [...] *On s'est donc voilé les yeux, préférant croire que le général Habyarimana dirigeait "la Suisse de l'Afrique".* » [91]

Ce racisme interroge par la bonne conscience de ceux qui l'expriment. Un paradoxe qui s'explique parce qu'il fait appel à deux racismes emboîtés l'un dans l'autre: c'est parce que les Noirs ou les Africains sont considérés comme différents des Blancs ou des Européens qu'ils doivent être jugés avec des critères qui leur sont propres. C'est pour cela que même de gens « de gauche » ou des

90. Voir par exemple Christian Delacampagne, *Une Histoire du racisme*, Le Livre de Poche/France Culture, 2000, et Robert Badinter, *Un Antisémitisme ordinaire*, Fayard, 1997. On peut aussi signaler que Bernard-Henri Levy dans *L'Idéologie française*, Grasset, 1981, et Bernard Lewis, dans *Sémites et antisémites*, Fayard, 1987, apportent des éléments intéressants, bien que ces deux auteurs soient plus que douteux en ce qui concerne le génocide arménien (voir Yves Ternon, dans sa « Lettre ouverte à Bernard Lewis et quelques autres », préface du livre de Leslie Davis, *La Province de la mort*, Éditions Complexe, 1994).

91. *La Libre Belgique* du 1er juin 1994.

catholiques bon teint peuvent se permettre de dire des Tutsi ce que seuls les pires dinosaures nazis osent encore dire des Juifs. C'est un peu le même racisme qui fait que partout en Europe l'on a respecté trois minutes de silence pour les 6000 Américains morts le 11 septembre 2001 dans l'attentat suicide contre les tours jumelles du World Trade Center à New York, alors que les 1800000 victimes Tutsi du génocide qui auraient mérité proportionnellement quinze heures de silence n'ont eu droit à aucune manifestation de souvenir et de recueillement. Deux poids, deux mesures. Deux sortes d'êtres humains, ceux qui ont droit au respect, ceux qui ont droit au mépris, au mieux à l'indifférence. Depuis 1994, la mémoire des victimes du génocide est ignorée par la France. Comme le rôle de ses militaires, comme ses relations politiques, comme ses actions secrètes, cela ne doit pas sortir de la nuit rwandaise.

Les suppliciés de 1994 nous interpellent aussi par l'absence de réaction de la communauté internationale. Silencieuse pendant, elle reste très discrète après. Tout se passe comme si cette hécatombe n'avait jamais existé. Elle n'a pas provoqué le « plus jamais ça » unanime et révolté de 1945, après la Shoah. C'est peut-être le signe le plus alarmant. Ce génocide françafricain se présente comme une mise au point, dans le laboratoire rwandais, d'un mode de régulation radicale des populations indociles. Un test d'acceptabilité et de faisabilité d'une certaine façon de gérer ce que l'on peut appeler le « monde extérieur », un monde misérable situé en dehors de l'espace protégé occidental. La gestion par le chaos génère des profits à court et à long terme : vente d'armes, trafics divers et reconstruction pendant les éventuelles périodes de paix civile. Le chaos permet l'exploitation sauvage des ressources naturelles, sans compte à rendre à une société civile réduite à l'inexistence politique, dans un espace délimité où s'affrontent les réseaux criminels, les services secrets et les mafias. Le « monde extérieur » est un monde sans lois [92]. Jusqu'à présent, l'impunité des complices occidentaux montre que cette solution à un avenir.

---

92. Dont l'organisation actuelle est expliquée et cartographiée par Jean Maillard et Pierre-Xavier Grézaud, collaborateurs dans *Un monde sans loi. La criminalité financière en images*, Stock, 1998.

1. Les racines coloniales de l'ethnisme

« À moins de réduire le génocide à un coup de tonnerre dans un ciel serein ou d'y trouver la manifestation d'une sauvagerie dite atavique, deux naïvetés inacceptables sur le plan historique, il faut bien analyser le ressort moderne, à savoir l'idéologie qui y a conduit, qui l'a accompagné et qui en inspire aujourd'hui la négation. »

Jean-Pierre Chrétien [1].

L'instauration d'une République hutu

Le génocide de 1994 a ses racines dans l'instauration d'une République ethnique au Rwanda en 1961, sous la coupe du parti unique Parmehutu (Parti du mouvement d'émancipation des Hutu). Cette République sera mise en place par les missionnaires et les autorités belges pour préserver leur tutelle. Dès 1957, Grégoire Kayibanda rédige les « Notes sur l'aspect social du problème racial indigène au Rwanda » connu sous le nom de *Manifeste des Bahutu*, avec l'aide des Pères blancs [2]. Dans ce texte fondateur de la République hutu est décidé le maintien des mentions raciales (hutu, tutsi, twa) sur les cartes d'identité. L'ethnicité est ainsi devenue un élément constitutif du pouvoir, utilisé dans une rhétorique de légiti-

1. Jean-Pierre Chrétien, « Le génocide rwandais : un projet construit et identifiable ». *Coopération internationale pour la démocratie* (CID) n° 7, « Génocides et violences dans l'Afrique des Grands Lacs. Six propositions pour une réforme de la coopération internationale », Solagral, juin 1997.

2. En particulier les pères belges Ernotte et Dejemeppe, sous la supervision de Mgr Perraudin. Le texte intégral du *Manifeste* se trouve dans F. Nkundabagenzi, *Le Rwanda politique (1958-1960)*, ouvrage cité.

mation. Comme l'explique l'historien Gérard Prunier : « *Ici la confusion devient particulièrement grave. Les statistiques "raciales" sont posées comme directives, comme instrument de surveillance de la démocratisation.* » [3] L'ethnicité promue par le colonisateur belge est devenue, avec l'avènement de la République hutu, un outil politique trivial et pervers, dont le fonctionnement exige l'entretien et l'institutionnalisation de la haine raciale. À partir de ce moment, le « Tutsi » joue dans cet espace politique le rôle que jouait le Juif en Europe : celui d'un bouc émissaire.

Maladie importée par le colonisateur, l'ethnisme sera réactivé périodiquement par les élites au pouvoir dans des séries de pogromes antitutsi. On en retrouve le virus latent en France, en Belgique, en Suisse, au Vatican. Pour avoir une idée de la contamination de l'idéologie ethnique en France, il suffit de lire *Le Monde* du 8 octobre 1990. Un article explique la situation politique au Rwanda : « *Pasteurs nomades de tradition guerrière, les Tutsi se raccrochent à la branche des Nilotiques. On les dit quelque peu sûrs d'eux-mêmes et dominateurs* [4]. *Les Hutu, eux, appartiennent au monde bantou. Volontairement ou non, ils se donnent l'image de paysans accrochés à leurs terres, madrés mais plutôt rustres, malhabiles en politique* » [5]. En réalité, tous les Rwandais parlent la même langue bantou. On est ici au cœur de l'idéologie génocidaire, dans le mythe des Hamites dont parle le comte de Gobineau dans son *Essai sur l'inégalité des races humaines* : l'idée d'une lointaine ascendance blanche des éléments civilisateurs en Afrique, en l'occurrence ici des Tutsi. Ce livre inspira aussi Hitler et les théoriciens nazis.

Les Pères blancs, installés depuis 1900 au Rwanda, verrouillèrent cette interprétation raciale de la réalité sociologique rwandaise. Une réalité plus complexe et plus nuancée que ce schéma réducteur. Ils

3. *Rwanda 1959-1996, histoire d'un génocide*, Dagorno, 1997.

4. Expression douteuse déjà utilisée par le général de Gaulle en 1967, pour qualifier les Israéliens.

5. L'implication de journalistes français dans cette mystification coloniale est à souligner. Elle est le signe de l'ancrage de la vision coloniale dans l'intelligentsia française et de sa manipulation par les milieux politiques et journalistiques. Cette citation caricaturale émane d'un journal sérieux, dit « de référence ».

la répandront à travers leurs écrits, notamment dans le livre célèbre du père Pagès: *Un royaume hamite au centre de l'Afrique*. L'opuscule intitulé *Rwanda*, rédigé par le chanoine Louis de Lacger, est une version simplifiée de cette même théorie. Commandé par Mgr Classe, cet opuscule sera largement diffusé auprès des colons et des missionnaires. Il sera de nombreuses fois réimprimé et distribué dans toutes les procures. La théorie affirme comme un dogme incontestable la conquête il y a trois cents ou trois cent cinquante ans par les Tutsi de race hamite et originaires d'Égypte (*sic*) de la région où vivaient depuis toujours les Bantou hutu. Un tel discours pénétrera, imprégnera même, l'imaginaire social rwandais, *via* les manuels scolaires, les discours des prêtres et des intellectuels.

Au moment de la conquête coloniale, les Tutsi banyiginya (membres du lignage *nyiginya* qui incluait le lignage royal) étaient à la tête d'un royaume en pleine expansion. L'administration allemande, puis belge, sur le conseil de Pères blancs, s'appuiera sur cette aristocratie qui représentait moins de 5 % de l'ensemble des Tutsi. Les concepts biosociologiques du sang et de la race qui dominaient en Occident sont alors introduits dans une société en voie d'acculturation qui les intégrera progressivement. Le pouvoir colonial permettra aux Banyiginya de contrôler, dès avant la Première Guerre mondiale, les régions de l'ouest et de l'est relativement indépendantes du pouvoir central. De même, le lignage royal en profitera pour s'étendre sur les royaumes hutu du nord-ouest qui lui avaient toujours résisté. Ainsi, s'opèrent en même temps la « racialisation » du pouvoir et son monopole par les Banyiginya. Mais pour cette élite, le pouvoir deviendra bien vite illusoire. L'administration belge, contrairement à l'allemande, se révèle être une administration on ne peut plus directe. Elle légifère sur tout et dans les moindres détails, ne laissant au chef tutsi qu'une activité d'exécutant [6].

6. Cet aspect de l'histoire rwandaise est expliqué dans un petit livre, *Rwanda, généalogie d'un génocide* de Dominique Franche, Les Petits Libres, Mille et Une Nuits, 1997. Voir aussi Josias Semujanga, *Récits fondateurs du drame rwandais*, L'Harmattan, 1998.

La volte-face des Pères blancs et de l'administration coloniale commença dans les années cinquante, au moment où les jeunes Banyiginya formés en Europe et acquis aux idéaux tiers-mondistes manifesteront leur volonté d'indépendance, allant même jusqu'à contester l'omnipotence de l'Église. Dans ce pays devenu une théocratie catholique, un royaume dédié au « Christ-roi », l'affaire était grave. Au discours pro-tutsi succédera donc un discours pro-hutu. Vers la fin des années cinquante, l'Église inversera ses critères de valeurs, idéalisant les Hutu comme « un peuple de Bantou très croyants, honnêtes et travailleurs », assujettis par de « cruels féodaux hamites ». Un credo théorisé progressivement et qui culminera dans les années soixante-dix [7]. Différents mouvements catholiques de gauche y participeront, notamment le Mouvement ouvrier chrétien belge, alliés pour la circonstance avec les très réactionnaires Pères blancs. À cette union sacrée s'ajoutent des nationalistes flamands qui identifièrent « l'arrogance tutsi » à « l'arrogance wallonne » et devinrent des partisans les plus fanatiques et les plus inconditionnels du nouveau pouvoir hutu [8].

Après avoir inversé leur soutien, le pouvoir belge et l'Église catholique continueront donc le jeu d'une ethnie contre l'autre. Cette alliance coloniale puis néocoloniale avec l'élite hutu se scellera dans le sang des pogromes antitutsi, que la nouvelle élite hutu utilisera systématiquement dans sa stratégie de pouvoir. L'idéologie associée, avec ses accents populistes et son allure « Révolution de 1789 » contre « l'aristocratie tutsi », sera diffusée et vulgarisée par les membres belges de l'Internationale démocrate-chrétienne (IDC) dont le secrétariat était basé à Bruxelles. Avec les Pères blancs, ils en seront les plus virulents propagandistes [9]. Le rôle de l'IDC comme soutien obstiné aux leaders

---

7. Notamment dans les ouvrages du pieux conseiller de Grégoire Kayibanda, Baudoin Paternostre de la Mairieu. Son livre *Le Rwanda, son effort de développement*, Éditions de Boeck (Bruxelles) – Éditions Rwandaises (Kigali), 1972, 413 pages, en est une caricature.

8. Et le sont restés, comme le député CVP (Parti chrétien flamand) Jan Van Erps, qui se dit « *Hutu flamand et fier de l'être* ». *La Libre Belgique* du 26 février 1997.

9. Voir la mise au point précise et édifiante de Léon Saur, secrétaire général du Parti social chrétien, parti membre de l'IDC, *Influences parallèles. L'Internationale démocrate-chrétienne au Rwanda*, Luc Pire, Bruxelles, 1998.

ethnistes et à leur idéologie n'est pas l'objet de ce livre. Disons qu'il a été considérable. Par exemple, le 5 mars 1992, l'IDC remerciait l'Office rwandais d'information (Orinfor), alors même que cet organe de propagande ethniste venait d'inciter aux massacres du Bugesera ! En août de cette même année, l'IDC se félicitait du ralliement du parti MDR à la ligne dite Parmehutu « *dans la tradition du grand mouvement populaire lancé par Grégoire Kayibanda* » [10]. En mars 1993, le MRND, parti affilié à l'IDC qui au même moment planifiait le génocide, était invité à Bruxelles au Xe Congrès de cette organisation. En juin 1995, après le génocide, ce parti était toujours sur la liste des membres invités au XIe Congrès de l'IDC [11] à Bruxelles !

Réalités socio-historiques et préjugés idéologiques

« *Nous sommes en effet au cœur du problème, au cœur d'un processus qui a débouché sur un génocide et non sur une banale lutte "tribale" ou sur un simple complot politique qui aurait dérapé. L'organisation de massacres aussi massifs et aussi systématiques suppose en effet non seulement une machine politico-administrative et militaro-policière.* [...] *Elle suppose aussi l'adhésion d'un grand nombre de simples gens prêts à devenir au jour J des tueurs, des complices, des spectateurs enthousiastes ou compréhensifs, ce qu'attestent les innombrables témoignages recueillis à ce jour sur le déroulement du génocide. Le but de cette entreprise n'était-il d'ailleurs pas autant de multiplier les tueurs que de multiplier les victimes, afin de rendre définitive la déchirure "ethnique" ? Elle implique donc la bonne conscience des acteurs, perpétrateurs et concepteurs de ce crime collectif. Or dans un pays dépendant comme le Rwanda, cette bonne conscience n'a pu être entretenue qu'en étant partagée par des partenaires étrangers, et cela depuis des décennies.* » [12]

---

10. Note d'Alain de Brouwer, conseiller à l'IDC pour les questions rwandaises, en date du 7 août 1992.
11. Dont le secrétaire général était alors l'Espagnol Javier Ruperez, du Parti populaire.
12. Jean-Pierre Chrétien, *Coopération internationale pour la démocratie* n° 7, ouvrage cité.

En France, les médias ont familiarisé les clichés véhiculés par cette idéologie dans le grand public. Le premier cliché est le statut socio-économique des Tutsi, présentés comme dominants, même après trente années pendant lesquelles cette minorité a été systématiquement persécutée. La population recensée comme tutsi par le pouvoir colonial était majoritairement composée de simples paysans pauvres, méprisés par l'ethnocratie banyiginya. À la veille de l'indépendance, le pouvoir économique des masses tutsi était peu différent de celui de la population hutu. Une étude mentionne un revenu moyen par famille tutsi et hutu comparable (respectivement 4439 francs belges contre 4249) [13]. La monopolisation ethnique du pouvoir par une petite oligarchie tutsi n'empêchait pas l'existence de Hutu riches et de Tutsi pauvres. À partir de 1959, le « *transfert ethnique du pouvoir* » [14] dans les mains d'une oligarchie hutu du centre du pays ne modifia pas sensiblement cette réalité socio-économique. En revanche, le pouvoir colonial allait faire passer cette manipulation politique sanglante comme une « *révolution sociale* ». Les clichés socio-économiques « Tutsi féodo-monarchistes » et « Hutu paysans exploités » ont été alors instaurés en dogme essentiel de la « République hutu ». Ils feront partie du bagage culturel obligatoire de tous les Rwandais.

L'oppression séculaire des Hutu par les Tutsi est l'autre fausse légende utilisée par la propagande. C'est aussi un des fondements idéologiques de la République hutu. Or, dans l'histoire précoloniale du Rwanda, il n'y a aucune trace de violence systématique entre Tutsi et Hutu. Les nombreuses guerres qui en forment la trame, opposaient des groupes de Banyarwanda, comprenant Tutsi, Hutu et Twa rassemblés dans une même armée. Ils s'opposaient à d'autres armées similaires des différents royaumes de la région ou à des étrangers pour conquérir des royaumes extérieurs [15]. La tradition des conflits entre Hutu et Tutsi, présentée trivialement comme l'expli-

13. P. Leurquin, *Le Niveau de vie des populations du Rwanda-Burundi*, Louvain, 1961, p. 203.

14. Pour reprendre les termes de Gérard Prunier, ouvrage cité.

15. Jean-Pierre Chrétien, *L'Afrique des Grands Lacs. Deux mille ans d'histoire*, Aubier, 2000.

cation du génocide, n'existe tout simplement pas, elle n'est qu'un des ingrédients de la propagande servant à attiser ces conflits. Le dépassement de l'ethnisme pourra être une conséquence de la réappropriation par les Rwandais de leur propre histoire. Quant à la prétendue autochtonie des Hutu, censée faire du Rwanda le « *pays des Bahutu* » et des Tutsi « *des envahisseurs hamites* », elle n'a pas plus de réalité scientifique. Des travaux montrent au contraire que des peuples pasteurs parlant des langues afro-asiatiques ont précédé les peuples parlant bantou dans l'Afrique interlacustre [16]. Mais cela n'a de toute façon aucune signification dans cette société vieille de plus d'un millénaire.

L'idéologie ethniste, instrumentalisée dès l'origine par le colonisateur et l'Église, a été reprise et intégrée par les élites rwandaises et renvoyée aux premiers dans une sorte de jeu de miroirs. Après avoir utilisé les clichés sociaux-raciaux apportés par l'Occident, les élites hutu au pouvoir renverront à l'Occident ces images « authentifiées » par leur régime. Celui-ci les renverra à nouveau vers le Rwanda, avec sa bénédiction religieuse et sa caution politique *via* l'Église catholique et l'IDC. Infatigables propagandistes, les démocrates-chrétiens (surtout les nationalistes flamands) le seront d'autant plus qu'ils sont aveugles aux réalités rwandaises et profondément ignorants de l'histoire de ce pays. Le populisme hutu trouvera chez eux une « caisse de résonance » qui alimentera les médias belges… et les conceptions géopolitiques des stratèges françafricains. Les images du « serf hutu – croquant – peuple de la glèbe » victime du « seigneur tutsi – aristocrate – guerrier et oppresseur » seront en effet intégrées aux discours des responsables français pour justifier l'aide de la France au régime de Habyarimana. Ainsi, les Occidentaux contribueront constamment à faire de l'ethnisme une « vérité » infrangible aux yeux de ses bénéficiaires rwandais et un outil de pouvoir aussi naturel qu'efficace. Jusqu'au génocide.

---

16. D. Schoenbrun, *Early History in Eastern Africa's Great Lakes Region: Linguistic, Ecological and Archeological Approaches, ca. 500 BC to ca. 1 000 AD*, thèse de doctorat, université de Los Angeles, États-Unis, 1990.

Jean Lacouture, historiographe laudatif de Mitterrand, est un exemple de cette caution idéologique occidentale. Pour justifier la position de son illustre mentor qu'il présente comme « *féru de références ethniques* », il expliquera que les Tutsi sont pour les Hutu ce qu'étaient les Francs pour les Gaulois dans la France du Moyen Âge ou « *les Normands face aux Saxons dans l'Angleterre du XII*e *siècle* » [17]. Les massacres organisés au Rwanda en 1959 sont assimilés à un « *soulèvement populaire* ». Quant aux Tutsi, ajoute-t-il, « *la fuite n'allait pas sans un esprit de retour. Quelle noblesse émigrée ne pense pas à sa revanche ?* ». Jean Lacouture fait même parler les « *croquants* » hutu « *Ce que la révolution de 1959 m'a rendu, ils veulent me le reprendre…* » Le Tutsi étant pour le Hutu la traduction « *de "l'aristocrate" dans la bouche du sans-culotte de 1793 ; du "Versaillais" dans celle du "Communard" un siècle plus tard* ». La volonté de vouloir faire des événements du Rwanda une répétition de la Révolution française ou de la Commune de Paris est ici trop insistante et appuyée pour être une simple méconnaissance de la réalité. Cette explication du génocide par le social voudrait puérilement protéger Mitterrand du jugement de l'histoire. Dans cet exercice, Jean Lacouture montre au contraire, et malgré lui, combien François Mitterrand s'est impliqué dans le génocide des Tutsi. C'est une tentative maladroite pour couvrir cette complicité qui la révèle plus qu'elle ne la cache.

L'argumentaire développé par cette propagande repose en définitive sur la diabolisation globale des Tutsi identifiés biologiquement et dénoncés sur les plans sociaux, historiques et moraux. C'est ce que montre l'étude des médias du génocide réalisée sous la direction de Jean-Pierre Chrétien [18] :

« *Arrogante sournoise, féodale de naissance, cette "minorité orgueilleuse et sanguinaire", s'infiltrant partout par l'argent et les femmes, ne rêverait que de construire un empire hamitique en Afrique centrale, un empire qui irait de l'Éthiopie à Douala et du Gabon*

17. Jean Lacouture, *Mitterrand. Une histoire de Français. 2. Les vertiges du sommet.* Seuil, 1998, pp. 462-463.

18. *Rwanda, les médias du génocide*, ouvrage cité.

au Lesotho selon un article paru dans Kangura [journal des extrémistes de l'*akazu*] *en janvier 1992. Cette littérature a trouvé sa plus remarquable expression dans* "les dix commandements du Hutu" *publiés en décembre 1990 dans le bimensuel* Kangura. *La logique raciste se manifeste dans l'animalisation systématique des Tutsi, désignés comme cancrelats ou comme serpents, et dans toute une logomachie de biologie sociale. La génétique les condamne au dépérissement par endogamie, explique* Kangura *en mars 1993, et ils inventent que leur petit nombre serait dû à la machette des Hutu. Et l'article commente :* "Un cancrelat ne peut pas donner naissance à des papillons, il donne naissance à un autre cancrelat. De même l'histoire du Rwanda nous montre qu'un Tutsi est demeuré identique à lui-même, avec sa méchanceté." » [19]

Un document revêt une importance particulière par sa large diffusion au Rwanda. Produit par la présidence de la République en 1972, il a été préparé pour la fête du dixième anniversaire de l'indépendance [20]. Ce document en *kinyarwanda* intitulé « Les points importants de l'histoire du Rwanda. Le dixième anniversaire de l'indépendance, 1er juillet 1962 – 1er juillet 1972 » s'inspire de la bible ethniste écrite en français au même moment et coéditée à Bruxelles et Kigali : *Le Rwanda, son effort de développement* [21]. Conformément à la vulgate ethniste, les Tutsi y sont désignés comme un peuple errant, caractérisé par sa ruse et sa méchanceté : « *Ils erraient en suivant leurs vaches, campaient où la nuit les trouvait, et poursuivaient leur errance sans but, derrière les queues de leurs vaches ; ils abordèrent au beau pays du Rwanda, caractérisé par le travail et l'innocence.* » Suit la mise en servage des Hutu, grâce à la vache et à la ruse : « *Les Hutu y apportèrent leur bon cœur, les Tutsi y*

19. Jean-Pierre Chrétien, *Coopération internationale pour la démocratie* n° 7, ouvrage cité.

20. Bureau de presse de la présidence de la République. Traduction de Servilien Sebasoni.

21. Baudoin Paternostre de la Mairieu (ouvrage cité) sous-titré « *Antécédents historiques et conquêtes de la Révolution rwandaise* », il est dédié à la gloire du président Grégoire Kayibanda, qualifié de « *Grand Libérateur de la Nation* ». Il présente les Tutsi et les Hutu comme deux pôles antinomiques, le premier dit « hamite » a tous les défauts et le second, « bantu », est paré de toutes les qualités.

apportèrent leur hypocrisie. Ainsi, vinrent les choses. Une fois devenus forts, les Tutsi couronnèrent leur propre roi à Gasabo, pour imiter les Hutu qui en avaient plusieurs ; ils se mirent sans cesse à attaquer pour conquérir les "pays" sous commandement des anciens chefs. Ils entrèrent par la ruse dans les clans des Hutu ; car un Tutsi n'est que Tutsi, il n'appartient à aucun clan [traditionnellement, Hutu, Tutsi et Twa se retrouvent ensemble dans les différents clans]*; pour mettre le comble à leur perfidie, ils donnèrent leurs filles en mariage à des chefs qu'elles devaient assassiner.* » Cette propagande assenée par le pouvoir a imprégné l'élite hutu. Ainsi que le note le professeur rwandais Servilien Sebasoni, « *ce document semble avoir été une pièce essentielle de "l'éducation sentimentale" du jeune Hutu à partir des premières années de la République* » [22]. On peut dire la même chose du livre de Baudouin Paternostre de la Mairieu pour l'élite hutu francophone et la formation des coopérants.

Chez les Occidentaux qui soutiennent la nouvelle ethnocratie hutu, le préjugé de la supériorité « hamite » des Tutsi ne disparaîtra pas pour autant. De même, l'idée d'une intelligence supérieure des Tutsi sera intériorisée par les élites, hutu comme tutsi. Implicite et sous-entendue, elle générera un complexe d'infériorité qui alimentera la haine et la motivation des extrémistes hutu. À cela s'ajoute chez les femmes hutu un sentiment de jalousie haineuse contre les femmes tutsi, sentiment particulièrement exacerbé chez les intellectuelles et les notables. Réelle ou fantasmée, la beauté des filles tutsi était valorisée culturellement et appréciée à la fois par leurs conjoints et par les Occidentaux. Christopher Taylor, qui est l'un des rares auteurs à aborder ce thème, fait de ces ressentiments des intellectuel-le-s une des causes du génocide : « *On peut saisir la richesse et le pouvoir de ceux que l'on jalouse, mais on ne peut pas leur prendre l'intelligence et la beauté.* » [23] D'où l'acharnement à tuer ou à exciter les gens au meurtre. Le rôle des intellectuels dans la mise en œuvre du génocide est en effet fondamental. Cet aspect important a fait égale-

22. Servilien M. Sebasoni, *Les Origines du Rwanda*, L'Harmattan, 2000.

23. *Terreur et sacrifice. Une approche anthropologique du génocide rwandais*, Octares, 2000, p. 221.

ment l'objet d'une étude par Frédéric Baillette [24]. Il fera probablement dans un futur proche l'objet de nombreux autres travaux.

Si les dirigeants pouvaient organiser périodiquement des séries de pogromes antitutsi en exacerbant la haine ethnique, c'est parce que nombre d'intellectuels hutu l'acceptaient et trouvaient là le moyen d'entretenir leur conviction et leur bonne conscience. Ce sont eux qui bénéficiaient de l'idéologie ethniste, excluant les Tutsi de la compétition pour les postes administratifs. Le jeu est complexe entre la manipulation du racisme par le pouvoir – qui permettait d'occulter les problèmes sociaux en désignant un bouc émissaire – et l'acceptation ou la surenchère de ceux qui en tiraient de petits privilèges. Le système des quotas permettait de biaiser la concurrence professionnelle par le rejet des concurrents tutsi. Il fondait un apartheid basé sur les « *proportions ethniques* » [25]. Ces proportions, fixées arbitrairement par le pouvoir hutu à 90 % de Hutu et 9 % de Tutsi, faisaient exclure des études nombre de jeunes Tutsi capables de réussir [26]. Plus radicaux, les pogromes permettaient d'évincer en une seule opération toute l'élite intellectuelle tutsi qui se reconstituait malgré tout. Les pogromes de 1973 prirent des proportions gigantesques à travers tout le pays. En février et mars 1973, l'État a orchestré le renvoi « spontané » des élèves tutsi de tous les établissements publics et privés du pays ainsi que celui des étudiants tutsi de l'université nationale du Rwanda [27]. Sur les portes des établissements étaient affichées les listes des Tutsi, avec ordre de déguerpir. De nombreux cadres tutsi, professeurs, employés fonctionnaires, subirent le même sort. Dans la plupart des cas, ces mesures ont été

24. *Corps et racisme. Le génocide des Tutsi rwandais*, Éditions Tahin-Party, à paraître.

25. Calixte Karege, « Rwanda, l'autre pays de l'apartheid », *Bulletin du Cridev* n° 102, mai-juin 1991.

26. Ces chiffres étaient manipulés par le pouvoir. Le seul vrai recensement que le pays ait connu a été réalisé en 1978 par le Pnud (Programme des Nations unies pour le développement). Non publié, il donnait une proportion de 25 % de Tutsi dans la population.

27. Sur ce drame de 1973 (improprement nommé « génocide intellectuel »), voir Josias Semujanga, *Récits fondateurs du drame rwandais*, ouvrage cité, pp. 185-187.

accompagnées par des attaques physiques. Plusieurs centaines de meurtres commis à cette occasion ont été signalés dans les villes [28].

Cette idéologie socio-raciale qui a façonné les intellectuel-le-s hutu a conduit au génocide. Réciproquement, les massacres périodiques, les pogromes, étaient le moyen de l'entretenir et de la raviver. Pendant trente-quatre ans que dureront les régimes ethniques successifs des présidents Kayibanda puis Habyarimana, cette haine se manifestera par les rejets, les brimades, l'infériorisation sociale et politique des Tutsi. Le génocide en constitue l'apogée et la consécration. Il devait, dans l'esprit de ses concepteurs, raviver le processus d'ethnicisation et le rendre irréversible, alors même que se multipliaient partout les mariages mixtes et que les préjugés ethniques étaient en train de disparaître spontanément, notamment dans le sud du pays. Mais cela ne faisait l'affaire ni des ethnocrates au pouvoir, ni de leurs supporteurs occidentaux. Derrière cette manipulation de l'ethnicité se retrouvent toujours les tuteurs néocolonialistes qui fondent leurs relations politiques avec le pouvoir rwandais sur le socle de ces crimes non dits. On est bien là « *au cœur du problème* » dont parle Jean-Pierre Chrétien dans la citation donnée en exergue.

L'ethnocratie hutu cultivait donc ce racisme avec la compréhension et l'aval de ses supporteurs belges, suisses ou français. Léon Saur, qui a révélé le soutien de l'IDC au Hutu Power, constate qu'un soutien comparable est apporté à ce mouvement par la diplomatie française [29]. La convergence est évidente : interrogé pour ses connaissances du pays des Mille Collines, Robert Galley, ministre de la Coopération de 1976 à 1981, nous donne un aperçu de la prégnance de ces idées raciales alors qu'il a été au cœur même du dispositif français des relations avec l'Afrique. Quatre ans après le génocide, il explique encore que les Tutsi forment « *un peuple intelligent et fier, de très bons guerriers, qui n'a rien à voir avec les hordes de*

---

28. 450 selon les chiffres cités par Jean-Claude Willame, *Aux Sources de l'hécatombe rwandaise*, ouvrage cité, ce qui constitue probablement une estimation minimale, ces crimes étant dissimulés par le pouvoir et les observations limitées aux grandes villes.

29. Léon Saur, *Influences parallèles*, ouvrage cité.

pauvres bantou [...] ». Il insiste sur leur intelligence. Ainsi, dans l'enseignement « *les sœurs et les professeurs préféraient probablement les Tutsi parce que, d'une manière globale, ils étaient intelligents* ». En revanche, le Tutsi reste malgré tout un féodal dominateur : « *Son ambition* [du FPR] *était de rétablir l'ordre antérieur, c'est-à-dire la domination d'une minorité tutsi sur un peuple destiné à demeurer un peuple de travailleurs.* » Et l'ancien ministre de la Coopération ajoute : « *Il existe donc une logique de domination des Hutu par un peuple tutsi intelligent et guerrier.* » [30]

Cette combinaison de fantasmes historiques et de racisme primaire caractérise la ligne éditoriale de *Kangura*. En 1991, ce journal de l'*akazu* appelait à la « solidarité hutu » : « *Les Tutsi nous ont trouvés au Rwanda, ils nous ont opprimés et nous l'avons supporté. Maintenant que nous étions sortis du servage et qu'ils veulent réinstaurer la chicote matinale, je pense qu'aucun Hutu ne pourra le supporter. La guerre que mène Gahutu est juste. C'est un combat pour la République.* » [31] À cette mise en scène de l'histoire, la propagande hutu associait une notion moderne de pureté raciale. L'organe du MRND, *Murwanashyaka*, publié la même année, en donne un exemple : « *Il y a des réalités auxquelles on ne peut échapper sauf quand on veut jouer de la dissimulation comme par exemple changer d'ethnie. Dès qu'on te découvre, tu es confus et tes frères n'hésitent pas à te traiter de chien... Tu peux appartenir à une ethnie sur les papiers, mais dans quelle veine puiseras-tu le sang de cette ethnie que tu prétends la tienne ?* » [32] Conception entérinée par les slogans de *Kangura* : « *La nation est artificielle, mais l'ethnie est naturelle* ».

On retrouve donc bien dans les propos de ce haut responsable français qu'est Robert Galley la grille de lecture socio-raciale du

30. Mission parlementaire, tome III. Auditions, pp. 278, 283.

31. *Kangura*, mai 1991, cité par Jean-Pierre Chrétien. Communication au colloque de Barcelone, « Les cultures africaines entre conflit et consensus », 26-27 janvier 2001. Centre culturel de la Fondation de la Caixa, Barcelone, Espagne, « Le génocide du Rwanda : l'adhésion populaire à la violence extrême, dimensions politique et culturelle ».

32. *Murwanashyaka*, avril 1991, cité par Jean-Pierre Chrétien, *ibidem*. L'ancienne directrice de ce journal travaille maintenant pour *Jeune Afrique*.

Hutu Power, avec des « paysans hutu » éternellement en lutte contre le « féodalisme tutsi ». Une grille qui avait déjà servi de support aux slogans de la « révolution sociale ». Le racisme est la face cachée des relations françafricaines. C'est sa toile de fond. Il fait de l'Afrique un continent à part, où les dirigeants français et africains adoptent entre eux une attitude quasi familiale, s'appellent « *cher cousin* », voire même « *papa* » [33]. Ces expressions dissymétriques, à haute dose de flagornerie d'un côté et de mépris amusé de l'autre, sont en elles-mêmes révélatrices. Si le racisme est ici évident dans son enrobage de paternalisme, il ne faut pourtant pas en conclure trop vite que ce sont de telles motivations qui ont servi à diriger la politique française en Afrique. Le racisme en est certes un ingrédient indispensable, présent au sommet comme à la base, des ministères et des états-majors jusqu'aux hommes de terrain de la DST, de la DGSE et de la DRM. Mais il est absent des prises de décision. Quand François Mitterrand confie à des intimes qu'en Afrique « *un génocide ce n'est pas très important* » [34], il exprime un fond de pensée politique, une conception intime du pouvoir, bien en amont du racisme. L'intelligence de Mitterrand le situe au-delà de cette trivialité.

Il en va peut-être de même au Rwanda, dans les plus hautes sphères. Le projet de génocide (nommé « guerre totale ») est un projet politique. Le racisme est ce qui rend possible ce projet politique. Si les plus cyniques de ses promoteurs rwandais peuvent se situer au-delà de ces croyances simplistes, le niveau intermédiaire, la masse des intellectuel-le-s, y adhère farouchement. Les premiers s'emploient à répandre et disséminer les préjugés racistes comme étant la base psychosociale de leur projet. Les seconds le font parce que c'est leur horizon conceptuel. Jusqu'en 1994, ce racisme propagé par les élites hutu ne s'était jamais vraiment implanté au sein des masses rurales

---

33. Voir la lettre de l'avocat Robert Bougri à Omar Bongo qu'il appelle « *Papa* », publiée par *Le Monde* du 9 décembre 1998 et commenté de façon magistrale par François-Xavier Verschave et Norbert Zongo dans *Noir silence*, pp. 202-203 et 473-474.

34. Confession de François Mitterrand à l'un de ses proches pendant l'été 1994 et rapporté par Patrick de Saint-Exupéry, *Le Figaro* du 12 janvier 1998. Ce journaliste est particulièrement rigoureux dans le recoupement de ses informations.

qui forment la grande majorité de la population [35]. Sur les collines, Hutu et Tutsi vivaient ensemble et se mariaient ensemble. À un point tel que très rares sont les familles tutsi sans liens de parenté avec des Hutu. Le génocide n'a été possible que parce que le « Tutsi » est devenu, pour la majorité de la population, cet Autre, une race ennemie et redoutable qu'il est normal et salutaire d'éliminer. Comment alors expliquer la participation au génocide des masses paysannes hutu, si le racisme se limitait surtout aux cadres du régime, à un petit cercle de commerçants fortunés et aux intellectuels hutu ? Comment un racisme ne touchant qu'une partie de la population peut-il s'étendre en quelques jours au monde rural ?

Si cette idéologie n'avait « cristallisé » qu'en milieu intellectuel, elle était de toute évidence présente à l'état diffus dans la population, comme une croyance floue, sous-entendue à différents degrés de perception et de formulation. Mon hypothèse est qu'elle n'a pu se concrétiser et prendre toute son ampleur qu'à travers la transgression que constitue la mise à mort. C'est à travers l'acte de tuer que cet imaginaire diffus, vague, sous-entendu, se réifie, prend corps et consistance et s'impose à tous. La transgression donne au fantasme idéologique du « Tutsi différent et malfaisant » sa réalité et l'impose comme une évidence consensuelle. Elle le rend vrai, comme est vrai le sang qui ruisselle. L'acte de tuer transforme cette idéologie, lui donne une force redoutable. Il en fait une croyance contagieuse qui lui permet de se répandre en milieu paysan comme une flambée épidémique. D'où l'importance des milices et des militaires (Garde présidentielle, FAR et gendarmerie) qui ont partout servi à amorcer le processus génocidaire. Ces forces préparées pour ce travail ont été utilisées par les autorités politiques et administratives pour initier les tueries à travers tout le Rwanda. La torture, qui est l'aspect le plus horrible de ces tueries de masse, serait alors le moyen d'accentuer cette transgression.

---

35. Comme le constate T. Longman dans une remarquable étude localisée sur la région de Kibuye, « Genocide and Socio-Political Change: Massacre in Two Rwandan Villages », *Issue. A Journal of Opinion* n° 23, 1995.

Antitutsisme et antisémitisme

« Cette ingénierie idéologique a fonctionné avec autant d'efficacité que naguère, sous d'autres cieux, le schéma du "Juif errant au nez crochu". » [36]

Entre l'antitutsisme et l'antisémitisme, idéologies qui accoucheront toutes deux d'un génocide, le parallélisme est frappant. L'antisémitisme est devenu l'idéologie officielle en Allemagne dès 1933, avec l'arrivée démocratique d'Hitler au pouvoir. De même, l'ethnisme du Parmehutu, l'idéologie du « peuple majoritaire », a été instrumentalisé par la République rwandaise depuis sa fondation en 1959-1961. On a vu le rôle de la « raciologie » du début du siècle, incorporant le « mythe hamite » directement inspiré de l'*Essai sur l'inégalité des races* de Gobineau, dans la reconstruction imaginaire et coloniale de l'histoire de ce pays. Il est significatif que ces mêmes théories biosociologiques qui forment la trame de la *Weltanschauung* nationalsocialiste se retrouvent à l'identique dans l'ethnisme rwandais. Comme l'antisémitisme, l'antitutsisme se nourrit de fantasmes variés et parfois concordants. Par exemple chez les nationalistes flamands, la défense des Hutu, qu'ils décrivent comme des « terriens rustauds et mal dégrossis », s'est alimentée de leur propre ressentiment contre les Wallons « qui présentent bien », qui s'expriment avec aisance et qu'ils identifient aux Tutsi [37]. On retrouve les mêmes clichés chez le Suisse Mgr Perraudin [38]. Les Hutu sont alors assimilés aux paysans montagnards de son Jura natal en lutte contre les « bourgeois de Sion », incarnés par les Tutsi. On encense le « peuple de la glèbe » hutu contre les Tutsi accusés d'être commerçants et citadins. La mystique « de la terre et de la race », qui nourrit l'antisémitisme, n'est pas loin.

La fantasmagorie du « peuple majoritaire » inspire aussi bien le populisme démocrate-chrétien de l'IDC que l'imagerie d'un 1789

---

36. Jean-Pierre Chrétien, préface à *Un génocide secret d'État*, ouvrage cité, p. 16.

37. Pour reprendre les termes du père Desouter, président des Instituts missionnaires belges. *Le Vif/L'Express* du 7 octobre 1994.

38. Voir ses propos dans *Le Journal de Genève* du 18 avril 1994.

Africain pour certains socialistes français, admirateurs néophytes de la seconde République hutu. Ajoutons encore « *l'imaginaire sud-américain et la théologie de la révolution, faisant des Hutu des équivalents des péons du Salvador, etc.* » [39]. Ici, c'est le masque « de gauche » ou « progressiste » de l'antisémitisme que l'on retrouve. Celui d'un Proudhon, d'un Georges Sorel ou d'un Marcel Déat.

La ressemblance entre l'idéologie de la « révolution sociale hutu », dirigée contre la minorité tutsi, et l'antisémitisme européen ne doit pas seulement être envisagée comme une curiosité théorique. On peut s'interroger sur leur utilisation politique convergente par la France mitterrandienne et par l'Allemagne nazie, en lisant Bernard Debré, ancien ministre de la Coopération : « *Quant aux Tutsi, ils évitent soigneusement toute allusion ethnique dans leurs discours.* [...] *Ils stigmatisent la violence et l'anarchie qui règnent dans le pays. Ils prônent fortement, la bouche en cœur, la démocratie et la liberté... Qui s'élèverait contre ?* » [40] Les Tutsi de Debré ressemblent aux Juifs peints par Hitler dans *Mein Kampf* : « *Pour dissimuler ses menées et endormir ses victimes, il* [le Juif] *ne cesse de parler de l'égalité de tous les hommes sans considération de race et de couleur... Il a, en apparence, pour but d'améliorer la condition des travailleurs.* » Hitler ajoute lourdement : « *En réalité, sa raison d'être est de réduire en esclavage et, par là, d'anéantir tous les peuples non juifs...* » [41] Ce que Debré laisse élégamment sous-entendu, mais la conquête par « les Tutsi » d'un « Empire hamite » n'en est pas moins la thèse centrale de son livre.

Écoutons ce que dit encore en 1998 devant les députés un haut responsable du Quai d'Orsay, Paul Dijoud, directeur des Affaires africaines et malgaches de 1991 à 1992 : « *L'échec de la paix paraît*

---

39. Comme l'explique Jean-Pierre Chrétien dans « Le génocide de 1994 au Rwanda: la chaîne des décisions et la trame des facteurs ». Texte rédigé à la demande de l'Organisation de l'unité africaine, et contribution au rapport *Un génocide évitable*, publié par cette organisation en mai 2000.

40. Bernard Debré, *Le Retour du Mwami. La vraie histoire des génocides rwandais*, ouvrage cité, pp. 109-110.

41. Adolf Hitler, *Mein Kampf*, traduction française intégrale, Nouvelles Éditions Latines, pp. 301-325. Cité par Léon Poliakov, *Le Mythe aryen*, Calman-Levy, 1971.

en définitive imputable au FPR, mouvement essentiellement constitué de Tutsi, peuple intelligent, ambitieux, population nilotique installée dans l'Afrique profonde. » [42] Tous ces discours se greffent sur les portraits stéréotypés, vulgarisés par la presse française, « *Les Tutsi sont fins et élancés, avec le nez droit, tandis que les Hutu sont lourds et trapus* », explique *Paris-Match* [43]. Cette mise en scène de l'ethnisme par la Coopération et les Affaires étrangères puise son inspiration à l'Élysée et dans les états-majors. Certains membres des services secrets français ont probablement trouvé dans leur propre antisémitisme les convictions qu'ils ont mises au service du Hutu Power. La déposition du mercenaire belge Christian Tavernier est à ce propos instructive. Le colonel Tavernier, qui « *entretient de longue date des relations avec Jacques Foccart* » [44], est très proche des services français puisqu'ils l'ont recruté pour soutenir Mobutu en 1997 [45], « *avec plusieurs dizaines d'ex-militaires* [français] *et d'anciens gendarmes de l'Élysée* » [46] :

« *Pour M. Christian Tavernier, chargé en avril 1995, par le maréchal Mobutu, d'enquêter sur cette affaire, deux Israéliens extrémistes de droite ont, pour le compte de Paul Kagame, tiré les missiles qui ont abattu l'avion présidentiel. Tavernier indique que les extrémistes de droite israéliens ont toujours entretenu d'excellentes relations avec Paul Kagame et ses hommes. Violemment opposés à la restitution, dans le cadre des accords de paix israélo-arabes, des territoires conquis par Israël, ces extrémistes israéliens ont fait savoir qu'en pareille hypothèse, ils viendraient rejoindre les rangs de Paul Kagame pour se mettre au service de l'édification de l'"Empire tutsi" et de la reconquête des terres.* » [47]

Les ethnocrates hutu reprendront, en les transposant, tous les thèmes et les artifices de la propagande antisémite. La haine contre

---

42. Mission parlementaire, Tome III. Auditions, p. 380.
43. *Paris-Match*, avril 1994.
44. *Libération* du 24 janvier 1997.
45. *L'Événement du jeudi* du 20 au 26 février 1997.
46. *Le Soir* (Bruxelles) du 25-26 janvier 1997.
47. Assemblée nationale, audition à huis clos du 19 mai 1998.

les Tutsi est provoquée dans leur propagande en falsifiant l'histoire du Rwanda, en assimilant les Tutsi à des êtres nuisibles ou malfaisants (cafards, serpents, diables, etc.) et enfin par une victimisation permanente des Hutu, toujours associée à cette diabolisation des Tutsi. Les Tutsi y sont désignés comme un peuple errant, dont la présence au Rwanda serait en quelque sorte une anomalie : « *Ils erraient en suivant leurs vaches, campaient où la nuit les trouvait, et poursuivaient leur errance sans but, derrière les queues de leurs vaches.* » [48] On retrouve là le mythe du Juif errant. Le président de la CDR, le parti extrémiste de l'*akazu*, avait fait traduire *Mein Kampf* d'Hitler en kinyarwanda à la fin de l'année 1993 par un Père blanc allemand (le père Johan Pristill) du grand séminaire de Nyakibanda [49]. On retrouvera au domicile de Habyarimana, en juillet 1994, diverses cassettes, bobines de films en super-huit et livres sur le IIIe Reich, dont des exemplaires de *Mein Kampf* [50].

Habyarimana et Kayibanda ne sont pas les seuls chefs d'État africains à être fascinés par Hitler. Le président ougandais Idi Amin Dada (de 1971 à 1979), parvenu au pouvoir deux ans avant Habyarimana, avait exprimé son admiration pour son équivalent allemand. La seule chose qu'il lui reprochait, c'est de n'avoir pas tué suffisamment de Juifs (dans un télégramme à Golda Meir). Joseph Gabel, théoricien de la fausse conscience, voyait dans cette affinité non pas « *une simple élucubration dépourvue de toute signification profonde* », mais au contraire le signe de « *la naissance d'un véritable fascisme du tiers-monde* » [51]. Le « nazisme tropical » instauré par le Parmehutu et le MRND lui a donné raison.

---

48. Servilien M. Sebasoni, *Les Origines du Rwanda*, ouvrage cité.

49. Enquête de Christian Terras, *Golias* n° 48-49, été 1996, p. 110. Le père Johan Pristill était expert en communication et chargé de la documentation. Après le génocide, il sera mandaté par des réseaux religieux de la Caritas Internationalis pour exfiltrer les religieux compromis. Il aurait agi en concertation étroite avec le père dominicain canadien Yvon Pomerleau.

50. Jean-Pierre Chrétien et col., *Rwanda, les médias du génocide*, ouvrage cité, document photographique. Ces films de formats anciens sont peut-être hérités de la collection du président Kayibanda.

51. Joseph Gabel, *Idéologies*, Éditions Anthropos, 1974, p. 162.

Par ses aspects « biologiques », le racisme antitutsi ressemble aussi à l'antisémitisme moderne européen : « *Car, tout comme le comploteur juif, le Tutsi est accusé de vouloir se dissimuler dans la masse,* [...] *de cacher son origine, voire de prendre une fausse identité. Aussi, la propagande antitutsi met-elle en garde contre les "Tutsi qui se font passer pour des Hutu".* [...] *Des recherches généalogiques, des enquêtes familiales ont été envisagées pour détecter les usurpateurs et mettre fin à cette "tromperie raciale".* » [52] Pour ses adeptes, l'ethnisme est un fait racial et non culturel : « *Les Tutsi seraient un peuple de seigneurs conquérants d'origine "hamitique", les Hutu seraient des autochtones asservis appartenant au stock bantou.* » [53] La race est un principe transcendant. L'aspect sexuel est aussi omniprésent, la femme tutsi est une cible sur laquelle on s'acharnera par le viol et les amputations. On lui attribuera la diffusion du sida, comme les antisémites attribuaient la transmission de la syphilis aux femmes juives. Les stéréotypes de la beauté tutsi sont le pendant des fantasmes sur « la belle juive » [54]. Le zèle de nombreuses femmes hutu à inciter aux viols et même à participer aux meurtres de femmes tutsi [55] est à rattacher à ces fantasmes.

Religions du sang et de la race, le Hutu Power et le nazisme se distinguent pourtant radicalement, non pas tant sur les critères physiques de la beauté raciale, pour partie identiques, mais dans leur positionnement par rapport à ces critères. Dans l'idéologie nazie, les Allemands de souche sont beaux et sains. Éliminer les Juifs, c'est de l'« hygiène raciale » [56]. En revanche, pour le Hutu Power, éliminer les Tutsi, c'est éliminer au faciès les grands aux nez fins. C'est-à-dire ceux « *dont les traits physiques sont entre autres des critères*

52. Frédéric Baillette, « Figures du corps, ethnicité et génocide au Rwanda », article cité.

53. Jean-Pierre Chrétien, « Le génocide de 1994 au Rwanda: la chaîne des décisions et la trame des facteurs ». Texte cité.

54. Voir la synthèse de Frédéric Baillette, *ibidem*.

55. African Rights, *Rwanda. Moins innocentes qu'il n'y paraît. Quand les femmes deviennent des meurtrières.* Ouvrage cité.

56. Conception déjà exprimée chez les précurseurs français du nazisme. Voir Pierre-André Taguieff, *La Couleur et le Sang. Doctrines racistes à la française*, Mille et Une Nuits, 1998.

de beauté dans la culture rwandaise » [57]. Beauté, oui, mais beauté maléfique, nuisible, dangereuse. Ici comme là, les critères éthiques et physiques sont indissociables : les faciès du Juif ou du Tutsi sont associés aux idées du Bien et du Mal dans des fantasmes similaires. Dans les deux cas se retrouve la volonté de détruire, d'éliminer ce qui n'est pas dans la norme, ce qui ne correspond pas à la majorité. Similitude donc dans le délire d'uniformisation, mais opposition morale par rapport au critère de la beauté. À cette différence s'ajoute aussi celle de la durée. L'antisémitisme nazi s'appuie sur plus d'un siècle de racisme moderne « biologique » et environ deux mille ans de tradition religieuse, alors que l'antitutsisme n'a que quelques décennies derrière lui.

Juifs et Tutsi ont été condamnés à mort « pour le crime d'être né ». Entre les deux génocides une différence essentielle se trouve dans les modalités du meurtre de masse. Dans le cas des Juifs, l'extermination s'est faite dans des centres et à l'aide d'équipes spécialisées, elle n'a pratiquement jamais été le fait de civils. Dans le cas des Tutsi, c'est la population civile hutu qui dans son ensemble a été conviée à l'extermination. Certes, des civils recrutés à la hâte dans la Wermarcht (les *Einzatzgruppen*) et l'Ordungspolizei ont été responsables de l'extermination sauvage des Juifs dans les territoires occupés d'Europe de l'Est. Certes, les Forces armées rwandaises, les milices Interahamwe ont participé à ce génocide autant qu'elles l'ont encadré et dirigé. Certes, les Tutsi étaient rassemblés dans les lieux publics, dans les églises et les stades pour les exterminations de masse. Mais la chambre à gaz et la machette, la *panga*, restent les caractéristiques symboliques bien distinctes de ces deux sommets de l'horreur atteints par l'humanité. Ces différences opérationnelles, évidentes, ont été maintes fois soulignées, comme pour exorciser la troublante ressemblance idéologique des deux génocides.

57. Justin Gahigi, *Regards africains* (Genève) n° 37, hiver 1996, p. 10.

Une comparaison interdite

Certains chercheurs se battent pour interdire l'évocation de toute ressemblance entre le génocide des Tutsi et la Shoah. Claudine Vidal qui est *referee* dans de nombreuses revues, prête des intentions d'ordre politique et idéologique à ceux qui oseraient le faire. À l'aide de deux textes complémentaires « Questions sur le rôle des paysans durant le génocide des Rwandais tutsi » et « Le génocide des Rwandais tutsi et l'usage public de l'histoire » [58], elle tente d'en établir la démonstration avec deux arguments. Le premier est l'exigence méthodologique : « *Je pense que la recherche prioritaire est de savoir comment on a tué. Et l'on en sait encore très peu.* » [59] L'autre relève du procès d'intention : « *Les discours associant les deux événements ont principalement une fonction idéologique* » [60], dit Claudine Vidal. Elle considère bien évidemment que son propre discours n'a pas de « fonction idéologique ». On peut être sceptique, connaissant ses positions politiques et sa lutte contre ceux qui « *criminalisent en permanence la responsabilité politique et s'arrogent la position de juge-procureur* » [61]. Bien que le premier argument soit faux et le second inacceptable, elle parvient à imposer son point de vue [62].

En réalité, on sait « comment on a tué », comme nous le verrons dans le chapitre suivant. Les témoignages des rescapés sont nombreux, concordants et accessibles dans plusieurs ouvrages [63].

58. *Cahiers d'études africaines* n° 150-152, 1998, respectivement pp. 331-345 et 653-663.

59. Claudine Vidal, « Le génocide des Rwandais tutsi et l'usage public de l'histoire », *Cahiers d'études africaines*, article cité.

60. *Ibidem.*

61. Dénonciation en tandem avec Marc Le Pape dans « Les très contestables méthodes de *Billets d'Afrique* », cité intégralement dans *Billets d'Afrique* n° 72, juillet-août 1999, et dont on retrouve des phrases dans l'article de Marc Le Pape, « Les engagements français au Rwanda », *Politique africaine* n° 73, mars 1999, p. 171.

62. Comme je l'ai appris en soumettant aux *Temps modernes* et à *Politique africaine*, un texte qui sera finalement publié dans la revue *Quasimodo* n° 6, printemps 2000, « Les soutiens européens à l'ethnisme ».

63. Dont les principaux sont issus des enquêtes d'African Rights (notamment: *Rwanda: Death, Despair and Defiance*, 1995, 1200 pages) et d'Human Rights Watch. À cela il faut ajouter le récit du médecin allemand Wolfgang Blam, médecin à l'hôpital de Kibuye, cité dans *Le Défi de l'ethnisme* de Jean-Pierre Chrétien, pp. 101-121, un des rares témoins européens du carnage, et celui de Yolande Mukagasana, *Les Blessures du silence*, Actes Sud, 2001.

Ainsi, le travail d'Alison Des Forges montre non seulement comment les victimes furent traquées et massacrées, mais surtout comment l'État rwandais s'est impliqué dans cette entreprise concertée et organisée [64]. Ce livre complète les informations sur l'encadrement des paysans dans les tueries par une bureaucratie civile et militaire, appuyée par une intelligentsia largement acquise à l'idéologie raciste du « peuple majoritaire ». Selon la formule de l'historien Jean-Pierre Chrétien, « *ces assassins aux beaux habits ont laissé les "paysans" se salir les mains, mais ils étaient juste en deuxième ligne pour coordonner les opérations* » [65]. Si les connaissances sont, par définition, toujours incomplètes et partielles, elles sont suffisantes ici pour permettre l'analyse. Faut-il attendre une trentaine d'années que l'on en sache davantage sur la façon dont les coups de machette étaient assenés, avant d'évoquer des analogies ?

Refuser de voir des similitudes politiques et idéologiques entre la Shoah et le génocide des Tutsi, au nom de l'« exigence méthodologique », ne tient pas debout et révèle une volonté clairement « politique » d'occulter la réalité gênante de ces ressemblances. L'incomplétude des connaissances est mise en avant comme une sorte d'alibi pour cantonner les recherches dans les phases d'accumulation descriptives et passives. Cette façon « scientifiquement correcte » de limiter le champ d'investigation est un moyen d'occulter le Rwandagate et d'éloigner les chercheurs du secret d'État. L'analyse de l'idéologie du génocide exige nécessairement celle du discours des autorités françaises qui ont apporté leur soutien au pouvoir génocidaire. L'analyse scientifique ne peut alors éviter la question de l'implication du pouvoir français et d'une éventuelle complicité criminelle de certains de ses acteurs.

Car de telles similitudes sont en effet terriblement embarrassantes. La comparaison entre l'antitutsisme et l'antisémitisme remet en question la théorie de l'« explosion de colère spontanée » de la population à la mort du président. Elle conduit à analyser les propos de Bruno Delaye, affirmant que les autorités françaises « *n'ont pas*

---

64. Alison Des Forges, *Aucun témoin ne doit survivre*, ouvrage cité.

65. Jean-Pierre Chrétien, « Le nœud du génocide rwandais », *Esprit*, juillet 1999.

eu connaissance de "plan de génocide" » [66]. Ou ceux de Jean-Christophe Mitterrand, expliquant qu'une planification était inconcevable [67], et déclarant : « *Je ne peux pas croire à un génocide organisé.* » [68] Si de telles affirmations, de toute évidence mensongères, ont pu être proférées, c'est qu'elles relèvent elles-mêmes de ce racisme. Elles s'appuient sur le sous-entendu trivial qui veut que les Africains soient des êtres immatures dont le niveau de conscience ne peut dépasser le stade de la lutte tribale. La sophistication qu'implique un génocide leur serait inaccessible. Un argument imparable pour ses utilisateurs. Ce raisonnement qui dénie la capacité aux Africains de réaliser un génocide moderne combine avantageusement un racisme primaire et consensuel au négationnisme. Alors que la publication des archives déclassifiées du Pentagone a révélé que même les Américains savaient [69], l'affirmation des responsables français « *qu'ils ne savaient pas* » est intenable et malhonnête.

Le génocide des Tutsi a ainsi été présenté avec insistance comme l'un des ténébreux conflits interethniques récurrents dans la région, un massacre de plus en Afrique profonde, une conséquence de comportements ataviques. C'est ainsi qu'il devait être expliqué à l'opinion par les complices français de ses organisateurs. Un important travail de relations publiques et de communication a été fait sur ce thème. Pendant l'opération *Amaryllis* destinée à évacuer les Occidentaux présents au Rwanda en avril 1994, les militaires français expliquaient aux journalistes présents qu'il s'agissait d'un « *conflit interethnique* ». La consigne était de dire qu'il faut laisser les Africains régler leurs problèmes ethniques entre eux et à leur façon. Quelle magistrale leçon de non-ingérence ! Le génocide des Tutsi

---

66. Lors de son audition. Mission parlementaire, tome III. Auditions, vol. 1, p. 321. Bruno Delaye était le « Monsieur Afrique » de l'Élysée, le conseiller de François Mitterrand.

67. Dans son interview à la BBC, « The Bloody Tricolour », *Panorama*, 28 août 1995.

68. Interviewé par Stephen Smith, « La France dément avoir armé Kigali », *Libération* du 22 août 1995.

69. Christophe Ayad et Pascal Riché, « Génocide au Rwanda : Washington savait », *Libération* du 22 août 2001.

ne devait finalement concerner que les africanistes spécialistes de la région des Grands Lacs et quelques ethnologues. L'opinion a été abreuvée de cette fascinante explication de la régression tribale. Oser une comparaison de ce génocide avec la Shoah conduirait à braquer les projecteurs sur la nuit rwandaise… Au risque d'éclairer les visages éblouis de ses complices.

2. L'État criminel

L'ethnisme comme outil politique

Devenu président du Rwanda avec l'aide de l'armée coloniale belge, Kayibanda utilisera la manipulation politique de l'ethnisme pour provoquer les massacres de Tutsi et des pogromes, de 1959 (la Toussaint sanglante) à 1967. Au début, il rencontre des difficultés. En 1959, les Hutu du Bushiru, dans le nord-ouest du Rwanda, vont se battre trois jours et trois nuits, défendant les Tutsi contre les hordes venues du centre du pays. Les missionnaires et l'administration coloniale, surpris par cette résistance inattendue, vont trouver une parade : ils lanceront le mot d'ordre *Ilivuz'umwami* (« la parole du roi »), un mot d'ordre respecté par tous les Rwandais. Ils font croire ainsi que les Tutsi de la région étaient livrés par le roi. Après l'assassinat du roi Mutara III [1], Kahibanda organisera des massacres à grande échelle, en particulier en 1963 dans la préfecture de Gikongoro. Tous les Tutsi de cet endroit, en grande majorité des « petits Tutsi », c'est-à-dire des paysans pauvres et sans pouvoir, seront tués par familles entières sans distinction d'âge ou de sexe, du 25 au 29 décembre. Les massacres s'étendront aux préfectures de Cyangugu, de Gisenyi, de Kigali et de Kibugo [2]. Pour l'anthropologue belge Luc De Heusch, « *les massacres de 1963-1964 comme ceux de 1994 sont perpétrés dans des conjonctures politiques comparables. Avant l'invasion de fin 1963, le gouvernement de Kayibanda était sur le point de s'effondrer* [ce que met également en évidence Lemarchand [3]]. *En orchestrant la répression, il réussit à sauver la mise en instaurant dans le sang une éphémère unité hutu* » [4].

1. Le jeune roi Mutara meurt brutalement le 25 juillet 1959 après une injection faite par un médecin belge à Bujumbura. La thèse d'une mort accidentelle ne me paraît pas crédible.
2. Jean-Claude Willame, *Aux Sources de l'hécatombe rwandaise*, ouvrage cité.
3. René Lemarchand, *Rwanda and Burundi*, Pall Mall Press, Londres, 1970.
4. Luc De Heusch, « Anthropologie d'un génocide : le Rwanda », *Les Temps modernes* n° 579, décembre 1994, pp. 1-19.

Kayibanda provoquera de nouveaux massacres en 1973 pour les mêmes raisons et Habyarimana reprendra, de 1990 à 1994, le « travail » de Kayibanda. Un prédécesseur, rappelons-le, qu'il avait lui-même éliminé par un coup d'État en 1973. À l'époque, cette prise de pouvoir avait été un répit pour la minorité tutsi destinée à jouer le rôle d'exutoire des frustrations sociales, politiques et économiques. Ressentiments que l'accaparement des maigres ressources du pays par un petit groupe d'ethnocrates cupides et corrompus faisait inéluctablement apparaître. En 1963 et 1973, comme en 1990-1994, il s'agissait de revigorer une dictature flageolante par des appels à la mobilisation « ethnique » selon les principes de la « révolution sociale de 1959 ». Le pouvoir appelait tous les Hutu à oublier leurs querelles et leurs revendications en se mobilisant dans une croisade patriotique contre les Tutsi, désignés comme une « *race* » dangereuse, « *ennemie du peuple* » et foncièrement « *méchante* ». Dans tous les cas, la « fureur populaire » est incitée, excitée et dirigée par les cadres du régime et derrière eux par les Pères blancs acquis à la « cause hutu ». « *Ce qui est le plus atroce pour nous, c'est de constater que la plupart des tueurs sont des chrétiens, souvent même des chefs de la chrétienté, des instituteurs, parfois même des membres d'Action catholique* », écrit en 1964 un témoin oculaire des massacres [5].

Kayibanda avait déjà exprimé en 1964 l'idée de « l'extermination par représailles » de la minorité tutsi. Appelant *inyenzi* (« cafards ») les Tutsi réfugiés à l'étranger, il expliqua dans un discours célèbre que si un génocide contre leurs frères restés au Rwanda devait se produire, c'est eux qui en seraient responsables. « *Ce serait la fin totale et précipitée de la race tutsi!* », éructa-t-il. À plusieurs reprises, le mot « génocide » a été employé dans ce discours [6]. Pendant des années, en fait jusqu'à sa chute en 1973, Kayibanda fera retransmettre chaque matin quelques minutes de ce discours du 11 mars 1964 à la radio. Cette menace sera reprise ensuite par Habyarimana et même par ses sponsors occidentaux de l'Internationale démocrate-chrétienne (IDC). Ainsi, par exemple, Habyarimana déclarera en 1990, au cours d'une réunion du Comité central du MRND retransmis par la radio

5. « Massacres au Rwanda », *Témoignage chrétien*, Paris, 6 février 1964.
6. Voir René Lemarchand, *Rwanda and Burundi*, ouvrage cité.

nationale : « *S'ils attaquent, ils provoqueront beaucoup de souffrance aux leurs.* » [7] Déclaration qui a été suivie peu de temps après par le massacre des Tutsi bagogwe dans le nord du pays, près du camp de Bigogwe où exerçaient les militaires français du Dami (Détachement d'assistance militaire et d'instruction).

Le discours de Kayibanda du 11 mars 1964 est véritablement l'énoncé introductif d'une conception « génocidaire » de la politique rwandaise. Cette conception atteindra aussi les sphères diplomatiques françaises, comme cela apparaîtra dans différentes auditions de la Mission d'information sur le Rwanda. Les propos tenus en 1992 par Paul Dijoud, directeur des Affaires africaines et malgaches, à l'actuel président du Rwanda, Paul Kagame, en sont directement inspirés : « *Si vous n'arrêtez pas le combat, si vous vous emparez du pays, vous ne retrouverez pas vos frères et vos familles, parce que tous auront été massacrés !* » [8]

Pendant la période prégénocidaire de 1990-1994, ce discours de Kayibanda a été utilisé systématiquement pour conditionner les esprits et mettre en place, en 1993, le mouvement trans-partis Hutu Power. Ce mouvement rassemblait dans un « front de race » les extrémistes hutu de tous les partis, selon les souhaits du ministre français de la Coopération de l'époque, Marcel Debarge [9]. « *Le massacre gratuit de civils tutsi devint le moyen le plus rapide et le plus "rationnel" de détruire toute base de compromis avec le FPR : la réaffirmation des solidarités hutu transcenderait vite les différences régionales et rendrait effectivement impensable que les Hutu et les Tutsi s'entendent sur quoi que ce soit* », ainsi que l'analysait en 1995 le politologue René Lemarchand [10]. La presse rwandaise faisait alors paraître des articles aux titres explicites. Par exemple : « *Si nous n'exterminons pas les Tutsi, ce sont eux qui nous extermineront.* » [11] On retrouve le discours

7. « *Nibatera bazatera benewabo imibabaro myinshi.* » Cité par Augustin Mwaniwabo, « Le génocide qu'on aurait pu stopper », *Grands Lacs hebdo* n° 232, du 6 au 12 février 2001.

8. Interview au *Figaro* par Renaud Girard, le 23 novembre 1997.

9. Gérard Prunier, *Rwanda : le génocide*, ouvrage cité, pp. 216-217.

10. « Rwanda : the Rationality of Genocide », *Issue*, 1995, 2, pp. 8-11.

11. Article de Sixbert Musangwamfura, *Isibo* du 27 octobre 1991.

de Kayibanda reproduit intégralement dans un livre de propagande du régime Habyarimana, rédigé par l'un des principaux idéologues de la CDR [12]. En somme, Kayibanda avait déjà théorisé ce que ne feront que reprendre et appliquer, en 1994, Bagosora et ses acolytes de l'*akazu*, en déclenchant « *l'apocalypse* ». Comme en 1959-1967, l'appel au massacre des *inyangarwanda* (ennemis du Rwanda, mot qui désigne les Tutsi) est justifié par la défense du *rubanda nyamwinshi* (peuple majoritaire, désignant les Hutu).

Le « petit génocide » de 1963

En 1963, à Gikongoro, dans la préfecture où se trouvent Kibeho, Kaduha, Cyanika, se sont déroulés les massacres les plus importants de la période 1959-1967 au Rwanda. C'est là qu'ils ont pris le caractère génocidaire qu'ils auront en 1990-1994, les gens étant tués par familles entières. Dans cette seule préfecture de Gikongoro, de 8000 à 14000 Tutsi ont été tués sur l'ordre du préfet André Nkeramugaba. Il s'agit d'un plan organisé d'extermination. Comme l'expliquait à l'époque un missionnaire britannique : « *Les troupes gouvernementales ont fermé les frontières et les Tutsi sont bloqués à l'intérieur du Rwanda.* » [13] « *Encouragés par les autorités, les Hutu attaquent les huttes des Tutsi, armés de lances et de massues. Ils massacrent tous les Tutsi qu'ils peuvent atteindre et jettent leurs cadavres à la rivière.* [...] *La Nyabarongo charrie des cadavres.* » [14] Pendant deux semaines, cette rivière a charrié des corps humains à travers tout le pays. « *À Kigali, les employés des ambassades, les professeurs européens et les agents techniques purent photographier et filmer* [...] *le lugubre convoi.* » [15] Les autorités rwandaises durent même mettre dans certains endroits des ouvriers au travail pour sortir les cadavres ou les pousser de sous les ponts où ils s'accumulaient. On a vu qu'il s'agissait déjà à l'époque d'une politique d'extermination, clairement formulée par le président Kayibanda l'année suivante.

12. Barahinyura, *Rwanda. Trente-deux ans après*, Éditions Izuba, Francfort-sur-le-Main, 1992, pp. 154-161.
13. Cité par *La Croix* des 2-3 février 1964.
14. *Le Monde* du 17 janvier 1964.
15. « Massacres au Rwanda », *Témoignage chrétien* du 6 février 1964.

Un enseignant suisse travaillant pour l'Unesco a décrit dans un article du journal *Le Monde* de 1964 ce qu'il a vu [16]:

« *Il ne m'est plus possible de rester au service d'un gouvernement responsable ou complice d'un génocide. Je ne peux pas partager l'indifférence et la passivité de la grande majorité des Européens d'ici, des agents de l'assistance technique bilatérale ou multilatérale, je la considère comme une complicité objective. Comment pourrais-je enseigner dans le cadre d'une aide Unesco dans une école dont les élèves ont été assassinés pour l'unique raison qu'ils sont tutsi.* [...] *Si ces faits représentent une élimination de suspects (tout Tutsi évolué étant suspect, au mépris des garanties judiciaires les plus élémentaires), la répression exercée dans la préfecture de Gikongoro constitue, elle, un véritable génocide. Excitées par le préfet, les bourgmestres et les commissaires du Parmehutu, des bandes de tueurs exterminèrent systématiquement, du 24 au 28 décembre, les Tutsi. Dans la plupart des cas, les femmes et les enfants ont été également assassinés à coups de massue ou percés de lances.* »

Il craint que les autorités aient prévu un « *plan de nettoyage* » à plus grande échelle et que Gikongoro ne soit qu'une « *répétition* ». Le missionnaire britannique déjà cité craint lui aussi que les Tutsi soient « *exterminés jusqu'au dernier* » [17]. Un autre témoignage oculaire est publié par le journal catholique français *Témoignage chrétien* du 6 février 1964:

« *Le 25 décembre* [1963] *dans l'après-midi commençait un "plan de répression" qui consistait à exterminer purement et simplement tous les habitants tutsi de toute une préfecture, celle de Gikongoro.*

Toute la population hutu, chrétiens et païens, catéchistes et catéchumènes, s'attaqua aux [...] *Tutsi, par bandes d'une centaine environ, dirigées par des propagandistes du Parti avec la bénédiction des autorités. Cette fois, le but n'était pas de piller mais de tuer, d'exterminer tout ce qui portait le nom de Tutsi. Pour éviter les*

16. Témoignage de Denis-Gilles Vuillemin, « Les massacres du Rwanda sont la manifestation d'une haine raciale soigneusement entretenue », *Le Monde* du 4 février 1964.

17. Cité par *La Croix* des 2-3 février 1964.

possibles réactions humanitaires, les organisateurs du massacre avaient évité de donner comme objectifs les voisins immédiats des tueurs : une colline s'occupant de tuer les Tutsi d'une colline éloignée et vice versa, restaient sur place quelques indicateurs du Parti [Parmehutu].

À Cyanika, on estime à près de 5000 le nombre des victimes. [...] *La tuerie a commencé le jour de Noël dans l'après-midi et s'est poursuivie les 26, 27, 28 et 29. Le massacre a été atroce : à part quelques notables ou propagandistes du Parti qui étaient dotés de fusils, la masse des tueurs n'avaient que des couteaux grossiers et des serpes indigènes. Les familles qui ne voulaient pas sortir des huttes étaient barricadées à l'intérieur et brûlées vives. Certains furent tailladés sur place, aux jointures des membres et du cou, et agonisèrent plusieurs jours sur place. La plupart furent dirigés sur la rivière voisine, puissante en cette saison, la Rukara ou la Mwogo. On les poussait à coups de bâtons et de serpettes, hommes, femmes et enfants, même des bébés. Arrivés près de la berge, les tueurs ordonnaient aux malheureux de se déshabiller complètement (car dans ce pays archi-pauvre, il faut tout récupérer), puis on jetait tout le monde dans la rivière après les avoir assommés ou blessés gravement, pour qu'ils ne puissent s'enfuir à la nage.* [...] »

Cette mémoire des massacres de 1963 sera proscrite par l'ancien régime. Le gouvernement de Kayibanda fixe à 870 le nombre de morts et les justifie comme résultant d'une « *explosion populaire* [qui] *vient du fait que, pendant des siècles, les Hutu ont subi la cruauté impitoyable de la domination tutsi, sa barbarie et le raffinement de ses supplices* » [18]. Les journaux *La Croix* et *Le Monde* s'alignent alors sur la position officielle qui est aussi celle de l'ONU [19]. Comme l'explique l'historien Jean-Claude Willame, « *c'est d'abord une chape*

18. « Rwanda, une mise au point officielle sur le conflit racial », *La Croix* du 8 février 1964.

19. Le rapporteur de l'ONU, Max Dorsinville, se fera même le porte-parole zélé du gouvernement rwandais. Voir l'excellente étude d'Isabelle Gaudin, « Les crises rwandaises depuis 1959 vues à travers *La Croix*, *L'Humanité* et *Le Monde* », mémoire de maîtrise d'histoire contemporaine, université Paris I Panthéon-Sorbonne, sous la direction de Jean-Pierre Chrétien et d'Almeida-Topor, novembre 1996, pp. 72-82.

de plomb qui s'installe sur le pays. En plus d'imposer un black-out sur l'information, le gouvernement rwandais, par la voix de son ministre des Affaires étrangères, commença par affirmer que les informations relatives aux massacres relevaient de la plus haute fantaisie » [20]. Déclaration reprise par l'archevêque de Kigali, Mgr Perraudin.

La presse belge d'obédience chrétienne étouffe le scandale, minimise les massacres, accuse les terroristes tutsi des violences, assure que le calme a été rétabli rapidement par le gouvernement. Et surtout, elle fait état d'un complot tutsi, reprenant la thèse avancée par les autorités rwandaises d'un « *plan concerté* » de grande envergure. Ainsi, l'organe de la démocratie chrétienne, le journal *la Cité*, reprend en détail la version du « complot » [21]. Or, en fait de plan concerté, il s'agissait d'actions incohérentes de quelques centaines de *desperados* tutsi armés en tout et pour tout de lances, d'arcs et de flèches. Jean-Claude Willame, décrivant l'action désespérée qui a eu lieu en décembre 1963 dans le Bugesera, dans le sud du Rwanda, montre qu'elle « *illustre on ne peut mieux l'inexistence de toute forme organisationnelle* » [22].

Comme pour exclure définitivement ces massacres de la mémoire collective rwandaise, des récits, faits par des collégiennes, d'apparitions de la Vierge sur les lieux des massacres sont diffusés par les médias catholiques et d'État. Ces « apparitions » mêlaient à l'époque sans vergogne le mysticisme religieux et une propagande éhontée pour le MRND. Elles se prolongèrent jusqu'en 1994, sans s'interrompre pendant le génocide. Douze ans après ces premiers « phénomènes mariaux », les Tutsi ont été à nouveau sauvagement massacrés à Kibeho même. Rassemblés par familles dans les églises et les paroisses de Kibeho, Kaduha, Cyanika, 150 000 civils apeurés ont été exterminés en 1994. Interrogée par Radio Rwanda, alors que les massacres se déroulaient sous ses yeux, l'une de ces collégiennes

20. Jean-Claude Willame, *Aux Sources de l'hécatombe rwandaise*, Cedaf-L'Harmattan, 1995, « Le mini-génocide de 1963 », pp. 64-82.

21. Dans sa livraison du 15 janvier 1964.

22. *Ibidem*.

mystiques, présentée comme un médium communiquant avec la Mère de Dieu, dira : « *Le Christ n'aime pas qu'on tue bien sûr. Mais la Vierge Marie va intercéder auprès de son fils pour qu'il nous comprenne.* » [23] Répercutée sur les ondes par Radio-Rwanda, la radio nationale concurrente de la RTLM pour l'appel au meurtre, cette propagande dans un pays catholique à près de 90 % est lourde de signification. Une telle phrase résume, mieux que toutes les analyses, la force consensuelle de cette abomination : en avril-mai-juin 1994, l'idée de l'extermination des Tutsi était entrée dans la tête des gens. Elle était normale et acceptée, intégrée à la foi chrétienne [24].

L'idée du génocide comme solution possible

La nuit rwandaise avait donc commencé en octobre 1959. En 1994, la question que se posaient les dirigeants rwandais était la suivante : pourquoi ce qui a si bien marché, il y a trente ans, ne marcherait pas encore aujourd'hui ? La « révolution sociale » dans l'esprit de ses admirateurs, et en particulier des Pères blancs et des religieux étroitement associés à sa réussite, devait donc être recommencée. Avec cette fois, en plus, l'idée indicible d'éviter l'erreur qui a conduit aux problèmes actuels : pour ne pas se retrouver dans trente ans comme aujourd'hui confronté avec la nouvelle génération des réfugiés et des rescapés, les femmes et les enfants tutsi devaient être aussi éliminés. La révolution sociale devait cette fois donner au problème tutsi une solution finale [25]. C'était terrible, terriblement logique. D'où les mots d'ordre impératifs, lancinants, réitérés, de la RTLM et de Radio-Rwanda : « *N'épargnez pas les enfants !* » D'où les précautions prise par l'État pour empêcher les Tutsi de s'échapper. Cette idée ne parasitait pas seulement la tête des extrémistes hutu. Selon l'enquête de *Golias*, le Père blanc italien Bérôme Carlisquia, présent

---

23. Rapporté par Monique Mas, *Paris-Kigali, 1990-1994*, L'Harmattan, 1999, p. 517.

24. L'abbé Maindron, un prêtre français, est derrière ces manifestations de la Vierge à Kibeho dont il « manageait » les apparitions. Ce prêtre proche de la mouvance extrémiste CDR sera accusé d'être complice du génocide. Voir le chapitre VI, « L'Église au service du crime ».

25. Tous ces termes étant évidemment à mettre entre guillemets.

au Rwanda depuis 1941 et participant actif des massacres précédents de 1959, 1961, 1963, 1965, sera à nouveau en 1994 à la tête des tueurs. « *Il aurait participé aux tueries de Rusumo, notamment celles de sa paroisse.* [...] *Non seulement pendant ses homélies, il prêchait avec virulence la haine et la chasse aux Tutsi, mais tout au long des mois d'avril à mai 1994, il stationnait à différentes barrières avec son fusil* [...] *accompagné de tueurs qu'il aurait lui-même formés au maniement des armes.* » [26] Un consensus s'était fait sur la nécessité d'agir cette fois définitivement, « *sans refaire l'erreur de 1959* ».

L'histoire de la fausse décolonisation du Rwanda reste très mal connue. Elle est absolument nécessaire à la compréhension du génocide de 1994. Jean-Pierre Chrétien en résume ainsi les grandes lignes [27] :

« *À l'automne de 1959, une série de provocations réciproques débouchent sur une jacquerie, encadrée en fait par le Parmehutu, au nord et au centre du pays : des milliers de huttes sont brûlées et plusieurs centaines de Batutsi sont tués, le nord est pratiquement "purifié", puis des leaders hutu sont assassinés en représailles. Alors des parachutistes belges sont acheminés du Congo et le colonel Guy Logiest, un admirateur de l'apartheid, est nommé résident spécial. À l'ombre du régime militaire, le pays est "désunarisé"* [l'Union nationale rwandaise (Unar) réclamait l'indépendance], *une opération qui consista à démettre la moitié des chefs et 300 sous-chefs sur 500 et à les remplacer par des chefs ou des bourgmestres hutu. Dans ce contexte de "conscientisation" ethnique au forceps, les élections communales de juin 1960 donnent une majorité écrasante au Parmehutu. Un gouvernement autonome belgo-rwandais, présidé par Grégoire Kayibanda, est formé. L'ONU laisse faire. Kayibanda, conseillé par les chrétiens sociaux belges et soutenu par Logiest, organise un coup d'État à Gitarama, le 28 janvier 1961, les repré-*

26. Ce prêtre, qui avait une autorisation de port d'arme du gouvernement, est originaire de Brescia en Italie, où il coule aujourd'hui des jours paisibles. Enquête de Christian Terras, *Golias magazine* n° 48-49, été 1996, p. 109.

27. Jean-Pierre Chrétien, *L'Afrique des Grands Lacs. Deux mille ans d'histoire*, ouvrage cité, p. 266.

sentants des communes proclament la République. [...] *C'était le triomphe d'une* "révolution sous tutelle" *ou* "assistée", *pour reprendre les termes du gouverneur Harroy lui-même.* »

Cette révolution sous tutelle avait un prix, celui du « petit génocide » de 1963. Luc De Heusch, ethnologue belge qui assista à ces tueries, en comprend le sens caché : « *Un calcul politique se profile derrière le génocide.* » [28] Il évoque sa rencontre en 1963 avec le colonel Logiest. « *Il me précise, avec une jubilation qui m'inquiète, qu'il y aurait* "du sport". *Il ne me cache pas que, au cours d'une opération précédente, il était déjà sur le terrain : du haut de son hélicoptère, il prenait plaisir à prêter main-forte aux militants hutu poursuivant les Tutsi.* » [29] Ce « *super-flic pieux* », pour reprendre les termes utilisés par De Heusch, lui avait expliqué sa délicate mission : « *Responsable de la Sûreté rwandaise, il est chargé par le gouvernement belge de veiller à la sauvegarde de la fragile République qui vient de naître dans la confusion.* » L'ethnisme est au centre du dispositif : « *Pour faciliter la lutte antisubversive, ces officiers renchérirent sur la thèse raciste mise au point dans certains milieux hutu. Désormais, les ennemis, les Tutsi, étaient les* "longs" *par opposition aux Hutu, les* "courts". *Ce racisme-là se nourrissait de la prétention d'être socialement progressif : les Hutu qui venaient d'abolir un intolérable régime* "féodal" *n'entendaient-ils pas, avec le soutien de la très puissante Église catholique, fonder une République de type social-chrétien alors que les nationalistes tutsi étaient soupçonnés d'obscurs contacts avec les pays communistes ?* » [30]

D'après De Heusch, la responsabilité de ce militaire belge dans les terribles massacres de la population civile tutsi en 1963-1964 est écrasante. De retour en Belgique, De Heusch porta plainte auprès du ministre de la Justice. Mais l'ambassade de Belgique à Kigali ne

---

28. Luc De Heusch, « Massacres collectifs au Rwanda », *Synthèses* n° 221, octobre 1964.

29. Luc De Heusch, « Anthropologie d'un génocide : le Rwanda », *Les Temps modernes* n° 579, décembre 1994.

30. *Ibidem.*

trouva rien à redire aux actions des « coopérants » belges. Il fit alors appel à la Ligue belge des droits de l'homme, sans plus de résultat.

La Belgique appuyait donc sa tutelle postcoloniale sur un régime à sa dévotion. Elle venait de montrer, trente ans avant l'implication française dans le génocide de 1994, qu'il était possible de bâtir des liens durables et solides sur une complicité criminelle. C'est ni plus ni moins une démonstration historique supplémentaire de la nature immorale des « nécessités » politiques. Cette leçon de l'histoire, François Mitterrand se l'était fait expliquer par ses experts et pouvait l'apprécier en connaisseur. Nommé ministre de la France d'outre-mer en 1950 par René Pleven, François Mitterrand s'illustra dès 1947 dans le cabinet Ramadier et Schuman par son appui inconditionnel à la féroce répression coloniale de Madagascar [31]. La mise en place d'une telle complicité entre une ancienne colonie et son colonisateur était un fait suffisamment nouveau et fascinant pour que cela intéresse au plus haut point le pouvoir français. Les affaires africaines sont depuis longtemps intégrées au fonctionnement secret de la République. Dans ce contexte de politique souterraine, l'intérêt de cette complicité entre l'État africain et son tuteur occidental est évident : les liens sont extrêmement puissants, du fait même de leur nature criminelle. Ces liens reposent sur la connivence et le silence. L'*omerta* des mafieux relève de la même logique et tout le monde connaît sa redoutable efficacité. La complicité liée à un tel crime est infiniment plus forte que la signature de tous les traités de coopération.

Le plus grand théoricien de la *real politik*, Machiavel, aurait été séduit par cette efficacité politique. La décolonisation du Rwanda par la Belgique est une illustration – plus réussie qu'il n'aurait osé l'imaginer – de ses théories. Associée au pouvoir de l'État, l'immoralité est aux yeux de certains de ces « princes » qui nous gouvernent – ainsi que de leurs hommes de main – une garantie supplémentaire d'efficacité. Pour Machiavel, « *il est plus sûr d'être craint*

31. Voir Yves Benot, *Massacres coloniaux. 1944-1950 : la IVe République et la mise au pas des colonies françaises*, La Découverte, 2001. Même Pierre Bergé, président de l'Association des amis de l'Institut François-Mitterrand, est obligé de le reconnaître dans son *Inventaire Mitterrand*, Stock, 2001, p. 107.

que d'être aimé ». Pour ces princes, il est plus efficace d'être inhumain que de faire du sentiment. L'immoralité suprême, associée à l'entreprise, n'est pas un obstacle. Contrairement à Machiavel, mais conformément à son enseignement, ils ne vendent pas la mèche. Aux commandes de l'État, ils ne théorisent pas leur transgression. Ils l'appliquent dans le secret.

Au XXe siècle, l'extermination est dans l'air du temps. L'historien Sven Lindqvist montre de façon terriblement convaincante que « *c'est chez les Britanniques et d'autres Européens de l'ouest qu'il* [Hitler] *a trouvé les modèles dont l'extermination des Juifs est une copie dénaturée* » [32]. C'est à travers les massacres qui accompagnent l'expansion coloniale européenne que s'est forgée l'idée des génocides européens, celui des Arméniens et celui des Juifs. C'est probablement vrai aussi du « petit génocide » de 1963 au Rwanda, qui est une prolongation directe des massacres coloniaux. Avec le trait de génie supplémentaire qui consiste à faire réaliser l'extermination des peuples indociles par les colonisés eux-mêmes. Il s'agit là d'une innovation majeure qui ne pouvait échapper aux services français foccartisés de la DGSE, chargés d'assurer la maintenance et les basses œuvres du pouvoir dans les néocolonies françaises. Et sans doute encore moins à l'œil averti de l'ancien ministre des Colonies qu'est François Mitterrand.

L'Afrique est devenue pendant la période coloniale un champ d'application des théories du « darwinisme social » où l'on pouvait librement s'exercer à l'extermination des races inférieures. *Au cœur des ténèbres* tout était possible [33]. Les colonies étaient une autre planète avec d'autres normes. Nos valeurs les plus essentielles : la solidarité, la fraternité, le respect de la vie humaine n'avaient plus cours. La transgression de ces valeurs se faisait dans l'impunité totale et la bonne conscience. Ces crimes coloniaux ont été réalisés aux noms du « progrès » et de la « civilisation ». Ils ont ouvert la voie

---

32. Sven Lindqvist, *Exterminez toutes ces brutes. L'odyssée d'un homme au cœur de la nuit et les origines du génocide européen,* Le Serpent à Plumes, 1998.

33. Pour reprendre le titre de l'œuvre de Conrad, *Au cœur des ténèbres*, dénonciation des crimes de Léopold II au Congo, dont s'est inspiré Sven Lindqvist.

aux génocides du XXe siècle. Occultée par la presse, l'horreur est restée totalement ignorée du public [34]. L'Europe n'a entendu que les discours de légitimation : l'avancée du progrès, la conquête de la civilisation et le déclin, inéluctable, des peuples « arriérés ». Le génocide des Tutsi en 1994 est, lui aussi, une conséquence de cette banalisation coloniale de l'horreur. Il faut maintenant donner une idée succincte de ce que fut l'organisation de ce crime de masse.

Encadrement étatique et participation massive

« L'idéologie seule ne fait pas le crime d'État : y concourent la technologie et la bureaucratie. »
Georges Bensoussan, *Auschwitz en héritage ?* [35]

Le génocide a été accompli par le Gouvernement intérimaire rwandais (GIR), mis en place conjointement dans l'enceinte de l'ambassade de France et au ministère de la Défense. Le GIR était composé des membres de l'entourage présidentiel, politiques et militaires. Ces derniers vivaient en osmose depuis quatre ans avec l'armée française et ses services de renseignements. Le génocide mobilisa pratiquement toutes les autorités de l'État, préfets, bourgmestres et conseillers communaux. Dès le 7 avril, toutes les frontières furent fermées et gardées, les routes parsemées de barrières, les mouvements de population interdits. Dans les grands centres, les autorités demandèrent alors aux Tutsi de se rassembler dans des édifices (écoles, églises, stades, bâtiments publics), ce qui permit de les massacrer par dizaines de milliers. Les bâtiments étaient encerclés par les gendarmes et les policiers communaux chargés d'empêcher toute fuite. Les militaires des FAR commençaient alors l'extermination à la grenade et au mortier, les miliciens et les gens mobilisés venaient ensuite « finir le travail » à la machette et à la houe. Partout, survivants et rescapés ont été poursuivis, traqués et exécutés par la

34. Le livre d'Adam Hochschild, *Les Fantômes du roi Léopold. Un holocauste oublié*, permet de se faire une idée de cette partie cachée et honteuse de notre histoire. Belfond, 1998.

35. *Du bon usage de la mémoire*, Mille et Une Nuits, 1998.

population, mobilisée comme pour un travail communautaire de « défrichage ». Les biens des familles massacrées étaient ensuite répartis par les autorités.

Le mode de fonctionnement de cette machine à tuer étatique est étudié par Alison Des Forges dans le livre de référence, *Aucun témoin ne doit survivre* [36]. Il ne s'agissait en aucune façon de « débordements », d'un développement incontrôlable qui aurait échappé à ses initiateurs, comme certains le croient ou voudraient le croire. Le lundi 10 avril, le gouvernement réunit les dix préfets du pays, sauf celui de Butare qui est tutsi et qui empêchera les massacres jusqu'à son assassinat. Lors de cette réunion, deux préfets dénoncent le comportement des miliciens interahamwe qui provoquent des massacres dans leurs préfectures et qu'ils essayent de contenir et de repousser. Ils sont immédiatement mis à l'index. Le ministre du GIR, Edouar Karamira, vice-président du MRND, prend alors la parole et clarifie les choses : « *Nous ne voulons plus entendre parler de ces préfets qui entravent l'action des Interahamwe ou les dénigrent d'une façon ou d'une autre. Ces anciennes habitudes, héritées du temps des conflits et rivalités entre les partis, sont aujourd'hui dépassées. L'engagement des miliciens interahamwe est une action hautement patriotique. Aidez-les au lieu de les entraver, soutenez-les au lieu de les dénigrer. Je répète, nous ne voulons plus entendre parler de ça, la situation est grave et exige l'effort de chacun* [...]. » [37] L'ordre a été donné d'en haut de traquer partout et sans pitié « *l'ennemi traditionnel du Rwanda* ». Les préfets reçurent l'ordre de réunir les bourgmestres, les conseillers de secteur afin de mobiliser la population contre l'ennemi commun.

Aucun Tutsi ne devait rester vivant. Le rôle des militaires et gendarmes, en service actif ou à la retraite, a été d'inciter, en donnant l'exemple, en se livrant eux-mêmes aux meurtres des civils. Ils avaient aussi la charge d'ordonner et de contraindre à tuer : « *Non seulement les militaires participaient aux tueries, mais ils incitaient aussi les*

---

36. Ouvrage cité.

37. Rapporté par le journaliste Ntaribi Kamanzi, *Rwanda : du génocide à la défaite*, Éditions Rebero, Kigali, 1997.

miliciens et les simples civils à le faire, en leur donnant des ordres directement ou par l'intermédiaire d'administrateurs civils. À l'échelon national, les autorités civiles et militaires insistaient sur la nécessité d'obéir à ces ordres, disant que les civils devaient "travailler" avec l'armée, l'"aider" ou la "soutenir". Selon un témoin étranger, des soldats enseignaient l'art de tuer à des jeunes gens réticents, dans les rues de Kigali : lorsqu'ils hésitaient à attaquer les Tutsi, les soldats frappaient les victimes à coups de pierres, jusqu'à ce que les novices se décident à prendre le relais. » [38] Un peu partout, les militaires déclenchèrent les tueries en organisant la foule, en allant chercher les passants sur les marchés et dans les rues. Il fallait mobiliser les gens pour tuer des civils dispersés, pour s'occuper des barrières, pour la traque des survivants. Ce fut la tâche de l'administration. « *Comme l'avait déclaré Karamira dans un discours radiodiffusé le 12 avril, cette "guerre" devait devenir la responsabilité de tous. Le gouvernement intérimaire ordonna à l'administration d'effectuer cette mobilisation.* » [39]

En outre, les ethnocrates qui ont conçu, organisé et réalisé le génocide ont utilisé savamment des techniques de manipulation psychologique, issues de la « communication » publicitaire et de la propagande politique. Au Rwanda, en 1994, toutes les ressources médiatiques d'un État moderne ont été mobilisées à cette fin. Dans un travail soutenu en science de la communication à l'université de Lille, un intellectuel hutu, qui assume l'idéologie Hutu Power, montre combien l'idée de la faisabilité de l'entreprise génocidaire était prégnante et persistait même après le génocide :

« *Depuis le 6 avril 1994, une image va fréquemment revenir dans les reportages, celle de la machette. L'arme blanche évoque la torture, la souffrance de la victime avant la mort. Cette image va accréditer le qualificatif de "massacreur" qui sera aussitôt donné aux paysans qui n'avaient, dans une guerre où l'on s'affrontait à l'arme lourde, que des machettes… Ainsi, apparaîtra le terme de "génocide", justifié sans doute en considération du nombre de Tutsi massacrés relativement à leur pourcentage dans la population, mais injustifié dans l'inten-*

38. Alison Des Forges, ouvrage cité.

39. *Ibidem.*

tion des paysans et des miliciens qui les ont massacrés à leur corps défendant. Dans d'autres situations, ce qui a été appelé "génocide" aurait pu s'appeler "résistance", et les paysans et miliciens auraient pu être tenus pour des héros, surtout si à la fin, il y avait eu victoire. »[40]

Le génocide rwandais ne pouvait être qu'une « explosion de fureur populaire ». C'était dans le cahier des charges. De fait, les militaires sont restés discrets, n'assurant les tueries que lorsque les civils rassemblés étaient trop nombreux pour être tués à l'arme blanche. Par exemple, le massacre de 5000 Tutsi entassés dans une église ou un lieu public demandait une intervention militaire et celle-ci n'a jamais fait défaut. Les organisateurs rwandais ont fait le nécessaire pour obtenir une participation populaire la plus large possible. Les massacres ont pris l'allure d'une fête, mise en scène par la très interactive RTLM. Ils se sont faits en plein jour et impliquaient le maximum de participants et de spectateurs. Après les tueries, les femmes et les enfants passaient pour dépouiller les morts de leurs vêtements et de leurs biens. Le but est clair: si tout le monde est coupable, personne n'est coupable. En multipliant le nombre de tueurs, de complices, de spectateurs qui encourageaient les tueurs, de voleurs qui se partageaient les biens des morts, la culpabilité se partage, se dilue. L'opération débouche sur l'innocence de tous et en particulier des responsables. La stratégie du génocide a cette visée psychologique essentielle.

L'objectif était de réitérer les massacres précédents de la « révolution sociale hutu » de 1959 et ainsi, de faire passer le message du conflit interethnique à la communauté internationale. Le choix de l'arme blanche devait avaliser la nature tribale et atavique de ces massacres. Et dédouaner les complices français qui ont fourni aux tueurs grenades, munitions et armes légères [41]. Deux journalistes proches des services français, Antoine Glaser et Stephen Smith,

40. Eugène Shimamungu, *Évolution des stéréotypes dans la communication politique au Rwanda*, mémoire de DEA, université de Lille III, septembre 1995, pp. 131-132.

41. La France était le principal fournisseur d'armes et d'équipement militaire au Rwanda. Signalons l'étude récente et intéressante, Mel McNulty, « French Arms, War and Genocide in Rwanda », *Crime, Law & Social Change* n° 33, pp. 105-129, 2000.

pourront ainsi écrire : « *Les bras qui ont coupé en morceaux hommes, femmes et enfants étaient rwandais. Ce n'étaient pas des bras de pantins. Ce n'étaient même pas des bras armés par nos soins. Car comble de l'horreur, pour leurs victimes, les tueurs se sont servis de machettes et non pas des armes à feu que nous leur avons livré abondamment.* » [42] Ce message, la communauté internationale l'aurait finalement agréé comme elle a agréé les autres. Elle aurait laissé ces morts rejoindre ceux des précédents massacres historiques de Tutsi, engloutis dans la nuit rwandaise. « *Qui parle encore aujourd'hui du massacre des Tutsi de 1959 à 1965 ?* », devaient penser les organisateurs de cette gigantesque tuerie et leurs complices [43]. Oui, « *ce qui a été appelé "génocide" aurait pu s'appeler "résistance", et les paysans et miliciens auraient pu être tenus pour des héros* ». Il suffisait de peu. « *Surtout si à la fin, il y avait eu victoire* », comme le remarque le perspicace étudiant en communication cité plus haut. Cette possibilité a probablement été un des éléments essentiels du choix politique français de soutenir le Hutu Power.

Le rôle des élites hutu

Cet aspect, notamment le rôle des élites du Hutu Power en Europe avant, pendant et après le génocide, a été déjà développé ailleurs [44]. Les quelques exemples donnés ici soulignent le rôle des autorités locales, politiques, administratives ou techniques au Rwanda. Elles sont intervenues avec tout le poids de leur parole et de leur savoir dans cette société hiérarchisée et encadrée :

« *Ce sont des intellectuels qui sont, sinon aux premières lignes, du moins juste derrière les paysans envoyés chasser le gibier tutsi, organisant les réunions et les battues, programmant les actions et*

42. *L'Afrique sans Africains*, Stock, 1994. Stephen Smith, ancien journaliste à *Libération*, écrit depuis l'an 2000 dans *Le Monde* et Antoine Glaser est le principal rédacteur de *La Lettre du continent*. Cette proximité conceptuelle visible à travers leurs articles n'implique pas une subordination ou une obédience dont nous avons aucune preuve matérielle.

43. Pour paraphraser Hitler (qui parlait des Arméniens). Discours du 22 août 1939.

44. Voir notamment *Un génocide sans importance* (ouvrage cité), pp. 33-59.

lançant les mots d'ordre [45]*. Les témoignages sont innombrables où on voit le bourgmestre, le directeur d'école, le commerçant du coin, le médecin, etc. (soit les intellectuels locaux) organiser les rondes et les barrières, s'agiter ostensiblement parés de feuilles de bananier* [symbole du « peuple majoritaire »] *ou marcher derrière les escouades de jeunes paysans qui "visitent" les demeures. Un rescapé de Bisesero (Kibuye), Israël Rwemarika, note* [46]*: "Quand les autorités ne venaient pas, les paysans ne venaient pas." Le journaliste américain Chris MacGreal le note dans la commune de Taba: "À la tête de jeunes brutes ivres se trouvaient toujours les membres les mieux éduqués de la commune. Les docteurs et les instituteurs étaient particulièrement actifs".* » [47]

Dans l'enquête essentielle sur le génocide que constitue *Death, Despair and Defiance* [48], les faits rapportés montrent l'articulation de ces initiatives, au cas par cas. Par exemple à Kibeho, citons le témoignage du maçon Twagirumukiza [49]:

« *Le dimanche 10 avril, un moniteur agricole, Bakundukize, organise l'attaque de ma maison, suivie de pillage. Ma famille a donc fui à la paroisse de Kibeho. Le mercredi 13, le bourgmestre Nyilidandi nous convoque au chef-lieu de la commune de Mubuga pour un meeting et nous dit de rentrer chez nous. Mais l'organisateur de l'attaque de dimanche justifie l'élimination des Tutsi. Nous fuyons donc de nouveau à l'église. Dans l'après-midi, des miliciens attaquent. Il y a des morts, mais la résistance est plus forte. Le jeudi 14, des villageois habillés en feuilles de bananier attaquent à 11 heures. Le sous-préfet Damien Biniga prétend que des bandits ont attaqué et ramène un camion de soldats qui brisent la résistance*

45. Voir aussi T. Longman, « Genocide and Socio-Political Change: Massacre in Two Rwandan Villages », *Issue*, 1995, 2, pp. 18-21.

46. Michel Bührer, *Rwanda. Mémoire d'un génocide*, Paris, 1996, p. 42.

47. Jean-Pierre Chrétien, communication au Colloque de Barcelone, « Les cultures africaines entre conflit et consensus » (déjà citée), d'après les enquêtes d'African Rights, *Death, Despair and Defiance.*

48. African Rights, ouvrage cité.

49. Passage résumé et traduit par Jean-Pierre Chrétien dans sa communication à Barcelone, *ibidem*, février 2001.

de "l'ennemi" retranché dans l'église. Bourgmestre, techniciens médical et agricole, directeur d'école technique, même un prêtre, l'ex-aumônier militaire Thaddée Rusingizandekwe, tous se retrouvent à la tête des miliciens interahamwe, revêtus de feuilles de bananier, puis tout se déroule comme d'habitude : jets de grenades et tirs dans la foule, massacre à la machette et au gourdin. Les survivants seront brûlés vifs dans l'église le lendemain. »

Jean-Pierre Chrétien cite également le témoignage du médecin allemand Wolfgang Blam à Kibuye [50]. Ce médecin raconte comment un « médecin régional », chef local du parti extrémiste CDR, a fait exterminer les Tutsi au stade et a pourchassé la famille de son collègue tutsi, cachée près de l'hôpital.

On assiste ensuite à une sorte de normalisation bureaucratique en mai 1994, alors que les tueries se poursuivent. Selon l'enquête d'African Rights, c'est vers la mi-mai qu'ont été exterminés la plupart des femmes et des enfants survivants aux massacres (épargnés ou qui avaient réussi à échapper). Voici comment, après plusieurs pages du récit des horreurs indescriptibles dont il était quotidiennement témoin, le docteur Blam raconte cette normalisation :

« *Les trois semaines suivantes furent marquées par des chasses à l'homme et des rapines. Toutes les maisons de Kibuye furent fouillées deux ou trois fois et ceux qui y étaient découverts étaient abattus ou jetés dans les latrines.*

Nous ne pouvions pas ne pas être témoins, depuis notre maison, du fait que jour après jour des êtres humains étaient forcés de creuser leur tombe et qu'ils étaient massacrés aussitôt après. Les "complices" non encore découverts, dont les cadavres n'avaient été vus nulle part, étaient spécialement pourchassés en utilisant des rumeurs et les annonces bien ciblées de perquisitions, si bien que la plupart, préoccupés pour leurs "hôtes", essayaient de temps en temps de fuir sur

50. Wolfgang Blam « Völkermord als *"moderne"* Politikinstrument », *in* H. Schürings (éd.), *Ein Volk verlässt sein Land. Krieg und Völkermord in Ruanda*, Cologne, 1994, pp. 75-89 ; version française, « Témoignage à Kibuye. Le génocide comme instrument politique "moderne" », *in* J.-P. Chrétien, *Le Défi de l'ethnisme*, ouvrage cité, pp. 101-121.

les collines boisées ou dans une autre cachette. C'est ainsi que presque tous ont été découverts en chemin, torturés et tués publiquement. Les têtes coupées de certaines personnes recherchées connues furent exposées des jours durant au carrefour central. [...]

Par ailleurs, tout cela fut accompagné d'une tentative pour organiser la "normalité" : l'école primaire fut rouverte (même si c'était avec beaucoup moins de maîtres et d'élèves). Tous les fonctionnaires durent revenir au travail et s'asseoir sans rien faire dans leurs bureaux. Les chefs de service durent transmettre à la préfecture des listes de leurs collaborateurs "en activité", afin de pouvoir préparer le paiement des traitements avec les ministres compétents. Les banques locales furent rouvertes et assurèrent des transactions limitées (encaissements et versements sur les comptes d'épargne).

D'abord le Premier ministre et, une semaine plus tard, le lundi 16 mai, le président du gouvernement de transition sont venus à Kibuye pour faire l'éloge de la "défense de la sécurité", exemplaire dans cette préfecture et pour en encourager la poursuite [les Tutsi exterminés représentaient entre 25 et 35 % de la population de cette préfecture]. »

3. Implications politiques

« Dans la métaphysique du Prince, si superbement incarnée par Mitterrand, le mépris des hommes est absolu et le mal ne compte pas. [...] *Le cynisme est la forme supérieure de l'intelligence. »*
Michel Sitbon, *Un génocide sur la conscience.*

Des députés membres de la Mission parlementaire ont dénoncé « *une campagne de dénigrement dirigée contre la France* » [1]. Le thème du complot de l'étranger et de « l'anti-France » était le cheval de bataille des députés Jacques Baumel et Myard (entre autres) lors de la Mission d'information. Il a été particulièrement développé par le ministre Balladur lors de son audition. Mais de quelle « France » s'agit-il ? La « politique africaine de la France » relève toujours du domaine réservé élyséen. Située hors des débats parlementaires, l'action de « la France » en Afrique se fait à l'insu de ses citoyens.

Les apôtres français de la « démocratie raciale »

Le FPR s'est constitué en 1987 sur un programme de retour de tous les réfugiés au Rwanda. Le refus de l'idéologie ethniste était un de ses principes de base, avec le panafricanisme. Dès sa création, le FPR comprenait des Hutu parmi ses dirigeants comme parmi ses simples soldats. Pour le FPR, les Rwandais sont d'abord des Banyarwanda (« citoyens » rwandais) avant d'être hutu ou tutsi. En 1992, le FPR s'était allié aux partis d'opposition, contre la tendance ethnique dite Hutu Power, dans le choix commun d'un Rwanda plura-

1. Propos de Jacques Baumel, *Le Monde* du 13 mars 1998.

liste et démocratique, ce qu'avaient entériné les Accords d'Arusha [2]. Alors que le régime de Habyarimana sombrait dans la corruption et l'exacerbation de l'ethnisme, le FPR ralliait à lui nombre de leaders hutu, écœurés par le népotisme régnant à Kigali, comme Pasteur Bizimungu, ancien directeur de la Société publique d'électricité. Ainsi, après la victoire contre le Hutu Power, le nouveau Rwanda supprimera les cartes d'identité ethniques. Et depuis 1998, 15000 soldats des ex-Forces armées rwandaises (FAR) sont incorporés dans l'APR. Cela, aucune réécriture de l'histoire ne pourra le modifier, quelle que puisse être l'évolution ultérieure des dirigeants de ce parti.

Les Forces armées rwandaises (FAR), que les militaires français encadraient et qu'ils commandaient même sous l'uniforme rwandais, étaient en revanche une armée ethnique, strictement hutu. L'ancien secrétaire général de l'Élysée Hubert Védrine [3] ne s'en offusquait pas. Il s'en félicitait au contraire, comme il l'a dit mielleusement à la Mission d'information : « *D'autant que les recrues hutu représentaient 80 % de la population. On a ailleurs formé des armées moins représentatives.* » [4] Védrine explique donc que le ministère français de la Coopération encadre, finance et forme « ailleurs » des gardes prétoriennes ethniques minoritaires, mais qu'au Rwanda il a l'honneur et l'avantage de soutenir une majorité ethnique. Il aurait pu même ajouter que non seulement cette armée était strictement hutu, mais que le MRND de Habyarimana, de façon encore plus stricte que le Parmehutu de la première République, avait interdit les « mariages mixtes » pour les officiers. En mai 1935, l'Allemagne nazie avait interdit aux officiers allemands d'épouser des Juives.

2. Jean-Pierre Chrétien, « La crise politique rwandaise », *Genève-Afrique*, 1992, pp. 121-140; Gérard Prunier, « L'Ouganda et le Front patriotique rwandais », *in Enjeux nationaux et dynamiques régionales dans l'Afrique des Grands Lacs*, université de Lille I, 1992, pp. 43-50.

3. Devenu en 1997 ministre des Affaires étrangères du gouvernement Jospin, Hubert Védrine est l'une des personnes les plus impliquées dans cette politique rwandaise de la France, avec les généraux Christian Quesnot et Jean-Pierre Huchon. Voir la biographie du personnage dans l'index et les *Notes d'information du Réseau Voltaire* n° 97/03339 du 23 juin 1997, reprise ici dans « Protagonistes français du génocide ».

4. Audition du 5 mai 1998. Mission parlementaire, tome III. Auditions, p. 197.

Une armée strictement hutu, dans un pays où la minorité tutsi est périodiquement massacrée depuis 1959, n'est apparemment pas un problème pour celui qui est devenu ministre des Affaires étrangères. Pourtant, depuis 1990, des massacres racistes, des éliminations de populations civiles tutsi, hommes, femmes et enfants, ont été réalisés pendant quatre ans, alors que la coopération militaire française était omniprésente au Rwanda. Ainsi, l'État français soutenait, en toute connaissance de cause, un État ethnique, responsable de massacres commis sur la minorité tutsi. Cela n'empêchera pas Hubert Védrine d'étaler sa bonne conscience: la France était au Rwanda du côté de la majorité ethnique, en rappelant opportunément que dans les autres dictatures françafricaines c'est loin d'être le cas.

Pour entraîner la population dans le génocide, le Hutu Power et l'*akazu* ont largement utilisé « la peur d'être tué », la crainte d'un génocide organisé par le FPR [5]. C'était en 1993 la base de la propagande extrémiste de la Coalition pour la défense de la République (CDR), l'excroissance ouvertement génocidaire de l'ex-parti unique MRND. La cellule africaine de l'Élysée utilisait de son côté la « terreur tutsi » pour justifier son soutien sans faille aux assassins. L'état-major de François Mitterrand avait fait largement répandre par ses officines de désinformation, le Sirpa [6] et les services secrets, le mythe des Khmers noirs, la croyance que les Tutsi du FPR allaient faire régner la barbarie sur les 80 % de la population hutu. Ainsi, l'Élysée et le Hutu Power utilisaient la même propagande, les uns pour justifier leur intervention au Rwanda et les autres pour pousser la population aux massacres. Les responsables français développaient implicitement la notion de génocide préventif dont les extrémistes hutu assureront la réalisation. Après le génocide, les différents responsables politiques français continueront à utiliser ce même argument ethnique pour expliquer leur action. Le mythe des Khmers noirs n'est pas sans évoquer la théorie révisionniste qui justifie la

5. Propagande parfaitement étudiée dans *Rwanda, les médias du génocide*, ouvrage cité.

6. Service d'information et de relations publiques des armées, auxquels s'ajoute, depuis 1998, la Délégation à l'information et à la communication de la défense (DIRCOD).

Shoah par la menace que les Juifs bolcheviques faisaient peser sur l'Allemagne [7]. La rhétorique des Khmers noirs a ses équivalents antisémites mais on trouve également des arguments similaires lors du génocide des Arméniens en Turquie en 1914-1915 : les Jeunes Turcs faisaient courir le bruit que les Arméniens représentaient un danger mortel pour le panturquisme [8].

« *Comment accepter que le FPR, s'il remporte la guerre, puisse imposer sa volonté à 80 % de la population ?* », lance Alain Juppé en juin 1994 [9]. Après le génocide, François Mitterrand dira encore : « [Juvénal Habyarimana] *représentait à Kigali une ethnie majoritaire à 80 %.* » [10] Analysant le rapport de la Mission d'information, Alison Des Forges écrit : « *Mitterrand, les officiers militaires en relation avec le Rwanda* [les généraux Christian Quesnot et Jean-Pierre Huchon] *ainsi que d'autres responsables politiques avaient assimilé la doctrine de la* rubanda nyamwinshi [le peuple majoritaire] *propagée par les défenseurs du Hutu Power. De la même façon qu'eux, ils pensaient que la majorité ethnique correspondait indiscutablement à une majorité démocratique.* » [11] Par son soutien aux extrémistes hutu et sa volonté de créer un front uni du pouvoir hutu contre le FPR, la diplomatie française s'est délibérément engagée dans l'option ethniste. Elle a ainsi fait de la propagande du Parmehutu, du MRND et de la tendance Hutu Power l'argumentaire principal de la politique française. On pourrait collectionner les citations du président François Mitterrand, de son secrétaire général Hubert Védrine, du ministre des Affaires étrangères Alain Juppé, etc., justifiant leur politique de soutien à Habyarimana au nom de ce qu'il faut bien appeler la « démocratie raciale » [12].

---

7. Thomas Ferenczi, « La Shoah et la levée de l'interdit », *Le Monde* des 13-14 août 2000.

8. Voir Yves Ternon, *L'État criminel*, ouvrage cité.

9. Hamid Barrada et François Soudan, « Alain Juppé. La France d'Alger à Kigali », *Jeune Afrique* n° 1746, du 23 au 29 juin 1994.

10. *Le Figaro* du 9 septembre 1994.

11. Ouvrage cité. Mission parlementaire, tome III. Auditions, vol. I, pp. 127, 208, 341, 344, 347.

12. J'en donne un florilège dans *Un génocide secret d'État*, ouvrage cité.

La première remarque que l'on peut faire est l'irréalisme d'un tel discours. Il est totalement cynique de faire semblant de croire que le gouvernement de Habyarimana représentait la population hutu puisqu'il était hutu. Nos autorités savaient très bien que ce gouvernement ne représentait personne si ce n'est lui-même et qu'il ne s'occupait que de ses intérêts. La référence que font les responsables français à la « légitimité ethnique » est d'abord un mensonge politique, une falsification de la réalité. Ensuite, il faut aussi insister sur la connotation « raciste » que recouvre cette affirmation. Affirmer la « légitimité ethnique » du président hutu Habyarimana (ou l'« illégitimité » dans le cas de dirigeants tutsi) a une signification théorique très forte, puisque appartenance raciale et appartenance politique sont confondues. Cela suppose que les bulletins de vote des Hutu ou des Tutsi sont programmés par leur naissance, qu'ils n'ont pas de choix : un Hutu ne peut voter que pour un Hutu et un Tutsi que pour un Tutsi. Cette option idéologique dénie aux Rwandais le droit (ou la capacité) d'être autre chose que hutu et tutsi. François Mitterrand, Alain Juppé et Hubert Védrine considèrent donc que les Africains sont incapables d'accéder à la citoyenneté. Les Rwandais seraient voués à demeurer éternellement au stade tribal.

En avalisant la doctrine du Parmehutu, fondée sur le manichéisme ethnique et la loi de la « majorité raciale », les responsables français donnent une représentativité au régime Habyarimana que celui-ci n'a pas. En procédant à cette mystification politique dans des discours qui s'adressent aux Français, ils adoptent finalement la même stratégie manipulatrice que les ethnocrates hutu qui instrumentalisent l'ethnicité au Rwanda. Habileté stratégique, dira-t-on. Certes, mais ici les dirigeants de la « patrie des droits de l'homme », les prétendus héritiers de la « France résistante », se font ouvertement les complices d'une conception ethnique du pouvoir qui a produit un génocide. On peut facilement admettre que la justification ethnique de leur discours n'est qu'une rhétorique de façade. Mais s'ils utilisent cette mystification ethnoraciale dans d'autres buts politiques que le soutien à la majorité ethnique, il faut convenir qu'ils ne les dévoilent pas aux Français. Pourquoi ? Sont-ils inavouables ou est-ce par mépris pour ces derniers ? En tout cas, en se livrant à une politique africaine secrète, ces responsables dénient également aux Français le droit (ou la capacité) à la citoyenneté. Remarquons que ces hommes politiques n'oseraient pas utiliser cette notion de « majorité raciale » en France. S'ils la réservent aux Africains, cela signifie très concrètement qu'ils ne leur accordent pas les mêmes droits qu'aux Européens. Leur conception démocratique et républicaine des droits humains fait donc une exception pour l'Afrique. Le génocide des Tutsi est une conséquence logique de ce mépris.

Le racisme envers les Noirs et les peuples colonisés en général était la justification idéologique de la colonisation européenne. Avatar philosophique d'une science biologique naissante, l'idéologie raciste est une biologisation de la pensée sociale, encore inconnue sous cette forme moderne au XVIIIe siècle [13]. Les doctrines racistes à la française de Gobineau, Vacher de Lapouge et Le Bon sont apparues au XIXe siècle [14]. Ces doctrines sont fondées sur la croyance en la transmission héréditaire de caractères psychiques attribués à des populations que l'on distingue par des critères divers (couleur de peau, religion, langue, cultures, morphotype, activité économique). Depuis le début de la colonisation jusqu'à maintenant, on retrouve dans les discours politiques sur l'Afrique cette conception des identités communautaires stéréotypées, cette certitude qui justifie les haines par ces identifications ethniques héréditaires. Aujourd'hui, le fait que seul « l'Africain » est la cible de ce racisme qui touchait autrefois tous les colonisés montre de façon éclatante que la France n'a pas encore décolonisé ce continent.

À l'origine, Hutu et Tutsi sont deux groupes sociaux définis par leur activité socio-économique : l'un éleveur et l'autre agriculteur.

---

13. Ce qu'explique et argumente parfaitement Colette Guillaumin dans *L'Idéologie raciste. Genèse et langage actuel*, Mouton, 1967. « Des écrits comme ceux de Rousseau, Jean Itard, Mme Roland, Casanova, etc. sont des textes a-racistes », nous dit Colette Guillaumin.

14. Il s'agit des mythes du sang et de la race. Voir Pierre-André Taguieff, *La Couleur et le Sang. Doctrines racistes à la française*, Les Petits Libres, Mille et Une Nuits, 1998. À signaler dans ce livre, une curieuse revue apologétique de ces textes, notamment dans le chapitre « Héritages lapougiens ».

Ils sont relativement flous, enchevêtrés dans d'autres appartenances tout aussi importantes sinon plus, comme le statut social, l'origine géographique ou le système clanique qui les regroupent et les mélangent. L'ethnisme au Rwanda-Burundi est une transformation radicale de cette réalité complexe en un manichéisme racial Hutu-Tutsi, rigide et fixe. Il est évident que cette opposition entre Tutsi éleveur et Hutu agriculteur n'a plus aucun sens aujourd'hui. Quant à la distinction raciste entre bantou et hamite, elle n'en a pas plus que la distinction entre aryens et sémites. Les communautés hutu et tutsi ne sont plus aujourd'hui que des communautés de la haine et de la peur de l'autre. Elles sont bien réelles pourtant, mais leur « réalité » est celle d'une construction idéologique raciste, manipulée par des factions politiques et auto-entretenue par la violence qu'elle génère. « *La peur n'est pas dans le décor du drame, elle en est devenue l'acteur principal* », écrivait Jean-Pierre Chrétien à propos du Burundi [15]. Dans ces deux pays, il s'agit d'un « cercle vicieux »: l'ethnisme conduit au génocide et le génocide est exhibé comme la « vérité » insurpassable de cette idéologie. En somme, l'ethnisme est le type même des systèmes prophétiques autoréalisateurs: c'est une haine qui s'autojustifie, se légitime, se renforce, se développe dans la conscience sociale, par les crimes racistes qu'elle engendre.

L'écran de fumée de la « lutte tribale »

Un génocide est un meurtre programmé d'êtres humains, l'élimination systématique de groupes entiers. C'est une monstruosité intolérable dans le monde actuel. Un système politique qui s'en rendrait trop ostensiblement et visiblement coupable ou complice serait aussitôt disqualifié et exclu de la communauté internationale. Les planificateurs de ce type de crime en organisent donc la négation et l'occultation en même temps que sa réalisation. Dans le cas du Rwanda, la dissimulation s'est faite sous l'écran de fumée du « conflit interethnique ». La négation, Yves Ternon l'a bien montré [16], est

15. Jean-Pierre Chrétien, « Le clivage ethnique: les jeux du pouvoir, de la peur et de la "race" », *in* J.-P. Chrétien, A. Guichaoua et G. Le Jeune, *La Crise d'août 1988 au Burundi*, *Cahiers du CRA* n° 6, Paris, 1989, p. 51.

constitutive du génocide lui-même. Le génocide des Arméniens est toujours nié par l'État turc. Or le génocide des Tutsi a été réalisé par un État avec lequel coopérait très étroitement, militairement et civilement, l'État français. Les services de renseignements des deux pays étaient imbriqués. Les écoutes téléphoniques étaient mises en place à Kigali par des spécialistes français [17], les militaires étaient commandés et conseillés par des officiers français dont certains portaient même l'uniforme rwandais. Le thème des « troubles interethniques » a donc été le leitmotiv des militaires et politiques français. Il a été très bien relayé, il faut le reconnaître, par les médias qu'ils essaient en priorité de contrôler, c'est-à-dire les « journaux clés » *Le Monde* et *Libération* [18]. Les autres médias, bien souvent, ne font que reprendre leurs informations.

Comme nous l'avons vu, le président François Mitterrand aurait déclaré à l'un de ses proches au cours de l'été 1994 : « *Dans ces pays-là, un génocide ce n'est pas très important.* » [19] Cette idée est étayée par l'histoire du Rwanda où les pogromes et les actes de génocide à l'encontre de la minorité tutsi ont toujours été réalisés dans l'impunité la plus complète et sans provoquer de réactions internationales. On a vu au chapitre précédent comment le génocide de 1994 plonge ses racines dans l'instauration d'une République ethnique en 1961, sous la coupe du parti unique Parmehutu dirigé par Kayibanda et étroitement encadré par les missionnaires et les autorités belges. La Belgique qui est derrière cette première instrumentalisation politique de l'ethnisme au Rwanda a mis son armée coloniale [20] au service du Parmehutu qui n'était pas indépendantiste, contrairement à l'Union nationale rwandaise [21]. Dans un

16. *L'État criminel*, Seuil, 1995, et *Du négationnisme*, Desclée de Brouver, 1999.

17. Notamment par les adjudants-chefs Alain Didot et René Meïer, restés au Rwanda au service de la Garde présidentielle, pour écouter avec un matériel sophistiqué les communications du FPR cantonné au CND à proximité de leurs villas où se trouvait leur matériel. Ils seront tués à Kigali le 8 avril 1994, avec l'épouse Didot.

18. Voir *Le Monde, un contre-pouvoir ?*, ouvrage cité.

19. Rapporté par Patrick de Saint-Exupéry, *Le Figaro* du 12 janvier 1998.

20. Sous les ordres du colonel Logiest, résident spécial.

21. L'Unar était le principal parti face au Parmehutu. Indépendantiste, il se présentait comme un mouvement de réconciliation nationale autour du monarque, [...]

télégramme que le « Mouvement pour l'émancipation des *Bahutu* » envoie en 1959 aux Nations unies, il y est très clairement dit : « *Nous,* Bahutu, *déclarons notre désir de coopérer avec les autorités belges aussi longtemps que la démocratisation du pays, la paix et le progrès le nécessiteront.* » [22] Alors que les cadres du Parmehutu organisaient ces crimes racistes à grande échelle, la Belgique n'a écopé d'aucun blâme. Au contraire, elle a pu ainsi conserver et garder pendant longtemps une tutelle néocoloniale sur un pays dont le régime lui devait tout.

La relève de la Belgique par la France s'est faite en 1990. La Belgique aussi avait épaulé en 1990 le régime Habyarimana par l'envoi de troupes et de munitions. Mais, à la différence des troupes françaises restées sur place, les militaires belges ont été rapatriés dès la fin de l'opération « humanitaire », à la Toussaint de 1991. En Belgique, l'opinion publique est mieux informée sur le Rwanda qu'en France. Elle a pu faire pression sur le gouvernement pour exiger ce retrait. La Belgique a dû renoncer à soutenir un régime dont la dérive extrémiste était dénoncée par les médias. Les stratèges français qui, en matière de politique africaine, contrôlent efficacement les médias, en ont profité pour prendre la place de l'ancien colonisateur. Sous ce nouveau tutorat, le régime Habyarimana a pu reprendre les crimes racistes. Pendant les quatre années de présence militaire française (1990-1993), les massacres de civils tutsi par les militaires rwandais ont pourtant donné lieu à des rapports alarmants de l'ONU et d'une mission internationale d'enquête en 1993 [23]. Jean-Pierre Chrétien a mis les autorités françaises devant leurs responsabilités en leur demandant de réviser leur engagement au côté d'un régime « *raciste, régionaliste, belliciste et dictatorial* » [24]. L'un des enquêteurs, Jean Carbonare, a déclaré dans le Journal de

---

[...] garant constitutionnel du pays. Après les massacres de décembre 1963, ses leaders expliqueront dans *L'Humanité* du 14 février 1964 que cette « *tragédie n'est pas d'origine raciale mais constitue une manifestation du colonialisme de toujours* ».

22. Cité dans *La Croix* du 15-16 novembre 1959.

23. De la Fédération internationale des droits de l'homme et d'Human Rights Watch.

24. Jean-Pierre Chrétien, « Note sur l'enjeu politique au Rwanda ». Document en date du 8 mars 1993, à l'occasion de la présentation du rapport de la mission de la FIDH au Rwanda.

20 heures de France 2 qu'un génocide se préparait au Rwanda. Au bord des larmes, il a supplié : « *Notre gouvernement, en pesant sur les autorités de ce pays qu'il assiste militairement et financièrement, peut très rapidement mettre un coup d'arrêt au processus en cours.* » La France entière n'aura entendu qu'un « beau moment de télé » dans cet appel au secours. Et ces rapports n'ont guère eu plus d'échos dans la communauté internationale que les cris d'alarme de l'historien belge Luc de Heusch pour les massacres de 1959-1963.

« *Ils ne sont pas idiots ceux qui ont commis le génocide. Ils ont d'abord procédé par de petites touches pour voir quelle serait la réaction du monde. C'est assurés de l'impunité qu'ils ont lancé le gros moteur.* » [25] Pour les responsables français et rwandais, le feu était au vert. « *Ces experts avaient déjà ficelé le scénario de la lutte contre les "Tutsi du FPR" : elle se baserait sur une autodéfense populaire spontanée que conduiraient les militaires formés par la France, avec des listes et des fichiers…* » [26] Un génocide ? Pour les responsables de l'état-major et les experts de la DGSE [27] et de la DRM [28], ce « gros mot » n'était pas recevable pour l'Afrique. Pour eux, ce continent n'a accès qu'aux « conflits interethniques » plus ou moins ataviques et traditionnels. Alison Des Forges démontre dans son livre que, dès les premières heures, tout le monde savait qu'il s'agissait d'un génocide :

« *Ils* [les hommes politiques] *le savaient mais ne le disaient pas. Si les États-Unis étaient peut-être les seuls à demander expressément à leurs représentants de ne pas utiliser le mot de génocide, les diplomates et les hommes politiques des autres nations, ainsi que le personnel des Nations unies bannirent eux aussi ce terme.* […] *Après*

25. François Bugingo, *La Mission au Rwanda. Entretiens avec le général Guy Tousignant*, éditions Liber (Montréal), 1997.

26. Comme je l'écrivais dans *Un génocide secret d'État : la France et le Rwanda, 1990-1997*, Éditions Sociales, 1998.

27. Direction générale des services extérieurs, ex-Sdece.

28. Direction du renseignement militaire. Au Rwanda, ce service secret dépendant de l'état-major des armées aurait pris, conjointement avec le Commandement des opérations spéciales (COS, en liaison directe avec F. Mitterrand), les responsabilités de l'action souterraine en 1993, peu avant le déclenchement du génocide.

avoir adopté une première résolution qui exposait le conflit dans des termes assez clairs, le Conseil de sécurité publia pendant plusieurs semaines des déclarations qui n'indiquaient pas clairement la nature des violences, ni l'identité de leurs auteurs. Le secrétaire général Boutros Boutros-Ghali évoquait le génocide comme s'il s'agissait d'une catastrophe naturelle [...]. *Dans le même ordre d'idées, un conseiller du président français François Mitterrand* [Bruno Delaye] *laissa entendre que, chez les Africains, les massacres étaient une pratique habituelle qui ne pouvait être facilement éliminée.* »

En 1994, le paravent des « luttes interethniques » permettait à nouveau de jouer cette carte. Pendant le génocide, des responsables français ont donc invoqué « des siècles d'histoire de luttes tribales » pour décrire ce qui se passait au Rwanda. De leur côté, les extrémistes hutu expliquaient qu'il s'agissait de la réponse « naturelle » et « spontanée » du « peuple majoritaire » à l'agression des Tutsi. Ces massacres étaient une tradition glorieuse du Parmehutu et le fondement même de la République hutu. Cette version du génocide camouflé en « luttes tribales » a été savamment distillée à tous les niveaux et a permis à l'ONU de s'abstenir de toute intervention [29]. Elle était communiquée par le Sirpa à toute la presse. À un soldat belge de l'ONU qui voulait intervenir pour empêcher les tueries qui se déroulaient sous ses yeux en avril 1994, « *on lui avait dit de ne pas se mêler de cela, qu'il s'agissait de violences interethniques* » [30]. Comme si, par une sorte de consensus fabriqué de toutes pièces, ces crimes abominables relevaient d'une sorte de fatalité inhérente au Rwanda (ou aux Noirs), les inscrivant dans la « normalité ». On s'est servi de cette idée de violence interethnique pour dissimuler un génocide. Mais c'était un écran mis en place en toute connaissance de cause. Aucune « *erreur* », aucun « *dysfonctionnement* » de la

29. Les États-Unis restaient traumatisés par leur expérience somalienne: l'échec cuisant de l'opération *Restore Hope*. De surcroît, ils acceptaient la « mainmise » de la France en Afrique, contre la reconnaissance de leurs « droits naturels » en Amérique latine.

30. Témoignage du capitaine Theunissen lors d'une audition de la Commission d'enquête du Sénat belge. *Le Soir* du 1er juillet 1997. Pendant l'opération *Amaryllis* qui donnait le feu vert au génocide, les soldats belges et français devaient secourir **uniquement** les Européens.

machinerie diplomatique française ne peuvent être invoqués [31], puisque, dans le même temps, elle soutenait le gouvernement intérimaire qui accomplissait « en direct » ce génocide. La diplomatie française travaillait à rendre possible dans la nuit rwandaise cette entreprise démente. Elle veillait à l'accomplissement du plus grand massacre historique de civils en si peu de temps.

La diplomatie française au service d'un génocide

« L'Élysée a soutenu politiquement et militairement un régime qui a conçu, programmé et mis en œuvre cette solution finale tropicale. »
Daniel Mermet, *Rwanda sous silence*, 1994.

François Mitterrand, Alain Juppé et Bruno Delaye (responsable de la cellule africaine) ont reçu, le 27 avril 1994 à Paris, la délégation formée de Jérôme Bicamumpaka, ministre des Affaires étrangères du GIR, et de Jean-Bosco Barayagwiza, responsable de la CDR. Le GIR était précisément en train de se livrer à l'extermination des Tutsi. Les deux représentants du gouvernement génocidaire ayant été reçus non seulement à l'Élysée, mais aussi à Matignon, la politique élyséenne sortait du pré carré présidentiel. L'aide d'un pays démocratique comme la France à un État en train de commettre un génocide est un événement historique majeur. À ce titre, il devrait être mentionné dans les manuels d'histoire et le sera peut-être un jour. Les livres scolaires d'histoire contemporaine ne devront pas oublier de mentionner aussi que des militaires français du Dami étaient restés sur place pendant le génocide et donc que l'Élysée pouvait suivre très précisément ce qui se passait au Rwanda. Si Paul Barril, qui s'est vanté d'avoir hissé à ce moment le drapeau français à l'ambassade de France, pouvait fournir quelques photos de cet acte héroïque pour l'illustration, ce serait parfait. Les enfants des écoles apprendront que Mitterrand est le président sous le règne duquel la République française a soutenu un État génocidaire et a donc contribué à la réalisation d'un génocide.

31. Contrairement a ce qu'a fait la Mission parlementaire.

Le responsable de la cellule africaine de l'Élysée, Bruno Delaye (qui a succédé en 1992 à Jean-Christophe Mitterrand), interrogé sur l'imprudence qu'il y avait à rencontrer les représentants d'un gouvernement engagé dans un génocide, répondit : « *J'ai dû recevoir dans mon bureau 400 assassins et 2000 trafiquants de drogue. On ne peut pas ne pas se salir les mains avec l'Afrique.* » [32] La France sait aussi récompenser ses bons serviteurs. Bruno Delaye a reçu une ambassade au Mexique (pour prix de son travail avec le Rwanda ?). Ce n'est d'ailleurs pas fini. Il vient d'être nommé, au moment où ce livre est écrit, directeur de la Coopération scientifique, à la Direction générale de la coopération internationale et du développement (DGCID) [33]. Ce poste réactive le personnage dans les circuits françafricains et lui donne une position clé de « verrouillage ». Les distinctions sont accordées comme des boucliers protecteurs. Le capitaine Paul Barril, conseiller « privé » de Habyarimana et employé par le régime génocidaire rwandais en 1994, est nommé « commandant de la gendarmerie dans le cadre de la réserve » en juin 1994, de toute évidence en relation avec son action au Rwanda. Le général d'armée Christian Quesnot, chef d'état-major particulier de François Mitterrand de 1991 à 1995, a été promu Commandeur de la Légion d'honneur [34]. Il faudrait faire l'inventaire exhaustif des promotions, récompenses, nominations de tous ceux qui participaient aux décisions de l'État au moment du génocide. La liste est sans doute très longue. On parle d'impunité, c'est un euphémisme.

« *La France*, nous dit Alison Des Forges en reprenant les diverses déclarations faites à la Mission parlementaire d'information, *accorda au gouvernement intérimaire un soutien politique discret* ***mais vital,*** *devant les Nations unies, lors des échanges diplomatiques avec d'autres gouvernements et dans certaines déclarations publiques.* [Les autorités françaises] *avancèrent le même argument que les autorités de Kigali, en soutenant que les massacres étaient une*

32. *Le Figaro* du 12 janvier 1998. La connotation raciste de cette phrase est à souligner.

33. *La Lettre du continent*, 24 août 2000.

34. *Journal officiel* du 7 septembre 1995. Non sans cynisme, « Promotion spéciale du cinquantième anniversaire de la libération des camps de déportation » !

réponse pratiquement inévitable à la progression militaire du FPR. Ils refusèrent souvent de reconnaître le rôle des autorités rwandaises dans la direction du génocide; même le 22 juin, les officiers militaires français parlaient toujours de la nécessité d'aider les autorités à rétablir le contrôle sur les tueurs. » [35] C'était la continuité logique d'une politique: à Arusha, le représentant de la France avait reçu « *une instruction ferme et écrite de la direction des Affaires africaines et malgaches d'intégrer la CDR, c'est-à-dire les extrémistes hutu, dans le jeu politique* » [36]. La diplomatie française affichait donc son soutien à la composante génocidaire du pouvoir rwandais dont l'objectif déclaré était précisément de saborder les Accords d'Arusha.

Pendant le trimestre du génocide, le représentant du GIR au Conseil de sécurité de l'ONU travaillait étroitement avec la France. Le secrétaire général Boutros-Ghali lui-même « *bénéficiait* [...] *habituellement d'un soutien appuyé de la France* ». Ses propos « *semblent refléter le point de vue du gouvernement intérimaire* [GIR], *renforcé sans nul doute par la France* » [37]. « *Son représentant à Kigali, le Camerounais Roger Booh-Booh, envoie des informations lénifiantes.* » [38] Le représentant spécial du secrétaire général, Jacques-Roger Booh-Booh, était un grand ami de la famille Habyarimana. Comment, à la suite de quel jeu diplomatique, ce représentant de l'ONU a-t-il été choisi ? Toujours est-il qu'il était suffisamment intime de l'*akazu* pour passer les fêtes de Noël 1993 avec la famille du président Habyarimana [39]. Synthétisant le rapport de la Mission d'information, Alison Des Forges relève l'incroyable soutien

---

35. *Aucun témoin ne doit survivre*, ouvrage cité (souligné par moi).

36. Audition du 2 juillet 1998 de Jean-Christophe Belliard, premier secrétaire de l'ambassade de France en Tanzanie et représentant de la France aux négociations d'Arusha. Mission parlementaire, tome III. Auditions, vol. II, p. 280.

37. Alison Des Forges, ouvrage cité.

38. *Noir silence*, ouvrage cité.

39. Pierre-Olivier Richard, *Casques bleus, sang noir. Rwanda 1994-Zaïre 1996 : un génocide en spectacle,* Epo, 1997, p. 100. Il s'agit d'un procédé classique de diplomatie parallèle, *Billets d'Afrique* n° 95, septembre 2001, souligne que le représentant du Pnud (Programme des Nations unies pour le développement) à N'Djamena est un faire-valoir au Tchad du régime assassin d'Idriss Déby, soutenu par Hubert Védrine et Jacques Chirac.

diplomatique que les responsables français ont apporté au gouvernement génocidaire dont ils avaient reconnu la légitimité : « *Si les responsables français choisirent de garder le contact de manière aussi visible avec le gouvernement génocidaire, ils le firent en ayant pleinement conscience du message politique qu'ils transmettaient. Cela rendait le génocide respectable à Paris, ses partisans au Rwanda étaient encouragés et le gouvernement intérimaire disposait ainsi d'un levier lui donnant accès à d'autres capitales étrangères.* »

Peut-on imaginer qu'un criminel sans envergure comme Jérôme Bicamumpaka, le ministre des Affaires étrangères du GIR, qui occupait le siège du Rwanda au Conseil de sécurité de l'ONU, soit soutenu par des gens parvenus en France aux plus hautes responsabilités politiques, François Mitterrand, Edouard Balladur (Premier ministre), Alain Juppé (ministre des Affaires étrangères) et Hubert Védrine (Secrétaire général à la présidence) ? Peut-on imaginer que ce criminel ait revendiqué ce soutien devant la diplomatie mondiale ? C'est pourtant le cas. Lors de la réunion du Conseil de sécurité le 16 mai 1994, ce représentant d'un gouvernement soutenu par la France fit un discours à l'ONU où il niait le génocide. Il affirmait que la radio rwandaise diffusait des messages de paix et que les responsables gouvernementaux sillonnaient le pays pour tenir des réunions de pacification [40]. Bicamumpaka, nous dit Alison Des Forges, reprit devant les responsables des autres États les mensonges propagés par la RTLM et *Kangura* : « *Outre les affirmations habituelles sur les centaines de milliers de Hutu tués par le FPR simplement parce qu'ils étaient hutu, il ajouta que les soldats du FPR dévoraient le cœur de leurs victimes.* » [41] On se demande ce que devaient penser les diplomates internationaux qui l'écoutaient.

Jérôme Bicamumpaka et Jean-Bosco Barayagwiza [42] sont aujourd'hui incarcérés à Arusha. Le Tribunal pénal international pour le Rwanda (TPIR), instance chargée par l'ONU de juger les criminels

40. Nations unies, Conseil de sécurité, 3377e réunion, lundi 16 mai 1994, S/PV/3377.

41. Alison Des Forges, ouvrage cité, p. 750.

42. Le procès de Jean-Bosco Barayagwiza s'est ouvert devant le Tribunal pénal international pour le Rwanda le 23 octobre 2000.

impliqués dans le génocide, a rendu une sentence historique : le 4 septembre 1998, il a condamné et puni d'emprisonnement à vie (peine maximale prévue) Jean Kambanda, Premier ministre du GIR. Cette condamnation d'un gouvernement composé en concertation avec l'ambassade de France, un gouvernement que Paris reconnut et ne cessa de soutenir durant tout le génocide, établit la complicité française. La mission Quilès en a refusé jusqu'à l'évocation : « *La France n'a en aucune manière incité, encouragé, aidé ou soutenu ceux qui ont orchestré le génocide et l'ont déclenché dans les jours qui ont suivi l'attentat.* » [43] Si Paul Quilès a pu accréditer cette fable de la France « piégée », il le doit à l'hypocrisie de ses collègues du Palais-Bourbon et à la complaisance des médias. Il expliquera dans une conférence de presse télévisuelle, le 15 décembre 1998, à l'occasion de la publication du rapport de la Mission parlementaire, que la France n'était « *nullement impliquée* » et se félicitera que le rapport « *rejette ces accusations inacceptables* » [44].

En revanche, l'ONU fera son *mea culpa* le vendredi 14 avril 1999, en publiant un rapport où les membres du Conseil de sécurité reconnaissent publiquement « *la responsabilité des Nations unies pour n'avoir pas réussi à faire cesser le génocide de 1994 au Rwanda* » [45]. Un aveu largement diffusé à la presse et qui pourrait n'être qu'un moyen de s'absoudre du crime de « non-assistance à populations en danger ». La réalité est que les Nations unies n'ont **pas voulu** intervenir. L'ONU avait le pouvoir de vie et de mort sur plus d'un million d'êtres humains. Son inaction est autant le résultat du travail de la diplomatie française que de la volonté des États-Unis, échaudés par l'épisode somalien. Le texte onusien évite aussi très diplomatiquement le dossier « France ». Pourtant en novembre 1998, dans un autre rapport, quasi confidentiel celui-là, l'ONU met en cause l'État français. Tout d'abord, il signale un

43. Mission parlementaire, p. 335 de la version provisoire.

44. Cité par François-Xavier Verschave, *Noir silence,* ouvrage cité, p. 528.

45. « Report of the Independent Inquiry into the Actions of the United Nations During the 1994 Génocide in Rwanda », connu sous le nom de rapport Carlson, du nom du président de la commission d'enquête de l'ONU, Ingvar Carlson, ex-Premier ministre de Suède. Voir le site d'information publique de l'ONU, www.reliefweb.int, 18 juin 1999.

réarmement inquiétant des anciennes FAR et milices génocidaires. Le ton est alarmiste : « *La situation dans la région des Grands Lacs se dirige rapidement vers une catastrophe avec des conséquences incalculables qui demandent des mesures urgentes globales et décisives.* » [46] Ce rapport nous apprend que cette armée est toujours financée.

De 1990 à 1993, l'État français a créé l'armée rwandaise en partant pratiquement de zéro. Elle la fait passer de 5300 hommes à près de 50000. Cette armée financée, encadrée, entraînée et approvisionnée en armes et munitions par la France était pratiquement une armée supplétive. C'était la seule armée de ce type dont disposaient les militaires français en Afrique. Lors de la défaite des FAR en 1994, l'opération *Turquoise* a permis leur repli au Zaïre. Or, le président de la commission qui a réalisé le rapport cité plus haut a interrogé par écrit Hubert Védrine le 13 août 1998. Il lui a demandé si le gouvernement français était au courant de l'enquête menée par le ministère de la Justice suisse. Elle concernait la Banque Nationale de Paris (BNP) et le marchand d'armes sud-africain Willem Ehlers. Trois mois plus tard, l'ONU n'avait toujours pas reçu de réponse [47]. Théoneste Bagosora, un des « cerveaux » du génocide s'est rendu aux Seychelles en juin 1994, pendant le génocide, avec ce marchand d'armes, pour acheter 20 tonnes d'armes légères. Les fonds utilisés, débloqués en deux virements en date des 14 et 16 juin 1994, d'un montant total de plus d'un million trois cent mille dollars, proviennent de la BNP, à Paris [48].

---

46. Rapport S/1998/1096 du 18 novembre 1998 ou « Rapport Kassem » du nom du président de la commission d'enquête, l'Égyptien Mahmoud Kassem. Disponible sur le Net au site www.un.org et www.reliefweb.int

47. Rapport S/1998/63 paragraphes 16 à 27.
http://www.un.org/french/docs/sc/letters/1998/98let63.htm

48. Sur l'armement par la France du régime génocidaire, voir l'étude de Mel McNulty, « French Arms, War and Génocide in Rwanda », publiée dans *Crime, Law & Social Change* n° 33, 2000.

Alain Juppé, naïf ou complice?

Alain Juppé, alors ministre des Affaires étrangères, affirme son alignement sur la politique de François Mitterrand en juin 1994. À la question d'un journaliste: « *Apparemment vous êtes sur les mêmes positions que l'Élysée ?* », il répond: « *Sur le Rwanda, nous avons la même analyse.* » [49] Quelle est cette analyse selon Alain Juppé ? « *Je tiens à dire en tout cas que les analyses avancées ici ou là, accusant la diplomatie française, sont simplement absurdes. Depuis des années, nous avons tenté de favoriser un partage du pouvoir au Rwanda. Sans l'aide de la France, les Accords d'Arusha d'août 1993, auxquels tout le monde se réfère, n'auraient jamais été signés.* » [50] On a vu qu'à l'état-major de Mitterrand personne ne croyait aux Accords d'Arusha. L'africaniste Jean-François Bayart le signale: « *Des responsables militaires français semblent avoir suggéré au régime Habyarimana, et à son entourage, que les Accords d'Arusha n'étaient ni bons ni inéluctables.* » [51] Ce que certains militaires comme le général Quesnot ou politiques comme Bernard Debré ont avoué aux auditions de la Mission d'information est également corroboré par les faits: seul le premier secrétaire de l'ambassade de France en Tanzanie assistait aux réunions. Si les responsables français avaient accordé la moindre importance à ces négociations, ils auraient envoyé un émissaire plus influent. Un haut gradé français aurait même déclaré en privé: « *Arusha, c'est Munich.* » [52]

L'option « naïveté » cadre mal avec ce que l'on dit des capacités intellectuelles d'Alain Juppé. Elle cadre mal aussi avec l'appréciation qu'il porte sur Jacques Foccart, l'homme de tous les coups tordus et des sanglantes aventures françafricaines: « *Jacques Foccart* [...] *fut toute sa vie un acteur engagé des grands combats de la France.* » [53] Pour dire cela, il faut considérer que les massacres des Bamilékés et des Bassas du Cameroun, les horribles guerres civiles du Biafra et du

---

49. *Jeune Afrique* du 23-29 juin 1994.
50. *Ibidem.*
51. « Le Rwanda comme révélateur », interview à *La Vie* du 7 juillet 1994.
52. *Aucun témoin ne doit survivre*, ouvrage cité, p. 763.
53. Cité par *L'Humanité* du 20 mars 1997.

Liberia et l'envoi de mercenaires au Zaïre font partie des « grands combats de la France ». De même, comment prendre au sérieux son explication du génocide par l'affrontement de deux camps extrémistes soutenus, l'un par l'Ouganda, l'autre par le Zaïre ? « *Chacun sait que l'Ouganda a apporté au FPR une aide logistique et que certains éléments au Zaïre soutiennent l'armée rwandaise.* » [54] Cette leçon géopolitique évoque irrésistiblement les dossiers que le Sirpa, instrumentalisé par les services secrets français, fournissait alors à la presse.

D'autres propos peuvent également éclairer son engagement personnel sur le Rwanda: « *La présence de la France en Afrique* [...] [est] *un objectif majeur de notre diplomatie. La France a une responsabilité historique, des intérêts, et la France est une puissance.* [...] *Ce serait irresponsable pour un gouvernement français, quel qu'il soit, de baisser les bras et de renoncer à une présence* » (audition du 21 mars 1998) [55]. Il avait déjà tenu des propos semblables en juin 1994, après avoir accompagné la même année et à deux reprises François Mitterrand en Afrique [56]. Ces discours confirment l'alignement d'Alain Juppé sur la politique mitterrandienne: le génocide au Rwanda s'inscrit dans une « *logique de guerre* » [57]. Son accord avec Mitterrand pour lancer en juin l'opération *Turquoise* – opération qui effarouchait tant Balladur – était un accord sur l'idée d'arrêter l'avancée du FPR en préservant un Hutuland dans une partie du Rwanda. Un autre élément laisse supposer que cette politique pour le Rwanda a été mûrement réfléchie: Alain Juppé a été un conseiller technique du ministre de la Coopération Robert Galley en 1976-1978. Robert Galley, qui présidera le groupe d'amitié France-Rwanda de l'Assemblée nationale, est l'un des promoteurs de l'investissement stratégique français dans ce pays.

La trouble opération *Turquoise* s'est donc faite à l'initiative conjointe d'Alain Juppé et de François Mitterrand, en grande partie

54. *Jeune Afrique* du 23-29 juin 1994.
55. Mission parlementaire, tome III. Auditions.
56. *Jeune Afrique* du 23-29 juin 1994.
57. Pour reprendre les termes de François Mitterrand concernant la Shoah. Jacques Attali, *Verbatim*, Éditions Fayard, 1993.

contre l'avis du Premier ministre Edouard Balladur [58]. C'est parce que Balladur a refusé qu'elle soit un appui trop clairement exprimé aux forces génocidaires que les paras français n'ont pas sauté sur Kigali [59]. Devenu Premier ministre en 1995, Alain Juppé ne renonce pourtant pas à la reconquête du Rwanda. Il assume l'acharnement pro-génocidaire et pro-Mobutu de son gouvernement au nom du rôle néocolonial de la France. C'est ainsi qu'il faut comprendre son discours devant l'Assemblée: « *La France restera fidèle à son amitié et à ses liens privilégiés avec l'Afrique. Nos partenaires africains peuvent être assurés de notre engagement et de notre solidarité* [...]. » [60] Les forces du Hutu Power se préparaient alors à l'offensive à partir des camps de « réfugiés » du Zaïre. En France, l'association Survie signale le 9 juin 1995 le départ d'Orléans de trois Mirage et de quatre appareils de transport aérien, organisé par la DGSE et destiné à étayer cette offensive [61]. Rappelons que les dirigeants zaïrois proclamaient bien haut leur appui à ce retour en force. En 1996, cette géostratégie malade de son impunité essuiera heureusement un nouvel échec cuisant.

Rendons hommage à Alain Juppé d'avoir admis, en mai et juin 1994, que le GIR était responsable du génocide [62]. Lui seul au gouvernement l'a fait. Cependant, il a cherché à minimiser le rôle du GIR. Selon lui, le génocide s'inscrivait dans le contexte d'une « guerre tribale » particulièrement cruelle, où les exactions étaient commises dans les deux camps [63]. Alors que le génocide est consommé, il affirme qu'un objectif de l'opération *Turquoise* « *est de favoriser un cessez-le-feu et un règlement politique* » [64] qui se

58. *Jeune Afrique* du 23-29 juin 1994.
59. Comme il l'a très clairement expliqué lui-même, « Balladur: "La dévaluation c'est moi" », *Jeune Afrique* du 28 juillet au 3 août 1994.
60. Discours de politique générale devant l'Assemblée le 23 juin 1995.
61. *Billets d'Afrique*, juillet 1995. Survie est une association de citoyens bénévoles qui œuvrent pour « ramener à la raison la politique africaine de la France » et luttent contre la banalisation du génocide. Survie, 57, avenue du Maine, 75014 Paris.
62. Dès le 15 mai 1994, Mission parlementaire, tome III. Auditions, vol. 2, p. 169.
63. Alain Juppé, « Intervenir au Rwanda », *Libération* du 16 juin 1994.
64. Audition par la commission des Affaires étrangères de l'Assemblée nationale – communiqué à la presse du 12 juillet 1994.

ferait donc entre les auteurs du génocide et ceux qui l'ont arrêté ! Pour Alain Juppé, il aurait donc fallu négocier avec les auteurs d'un génocide. C'était en quelque sorte les rendre honorables en escamotant leur crime. Comme Mitterrand [65], il utilise le terme de « *génocides* » au pluriel, sous-entendant une symétrie et donc un résultat à somme nulle. Voilà qui nuance sérieusement d'une touche de « révisionnisme » son honorable aveu de juin 1994.

Reconnaissons aussi à Alain Juppé l'affirmation dans l'hémicycle de « *sa ferme volonté* [...] *de protéger et promouvoir les principes fondamentaux des droits de l'homme* » [66]. Propos honorables, hélas contredits par le veto qu'il avait mis deux ans plus tôt à la demande d'enquête d'un juge d'instruction de Carcassonne. Celui-ci demandait une commission rogatoire internationale pour enquêter sur les morts par empoisonnement de coopérants français dans le paradis françafricain de la Guinée équatoriale [67]. Ce pays est une dictature bafouant dramatiquement les droits humains les plus élémentaires, mais étroitement liée aux réseaux français. Une enquête aurait été très inopportune, au moment où la coopération policière avec ce pays venait de bénéficier d'importants financements du Fonds d'aide et de coopération (FAC). En mai 1995, lorsque Alain Juppé est devenu Premier ministre, son gouvernement comprenait 40 % de ministres issus de l'extrême droite [68].

Si l'on prend le parti d'une lecture « non naïve » du discours politique d'Alain Juppé, une de ses remarques s'avère digne d'intérêt : « *C'est l'attentat contre l'avion présidentiel – et non la France ! – qui a fait voler en éclats ce fragile espoir* [les Accords d'Arusha]. » [69]

---

65. Dans son discours à Biarritz le 8 novembre 1994.

66. En réponse à une question d'un député, relayant lui-même une question de la rédaction de *Charlie hebdo* sur le Front national, *Notes d'information du Réseau Voltaire* n° 96/0604 et 96/0645 du 26 août 1996.

67. Ces coopérants assassinés en savaient un peu trop sur les détournements financiers du président N'Géma. *Billets d'Afrique*, janvier 1995.

68. Thierry Meyssan, « Le gouvernement Juppé aux rayons X – 14 % des ministres ont hérité de leur fonction – 40 % des ministres sont issus de l'extrême droite », *Maintenant* du 21 juin 1995. Disponible en ligne sur www.reseauvoltaire.net

69. *Jeune Afrique* du 23-29 juin 1994.

Pourquoi Alain Juppé introduit-il le problème épineux de l'attentat pour disculper la France ? Est-il, en juin 1994, « au parfum » d'un plan pour incriminer le FPR dans cet attentat ? Le problème est que ce plan s'est vite avéré être un plan boiteux. La « France » a plutôt évité de faire la lumière sur les commanditaires, les acteurs et les organisateurs de cet attentat. Nous verrons qu'il s'agit là d'un des grands secrets du Rwandagate, une épine dans le pied des responsables. Cet attentat était bien perçu par Alain Juppé comme le moyen de « casser » les Accords d'Arusha. Mais il doit savoir aussi qu'à l'Élysée comme à Kigali on n'en voulait à aucun prix. Lui-même, pouvait-il y croire ? S'il croyait aux Accords d'Arusha, pourquoi a-t-il reconnu le gouvernement intérimaire composé uniquement de membres du Hutu Power avec comme Premier ministre Jean Kambanda ? Les Accords d'Arusha désignaient Faustin Twagiramungu comme Premier ministre. Il est vrai que celui-ci aurait dû être éliminé par la Garde présidentielle. Faustin Twagiramungu avait échappé de justesse à son assassinat. Était-ce suffisant pour ne pas respecter ces accords ? Reste la possibilité de penser qu'au fond de lui-même il en souhaitait sincèrement l'application…

Bernard Debré dénonce le complot « hamite »

L'adhésion de certains hommes politiques français à la logique mise en œuvre par les génocidaires est surprenante. Un exemple de ce syndrome est fourni par *Le Retour du Mwami*, un livre écrit par un spécialiste du cancer de la prostate, médecin de François Mitterrand, devenu ministre de la Coopération (novembre 1994-mai 1995) par la grâce du Prince [70]. D'où une certaine candeur atypique dans un monde politique tissé de connivences et de roueries. Fraîchement nommé ministre, Bernard Debré expliquera que si « *la politique française à l'égard du Rwanda est difficile à cerner* […], *c'est que l'Élysée, le président Mitterrand, est très attaché à l'ancien président Habyarimana et sa famille, et à tout ce qu'était l'ancien régime* » [71].

70. Bernard Debré, *Le Retour du Mwami. La vraie histoire des génocides rwandais*, Ramsay, 1998.

71. Sur les ondes de RFI, le 18 novembre 1994.

Ce livre illustre la vision ethniste officielle de la réalité africaine (au premier degré). Bernard Debré y explique que « *le peuple tutsi va reprendre sa marche séculaire* » en Afrique avec son nouveau roi ou « *Mwami* » Paul Kagame. Les Tutsi auraient pour but d'établir un « *empire* » dans la région des Grands Lacs.

La couronne de « Mwami », dont Bernard Debré coiffe avec insistance celui qui n'était alors que vice-président, sert à montrer la nature « féodale » du pouvoir tutsi et légitimer ainsi l'intervention française par l'aide aux « serfs hutu » et à leur révolution. La proximité des propos de Bernard Debré et des thèses publiées dans *Kangura* interroge. C'est d'autant plus troublant que ce journal, porte-parole de l'*akazu*, répandait ces thèses dans le but de réaliser un génocide. Cette proximité pourrait être liée à la fréquentation du président Juvénal Habyarimana. À moins que Debré se soit simplement fait briefer par les officiers des RPIMa du Détachement de l'assistance militaire à l'instruction (Dami) impliqués au Rwanda. Il s'agit en effet d'une propagande distillée et instrumentalisée autant par le Hutu Power que par le lobby militaro-africaniste et les services secrets français. Les auditions de la Mission d'information le confirmeront. Les militaires français parlaient de « *Tutsiland* » et de « *pays hutu* » dans leurs correspondances privées et mêmes dans leurs directives officielles [72].

Ce mythe, associé au « complot anglo-saxon », est repris par la secte politique d'extrême droite Nouvelle Solidarité et la revue *Executive Intelligence Review* (*EIR*) de Lyndon Larouche, éditée en Angleterre. On le retrouve également sous la plume de Pierre Péan et Jean-François Bizot dans un article de *L'Almanach d'Actuel*, un article dont la valeur intellectuelle est proche de celle des premières versions de *Tintin au Congo*: « Congo: La longue marche de l'Empire tutsi » [73].

72. Mission parlementaire, tome II. Annexes, pp. 239, 279, 387.

73. Pierre Péan et Jean-François Bizot, *L'Almanach d'Actuel*, 1999, pp. 139-147.

LE PLAN DE LA DYNASTIE TUTSI POUR COLONISER LE KIVU

Les célèbres *Protocoles des Sages de Sion*, manipulation antisémite inventée par la police tsariste, étaient utilisés par les nazis pendant la Shoah [74]. Bernard Debré, en pleine « guerre de basse intensité » contre le nouveau Rwanda, reprend les thèmes vénéneusement racistes d'un faux grossier similaire: le « Plan de la dynastie tutsi pour coloniser le Kivu ». « *Ce "plan"* [...] *a été diffusé depuis les années soixante dans le Kivu, relancé dans les années quatre-vingt par certains services rwandais et orchestré par la propagande de* Kangura, *de la RTLM et du régime Habyarimana.* » [75] Ce document aurait été « *gardé ultra-secret par les Tutsi jusqu'à sa découverte à Nyamitaba en 1962* » et « *dévoilé* » par l'opposition ougandaise (UDC), expliquent ceux qui diffusent cette propagande [76]. Il est toujours distribué par des Rwandais et des Congolais « conscientisés » à la problématique raciale, afin de « *lutter contre les méfaits de la pieuvre tutsi* ». Depuis 1997, il est propagé sur Internet. Des étudiants zélés le distribuent même sous forme de tracts lors des réunions. Cette propagande entraîna le massacre au Congo-Kinshasa de milliers de civils « d'aspect tutsi » à partir d'août 1998 et les mois suivants.

Pour fixer les idées et donner le niveau d'une telle prose, citons la première phrase: « *Puisque nous sommes numériquement faibles au Kivu et que, pendant les élections de 1960* [au Zaïre], *nous avons réussi d'une façon très magistrale à nous fixer au pouvoir en nous servant de la naïveté bantou et que d'autre part notre malignité a été découverte un peu plus tard par les Congolais, tout Mututsi de quelque région qu'il soit est tenu à appliquer le plan ci-dessous...* » Suivent des recommandations, dont la n° 6: « *Quand nous aurons acquis tous les postes importants, nous serons bien placés pour muter tous les ennemis bantous à notre guise et surtout les Bahutu* », ou la n° 11: « *Dès que la conscience ethnique naît, divisons les promoteurs de cette conscience. – Diviser pour régner* »! Tout le reste est à l'avenant.

74. « *À cause de son immense impact psychologique et de ses tragiques conséquences concrètes, c'est avec raison qu'on a pu le qualifier de justification pour un génocide.* » Bernard Lewis, *Sémites et antisémites*, ouvrage cité.

75. Jean-Pierre Chrétien, *Le Défi de l'ethnisme*, ouvrage cité, p. 371.

76. *Lettre ouverte* n° 33, mai-juin 1998, du docteur Tumba Tutu de Mukose.

Ceux qui s'étonneraient de l'infantilisme de tels raisonnements sont ceux qui ignorent la prégnance et la réalité de tels fantasmes aux plus hauts lieux de décision en France. Stephen Smith et Antoine Glaser, qui ont leurs petites entrées dans les sanctuaires de la Françafrique, en ont rapporté cette observation : « *Dans le vaste bureau du chef d'état-major des armées françaises donnant sur le boulevard Saint-Germain, une carte esquisse déjà le nouvel axe de partage nord-sud à partir du "Tutsiland", nom de l'Ouganda jusqu'au Burundi en grignotant sur le Kivu zaïrois et le Nord-Est kenyan* [...]. » [77] Le « Tutsiland » se retrouve dans la carte de l'article de Pierre Péan et Jean-François Bizot paru dans *L'Almanach d'Actuel*. Ces auteurs, pour nous convaincre de « *la longue marche de l'Empire tutsi* », expliquent : « *Comprenez qu'entre Rwandais et Ougandais, il n'y a guère plus de différence qu'entre Touareg du Niger et d'Algérie* », ce qui témoigne d'une ignorance crasse des réalités culturelles et linguistiques de l'Ouganda et du Rwanda [78].

La manipulation raciste de la version hamite des *Protocoles des Sages de Sion* (voir encadré page 126) fonctionne à plein. Bernard Debré reprend mot pour mot l'analyse des « experts » militaires français : « *Nous avons donc, de fait, un nouvel empire tutsi, avec à sa tête, un "Mwami" en la personne de Paul Kagame, et une grande fédération tutsi qui englobera certainement dans les années à venir le Kivu, le Rwanda et le Burundi, et peut-être une partie de l'Ouganda. Les "guerres napoléoniennes tutsi" pour reconquérir les pays des Grands Lacs ne sont pas achevées.* » [79] Le fait qu'il s'agit précisément de la propagande utilisée pour justifier l'extermination d'un million et demi de civils ne semble troubler personne. L'Afrique est le continent où tout est permis.

En page de garde de son livre, Bernard Debré remercie Bernard Lugan, qui, nous dit-il, l'a « *aidé à comprendre ce pays* ». Or, ce professeur à l'université de Lyon III se rattache à la lignée des

77. Antoine Glaser, Stephen Smith, *L'Afrique sans Africains*, Stock, 1994, p. 184.

78. La signature de Pierre Péan est ce qui rend intéressant cet article bâclé qui donne l'impression d'être fait sur commande.

79. Interview au *Figaro magazine* du 20 juin 1998.

« ethnologues » directement issue des « raciologues » du début du siècle. Ces « savants », de Quatrefages au docteur Verneau, voient dans l'idée de race la base théorique des différences culturelles. Leurs écrits ont servi de justification aux crimes coloniaux. Ajoutons que Lugan a présidé en 1985 une thèse qui légitimait les théories avancées dans les *Protocoles des Sages de Sion* [80]. Avoir un tel mentor comme conseiller en « ethnologie » rwandaise est d'un secours précieux pour l'ancien ministre de la Coopération. Pouvait-il, dans ces conditions, ne pas « comprendre » le Rwanda ? Sous Vichy, il y avait un secrétariat d'État aux Questions juives. Le brillant professeur Georges Montandon, « ethnologue officiel » du gouvernement, occupait ce poste. On a l'impression, ici, d'avoir affaire à une sorte de secrétaire d'État à la Question tutsi.

La supériorité intellectuelle que Lugan accorde aux Tutsi sur les Hutu, comme l'ont fait avant lui colons et missionnaires, est retournée par Debré contre les Tutsi, qu'il traite dans son livre de « *nazis avant l'heure* ». Là encore, on retrouve la propagande extrémiste, diffusée en 1991 dans une brochure officielle du régime Habyarimana. Voici comment elle présentait les « *enjeux réels* » du FPR : « *Restaurer la dictature des extrémistes de la minorité tutsi assise sur un génocide, l'extermination de la majorité hutu. Instituer dans la zone bantou de la région des Grands Lacs (Rwanda, Burundi, Zaïre, Tanzanie, Ouganda) un vaste royaume hima-tutsi, ethnie qui se considère supérieure, à l'instar de la race aryenne et qui a pour symbole la croix gammée de Hitler.* » [81] Debré fustige l'aveuglement de ceux qui n'assimilent pas les Tutsi aux nazis : « *Pour ne pas voir les Tutsi considérés implicitement comme des "nazis avant l'heure", certains auteurs occidentaux préfèrent nier la réalité.* » [82]

80. Du chercheur tunisien Abdelhamid Bdioui, en octobre 1985 (les « Dossiers de Golias » *Les Faussaires de l'histoire*, éditions Golias, 1999, p. 91). Voir le chapitre VIII, « Complicités intellectuelles ».

81. Dépliant de l'Association des femmes parlementaires pour la défense des droits de la mère et de l'enfant *(sic)*, en collaboration avec le professeur Léon Mugesera, Kigali, février 1991. Jean-Pierre Chrétien souligne que cette référence à la croix gammée a été reprise naïvement dans la presse française, *Le Défi de l'ethnisme*, ouvrage cité, p. 371.

82. Bernard Debré, *Le Retour du Mwami*, ouvrage cité.

C'est oublier un peu vite que le principe gobinien de la « supériorité hamite » est issu du milieu missionnaire et colonial. En désignant le FPR qui a mis fin au génocide comme un parti nazi, il ne fait qu'inverser outrageusement la réalité. C'est une médiocre faurissonnerie [83]. Mais assimiler globalement « les Tutsi » aux nazis, c'est, plus simplement et prosaïquement, du racisme.

« *Le manichéisme racial est le fil conducteur de ce livre* [*Le Retour du Mwami*] », nous dit l'historien Jean-Pierre Chrétien, qui en souligne les erreurs et les approximations douteuses [84]. On peut se demander ce qu'est, au fond, un « Tutsi » pour Bernard Debré et pour les militaires qui les dénoncent comme des ennemis de la France. Une race morphologiquement et intellectuellement définie ? Une mention sur une carte d'identité ? Un ennemi fantasmé ? Le « Tutsi » prend la même apparence fantasmatique que le « Juif » de la propagande antisémite. La dénonciation d'un « complot hamite », l'appel à la lutte contre les « Tutsi » ne sont pas anodins. Dans cette région d'Afrique, de tels propos sont des appels au meurtre.

Si Kagame a le mérite d'avoir mis fin au génocide, il l'a fait en battant les Français qui soutenaient les génocidaires. Les tentatives de 1995 pour renverser le nouveau Rwanda ont toutes échoué. De ce fait, Paul Kagame est devenu un chef d'État important et incontournable. Or, si la Françafrique préfère les chefs d'État qu'elle a mis en place elle-même, ses « experts » pratiquent également la *real politik*... Comme Paul Kagame a pris le pouvoir, il ne peut qu'être devenu le nouveau « roi nègre » du pays, le *Mwami* dont parle Bernard Debré. La passionnante anecdote qui suit atteste de cette vision de la réalité africaine. Après la visite du secrétaire d'État français délégué à l'Action humanitaire Xavier Emmanuelli, au Rwanda, les 18 et 19 septembre 1995, un homme politique kenyan,

83. Faurissonnerie : néologisme construit à partir du nom du négationniste Robert Faurisson, repris de Pierre Vidal-Naquet dans *Les Assassins de la mémoire*, ouvrage cité.

84. Dans un article publié par *Libération* le 5 août 1998, malheureusement amputé d'un tiers. Le titre proposé par l'auteur « Les protocoles du complot américano-tutsi », est devenu « Le machiavélisme racial de Debré », manichéisme devenant « *machiavélisme* ».

M. Okumu, se disant l'émissaire personnel de Jacques Chirac, vint à Kigali proposer à Kagame de devenir un « *leader régional* ». Il lui explique que le président Mobutu vieillit, et que la France accepterait qu'il devienne l'« *homme fort* », le « *roi* » [le Mwami] de la région [85]. Pour cela, il lui suffirait d'accepter certaines conditions. Colette Braeckman, qui relate cette entreprise de diplomatie parallèle, en énumère une demi-douzaine. Notons celle de « *cesser d'incriminer la France pour son soutien à l'ancien régime* ». Il faut également « *décréter une amnistie générale, ne traduisant en justice qu'une dizaine de personnes que la France aidera à identifier* ».

La Françafrique, en la personne de Jacques Chirac, aurait-elle proposé à Kagame de devenir le « Mwami » de la sous-région ? « *La démarche de M. Okumu est-elle un canular de mauvais goût, auquel les Rwandais se sont laissé prendre ?* », s'interroge la journaliste. Eh bien non, ce n'est pas un canular. Le président Bizimungu et le vice-président Kagame lui ont confirmé la réalité de la visite. À Paris aussi, cette démarche était connue des milieux s'intéressant au Rwanda. L'intervention de l'émissaire kenyan, aussi surréaliste qu'elle puisse paraître, est une démarche diplomatique authentifiée. Cela n'étonnera que ceux qui ne savent pas qu'à l'Élysée, l'utilisation des « cellules africaines » remplace celle des cellules grises.

Cette anecdote illustre assez bien la mentalité dominante dans les hautes sphères du pouvoir en France, une conception des relations avec l'Afrique fondées sur le soutien direct des chefs d'État initiés, adhérents au club françafricain, associés au mépris le plus total des populations sous leur coupe. Dans ce contexte, des relations quasi familiales peuvent s'établir entre l'occupant de l'Élysée et le despote local, considéré avec condescendance et mépris comme un « roi-nègre » [86]. La coopération française s'est ainsi développée au profit des Bongo, Byia, Déby, Eyadéma, Mobutu, Sassou, etc., et aux dépens des populations. On sait aujourd'hui que les traités de coopé-

---

85. « Faire de Kagame le Roi », article de Colette Braeckman, *Le Soir* du jeudi 9 novembre 1995.

86. Il suffit pour être édifié de lire, *Foccart parle : entretiens avec Philippe Gaillard*, I, Jacques Foccart et Philippe Gaillard, Fayard/Jeune Afrique, 1995.

ration militaire avec la France possèdent une « clause secrète » qui prévoit l'intervention pour le maintien au pouvoir du dictateur, ou son évacuation en cas de pépins graves [87]. L'encadrement par la coopération militaire française des gardes présidentielles ethniques ou claniques est le symptôme le plus caractéristique de cette pratique néocoloniale.

L'Élysée préfère certes les despotes mis en place ou adoubés par la DGSE. Mais elle sait aussi rallier à elle ceux que des circonstances non maîtrisées auraient placés au pouvoir sans son consentement. Il est tout à l'honneur de Paul Kagame, président du Rwanda, d'avoir éconduit M. Okumu et ceux qui sont derrière lui. Mais tous les chefs d'État ne sont pas insensibles aux sirènes élyséennes. Il est fort probable que Laurent-Désiré Kabila, dont le ralliement à la Françafrique a été spectaculaire en 1998, ait été contacté par un émissaire de l'Élysée, semblable à M. Okumu. Après que Jacques Chirac eut invité Kabila à Paris fin 1998, son ministre Abdoulaye Yerodia a ainsi pu déclarer: « *Jacques Chirac a compris que la situation changeait, mais apparemment pas la gauche. À elle de réagir, il n'est pas trop tard!* » [88] Précisons qu'Abdoulaye Yerodia est recherché depuis juillet 2000 par la justice internationale pour incitation à la haine raciale [89].

Balladur le « Hutu blanc »

« *Il y eut Edouard Balladur réclamant plutôt une commission d'enquête sur la presse coupable de salir la France.* »

Rémy Ourdan [90].

Devant une commission d'enquête parlementaire, Edouard Balladur, Premier ministre au moment du génocide, appuyé par trois de ses principaux ministres (Alain Juppé, François Léotard, Michel

87. Ainsi, le président ivoirien Henri Konan Bédié a été transporté dans un hélicoptère militaire français en sécurité au Togo, après le coup d'État du général Guei.

88. Entretien avec Gérard Miller, *L'Événement du jeudi* du 29 octobre 1998.

89. AP du 4 juillet 2000, AFP du 6 juillet 2000.

90. Rémy Ourdan, « Le Parlement peine à éclaircir le rôle de la France au Rwanda », *Le Monde* du 10 juillet 1998.

Roussin), s'est présenté comme étant « *outré d'indignation* » [91]. Typiquement, l'ancien Premier ministre parle par allusion... Suivez mon regard, semblait-il dire en expliquant que les responsables du FPR avaient été formés aux États-Unis. « *N'est-ce pas assez clair ?* » [92] Et il suggérait aussi à la mission « *de rechercher l'origine et les formes que prend la campagne dirigée contre la France* ». « La France » est chez ces responsables un leitmotiv.

Le Premier ministre a expliqué que la France était « *le seul pays de la communauté internationale qui a tenté d'agir* » pour arrêter le génocide. « *J'ai exercé ma fonction de Premier ministre parfois dans des conditions difficiles, avec tout le scrupule et toute la conscience morale dont je pouvais être capable. J'ai eu à prendre des décisions difficiles, celle-ci en a été une* [l'opération *Turquoise*]. *Il s'agissait pour la France de donner l'exemple. Elle l'a donné. Qui d'autre, à sa place, ou qui avec elle a consacré autant de temps, autant d'argent – puisqu'il faut bien en parler –, à envoyer autant d'hommes pour empêcher, du moins pour limiter des massacres abominables ?* » Quand on sait ce qu'a été l'opération *Turquoise*, on se dit que le comble du cynisme est une nouvelle fois franchi... Accordons que Balladur a empêché, contre la volonté du tandem Mitterrand-Juppé, que *Turquoise* serve à rétablir immédiatement les génocidaires au pouvoir à Kigali. Cette opération a néanmoins permis d'évacuer vers le Zaïre les responsables de ces crimes, au lieu de les arrêter, comme n'importe quel État signataire de la convention sur les génocides devait le faire.

Abordons une autre « opération humanitaire » : *Amaryllis* qui a précédé de trois mois *Turquoise*. Elle était destinée à « extraire » les Occidentaux pour laisser les Rwandais régler entre eux leur « conflit interethnique ». Elle donnait le feu vert à un génocide programmé, abandonnant volontairement à une mort horrible les employés tutsi des services français. Les militaires français

---

91. Charles Trueheart, « French Leaders from 1994 Defend Rwanda Policy », *International Herald Tribune*, 22 avril 1998.

92. Mission parlementaire, ouvrage cité.

d'*Amaryllis* sacrifiaient aussi les conjoint-e-s tutsi des Occidentaux évacués. Gérard Prunier rapporte un cas, parmi tant d'autres : « *Une femme russe mariée à un pharmacien tutsi n'est pas seulement forcée d'abandonner son mari, mais elle doit supplier, en larmes, pour être autorisée à emmener ses enfants métis.* » [93] Signalons aussi le refus du directeur de la Caisse française de développement d'évacuer Yvonne Mutimura, qui travaillait pourtant à la Coopération. Il expliqua à son compagnon, Pierre Galinier (volontaire du progrès), qui refusait de partir sans elle, « *qu'elle est rwandaise et ce qui se passe la concerne elle seule. Il vaut mieux qu'un des deux s'en sorte, qu'il faut penser à* [sa] *famille* ». La possibilité d'évacuer Pierre Galinier **de force** a même été évoquée [94]. Pendant *Amaryllis*, on évacuait seulement les « Blancs »... « *et leurs chiens* », constate écœuré le professeur rwando-canadien Josias Semujanga [95]. Ceux qui étaient visés par le génocide étaient abandonnés aux bourreaux. Cette opération « humanitaire » a été à peine critiquée. Un général français aurait signalé, lors d'une réunion de crise à Matignon : « *Cela ne fait peut-être pas bon effet.* » Réponse solennelle d'Edouard Balladur : « *Nous avons un devoir sacré d'égoïsme national.* » [96]

Cette phrase mériterait d'être notifiée dans les livres d'histoire : elle éclaire d'une lumière crue l'implication française dans le génocide. Que vient faire là cet appel curieux à « l'égoïsme national », dans cette évacuation sélective ? En quoi s'agit-il d'« *égoïsme national* » puisque tous les Blancs ont été évacués, quelle que soit leur nationalité. Il s'agit de choix raciaux et non nationaux. Edouard Balladur aurait dû parler d'« égoïsme racial » et non d'« *égoïsme national* », ce qui lui était sans doute un peu plus

93. *Rwanda. Le génocide*, ouvrage cité, p. 282 (première édition).

94. Finalement, c'est un Belge, colonel de la Minuar, qui acceptera de les évacuer tous les deux. Voir leurs témoignages en annexes.

95. Josias Semujanga, *Récit fondateurs du drame rwandais*, ouvrage cité, p. 203. Image à double sens : les beaux-frères de Habyarimana, Protais Zigiranyirazo et Séraphin Rwabukumba, et son beau-fils Alphonse Ntirivamunda et d'autres extrémistes hutu seront évacués comme « accompagnateurs » d'un orphelinat.

96. François Soudan, « Le "devoir sacré" d'Edouard Balladur », *Jeune Afrique* n° 1743, du 2 au 8 juin 1994.

difficile. Mais pourquoi aussi « égoïsme » ? Pourquoi la mise à mort acceptée des Tutsi, y compris du personnel tutsi des services français et toutes les « compagnes » tutsi des coopérants, est-elle conçue comme un « égoïsme » ? C'est tout simplement une horreur qui ne rapporte aucun « plaisir » ou « intérêt personnel » à la France – selon la définition du Petit Robert de l'égoïsme. Et puis, cette évocation d'un « devoir sacré » est irrésistiblement pétainiste. Pourquoi cette inspiration ? Était-ce l'ambiance du génocide ? Était-ce l'entourage militaire ? Le génocide qui se déroulait en temps réel quelques milliers de kilomètres plus loin excitait-il sa verve grandiloquente ? Avait-il le sentiment d'écrire une page d'histoire ?

Une autre anecdote doit être citée pour éclairer les affinités des dirigeants français pendant le génocide avec le Hutu Power. Elle est rapportée par un avocat marmandais, Philippe Reulet, parti avec Avocats sans frontières au Rwanda, à l'occasion de l'aide que cette organisation apporte à ce pays. Chargé de défendre des prisonniers inculpés du crime de génocide, il a déclaré forfait. Voici son interview par *Sud-Ouest*, intitulée « Balladur, le Hutu blanc » [97] :

« [Les accusés] *le sachant français se sont laissés aller à des confidences* […] *: "On aurait dû finir le boulot, voilà l'erreur".* […] *Il y eut pire. Ayant à défendre deux miliciens, un instituteur et un bourgmestre, non pas OS mais VIP du génocide, qui avaient assassiné environ 700 personnes à la tête d'un groupe d'assaillants, Philippe Reulet a dû déclarer forfait: "Jamais je n'aurais imaginé caler ainsi dans l'exercice de mon métier! Mais là, c'était trop. Me voyant français, ces deux types ont tout de suite pensé que j'étais envoyé par des Hutu de France pour les sortir de là. Ils étaient dans une logique de défense procédurale, cherchant à gagner du temps dans l'espoir d'un revirement politique." "Qu'est-ce qu'on nous reproche ? Tous ces gens enfermés dans le dispensaire, on les a finis à la grenade et au fusil-mitrailleur. Ils peuvent nous être reconnaissants de ne pas les avoir anéantis à la machette!"* […] *Ils n'arrêtaient pas de me faire des compliments sur Mitterrand et Balladur,*

97. *Sud-Ouest* du 14 décembre 1999, article de Dominique De Laage.

qu'ils qualifiaient de "Hutu blanc" ! Je me suis engueulé avec eux et je suis parti. Je ne pouvais plus supporter qu'ils m'associent dans leurs crimes parce que j'étais français. »

Coïncidence, Balladur le « Hutu blanc » est un ancien élève de l'ENA de la promotion « France-Afrique » ! Le reste de son CV est le suivant : conseiller du Premier ministre Georges Pompidou (1966-1968), puis secrétaire général de l'Élysée pendant la maladie de Georges Pompidou (1973-1974) ; ministre de l'Économie et des Finances (1986-1988), Premier ministre (1993-1995), candidat malheureux à la présidence de la République (1995). Le Réseau Voltaire qui donne ces informations, ajoute : « *Informé des événements en préparation, il anticipe un voyage en Chine pour ne pas être présent à Paris le 6 avril 1994 et pouvoir dégager sa responsabilité. Il reçut néanmoins en visite officielle Jean-Bosco Barayagwiza (leader du parti raciste CDR) et Jérôme Bicamumpaka (ministre des Affaires étrangères du gouvernement intérimaire), deux responsables du génocide, le 27 avril 1994, alors que celui-ci durait depuis vingt jours.* » [98]

Le projet secret de Mitterrand

« *Les gens normaux ne savent pas que tout est possible.* »
David Rousset, *l'Univers concentrationnaire*,
Éditions de Minuit, 1994.

Alors que le génocide des Tutsi noyait le Rwanda dans un bain de sang, on ne pouvait que sursauter à la lecture d'un titre du journal *Le Monde*, affiché sur six colonnes « Pour M. Mitterrand, le génocide s'inscrit dans une logique de guerre » [99]. *Le Monde* ne parlait pas du Rwanda. Il s'agissait de l'opinion du président concernant la Shoah, rapportée par son ancien conseiller Jacques Attali [100]. Cet

98. *Notes d'information du Réseau Voltaire* du 15 décembre 1998, dépêche n° 98/0351 « Les protagonistes français du génocide rwandais : Balladur ». Voir aussi la note n° 98/0163 du 22 juin 1998.

99. *Le Monde* du 23 avril 1994, article de Patrick Jarreau.

100. Dans la préface de *Verbatim*, éditions Fayard, 1993, « *Ce n'est pour lui qu'un fait de guerre, pas une monstruosité de la nature humaine.* »

article est écrit à propos de l'inauguration du musée-mémorial d'Izieu par François Mitterrand, au moment où se déroule dans la nuit rwandaise un autre génocide dissimulé par *Le Monde*, celui des Tutsi. Le journaliste ajoute :

« *"Un fait de guerre" : ces mots permettent de mesurer l'écart qui existe entre la sensibilité du chef de l'État et celle des Juifs lorsqu'il s'agit de cette période. Pour les seconds, en effet, qu'ils appartiennent ou non à des familles décimées par les rafles, les déportations et les mises à mort dans les camps d'extermination, aucune "logique de guerre" ne peut expliquer ce qui est arrivé. Les Juifs ont été pourchassés et mis à mort non pour ce qu'ils avaient fait, mais pour le seul fait d'être nés. C'est cette vérité simple et insupportable que le travail de la mémoire – celle des témoins et celle qu'exhument les historiens – a fait émerger, depuis cinquante ans, du magma confus des horreurs de la guerre, mêlant les victimes des combats, des bombardements, des persécutions et règlements de comptes politiques, et celles – principalement juives, mais aussi tsiganes ou homosexuelles – de la volonté d'"épuration" humaine qui animait les nazis et leurs comparses.* »

Cet article est étonnant. La rédaction du *Monde* savait que les Tutsi du Rwanda étaient en train de subir le sort des Juifs. C'est-à-dire une « mise à mort, non pour ce qu'ils avaient fait, mais pour le seul fait d'être nés ». Deux discrètes communications de MSF et de l'AICF dans *Le Monde*, les 26 et 27 avril, l'attestent. Le journaliste de la rubrique France (Patrick Jarreau) a-t-il voulu ici faire allusion au Rwanda ? Il peut sembler courageux de parler de génocide des Juifs et des conceptions de François Mitterrand alors que se réalise celui des Tutsi du Rwanda. Alors que la responsabilité du chef de l'État français est engagée par son soutien à ceux qui sont en train de le réaliser. Alors qu'au Rwanda le génocide s'inscrit effectivement dans une « logique de guerre ».

Mais une phrase de cet article indique une curieuse conception du génocide : « l'écart qui existe entre la sensibilité du chef de l'État et celle des Juifs ». Il est évident que l'écart n'est pas entre la sensibilité des Juifs (ou des Tutsi) et celle de Mitterrand, mais entre cette dernière et celle de l'humanité tout entière. Cette formule, qui est très choquante, peut être extrapolée au Rwanda. Elle réduit le génocide des Tutsi à n'exprimer qu'une « différence de sensibilité » entre un des responsables de cette monstruosité, François Mitterrand, et celle des victimes. Elle donne donc une impression de justification subliminale du génocide qui se déroule au Rwanda au même moment. Quand François Mitterrand a déposé sa gerbe au Mémorial d'Izieu, il savait ce qui se passait au Rwanda. Il était parfaitement informé, au jour le jour, de la situation de ce pays [101]. Il connaissait par conséquent tous les détails du déroulement du plan d'extermination.

Dans les numéros suivants du *Monde,* on lit : « *toute personne soupçonnée d'être d'origine tutsi est immédiatement tuée* » [102] et « [...] *ce pays se transforme peu à peu en charnier,* [...] *ce sont les Tutsi qui sont systématiquement éliminés* » [103]. Mais il n'y a pas de répercussion à la mesure de la gravité extrême de ces informations. La rédaction du *Monde* et son équipe Afrique se limitent à ces quelques phrases venant de témoins extérieurs et non de journalistes. Alors que la révélation d'un nouveau génocide est d'une importance extraordinaire, cette information n'est pas répercutée avec l'intérêt qu'elle mérite. Au contraire, le correspondant du *Monde* dans la région, Jean Hélène, s'emploie au même moment à brouiller les cartes et dédramatiser.

Cet article a néanmoins l'indiscrétion de souligner la personnalité trouble de François Mitterrand, en rappelant son amitié et/ou sa fascination pour l'antisémite Bousquet. Car Bousquet, il n'est pas inutile de le rappeler, n'était pas seulement le responsable chargé de la déportation des Juifs sous l'Occupation. Il fut aussi celui qui a suggéré aux Allemands de déporter également les enfants juifs « *parce qu'il ne savait pas quoi en faire* » [104]. Ce qui fait que les

---

101. Comme le souligne Jean-Christophe Ferney, *Politique africaine*, octobre 1993.

102. *Le Monde* du 26 avril 1994, témoignage de l'équipe de Médecins sans frontières.

103. *Le Monde* du 27 avril 1994, témoignage de Jean-Fabrice Pietri de l'Association internationale contre la faim (AICF).

104. Pascale Froment, *René Bousquet*, Stock, 1994.

enfants de moins de douze ans ont été également déportés. Le monument d'Izieu est dédié à la déportation des enfants juifs de France dont l'ami Bousquet est l'artisan. L'image de Mitterrand s'agenouillant au Mémorial d'Izieu, au moment même où il sait que le massacre des enfants tutsi fait rage au Rwanda, se veut émouvante. Elle donne la nausée. Avec le Rwanda, François Mitterrand surpasse de loin Bousquet. À Izieu, il montre jusqu'où peut aller le cynisme.

Impliquer la France dans un génocide n'est pas un acte gratuit, que l'on peut prendre à la légère. Il s'agit d'un choix réfléchi, le choix d'un chef d'État calculateur et sûr de lui. L'amiral Antoine Sanguinetti a dénoncé le racisme meurtrier des officiers des troupes de marine [105]. Cependant, même si les qualités de l'ex-coloniale ont permis, sans problème, cette implication démente, elles expliquent là encore le « comment » mais pas le « pourquoi ». De même, l'instrumentalisation de l'ethnisme dans les hautes sphères du pouvoir français au nom de la *real politik* rendait ce choix possible, sans toutefois l'expliquer. Ce choix est encore moins la conséquence des affaires minables entre Jean-Christophe Mitterrand et Jean-Pierre Habyarimana [106]. Ce n'est pas non plus un caprice du Prince, en raison d'une indéfectible amitié qui lierait Mitterrand et Habyarimana ou leurs deux familles [107]. Ajoutons, pour compléter le tableau, que l'importance économique de ce pays est quasi nulle, alors comment comprendre l'engagement du Prince dans une politique aussi risquée ?

Mon hypothèse est que l'intérêt du Rwanda pour la Françafrique relève d'un enjeu stratégique double. Le premier aspect de cet enjeu est global : **le FPR menaçait l'ordre françafricain**. Face à cette menace, il n'était plus question de divergences ou de concurrence mais d'union sacrée. Mitterrand et son état-major ne pouvaient prendre seuls un tel risque. Il fallait impliquer d'autres réseaux. D'ailleurs, la politique française en Afrique mise en œuvre dès 1982 par François Mitterrand

105. Supplément n° 49 de *La Ligue de l'enseignement*, mai 1997.

106. Évoquées par l'Observatoire national des drogues, *Dépêche internationale des drogues* n° 34, août 1994.

107. Hypothèse mise en avant par Pascal Krop dans *Le Génocide franco-africain*, ouvrage cité, p. 88 et, comiquement, par Bernard Debré sur les ondes de RFI, le 18 novembre 1994.

était la continuation de la politique gaulliste. Les réseaux mitterrandiens étaient repris ou interconnectés avec les anciens. La mangeoire africaine peut nourrir tout le monde, comme en témoigne le sourire confiant et ironique du président Omar Bongo, interviewé en 2001 par la chaîne de télévision Arte sur le scandale d'Elf. L'alliance de François Mitterrand avec Charles Pasqua se retrouve chez leurs deux fils Jean-Christophe et Pierre-Phillipe, tous deux pivots de la Françafrique aux nombreux amis communs [108]. Cette prise de décision conjointe est symbolisée par le déplacement de Jacques Foccart chez Mobutu, juste après l'attentat contre Habyarimana et le début du génocide.

Faire du Rwanda un bastion françafricain

Le second aspect de cet enjeu est spécifique : il fallait garder un pouvoir politique assujetti et dépendant au Rwanda afin de faire de ce pays une plate-forme française, solide et sûre, au cœur de l'Afrique. Le Rwanda avait vocation à devenir un *hutuland*, un bastion ethnique francophile au centre de l'Afrique. Une pièce maîtresse du dispositif, face à l'Ouganda pro-américain et imperméable aux réseaux françafricains. Le « porte-avions » de la République centrafricaine, principale base française en Afrique, prenait l'eau de toute part et, pour l'état-major, il était urgent de le remplacer. Le Rwanda était le candidat idéal, explique Michel Sitbon : « *Ce pays, petit, en fait homogène, était pourvu d'une structure forte, totalitaire, dotée de ramifications dans tout le pays, le MRND, le parti présidentiel. Il était de plus quadrillé par l'Église.* » [109] L'Église assurait, on l'a vu, un bon encadrement idéologique et fournissait la justification « morale » du choix ethnique pour les hommes politiques français. Retour productif de son investissement depuis 1990 dans ce pays, l'ex-coloniale avait son armée de supplétifs loyaux et dévoués. Ils seront très largement utilisés et recyclés en 1996 au Zaïre et ensuite au Congo et au Soudan, malgré leur défaite au Rwanda.

---

108. François-Xavier Verschave, *Noir silence*, ouvrage cité.
109. Michel Sitbon, *Un génocide sur la conscience*, ouvrage cité, pp. 90-91.

Il suffisait donc de suivre l'extrême droite hutu jusqu'au bout. Quant au prix à payer, le massacre de la minorité tutsi, ce n'était peut-être pas l'obstacle majeur. L'histoire du Rwanda en faisait même plutôt un élément favorisant ce choix stratégique. En effet, comme nous l'avons vu, la Belgique avait montré trente ans plus tôt la faisabilité et l'intérêt de cette stratégie. Sa tutelle post-coloniale s'était appuyée solidement sur un soutien sans faille au régime ethniste hutu, malgré le « *petit génocide* » [110] de Gikongoro. Les Belges avaient couvert en 1963 les massacres de dizaines de milliers de Tutsi, exterminées par familles entières. À l'époque, le philosophe anglais Bertrand Russell avait parlé du « *massacre humain systématique le plus horrible qui ait eu lieu depuis l'extermination des Juifs par les nazis* » [111]. Mais cela n'avait guère eu d'autres échos. Les meurtres de masse, les crimes, les drames, les monceaux de cadavres… La nuit rwandaise engloutissait tout dans son silence. Le thème des « troubles interethniques » réussissait à s'imposer. C'est sur l'impunité consécutive à ce « petit génocide » que se fonde l'option politique française.

Pourquoi l'assassinat de Habyarimana ? s'interroge-t-on alors. François Mitterrand savait que son ami Habyarimana projetait une « guerre totale » contre le FPR, euphémisme utilisé à Paris pour désigner le génocide. Le ministre de la Coopération Marcel Debarge avait donné le feu vert en février 1993, lors de sa visite à Kigali, en appelant les Hutu à constituer un front uni contre le FPR. Les achats massifs de machettes en 1993 en annonçaient l'imminence. Il était en revanche impossible de laisser Habyarimana conduire cette entreprise. Un chef d'État comme Habyarimana, lié à la France et à son président, était trop voyant, trop compromettant. Dans cette hypothèse, il devait être éliminé. La réalisation du programme serait assurée par les ultras de son entourage, regroupés derrière Bagosora, homme neuf, sûr, formé dans une école militaire française (l'École de guerre). Avec l'idée sous-jacente et l'espérance que Bagosora devienne au Rwanda ce qu'est un Eyadéma au Togo : un pilier de

110. Comme l'appelle Jean-Claude Willame, *Aux Sources de l'hécatombe rwandaise*, ouvrage cité.

111. René Lemarchand, *Rwanda and Burundi*, ouvrage cité.

la Françafrique [112]. L'intervention au Zaïre en avril 1994 de Jacques Foccart, maître des coups tordus et de la politique secrète, conforte sérieusement cette hypothèse. Jacques Foccart pouvait transformer ce genre de calcul métapolitique en réalité concrète, c'était sa spécialité. Sacrifier l'ami Habyarimana sur l'autel du génocide relève d'une ingéniosité stratégique bien digne du père de la Françafrique. Comme l'explique, droit dans ses bottes, le chef d'état-major de Mitterrand, le général Christian Quesnot : « *La France ne pouvait à la fois être accusée de soutenir le président Habyarimana et de l'avoir tué.* » [113] Il y avait donc peu de risque. Sauf s'il s'avère que des agents officieux, tels que Paul Barril, ont participé à l'assassinat…

Faut-il chercher une autre « *raison forte, un mobile toujours secret et que nous ignorons* » [114] qui viendrait étayer cette hypothèse ? Le triangle Afrique du Sud (de l'apartheid) – France – Rwanda, associé au secret nucléaire, est aussi une piste à creuser, qui conforte l'hypothèse précédente du choix géostratégique. Les trafics d'armes pendant le génocide faisaient intervenir un intermédiaire sud-africain, Willem Petrus Ehlers. Celui-ci était l'ancien secrétaire de P. W. Botha, ex-Premier ministre sud-africain et grand ami de Foccart [115]. Cet « enjeu nucléaire » était déjà signalé par Jean-François Bayart en 1995. Il a été à nouveau réactivé par Vincent Hugeux en 1998 : « *Mais il est une autre piste, moins anodine : la "dette" contractée envers Kigali pour son rôle de transitaire docile lors de livraisons secrètes d'armements destinées à l'Afrique du Sud de l'apartheid. D'autant que la commande aurait porté non pas sur des missiles, comme on le murmura alors, mais sur de l'équipement nucléaire.* » [116]

112. Sur ce président, voir *L'Exemple togolais,* Dossier Noir n° 2, et *La France à Biarritz,* pp. 65-77, ouvrages cités.

113. Mission parlementaire, tome III. Audition du général Quesnot, p. 343.

114. Comme je le faisais précédemment dans *Un génocide secret d'État*, ouvrage cité, « Vraies et fausses raisons du choix français », p. 105.

115. Caroline Dumay et Patrick de Saint-Exupéry, « Les armes du génocide », *Le Figaro* du 3 avril 1998.

116. *L'Express* du 12 février 1998.

L'argument supplémentaire d'un enjeu nucléaire est conforté par l'implication dans l'affaire rwandaise de Robert Galley, important nucléocrate. Robert Galley, ancien ministre de la Coopération de 1976 à 1981, est à la fois un pivot du lobby nucléaire et un pilier de l'ethnisme pro-hutu. Il s'est investi dans ce racisme politique depuis les premiers accords de coopération militaire signés en 1975, sous la présidence de Giscard d'Estaing. Symbole du « pouvoir ethnique » et d'une ethnocratie sans partage, Habyarimana avait tout pour lui plaire. Il était arrivé au pouvoir deux ans plus tôt, après un coup d'État au cours duquel une cinquantaine de notables de l'ancien régime furent assassinés. Il fera mourir en prison son prédécesseur Kayibanda en 1976, dans des conditions atroces. Cela ne l'empêchera pas d'en louer la mémoire et de se revendiquer de sa « révolution hutu ». On retrouve là chez Habyarimana toutes les caractéristiques des meilleurs alliés africains de la Françafrique ! En 1981, Robert Galley devient président du groupe d'amitié France-Rwanda de l'Assemblée nationale. À partir de 1990, il s'entretient fréquemment du Rwanda avec le président Mitterrand, nous dit *Le Canard enchaîné* [117]. Comme dans d'autres affaires sulfureuses de la politique souterraine française, le lobby nucléaire est présent au cœur du système [118].

Jean-François Bayart est membre du Centre d'analyses prévisionnelles du Quai d'Orsay (ministère des Affaires étrangères). C'est un des analystes les mieux informés et le premier à évoquer des « services » rendus par le régime Habyarimana : « *Je pense que le Rwanda de Habyarimana a rendu des services à l'État français dans le domaine politique de l'ombre et que Mitterrand s'est estimé lié.* [...] *Mon hypothèse – c'est une hypothèse, je ne peux en donner de preuves – est que le Rwanda a couvert des ventes vraisemblablement d'armes, voire d'équipements utiles à la technologie nucléaire, à un pays qui était frappé d'embargo. Je pense qu'il pourrait s'agir de la République sud-africaine.* » [119] Pour ma part, il me semble peu

117. *Le Canard enchaîné* du 8 avril 1998.

118. Laurent Beccaria, communication personnelle. Le cas de l'Irangate est bien documenté dans *Une guerre*, de Dominique Laurentz, aux éditions Les Arènes, 1997.

119. *Les Temps modernes* n° 583, ouvrage cité, entretien avec Gustave Massiah, p. 224.

probable que Mitterrand se soit « estimé lié à Habyarimana ». L'hypothèse la plus simple et la plus vraisemblable est que le Rwanda a été choisi pour un investissement géostratégique à long terme. Ce pays avait fait ses preuves comme relais et intermédiaire des trafics d'armes et d'équipements nucléaires illicites.

Si cette hypothèse est exacte, il y aurait deux sortes de complicité de génocide. Celle des initiés au secret d'État, qui doivent être peu nombreux, et celle des « idiots utiles », pour reprendre et retourner l'expression du député Jacques Myard [120]. Ceux-ci formeraient la grande majorité et seraient chargés de bétonner la politique suivie au Rwanda selon les thèmes (au choix): de la démocratie ethnique (80 % de Hutu); de la lutte contre le complot anglo-saxon; de la francophonie et de la grandeur françafricaine. À eux de brandir l'étendard de la France outragée. Jacques Myard, membre de la Mission d'information, accuse les universitaires auditionnés d'être des « *témoins à charge, ne serait-ce que pour vendre des livres* » en pratiquant un « *exercice d'autoflagellation* » [121]. Et d'expliquer au public : « *Nous sommes dans une région du monde où, à intervalle régulier, malheureusement, les gens se massacrent allégrement.* [...] *Je rappelle que* [l'opération] Noroît *a été lancée pour des raisons humanitaires.* [...] *Je pense que ce n'était pas inintéressant, y compris pour la France, y compris pour le développement des Africains eux-mêmes, que la France, je dirais, intervienne au Rwanda. Que certaines puissances en aient pris ombrage, ça nous le savons.* » [122]

Au final, Mitterrand n'a pas totalement raté son coup. La Françafrique n'a heureusement pas gagné le Rwanda. Mais elle n'a pas tout perdu: elle a bien eu son armée de supplétifs africains. Une armée très active en Afrique centrale où elle s'est battue pour les intérêts de l'ex-coloniale dans les deux Congo (Brazzaville et Kinshasa) et au Soudan. Composée des ex-FAR et des milices hutu,

120. « *La campagne de presse mettant en accusation la France est en réalité une grossière manipulation organisée, via quelques idiots utiles, par des intérêts étrangers.* [...] » Citation extraite de *La Lettre de votre député Jacques Myard*, octobre 1998.

121. Interview sur LCI du 5 avril 1998.

122. Jacques Myard, *ibidem.*

maîtres d'œuvre du génocide des Tutsi, elle est restée d'une fidélité exemplaire. La Françafrique l'a utilisée au Zaïre dans sa tentative de sauver Mobutu en 1997, puis avec plus de succès aux deux Congo pour installer Sassou et pour maintenir un Kabila désormais rallié. Cette fidélité de l'armée néocoloniale française n'est pas surprenante. Les militaires français l'ont instruite, entraînée et ont formé ses cadres. Mais surtout, elle est soudée dans la complicité criminelle. Le pacte a été signé avec le sang d'un million et demi de victimes.

4. Soutiens militaires

« *Cette guerre était une vraie guerre, totale et très cruelle.* »
Général Christian Quesnot [1].

Le rôle de l'état-major particulier de François Mitterrand

L'importance de l'armée et des lobbies militaires dans la conduite de la politique française au Rwanda a été d'une manière générale très sous-estimée [2]. Ce sont pourtant les militaires qui étaient sur le terrain et qui ont permis cette collusion de l'État français avec un État génocidaire. Les rapports que les services secrets DGSE et DRM fournissaient à l'Élysée influençaient les décisions. Et surtout il y avait concordance totale entre l'ethnisme des ethnocrates hutu et l'idéologie instrumentalisée par le lobby militaro-africaniste tout-puissant à l'Élysée. Pour l'africaniste Jean-François Bayart, le rôle des officiers supérieurs de l'état-major particulier de François Mitterrand a été déterminant. Ils ont contribué « *de manière décisive à l'aveuglement de l'Élysée dans la région des Grands Lacs de 1990 à 1994.* […] *Leurs vues "ethnicisantes" et leur complexe de Fachoda ont pu se donner libre cours* […] *surtout au sujet du Rwanda* […] *où les officiers, généralement issus des troupes de marine, ont eu tout le loisir de fantasmer l'Afrique de leurs rêves ou de leurs cauchemars* » [3]. « *Il faut savoir que l'armée*

1. Mission parlementaire, tome III. Auditions, pp. 341.

2. Voir « Rwanda: Une armée au-dessus de tout soupçon? », *Politis*, 8 octobre 1998, pp. 24-25.

3. Jean-François Bayart, « *Bis repetita*: la politique africaine de François Mitterrand de 1989 à 1995 », Colloque des 13-15 mai 1996, *in* Sous la direction de Samy Cohen, *Mitterrand et la sortie de la guerre froide*, PUF, 1998, pp. 251-294.

française a une autonomie à peu près complète sur le terrain en Afrique, et cela de la façon la plus légale qui soit. » [4]

Alison Des Forges s'est interrogée sur les motivations psychologiques des responsables militaires français. Les deux acteurs principaux sont les généraux Christian Quesnot et Jean-Pierre Huchon. Christian Quesnot était le chef de l'état-major particulier du président de 1991 à 1995 [5]. Jean-Pierre Huchon avait fait partie de l'état-major de Mitterrand en 1991. Il prit ensuite la direction du programme d'assistance militaire française (MMC) à la mi-1993 jusqu'en 1995 au ministère de la Coopération. Des Forges voulait comprendre comment ces membres d'un État démocratique avaient pu accepter l'éventualité d'un génocide. Comment ils avaient ensuite soutenu ceux qui le réalisaient, permettant ainsi de le mener jusqu'à son terme. « *Après la reprise des affrontements, certains militaires hauts gradés* [probablement les susnommés] *défendirent avec encore plus de fermeté l'idée que les combattants du FPR étaient des "Khmers noirs" et certains remirent en cause, en privé, les Accords d'Arusha.* » Quesnot expliquait encore, le 29 avril 1994, en plein génocide : « *Le FPR est le parti le plus fasciste que j'aie rencontré en Afrique, il peut être assimilé à des Khmers noirs.* » [6]

On a parlé d'« *auto-intoxication* » des responsables français [7]. C'est difficile à croire, car pendant que la coopération militaire fonctionnait à plein régime les FAR avaient réalisé entre 1990 et 1993 des massacres qui faisaient déjà d'eux de véritables génocidaires [8]. Personne n'ignorait cette réalité à Paris et à Kigali, ni les officiers militaires et leurs responsables politiques qu'ils informaient, ni les agents qui diffusaient une propagande mensongère dans les médias,

---

4. Jean-François Bayart, *Les Temps modernes* n° 583, juillet-août 1995.

5. Jacques Chirac l'a remplacé au poste de chef d'état-major particulier à l'Élysée le 2 août 1995 par le contre-amiral Jean-Luc Delaunay. Il est donc resté à son poste sous la présidence de Chirac du 18 mai au 2 août 1995.

6. Propos rapportés par Pierre Favier et Michel Martin-Roland, dans *La Décennie Mitterrand. 4. Les déchirements*, Seuil 1999, p. 478.

7. François-Xavier Verschave, *Complicité de génocide ?* ouvrage cité.

8. Voir *Un génocide secret d'État*, ouvrage cité.

ni les diplomates en poste qui couvraient ces massacres. Un rapport d'une association rwandaise des droits de l'homme [9] révélait l'horreur de ces massacres prégénocidaires, supervisés par l'État rwandais – alors que, il faut de nouveau le souligner, se déroulait l'opération militaire française *Noroît.* Les auteurs dénoncent « *un appel au génocide, dans les régions du nord (Gisenyi et Ruhengeri)* [qui] *aboutit à un véritable carnage* ». Ce rapport constitue un témoignage essentiel sur l'extermination, sous présence française, des Bagogwe du Nord-Rwanda, groupe apparenté aux Tutsi. Ces pasteurs, pauvres, marginalisés et illettrés, ont toujours vécu à l'écart de la société rwandaise. Leur extermination a été menée en représailles des soldats tués au front que Habyarimana voulait « venger » [10]. Même les gardiens Bagogwe des grands troupeaux des riches Hutu bakiga [11] n'ont pas été épargnés. « *Le fait d'être des valets soumis et utiles aux plus puissants du régime ne les a pas sauvés.* » L'élimination des Bagogwe dans le Nord est facile et ne dérange apparemment pas les autorités étrangères présentes, qu'elles soient politiques ou religieuses. En particulier, le père belge Guy Theunis, directeur de la revue catholique *Dialogue*, ne protestait alors énergiquement que contre « *l'agression du FPR* » [12]. Les Tutsi de l'intérieur, terrorisés, baissent la tête. Le FPR en revanche dénonce ces massacres réalisés « *à l'instigation du gouvernement* » [13].

Les militaires des camps d'entraînement de Bigogwe où les Français formaient les commandos des Forces armées rwandaises,

9. *Rapport sur les droits de l'homme au Rwanda. Septembre 1991 – septembre 1992.* Association rwandaise pour la défense des droits de la personne et des libertés publiques (ADL), Kigali, décembre 1992, 355 pages. Disponible à *Liaison-Rwanda*, 215, avenue du Petit-Train, 34000 Montpellier, France. Les citations sont tirées de ce rapport.

10. Comme il l'a lui-même déclaré aux obsèques de militaires tombés au combat contre le FPR : « *Je vous vengerai.* » Cité par *Grands Lacs hebdo* du 12 février 2001.

11. Les Bakiga sont les Hutu de la région montagneuse du Nord-Ouest dont est issu l'*akazu* Habyarimana.

12. *Dialogue*, revue catholique proche du pouvoir, est publiée à Kigali et diffusée en Europe.

13. Jordane Bertrand, *Rwanda, le piège de l'histoire. L'opposition démocratique avant le génocide (1990-1994)*, Karthala, 2000.

comme ceux de Gisenyi-Ville, ont participé activement à cette extermination. Ces derniers emportaient quelques survivants dans leurs camps pour parfaire l'éducation de leurs enfants : « *Torturés et incapables de se traîner, une douzaine de Bagogwe de ce secteur, encore en vie, ont été transportés au camp militaire de Gisenyi-Ville où ils ont été achevés par les enfants et les femmes des militaires.* » [14] Dès 1991, l'implication française était dénoncée : « *Dans un rapport publié en Europe le 10 novembre, Me Éric Gillet, avocat au barreau de Bruxelles,* [...] *affirme que ce sont des officiers français qui conduisent les interrogatoires musclés des combattants du Front patriotique.* » [15] En mars 1992, un colonel français de gendarmerie, coopérant militaire, est témoin de la réalité effrayante de ces massacres qui préfiguraient exactement le génocide de 1994. De sa propre initiative, il se rend alors à Paris pour en informer ses supérieurs. Lesquels intiment l'ordre de se taire à ce gendarme à l'honnêteté déplacée. Un membre de la commission d'enquête de 1993 a témoigné : « *En janvier 1993, j'ai vu dans le fameux camp de Bigogwe, entre Gisenyi et Ruhengeri, des "paras commandos" français qui formaient les soldats, responsables des massacres dans la région. Par camions entiers, les civils étaient amenés, torturés et exécutés, et c'est aussi par camions que les corps étaient enterrés dans une fosse commune près du cimetière.* » [16] Signalons aussi que l'ambassadeur de France auprès de Habyarimana, Georges Martres – celui-là même qui s'employait à qualifier de « *rumeurs* » toutes ces informations d'une gravité extrême [17] –, avait déjà réfuté point par point les accusations de l'africaniste Jean-François Bayart. Celui-ci avait rédigé en octobre 1990 pour le compte du Centre d'analyse de prévision du Quai d'Orsay un rapport accablant sur les crimes du régime [18].

---

14. *Rapport sur les droits de l'homme au Rwanda*, ouvrage cité.
15. Claude Kroës, *L'Humanité* du 22 novembre 1991.
16. Interview de Jean Carbonare, *L'Humanité dimanche* du 26 mai au 1er juin 1994 n° 219, p. 15.
17. Jean Carbonare, *Le Nouvel Observateur* du 4 août 1994.
18. Vincent Hugeux, *L'Express* du 12 février 1998.

Jean-Pierre Huchon, chef de la Mission militaire de coopération

Analysant les ressorts de la politique africaine de François Mitterrand, l'africaniste Jean-François Bayart a révélé le rôle du général Huchon en 1990 dans l'instrumentalisation de l'ethnisme par la coopération militaire française. L'ethnisme, nous dit-il, était l'idéologie dominante à l'état-major du président de la République et au ministère de la Défense, dans la plus pure tradition coloniale. « *Ancien responsable de l'opération* Manta [au Tchad], *le général Huchon était le porte-parole de cette vision, qui devait également jouer un rôle crucial dans la crise concomitante du Rwanda.* » [19] Un document laissé par les FAR à Kigali et qui a échappé aux « nettoyages » opérés par les services français et rwandais permet d'entrevoir ce qu'étaient les relations de la coopération française avec les génocidaires. Il révèle un pan de la réalité qui, sans cette découverte, serait resté totalement secret. Il s'agit du « Rapport de la mission effectuée auprès de la Maison militaire de coopération française du 9 au 13 mai 1994 », par le lieutenant-colonel des FAR Ephrem Rwabalinda [20].

Début mai 1994, alors que les Français ignoraient tout du déroulement de l'horreur, même si certains en percevaient horrifiés, impuissants ou incrédules les échos, des personnages s'activaient dans les coulisses du génocide. L'envoyé spécial des Forces armées rwandaises rencontrait à Paris Jean-Pierre Huchon, responsable de la coopération militaire. Il en a rapporté les propos: « *Lors des entretiens suivants au cours desquels j'ai insisté sur les actions immédiates et à moyen terme attendues de la France, le général Huchon m'a clairement fait comprendre que les militaires français ont les mains et les pieds liés pour faire une intervention quelconque en notre faveur à cause de l'opinion des médias que seul le FPR semble*

19. Jean-François Bayart, « *Bis repetita*: la politique africaine de François Mitterrand de 1989 à 1995 », intervention citée. D'autres extraits de cette intervention se trouvent dans *Billets d'Afrique* n° 48, juillet 1997.

20. Alison Des Forges, *Aucun témoin ne doit survivre*, ouvrage cité, pp. 771-773.

piloter. Si rien n'est fait pour retourner l'image du pays à l'extérieur, les responsables militaires et politiques du Rwanda seront tenus responsables des massacres commis au Rwanda. Il est revenu sur ce point plusieurs fois. Le gouvernement français, a-t-il conclu, n'acceptera pas d'être accusé de soutenir les gens que l'opinion internationale condamne et qui ne se défendent pas. Le combat des médias constitue une urgence. Il conditionne d'autres opérations ultérieures. » [21]

À ce contact ponctuel de l'envoyé des FAR en mission s'ajoutent les relations soutenues avec le lieutenant-colonel rwandais Cyprien Kayumba, chargé à Paris des achats d'armes au moins jusqu'au 18 juillet 1994 [22]. Ces contacts de la Mission militaire de coopération avec Kayumba ont également lieu pendant le génocide. Après le passage à Paris le 27 avril des représentants du gouvernement génocidaire [23], Kayumba passa une importante commande d'armes à la Sofremas, une entreprise contrôlée par l'État français. Résidant pendant vingt-sept jours à Paris, Kayumba a effectué des déplacements au Caire et à Tripoli pour effectuer divers achats de matériel de guerre. Grâce à deux sociétés, dont une française, DYL-Invest, il a acheté et livré au Rwanda (alors sous embargo) pour quelque vingt-huit millions de francs d'armements. Kayumba traitait directement avec le directeur de DYL-Invest, Dominique Lemonnier. Ce marchand d'armes, nécessairement « agréé » par les services secrets, aura par la suite un litige financier avec un autre prestataire du Hutu Power, Paul Barril, qui lui reprochera de n'avoir pas livré toutes les armes commandées par les génocidaires et lui réclamera le trop-perçu. Pour se défendre, le patron de DYL-Invest menacera de « *mettre en cause l'État français* » [24]. En effet, Dominique Lemonnier aurait reçu une commande de deux missiles sol-air entre

21. Ce document est reproduit dans le « Dossier noir de la politique africaine de la France » n° 1 : *Rwanda, la France choisit le camp du génocide*, ouvrage cité.

22. Patrick de Saint-Exupéry, *Le Figaro* du 12 janvier 1998. *Aucun témoin ne doit survivre*, ouvrage cité, p. 770.

23. Jérôme Bicamumpaka, ministre des Affaires étrangères, et Jean-Bosco Barayagwiza, responsable de la CDR.

24. Patrick de Saint-Exupéry, *Le Figaro* du 31 mars 1998.

novembre 1993 et février 1994, à la demande d'un proche de Paul Barril [25]. Il n'aurait pas donné suite, mais aurait appris que cette commande avait été reconduite auprès d'une autre société autorisée d'exportation de matériel de guerre [26]. Dominique Lemonnier est mort peu après d'une crise cardiaque, en sortant d'un déjeuner d'affaires à Annecy. On ne parlera plus de lui, ni de ses dossiers et de son chantage concernant l'État français.

Revenons au rapport de mission d'Ephrem Rwabalinda. Il y est mentionné qu'un moyen de communication sécurisé « *permettant au général Bizimungu et au général Huchon de converser sans être écoutés (cryptophonie) par une tierce personne a été acheminé sur Kigali. Dix-sept petits postes à sept fréquences chacun ont été également envoyés pour faciliter les communications entre les unités de la ville de Kigali* » [27]. Le général Huchon avait donc fourni aux forces du génocide, en plein génocide, des moyens de communication sophistiqués qui permettaient au service français de renseignements militaires et aux responsables du Dami d'être en contact permanent avec eux. L'état-major de François Mitterrand avait donc les moyens de suivre de très près, « en temps réel », l'action des génocidaires rwandais. De source bien informée, Ephrem Rwabalinda a été tué d'une balle dans la tête dans son camp au Zaïre en 1995. Une élimination nette, rapide, qui évoque une opération « homo » des services secrets français [28]. Probablement une conséquence de cette involontaire célébrité.

---

25. L'attentat contre l'avion de Habyarimana s'est fait à l'aide de missiles sol-air.

26. Patrick de Saint-Exupéry, *ibidem*.

27. Ephrem Rwabalinda, rapport cité.

28. « Homo » pour homicide. Le « droit de mort » des services spéciaux est reconnu par l'ensemble du système national et international, nous dit l'ex-patron de la DGSE, Claude Silberzahn (*Au cœur du secret*, ouvrage cité, p. 245). L'essentiel est qu'il reste… secret.

Christian Quesnot, chef d'état-major particulier du président

Concernant celui qui qualifiait le génocide rwandais de « *vraie guerre, totale et très cruelle* », il faut citer une anecdote édifiante. En 1999, lors d'une émission de télévision sur France 2, « Rwanda la 25e heure » [29], on voit l'ancien chef d'état-major de l'Élysée lors de son audition à l'Assemblée nationale par la mission Quilès. Christian Quesnot évoque le génocide, parle du major-général Roméo Dallaire, commandant des forces de l'ONU au Rwanda [30], semble hésiter, puis dit, d'une voix chargée d'émotion : « *L'honneur d'un militaire dans une telle situation est d'avoir le courage de désobéir.* » Il ajoute : « *Il se serait peut-être fait virer après, mais enfin...* » Dans ce reportage, il intervient à deux reprises. La première fois, pour expliquer avec le sourire en coin qu'il ne croyait pas aux Accords d'Arusha. C'est dans la seconde intervention qu'il charge Dallaire, en expliquant que, s'il avait désobéi, il aurait pu avec les 2500 hommes de la Minuar [31] arrêter le génocide. Le général Quesnot qui fait ce show télévisé est le principal responsable du soutien inconditionnel de la France à Habyarimana, puis, pendant et après le génocide, au GIR génocidaire.

Quesnot sait que le commandant Dallaire s'est débattu avec l'énergie du désespoir pour pouvoir intervenir, envoyant demande sur demande à ses supérieurs de l'ONU. Les rapporteurs de l'OUA s'étonnaient d'ailleurs des directives de l'ONU en avril 1994 [32] :

« *Le Conseil de sécurité prit la décision surprenante de réduire la force déjà insuffisante de la Minuar à un effectif dérisoire de 270 hommes* [33]. *Aujourd'hui, cela semble presque impossible à croire.*

---

29. Le 26 septembre 1999 au soir.

30. Le major-général Roméo A. Dallaire a été nommé le 18 octobre à ce poste.

31. Mission des Nations unies au Rwanda.

32. *Le génocide évitable*, Rapport de l'OUA, ouvrage cité.

33. « Enquête indépendante des Nations unies », décembre 1999, 21 ; « Résolution du Conseil de sécurité rajustant le mandat de la Minuar et autorisant une réduction des troupes », S/RES/912 (1994), 21 avril 1994.

La communauté internationale a en fait choisi d'abandonner les Tutsi du Rwanda au moment même où ils se faisaient exterminer. Mais ce n'est pas tout. Les responsables du secrétariat des Nations unies donnèrent au général Dallaire la consigne de ne pas faire jouer à ses troupes un rôle actif dans la protection des citoyens rwandais [34]*. Dallaire, ce qui est tout à son honneur, manœuvra pour maintenir les forces à près du double de l'effectif autorisé et la Minuar put quand même sauver la vie de 20000 à 25000 Rwandais au cours du génocide.* » [35]

Le major-général Roméo Dallaire est sincère. Les autorités françaises, avec bien évidemment l'accord du général Quesnot, intervenaient à l'ONU pour soutenir le GIR rwandais. La France disposait des voix des autres pions de la Françafrique tels que Djibouti, présent au Conseil de sécurité. Quesnot entretenait le mythe des « Khmers noirs » alors même que le FPR était le seul à lutter contre le génocide. Les propos de Dallaire rapportés par Gérard Prunier sont parfaitement explicites, il avait menacé de descendre les avions français qui apportaient des armes aux FAR et aux milices en plein génocide : « *S'ils atterrissent ici pour livrer leurs foutues armes au gouvernement, je ferai abattre leurs avions.* » [36] Quesnot, devant la Mission d'information et les caméras de télévision [37], a pu charger Dallaire, l'accuser de manquer de courage, lui faire porter le poids du génocide et le déshonorer.

Le commandant Dallaire a laissé massacrer les gens, mais il en crevait de rage et d'impuissance [38]. Un sentiment ignoré des troupes

---

34. « Enquête indépendante des Nations unies », décembre 1999, 12.

35. Dallaire et Bruce Poulin, « Rwanda: From Peace Agreement to Genocide », Canadian Defence Quarterly, vol. 24, n° 3, mars 1995.

36. Entretien de Gérard Prunier avec un fonctionnaire des Nations unies, Genève, 29 juillet 1994. *Rwanda : le génocide*, ouvrage cité, p. 341.

37. Ainsi, des téléspectateurs, par ailleurs militants associatifs pour la défense des droits humains, m'ont fait l'éloge de la probité et du courage de ce général.

38. Comme en rend compte *Les Casques bleus au Rwanda*, L'Harmattan, 1998, de Jacques Castonguay. On lira sa déposition à Arusha, pendant laquelle il n'a pu retenir ses larmes, dans *Diplomatie judiciaire* (anciennement *Ubutabera*) dont le site Web est http://www.diplomatie-judiciaire.org.

de choc du 1er RPIMa du général Quesnot pendant l'opération *Amaryllis*, qui se déplaçaient avec aisance au milieu de ce bain de sang. Le général Quesnot, lui, sait désobéir. Non pas à ses supérieurs (son supérieur était en l'occurrence François Mitterrand), mais aux règles de base de la communauté humaine, aux sentiments qui font de nous des êtres sociaux supérieurs, sensibles au malheur d'autrui. Il a dépassé ce stade vulgaire. Ce comble dans le cynisme évoque la mystique d'extrême droite qui inspira de nombreux hommes politiques en France [39]. Le cynisme est le signe de reconnaissance et la marque d'intelligence de ces « élites ». C'est ainsi qu'ils expriment leur conviction en leur absolue supériorité.

Turquoise: le scandale et la honte

Balladur a brandi l'opération *Turquoise* pour exprimer sa « *fierté* » d'être « *le seul pays à être intervenu pour sauver des vies* » [40]. Il faut pourtant savoir que l'opération *Turquoise*, comme l'opération *Noroît* dont elle est le prolongement, n'a été présentée comme une « opération humanitaire » qu'aux naïfs. « *Ça, c'est ce qu'on dit toujours* », a ironisé Jean-Pierre Chevènement lors de son audition: « [Mitterrand] *donne comme directive de répondre positivement à la demande du président Habyarimana. Ensuite on dira que c'est pour assurer la protection de nos ressortissants, ça, c'est ce qu'on dit toujours.* » [41] Aux gens sérieux, notamment aux députés, la cellule élyséenne expliquait qu'elle intervenait au Rwanda pour rassurer les pays « *amis de la France* » [42]. Il fallait faire savoir aux « pays du champ » que la France était toujours prête à intervenir physi-

39. Vulgarisée par Raymond Abellio, ex-chef du MSR, le parti nazi français et principal constituant de la Cagoule, auteur de romans à clés comme *Les yeux d'Ézéchiel sont ouverts,* Gallimard, 1949 (toujours disponible, donc toujours demandé). Nous reviendrons, pages 166-169, sur cette partie occultée de notre histoire, dont à mon avis la connaissance est indispensable pour comprendre l'implication française dans le génocide des Tutsi.

40. Audition du 21 avril 1998.

41. Mission parlementaire. Audition du 16 juin 1998.

42. Communiqué officiel de l'Élysée du 18 juin 1994.

quement sur le continent. C'est la version que Jacques Baumel (alors vice-président de la commission Défense à l'Assemblée) a exposée [43]. C'est aussi celle que Marcel Debarge (ancien ministre de la Coopération) a confirmée lors de son audition (le 11 juin 1998). *Turquoise* est présentée à ce public « éclairé » comme une démonstration de la crédibilité néocoloniale de la France.

Le rapport de l'OUA [44] établit combien tout souci « humanitaire » d'arrêter le génocide était éloigné des préoccupations françaises. Il cite un entretien de Bruno Delaye, principal conseiller du président Mitterrand pour les affaires africaines, avec Human Rights Watch pendant lequel celui-ci admet que les « Hutu » avaient commis des actes horribles au Rwanda, et que c'est regrettable, mais « *c'était ainsi que les Africains se comportaient* » [45]. « *Le* [génocide au] *Rwanda n'était donc qu'une autre "tuerie habituelle" ; tant que la situation restait sous contrôle, même si elle devait coûter la vie à quelques douzaines ou même quelques centaines de Rwandais, la France pouvait rester largement détachée* [46]. *Donc, à l'origine, la classe dirigeante française choisit de ne rien faire pour empêcher le génocide qui se déroulait dans sa "cour".* » Le rapport relate également l'exaspération du docteur Jean-Hervé Bradol, responsable des programmes au Rwanda de Médecins sans frontières, après une entrevue avec les conseillers de Mitterrand pour leur demander instamment d'user de leur influence afin que soit mis fin aux atrocités [47] : « *J'étais complètement déprimé parce que je réalisais* [...] *qu'ils n'avaient nullement envie d'arrêter les massacres.* »

L'opération *Turquoise*, qui a duré deux mois (du 23 juin au 21 août 1994), a été arrachée par la France au Conseil de sécurité de l'ONU le 22 juin 1994. Les circonstances et la façon dont la

43. Au *Figaro magazine* du 29 juillet 1994.

44. *Rwanda, un génocide évitable*, ouvrage cité.

45. Human Rights Watch/FIDH, entretien, Paris, 4 juillet 1994.

46. Gérard Prunier, « Opération *Turquoise* : a Humanitarian Escape from a Political Dead End », *in* Adelman *et al.* (éd.), *Path of a Genocide*.

47. Entrevue avec le docteur Bradol dans « The Bloody Tricolour », BBC, *Panorama*, 28 août 1995.

diplomatie française obtint l'accord du Conseil de sécurité sont édifiantes: Boutros-Ghali « *intervint personnellement à l'appui de l'opération* Turquoise », appelant à « *une décision rapide* » [48]. Les rédacteurs du rapport de l'OUA présentent ainsi les choses: « *Le 22 juin, faisant fi de l'histoire, de l'expérience et de la raison, le Conseil de sécurité donna son accord à l'opération* Turquoise *par dix voix contre cinq, à peine deux voix de plus que la majorité requise. La France, les États-Unis et le Rwanda, toujours représenté par le gouvernement intérimaire des extrémistes hutu après deux mois et demi de génocide, étaient au nombre des voix favorables à l'intervention.* » À la tête de *Turquoise*, des officiers liés au Hutu Power, anciens instructeurs des FAR, comme le colonel Thauzin, alias « Thibaut », officier de la DGSE et ancien conseiller militaire du général Habyarimana. Avec 2500 paras commandos, plus de cent véhicules blindés, une batterie de 120 mm de marine, dix hélicoptères de combat, quatre avions d'attaque au sol et quatre avions de reconnaissance, des chasseurs-bombardiers Mirage et Jaguar, plus vingt avions gros-porteurs [49] pour transporter cette incroyable armada, *Turquoise* avait des visées strictement militaires [50].

L'imposture de *Turquoise* a été dénoncée par un groupe de prêtres tutsi qui avaient échappé aux massacres, c'est-à-dire par les intéressés eux-mêmes:

« *Les responsables du génocide sont les soldats et les partis politiques du MRND et de la CDR, à tous les échelons, mais plus particulièrement aux échelons supérieurs, appuyés par la France qui a entraîné leurs milices. C'est pourquoi nous considérons que l'intervention soi-disant humanitaire de la France est une entreprise cynique. Nous remarquons avec amertume que la France n'a jamais réagi durant les deux mois qu'a duré le génocide, alors qu'elle était mieux informée que quiconque. Elle n'a jamais élevé la voix contre les massacres des opposants politiques. Elle n'a jamais*

48. Enquête indépendante des Nations unies, décembre 1999, 47.

49. Des Antonov 124, des Boeing 747 et des Airbus, loués pour un coût de un milliard de francs. *Grands Lacs hebdo* n° 216 du 12-18 octobre 20.

50. Ce que confirme le déploiement dans le Nord-Ouest, secret et non médiatisé. Voir *Aucun témoin ne doit survivre*, ouvrage cité, pp. 784 et 785.

exercé la moindre pression sur le gouvernement autoproclamé de Kigali [GIR], *alors qu'elle avait les moyens de le faire. Pour nous, la France est arrivée trop tard et pour rien.* » [51]

Pour rien ? Le but réel et par trop évident de l'opération était d'arrêter l'avancée du FPR en préservant un « Hutuland » à l'intérieur du Rwanda. Il fallait changer le sort de la guerre, retourner la situation. Ce projet ambitieux s'avéra vite impossible après quelques combats et une prise d'une dizaine d'otages militaires français par l'APR [52]. Le FPR a fait comprendre qu'en cas d'accrochage les pertes françaises seraient lourdes et a donc ainsi évité l'affrontement direct. À défaut de pouvoir renouveler les faits d'armes de l'opération *Noroît* en 1990 et 1993 qui stoppèrent le Front patriotique, l'opération *Turquoise* a néanmoins permis de couvrir la fuite du régime génocidaire. Elle a sauvé le gouvernement intérimaire, les FAR et les Interahamwe d'une défaite totale, à la fois militaire et morale. C'était là l'essentiel, étant donné les liens qui unissaient les forces du génocide et l'armée française. Revenons au rapport de l'OUA :

« *Les analystes calculèrent que l'intervention française permit de sauver de 10000 à 15000 Tutsi* [53], *et non des "dizaines de milliers" comme l'a proclamé le président Mitterrand, un exploit qu'on ne peut qu'applaudir ; mais son autre tâche fut de soutenir le gouvernement intérimaire. En fait, certaines autorités sont convaincues que le volet humanitaire de la mission n'était qu'un écran de fumée jeté par la France pour préserver une région du pays à l'intention de ses clients du régime génocidaire, "tueurs compris", qui envahissaient la région en grand nombre devant l'avance du FPR* [54]. *Lorsqu'il devint évident que la progression du FPR ne pourrait être arrêtée, la France passa à l'étape logique suivante et facilita la fuite de la plus grande partie des dirigeants extrémistes hutu vers le Zaïre.* »

---

51. Dans une lettre à leurs supérieurs, citée par African Rights, *Death, Despair and Defiance,* p.1142, ouvrage cité.

52. Armée patriotique rwandaise, branche armée du FPR.

53. Millwood, *Étude 2*, pp. 54-55.

54. Raymond Bonner, « French Establish a Base in Rwanda to Block Rebels », *The New York Times*, 5 juillet 1994.

Dans la zone *Turquoise*, alors que les écoles et les églises étaient remplies de cadavres ou encore suintantes de sang, les militaires français composaient avec les notables responsables de cette boucherie. Le préfet Kayishema, le « boucher de Kibuye », était en particulier leur interlocuteur. Le cynisme de cette opération apparaît dans la dénomination de « Zone humanitaire sûre » (ZHS) utilisée pour qualifier un endroit où se concentraient les miliciens et l'appareil du génocide. En juillet 1994, les survivants tutsi ont continué à être tués dans cette zone. De toute évidence, les Français n'étaient pas là pour stopper le génocide et encore moins pour arrêter les coupables. Ils avaient un autre objectif. Ni les miliciens, ni les forces génocidaires n'ont été désarmés et démobilisés. Pour les stratèges de *Turquoise*, ils devaient continuer à combattre le Front patriotique rwandais (et les prétendus « infiltrés »). Les responsables du génocide, pourtant identifiés et connus comme tels, ont été accueillis, nourris, soignés et protégés comme déplacés dans la « ZHS », puis comme « réfugiés » dans les camps du Zaïre et de Tanzanie, pendant plus de deux ans. Cette qualification d'humanitaire et de sûre pour une zone refuge des génocidaires résume l'impudence et l'effronterie des collaborateurs français du Hutu Power. Quant à la presse, elle mettra tout son zèle à utiliser et ressasser cette expression – sans mettre de guillemets, cela va de soi. Les « nouveaux chiens de garde », participent à l'action française au Rwanda [55].

Malgré des demandes pressantes (émanant de l'ONU et de l'association Human Rights Watch, notamment) et le fait que la France a signé la convention internationale sur les génocides [56], les militaires français refusèrent d'arrêter les responsables du génocide réfugiés dans leur « zone de sécurité », au nom d'une « exigence de neutralité » ! Le désarmement des milices ne sera pas non plus réalisé. Le colonel Jacques Rosier, commandant du secteur sud du dispositif de *Turquoise*, expliquait pourquoi les militaires français ne désarmaient même pas ceux qui accomplissaient le génocide : « *Les*

55. Pour reprendre le titre du livre de Serge Halimi (Liber-Raisons d'Agir, 1997), qualifiant les médias.

56. Convention de Genève du 12 août 1949.

miliciens font la guerre. Par souci de neutralité, nous n'avons pas à intervenir. Sinon, demain, s'il y a des infiltrations de rebelles, on nous fera porter le chapeau. »[57] La RTLM, « Radio-Télévision Libre des Mille Collines », instrument efficace de la propagande génocidaire, ne fut pas non plus neutralisée. « *Le brouillage des émissions de radio ou la destruction d'un émetteur ne faisaient pas partie du mandat confié à la France par l'ONU* », expliquait sans vergogne le ministre de la Défense François Léotard aux journalistes qui s'en étonnaient[58]. De même, le bon fonctionnement des structures administratives sera préservé : ce sont elles qui réalisaient le génocide.

Suivons encore l'analyse de l'OUA : « *Blâmée aux Nations unies et à d'autres tribunes pour son refus d'incarcérer les auteurs du génocide – et même pour avoir assuré leur protection*[59] *– la France choisit de ne pas changer de position, mais de se débarrasser du problème. Au départ des troupes françaises en août, pas un seul responsable du génocide n'avait été remis entre les mains des Nations unies ou du nouveau gouvernement rwandais. En fait, c'est le contraire qui s'était produit. Lorsque le nouveau gouvernement de Kigali exigea que les génocidaires soient remis entre ses mains, les dirigeants militaires français, selon une revue militaire française, "mirent sur pied et organisèrent" l'évacuation en direction du Zaïre des membres du gouvernement génocidaire présents dans la zone de sécurité.* » Les militaires auditionnés ont nié en bloc cette exfiltration des génocidaires. Ils seront pris en flagrant délit de mensonge. Le journaliste Patrick de Saint-Exupéry a retrouvé dans un mensuel confidentiel de la Légion étrangère cet aveu qui a échappé à la vigilance du Sirpa : « *L'état-major tactique (EMT)* [de l'opération *Turquoise*] *provoque et organise l'évacuation du gouvernement de transition rwandais vers le Zaïre.* »[60]

57. *Libération* du 27 juin 1994.

58. Cité dans *Le Monde* du 31 juillet 1994, « Radio Mille Collines épargnée ? » d'Alain Frachon et Afsané Bassir Pour.

59. Mission parlementaire, tome II. Annexes, 454.

60. *Képi blanc*, octobre 1994, cité par *Le Figaro* le lendemain de la publication du rapport de la mission !

Pourquoi les militaires français n'ont-ils pas arrêté ces criminels ? La réponse du ministère des Affaires étrangères est donnée dans le rapport de la Mission : « *Notre mandat ne nous autorise pas à les arrêter de notre propre chef. Une telle entreprise minerait notre neutralité, qui constitue notre meilleure garantie d'efficacité.* » [61] D'où le commentaire acerbe des rapporteurs de l'OUA : « *Ni la décision ni ses motifs n'avaient de sens. Premièrement, la France n'a jamais été neutre dans ce conflit. Deuxièmement, elle n'a jamais demandé de modification de mandat. Troisièmement, elle aurait pu agir unilatéralement. Quatrièmement, la Convention sur le génocide* [du 12 août 1949, signée par la France à Genève] *était sûrement le mandat exclusivement nécessaire pour procéder à l'arrestation des personnes accusées de génocide.* » La Convention de Genève comme les Accords d'Arusha ne sont bien que des « chiffons de papier » pour les militaires français. Non seulement ils n'arrêtèrent pas les criminels, mais ils « *ravitaillèrent même en carburant, avant leur départ pour le Zaïre, les camions de l'armée rwandaise chargés du butin pillé dans les maisons et les magasins. Au Zaïre, des soldats français promenaient leurs collègues rwandais dans des véhicules officiels* » [62].

D'où les propos amers de Jean-Hervé Bradol (Médecins sans frontières), lors de son audition :

« *Les FAR et les milices ne menaient pas une guerre, mais procédaient à l'extermination d'une partie de la population rwandaise.* [...] *La France a su arrêter le FPR en 1990. On comprend mal pourquoi elle était soudain désemparée quand il s'agissait d'arrêter les génocidaires.* [...] *Ce que l'on attendait d'une armée, c'était de se battre contre les génocidaires. Il n'y avait pas de position de neutralité à observer. Il ne s'agissait pas d'un conflit classique : il y avait génocide.* » [63]

---

61. Mission parlementaire, tome I. Rapport, 325.

62. Alison Des Forges, ouvrage cité, p. 798.

63. Mission parlementaire. Audition du 2 juin 1998.

Présenter *Turquoise* comme une opération « humanitaire » destinée à arrêter le génocide des Tutsi relève du mensonge. Pour ceux qui sont à l'origine de cette opération, il s'agissait d'empêcher de toute urgence la défaite des alliés hutu qui était la leur, et surtout qui risquait de mettre en évidence leur propre implication dans le génocide. Nous avons déjà vu comment un intellectuel hutu de la mouvance Power affichait ce type de raisonnement en 1995 : « *Dans d'autres situations, ce qui a été appelé "génocide" aurait pu s'appeler "résistance", et les paysans et miliciens auraient pu être tenus pour des héros, surtout si à la fin, il y avait eu victoire.* » [64] Cette nécessité de ne pas perdre a été aussi expliquée par le rédacteur en chef de la RTLM : « *Nous devons continuer à lutter puisque, si nous sommes vaincus, nous serons effectivement jugés, tandis que si nous avons la victoire personne ne nous jugera.* [...] *Ce ne sera pas la première fois qu'une résolution des Nations unies n'est pas mise en application.* » [65] Il était alors question de mettre sur pied un Tribunal pénal international. Lors de son jugement au Tribunal de Nuremberg, Goering tenait le même raisonnement : « *Nous n'avons commis qu'une seule faute, celle d'avoir perdu la guerre* », déclara-t-il. Évidence cynique, mais évidence. Pour l'Élysée, c'était impératif, il ne fallait pas perdre.

Le ghetto de Varsovie des Tutsi

L'opération *Turquoise* a donc couvert un génocide sans en arrêter les coupables, a permis leur évacuation au Zaïre et en a fait des « réfugiés ». À cela il faut ajouter quelques épisodes tragiques comme celui de Bisesero. Bisesero est le « ghetto de Varsovie » [66] des Tutsi du Rwanda, un haut lieu de résistance où ils tinrent bon du 8 avril au 1er juillet 1994.

---

64. Eugène Shimamungu, mémoire de DEA, université de Lille III, septembre 1995, pp. 131-132.

65. RTLM, le 2 juillet 1994, Gaspard Gahigi, cité dans *Rwanda, les médias du génocide*, ouvrage cité.

66. Comme l'écrit Michel Sitbon, *Maintenant La lettre* n° 28, mai 1999, pp. 31-33.

Historiquement, cette corniche montagneuse de la région de Kibuye était connue comme l'endroit où les Tutsi s'étaient rassemblés et défendus efficacement lors de chaque pogrome, entre 1959 et 1967. En avril et mai 1994, ils s'y réfugièrent à nouveau par milliers et tinrent à distance miliciens et soldats. Tous les jours et toutes les nuits, les attaques des tueurs étaient repoussées à l'aide de jets de pierres dans des combats acharnés. Les défenseurs, des civils affamés et en haillons, se sacrifiaient héroïquement en infligeant des pertes aux assaillants. « *À la fin du mois d'avril, les résistants, armés de lances et de machettes, tuèrent un lieutenant de la Garde présidentielle et quatre membres de la gendarmerie. Un répit de quinze jours s'ensuivit. C'est alors que, le 13 mai, des soldats appuyés par des miliciens qui remplissaient huit autobus passèrent à la charge et tuèrent des milliers de Tutsi.* » [67] Mais Bisesero tenait toujours. Le 2 juin, le préfet Kayishema demande des renforts et, le 18 juin, le ministre de l'Intérieur du GIR envoie la troupe. Il fallait éliminer les survivants avant l'arrivée des Français, prévue pour le 26 juin [68]. L'attaque eut lieu, meurtrière, tuant et mutilant des milliers de Tutsi qui s'accrochaient à la vie au sommet des collines.

Arrivé dans la région le 26 juin, un journaliste prévient les soldats de *Turquoise* de la présence des survivants de Bisesero. Le journaliste demande aux Français de leur porter secours. « *Il leur montra exactement sur une carte où les Tutsi étaient localisés, à quelques kilomètres de distance seulement d'un camp français. L'officier commandant, le capitaine Marin Gillier, envoya le jour suivant une petite patrouille dans cette direction.* » Des survivants tutsi parlèrent avec ces soldats qui promirent de revenir dans trois jours. Les Tutsi racontent que les soldats étaient accompagnés par les autorités locales, c'est-à-dire par les organisateurs de l'extermination. Le fait de se présenter à ces autorités pour parler avec les Français les avait exposés. Repérés, ils subirent peu de temps après une attaque qui tua beaucoup d'entre eux. « *À une occasion au moins les soldats français avaient*

67. Je cite ici et plus bas l'enquête d'Alison Des Forges, ouvrage cité, pp. 788-790.

68. À leur demande ? Ce point est à éclaircir. Les FAR et l'état-major français étaient en relation grâce aux téléphones cryptés.

entendu des coups de feu à Bisesero et Gillier savait, comme il le déclara aux journalistes, que des gens étaient tués toutes les nuits. Mais il fit remarquer qu'il ne voulait pas "être impliqué dans des affaires politiques" et refusa de dire qui étaient les victimes et qui étaient les tueurs. » Pour les militaires français, ce génocide était donc bien une « affaire politique ».

Les opérations militaires françaises en Afrique ne se font pas au hasard. Elles impliquent une reconnaissance préalable du terrain par des commandos spécialisés. Il est donc évident que les officiers français de *Turquoise* connaissaient parfaitement cette situation. Le 29 juin, le ministre de la Défense François Léotard est en visite d'inspection au poste de Gillier. Celui-ci « *lui fit un compte rendu de la situation, y compris de la possibilité que des Tutsi aient besoin d'être secourus dans la région. Selon le correspondant du* New York Times, *Raymond Bonner, qui interrogea des soldats sur les lieux, Léotard "rejeta toute opération pour évacuer ou protéger les Tutsi encerclés à Bisesero", déclarant que les Français ne disposaient pas de troupes suffisantes pour protéger tout le monde. Cependant, un journaliste français rapporta qu'au moment où Léotard quittait les lieux, il changea d'avis suite à l'interrogation obstinée du correspondant du* New York Times *et ordonna l'envoi de troupes le jour d'après.* [...] *Gillier indiqua plus tard que l'objectif était de permettre l'évacuation d'un prêtre français d'une église située au-delà de Bisesero* ». C'est le 30 juin que les troupes françaises iront sur la colline de Bisesero transformée en charnier. Ils y trouveront des milliers de corps fraîchement tués et quelques survivants. Cet épisode tragique de Bisesero résume à lui seul ce qu'a été l'opération *Turquoise*. On trouvera de nombreux témoignages recueillis par African Rights dans un ouvrage consacré à cette résistance héroïque [69].

69. *Résistance au génocide. Bisesero, avril-juin 1994*, 1998, 111, p. 11. Un document indispensable. African Rights, Marshalsea Rd, Londres SE1 1EP, Grande-Bretagne.

L'extrême droite et l'armée française

Les accointances d'une notable fraction de l'armée française et surtout de certains de ses cadres avec la droite musclée, voire la droite extrême, sont connues, mais semblent faire partie des secrets de la République. Le pouvoir, qu'il soit de « droite » ou de « gauche », évite d'aborder le sujet. Le Réseau Voltaire, association de défense des libertés, vient d'en faire l'expérience. Des militaires d'extrême droite font circuler depuis fin août 2000 dans les casernes de gendarmerie des textes appelant à la « *destruction* » de cette organisation républicaine. Le Réseau Voltaire y est désigné comme « *le fer de lance de l'anti-France* ». Sa destruction est réclamée pour la sauvegarde de la gendarmerie et, « *au-delà, pour la France elle-même* » [70]. Il faut donc bien constater que le « devoir de réserve » des militaires ne s'applique pas à la propagande d'extrême droite.

Le service qui coiffe tous les autres services secrets, la DPSD (Direction de la protection et de la sécurité de défense), ex-Sécurité militaire, comptait parmi ses membres Bernard Courcelle et Bruno Gollnisch. Bernard Courcelle était l'homme de confiance de Mitterrand qui assurait la sécurité de sa fille Mazarine et le chef de la milice privée du Front national, le DPS (Département Protection et Sécurité). Bruno Gollnisch était, lui, le secrétaire général du Front national (tendance Le Pen) [71]. La DPSD, cachée au cœur de l'État, possède le privilège de l'habilitation « secret défense ». Ce service se situe au carrefour du licite et de l'illicite, des trafics d'armes officiels et interdits. Il se chargerait aussi de superviser les chiens de guerre [72]. À la DPSD, Bernard Courcelle était chargé des ventes d'armes et

70. Sur l'initiative du lieutenant-colonel Gérard Hirel, président du Comité de défense de l'Europe des nations (Coden), également à la tête du Département Protection Assistance (DPA), version megrétiste du service d'ordre du Front national, le DPS. *Note d'information du Réseau Voltaire* n° 220-221, du 1er octobre 2000 (00/0327).

71. « Le DPS : une milice contre la République », dossier du Réseau Voltaire, 1er décembre 1997, Michel Sitbon : « Les aventures de Bernard Courcelle », *Maintenant La Lettre,* mai 1999.

72. Bien que nous n'en ayons aucune preuve, on peut supposer que ce service trempe aussi dans les trafics de drogue. L'argent de la drogue sert à l'achat des armes [...]

des mercenaires [73]. Le Réseau Voltaire a dénoncé, devant la Commission d'enquête parlementaire sur le DPS, les liens entre ce service d'ordre lepéniste et la DPSD. Il a notamment fait mention de l'utilisation des nervis d'extrême droite comme mercenaires dans des opérations non revendiquées en Afrique [74].

Une structure interne au DPS mise sur pied par Bernard Courcelle était chargée d'opérations clandestines en France et à l'étranger. C'est un militaire français, intégré par le chef du DPS dans cette structure spéciale, qui a dévoilé cette organisation et la nature de ses opérations [75]. Elles vont en France de l'incendie de voiture en banlieue, « *pour attiser la haine ethnique* » comme le révèle ce militaire, aux interventions en Afrique. Il explique ce qui apparaît comme une routine : « *Dans un quartier, si vous mettez le feu à une voiture, dans l'heure qui suit, neuf fois sur dix, vous en avez quinze autres qui brûlent.* » Mais c'est en Afrique que se passent les choses sérieuses : il témoigne de la manière dont cette structure apportait son soutien à Mobutu au Zaïre et à Sassou N'Guesso au Congo Brazzaville. Les membres du DPS ont formé les milices de Sassou en 1999, sous la direction de Bernard Courcelle lui-même. Ainsi, « *un personnage très proche des services français, Bernard Courcelle, ancien officier de la Sécurité militaire (DPSD), disposant d'autorisations incroyables et de moyens surabondants, s'est servi du DPS et du Front national pour mener des coups d'État en Afrique, la surveillance d'opposants africains en France.* [...] *Cette hyperactivité serait impossible sans la complicité des services* » [76].

[...] pour les nombreux narco-États qui en sont de grands consommateurs. D'autre part, il existe une vieille tradition des services de puiser dans ce financement « secret ». *Cf.* Alfred McCoy, *La Politique de l'héroïne en Asie du Sud-Est*, Éditions du Lézard, 1999.

73. Michaël Darmon et Romain Rosso, *L'Après-Le Pen*, Seuil, 1998 ; *Libération* du 4 février 1999.

74. *Note d'information du Réseau Voltaire* n° 220-221, du 1er octobre 2000 (00/0327).

75. Dans le journal *Libération* du 6 juin 2001. Entretien recueilli par Claude Hernant.

76. *Billets d'Afrique* n° 94, juillet-août 2001.

Signalons aussi un épisode remarqué du dysfonctionnement de ce service secret, alors sous la direction du général Ascensi : des hommes de la DPSD ont agressé en plein Paris un militaire, le colonel Méchain. Celui-ci avait eu le courage de révéler le parti pris fascisant des militaires français pour les nationalistes serbes, auteurs de la purification ethnique au Kossovo et en ex-Yougoslavie [77]. La filiation de ce service peut expliquer bien des choses et notamment ce comportement de nervis. La DPSD est en fait l'ancienne Sécurité militaire, elle-même issue du BCRA gaulliste où l'extrême droite cagoularde s'était largement infiltrée [78]. Cet aspect de la « grande muette » mériterait de toute évidence une enquête approfondie. L'amiral Antoine Sanguinetti avait déjà dénoncé ces tendances de l'ex-coloniale (l'infanterie de marine) et sa « *tradition de haine meurtrière contre les peuples colonisés* » [79]. Les criminels qui se cachent au sein de l'armée française ont toujours bénéficié de la plus totale impunité, malgré « *les massacres de Madagascar en 1945 et du Cameroun en 1962-1964* [et 1958-1960], *les tortures de la guerre d'Algérie avec en particulier les dérives meurtrières des groupes qui ont intégré l'OAS* ». L'amiral Sanguinetti ajoute que cette « *chapelle hétéroclite de la haine* » reste en mesure de « *contrôler la coopération militaire, et d'occuper, pour le compte de l'Élysée – en l'adaptant à ses propres concepts –, une position stratégique sur le continent africain* ».

Le passé permet de comprendre le présent. L'Affaire Dreyfus a révélé l'ancrage du racisme dans l'armée française et le rôle des services secrets dans cette instrumentalisation de l'antisémitisme. Le putsch en novembre 1937 d'une organisation d'extrême droite, la Cagoule, pour abattre la République a échoué. Mais il a mis en évidence des réseaux de complicités dans les milieux militaires et des affinités inquiétantes, révélant que de nombreux officiers sont

---

77. *Billets d'Afrique* n° 84, septembre 2000.

78. Bureau central de renseignements et d'actions, qui avait la réputation d'être « un nid de Cagoulards » selon Douglas Porsh, *Histoire des services secrets français*, tome II, p. 22.

79. Antoine Sanguinetti, supplément n° 49 du mensuel de *La Ligue de l'enseignement*, mai 1997.

plus que de simples sympathisants pour les organisations fascistes. L'implantation de cette organisation secrète au sein de l'armée s'est confirmée trois ans plus tard avec la victoire de la « Révolution nationale » du 10 juillet 1940, « coup d'État constitutionnel » réussi par la Cagoule [80]. Dès 1940, une partie des hommes et des réseaux de la Cagoule rejoindra les Forces françaises de l'intérieur (FFI) ou de Gaulle à Londres. Une autre se mettra aux ordres des nazis, constituant la frange la plus extrémiste du régime de Vichy. L'infiltration des services secrets, corps de prédilection de ces activistes, date de cette époque [81]. La branche « résistante » a servi de caution « gaulliste » pour blanchir les autres [82]. Certains n'échappèrent pourtant pas à la justice, comme Joseph Darnand, chef de la Milice. Il répondra à l'accusation d'avoir été Cagoulard lors de son procès en 1948, en disant : « *Je ne crois pas qu'on fasse des reproches, à l'heure actuelle, aux militaires qui étaient à la tête de cette organisation et sont, en ce moment, à la tête de la Résistance. Ce sont les mêmes...* » [83] De ce sérail sont issus nombre d'hommes politiques, dont François Mitterrand [84].

---

80. Philippe Pétain était très proche de ce mouvement. Il sera entouré de Cagoulards comme François Méténier, ami de Mitterrand, Joseph Darnand, chef de la Milice, Eugène Deloncle chef du MSR (« Aime et sers »), la « Cagoule légale ». Il était lui-même l'instrument de la Cagoule.

81. Maurice Duclos et Pierre Fourcaud intègrent le 2e bureau, puis le BCRA qu'organise à Londres le colonel Passy (André Dewawrin). De Gaulle a connu des dirigeants de cette nébuleuse en garnison à Metz où il commandait le 507e régiment de chars. À Londres, il interrogera le colonel Passy : « *Dites-moi, franchement, avez-vous été Cagoulard ?* » (cité par Philippe Bourdrel, *La Cagoule, histoire d'une société secrète, du Front populaire à la Ve République*, Albin Michel, 1992, p. 315). On trouve des révélations inédites et intéressantes sur les relations de Passy et de Mitterrand et de leurs connivences cagoulardes, dans le livre de Georges-Marc Benamou *Jeune homme, vous ne savez pas de quoi vous parlez,* Plon, 2001, p. 177.

82. Travail dévolu, entre autres, au général de Bénouville, ancien du « 104 », foyer étudiant de la rue de Vaugirard où il a connu François Dalle, André Bettencourt et François Mitterrand.

83. Joseph Darnand, cité par Bourdrel, ouvrage cité.

84. En 1941, François Mitterrand rejoint la Légion des combattants et des volontaires de la révolution nationale, créée par l'avocat de la Cagoule Xavier Vallat (Pierre Péan, *Une jeunesse française*, Fayard, 1994). Il entre au service de la documentation de la Légion, service qui est chargé de centraliser les délations à l'encontre [...]

Cette extrême droite se distingue du simplisme d'un Front national. Elle est ouverte, complexe et mystique, à l'image de son théoricien, Raymond Abellio [85]. La présence de Cagoulards au sein des unités d'élite de l'armée française n'inquiétait pas de Gaulle. Pas plus que la présence de gangsters notoires au sein du Service d'action civique (SAC), mis sur pied par Jacques Foccart [86]. Véritable milice chargée de disperser les manifestations anti-gaullistes, ce service était dirigé par des officiers de la police et des hauts responsables des renseignements. « *Le SAC avait attiré nombre d'individus au passé judiciaire chargé et s'était financé par des voies clandestines, y compris au moyen des fonds du Sdece et du trafic de drogue.* » [87] Ces services avaient en effet acquis une grande autonomie. Le Sdece, qui deviendra la DGSE, s'autofinançait par

---

[...] des Juifs, des communistes et des résistants pour Vichy et la police allemande. En décembre 1943, il reçoit la francisque. Fin 1945, il est président-directeur général des Éditions du Rond-Point, appartenant au groupe L'Oréal, grâce à son ami André Bettencourt, gendre d'Eugène Schueller, ex-président de la Cagoule et fondateur de L'Oréal. Sur cette société commerciale, lire *Une histoire sans fard*, de Michel Bar-Zohar, Fayard, 1996. L'appartenance de Mitterrand à la Cagoule est moins facile à établir. Ce qui est certain, c'est qu'il a été au moins « compagnon de route » de cette mouvance fasciste et qu'il est resté toute sa vie proche de son idéologie. Signalons que Robert Mitterrand, le frère de François, épousa la nièce d'Eugène Deloncle (le fondateur du MSR, ami intime d'Eugène Schueller), dont il eut un fils, Frédéric. Pierre Péan, dont Michel Sitbon montre les accointances françafricaines dans *Un génocide sur la conscience* (ouvrage cité), a fait par son livre plus œuvre de réhabilitation de ce passé révisé et édulcoré que d'établissement de la vérité. Sur la Cagoule, voir le livre de Philippe Bourdrel, ouvrage cité. Curieusement, Georges-Marc Benamou consacre un chapitre révélateur à la question dans son récent livre sur Mitterrand (*Jeune homme, vous ne savez pas de quoi vous parlez,* ouvrage cité), intitulé « L'homme de la Cagoule », pp. 164-178. Mais il rend « présentables » ces vérités occultées en les présentant comme de simples extravagances du grand « monarque républicain ». En ce sens, il poursuit le travail de « désamorçage » du scandale, commencé par Pierre Péan.

85. Alias Georges Soulès, responsable au sein du MSR, du Centre d'Étude Révolutionnaire (CER), la cellule intellectuelle de la Cagoule, dont la philosophie ésotérique est transmise à travers ses romans à clés comme *Les yeux d'Ezechiel sont ouverts*, ouvrage cité.

86. Douglas Porsh, ouvrage cité, tome II, p. 160.

87. *Ibidem*, p. 203.

le trafic d'héroïne depuis la première guerre d'Indochine, une époque où le trafic de stupéfiants relevait de la doctrine de ce service secret. En 1972, un observateur pouvait encore écrire: « *Le rôle joué actuellement par certains agents du Sdece dans les opérations de contrebande d'héroïne des gangsters corses laisse penser que les liens du Sdece avec le trafic des stupéfiants ne sont pas rompus.* » [88] La guerre d'Algérie, avec la systématisation de la torture, complète le tableau et explique la « déshumanisation » des unités d'élite françaises.

En France, les toutes-puissantes cellules élyséennes sont totalement incontrôlées. De même, les services secrets sont étroitement liés à l'autorité militaire et échappent au contrôle parlementaire. Une situation que ne connaissent ni les États-Unis, ni l'Allemagne et qui présente de grands risques pour une « puissance démocratique ». L'ancien patron civil de la DGSE, Pierre Marion, a dénoncé l'interpénétration des services secrets militarisés et foccartisés avec « *des groupes marginaux comme celui de Bob Denard* » [89]. Denard n'agissait jamais sans le feu vert de l'Élysée, c'est en gros ce qu'ont expliqué le général Jeannou Lacaze (ancien patron du Sdece) et Jacques Foccart à son procès en 1993 [90]. La Françafrique est tissée de réseaux d'ex-gendarmes, d'agents secrets, de militaires issus des troupes de marine (ex-coloniale), devenus mercenaires, « conseillers » de dictateurs africains ou à la tête de services de sécurité privés. On peut citer Paul Barril, Jeannou Lacaze, Paul Fontbonne, Jean-Claude Mantion, Pierre-Yves Gilleron, Robert Montoya, Alain Le Caro, Gérard Le Pemp en lien avec son ancien chef Christian Prouteau, etc.

---

88. Alfred McCoy, *La Politique de l'héroïne en Asie du Sud-Est*, ouvrage cité.

89. Pierre Marion, *La Mission impossible*, Calmann-Lévy, 1991. les réformes d'assainissement entreprises par lui, nommé par Mitterrand en 1981, seront interrompues par son limogeage en 1982.

90. Bob Denard était jugé pour « complicité criminelle » relative à sa tentative de coup d'État au Bénin en 1977. L'intervention des sieurs Lacaze et Foccart a permis d'obtenir la compréhension des juges et une sentence suspensive. Performance qu'il réitérera en 1999 lors de son procès pour son action aux Comores.

Le général Jeannou Lacaze, ancien chef d'état-major de l'armée française et haut responsable du Sdece, est devenu le conseiller militaire « privé » de Mobutu, une des premières fortunes mondiales bâtie sur le pillage de son pays. Il a même élargi ses « conseils » au général Eyadéma, qui est parvenu au pouvoir en assassinant lui-même l'ancien président togolais Sylvanus Olympio [91]. L'ambiguïté de ces personnages est bien exprimée par Paul Barril lorsqu'il explique : « *Pierre-Yves Gilleron venait de quitter, **officiellement**, les rangs de la "cellule"* [de l'Élysée]. *Il travaillait, **en principe**, à son compte et offrait ses conseils avisés aux dirigeants rwandais pour la réorganisation de leur service de renseignements.* » [92] Pendant le génocide, Paul Barril était lui-même sous contrat avec le ministère de la Défense rwandais pour former une unité d'élite au tir et aux tactiques d'infiltration. « *L'opération avait reçu le nom de code d'"opération insecticide", signifiant que l'opération se destinait à exterminer les* inyenzi *ou les "cafards".* » [93]

Cette privatisation du crime est la tendance vers laquelle s'orientent maintenant militaires et hauts responsables de la politique africaine de la France. L'État français se retranche ainsi derrière des hommes qui sont de véritables supplétifs « officieux » des services secrets « officiels ». Les opérations en Afrique supervisées par Bernard Courcelle ou Paul Barril sont l'application de cette stratégie. L'utilisation du service d'ordre du Front national est un moyen nouveau, moins compromettant que l'utilisation des militaires du Dami. Ce mélange de services de l'État et de services privés permet de réaliser impunément et discrètement une politique inavouable. Le secret d'État sert à dissimuler le mélange des intérêts politiques et privés, parfois criminels, souvent mafieux. Cette atteinte permanente à la légalité républicaine mériterait des enquêtes, un recensement et une information du public. En 1937, les activistes de la Cagoule pratiquaient déjà la corruption et travaillaient en relation

91. Selon les africanistes. Voir la synthèse faite par François-Xavier Verschave dans *La Françafrique*, ouvrage cité p. 129.

92. *Guerres secrètes à l'Élysée*, ouvrage cité (souligné par moi).

93. Alison Des Forges, *Aucun témoin ne doit survivre*, ouvrage cité.

avec des douaniers : « *On se trouve là dans les eaux troubles, mêlant activisme politique, contacts avec des puissances étrangères, trafics d'armes et crimes crapuleux.* » [94] On ne peut mieux décrire l'activité actuelle de la Françafrique ! C'est toute une tradition qui s'est infiltrée au sein des services. Après la Première Guerre mondiale, l'extrême droite se disait ouvertement antirépublicaine et convergeait avec une certaine extrême gauche antiparlementaire dans sa haine de la République [95]. Dorénavant, leurs héritiers s'affirment « républicains ». Mais l'esprit et les buts restent les mêmes [96]. Derrière un discours où la « République » se veut présidentielle, autoritaire et « souverainiste » (la nouvelle manière de dire nationaliste) se dissimule la Françafrique : un État corrompu et mafieux qu'ils expérimentent depuis la Seconde Guerre mondiale.

Responsabilités françaises

La décision de faire une « guerre totale » au FPR a-t-elle été prise sans savoir que cette option débouchait sur un génocide ? Les politiques et les militaires français y ont déjà répondu lors des auditions de la Mission. Ils savaient. « *Cette guerre était une vraie guerre, totale et très cruelle* », a laissé échapper le général Christian Quesnot [97]. Comme l'expliquait Georges Martres, ambassadeur à

94. Frédéric Monier, *Le Complot dans la République*, La Découverte, 1998.

95. À travers le Francisme de Marcel Bucard, la Solidarité française de François Coty, le Parti populaire français (PPF) de l'ancien communiste Jacques Doriot, le Rassemblement national populaire (RNP) issu de la fusion du parti de Marcel Déat avec le MSR et dont le secrétaire était Eugène Schueller, le patron de la célèbre firme L'Oréal, l'Organisation secrète d'action révolutionnaire (Osar et Csar) issue des Camelots du Roi, l'Union des comités d'action défensive (Ucad), milice du Parti national révolutionnaire social (PNRS) issu d'une dissidence d'Action française, etc. Tous sont des éléments de la nébuleuse cagoularde.

96. Les idées antidémocratiques et antiégalitaires, sur fond de racisme et d'antisémitisme, ont été mises quelque peu en sourdine après le traumatisme mondial de la Shoah. Mais elles ressurgissent peu à peu, sous d'autres formes. Le « national-républicanisme » de Charles Pasqua et de Chevènement en est une, le négationnisme une autre. Dans ces deux cas, la gauche et la droite (extrême, ultra ou « modérée ») convergent dans un puissant courant « rouge-brun ».

97. Mission parlementaire, tome III. Auditions, vol. 1, p. 341.

Kigali (1989-1993), et que je cite à nouveau ici : « *Le génocide était prévisible dès cette période* [1990-1993], *sans toutefois qu'on puisse en imaginer l'ampleur et l'atrocité (sic). Certains Hutu avaient d'ailleurs eu l'audace d'y faire allusion. Le colonel Serubuga, chef d'état-major adjoint de l'armée rwandaise, s'était réjoui de l'attaque du FPR, qui servirait de justification aux massacres des Tutsi.* » Les militaires français étaient bien placés pour le savoir puisqu'ils frayaient depuis quatre ans avec les extrémistes hutu, notamment avec le colonel Bagosora, véritable cerveau du génocide, formé à l'École de guerre en France.

Bref rappel : un an avant le génocide, à la fin de février 1993, le ministre français de la Coopération de l'époque, Marcel Debarge, est en visite à Kigali. Il appelle alors tous les Hutu de l'opposition à rallier le président Habyarimana dans un « front commun » contre le FPR. Cet appel a été suivi, vingt-quatre heures après son passage, par une réunion des principaux partis, MDR, PL, PSD, PDC, pour rejoindre le MRND et la CDR et constituer ce « front commun » dont la logique était la « guerre raciale » : le Hutu Power. C'est d'ailleurs Froduald Karamira, ex-vice-président du Mouvement démocratique républicain, qui le premier l'a lancé sur Radio Rwanda, avec le slogan : « *MDR-Power ! CDR-Power ! Hutu Power !* » Le cri de « Power » (prononcer à la rwandaise « Paoua ») accompagnait les coups de machette et les sifflets stridents des miliciens pendant le génocide de 1994. On a vu que l'idéologie qui se trouve derrière cette position du ministre de la Coopération est cohérente avec cette démarche. Rappelons que Paul Dijoud, directeur des Affaires africaines et malgaches, décrivait le FPR comme « *un mouvement essentiellement constitué de Tutsi, peuple intelligent, ambitieux, population nilotique installée dans l'Afrique profonde* » [98]. Robert Galley ajoutait : « *Son ambition* [du FPR] *était de rétablir l'ordre antérieur, c'est-à-dire la domination d'une minorité tutsi sur un peuple destiné à demeurer un peuple de travailleurs.* [...] *Il s'agit* [les Tutsi] *d'un peuple intelligent et fier, de très bons guerriers, qui*

98. *Ibidem*, p. 380.

n'a rien à voir avec les hordes de pauvres bantou [...]. » [99] De telles convictions donnent la mesure des responsabilités françaises.

Il est pertinent de rapporter ici ce qui, dans ce contexte, est beaucoup plus qu'une anecdote : « *Des chercheurs – en particulier Catharine et David Newbury, spécialistes incontestés du Rwanda – avaient essayé dès l'automne* [1990] *de sensibiliser les ambassades occidentales de Kigali aux pratiques de l'*akazu *et à la nécessité de détruire les cartes d'identité mentionnant l'appartenance ethnique de leurs titulaires, mais ils s'étaient fait plus ou moins éconduire par les diplomates français.* » [100] Ces tentatives désespérées pour convaincre me touchent d'autant plus que j'ai côtoyé David et Catharine Newbury sur le terrain au Kivu et pu apprécier leurs qualités, qui étaient autant humaines que scientifiques. En 1991, l'historien Jean-Pierre Chrétien fit une mise au point claire, précise et pressante de la situation, dénonçant les massacres organisés par le MRND, redisant la promesse faite par François Mitterrand de rapatrier ses parachutistes : « *Alors que les paras belges avaient été rappelés sous la pression de l'opinion et du Parlement de leur pays, choqués par les exactions commises par l'armée et la police rwandaise* [...] *auxquelles les militaires européens étaient amenés à assister.* » [101] En mars 1993, il réitère son appel en direction des autorités françaises [102]. Sans plus de résultats. Il suffisait sans doute de presque rien pour éviter le pire. Un article anonyme du *Monde diplomatique*, dénonçant le caractère étatique de l'organisation des massacres depuis l'intervention française de 1990, montre à l'évidence qu'il était encore possible en 1993 d'empêcher le génocide [103].

99. *Ibidem*, pp. 278, 283.

100. Jean-François Bayart, « *Bis repetita* : La politique africaine de François Mitterrand de 1989 à 1995 », *in Mitterrand et la sortie de la guerre froide*, ouvrage cité, p. 272.

101. Jean-Pierre Chrétien, « Le régime de Kigali et l'intervention française au Rwanda : sortir du silence », *Bulletin du Cridev* n° 105, février-mars 1992 (rédigé le 20 décembre 1991).

102. Jean-Pierre Chrétien, « Note sur l'enjeu politique au Rwanda », document en date du 8 mars 1993, rédigé à l'occasion de la présentation du rapport de la mission internationale FIDH/Human Rights Watch au Rwanda.

103. « Au Rwanda, les massacres ethniques au service de la dictature », *Le Monde diplomatique*, avril 1993.

Le 13 avril 1994, une question est posée à l'Assemblée nationale au ministre de la Coopération Michel Roussin. Elle évoque sans ambiguïté le caractère « programmé et annoncé » des massacres en cours [104]. Le ministre l'éludera. Pis encore, tout laisse penser que, derrière les Forces armées rwandaises et le gouvernement génocidaire, ce sont les stratèges français qui tiraient les ficelles. En mai 1994, une simple intervention téléphonique de Bruno Delaye a suffi à empêcher les FAR de massacrer les personnalités réfugiées à l'hôtel des Mille Collines. Le Monsieur Afrique de l'Élysée a cru bon de sauver les 580 occupants de cet hôtel, essentiellement des membres de l'opposition démocratique hutu et leurs familles [105]. Cette « pitié » était de toute évidence stratégique : il était utile d'en garder vivants quelques-uns. Si c'est une erreur de voir ici du cynisme, comment expliquer l'absence de toute autre intervention française pour arrêter les tueurs pendant le génocide ? L'évidence constatée est que « *des troupes convenablement entraînées, équipées et commandées, et envoyées sur le terrain au bon moment, auraient pu endiguer la violence dans la capitale et les alentours, empêcher qu'elle ne gagne les campagnes et créer les conditions menant à la cessation de la guerre civile entre le FPR et les FAR* » [106]. Tout le monde finalement en convient. Il faut convenir aussi que cette intervention, les militaires français ne la voulaient surtout pas.

Les conséquences de l'impunité

Aucun responsable français n'a été inquiété pour ses éventuelles responsabilités dans le génocide. Le général Quesnot a quitté l'armée en 1995 pour fonder une officine privée de « sécurité » comme Barril et consorts. Le général Huchon coule des jours paisibles à la tête de la zone (stratégique) de défense de Marseille [107]. Le capitaine Paul

104. Les discours après 1990 sont consultables sur le site de l'Assemblée nationale : www.diplomatie.fr, avec un moteur de recherche par mot clé.

105. *Billets d'Afrique* n° 31, février 1996.

106. Selon le rapport de l'OUA, *Un génocide évitable*, ouvrage cité.

107. *Le Monde* du jeudi 17 décembre 1997.

Barril, conseiller « privé » auprès du futur État génocidaire, a été même promu au grade de commandant de la gendarmerie, en juin 1994. La suite, le soutien après le génocide, aux perpétrateurs et à Mobutu qui les a aidés, est cohérente et logique. Le blocage de toute aide européenne au Rwanda de l'après-génocide, trois mois durant (jusqu'en octobre 1994) ; la protection assurée aux génocidaires ; leur accueil à bras ouvert sur le territoire français, tout cela donne la mesure exacte de la complicité française dans le génocide des Tutsi.

Qui armait et finançait les génocidaires à l'œuvre dans le nord-ouest du Rwanda en 1997-1998 ? Pour les Rwandais, la réponse est évidente : ce sont ceux qui finançaient et armaient les FAR depuis 1990 et pendant le génocide [108]. Ce réarmement des milices et leur recrutement par Kabila sont parfaitement connus par un rapport de l'ONU de novembre 1998, dit « rapport Kassem » [109]. « *L'Afrique continue de payer encore aujourd'hui. Les génocidaires ont pu poursuivre le combat. La fuite réussie vers le Zaïre d'un grand nombre d'extrémistes hutu, à laquelle la France a contribué, a sans aucun doute été l'événement le plus marquant après le génocide dans toute la région des Grands Lacs et a lancé une chaîne d'événements qui ont fini par engloutir toute la région dans le conflit.* » [110]

Le génocide a essaimé ses métastases idéologiques avec les ex-FAR. En Ouganda et dans l'ex-Zaïre (Congo-Kinshasa), l'antitutsisme revêt les formes d'un nouvel antisémitisme. L'opposition ougandaise prête même au Tutsi la volonté « *d'exterminer le peuple noir* » ! [111] Ce type d'accusation « en miroir » fait partie des techniques du Hutu Power [112]. Le racisme antitutsi est instrumen-

108. Rakiya Omaar, communication personnelle.

109. L'Égyptien Mahmoud Kassem était le président de cette commission d'enquête sur le réarmement des FAR et des milices. Voir le site web du Département de l'information de l'ONU : http://reliefweb.int/ (avec un excellent moteur de recherche) et *Le Bulletin de l'Irin* n° 552, du 24 novembre 1998.

110. *Un génocide évitable*, rapport de l'OUA, ouvrage cité.

111. Propos rapportés par Thomas Sotinel, « Les séquelles du génocide rwandais affectent toute l'Afrique centrale », *Le Monde* du 6 avril 1995.

112. Voir *Aucun témoin ne doit survivre*, ouvrage cité, pp. 82, 200, 301 et 443.

talisé au Congo-Kinshasa par Kabila, après l'avoir été par les leaders politiques de l'opposition. À Kinshasa, la chasse aux Tutsi a commencé début août 1998. Des familles ont été arrêtées par les militaires des Forces armées congolaises et emprisonnées dans les stades de Kinshasa et à travers tout le pays, pour cause d'appartenance ethnique. Des témoignages ont signalé des exécutions sommaires et des tortures [113]. Le Hutu Power a fait des émules.

Le Rwanda, laboratoire pour un nouveau type de « guerre secrète »

L'Élysée a mené au Rwanda une guerre secrète pendant quatre ans de 1990 à 1994 [114]. Cette guerre « *a servi de laboratoire à la mise sur pied, à partir de 1993, d'une nouvelle chaîne hiérarchique* » qui court-circuitait la DGSE. C'est ce qu'explique Jacques Isnard, spécialiste des questions militaires du journal *Le Monde* dans deux articles successifs d'une très grande portée, publiés à un mois d'intervalle, en avril et mai 1998 [115]. Les hommes du 1er RPIMa (ex-coloniale et vivier de l'actuel Service action) disposaient « *d'un fil crypté en lien direct avec l'Élysée* ». Un militaire impliqué dans l'opération *Noroît* avait déjà signalé en 1994 l'étrangeté ou du moins le caractère inhabituel de cette opération, réalisée sous contrôle « *d'une structure parallèle de commandement militaire.* [...] *À cette époque, il est évident que l'Élysée veut que le Rwanda soit traité de manière confidentielle* » [116]. Relié directement aux commandos du Service action, l'Élysée court-circuitait la hiérarchie militaire. En pilotant le Commandement des opérations spéciales (COS), l'Élysée engageait la France dans une complicité de génocide au Rwanda.

113. *Le Soir* (Bruxelles) du 14 août 1998.

114. Voir *Un génocide secret d'État*, ouvrage cité.

115. *Le Monde* du 21 avril et du 21 mai 1998. Voir *Le Monde, un contre-pouvoir ?*, ouvrage cité.

116. Propos rapportés par Patrick de Saint-Exupéry : « France-Rwanda : dangereuse liaison », *Le Figaro* du 31 mars 1994.

Mitterrand faisait curieusement du Rwanda une affaire quasiment personnelle. S'il se tenait en permanence informé de la situation militaire rwandaise, en revanche, il informait très peu ses collaborateurs. Le Premier ministre de l'époque, Michel Rocard, a pu dire qu'il « *n'avait jamais entendu parler du Rwanda pendant cette période. J'ai appris l'opération* Noroît *dans la presse* » [117]. Cet aveu est-il sincère ? Peu importe. Si un tel aveu est possible de la part d'un Premier ministre, c'est la preuve affichée que les parlementaires n'étaient pas officiellement informés de ce que faisait l'armée française au Rwanda. Or, nous dit le rapport de l'OUA : « *Les troupes françaises interrogeaient les prisonniers militaires, participaient aux opérations anti-insurectionnelles, fournissaient des renseignements militaires, conseillaient des officiers des FAR et assuraient l'entraînement indispensable de la Garde présidentielle et d'autres troupes, dont la plupart jouèrent par la suite un rôle actif dans le génocide.* » [118] Dans un pays qu'une commission internationale venait en 1993 de dénoncer pour ses pratiques racistes et ses violations massives des droits humains, ce n'est pas rien.

Il faut préciser que le Service action de la DGSE a un passé chargé. Fort d'un millier d'hommes issus du 13e Régiment de dragons parachutistes (RDP) de Dieuze, en Moselle, et du 1er Régiment parachutiste d'infanterie de marine (RPIMa) de Bayonne, le « 11e Choc », créé en 1946, avait pour chef « hors hiérarchie » Jacques Foccart [119]. Il s'est tristement illustré pendant la guerre d'Algérie, par des massacres, des exactions et la torture. Dissous officiellement en 1993, le nom de 11e Choc restera celui du Service action de la DGSE. Ce service multipliera ses implications dans des « coups tordus », comme le putsch de Bob Denard aux Comores. Impliquée dans une étroite collaboration avec la junte du Front national islamique au pouvoir au Soudan, la DGSE a convié le directeur des services secrets soudanais à visiter en France la base du

117. Audition du 30 juin 1998. *Noroît* est le nom de l'opération engagée en 1990.

118. *Un génocide évitable*, ouvrage cité (ch. XII-p.24).

119. Comme il le dit lui-même dans *Foccart parle*, tome II, Fayard/Jeune Afrique, 1997, p. 19.

11e Choc [120]. Précisons que le régime soudanais est accusé de génocide contre ses populations chrétiennes et animistes du sud. Jacques Isnard, que l'on peut considérer comme une source quasi officielle concernant la DGSE [121], nous apprend dans ces deux articles cités qu'au Rwanda ce service avait passé le relais aux spécialistes de la DRM, fin 1993, au moment des choses sérieuses. L'Élysée aurait donc exercé avant et probablement pendant le génocide, un contrôle direct des hommes du 1er RPIMa, *via* l'état-major du président. Il s'agit d'une information de toute première importance. Pourtant, aucun commentateur ne l'a reprise (à ma connaissance), contrairement à l'habitude journalistique qui veut que l'on recopie ce que dit *Le Monde*.

Le « laboratoire » secret expérimenté au Rwanda a abouti à un génocide. Cela ne semble pas trop affecter l'état-major militaire à l'impunité inébranlable. « *L'Élysée dispose désormais d'une sorte de Garde présidentielle, à son usage direct. C'est ce qui a permis à Jacques Chirac de faire la guerre au Congo-Brazzaville en se passant pratiquement de l'avis du gouvernement* » [122], nous dit François-Xavier Verschave. Un million et demi de victimes civiles n'ont pas suffi à changer de politique. François-Xavier Verschave pose la question en sous-titre de son livre *Noir silence*, « *Qui arrêtera la Françafrique ?* » Ce ne sont certainement pas les parlementaires qui ont enterré le scandale de la complicité française avec le rapport de la mission Quilès [123]. Il reste l'espoir d'une prise de conscience de la société civile. C'est le seul espoir, mais il n'est pas déraisonnable.

---

120. *Noir silence*, ouvrage cité, p. 296.

121. Nous voulons suggérer ici une proximité conceptuelle de ce journaliste avec la DGSE, dont il cite ou reprend souvent les « analyses » sans aucun esprit critique, et non une dépendance dont nous n'avons aucune preuve formelle.

122. *Noir silence*, p. 298.

123. Que les députés Verts et communistes ont signé.

5. Relais médiatiques

> « *Fin juillet, le génocide est enterré à Goma. Le président François Mitterrand gagne cinq points dans les sondages de popularité.* »
>
> Daniel Mermet, 26 avril 1995 [1].

Presse servile et complice

Il est rétrospectivement accablant, devant l'ampleur et l'horreur du drame qui s'est déroulé pendant trois mois, de relire la presse française de cette époque. La couverture a été minimaliste. Une impression d'insignifiance en ressort, comme si, effectivement, dans certains pays, un génocide *ce n'est pas très important.* En 1994, comme d'autres, je courais bouleversé au-devant de la moindre information, acceptant tout, buvant tout. À froid, un million et demi de cadavres plus tard, seule la démission médiatique apparaît, avec derrière, en transparence, une complicité dans un crime contre l'humanité. Dans ce tableau affligeant, *Le Monde* a une position particulière. Ce journal s'est illustré par son alignement sur des positions ostensiblement « pro-gouvernementales », répercutant le point de vue du gouvernement intérimaire génocidaire rwandais et celui du gouvernement français qui le soutenait. Des historiens et des universitaires ont, eux aussi, fait cette constatation [2]. Le hasard m'a fait

1. *Là-bas si j'y suis*, La Découverte, 1999.

2. *Le Génocide rwandais et* Le Monde*: information ou désinformation ? Le point de vue d'universitaires et de chercheurs*. Dossiers et documents de *Liaison-Rwanda*, septembre 1999. Ce recueil reprend des extraits de divers articles et communications. Disponible à *Liaison-Rwanda*, 215, rue du Petit Train, 34000 Montpellier.

découvrir récemment (en août 2001) un important travail de recherche réalisé en 1996, dont j'ignorais jusque-là l'existence. Il est entièrement consacré à la comparaison des journaux *La Croix*, *L'Humanité* et *Le Monde* à travers leur couverture du génocide rwandais [3]. Ne le cherchez pas au Centre de recherche africaine de la rue Malher qui disposait des deux seuls exemplaires disponibles : il n'y est plus, probablement volé par un étudiant soucieux de défendre la réputation de son quotidien favori [4]. L'assujettissement des médias au pouvoir est une banalité à laquelle on ne fait plus attention. Devant un génocide, elle devient hideuse. Pour l'avoir dénoncé dans *Un génocide secret d'État*, les Éditions Sociales et moi avons été poursuivis en justice par un trinôme constitué du journal *Le Monde*, de Jacques Isnard et de Jean-Marie Colombani [5].

De leur côté, les hebdomadaires satiriques ont montré leur mépris ordinaire pour le continent noir à travers leur vision « humoristique » du drame rwandais. Deux éditoriaux de Philippe Val dans *Charlie hebdo* ont sauvé la face [6], mais n'ont pas effacé le mépris raciste perceptible de certaines caricatures [7]. Pratiquement seul dans

3. Isabelle Gaudin : « Les crises rwandaises depuis 1959 vues à travers *La Croix*, *L'Humanité* et *Le Monde* », mémoire de maîtrise, université Paris I. Sorbonne, novembre 1996.

4. Quelques extraits en sont donnés plus loin. Cet ouvrage universitaire mériterait d'être édité et diffusé ; il met objectivement en évidence le rôle désinformateur du journal *Le Monde*. À remarquer que ce rôle, étudié ou signalé dans quelques travaux savants, est largement passé inaperçu.

5. Voir *Le Monde, un contre-pouvoir ?* L'Esprit frappeur, 1999. Dans ce petit livre, j'ai repris notre dossier de défense, sans connaître au moment de sa rédaction l'issue du procès. Le jugement rendu le 10 mai 1999 déboute *Le Monde*, Jacques Isnard et Jean-Marie Colombani et les condamne aux dépens. L'éditeur a alors ajouté en annexe l'intégralité du jugement. Depuis, *Le Monde* a fait appel et a de nouveau perdu. Il se pourvoit ensuite en cassation sans plus de réussite. Il lance alors un nouveau procès contre *Le Monde, un contre-pouvoir ?* Cette fois, *Le Monde* gagne en première instance. Nous faisons appel, décidés à aller, s'il le faut, jusqu'à la Cour européenne. Cet acharnement du *Monde* s'explique par l'enjeu de notre combat : la vérité sur le drame rwandais et toutes ses conséquences.

6. *Charlie hebdo* des 22 juin et 29 juin 1994. Olivier Cyran, qui est très mal informé le 20 avril, s'est rattrapé le 6 et le 27 juillet.

7. Notamment de Cabu. Une double lecture est toujours possible, mais quand ses dessins sur l'Afrique font rire les « beaufs » qu'il caricature par ailleurs, Cabu devrait se poser des questions et chercher le dénominateur commun (*cf.* Annexes, p. 412).

l'ensemble des journalistes français, Daniel Mermet, avec son émission « Là-bas si j'y suis » sur France Inter, a su restituer, en temps réel, l'ampleur et la réalité de cette tragédie [8]. Il faudra attendre Goma et l'épidémie de choléra pour intéresser les médias. On verra plus loin le déferlement médiatique organisé en faveur de ceux qu'on qualifiait de « réfugiés » et qui incluaient les auteurs et les planificateurs des grandes tueries de masse du printemps 1994. La couverture médiatique a été alors inversement proportionnelle à l'indifférence qu'ont suscitée les victimes du génocide [9]. L'ampleur et la généralisation du phénomène montrent à l'évidence qu'il ne peut pas s'agir d'un simple concours de circonstances. L'exemple de *La Croix* est représentatif: ce journal, qui n'a publié aucune photo de massacres du génocide, étale le 23 juillet l'image des victimes du choléra en première page. Son rédacteur en chef, Noël Copin, justifie ce choix: « La Croix-L'Événement *s'est fixé comme règle de ne pas publier dans sa page une des photos de morts. Par respect. Mais il est parfois nécessaire de se placer en face des réalités les plus atroces. Il était nécessaire de voir les charniers des camps d'extermination pour prendre vraiment conscience de l'horreur du nazisme et en garder la mémoire. Il est nécessaire aujourd'hui de voir les fosses communes où l'on entasse les corps des réfugiés rwandais frappés par le choléra.* » [10] Noël Copin compare les morts du choléra à ceux des camps d'extermination nazis, après avoir soigneusement dissimulé les images de ceux du génocide. Le cas du Rwanda devrait servir d'exemple type de la faillite du « devoir d'informer » dans les écoles de journalisme.

Il est difficile d'imaginer qu'au moment où les milices du Hutu Power démembraient vivants des enfants les représentants du gouvernement génocidaire étaient reçus à l'Élysée et à Matignon. C'est pourtant le cas. Les responsables de la politique africaine de la France

8. Le titre de cette émission est précisément « Rwanda sous silence », France Inter, juin 1994.

9. Jacques Castonguay, *Les Casques bleus au Rwanda*, L'Harmattan, 1998.

10. Noël Copin, « Réfugiés rwandais: l'extrême urgence », *La Croix* du 23 juillet 1994, p. 1.

parlaient alors de « *conflits interethniques* ». La grande presse ne suscita (sur commande) l'intérêt des citoyens qu'au moment de lancer l'opération *Turquoise*, lorsque tout était fini, lorsqu'il n'y avait quasiment plus de Tutsi à tuer au Rwanda. Elle provoqua alors la curiosité et l'émotion du public pour fabriquer, avec le concours organisateur et manipulateur du Sirpa (Service d'information et de relations publiques des armées), une image virginale de la France. Les militaires français, dont le grand public ignorait totalement la présence au Rwanda depuis 1990, ont alors été interviewés, filmés, photographiés comme de braves et dévoués pioupious « humanitaires ». Le public retiendra qu'au Rwanda les soldats français assuraient l'intendance des camps de « réfugiés », et aidaient ces malheureux, victimes d'une horrifique épidémie de choléra.

L'occultation par la grande presse de tous les livres qui abordent de façon politique le génocide des Tutsi est symptomatique de cette affligeante déchéance médiatique [11]. Elle donne une idée de l'immense enjeu que constitue pour le pouvoir le verrouillage de l'information sur ce drame et donc de son éventuelle analyse. Trop tôt, dira-t-on. Trop chaud. Il faut attendre que les corps se fossilisent pour laisser aux experts en paléontologie politique que sont les historiens le temps de faire leurs fouilles. Le délai raisonnable est de cinquante ans. C'est le temps nécessaire pour que les cadavres n'aient plus leur odeur politique incommodante. On retrouve la même fascinante *omerta* pour d'autres affaires africaines qui constituent autant de crimes contre l'humanité : les massacres du Cameroun, de Madagascar, etc. Tous ces crimes résultent d'une politique conduite par des dirigeants de droite et de gauche successivement, ou simultanément pendant la cohabitation. Leur continuité logique depuis la conquête coloniale jusqu'aux guerres néocoloniales actuelles, demande sans doute des délais supplémentaires. L'occultation est très consensuelle. Elle peut être pourtant brisée, l'espace d'un instant, comme elle l'a été par la série d'articles explosifs de Patrick de Saint-Exupéry publiée dans *Le Figaro* au début de

---

11. Notamment *Un génocide français* de Mehdi Ba, *Un génocide sur la conscience* de Michel Sitbon, ouvrages cités. Malgré cela, ces livres trouvent un lectorat et leurs ventes ne cessent pas.

1998. Ces articles ont libéré la presse et provoqué immédiatement la mise sur pied d'une mission d'information. On a vu que le but de cette mission n'était pas de faire la vérité, mais d'étouffer un scandale qui se situe bien au-delà de tous les clivages politiques droite-gauche. Pour empêcher la vérité d'atteindre le secret d'État, la mobilisation des parlementaires est d'une incomparable efficacité.

Un génocide évitable

Dans son livre remarquable sur ce « génocide français », le journaliste Mehdi Ba écrivait: « *En éludant ce génocide parrainé par l'État français* [le quatrième pouvoir, celui des médias] *a montré au Rwanda qu'il se réduisait à être un auxiliaire du pouvoir exécutif.* [...] *Si Paris avait, entre avril et juin, ordonné à ses protégés de stopper les massacres, tout laisse à penser que l'ordre aurait été suivi. Le silence des notables de la grande presse et de l'audiovisuel n'en est que plus lourd.* » [12] Cette responsabilité des médias dans le génocide des Tutsi a fait l'objet d'un colloque [13] et a été abordée par Jean-Pierre Chrétien [14]. La crise rwandaise illustre de façon négative l'importance sociopolitique de l'information. Parce que les médias n'ont pas joué le rôle de contre-pouvoir que l'on attend d'eux d'ordinaire, nous avons pu contempler l'étendue des conséquences de cette faillite. La collusion du monde de l'information avec celui du pouvoir de l'État, c'est l'absence totale de garde-fou à ce pouvoir. Le devoir des médias, et en particulier de la presse écrite, est d'informer mais aussi d'expliquer ce que fait le pouvoir français en Afrique. Sans ce travail essentiel, toutes les dérives sont possibles, y compris les plus abominables. Le pire crime de la République en cette fin de siècle est sans conteste le soutien d'un président français et de son gouvernement à un régime

---

12. *Rwanda, un génocide français*, ouvrage cité.

13. Colloque « Le Rwanda et les médias », Montréal, Canada, novembre 1995.

14. *In La question médiatique. Les enjeux historiques et sociaux de la critique des médias*, sous la direction de Fabrice d'Almeida. Seli Arslan éditeur, avec le concours de l'université Paris X-Nanterre, 1997. Voir aussi son entretien dans *Maintenant* n° 10, septembre 1995.

qui préparait le génocide, puis à la réalisation de celui-ci. Le million et demi de morts du Rwanda est le produit d'une politique rendue possible par la démission et la compromission du quatrième pouvoir. Aucune police politique ne censure en France les articles de presse. Le contrôle étatique des médias a pris la forme non autoritaire d'une connivence amicale et d'une complicité consensuelle [15].

Il y aurait eu deux façons pour la presse d'empêcher la dérive génocidaire. La première était de révéler l'ampleur du crime et ainsi de susciter un mouvement d'opinion pour arrêter l'intolérable. La seconde était de révéler l'implication des autorités françaises, qui auraient alors été obligées d'arrêter leurs alliés. Yves Ternon a montré dans *L'État criminel* l'importance de l'information. Ce sont « *les cris des spectateurs* » qui peuvent interrompre « *la représentation du crime* » [16]. Le silence de la presse est alors criminel. L'indignation de l'opinion est une force que les États « démocratiques » prennent en considération. Non relayé par les médias, un événement n'existe pas. En avril 1994, la presse a considéré que la Coupe de tennis de Roland-Garros, la mort du pilote Ayrton Senna et d'autres événements sportifs populaires méritaient un traitement médiatique plus important qu'un génocide en Afrique. Pas ou peu de photos. Aucune dans *Le Monde*, *Le Figaro* ou *La Croix*. Cette preuve par l'image des massacres perpétrés aurait permis au lecteur de sortir de ce sentiment d'irréalité ambiante. Les grands journaux n'ont pas montré aux Français la réalité insupportable du crime organisé, le meurtre systématique d'êtres humains pour le crime d'être nés. Ils ne l'ont pas mis en parallèle avec la Shoah, ni expliqué qu'il s'agissait du même crime. Au contraire, ils ont présenté les Tutsi massacrés comme des curiosités ethnologiques et non comme des êtres humains. Quand le ton n'était pas celui de l'exploration abyssale au cœur des ténèbres africaines, c'était celui d'une autre irréalité, celle des clichés sur les petits Hutu qui raccourcissent à la machette les grands Tutsi. Qui les

---

15. Ainsi, Claude Silberzahn, ex-patron de la DGSE, désigne sans fard Jacques Isnard et Jean-Marie Colombani comme ses « *amis* » avec lesquels il aurait « *comploté* » (sic) la parution d'articles (*cf. Au cœur du secret,* Fayard, 1995, p. 100).
16. Yves Ternon, *L'État criminel,* Seuil, 1995.

« *coupent en rondelles* », comme dans les dessins animés, ainsi que l'a dit plusieurs fois à la radio le ministre Bernard Kouchner. Celui-ci a encore utilisé cette expression à Angers, en mai 1994, au Forum des communautés chrétiennes : « *Ça ne vous questionne pas, vous, tous ces gens qui au Rwanda, au Burundi, se réclament de Dieu et qui se coupent en rondelles ?* » [17]

Au-delà du drame lui-même, il s'agissait aussi d'informer sur le rôle de l'Élysée, des états-majors et des services secrets dans ces événements. Or, si l'événement était édulcoré, désinformé ou spectacularisé, l'aspect politique en a été totalement occulté. Quel contraste dans l'attitude des médias en 1994 et en 1996 ! En 1994, il fallait informer sur un crime que l'Élysée voulait dissimuler. Les journaux, les radios, les chaînes télévisées n'ont rien révélé. En 1996, l'Élysée multipliait les tentatives sur la scène internationale pour intervenir au Zaïre au secours de Mobutu. Les médias, *Libération* et *Le Monde* en tête, ont fait tout ce qu'ils pouvaient pour mobiliser l'opinion. Au moment crucial, *Le Monde* a même titré un article sur toute une page : « Poussés vers Kisangani par les rebelles zaïrois, les réfugiés rwandais appellent au secours » [18]. En mai, pendant le génocide, François Mitterrand donnait le la : « *Nos soldats ne peuvent prendre en charge toutes les passions du monde.* » [19] En juin, au moment de la déroute des forces du génocide, il déclare qu'il faut intervenir « *coûte que coûte* ». Il s'agissait de lancer l'opération *Turquoise* ! Dans la rubrique « horizon débat », *Le Monde* laissera alors (mais un peu tard !) Rony Brauman dénoncer la réalité et l'ampleur du crime : « *Une partie de l'humanité est, sous nos yeux, en passe d'être rayée de la carte du monde.* » [20]

17. Cité par Henri Tincq dans *Le Monde* du 24 mai 1994.

18. Article de Jean Hélène, *Le Monde* du 14 mars 1997.

19. Comme il le déclarait le 10 mai 1994, *La Croix* du 24 juin 1994.

20. *Le Monde* du 30 juin 1994.

L'exemple du *Monde*

L'exemple du *Monde* est intéressant à ces deux points de vue, informatif et analytique. Malgré la réputation de sérieux, d'honnêteté et de crédibilité dont ce journal jouit (ou jouissait) dans les milieux intellectuels, c'est bien d'un véritable travail de désinformation, conscient et délibéré, qu'il faut parler ici. *Le Monde* présenta ces tueries sous un angle exotique, comme l'un des nombreux conflits interethniques récurrents de ce pays. Cette analyse des événements faisait du génocide une curiosité tropicale et évitait son identification en tant que génocide. Pendant pratiquement tout son déroulement, d'avril à juin 1994, les principaux articles du *Monde* minimisaient et banalisaient le drame. « *Il faut attendre le 2 juillet et la publication du rapport de l'ONU, pour que les journalistes* [du *Monde*] *emploient enfin le terme de "génocide". Et il n'est pas vraiment acquis car, par exemple, le 13 juillet,* Le Monde *titre en page 1 : "La guerre du Rwanda aurait fait un million de victimes" ; le terme de génocide est de nouveau écarté. Les seuls à en avoir vraiment fait usage dans ses colonnes n'étaient pas les journalistes.* » [21]

Le Monde n'a pas davantage abordé l'aspect politique. Un exemple l'illustre et le résume bien : le passage à l'Élysée et à Matignon, le 27 avril, des représentants du gouvernement génocidaire, Jérôme Bicamumpaka, ministre des Affaires étrangères [22], et Jean-Bosco Barayagwiza, leader de la CDR. Il ne fait que quelques lignes dans *Le Monde* du 30 avril, une petite colonne (13 centimètres de hauteur), curieusement intitulée : « Rwanda. Le rôle de la France dénoncé par les rebelles » *(sic)*. On y apprend que Jérôme Bicamumpaka a jugé « *exagéré* » le chiffre de 100000 morts en trois semaines de massacre « *À mon avis, 100000 c'est trop, 100000 je n'y crois pas.* » Selon *Le Monde*, cette honorable visite à Paris a « *déchaîné la colère du FPR* ». Être « neutre » face à un

---

21. Isabelle Gaudin : « Les crises rwandaises depuis 1959 vues à travers *La Croix*, *L'Humanité* et *Le Monde* », ouvrage cité.

22. Arrêté le 6 avril 1999, Jérôme Bicamumpaka est à la disposition du Tribunal pénal international d'Arusha, où il sera jugé pour crime de génocide.

génocide est déjà une position étrange. Mais ce journal ne l'est pas. Il laisse le FPR critiquer seul l'implication française en une phrase ou deux, après avoir présenté cette critique comme une imprécation colérique.

Non seulement *Le Monde* a dissimulé que le gouvernement intérimaire de Jean Kambanda (GIR) était en train de commettre un génocide, mais il a aussi évité soigneusement de révéler les liens des stratèges français avec ces Rwandais. Rien n'a été dit sur les responsables politiques et militaires français impliqués dans le soutien à ce gouvernement criminel. Devant la mise en évidence de leur collaboration et de leur rôle, les stratèges français auraient encore pu reculer. Si le scandale avait risqué d'éclater au grand jour, ils auraient été contraints de faire des concessions, de se rendre à l'exigence d'humanité. Leur scénario de « guerre totale » (pour reprendre les termes du général Christian Quesnot) contre le FPR reposait avant tout sur leur invisibilité médiatique. Dans l'ombre, ces stratèges ont pu continuer leur aide militaire aux forces du génocide. Inconnus du public, ils ont été terriblement actifs dans les coulisses. *Le Monde* n'allait révéler leurs noms et leurs rôles qu'en 1998.

Quand *Le Monde* désigne les fusibles

Le génocide des Tutsi, on l'a vu, n'a jamais été accompli par des massacres anarchiques, spontanés, incontrôlés. Les tueries étaient méthodiquement organisées, planifiées et provoquées (parfois avec beaucoup de difficultés) par les autorités de l'État, à tous les niveaux hiérarchiques. Ces autorités étaient en relation étroite avec les responsables politiques et militaires français qui les avaient reconnues sur la scène internationale et continuaient à les armer discrètement. Ce soutien diplomatique et logistique continuera pendant tout le génocide sans que les responsables français apparaissent nommément dans le grand quotidien du soir.

Quatre ans après, le chroniqueur militaire Jacques Isnard désigne les coresponsables du second génocide reconnu par l'ONU après la

Shoah. Il le fait à deux reprises, dans *Le Monde* du 21 avril 1998, puis à nouveau dans celui du 21 mai 1998 [23]. Citons les principaux passages de ces deux articles :

***Le Monde* du 21 avril 1998 :**

« *Sur quoi s'est fondé l'Élysée pour accorder ces livraisons exceptionnelles de matériels et l'envoi de renforts à un État avec lequel l'accord d'assistance militaire était en instance de révision depuis 1989 ? Essentiellement sur des renseignements centralisés par l'état-major particulier de la présidence de la République, où, au fil des mois, deux officiers, le général Christian Quesnot et le colonel, puis général Jean-Pierre Huchon, vont jouer un rôle de premier plan dans les prises de décision de François Mitterrand. C'est une véritable chaîne de renseignement et d'action qui prend pied à l'Élysée. Elle utilise en direct les services de cadres dépêchés sur place par le Régiment parachutiste d'infanterie de marine (RPIMa), une unité vouée aux opérations spéciales et discrètes, basée à Bayonne. Le colonel Huchon l'avait commandé entre 1984 et 1986. C'est donc une "antenne" militaire de crise consacrée au Rwanda qui s'est constituée auprès de François Mitterrand. Les détracteurs de cette "cellule" l'accuseront de faire écran entre le président et les armées, qui sont court-circuités et mis fréquemment devant le fait accompli.*

À l'Élysée on s'en tiendra longtemps à la thèse selon laquelle le Rwanda a été envahi par un agresseur et on accusera le FPR de faire preuve d'intransigeance. Du même coup, on écarte d'autres informations [...]. *Nommé à la tête de la MMC* [Mission militaire de coopération], *en mai 1993, où il remplace le général Jean Varret très réservé sur le traitement de la crise rwandaise par l'Élysée, le général Huchon proposera, encore en 1994, de fournir pour 28 millions de francs d'aide militaire à Kigali.* »

---

23. Articles déjà évoqués, intitulés respectivement : « Une crise gérée en direct par une "cellule" de l'Élysée » et « La France a mené une opération secrète, avant 1994, auprès des Forces armées rwandaises ».

***Le Monde* du 21 mai 1998 :**

« *Ce dispositif est progressivement monté en puissance, en marge et indépendamment de l'opération* Noroît, *avec l'adjonction de nouveaux éléments appelés des Détachements d'assistance militaire et d'instruction (Dami). Cette Mission fut baptisée* Panda.

Équipés de matériels pour le combat de nuit et de puissants moyens de transmission à longue distance, les hommes du 1er RPIMa, qui sont entraînés à monter des opérations clandestines dans la profondeur d'un territoire et à s'y camoufler le temps de recueillir le renseignement, ont pour mission d'établir des contacts permanents avec les plus hautes autorités politiques et militaires à Paris qui gèrent les crises en Afrique. Quitte, au besoin, à s'affranchir de la chaîne des commandements. Ce fut le cas au Rwanda, grâce à un fil crypté direct entre le régiment et l'Élysée, via l'état-major des armées et l'état-major particulier de l'Élysée, où une "cellule" de crise, comprenant le général Quesnot et son adjoint, le colonel Jean-Pierre Huchon, lui-même ancien "patron" du 1er RPIMa, gérait l'ensemble de la manœuvre.

Au Rwanda, la Mission Panda *a montré quelques dysfonctionnements.* [...] *La Mission* Panda *a aussi été l'occasion pour les Français de coopérer avec les services rwandais, qui les ont abreuvés de photographies et de documents sur les exactions de milices du FPR...* [...] *À leur façon, les Dami*-Panda *ont servi de laboratoire à la mise sur pied, à partir de 1993, d'une nouvelle chaîne hiérarchique propre aux renseignements et à l'action, avec la création, sous la tutelle directe du chef d'état-major des armées, d'un commandement des opérations spéciales (COS) intégrant notamment le 1er RPIMa aux côtés d'autres unités.* »

Si Jacques Isnard avait donné ces informations en avril ou en mai 1994, il aurait démasqué le chef de l'état-major de François Mitterrand et le responsable de la coopération militaire. Ceux-ci n'auraient pas pu continuer à soutenir les génocidaires hutu. Sans le soutien français, le génocide n'était plus possible. Accordons qu'il ne le savait pas. Dans ce cas, c'est un mauvais spécialiste des questions militaires. Livrées en 1998, au moment de la Mission d'information sur le Rwanda, ces informations n'ont d'intérêt pour ceux qui les ont communiquées à Jacques Isnard, que celui de désigner des « fusibles » acceptables. De gros fusibles, en rapport avec l'importance du drame. En 1998, le scandale émerge, la presse informe. La DGSE abat donc ses cartes, au cas où le Rwandagate submergerait la Mission parlementaire chargée de le neutraliser. Le travail de la DGSE est de parer à toutes éventualités. Lors du scandale du *Rainbow Warrior* en 1985, un article d'Edwy Plenel dans *Le Monde* avait de même désigné le responsable : Charles Hernu [24]. Ce fusible a sauté très rapidement et proprement, avant que l'opinion ne se pose des questions sur François Mitterrand.

Jacques Isnard a été « informé » à dessein et au moment crucial. Ses informateurs sont probablement en relation avec des cadres importants de la DGSE : une telle décision ne peut être prise qu'à un très haut niveau. En 1998, ceux-ci avaient pour objectif de protéger les centres vitaux de l'État d'une éventuelle surtension. En 1994, ils ont laissé l'innommable s'accomplir. Finalement, la Mission s'est très bien terminée pour les autorités en place, Quilès a parfaitement maîtrisé et assuré. Ce grand déballage prouve néanmoins que les spécialistes du renseignement ont eu très chaud. On n'est sans doute pas passé très loin du Rwandagate.

Épilogue à propos du *Monde*

Le travail effectué par Isabelle Gaudin à l'occasion d'une recherche universitaire et que nous avons déjà cité est accablant pour *Le Monde*. La RTLM appelait à l'extermination des Tutsi et intoxiquait en proclamant que « *les* Inkotanyi *coupent les seins de nos femmes* » et « *coupent nos hommes en morceaux à coups de machette* » [25]. Comme le remarque déjà Isabelle Gaudin, la propagande consistait à inverser la réalité : « *Les journalistes de la RTLM attribuent au FPR les crimes*

24. *Le Monde* du 17 août 1985. Voir *Le Monde, un contre-pouvoir ?*, ouvrage cité, pp. 164-168.

25. *L'Humanité* du 16 juillet 1994.

commis par les milices et l'armée, et décrivent parfois avec une extrême précision les atrocités du génocide qui se poursuit au même moment. Le quotidien Le Monde *n'a presque à aucun moment dénoncé cette propagande, se contentant souvent de restituer les paroles du gouvernement intérimaire ou les messages de RTLM sans la moindre analyse critique. Le lecteur ne possède pas alors les clefs pour décoder des textes littéralement piégés.* » Isabelle Gaudin conclut : « *C'est la ligne éditoriale de ce journal qui est en cause.* »[26] À noter qu'en mars 1994, juste avant le génocide, Jean-Marie Colombani venait de succéder à André Fontaine à la tête du *Monde*. Ce journal dépassait alors les 300000 exemplaires vendus, ce qui en faisait le premier quotidien national.

Il y a pourtant des exceptions à cette ligne éditoriale : « *Quelques articles, comme ceux de Corine Lesnes, s'engagent plus dans l'analyse et apportent ainsi des éléments indispensables pour la compréhension de la crise. Par exemple, le 30 juin, cette journaliste écrit : "Propagande et désinformation, c'est l'autre versant du conflit rwandais." Elle souligne que dans les camps les "témoins sont rarement fiables" car ils "racontent tous la même version, comme des êtres au cerveau lavé". Dans cet article* [*Le Monde* du 30 juin 1994] *le jeu des autorités locales et de la radio est restitué, contrairement à l'ensemble des articles du* Monde *qui véhiculent un apparent parti pris, en omettant de désigner les responsables, ou en citant telles quelles des déclarations de réfugiés, imprégnées de propagande. Au contraire, Corine Lesnes, avant de rapporter les dires d'un Rwandais comme Védaste Rulinda, fondateur d'une association de défense des droits de l'homme, mais aussi proche du parti CDR, donne son point de vue par une seule expression : "faire mine" qui sous-tend tout l'aspect de double langage repris par les extrémistes. L'homme fait mine d'avoir parfaitement compris la Mission des Français. "Nous comptons sur eux pour aider notre population en détresse, dit-il, et aussi pour témoigner à quel point le FPR a massacré les populations".* »[27]

26. Isabelle Gaudin, ouvrage cité, p. 107.

27. Isabelle Gaudin, ouvrage cité, p. 108.

« *En définitive, on observe une symétrie récurrente dans les articles du* Monde : *d'un côté le journaliste expose les massacres perpétrés dans le camp gouvernemental et les milices, de l'autre, la liste des exactions commises par le FPR. La dimension politique et idéologique qui fait de cette guerre un génocide est occultée dans la majorité des publications du* Monde. [...] *À ce titre, il est à noter qu'en adoptant cette ligne de conduite dans l'analyse de la crise de 1994,* Le Monde *fait le jeu des négationnistes déjà à l'œuvre au cours du génocide. Même si ce grand quotidien se dit indépendant, les informations qu'il donne sont calquées dans bien des cas sur les sources gouvernementales.* Le Monde *a fait, par exemple, le choix de publier le discours du Gouvernement intérimaire rwandais (GIR) à plusieurs reprises, sans procéder à la moindre analyse critique. Or, on ne peut traiter ce type de discours comme une information sur les événements dans la mesure où il vise à donner un alibi aux massacres en les présentant comme des actes justifiés par la guerre.* »[28] En d'autres termes : « *En ne désignant pas clairement les "victimes" et les "bourreaux", en les mettant sur le même plan (surtout au moment de l'épidémie de choléra), cela revient à refuser tout engagement et toute analyse.* »[29] Cette fausse « neutralité » du *Monde* n'échappe pas à Isabelle Gaudin, qui ajoute aussitôt : « Le Monde *s'est justement engagé, par omission* [...]. »[30]

Le Monde a servi ici d'exemple, mais des critiques du même genre peuvent aussi être faites à l'encontre de *Libération* ou du *Figaro*. Le choix de ce journal se justifie par son *engagement* particulier dans le drame rwandais, position mise en évidence par Isabelle Gaudin ainsi que par d'autres observateurs[31]. Du fait du rôle et de la place de ce quotidien dans la presse française, les conséquences en ont certaine-

28. Isabelle Gaudin, ouvrage cité p. 124.

29. Ainsi que le remarque Jean-Philippe Schreiber : « Le génocide, la mémoire et l'histoire », *in Rwanda, un génocide du XXe siècle*, ouvrage cité p. 166.

30. Isabelle Gaudin, ouvrage cité p. 125.

31. Notamment l'historien Nicolas Bancel dans le colloque « Le Rwanda et les médias », Montréal, novembre 1995 ; Jean-François Bayart : « La France au Rwanda » et Marc Le Pape : « Des journalistes au Rwanda. L'histoire immédiate d'un génocide », dans *Les Temps modernes* n° 583, août 1995.

ment été considérables et décisives. D'autre part, Thierry Méot, éditeur d'*Un génocide secret d'État*, et moi-même avons été amenés à lire et relire les quelque 280 articles que *Le Monde* a publiés sur ces événements d'avril à juillet 1994, soit une centaine de numéros [32]. Il ne s'agit donc aucunement d'une animosité particulière. Ancien lecteur, j'ai la faiblesse d'aimer ce journal pour son style. Et condamner la désinformation n'empêche pas de reconnaître qu'il y a d'excellents journalistes au *Monde* ou qu'il s'y écrit de très bons articles. Le cas de Corine Lesnes évoqué plus haut le montre bien.

L'art de la désinformation

Chez certains journalistes, la désinformation fait appel à des techniques bien rodées. De nombreux articles de Jean Hélène, envoyé spécial du *Monde* à Kigali pendant le génocide, présentaient les Hutu comme des victimes alors que s'accomplissait l'extermination des Tutsi. Tous ces articles avaient la même trame : une mise en scène faite en donnant la parole à des informateurs. Cela donnait une touche de vérité et d'objectivité au message à faire passer, que résumait un titre choc. Ce titre était conçu pour laisser l'empreinte désirée, l'article pouvant être lu en diagonale. La désinformation ordinaire utilise ce genre de figures de rhétorique pour escamoter les faits et brouiller les cartes. Il s'agit de techniques classiques qui font probablement partie de la formation de base des agents.

Claude Silberzahn, ancien directeur de la DGSE, explique qu'il y a deux écoles au sein des services [33]. La première, dont on présume que c'est celle des collègues et non la sienne, est de faire de l'intoxication avec de fausses informations, de manipuler directement l'opinion sans aucune élégance. La seconde, plus subtile, consiste à alimenter les journalistes cibles avec des informations pertinentes,

32. Afin de construire notre dossier de défense à la suite de l'attaque en justice de Jacques Isnard et Jean-Marie Colombani. Il faut rendre ici hommage au travail considérable réalisé par Thierry Méot, à son ardeur communicative et à sa pugnacité, dont est largement redevable notre victoire en première instance et en appel.

33. *Au cœur du secret*, Fayart, 1995.

puis à tenter d'obtenir d'eux un « service » quand c'est nécessaire. C'est ainsi que se recrutent les fameux « honorables correspondants ». La DGSE et les autres officines n'utilisent pas seulement des journalistes. Ils sollicitent également des universitaires, des experts, des écrivains [34], et commencent même à s'intéresser au réseau Internet, même si Gérard de Villiers, auteur d'un polar sur le génocide des Tutsi, dit le contraire [35] : « *Vous savez, l'intox, c'est la raison d'être des services de renseignements, mais ce n'est pas encore très développé sur le Net parce qu'au fond, le grand public s'en fout et que les "professionnel", eux, sont hyper-prudents. Ils vérifient, ils recoupent, ils enquêtent. Mais pas sur Internet!* » [36] Internet est probablement un enjeu très important pour la propagande des services. Cette interview de l'auteur des SAS est elle-même une opération de communication, précisément sur Internet. Toute l'habileté des services est là.

Les exemples de désinformation sur le Rwanda sont bien trop nombreux pour être tous relevés. La guerre que les responsables français avaient déclenchée au Rwanda ne s'est pas arrêtée en 1994. Le fameux « *combat des médias* » qu'évoquait le général Huchon pendant le génocide continuera bien après, avec toujours le même but : justifier l'action des militaires français en diabolisant l'adversaire. Un article signé Camille Brabant, auteur présenté comme agent « humanitaire », mérite d'être signalé, tant il illustre ce qui précède [37]. C'est un modèle du genre. Il commence par évacuer le génocide en faisant d'ailleurs le contresens de parler du « *génocide des Tutsi et des Hutu de l'opposition* ». Aussitôt convenu que le génocide est « *bien réel* », selon une formule usuelle permettant d'éviter de paraître négationniste, l'auteur ajoute : « *Cependant il y a un réflexe tenace à*

34. Les humanitaires aussi sont sollicités, mais les associations humanitaires étant fondées sur le bénévolat, il est encore plus simple de s'y infiltrer.

35. *SAS. Enquête sur un génocide*, Malko Production, 2000, dont je reparlerai, tant cette désinformation est informative.

36. *L'Internaute*, par le journal du Net, propos recueillis le 1er décembre 2000 par Éric Villemin, http://www.linternaute.com/0redac_itw/0012_dec/001205villiers.shtml.

37. Camille Brabant : « L'obscur objet de nos querelles », *Politis* du 4 septembre 1997.

brandir le génocide [...] *à seule fin de faire taire les critiques.* » La question du génocide est ainsi réglée. On n'y reviendra plus. Ce procédé est une sorte de négationnisme pervers. Évoquer le génocide n'est pas une arme pour faire taire les critiques, mais un passage obligé de la compréhension de la situation actuelle : le formidable « *piège ethnique* » qui s'est refermé sur ce pays et duquel il tente de sortir.

L'auteur construit ensuite son article dans un seul but : discréditer le gouvernement rwandais actuel. La partialité de l'analyse apparaît avec quelques fausses informations : l'interdiction d'ouvrir un commerce aux « *réfugiés de 1994* » s'ils n'ont pas subi une cure de « *rééducation idéologique* » (évocation des Khmers noirs). L'accusation unilatérale stigmatisant l'APR (l'armée du nouveau Rwanda) dans les massacres de 1997 au Nord-Ouest révèle l'entreprise de désinformation. L'auteur a l'air en effet suffisamment bien informé pour savoir ce qu'il en était réellement, notamment sur le rôle des milices interahamwe et des ex-FAR. Cette insurrection du Nord-Ouest a été très bien documentée. On sait que les groupes génocidaires reprenaient le même scénario qu'en 1994 : foule de paysans chantant des cantiques, encadrée par les miliciens, au son des tambours, et des coups de sifflet, réalisant le massacre « communautaire », à l'arme blanche, dans un camp de réfugiés tutsi congolais. Massacres de familles tutsi, trie ethnique dans les autobus, dans les écoles. Les tracts de l'Alir (Armée de libération du Rwanda) invitaient les Tutsi à « *retourner en Éthiopie* » [38], etc.

Quand l'auteur dénonce la crédulité des « *intellectuels occidentaux* » vis-à-vis du FPR, alors que « *ces mêmes Occidentaux critiquent la moindre parole de leurs dirigeants* », il se déshabille un peu plus. « *Être citoyen c'est aussi chercher à savoir* », conclut « l'agent humanitaire ». Je ne le lui fais pas dire ! [39]

38. Voir l'enquête de terrain : *Rwanda. The Insurgency in the Northwest*, African Rights, septembre 1998, 430 pages.

39. Un an après, *Politis* publiera mon article « France-Rwanda : une armée au-dessus de tout soupçon ? », 8 octobre 1998. Un rectificatif.

Désinformation triviale

La forme vulgaire et grossière de la désinformation est bien illustrée par un article de *Globe hebdo* du 27 juillet 1994, un organe proche de l'*establishment* mitterrandien. Alors que le génocide était reconnu par la communauté internationale, cet article ne parlait que d'une « *guerre civile* » entre Hutu et Tutsi. Il n'est pas question de tueries systématiques contre tous les Tutsi, hommes, femmes et enfants, ciblés par leur faciès supposé ou par le fichage racial. Il cultive au contraire l'extrême confusion : le titre parle du « *Spectre d'un nouveau Biafra* » où « *Des millions de personnes sont menacés de mort* » (en juillet, le génocide était déjà accompli). Une carte représentait le Rwanda parsemé d'icônes symbolisant Hutu et Tutsi en lutte dans des pseudo-costumes traditionnels, avec en légende : « *massacres interethniques* » sans plus de précision. Un pays où, nous disait-on, « *règne désormais le FPR, militairement vainqueur mais politiquement et ethniquement minoritaire. Peut-être est-il enfin temps de penser aux survivants et de leur venir en aide pour qu'un peuple ne soit pas rayé de la surface de la terre* ». Ce journal insinuait donc, après que le génocide avait été authentifié par l'ONU, que c'étaient les Hutu (majoritaires) qui auraient été menacés d'un génocide par les Tutsi (minoritaires).

Pour justifier l'opération *Turquoise* et l'aide que cette opération devait apporter à ceux qui venaient d'accomplir le génocide, *Globe hebdo* brandissait la menace d'un FPR vainqueur. Et faisait disparaître le génocide derrière l'imagerie coloniale des « *massacres interethniques* ». Cet article n'est malheureusement pas un cas exceptionnel [40]. Le graphisme des cartes de *Globe hebdo* se retrouve dans l'illustration d'autres articles foncièrement ethnistes, souvent négationnistes, de plusieurs revues, y compris des revues pour les jeunes [41].

40. D'autres journaux n'ont pas non plus ménagé leurs efforts : *Marianne*, *Valeurs actuelles*, les éditoriaux d'Alexandre Adler dans *Courrier international*, *Africa International*, avec Marie-Roger Biloa, *Jeune Afrique*, etc.

41. *Les Clés de l'information junior* n° 85, 7-13 novembre 1996, *Science et vie junior*, janvier 1997, articles analysés dans *Liaison-Rwanda* n° 9, janvier 1997.

Est-ce la griffe du Sirpa ? Une étude plus systématique réserverait sans doute des surprises sur l'ampleur, l'organisation et la sophistication de la désinformation en France.

Prenons comme dernier exemple de ce type la prose d'Alexandre Adler, où se mêle racisme antitutsi, « *syndrome microcéphalique de Fachoda* »[42] et apologie de la Françafrique. La coïncidence avec la vision géopolitique des services secrets est quasi parfaite :

« *Ces massacres* [des exilés hutu au Congo-Zaïre] *faisaient suite à l'abominable tuerie des civils tutsi au Rwanda par les restes de l'armée hutu du président Habyarimana en 1994. Le nouveau régime rwandais de Paul Kagame, ancien chef de la sécurité militaire du président ougandais, pense encore s'en tirer en développant une campagne de contre-propagande mettant en cause la responsabilité indirecte de la France dans ces massacres.* [...] *Mais en réalité* [...] *les craquements se font terriblement sentir.* [...] *Les attaques de plus en plus audacieuses de groupes armés hutu au Rwanda, au Burundi, parfois mixtes dans l'ouest de l'Ouganda* [...], *ainsi qu'au Kivu* [...], *font peser une redoutable pression sur les deux régimes tutsi, et sur leur protecteur ultime, le président ougandais Museveni* [...]. *À Kinshasa même, Kabila commence à se demander si l'heure ne serait pas venue de lâcher ses encombrants protecteurs tutsi. Il y a une solution de rattrapage toute trouvée : renouer avec la France, qui appuie la nouvelle alliance dans l'Atlantique Sud du Congo-Brazzaville de Sassou Nguesso et du Gabon avec le nouveau protégé d'Elf-Erap que devient insensiblement l'Angola postcommuniste* [...]. *Ne serait-il pas temps pour Museveni de négocier enfin sérieusement une réconciliation véritable avec son opposition armée dans son pays, et une meilleure entente avec la France et la Tanzanie* [...] *?* »[43]

---

42. Pour reprendre l'expression de François-Xavier Verschave. Fachoda est une petite ville du Soudan où l'expédition Marchand, à la pointe de l'expansion coloniale française en Afrique, dut céder le terrain en 1898 aux troupes anglaises de Kitchener, leur laissant ainsi l'Est africain.

43. Alexandre Adler : « Les Grands Lacs et la France », *L'Express* du 5 février 1998.

Billets d'Afrique avait déjà, à plusieurs reprises, analysé le travail d'intoxication idéologique réalisé par Alexandre Adler dans *Courrier international* où ses éditoriaux ressassent une vision afropolitique « *éperdument françafricaine et dangereusement mortifère* » [44]. L'Afrique d'Adler, dit Verschave, ressemble à l'Europe de *Je suis partout*, où les Tutsi ont remplacé les Juifs : « *Ses propos vont du négationnisme larvé (le génocide devient "d'horribles massacres" ; la France n'y a aucune responsabilité ; les attaques "audacieuses" des "groupes armés hutu", animés au Rwanda de la même idéologie génocidaire, deviennent une revanche jubilatoire) à une proposition de grande alliance antitutsi. Kabila est invité à la rallier, derrière le panache français. Message : hors la France, point de salut, les ténèbres et la mort. Par exemple, si Museveni ne va pas à Canossa, on continuera d'armer et de dresser contre lui les délirantes guérillas ougandaises, type Lord's Resistance Army, que nous avons présenté l'an dernier* [*Billets d'Afrique* n° 44]. *Ce ne serait qu'affligeant – et étonnant pour* L'Express, *qui publie par ailleurs les reportages* [remarquables] *de Vincent Hugeux – si l'on ne savait qu'Alexandre Adler est très proche de Jacques Chirac. Selon toutes les apparences, il traite de l'Afrique à partir des informations et analyses fournies au pouvoir exécutif par les divers services de renseignements. L'alchimie géoraciale, l'idéologie raciste, mégalomane et négationniste qui nourrit ces "sources" secrètes procède vraiment d'un delirium tremens. Avec de tels pense-bêtes, la Françafrique reste l'ingénieur ivre dans les centrales nucléaires de l'ethnicisme.* » [45] L'évocation des centrales nucléaires est pertinente, sachant qu'Alexandre Adler a préfacé le livre de Dominique Lorentz *Affaires atomiques* [46].

44. *Cf. Billets d'Afrique* n° 18, janvier 1995, sur « Aristocratie armée » (*Courrier international,* 15 décembre 1994) ; n° 41, décembre 1996, sur « Zaïre : la main de l'Ouganda, les arrière-pensées des États-Unis » (*Courrier international,* 7 novembre 1996) ; n° 47, juin 1997, sur le Bloc-notes du directeur éditorial de *Courrier international* (dans sa livraison du 24 avril 1997).

45. *Billets d'Afrique* n° 56, mars 1998.

46. Éditions les Arènes, 2001.

Désinformation pointue

Certains articles qui semblent fournis « clés en main » par les officines françaises d'intoxication sont destinés au grand public. Mais la presse peut aussi avoir une activité de désinformation plus pointue, dirigée vers les spécialistes et l'opinion bien informée. On entre ici dans une catégorie de journalistes beaucoup plus impliqués dans ces « affaires africaines ». Le cas spécial de l'attentat contre Habyarimana, qui mélange l'intox massive et l'exercice de style, sera abordé plus loin. Il s'agit en effet d'un point très sensible de cette « affaire rwandaise », dans la mesure où, ni les responsables français, ni l'autre acteur potentiellement incriminé, le FPR, ne semblent désirer faire la vérité.

Pour les stratèges français qui ont assuré l'évacuation au Zaïre des cadres du génocide, des FAR et des populations sous leur coupe, ces exilés hutu sont la clé de la revanche contre le nouveau régime rwandais. Il fallait donc absolument empêcher leur rapatriement. C'est le journal *Libération* qui a été utilisé pour cette manœuvre. Au moment précis où le Haut Commissariat aux réfugiés (HCR) envisageait une opération de rapatriement massif, *Libération* du 23 septembre 1994 fait sa manchette avec le « rapport Gersony ». Ce rapport accuse le FPR d'avoir massacré 30000 civils dans la région de Byumba. L'article fait grand bruit et entraîne immédiatement le report de l'opération de rapatriement. Or, il s'agit d'une manipulation utilisant une information verbale de Robert Gersony [47]. Ce consultant a réalisé des interviews dans les camps d'exilés hutu de Tanzanie et en a conclu que le FPR aurait tué en masse des civils dans la commune de Nyarubuye, dans l'est du Rwanda. Colette Braeckman, qui a découvert le charnier de Nyarubuye quelques heures après que le FPR y eut pénétré, se souvient « *de l'effroi des jeunes soldats découvrant les milliers de cadavres entassés dans l'église et*

47. Consultant américain engagé au Rwanda par le HCR. Sur cette « affaire », voir Gérard Prunier, *Rwanda : le génocide*, Éditions Dagorno, pp. 384-385 ; Alain Frilet, « Polémique sur les représailles rwandaises », *Libération* du 24 octobre 1994, et « Reportage en situation de guerre », *Les Temps modernes*, juillet-août 1995.

les salles de classe ». L'état des cadavres prouve que les massacres ont été réalisés plusieurs jours avant que le FPR ne pénètre dans la zone. Colette Braeckman ajoute : « *La teneur du rapport suscita un tollé général et confirma à certains ce qu'ils cherchaient depuis longtemps à démontrer, à savoir la réalité des exactions du FPR et la thèse du "double génocide".* » [48]

Deux ans plus tard, en mars 1996, au moment d'une nouvelle opération de rapatriement des exilés hutu annoncée par le HCR, le quotidien *Libération* fournit à nouveau en manchette le chiffre de 100 000 morts imputés au FPR. « *Cette information qui suscita la surprise dans tous les milieux diplomatiques et onusiens de Kigali fut largement relayée par l'ensemble de la presse francophone en Europe et en Afrique.* » [49] Le rapatriement fut encore une fois stoppé. D'où viennent les « 100000 morts » de Stephen Smith ? Il s'agit d'un chiffrage totalement arbitraire, « calculé » par lui. L'histoire de ce calcul vaut que l'on s'y attarde. Dans un article de *Jeune Afrique* intitulé « Rwanda : génocides en séries », un certain Musangwamfura explique : « *Le FPR avait massacré de façon sélective et délibérée autour de 312 726 personnes dans des crimes de représailles et de contre-génocide. Ces chiffres ne sont pas exhaustifs. De ce nombre, nous avions pu établir des listes nominatives de 104 800 personnes tuées par le FPR après sa prise de pouvoir.* » [50] Ainsi, Musangwamfura [51] parvient à extraire des « *listes nominatives de 104 800 personnes tuées par le FPR* », à partir d'un chiffre donné à l'unité près...

Malgré cet illogisme dans la comptabilité macabre et la personnalité douteuse de Musangwamfura, Stephen Smith ne peut s'empê-

48. Colette Braeckman, *Terreur africaine*, Fayard, pp. 318-319.

49. *Ibidem.*

50. *Jeune Afrique* du 4 au 11 janvier 1996, article de Sennen Andriamirado (journaliste aujourd'hui décédé).

51. Ancien directeur du journal extrémiste *Isibo*, il est nommé chef de la Sûreté rwandaise par le Premier ministre Faustin Twagiramungu en juillet 1994. En août 1995, fuyant le « régime tutsi », il fit des aveux percutants sur le « *génocide des Hutu* » entrepris par le « gouvernement FPR » dont il était chef du service de renseignements. En 1991, dans le journal rwandais *Isibo*, il avait écrit un article au titre explicite « *Si nous n'exterminons pas les Tutsi, ce sont eux qui vont le faire* ».

cher de faire état de ces précieuses « données » [52]. Après avoir également cité les chiffres de l'africaniste Gérard Prunier (entre 30 et 50000), il arrondit finalement, pour faire bonne mesure, à 100000. *Libération* annonce en gras dans le sous-titre de la première page: « Plus de 100000 Hutu tués »! Stephen Smith fait de ce chiffre une « vérité » qu'il brandit ensuite en se citant lui-même. Ainsi, on peut lire dans son article du 6 mars 1997: « *Le Front patriotique rwandais (FPR) s'est livré à des massacres organisés qui ont coûté la vie à, au moins, 100000 civils hutu (voir* Libération *du 27 février 1996).* » Et il fait des adeptes, puisque ce chiffre est repris ailleurs, notamment par *Témoignage chrétien*, dans un entretien avec Françoise Bouchet-Saulnier, juriste de MSF [53], et dans *Politique africaine* par Marc-Antoine Pérouse de Montclos, chercheur à l'Institut de recherche pour le développement (IRD) [54]. Ainsi, à deux reprises, le journal *Libération* a joué un rôle clé, celui qu'attendaient les Services français. Une illustration magistrale de l'utilisation de la presse au service du pouvoir.

L'exemple qui suit concerne les livraisons d'armes au Rwanda pendant le génocide par cette « France » alliée au Hutu Power. L'association Human Rights Watch a réalisé une enquête sur le terrain pendant quatre mois. Elle a recueilli des preuves irréfutables de la participation française à des livraisons d'armes aux Forces armées rwandaises (FAR) pendant le génocide. Human Rights Watch a publié un rapport avec des informations précises. Elles émanent d'officiels locaux, d'officiers de l'armée zaïroise, des équipages des compagnies de fret aérien ainsi que des membres du personnel des agences internationales et des organisations humanitaires présentes sur place [55]. En juillet 1995, les résultats de cette enquête commençaient à circuler.

52. Dans sa prétendue « enquête sur la terreur tutsi », *Libération* du 27 février 1996. Même s'il présente ces chiffres avec un ton ironique.

53. « Le Rwanda face à un nouveau génocide », *Témoignage chrétien* du 8 mars 1996, propos recueillis par Michèle Duflot.

54. « Les séquelles d'un génocide: quelle justice pour les Rwandais? », *Politique africaine* n° 69, mars 1998. Article qui sera évoqué dans le chapitre VIII « Complicités intellectuelles ».

55. Human Rights Watch, « Réarmement dans l'impunité: soutien international aux auteurs du génocide rwandais », mai 1995.

Le spécialiste de *Libération*, Stephen Smith, le discrédite alors à l'aide d'une technique très simple. Il désavoue le témoignage d'une seule des nombreuses sources utilisées par Human Rights Watch en ignorant toutes les autres [56]. Cela suffit dans l'esprit des lecteurs à jeter le discrédit sur l'ensemble du rapport.

Comme à l'habitude, le titre de l'article « Human Rights Watch accuse sans preuves Paris d'avoir armé les FAR », est déjà une contre-vérité. En réalité, Stephen Smith ne conteste qu'un seul témoin, Jean-Claude Urbano, l'ancien vice-consul honoraire de France à Goma au Zaïre. Celui-ci avait fourni à Human Rights Watch des détails concrets sur les livraisons d'armes françaises en mai et juin 1994. Il avait aussi donné l'autorisation de les utiliser. Après publication du rapport, Stephen Smith revoit le témoin et obtient de lui un revirement. Occultant alors les autres sources, il écrit que cette association « *accuse sans preuve* ». Le 31 août, Human Rights Watch envoie à *Libération* un droit de réponse que *Libération* refusera de publier. Refus d'un côté, mais complaisance de l'autre, ce journal fera un titre du démenti officiel français : « La France dément avoir armé Kigali », article toujours signé Stephen Smith [57]. Il s'agit cette fois de parer aux informations de la BBC, révélant le témoignage accablant de l'ancien chef de la Minuar [58], le colonel belge Luc Marchal. Au centre de l'article trône un petit scoop négationniste, avec le titre en gras : « ***Je ne peux pas croire à un génocide organisé*** ». Il s'agit des réflexions de Jean-Christophe Mitterrand, livrées sans commentaire.

Stephen Smith fait un travail d'expert, mais s'emmêle parfois les pieds entre informations exactes et désinformation. Il a déclaré en 1998 au rapporteur de la Mission parlementaire que Jean-Christophe Mitterrand ne connaissait quasiment pas Jean-Pierre Habyarimana, le fils du président rwandais, s'alignant sur le système de défense effronté du premier. Or, il avait écrit en 1994 dans *L'Afrique sans Africains* : « *Jean-Christophe Mitterrand était l'homme des réseaux familiaux : l'ami des enfants des autres chefs d'État, Ali Bongo au Gabon, Jean-*

56. *Libération* du 31 juillet 1995.

57. *Libération* du 22 août 1995.

58. Forces de l'ONU au Rwanda.

Pierre Habyarimana au Rwanda... »[59] Il remet donc lui-même sa sincérité en question. Et prend des risques, car « *l'amitié très poussée entre les fils des deux présidents* » qui faisaient à Kigali « *les quatre cents coups* » n'est un secret pour personne et encore moins pour les Rwandais qui assistaient aux visites privées de Jean-Christophe Mitterrand[60]. Par ailleurs, il écrivait dans *Libération* du 4 juin 1994 : « *Toutes les sources sur place – y compris les expatriés bien placés – expriment leur "certitude" que ces livraisons d'armes* [aux forces du génocide] *ont été payées par la France.* » Il se fait ici piéger par ses contradictions. Un journaliste désinformateur peut être démasqué par ses erreurs de dosage entre les informations exactes, nécessaires pour asseoir sa crédibilité, et la désinformation qu'il veut diffuser.

« *La France dément avoir armé Kigali* », écrit Stephen Smith dans *Libération* du 22 août 1995. Dans *Croissance* de février 1999, il confirme et ajoute sans vergogne : « *La France n'a pas violé l'embargo sur les livraisons d'armes décrété par les Nations unies, contrairement aux affirmations de Human Rights Watch qui n'a pas cherché à défendre ses accusations.* » Il fallait oser, alors que *Libération* a refusé à cette association un droit de réponse... Souvenons-nous du silence pesant des autorités françaises à l'époque. Seule une déclaration du ministre des Affaires étrangères a démenti, dans un communiqué laconique, toute livraison d'armes par la France en violation de l'embargo. C'était tout. Juste cette déclaration qui s'avérera être une contrevérité supplémentaire relayée par *Libération*. Au début de 1998, *Le Figaro* fera justice de cette désinformation. Patrick de Saint-Exupéry livre un dossier complet, avec des preuves précises, recoupées et vérifiées. Ces informations brûlantes se retrouveront d'ailleurs dans un rapport de l'ONU – cette fois sans démenti français –, Hubert Védrine s'abstenant même de répondre à une lettre que lui a adressée le responsable onusien de l'enquête[61] :

---

59. Antoine Glaser et Stephen Smith, *L'Afrique sans Africains*, Stock, 1994, p. 117.

60. Comme Vénuste Kayimahe, employé du Centre culturel français, le relate dans son livre *France-Rwanda : les coulisses d'un génocide*, Éditions Dagorno, 2002.

61. Patrick de Saint-Exupéry, *Le Figaro* du 12 janvier 1998. Les rapports de l'ONU sont disponibles sur Internet : Rapport S/1998/1096 du 18 novembre 1998 et Rapport S/1998/63, paragraphes 16 à 27.

« *Les livraisons d'armes par intermédiaires français se sont poursuivies au moins jusqu'au 3 mai 1994, soit quasiment un mois après le début du génocide. Ce jour-là un avion transportant des armes à destination des Forces armées rwandaises (FAR), pour une valeur de 942680 dollars, atterrit au Zaïre. Alors basée à Cran-Gévrier (Haute-Savoie), la société DYL-Invest a joué un rôle d'intermédiaire pour affréter ce vol en versant 450000 dollars, le reste du payement – 130000 dollars – étant assuré par l'ambassade du Rwanda au Caire. Toujours en ce début mai, la Sofremas (Société française d'exportation de matériel et de systèmes d'armement) "confirme une commande" d'armes de 8028000 dollars passée par l'ambassade du Rwanda à Paris. Dans un courrier en date du 6 mai 1994, la Sofremas précise qu'il s'agit d'une "livraison immédiate par voie aérienne dès réception de l'acompte du 6 mai 1994 sur notre compte bancaire de l'EUC/Zaïre correspondant". Autre élément* [...] Le Figaro *est en mesure d'affirmer que le 18 juillet* [pendant l'opération *Turquoise*] *un vol transportant pour 753645 dollars d'armes s'est posé à Goma.* »

Les documents issus de l'article ci-dessus sont tellement accablants qu'ils ne pourront être éludés par la Mission d'information. Donnés par Patrick de Saint-Exupéry aux députés, ils seront publiés en annexe au rapport de la Mission [62]. On pourrait s'amuser du « travail » de Stephen Smith s'il n'avait pour support un grand quotidien d'information et s'il ne touchait pas de très nombreux lecteurs. Un tel travail de sape n'est pas sans conséquence sur l'opinion des lecteurs non avertis, qui représentent hélas la majorité. Tout le monde ne connaît pas les éléments des différents dossiers [63]. On trouvera ici en annexe le droit de réponse d'Human Rights Watch censuré par *Libération*. Ce cas de désinformation sur l'armement français aux FAR pendant le génocide n'est qu'un exemple parmi de nombreux autres. À force de se prendre les pieds entre informa-

62. Mission parlementaire, tome II, annexe.

63. Sur Stephen Smith, voir les analyses faites dans *Maintenant* des 20 septembre 1995 et 20 mars 1996, ainsi que dans *Billets d'Afrique* et *Liaison-Rwanda* (consultables avec moteur de recherche sur le site Internet du Réseau Voltaire : www.reseauvoltaire.net).

tion et désinformation, on pouvait penser que Stephen Smith allait finir par tomber. Il écrit maintenant dans *Le Monde* [64].

Le drame de Kibeho et son exploitation

Le drame de Kibeho d'avril 1995 a pris valeur symbolique. Mais malgré tous les efforts de ceux qui l'utilisent pour démontrer l'existence d'une « terreur tutsi », il pourrait devenir au contraire le symbole de la désinformation qui règne sur ce sujet. Elle est tout entière résumée par la photo illustrant l'article de Stephen Smith « Rwanda: enquête sur la terreur tutsi » du 27 février 1996. On y voyait des soldats africains marchant sur un amoncellement de cadavres avec pour légende: « *Soldats tutsi sur les corps des victimes à Kibeho.* » [65] C'était en réalité des soldats africains de l'ONU. Le rectificatif à peine lisible paru par la suite aura eu beaucoup moins d'impact que l'« effet choc » de l'image, dans le contexte d'un article qui se voulait lui-même « sensationnel ». Ce n'est pas tout. *Libération* a donné des chiffres considérablement gonflés du nombre de tués « *massacrés par l'armée rwandaise* [APR] »: « *entre 5000 et 8000 personnes, selon l'ONU* » [66]. Soit près du triple de ce que mentionnait réellement l'enquête internationale sous l'égide de l'ONU qui chiffrait entre 800 et 1 200 le nombre de morts [67]. Au-delà de cette comptabilité macabre manipulée par *Libération*, il faut aussi s'intéresser aux circonstances. Qui sont ces morts ? Qui a tué ? Pourquoi ? Comment ?

Après la victoire du FPR en juillet 1994 qui a permis l'arrêt du génocide, les militaires français avaient réussi à maintenir avec l'opération *Turquoise* un sanctuaire pour les forces de l'ancien régime, la fameuse Zone humanitaire sûre. Une sorte de Hutuland, qui devait constituer la base de la reconquête du Rwanda. Kibeho était un camp

64. En première page du *Monde* du 17 novembre 2000.

65. *Libération* du 27 février 1996.

66. *Libération* du 24 avril 1995.

67. La Commission indépendante d'enquête comprenait des représentants de l'ONU, de l'OUA et de sept pays occidentaux. Marc Brisset-Foucault et collaborateurs *Report of the Independent International Commission of Inquiry in the Events at Kibeho*, avril 1995.

de cette zone. Il regroupait environ 120000 déplacés. Quand la défaite est devenue évidente et irréversible, le Hutu Power et les experts français abandonnèrent cette stratégie pour un repli total au Zaïre. Mais les miliciens armés et les dirigeants du génocide se concentraient à Kibeho au fur et à mesure que les autres camps de la zone (Cyanika et Rukondo) étaient progressivement fermés [68]. Le 10 avril 1995, les autorités de Kigali avaient conclu un accord avec la Minuar et le HCR pour une fermeture définitive le 15 avril. L'ONU devait surveiller l'opération de fermeture et la réintégration du « Hutuland » dans le Rwanda, malgré le refus des dirigeants du camp de Kibeho. Pour compliquer l'affaire, les ONG omniprésentes favorisaient les relations des responsables génocidaires du camp avec les bases arrière du Hutu Power au Zaïre [69]. Au camp de Birava, près de Bukavu, les miliciens Interahamwe poursuivaient leur entraînement militaire. Faut-il s'étonner que l'idéologue du génocide, l'un des responsables de la RTLM alors toujours en service, Ferdinand Nahimana, se soit retrouvé en juin 1994 dans cette zone ? Rappelons qu'il avait été évacué sur la France en avril par les militaires français de l'opération *Amaryllis*.

La fermeture imminente de Kibeho, resté le dernier de ces camps, inquiétait les criminels qui s'y étaient regroupés. Comme ils l'avaient déjà fait en juillet et août 1994, ils provoquèrent alors un mouvement de panique destiné à leur permettre de fuir, dissimulé dans le flux des masses humaines. L'unité de l'APR de garde autour du camp s'est trouvée débordée et a tiré sur cette foule. Selon le récit très précis et détaillé d'un témoin oculaire : « *Les jeunes officiers d'une troupe très jeune ont perdu pied, et cherché d'une manière complètement disproportionnée à endiguer les mouvements de foule.* » [70] Les autorités génocidaires qui avaient trouvé refuge à Kibeho auraient

68. *La Libre Belgique* du 25 avril 1995.

69. En particulier MSF-France. Signalons aussi que Frères des hommes poursuivait simultanément son aide aux camps de Bukavu et Goma sous l'emprise des génocidaires, dans une action qu'elle intitulait « Appui à l'auto-organisation en temps de guerre », *Frères des hommes, bulletin trimestriel d'information* n° 45, mars 1995.

70. Cité par *Billets d'Afrique*, avril 1996, « Retour sur Kibeho ». Voir aussi Alex de Waal, *Famine business. L'entreprise humanitaire en Afrique,* Colophon, 2000 (non distribué en France : Éditions Colophon, 25, rue Gratès, B-1170 Bruxelles, Belgique).

de leur côté tiré sur les soldats de l'APR. Pour forcer la masse à avancer devant eux, les miliciens ont également tué des déplacés à la machette. De nombreux cadavres portant des traces de coups mortels à l'arme blanche ont été identifiés par les membres de la Commission d'enquête. Les gens ont donc été poussés par les miliciens vers les militaires qui ont réagi en tirant, puis massacrés à la machette par ces miliciens pour tenter d'empêcher leur reflux. Ajoutons que près de la moitié des victimes ont péri piétinées ou étouffées. Cela, la désinformation ordinaire le tait. Au contraire, Kibeho est présenté comme l'exemple d'un massacre planifié. Ce qui est révélateur, c'est que *Libération* ne signale pas la présence des miliciens parmi les déplacés [71]. Ce journal dissimule là un fait essentiel qu'il n'ignore pas. En bref, il désinforme.

Est-ce parce que cet événement est devenu un lieu commun de la propagande antitutsi ? Peu d'historiens se sont donné la peine de rétablir la vérité. Jean-Pierre Chrétien fait cette mise au point nécessaire dans la revue *Esprit*: « *Des mouvements de foules suscités par les groupes de miliciens et de propagandistes de l'ancien pouvoir, mal contrôlés par le contingent zambien des forces de l'ONU, se soldent par des bousculades meurtrières et ensuite par une tuerie opérée sur les fuyards par une unité de l'APR.* » [72]

Voici ce que dit la commission d'enquête indépendante [73] :

« *Selon la commission, le camp de Kibeho, situé dans l'ex-"Zone humanitaire sûre" pendant l'été 1994, abritait un grand nombre d'extrémistes hutu* [miliciens et organisateurs du génocide]. *Il est clair que les Nations unies ont failli à leur mission en ne mettant pas fin à leurs activités, même si derrière cette faillite les militaires français et les organisateurs de l'opération* Turquoise *sont omniprésents. Les ONG présentes* [dont MSF France] *se sont opposées à la volonté du gouvernement rwandais de vider le camp de déplacés, ont outrepassé leur mandat et favorisé l'apparition d'une situation conflictuelle.*

---

71. *Libération* du 24 avril 1995.

72. Jean-Pierre Chrétien : « Le Rwanda piégé par son histoire », *Esprit*, août-septembre 2000. Alex de Waal y consacre également un chapitre dans *Famine business*, ouvrage cité.

73. Rapport cité.

[…] *Il y a suffisamment d'éléments de preuve dignes de foi qui permettent d'établir que, pendant les événements survenus au camp de Kibeho entre les 18 et 23 avril 1995, des personnes déplacées non armées ont été soumises à des graves atteintes aux droits de l'homme, comprenant des atteintes arbitraires portées à leur vie et à leur intégrité corporelle commises* ***par des éléments armés parmi des personnes déplacées elles-mêmes***. » (Souligné par l'auteur.)

Une synthèse claire de ces événements avait été faite par *Billets d'Afrique* en mai 1995 [74]:

« *Tombés sous la coupe des miliciens Interahamwe, les camps entretenaient un potentiel de guerre civile. Le gouvernement de Kigali réclamait depuis longtemps qu'on sépare la population "ordinaire", appelée à se réinstaller hors des camps, d'avec les criminels organisés. Faute d'action internationale, il a fini par envoyer l'armée (l'APR) à cet effet. Au moins quatre éléments ont concouru aux tueries de Kibeho: des actes d'hostilité (armée ?) de certains occupants du camp (où s'étaient repliés les éléments les plus durs des camps fermés récemment); la réaction, d'une brutalité totalement démesurée, des officiers et soldats de l'APR chargés de la mission d'évacuation; des mouvements de panique; l'exécution, par les irréductibles* [les miliciens], *de civils* […].

Une première désinformation a consisté à présenter l'APR, non comme le principal fauteur du massacre (la supériorité armée conférant en tout cas un surcroît de responsabilité), ***mais comme le seul***. […]

La seconde désinformation a consisté à occulter le caractère ingérable de "l'équilibre", imposé par la France et l'ONU, entre les responsables du génocide et ceux qui les combattaient. Si l'on avait mis les premiers hors d'état de nuire, l'État de droit serait mieux respecté au Rwanda, et l'esprit de vengeance moins répandu. On pourrait plus facilement se passer des interventions de l'APR – laquelle, entraînée à tuer comme toutes les armées du monde, n'est pas davantage immunisée contre le crime de guerre. […] »

Je reprends bien volontiers à mon compte la conclusion de *Billets d'Afrique*:

---

74. *Billets d'Afrique*: « Kibeho, le point de vue de Survie » n° 22, mai 1995.

« [...] *On demande au Rwanda de supporter sur son sol les repaires de miliciens laissés sur place par* Turquoise, *le réarmement (par qui ?) des tenants de l'ancien régime à ses frontières, l'impunité dont jouissent les responsables de son malheur.* [...] *Rien n'excuse ce qui s'est passé à Kibeho. Rien n'excuse non plus d'avoir laissé se perpétuer une situation qui y conduisait de façon prévisible.* »

Kibeho est situé dans la préfecture de Gikongoro, qui est un haut lieu de mémoire des massacres de 1963 et 1994. Quand est affirmée l'équivalence criminelle du génocide des Tutsi et du drame de Kibeho de 1995, il y a tromperie. On ne peut mettre sur le même plan un génocide et un dérapage de jeunes soldats affolés, réalisé au vu et au su de tous, en présence de plusieurs ONG (dont MSF-France) et des Casques bleus de l'ONU, ce qui suffit à prouver l'absence de préméditation. Pendant le génocide, l'extermination massive a été organisée dans la nuit rwandaise par les autorités. Il s'agissait de l'application d'un programme d'élimination systématique d'une communauté humaine. La signification n'est pas la même, ces crimes sont d'une tout autre nature. Ce type d'amalgame n'est pas nouveau. Georges Bensoussan l'a déjà dénoncé concernant la Shoah : « *En affirmant, par exemple, telle une vérité révolutionnaire, que toutes les victimes se valent (qui prétend le contraire ?)* [nombre d'intellectuels] *s'interdisent en même temps de comprendre que la* **nature** *du crime fait le désastre, et non la seule arithmétique des pertes humaines.* »[75] Il faisait référence à la « *pensée arithmétique* » de Stéphane Courtois qui conduit à mettre sur le même plan les crimes du communisme et le génocide des Juifs[76].

Le drame de Kibeho est devenu le lieu commun de la propagande antitutsi, utilisé aussi bien par les extrémistes hutu que par les ONG, les journalistes et même des scientifiques. Cette propagande parle même souvent du « *génocide des Hutu à Kibeho* », donnant le chiffre de 8 000 morts. Voici comment trois auteurs dont nous reparlerons, Rony Brauman, Stephen Smith et Claudine Vidal, présentent ce drame

75. *Auschwitz en héritage*, ouvrage cité.

76. Dans son introduction au *Livre noir du communisme*, ouvrage collectif sous la direction de Stéphane Courtois, Robert Laffont, 1997.

dans la prestigieuse revue *Esprit*[77] : « *L'armée du FPR s'est livrée, pendant la guerre, à des massacres de populations civiles qui n'ont pas pris fin en juillet 1994. Ainsi, en avril 1995, à Kibeho, malgré la présence de témoins étrangers, de Casques bleus de l'ONU et d'une équipe de Médecins sans frontières (MSF), des soldats de l'APR ont tiré sur la population non armée d'un camp de déplacés hutu.* » Plus loin, les massacres de Kibeho sont à nouveau évoqués, toujours en oubliant une partie des informations : « *L'année 1995 fut marquée par le massacre de Kibeho : dans ce camp de déplacés rwandais, du 20 au 24 avril, l'armée tua des milliers de civils non armés.* » Cette présentation tronquée, cette vérité arrangée, trouve sa logique dans l'argumentation des trois auteurs. Ceux-ci s'emploient à montrer que le génocide des Tutsi est le « *fonds de commerce* » du pouvoir à Kigali et l'« *alibi* » du FPR, et se servent à leur tour du massacre de Kibeho pour relativiser le génocide.

L'attentat qui déclencha le génocide

« *Faire liquider son ennemi par un autre ennemi, c'est le rêve absolu de tout manipulateur.* »
Gérard de Villiers[78].

L'attentat contre Habyarimana est dans cette affaire rwandaise comme un caillou dans la chaussure de l'exécutif français. S'il apparaissait que des responsables politiques ont trempé dans ce projet, cela poserait en d'autres termes le rôle de la France, péniblement blanchie par les conclusions de la mission Quilès. C'est parce qu'il constitue un problème délicat que cet « attentat déclencheur du génocide » est aussi un magnifique exemple de l'utilisation de la presse par le pouvoir. Délicat, il l'est dans la mesure où l'incrimi-

77. Rony Brauman, Stephen Smith, Claudine Vidal, « Politique de terreur et privilège d'impunité au Rwanda », *Esprit*, août-septembre 2000.

78. *SAS. Enquête sur un génocide* (n° 140), Malko Production, 2000. Voir la note de lecture sur ce livre dans *Liaison-Rwanda* n° 31, novembre 2000. Ouvrage déjà cité (notes n° 35 et 36, page 194).

nation de « l'ennemi », le FPR, pose apparemment des problèmes. De fait, les services secrets français ont montré très peu d'empressement à faire la vérité sur cette affaire. Cela d'autant plus curieusement que des Français ont été impliqués. Divers témoignages recueillis par la journaliste Colette Braeckman l'attestent. Je renvoie à son travail d'investigation: *Rwanda, histoire d'un génocide*[79]. Voici en quelques phrases sa présentation des faits[80]:

« *J'avais reçu un message provenant de Kigali dont j'ai authentifié l'auteur, chef de milice à Kigali. Il écrit dans ce message que quatre personnes, chefs de milice à Kigali, étaient au courant du déclenchement de l'opération menant à cet attentat, et qu'ils ont opéré avec la collaboration de deux ressortissants français, membres du Dami – une Mission de coopération française. D'après mon enquête, ce sont des gens qui avaient quitté officiellement le Rwanda en décembre et qui faisaient partie de ces groupes revenus en civil en février et en mars: cela, c'est une information corroborée par plusieurs témoignages. Lorsqu'ils étaient interrogés par d'anciennes relations, ces militaires en civil disaient: "Nous sommes ici à titre privé, pour une mission privée." À titre privé, ces deux personnes ont donné leur appui technique aux miliciens de la CDR, donc de l'extrême droite rwandaise, pour abattre l'avion.* »

Un officier français, le lieutenant-colonel Grégoire de Saint-Quentin, a pu inspecter les lieux du crash moins de deux heures après l'attentat. Aucune divulgation des résultats de cette inspection n'est faite et aucune enquête officielle n'est annoncée à l'époque. Il s'agit pourtant d'un attentat où trois Français perdirent la vie[81]. Pourquoi l'enquête n'a-t-elle été ouverte qu'en 1998, trois semaines après l'annonce de la mise en place de la Mission parlementaire d'information? Tout dans cette affaire à un relent de coup tordu: la présence du capitaine Barril, employé par l'*akazu* au moment de l'attentat;

79. Fayard, 1994. Colette Braeckman est journaliste au *Monde diplomatique* et grand reporter au *Soir* de Bruxelles.

80. Agir Ici et Survie, *L'Afrique à Biarritz*, Karthala 1995, p. 126.

81. Le pilote, le copilote et le mécanicien navigant du Falcon présidentiel.

les hésitations des services français, accusant le FPR sans vouloir vraiment le désigner; les hommes du Dami retournés « *en vacances* », faire du tourisme au Rwanda en février 1994 selon les explications du lieutenant-colonel Maurin, présent lui aussi au Rwanda en avril 1994 [82]. Le silence gêné des autorités françaises laisse suspecter un très mauvais scénario. L'omniprésence du capitaine Barril sur le terrain suggère qu'il est aussi mauvais que celui des Irlandais de Vincennes [83]. À y respirer de près, on sent presque le « parfum » de l'éminence grise des coups tordus, l'homme de l'ombre de la Françafrique, Jacques Foccart.

Pour compenser cette « mauvaise donne », la presse donne le change. Périodiquement, les journalistes mercenaires brouillent les cartes. Examinons l'offensive en règle déclenchée à la suite d'un mémorandum de l'ONU resurgi sur la scène médiatique d'un tiroir de l'Internal Oversight Service onusien, grâce au quotidien canadien *National Post*, le 1er mars 2000. Le mémorandum rédigé par l'avocat américain Michael Hourigan, ex-employé de l'ONU, incrimine un commando de l'APR dans l'attentat contre Habyarimana. Contrairement à l'exploitation qui a été faite de ce document, il faut signaler que Michael Hourigan n'est nullement négationniste. Il ne remet pas en cause ni la réalité du génocide, ni l'entière responsabilité du Hutu Power dans celui-ci. Interrogé par une chaîne de télévision canadienne en mars 1999, il déclarait: « *Mon équipe a découvert des preuves certaines de l'existence d'un groupe de conspirateurs*

---

82. « *Il est exact qu'en février 1994 deux anciens coopérants militaires sont revenus au Rwanda du Burundi comme* ***touristes*** *pour aller dans les parcs de l'Akagéra* ». Mission parlementaire. Audition du 3 juin 1998, à huis clos. Le colonel Bernard Cussac, chef de la Mission d'assistance technique militaire au Rwanda, était présent à Kigali jusqu'au 14 avril, ainsi que d'autres coopérants militaires comme le colonel Lallemand du 1er RPIMa.

83. En 1982, les « gendarmes d'élite » de la cellule élyséenne, dont Paul Barril, arrêtèrent trois nationalistes irlandais. Dans un communiqué, l'Élysée présentera cette arrestation comme un magistral coup de filet sur un commando terroriste de l'IRA. Un an plus tard, un gendarme de cette brigade avouera que les gendarmes avaient eux-mêmes placé les pièces à conviction dans l'appartement des Irlandais. Ceux-ci furent relâchés. Paul Barril dut se reconvertir dans le privé, mais le responsable de la cellule, Christian Prouteau, protégé par l'Élysée, ne fut pas inquiété.

occupant des postes clés dans différentes sphères de l'ancien régime: les forces armées, les milieux bancaires et d'affaires, le gouvernement... Les Hutu qui composaient ce petit cercle ont organisé le génocide. Ils l'ont coordonné, financé, ont armé la population, et ils ont mis leur plan en application à la date du 6 avril. » [84]

Libération des 11 et 12 mars 2000 et *Le Monde* des 12 et 13 mars 2000 citent l'article du *National Post*, sans analyse critique. Stephen Smith, l'un des premiers à accuser le FPR d'être l'auteur de l'attentat, en fait son miel. Le titre de son article en résume l'esprit: « La piste enterrée de l'ONU ». Le 29 juillet 1994, Stephen Smith avait parlé d'« *une cellule autonome* » du FPR chargée de l'attentat. Il citait d'ailleurs un dirigeant anonyme du mouvement rebelle attestant qu'en sa présence le président du FPR, Alexis Kanyarengwe, a envisagé de « *descendre* » Juvénal Habyarimana. Cet article du 29 juillet marque un tournant dans les écrits de Stephen Smith qui seront désormais très proches des thèses officielles françaises. Sur la base d'un rapport « *rédigé sous le contrôle de gendarmes français* » [85], il désigne le FPR comme une organisation « *terroriste* », responsable des attentats au Rwanda: « *La rébellion tutsi recourt au terrorisme aveugle comme moyen de pression.* » On retrouve ici les thèses chères à Barril.

Une semaine après, voici la façon dont l'hebdomadaire *Valeurs actuelles* analyse ce qu'il présente comme une révélation: « *L'ONU avait "oublié" un rapport concluant à la responsabilité directe d'un commando du FPR dans l'assassinat, le 6 avril 1994, du président Habyarimana.* [...] *Le groupe responsable de l'attentat était aux ordres de Paul Kagame, ancien chef du FPR, aujourd'hui vice-président du Rwanda.* [...] *À Kigali, des personnalités du régime ont disparu, d'autres ont été assassinées ou ont démissionné. Dernier en*

---

84. Cité par Mehdi Ba, *Golias magazine* n° 71, mars-avril 2000.

85. Cité par Stephen Smith, *Libération* du 29 juillet 1994. Filip Reyntjens dans *Rwanda. Trois jours qui ont fait basculer l'histoire*, Cedaf-L'Harmattan, 1995, p. 42, cite à son tour ce document: « Étude sur le terrorisme au Rwanda depuis 1990 », République rwandaise, gendarmerie nationale, Centre de recherche criminelle et de documentation à Kigali, juin 1993, 9 pages, qui semble être une intoxication des Services français.

date : le chef de l'État, Pasteur Bizimungu, démissionnaire le 23 mars. Il avait été nommé président du nouveau régime tutsi en août 1994. Sa présence au pouvoir symbolisait la réconciliation nationale rwandaise, au côté de Kagame, le "Khmer noir", organisateur d'escadrons de la mort sévissant au Rwanda et au Congo. Leur existence vient d'être confirmée par plusieurs témoignages de réfugiés. » [86]

Pierre Péan lui-même est mis à contribution. Il signe avec Christophe Nick et Xavier Muntz un article destiné à réhabiliter Mitterrand [87]. Dans le prolongement de son article paru dans *L'Almanach d'Actuel*, il reprend le thème de l'empire tutsi-hima : « *Kagame et Museveni ont organisé l'assassinat de deux présidents de la République pour conquérir toute l'Afrique équatoriale. Ils ont conçu leur guerre comme une épopée napoléonienne.* » [88] À l'ingrédient de la vulgate ethniste (l'empire tutsi) sont ajoutés tous les éléments incriminant le FPR dans l'assassinat de Habyarimana. On y apprend que « *Paul Kagame, actuel président du Rwanda, a donné l'ordre de tuer son prédécesseur hutu tout en sachant que cela déclencherait un génocide. Le juge Brugière* [en charge de l'enquête sur l'attentat] *veut l'arrêter* ». Sous-titre de la dernière partie : « Mitterrand n'y était donc pour rien » *(sic).* « *François Mitterrand reste accusé par les médias de complicité de génocide. L'enquête du juge Brugière devrait le réhabiliter.* »

L'hebdomadaire *Marianne* va encore plus loin en affirmant que les Tutsi ont provoqué le génocide des Hutu. C'est un véritable scoop : « Le nouveau scandale du Rwanda. Comment et pourquoi la vérité a été escamotée », titre l'article dans un style cher à Jean-François Kahn. « *Le génocide antihutu du Rwanda a été intentionnellement provoqué par un attentat* [...] *organisé par les Tutsi du Front patrio-*

86. *Valeurs actuelles* du 31 mars 2000, article de Frédéric Pons.

87. Dans *Le Vrai Papier Journal*, octobre 2000, pp. 40-44. Texte étonnant par la grossièreté des arguments et le manque de documentation, cet article donne plus l'impression d'être une opération de communication des Services qu'un travail d'investigation.

88. Puiseraient-ils à la même source que Bernard Debré pour son *Retour du Mwami* (ouvrage cité).

tique rwandais. » La traditionnelle photo de crânes a pour légende : « *Les Tutsi ont provoqué le génocide des Hutu pour se rendre maîtres du pays.* » Il y a même une analyse : « *En clair, les "durs" de la rébellion tutsi contre le régime hutu, au moment où une négociation de paix était en voie d'aboutir, ont sciemment* [...] *provoqué l'explosion de haine ethnique dont des centaines de Tutsi ont sans doute été victimes, mais qui leur a permis de prendre le pouvoir.* » [89] Au passage, le mythe des « Khmers noirs » resurgit. S'il est associé à la théorie du double génocide dans *Valeurs actuelles*, *Marianne* ne parle que de « *génocide des Hutu* ». Une semaine plus tard, *Marianne* publiera en encadré les commentaires de Bernard Debré, l'ancien ministre de la Coopération, avec un énorme titre qui en résume le contenu : « Merci *Marianne* pour cette vérité. » [90]

Dénonçant les propos révisionnistes de *Marianne*, le journaliste Mehdi Ba et l'historien Yves Ternon en font une analyse très pertinente dans *Golias* [91]. Dans un entretien avec Mehdi Ba, Jean-François Kahn s'enfoncera encore un peu plus dans son mensonge révisionniste. Yves Ternon, historien spécialiste du génocide arménien [92], retrouve ici des ficelles qu'il connaît bien : « *Par un amalgame grossier, le journaliste retourne la vérité et transforme le génocide des Tutsi en génocide des Hutu. Ainsi, procèdent ceux qui inondent les réseaux d'Internet de discours haineux où s'épanche l'antisémitisme qui nourrit la négation de la Shoah.* » [93] Les explications de Jean-François Kahn sont en effet les pires caricatures du genre. Les historiens travaillant sur la négation des crimes contre l'humanité peuvent mettre l'article de *Marianne* dans leurs archives.

---

89. *Marianne* du 20 au 26 mars 2000. Article non signé.

90. *Marianne* du 10 au 16 avril 2000.

91. Mehdi Ba, *Golias magazine* n° 71, mars-avril 2000 : « De l'attentat au négationnisme », pp. 26 à 34.

92. Auteur d'un ouvrage remarquable sur le négationnisme : *Du Négationnisme. Mémoire et tabou*, Desclée de Brouwer, 1999.

93. Yves Ternon, *Golias magazine* n° 71, mars-avril 2000 : « À propos du négationnisme », pp. 20-23.

Le plus extraordinaire dans cette affaire de désinformation ordinaire est que l'on apprend au final que le capitaine Barril est à l'origine de l'envoi de ce rapport à l'ONU (le mémorandum de Michael Hourigan): « *Pour mémoire et parce que l'actualité s'y prête, je rappellerai que c'est moi qui, tandis que la guerre faisait déjà rage au Rwanda, suis parti avec une poignée de mes hommes récupérer quelques heures après l'attentat, le 6 avril 1994, les pièces à conviction établissant que l'avion du général Habyarimana avait bien été la cible d'une action terroriste des rebelles tutsi. Si cela en avait fait sourire plus d'un à l'époque, il se trouve que plus tard l'ONU vient de retrouver le rapport que je lui avais alors adressé et qui s'était inexplicablement égaré. Étrange, non ?* » [94] Paul Barril ne peut apparemment pas résister au plaisir de dévoiler son implication dans cette affaire.

Alors, intox ou participation réelle du FPR à l'attentat ? La possibilité de participation du FPR, ou du moins la tentative de l'associer à ce projet, doit être examinée sérieusement. Le mémorandum de Michael Hourigan est constitué par la déposition de deux Rwandais. Ils se disent membres de l'escadron d'élite coordonné par Paul Kagame pour abattre l'avion de Juvénal Habyarimana. Ces deux hommes avouent donc être des assassins. Ces aveux d'une gravité extrême interpellent la justice. Une procédure judiciaire devrait normalement être lancée contre eux. La révélation de Paul Barril, qui prétend avoir envoyé ce rapport à l'ONU, interpelle aussi la justice et nécessite une investigation : comment et pourquoi a-t-il eu ce document entre les mains ? Quelles sont ses relations avec le rédacteur du rapport, Michael Hourigan ? Si ce que dit Barril est vrai, les deux hommes mentionnés dans le rapport devaient être en contact avec lui et l'hypothèse de sa propre participation à l'organisation de l'attentat devient préoccupante.

En ce qui concerne les déclarations de Jean-Pierre Mugabe, journaliste, ex-directeur du journal rwandais *Le Tribun du Peuple*, il faut faire certaines réserves. Mugabe se prétend ancien officier de rensei-

94. Ainsi qu'il l'explique lui-même dans son dernier livre, *L'Enquête explosive*, Flammarion, 2000, p. 18.

gnements de l'APR, ce qui est déjà contesté – tout comme le sérieux de ce journaliste –, par des Rwandais dignes de foi (communication personnelle). Néanmoins, sa déclaration donne de nombreux détails sur les préparatifs de l'attentat [95]. On y apprend que le colonel James Kabarere avait la mission d'acheminer les missiles au CND (nom donné au Parlement rwandais depuis la seconde République et endroit où était cantonné le peloton de l'APR). Ce militaire deviendra plus tard chef d'état-major de Kabila, puis dirigera la rébellion anti-Kabila. D'après Mugabe, il était le responsable de cette opération et serait resté huit jours au CND auprès de ses hommes pour la préparer. Il s'agit d'une information que l'enquête pourra vérifier. Un autre ancien militaire du FPR, Christophe Hakizabera, accuse également le FPR d'avoir réalisé cet attentat, décision qu'il aurait prise en mars 1994 à Bobo-Dioulasso, au Burkina Faso, lors d'une réunion à laquelle participait le major Paul Kagame [96]. Il est vrai que la version des officiers anonymes de l'APR cités dans le rapport Hourigan diffère de celle de Jean-Pierre Mugabe, et toutes diffèrent de celle de Christophe Hakizabera, ce qui est plutôt gênant.

Deux sources indépendantes et fiables m'ont confirmé avoir entendu des officiers de l'APR dire que ce sont eux, soldats de l'APR, qui ont abattu Habyarimana « l'invincible ». Cependant, vantardise et affabulation ne sont pas à exclure. Il faut comprendre que cette idée d'abattre Habyarimana pouvait être très populaire dans les rangs du FPR. En effet, au début 1994, tout le monde savait que des armes blanches avaient été commandées pour un plan d'exterminations massives et que le déclenchement de celui-ci était imminent. Les cadres du FPR et la plupart des soldats de l'APR pouvaient penser à juste titre que Habyarimana s'apprêtait à l'exécuter. Dans cette

---

95. The International Strategic Studies Association, Alexandria, États-Unis : Jean-Pierre Mugabe, « Déclaration sur l'attentat contre l'avion dans lequel les présidents Habyarimana du Rwanda et Ntaryamira du Burundi trouvèrent la mort le 6 avril 1994 », sur le site Web www.strategicstudies.org

96. Déclaration faite le 9 août 1999 à la commission de l'ONU chargée d'enquêter sur la responsabilité de cette organisation dans le drame du Rwanda. Colette Braeckman : « Rwanda : qui a vraiment tué Habyarimana ? », *Le Soir* (Bruxelles) du 9 mars 2000.

optique, l'élimination du président rwandais pouvait être conçue comme une nécessité urgente pour l'empêcher. Certains cadres du FPR auraient-ils accepté pour cela de s'associer avec les Hutu ultras ? S'ils étaient persuadés d'une victoire militaire rapide, avec une perte en vies humaines réduite, ce n'est pas impossible. Ils pouvaient en effet espérer prendre de vitesse les FAR et les Interahamwe. D'autre part, ils n'imaginaient pas que la communauté internationale pouvait laisser un tel massacre s'accomplir. Les forces de l'ONU étaient sur place et de ce fait la plupart des sympathisants du FPR résidant au Rwanda se sentaient protégés [97].

Ce qui est sans doute le plus troublant, c'est une émission de la RTLM, le 3 avril 1994. Elle annonçait de façon énigmatique l'attentat et le génocide pour le 6 avril. Le speaker, Noheli Hitimana, faisait référence à une complicité d'agents du FPR, tout en se moquant de leur inconscience. Hitimana parlait d'informations provenant de « *leurs agents au FPR* ». Noheli Hitimana annonce à deux reprises que les 3, 4, 5 avril puis les 7, 9, etc., une « *petite chose* » surviendra. La date du 6 avril est sautée, puis quand le speaker répète son propos, il précise qu'à cette date du 6 avril les « agitateurs » du FPR vont se reposer… avant la solution finale « *Simusiga* » (littéralement : l'attaque « je-ne-l'épargne-plus »). Voici la traduction de l'émission que le journaliste Faustin Kagame a enregistrée le 3 avril, alors qu'il était à Kigali, au CND avec le peloton du FPR [98] :

« *Et maintenant, les Tutsi, ceux-là… qui ont mangé du lion, qui ont mangé du lion, qui sont au FPR, ils veulent prendre le pouvoir. Le prendre donc par la voie des armes. Ils veulent faire une "petite chose", ils veulent faire une petite chose au cours de ces fêtes de Pâques, et même disent-ils, nous avons des dates. Ils ont des dates, nous les connaissons. Nous connaissons ces dates aussi. Au fait, ils feraient mieux de se calmer, au FPR, nous avons des agents yeah !* [note du traducteur : la voix se tend jusqu'à la rupture]. *Oh ho ho ! Il*

97. Voir le très beau livre de Yolande Mukagasana, *N'aie pas peur de savoir*, collection J'ai lu, Robert Laffont, 1999. Yolande Mukagasana s'adresse à tous les Français.

98. Faustin Kagame, communication personnelle. L'enregistrement de cette émission de la RTLM est disponible.

y a nos agents, il y a des agents qui nous font parvenir les informations. Ils nous disent ainsi : à la date du 3, du 4, et du 5, hum, ils disent qu'il doit y avoir une petite chose, ici à Kigali, Kigali-ville. Et même à la date du 7 et du 8, humm !... Et alors vous entendrez le bruit des balles ou encore vous entendrez les grenades tonner. Mais, j'espère que les Forces armées rwandaises sont en éveil. Il y a les Inzirabwoba [nda : milice de la CDR, basses œuvres du génocide avec les Interahamwe, milice du MRND], *eh !, ils ont beaucoup de corps d'armée, je ne peux pas tous les énumérer.* [...].

À la date du 3, du 4, et du 5, il est attendu qu'une petite chose va survenir ici à Kigali, et même ils vont poursuivre et se reposer à la date du 6, et à la date du 7 et du 8, ils vont faire une petite chose, en utilisant ces balles et ces grenades. Mais en réalité, il y a l'attaque "Simusiga", qu'ils prévoient, et ils disent quand nous aurons fini cette petite chose de perturber la ville, nous allons nous y mettre avec l'attaque "Simusiga" après cela, mais quant à la date elle-même, mon agent [ndt : au FPR] *ne me l'a pas encore dite, il ne me l'a pas encore dite.* [...] »

Puis suit une proclamation solennelle en français qui dit :

« *Que le FPR sache qu'il répondra devant l'histoire et devant le peuple... Un jour, il devra expliquer devant le peuple et l'humanité entière... comment ces enfants du pays, ces enfants du pays, ils les ont précipités dans la mort... Un jour ils l'expliqueront... Ha !* »[99]

Ce n'est pas pour rien que ce document, inédit dans son intégralité, se trouve au centre de ce livre. C'est une preuve supplémentaire et convaincante que l'attentat a bien été programmé par les extrémistes hutu de l'*akazu* pour déclencher le génocide. Ils le disent ici de façon quasi explicite sur leur média, la RTLM, l'instrument médiatique essentiel du génocide. La dernière phrase est une clé : le génocide est la suite prévue, pensée, organisée de « cette petite chose » annoncée le 3 avril pour le 6. Les Tutsi vont payer le prix de cette « chose » : l'attentat du 6 avril, qui va les « précipiter dans la mort ». Les extré-

99. Faustin Kagame, *ibidem*.

mistes de l'*akazu* anticipent donc ici au jour près le déroulement des événements, ce n'est pas une coïncidence. Ce document laisse entendre que le FPR sera l'auteur de l'attentat et donc qu'il sera de ce fait le « responsable » du génocide. L'attaque « *Simusiga* » qui se produira ensuite et qui devra anéantir les Tutsi est l'expression des représailles du « peuple hutu », rendu furieux par la mort de son président.

On retrouve ici le scénario de l'assassinat du président burundais, Melchior Ndadaye, le 21 octobre 1993, par des officiers putschistes tutsi qui s'enfuiront piteusement deux jours après au Zaïre et en Ouganda. Juste avant cette date, les extrémistes hutu avaient déjà distribué partout au Burundi les armes et les jerricanes d'essence. Ces tueries à grande échelle, parfaitement synchronisées par les autorités locales du Frodebu [100], débutent le même jour. Les barrages sont mis en place sur les routes et les paysans, encadrés par les autorités, incités au massacre. Ce sera le prototype du génocide rwandais faisant des milliers de victimes dans tout le nord du Burundi, des Tutsi, assassinés par familles entières, ainsi que des Hutu de l'Uprona [101], le parti opposé au Frodebu [102].

Ce document de la RTLM n'est pas une preuve de la participation du FPR à l'attentat. Ce pourrait être aussi une intoxication. Mais il signifie que c'était bien un but recherché par les extrémistes hutu : c'est ainsi que le plan était conçu. La manipulation de militaires du FPR par des agents à la solde de l'*akazu* n'est pas à exclure. Le parallèle avec les événements du Burundi est saisissant. Les militaires putschistes burundais responsables de l'assassinat du président Melchior Ndadaye étaient en relation avec Mobutu. Leur instrumentalisation par les Services de ce dernier est assez probable. Il faut

100. Front pour la démocratie. Parti du président Melchior Ndadaye au Burundi, lui-même leader modéré, mais qui comprend de nombreux extrémistes hutu adeptes de l'idéologie génocidaire.

101. Parti de l'unité et du progrès national, fondé par le prince Louis Rwagasore en 1958. Majoritairement tutsi, il comprend de nombreux Hutu.

102. Voir Jean-Pierre Chrétien : « Burundi. Pogromes sur les collines », *Esprit*, juillet 1994. La reconnaissance du statut de génocide a été faite par l'ONU : rapport S/1996/682 du 22 août 1996 sur le génocide de 1993 au Burundi, consultable sur le site Web http://www.acgenocide.net.

aussi noter qu'en 1993 Paul Barril était conseiller à la sécurité du président Ndadaye. Il aurait été alors très proche, selon Gérard Prunier des extrémistes hutu burundais du Frodebu, tels que Jean Minani. Des extrémistes qui ont immédiatement déclenché l'extermination des Tutsi au Burundi « *en représailles du meurtre du président* » [103].

L'idée que des membres du FPR aient pu être contactés par les organisateurs du génocide dans le but de les impliquer, au moins formellement, dans l'attentat, ne doit pas être *a priori* rejetée. Certains éléments du dossier rendent cette possibilité crédible. En effet, Paul Barril, qui travaillait avec les extrémistes les plus radicaux de l'*akazu*, a rencontré Paul Kagame en avril 1993 à Paris [104]. De plus, certains hauts officiers de l'APR étaient d'anciens militaires des FAR, comme les colonels Théoneste Linzinde et Alexis Kanyarengwe :

— Le major Linzinde, Hutu du Sud, tout-puissant chef du renseignement de Habyarimana jusqu'en 1981, était un ami personnel de Jean-Pierre Mugabe. Emprisonné pour une tentative de coup d'État, il sera incarcéré à Ruhengeri en 1981. Libéré par un commando de l'APR en 1991, il rejoint ce mouvement, intègre le DMI (Department of Military Intelligence, le service secret du FPR) et devient député FPR en 1994. Il se brouille ensuite avec des responsables de ce parti et prend la fuite. Il sera assassiné à Nairobi en 1996. D'après Jean-Pierre Mugabe, le FPR l'aurait éliminé pour qu'il ne parle pas [105]. En revanche, on ne comprend pas pourquoi cette personne en rupture avec ce parti depuis deux ans n'avait encore rien dit.

— L'ancien président hutu du FPR, Alexis Kanyarengwe, est une autre passerelle possible avec l'*akazu*. Mukiga de Ruhengeri comme la famille présidentielle, il est proche de l'*akazu* par ses attaches régionales. Ancien extrémiste, directeur de la Sûreté du Parmehutu, il était impliqué dans les pogromes antitutsi de 1973.

---

103. Gérard Prunier, *Rwanda : le génocide*, ouvrage cité, pp. 261-264.

104. Mission parlementaire, tome II,. Annexe, p. 578.

105. Jean-Pierre Mugabe : « *Il m'a confié que s'il venait à être tué, ce serait à cause de ce secret qu'il détenait sur l'attentat de Habyarimana par Kagame.* » Document cité.

Ce parti diffusait en 1972-1973 une sorte de catéchisme expliquant que « *la domination tutsi est à l'origine de tous les maux dont les Hutu ont souffert depuis la création du monde et qu'elle est comparable à une termitière où grouille tout ce qu'il peut y avoir de cruauté dans l'humanité* » [106]. On a vu que les pogromes antitutsi de 1973 ont servi au coup d'état du général Habyarimana.

Il n'en reste pas moins que l'on a assisté dans une certaine presse politique française à des « analyses » non argumentées, sous-informées, ni critiques ni contextualisées. Les articles publiés recherchent un « effet de scoop » qui leur donne un niveau équivalent (dans leur domaine) à la presse « *people* ». Aucun ne relève la quasi-impossibilité pour un commando du FPR d'arriver à Masaka, la colline d'où ont été tirés les missiles, située dans une zone verrouillée par la Garde présidentielle. Les militaires du FPR étaient cantonnés au CND à 10 kilomètres à vol d'oiseau de Masaka, encerclés par les FAR, dans une ville hérissée de barrières et où patrouillaient les milices. Ils n'expliquent pas davantage l'opération d'évacuation, au matin du 6 avril, des familles de la Garde présidentielle résidant sur la colline de Masaka. Encore moins le massacre, par la Garde présidentielle, des 2000 ou 3000 habitants (hutu) de cette colline. Comme le remarque l'historien Gérard Prunier, « *laisser courir la rumeur sous le masque de l'information parce que le climat s'y prête est extrêmement dangereux* » [107].

Les arguments en faveur d'un « coup tordu » voulant impliquer le FPR ne manquent pas :

1. Il est techniquement invraisemblable que le FPR ait pu réaliser seul l'attentat contre Habyarimana, comme on vient de le voir. Comment des soldats du FPR, armés de lance-missiles, auraient-ils pu attendre en milieu hostile, toute une après-midi et une soirée, le retour de l'avion présidentiel ? De surcroît en complicité avec la tour de contrôle de l'aéroport pour identifier l'avion ! Si le FPR

106. Cité par Jean-Pierre Chrétien, *L'Afrique des Grands Lacs. Deux mille ans d'histoire*, ouvrage cité, p. 269.

107. « Information et rumeur au Rwanda », *Le Monde* du 22 avril 2000.

est impliqué, ce serait très probablement avec la complicité de ceux qui contrôlaient le terrain : Bagosora et la Garde présidentielle. C'est-à-dire les extrémistes hutu pour lesquels travaillaient Paul Barril et leurs alliés militaires français. Des témoins comme le couple Pierre et Yvonne Galinier ont rapporté la présence le 6 avril 1994 à 22h15, près du CND, de « *militaires très nerveux* » de la Garde présidentielle, autour de véhicules vides [108].

2. Le génocide était en route en 1993, programmé par les Hutu ultras, c'est-à-dire par Habyarimana et son *akazu*. En coulisses, l'armée avait affiné son plan d'extermination : le « Plan d'autodéfense populaire » était prêt le 30 mars 1994 [109]. Le 22 janvier 1992, l'attaché de défense, le colonel Bernard Cussac, signalait déjà dans un télégramme la constitution par le ministère de l'Intérieur de « *milices d'autodéfense* » [110]. Mais le président Habyarimana était condamné à négocier avec le FPR et en cela condamné tout court. Il était déjà considéré comme *has been* par les Hutu ultras [111]. Son élimination faisait partie du plan pour déclencher le génocide, comme au Burundi.

3. Jacques Foccart se rend à Gbadolite fin avril 1994, dans le fief de Mobutu [112]. Or Mobutu est impliqué dans le montage de l'attentat par le colonel Christian Tavernier, auditionné à huis clos par la Mission parlementaire d'information (avec un scénario intéressant, comme on le verra plus loin). En avril, il n'était pas encore question de l'opération *Turquoise*, ni de l'utilisation du Zaïre

---

108. Témoignage de Pierre Galinier, refusé par la Mission d'information et publié ici en annexe.

109. Établi par des documents confidentiels retrouvés à Kigali, mentionnant le chef d'état-major des FAR, le général Déogratias Nsabimana. Jean-Philippe Ceppi, « L'armée rwandaise avait préparé la guerre civile », *Libération* du 13 septembre 1994.

110. Mission parlementaire, tome I, p. 345. La création de ces milices d'autodéfense a probablement été inspirée par les Services français.

111. Ce qui était parfaitement perceptible dans les émissions de la RTLM (Faustin Kagame, communication personnelle).

112. Accompagné de l'avocat Robert Bourgi et l'ancien ministre de la Coopération de Chirac, Michel Aurillac. François-Xavier Verschave, *La Françafrique*, ouvrage cité p. 231 ; Gérard Prunier, *Rwanda : le génocide*, ouvrage cité, pp. 377-378.

comme base arrière pour les FAR. Les responsables français croyaient encore à la victoire du Hutu Power. Par conséquent, ce voyage de Foccart apparaît comme une mise au point entre des acteurs concernés par l'attentat et la « guerre totale » qu'il a déclenchée contre le FPR.

4. Un autre élément qui suggère un « coup tordu » est le silence de Paris et de Kigali et leur peu d'empressement réciproque à faire la lumière. Du côté de Kigali, ce silence est difficilement compréhensible. Le colonel Kayumba, mis en cause dans cet attentat, disposait de nombreuses pièces : des messages du ministère de la Défense, des renseignements militaires, le livre de permanence de l'aéroport, etc. Pourquoi les aurait-il détruites ? [113]

5. Dernier élément et non des moindres, Paul Barril, dont la mission au Rwanda avait reçu le nom de code d'« opération insecticide » [114], a touché le pactole. Selon les documents versés en annexe de la Mission d'information, la somme de 1 200 000 dollars (à l'époque sept millions de francs) lui a été versée en juin 1994, « *pour un contrat de service et assistance* ». Ce versement a été fait sur ordre du ministre de la Défense du gouvernement génocidaire [115].

Du côté français, un « coup tordu » impliquant des contacts avec le FPR serait bien dans la logique françafricaine. Les militaires français ne manquent d'ailleurs pas d'expérience dans ce genre de pratique. Citons le sabotage, à l'automne 1946, des accords de paix signés avec Hô Chi Minh par l'exécution sur la base de fausses accusations de plusieurs centaines de combattants FNL [116]. François-Xavier Verschave, évoquant ces pratiques militaro-coloniales, remarquait en 1995 : « *La technique des "coups tordus" dégénère ainsi, parfois,*

113. D'après Filip Reyntjens, citant « *une source du FPR* » : *Rwanda : trois jours qui ont fait basculer l'histoire*, ouvrage cité, p. 49.

114. Alison Des Forges, *Aucun témoin ne doit survivre*, ouvrage cité.

115. Mission parlementaire, tome II. Annexes, témoignage de l'attaché militaire de l'ambassade du Rwanda de l'époque, p. 570.

116. Coup signé par l'amiral Thierry d'Argenlieu sous la pression du lobby colonial. Voir Benjamin Stora, « Amirouche et les "purges" de 1958 », *in* Reporters sans frontières, *Le Drame algérien*, La Découverte, 1994.

en "crimes politiques" – et l'on a l'impression persistante que le génocide rwandais en porte les traces. » [117] Le silence de Paris, malgré les déclarations insistantes et médiatiques du capitaine Barril, exprimerait alors la crainte (justifiée) des autorités « au parfum », que ce nouveau « coup tordu » soit mis au jour, comme l'a été celui des Irlandais de Vincennes.

Paul Barril et la « stratégie de l'écran de fumée »

Le capitaine Barril n'a pas été auditionné par la Mission. Elle ne l'a convoqué que le 9 décembre 1998, alors que son rapport de près de 2000 pages est terminé et rendu public le 15 décembre. De toute évidence, la Mission ne voulait pas l'auditionner. « *Quant à Barril, il ne s'est pas rendu à notre invitation* », pourra déclarer ingénument Bernard Cazeneuve, rapporteur de la Mission [118]. Cette invitation bidon était une formalité obligatoire: comment la Mission aurait-elle pu « oublier » cet ancien de la « cellule », l'homme des « missions spéciales » de François Mitterrand qui, précisément, travaillait pour Habyarimana ? De surcroît, il était présent sur les lieux du drame quelques jours après l'attentat. Gérard Prunier a dit, lors de son audition « *On peut supposer que Paul Barril connaît les hommes qui ont abattu l'avion et leurs commanditaires* [les extrémistes hutu de l'*akazu*]. » [119] Gérard Prunier, conseiller officiel pour l'opération *Turquoise*, est, on l'a vu, une personne bien informée. Il ajoute qu'« *il ne peut malheureusement pas communiquer d'informations à la Mission pour des raisons de sécurité personnelle* » [120]. Cette petite phrase, lourde de signification, ne semble avoir troublé personne !

Si « *M. Gérard Prunier déduit une possible connexion de M. Paul Barril avec les auteurs de l'attentat* » [121], pourquoi avoir soigneuse-

117. *Complicité de génocide ?*, ouvrage cité.

118. *Le Soir* (Bruxelles) du 5 novembre 1999.

119. Mission parlementaire, tome I, p. 220.

120. Mission parlementaire, tome III, p. 194. Gérard Prunier, expert africaniste du Parti socialiste, était membre de la cellule de crise organisée par le ministère de la Défense.

121. Comme le dit le rapport de la Mission, tome I, *ibidem*.

ment évité l'audition de ce dernier ? Paul Barril était présent sur les lieux, a recueilli pièces à conviction, documents et témoignages. Conseiller à la présidence rwandaise, Paul Barril joue un rôle quasi officiel. Sa présence au sommet de OUA à Tunis le 13 juin 1994 a même été très remarquée [122]. Bernard Cazeneuve se défend curieusement de cette incroyable lacune en expliquant : « *Nous sommes allés plus loin, sur la base de documents, que nous n'aurions pu le faire avec Barril lui-même, car il n'a pas pu jouer la stratégie de l'écran de fumée.* » [123] Que veut dissimuler Barril derrière cet écran ? Les vraies questions restent non dites. Le rapporteur de la Mission ajoute « *Notre rapport représente aujourd'hui l'investigation la plus pointue à propos de son rôle…* » [124] Quel est précisément « son rôle » ? Cazeneuve n'en dit pas plus.

Le Monde avait déjà succombé aux talents mystificateurs de Paul Barril. Celui-ci avait convoqué, début juin 1994, les journalistes Hervé Gattegno et Corine Lesnes pour présenter une « boîte noire » de l'avion abattu au moment où l'opinion s'interrogeait sur le rôle de soldats français dans cet attentat. Devant les deux journalistes du très sérieux quotidien du soir, Barril exhibe les bandes d'enregistrement de la tour de contrôle, le « cahier de veille » de l'aéroport et d'autres documents [125]. *Le Monde* fera de ce « scoop » une pleine page étonnante de désinformation brute. Un mois plus tard, bien embarrassé, dans un article intitulé « La “boîte noire”, le Falcon et le capitaine », Hervé Gattegno avouera que Paul Barril, « *ce spécialiste des aventures confuses, sinon douteuses* », les avait menés en bateau [126]. Interrogé sur un article du *Canard enchaîné* qui le présentait au Rwanda comme « *en mission pour l'Élysée* » [127], le capitaine aurait alors répondu au journaliste : « *Il s'agit d'une tentative de*

---

122. Comme l'indique Hervé Gattegno dans « La “boîte noire”, le Falcon et le capitaine », *Le Monde* du 8 juillet 1994.

123. *Le Soir* (Bruxelles) du 5 novembre 1999.

124. *Ibidem.*

125. *Le Monde* du 8 juin 1994.

126. *Le Monde* du 8 juillet 1994.

127. *Le Canard enchaîné* du 29 juin 1994.

brouiller les cartes. » Hervé Gattegno montre avec franchise à quoi a servi la double page du 8 juin 1994 : « **brouiller les cartes** », trois mots qui forment l'unique intertitre, en gras, de son article.

« *Vous ne saurez pas la vérité avant trente ans* »

Si la Mission n'a pas entendu le capitaine Barril, elle disposait de sa version, de la bouche de Bernard Debré qui affirmera, à l'aide de photos fournies par la DGSE, que les missiles utilisés provenaient de l'armée ougandaise [128]. Elle disposait aussi de celle du « double » belge du capitaine Barril, le colonel Christian Tavernier, conseiller de Mobutu, ancien « membre du Conseil national de sécurité du Zaïre ». Le scénario qu'il présente est passionnant. Le mercenaire belge a été auditionné le 19 mai 1998 à huis clos :

« *Il* [Christian Tavernier] *qualifie d'absurde la thèse de Braeckman* [l'implication française dans l'attentat]. *Il se réfère aux sources du SGR (Services d'intervention belges) et au colonel Aloys Ntiwiragado, responsable du renseignement des ex-FAR, qui a remis un rapport et des photos des boîtiers contenant des missiles aux services français. Tavernier souligne que ce rapport correspondait aux conclusions énoncées par M. Bernard Debré. Les quatre missiles venaient d'une commande faite par Mobutu en mars 1993 sous la responsabilité de Hitimana Matthias, Tutsi burundais extrémiste ; partis de l'ancienne RDA, passèrent par Bruxelles, chargés sous couverture diplomatique zaïroise jusqu'à Ostende puis Kinshasa, puis par Matthias Hitimana jusqu'à Goma. À Goma, furent confiés à deux Israéliens sous uniforme belge à bord d'une Jeep maquillée en véhicule de la Minuar, jusqu'à Gisenyi, puis Kigali, conduits par le major Léandre.*

Pour M. Christian Tavernier, chargé en avril 1995 par le maréchal Mobutu d'enquêter sur cette affaire, deux Israéliens extrémistes de droite ont, pour le compte de Paul Kagame, tiré les missiles qui ont abattu l'avion présidentiel. Tavernier indique que les extrémistes de droite israéliens ont toujours entretenu d'excellentes relations avec

128. Mission parlementaire, ouvrage cité.

Paul Kagame et ses hommes. Violemment opposés à la restitution, dans le cadre des accords de paix israélo-arabes, des territoires conquis par Israël, ces extrémistes israéliens ont fait savoir qu'en pareille hypothèse ils viendraient rejoindre les rangs de Paul Kagame pour se mettre au service de l'édification de l'empire tutsi et de la reconquête des terres. »

La propagande primaire du Hutu Power vient ici se greffer sur des faits trop précis, trop bien agencés pour être faux ou du moins, pour ne pas être très sérieusement pensés par des spécialistes. Cela ressemble à du mauvais SAS [129].

Si Barril, Tavernier et Debré crient haut et fort que le FPR est l'auteur de l'attentat, les militaires français, ennemis jurés du FPR, se font très discrets [130]. Se sentent-ils trop visibles dans cette affaire au côté de leur ancien collègue Paul Barril ? Le fait est qu'ils incriminent toujours de très curieuse façon le FPR, en semblant avoir peur de le faire. Il est même drôle de voir comment l'un des rapporteurs de la Mission a donné des sueurs froides au général Philippe Mercier, en essayant de lui faire dire que c'était le FPR l'auteur de l'attentat [131]. De toute évidence, ils avaient pour consigne de ne pas se prononcer. La véhémence bouffonne de Bernard Debré détonne par rapport à ces accusations gênées et nuancées. Le général Quesnot, par exemple, « *n'a pas de certitude* ». Il fait remarquer néanmoins à la Mission que « *la France ne pouvait à la fois être accusée de soutenir le président Habyarimana et de l'avoir tué* ». Raisonnement intéressant. Les extrémistes hutu ne pouvaient pas l'avoir fait davantage puisque « *étaient présents à bord de l'appareil* [...] *le chef d'état-major des FAR et un des dirigeants de la Garde présidentielle* ». Reste le FPR. Et Quesnot démontre de façon élaborée la logique de la chose. « *À qui profite le crime ?* », demande-t-il [132].

---

129. Le bon SAS, lui, penche pour l'implication de la CIA : Gérard de Villiers, SAS. *Enquête sur un génocide*, ouvrage cité.

130. Que ce soit Jacques Lanxade ou les sous-fifres.

131. Bernard Cazeneuve. Mission parlementaire, tome III, vol. 1, p. 436.

132. *Ibidem*, p. 343.

On comprend la conclusion sceptique des commissaires de la Mission: « *La France ayant été accusée à plusieurs reprises par certains journalistes ou observateurs étrangers d'avoir, de près ou de loin, prêté sa main aux auteurs de l'attentat* [via des militaires du Dami-Panda], *pourquoi aurait-on attendu quatre années pour apporter la preuve de la culpabilité du FPR et de l'Ouganda sur le fondement de ces photographies et des listes de missiles qui les accompagnent ?* » Cependant, ils prennent bien garde d'aller plus loin. Ils évitent de trancher et noient le poisson dans un panorama exhaustif de toutes les combinaisons possibles – sauf, bien sûr, celle du « coup tordu ».

Les autorités françaises ont déclaré que le mécanicien-navigant qui a été tué avec Habyarimana lors de l'attentat est « *mort pour la France* ». Sa femme, Annick Perrine, se posait encore en 1998 beaucoup de questions sur cet attentat. « *Visiblement, ça embarrasse tout le monde. C'est inconcevable qu'il n'y ait pas eu d'enquête, mais ça, on ne nous le dira pas. Je ne peux pas dire si c'est secret défense.* » [133] Elle s'est entendu répondre par le directeur de la Satif, boîte fictive montée par la DGSE qui employait officiellement son mari: « *De toute manière, vous ne saurez pas la vérité avant trente ans. Vos enfants la sauront peut-être...* » [134]

Le directeur de la Satif se serait-il trompé? Une information judiciaire sur l'attentat est ouverte, juste après cet entretien d'Annick Perrine avec le journaliste du *Figaro*. Quatre ans après l'attentat, c'est vrai, c'est un peu long, mais en temps opportun: trois semaines après l'annonce de la mise en place de la Mission parlementaire d'information. Pourquoi cette soudaine précipitation? Afin que la Mission évite d'auditionner Paul Barril sur l'attentat? En effet, en vertu du règlement des Assemblées, une Mission parlementaire ne peut enquêter sur des faits qui font l'objet d'une procédure judiciaire. On décharge donc la Mission et on charge le juge Jean-Louis Brugière de l'enquête. Étrange, non? Comme dirait Barril. Un Paul Barril qui « *se vante d'être un vieil ami de Jean-Louis Brugière, avec qui il "chasse le terro-*

133. Patrick de Saint-Exupéry: « Ce mystérieux attentat qui fut le détonateur des massacres », *Le Figaro* du 30 mars 1998.

134. Patrick de Saint-Exupéry, article cité.

riste" depuis vingt ans » [135]. Il lui a sans doute fourni tous les documents qu'il dit posséder: Les « *80 kg de pièces calcinées de l'avion, des enregistreurs de vol, des bandes magnétiques* », ainsi que « *les deux lanceurs des missiles meurtriers.* [...] *J'ai aussi réuni quatre-vingts témoignages, directs et précis, avec les enregistrements vidéo de personnes qui virent le départ des missiles et leurs impacts* [...] » [136]. Avec toutes ces pièces à conviction, le juge Brugière s'apprêterait en octobre 2000 à lancer un mandat d'arrêt international contre le président rwandais Paul Kagame [137]. Dix mois après, au moment du bouclage de ce livre, il n'en est toujours pas question.

Si Paul Barril est un vieil ami de Jean-Louis Brugière, comme lui grand chasseur de terroristes devant l'Éternel, il va de soi que les Français peuvent faire confiance à la justice de leur pays. À noter aussi que « *Jacques Vergès, lui-même partenaire de longue date de Paul Barril en Afrique, est étroitement associé à la plainte qui a conduit aux investigations actuelles* » [138]. Vergès est l'avocat de la femme du président rwandais, Agathe Habyarimana, figure numéro un de l'*akazu*. Mais n'anticipons pas. Il est possible que cette enquête réserve quelques surprises au juge Brugière... Nous venons d'en avoir une de taille: « Le capitaine Barril a été mis en examen dans l'affaire des Irlandais de Vincennes », titre *Le Monde* du 30 mars 2001. Après dix-neuf ans, il est poursuivi pour « atteintes à la liberté individuelle » par le juge d'instruction de Versailles, Yves Madre. Tout arrive. Faudra-t-il également attendre vingt ans pour qu'il soit mis en examen pour l'attentat contre Habyarimana? Ou cela signifie-t-il autre chose: une soudaine prise de conscience par certains juges de leurs responsabilités? Laisser croire à certains dangereux personnages qu'ils sont au-dessus des lois peut avoir des conséquences dramatiques.

135. *Le Temps* (Lausanne) du 21 novembre 2000.

136. Paul Barril, *Guerres secrètes à l'Élysée*, Albin Michel, 1996.

137. Selon Pierre Péan, Christophe Nick et Xavier Muntz, « Brugière traque le président rwandais », *le Vrai Papier Journal*, octobre 2000, pp. 40-44.

138. *Le Temps* (Lausanne) du 21 novembre 2000.

6. L'Église au service du crime

« *Les* Inyenzi-inkotanyi [cafards-Tutsi] *sont une race de gens très mauvais. Je ne sais pas comment Dieu va nous aider à les exterminer... Continuons à les exterminer pour que nos petits enfants n'entendent plus parler d'*Inkotanyi. »

« *Réjouissons nous, amis!*
Les Inkotanyi *ont été exterminés... Dieu est juste!* ».
Déclaration et chant de Kantano Habimana,
Radio-Télévision Libre des Mille Collines, 2 juillet 1994.

« *Chaque fois que nous nous lèverons, Dieu sera toujours avec nous, Jésus est derrière nous, nous gagnerons la guerre.* »
Valérie Bemeriki,
Radio-Télévision Libre des Mille Collines, 20 mai 1994 [1].

L'idéologie du Parmehutu

Avec la rédaction du « Manifeste des Bahutu » [2], texte fondateur des deux premières Républiques rwandaises, l'Église catholique prend une part active à l'établissement d'une doctrine raciale institutionnelle : ce texte a été rédigé en 1957 par deux Pères blancs belges, les pères Ernotte et Dejemeppe, sous la supervision de Mgr Perraudin. Citons un passage de ce manifeste, qui en traduit

1. Valérie Bemeriki est l'une des plus célèbres speakerines de la RTLM, pour ses appels au meurtre et à l'extermination.

2. « Notes sur l'aspect social du problème racial indigène au Rwanda ». Le texte intégral du *Manifeste* se trouve dans F. Nkundabagenzi, *Le Rwanda politique (1958-1960)*, ouvrage cité.

bien le racisme « biologique »: « *Quant aux "métissages" ou "mutations" de Bahutu en hamites, la statistique, une généalogie bien établie et peut-être aussi les médecins, peuvent seuls donner des précisions objectives.* » Comme le remarque Jean-Pierre Chrétien, cette précision évoquait davantage la police raciale d'un régime d'apartheid que la démocratie. La seule « démocratie » revendiquée au Rwanda était une « démocratie ethnique », celle du « peuple majoritaire ». Dans une déclaration solennelle de mai 1960, le Parmehutu dénonçait les Tutsi comme « étrangers » dans leur propre pays et les amalgamait aux « Européens »: « *Le Rwanda est le pays des Bahutu (Bantu) et de tous ceux, blancs ou noirs, Tutsi, Européens ou d'autres provenances, qui se débarrasseront des visées féodo-colonialistes.* » [3] Au final, ce parti qui se prétendait celui de la « révolution sociale » invitait les Tutsi « *à se réinstaller chez leurs pères en Abyssinie* ». Cette idéologie de l'autochtonie hutu a été profondément intégrée par les religieux européens. En 1973, l'abbé Naveau, ancien enseignant au collège du Christ-Roi à Nyanza, est à l'origine du « Comité de salut public » qui parcourait le Rwanda appelant à l'éviction des Tutsi et au renforcement des quotas. L'engagement dans l'ethnisme a été pour l'Église catholique une ligne de conduite qu'elle a tenue jusqu'au bout. Jusqu'au soutien de prêtres accusés d'avoir commis ou encouragés les pires atrocités.

Le mensonge est à la base du processus génocidaire: l'organisation concertée du mensonge structurait tous les messages que la presse extrémiste (*Kangura*) et la radio (la RTLM, mais aussi la radio nationale) diffusaient en permanence. Les journalistes appelaient et légitimaient les tueries à venir en réinventant le passé du Rwanda sur le mode de l'éternelle persécution des Hutu par les fourbes Tutsi. Un document technique trouvé à l'université de Butare montre comment le mensonge a été utilisé pour manipuler l'opinion par des accusations « en miroir », en attribuant à l'ennemi les crimes que l'on prépare soi-même [4]. D'où l'accusation lancinante de génocide des Hutu par les Tutsi, en préparation ou en cours dans le nord du pays. Journalistes,

3. Déclaration du Comité national du Parmehutu.

4. Méthodes se référant à un ouvrage de Roger Mucchielli, *Psychologie de la publicité et de la propagande*, Paris, 1970.

prêtres et responsables politiques faisaient du mensonge leur arme principale quand ils décrivaient aux paysans hutu la cruauté du soldat tutsi dévorant le cœur de ses victimes, quand ils intoxiquaient sur l'attaque simulée du FPR à Kigali le 5 octobre 1990 ou sur les massacres imputés au FPR en 1993 [5]. « *Ces supercheries ont ensuite donné lieu à des fausses informations, colportées jusque dans les brochures d'Amnesty International ou dans les colonnes du* Monde. » [6] Après le génocide, le mensonge se poursuit à travers sa négation.

En 1997, devant la Commission parlementaire du Sénat belge, le père Guy Theunis, ancien professeur au Grand Séminaire du Rwanda et proche de l'ancien régime rwandais, affirma que « *le génocide était inimaginable* ». André Louis, ancien secrétaire général de l'Internationale démocrate-chrétienne (IDC), fit de même. Or, ces deux personnages étaient étroitement liés aux génocidaires et en connaissaient parfaitement le programme. Le père Theunis avouera plus tard qu'il savait, trois semaines avant le 7 avril, le but des extrémistes de la CDR: « *recommencer les massacres de 1959* ». De 1990 à 1993, Guy Theunis envoyait régulièrement à sa hiérarchie des télécopies cosignées de son supérieur le père Jef Vleugels. Ils y dissimulaient la réalité des massacres de la population civile tutsi qui se déroulaient à l'intérieur du pays, loin de la ligne de front. Les deux compères se contentaient de révéler les noms des personnalités tuées. À cette époque se déroulait l'extermination du groupe des Tutsi bagogwe dans le nord-ouest du Rwanda. Minorité dans la minorité, les Bagogwe, bergers misérables et marginalisés, formaient une population extrêmement pauvre, analphabète, sans défense. Réduits à quelques milliers d'individus, ils étaient utilisés comme serviteurs et bergers des riches Hutu bakiga. Les Bagogwe, que la propagande du régime Habyarimana désignait comme « *peuplades nilo-hamitiques de la région* » [7], ont été tués uniquement parce qu'ils étaient tutsi, pour le crime d'être nés. Cela n'intéressait apparemment pas les pères Theunis et Vleugels.

---

5. Voir Monique Mas, *Paris-Kigali, 1990-1994*, pp. 278-284.

6. Jean-Pierre Chrétien, « Le nœud du génocide rwandais », *Esprit*, juillet 1999.

7. Document de l'état-major des Forces armées rwandaises, 21 septembre 1992, désignant « l'ennemi ».

Le témoignage d'un rescapé bagogwe montre que les massacres de 1990 anticipaient bien ce que sera le génocide : « *M. Hitimana a vu mourir ses six enfants et sa femme. Il s'était caché, car il pensait que, comme en 1959 ou 1973, on pillerait seulement les maisons et les biens. À la rigueur, on tuerait les hommes. Il ne se doutait pas que la cruauté serait poussée au point de tuer des nourrissons. Son voisin a tranché la tête de sa femme d'un coup de machette, devant ses enfants, tandis que la femme de ce voisin tuait l'enfant qui était sur le dos de la victime. D'un coup de machette, cette femme a tué cet enfant, alors qu'elle-même en portait un du même âge sur son propre dos !* » [8] Quand l'extermination n'a pas été totale comme à Kibilira, le viol des filles bagogwe et bahima par les militaires « *est devenu une habitude, tolérée et même encouragée par les chefs* » [9]. Les méthodes d'élimination qui seront froidement appliquées révèlent déjà l'organisation étatique de la machine à tuer : « *Le vieux bourgmestre M. Mathias Mpiranya, ancien député pendant la première République, trouva un moyen plus efficace pour liquider les indésirables. Il invitait tous les hommes du secteur y compris les Bagogwe dans un rassemblement politique. Arrivées à l'endroit indiqué, les victimes étaient désignées aux tueurs par le bourgmestre qui invitait ces derniers à exécuter immédiatement leur besogne.* » [10] Le groupe des Tutsi bagogwe et bahima a toujours été historiquement indépendant du pouvoir central et d'ailleurs hors de tout circuit de pouvoir. Son élimination s'est faite au vu et au su de tous. Sans problème. Comme l'explique un commerçant hutu de Ruhengeri : « *Il n'y a jamais eu beaucoup de Tutsi dans ce coin et nous les avons tués très vite, dès le début de la guerre, sans histoire. Nous avions l'impression d'être invulnérables.* » [11]

L'extermination de ce groupe humain marginal a été le coup d'essai du génocide : c'était, en 1990, un « test en grandeur réelle »,

8. *Rapport sur les droits de l'homme au Rwanda. Septembre 1991-septembre 1992.* Association rwandaise pour la défense des droits de l'homme (ADL), Kigali, 1992.

9. *Ibidem*, p. 128.

10. *Ibidem*, p. 123.

11. Témoignage recueilli par Florence Aubenas, *Libération* du 11 juillet 1994.

une mise au point des méthodes qui seront utilisées en 1994. La question des dirigeants hutu était celle-ci : si nous recommençons ce que nous avons fait en 1959 et 1963, aurons-nous le même soutien de nos amis ? Aux yeux des stratèges hutu, la réponse fut claire : ni les militaires français, nouveaux tuteurs politiques, ni les autorités religieuses ne protestèrent. La « solution finale au problème tutsi » était avalisée par le silence et l'indifférence des ecclésiastiques. Du côté français, l'accord était acquis : les massacres avaient lieu près du principal camp d'entraînement français au Rwanda : le camp de Bigogwe, sur la commune de Mutura [12]. Ce test a permis d'évaluer la faisabilité et l'acceptabilité de la solution finale. En 1990, il y avait déjà des barrières et des fossés remplis de cadavres dans le nord-ouest du Rwanda (dans les communes de Mutura, Kanama et Rwerere). Ni les responsables internationaux, ni l'opinion politique française ne s'en sont émus. Ces crimes étaient organisés par l'État : « *Tous les tueurs et organisateurs des tueries, maintenant identifiés, ont été nommés représentants du MRND dans leurs collines, comme s'ils avaient été récompensés pour leurs actes.* » [13] Militaires et autorités n'ont eu aucun compte à rendre. L'impunité a été totale. L'évêque de Nyundo a bien essayé d'arrêter les massacres, sans y parvenir. Au contraire, l'abbé Gabriel Maindron, un prêtre français arrivé au Rwanda en 1959, justifiera et couvrira le bourgmestre de Rutsiro, responsable de l'élimination de plusieurs dizaines de Bagogwe [14]. En 1992, lors d'une messe à Murama, Gabriel Maindron laissera son ami l'abbé Urbain expliquer dans son homélie et devant lui sa propre logique : « *Le FPR a attaqué et les Tutsi ont commencé à se réjouir. Les Hutu se sont fâchés et ils ont tué des Tutsi. C'est la colère légitime des Hutu qui s'est manifestée…* » [15]

---

12. Ce n'est pas pour rien que le Tribunal pénal international pour le Rwanda ne prend pas en compte les crimes commis avant janvier 1994, sous présence française. Voir *La Justice internationale face au drame rwandais*, sous la direction de Jean-François Dupaquier, Karthala, 1996.

13. *Rapport sur les droits de l'homme au Rwanda. Septembre 1991 – septembre 1992,* ouvrage cité, p. 104.

14. Nous reparlerons plus loin de ce prêtre, proche des extrémistes hutu de la CDR.

15. *Golias magazine* n° 48-49, ouvrage cité p. 72.

Promoteurs du fratricide rwandais depuis l'origine, les Pères blancs ont continué à faire de la surenchère ethniste pendant le génocide [16]. Voici ce que publiait encore leur bulletin en mai 1994:

« *En Europe, on se passionne pour la défense des minorités et l'on passe l'éponge sur l'extermination de la majorité.* [...] *Les Tutsi ont réussi à inféoder, noyauter toutes les organisations internationales. Même la presse et la radio Vatican* [...] *où ils ont su placer des abbés rwandais tutsi* [...] *qui faussent toutes les informations avec une habileté extraordinaire, orfèvres de la supercherie, fourbes et maîtres en intrigues. De jolies filles tutsi rwandaises ont infiltré les organisations humanitaires et conquis le terrain par leurs charmes inégalables.* » [17]

Ce texte, dont l'auteur est le père Alvoet, est l'exemple type de l'idéologie raciale hutu que l'on retrouvait dans les journaux comme *Kangura*. En 1939, *L'Obsservatore Romano* écrivait: « [L'Église] *a dû* [...] *se défendre elle-même, ainsi que ses fidèles, contre de dangereux contacts et l'envahissement des Juifs qui semble être en vérité la note héréditaire de ce peuple.* » [18] En 1994, la presse catholique véhicule encore une propagande qui évoque cet antisémitisme des années trente. Les Pères blancs sont à l'origine de la revue *Dialogue*, l'un des principaux organes d'expression des membres de l'Église catholique au Rwanda. Son fondateur, l'abbé Massion, était un prêtre proche des leaders du Parmehutu. Après le génocide, *Dialogue* a été relancée à Bruxelles par le père Theunis et un groupe d'exilés hutu rwandais. La revue *Dialogue* se caractérise par des écrits ethnistes et révisionnistes, notamment sous la plume de François Nzabahimana, ex-ministre de Habyarimana. Celui-ci est également le président du

16. Voir l'ouvrage de référence écrit par un ancien grand séminariste chez les Pères blancs: Jean-Damascène Bizimana, *L'Église et le génocide au Rwanda. Les Pères blancs et le négationnisme,* ouvrage cité.

17. Bulletin d'information africaine *ANB/BIA* des Pères blancs n° 257 du 1er mai 1994.

18. Cardinal Piazza, archevêque de Venise, *L'Obsservatore Romano* du 19 janvier 1939. Cité par Henri Fabre, *L'Église catholique face au fascisme et au nazisme*, EPO/Espace de Liberté (Bruxelles), 1995.

très négationniste RDR (Rassemblement pour le retour des « réfugiés » et la démocratie au Rwanda) qui rassemble quelques-uns des génocidaires notoires. Le révisionnisme de *Dialogue* est bien résumé par l'explication du génocide selon le Père blanc Desouter, président du Comité des instituts missionnaires. Pour lui, le FPR est à l'origine du génocide : « *C'est un acte suicidaire que le FPR a commis vis-à-vis de ses congénères (sic)* », explique-t-il [19]. « *Par son offensive, le FPR a "incité aux massacres tant de Hutu désespérés"*. » Et puis, conclut-il, « *il n'y a jamais eu autant de Tutsi au Rwanda qu'après les massacres* » [20].

L'implication des religieux dans la « solution finale » de 1994

Le résultat d'un tel tutorat est la participation de nombreux religieux hutu, prêtres, sœurs, frères de toute congrégation, aux massacres. L'aide que de hauts dignitaires ecclésiastiques ont apportée à la réalisation de la solution finale montre la force incroyable de ce consensus ethnique. Deux sœurs bénédictines de Sovu, Gertrude et Maria Kisito, sont accusées d'avoir envoyé à la mort 7000 personnes qui s'étaient réfugiées dans leur monastère et ses annexes. De nombreuses religieuses ont abandonné leurs consœurs tutsi aux Interahamwe, les livrant ainsi délibérément aux viols, aux mutilations, à la mort dans une longue agonie. Selon de très nombreux témoignages, le curé de la paroisse de Nyange, Athanase Seromba, a fait enfouir vivants sous les décombres les 2000 rescapés tutsi réfugiés dans son église, en la faisant démolir par des bulldozers. Le père italien Bérôme Carlisquia est accusé d'être l'un des principaux instigateurs des massacres de la région de Rusumo.

Selon l'enquête de *Golias*, l'abbé Emmanuel Rukundo parcourait la campagne pour inciter à la chasse aux Tutsi et pillait leurs biens ; l'abbé Daniel Nahimana, son homme de main, est l'un des leaders des prêtres génocidaires et serait impliqué avec Rukundo

19. *Gazette de Lausanne* du 21 mai 1994.

20. Interviewé par le journal belge *Le Vif/L'Express* du 1er octobre 1994.

dans l'assassinat d'un abbé tutsi; l'abbé Martin Kabalira a chassé le Tutsi à la procure de Butare ; Joseph Nduwamungu, frère mariste, participait au génocide à Save ; le père Boniface Bucyana s'occupait d'acheter et de distribuer les machettes. « *À Butare, l'abbé Étienne Kabera a activement participé aux massacres des élèves et professeurs tutsi du groupe scolaire.* [...] *À Kibeho comme à la paroisse de Karama, l'abbé Thaddée Rusingizandekwe était l'un des principaux meneurs des massacres. L'abbé Joseph Sagahutu, vicaire à Muganza, a livré son curé, Jean-Marie Vianney Rwanyabuto. À Kaduha, l'abbé Nyandwi Athanase Robert a violé les filles et tué les Tutsi réfugiés à la paroisse* » [21], etc. La liste est très incomplète. Je renvoie à l'ouvrage récent de Jean-Damascène Bizimana et au travail de l'équipe de *Golias* [22].

Les deux Bénédictines de Sovu, sœur Gertrude (Consolata Mukagango), supérieure du couvent, et sœur Maria Kisito (Julienne Mukabutera), ont été jugées et condamnées à Bruxelles en mai-juin 2001 [23]. Les magistrats belges ont estimé que la loi de 1993, qui accorde à ses cours et tribunaux une « compétence universelle » en cas de crimes contre l'humanité, lui permettait de juger « *des faits commis à l'étranger, par des étrangers, contre des étrangers* ». Elles sont aujourd'hui emprisonnées respectivement pour quinze et douze ans [24]. Maria Kisito a fourni, selon plusieurs témoignages, de l'essence

21. Jean-Damascène Bizimana, *L'Église et le génocide au Rwanda*, ouvrage cité, p. 64.

22. Sous la direction de Christian Terras, *Rwanda : l'honneur perdu de l'Église*, ouvrage cité. On trouve dans ce livre les accusations portées contre ces prêtres par des rescapées dont les témoignages sont repris ici.

23. Dans un procès historique où comparaissaient avec elles Vincent Ntezimana, qui enseignait à l'université de Butare et qui serait l'auteur des fameux « Dix commandements du Hutu », et Alphonse Higaniro, ancien ministre. L'avocat général avait demandé pour les quatre la réclusion à perpétuité. *Le Soir* (Bruxelles) du 9 juin 2001. Voir http :/doc.lesoir.be/

24. À noter l'ingérence du Vatican dans ce procès, par son porte-parole, l'opusien Joaquin Navarro-Valls, directeur de la salle de presse du Saint-Siège, qui se demande si « *les inculpés avaient pu faire valoir leur propre version des faits dans un pays étranger si loin du Rwanda* », pour conclure : « *Dans l'attente de la sentence définitive* [laquelle ? Alors que le procès est terminé] *le Saint-Siège ne peut qu'exprimer une certaine surprise* [...]. » *Le Soir* (Bruxelles) du 11 juin 2001 : « Le Vatican s'étonne du procès de Bruxelles », par Christian Laporte.

pour incendier le 22 avril 1994 un garage près du couvent où des centaines de familles tutsi s'étaient réfugiées. Tous ses occupants sont morts brûlés vifs. Le chef des opérations de nettoyage ethnique à Sovu, Emmanuel Rekeraho, affirme que sœur Kisito a allumé elle-même le feu au garage. Sœur Gertrude a forcé 600 Tutsi à quitter le couvent en sachant parfaitement qu'ils seraient massacrés au-dehors, ce qui fut fait. De nombreux témoignages font état du mépris de ces deux religieuses pour les Tutsi implorant du secours, y compris des enfants s'accrochant à leurs robes. Selon l'acte d'accusation, sœur Gertrude, qui qualifiait les Tutsi de « *saletés* », aurait exigé que les milices viennent chercher les derniers survivants qui avaient échappé au massacre. À noter que les frères de ces religieuses faisaient partie des milices Interahamwe [25].

Les massacres organisés par l'abbé Seromba et le préfet Clément Kayishema dans la paroisse de Nyangwe donnent une idée de ce qu'a été la banalité de l'horreur. Ils ont fait l'objet d'une enquête très documentée d'African Rights [26]. Le chef de la police communale a témoigné de la manière dont ces deux responsables empêchèrent les survivants de s'échapper de l'église avant que les machines ne soient arrivées. Après la destruction de l'église par les bulldozers, le 13 avril 1994, Seromba a été vu en train de tuer lui-même les survivants dans les décombres. Voici le témoignage de Froduald Maniraguha. Il avait quatorze ans au moment du génocide et vivait à la paroisse de Nyange avec les prêtres. Il espérait entrer dans les ordres. Son témoignage a été entièrement corroboré par d'autres témoins :

« *Ceux qui respiraient dans les décombres de l'église étaient achevés par Kayishema et Seromba à coups de petites houes connues sous le nom de* udufuni. *Je les ai vus tuer les gens alors que j'étais allé récupérer les objets liturgiques restés dans les décombres. Je les voyais tuer les gens à coups d'*udufuni. *Kayishema était vêtu de*

25. Voir *Entrave à la justice, les religieuses de Sovu en Belgique*. Témoin du génocide, African Rights, février 2000, et *Rwanda : Moins innocente qu'il n'y paraît*, ouvrage cité. e-mail : afrights@gn.apc.org.

26. *L'Abbé Athanase Seromba, prêtre de Paroisse à Florence, en Italie*, 23 pages, African Rights, 22 novembre 1999.

jeans et l'abbé Seromba d'un pantalon noir ; il avait laissé sa veste sur la fenêtre au moment où il tirait dans la tour. Ils étaient revenus dans le presbytère. Ils ont vu une jeune fille nommée Adrienne. Elle s'apprêtait à devenir religieuse dans la congrégation Abahire ba Nyinawajambo. *Ils l'ont trouvée derrière l'étable des chèvres. Kayishema l'a amenée. Elle a supplié l'abbé Seromba de demander pardon pour elle. L'abbé Seromba lui a répondu qu'"elle ne valait pas mieux que les autres". Kayishema l'a aussitôt taillée en pièces dans le jardin du presbytère. Seromba était là, mais il n'a rien fait. Kayishema et Seromba ont pris le cadavre de cette fille et l'ont mis avec d'autres cadavres dans les décombres de l'église. Ce sont eux-mêmes qui l'ont transporté. Les habits de Seromba étaient maculés de sang. Je les ai vus en allant déposer les objets liturgiques que j'avais tirés des décombres.* »

Depuis 1997, l'abbé Seromba est en activité à la paroisse Santa Immacolata (*Chiesa dell'Immacolata e San Martino*) à Montughi (Florence, Italie), après avoir été exfiltré par les filières catholiques et avoir pris le nom de Don Anastasio Sumba Bura. Son exfiltration a commencé par l'entremise des pères xavériens, des frères maristes et de la Caritas italienne. De la zone de Tingi-Tingi dans l'ex-Zaïre, où il a été déplacé venant du camp de Bukavu, il a été conduit à Nairobi. De là, les Pères blancs ont pris le relais pour l'envoyer à Rome en 1997, où il a été pris à nouveau en charge par les frères maristes. Sous la pression probable du Vatican, l'Italie a refusé l'arrestation de l'abbé Seromba, demandé en 2001 par le Tribunal pénal international pour le Rwanda (TPIR) [27].

L'abbé Seromba se plaisait à dire qu'il était le disciple, le « *fils spirituel* », de Gabriel Maindron, curé de la paroisse Crête Congo-Nil pendant le génocide, et dont nous avons déjà parlé [28]. Ce prêtre français était très proche des milieux extrémistes hutu, notamment de la CDR, qu'il soutenait farouchement auprès des autorités locales. Il entretenait d'excellentes relations avec le lieutenant-colonel Chollet,

27. Conférence de presse de Carla del Ponte du 12 juillet 2001.

28. *Rwanda : l'honneur perdu de l'Église*, ouvrage cité.

le tout-puissant conseiller militaire français du président Habyarimana. Était-il un « honorable correspondant » des services français ? On est certain que Maindron échangea des documents secrets avec le responsable des Dami [29]. On le désignait même au Rwanda comme « *le blanc CDR* ». Après le génocide, il défendra encore la CDR dans la revue *Dialogue*, la qualifiant de « *parti du peuple majoritaire* ». Il expliquera sans vergogne le génocide des Tutsi dans cette revue par « *l'intransigeance du FPR qui refusait à la CDR son droit à siéger à l'assemblée des députés* » [30]. Comment pourrait-il en vouloir à ses amis criminels de la CDR, puisqu'il explique dans son journal intime que le génocide est l'œuvre du « *Prince des ténèbres* » ? Devant le zèle sanglant et l'extraordinaire cruauté de ses ouailles, il écrira: « *Quel acharnement diabolique! Ces jours-là nous avons vu le visage hideux de la haine derrière lequel se cache l'adversaire, le Prince des ténèbres.* » [31]

Ce prêtre politiquement très engagé avec les génocidaires a expliqué que « *la réaction de la population à sa mort montre, plus qu'un plébiscite, combien Habyarimana était populaire* » [32]. Jean-Pierre Chrétien s'étonne de cette reprise si fréquente chez les supporteurs occidentaux du « pouvoir hutu » d'une telle assertion « *comme si chaque citoyen hutu rwandais avait ressenti une soif personnelle de meurtre, y compris contre des bébés, des malades ou des vieillards de son voisinage, à la nouvelle de la mort du président* » [33]. Un témoin a décrit le comportement de Maindron après les massacres de Kibuye [34]:

---

29. Selon l'enquête de Christian Terras. *Golias magazine* n° 48-49, ouvrage cité, pp. 74 et 85.

30. *Dialogue* n° 177, p. 55, août septembre 1994.

31. Dans Pascal Krop, *Le Génocide franco-africain*, ouvrage cité. Journal du père Maindron remis à Pascal Krop par Jean-François Dupaquier qui en avait publié quelques extraits dans *L'Événement du jeudi* du 7 juillet 1994.

32. Nicolas Poincaré, *Rwanda. Gabriel Maindron, un prêtre dans la tragédie*, Éditions de l'Atelier, 1995.

33. « Le nœud du génocide rwandais », *Esprit*, juillet 1999.

34. Témoignage de Clément Mutuyemungu, grand séminariste originaire de Kibuye, recueilli par Golias, *Rwanda: l'honneur perdu de l'Église*, ouvrage cité.

« Je suis le seul survivant des massacres qui ont eu lieu à l'église de Kibuye. Nous avons beaucoup résisté, mais plus de quatre mille personnes ont été massacrées, déshabillées, violées... L'horreur absolue! J'ai réussi à me réfugier dans le clocher de l'église où je suis resté plusieurs jours sans manger, avec juste un peu d'eau. Au même moment, au stade de Kibuye, il y avait encore plus de tueries. Une odeur pestilentielle régnait dans toute la ville. L'église a été complètement pillée et ils ont pris les vêtements des morts. Juste après les massacres des 17 et 18 avril, il y a eu une grande assemblée pour fêter tout cela.

Deux ou trois jours passés et qu'est-ce que je vois du haut de ma cache dans le clocher? Gabriel Maindron, accompagné d'un contingent de personnes, se dirige vers l'église. Avec eux, il y avait une voiture de Radio Rwanda et une voiture des autorités. Le bourgmestre, le préfet Kayishema – grand organisateur du génocide dans la région – et d'autres personnes encore étaient présentes. Gabriel Maindron était au milieu d'eux en grande conversation, très décontracté. Je l'ai même entendu dire au préfet et au bourgmestre qu'il fallait "nettoyer tout cela pour effacer les traces des massacres" de manière à ce que "les visiteurs extérieurs ne voient pas ce qui s'était passé". »

On a vu que des collégiennes, mises en scène en 1981-1982, firent état d'apparitions de la Vierge à Kibeho. Cette nouvelle mystique mariale sera officiellement reconnue par les autorités catholiques en 2001 [35]. L'abbé Maindron en fut dès l'origine l'un des principaux animateurs et organisateurs. Son projet était de faire de Kibeho le « *Lourdes du Rwanda* ». Mais en même temps qu'il manageait les « apparitions » de la vierge, il s'employait aussi à canaliser cette foi candide dans le soutien inconditionnel au régime. Dans un livre pieux consacré à ces apparitions, il fait également l'apologie du président Habyarimana [36]. Son zèle progouvernemental lui permet d'établir

35. Déclaration définitive de Mgr Misago sur les apparitions de Kibeho, rendue publique le 29 juin 2001, qui reconnaît officiellement que la Sainte Vierge est apparue à trois filles de l'endroit: Alphonsine Mumureke, Nathalie Mukamazimpaka, et Marie-Claire Mukangango. *Agence internationale Fides* n° 4170 du 6 juillet 2001.

36. Gabriel Maindron, *Des apparitions à Kibeho*, Éditions Œil (F.-X. Guibert), 1988, p. 26.

des liens étroits avec l'*akazu*. Il est d'ailleurs décoré de l'Ordre national de la paix avec le grade d'officier, le 5 juillet 1981. La présidence offrit à Maindron la logistique nécessaire pour drainer les foules vers Kibeho [37]. L'abbé Maindron, zélateur à la fois du parti raciste CDR et de la Vierge, aura su intégrer simultanément ces deux cultes chez ses ouailles. Il dit en effet avoir vu pendant le génocide des tueurs munis de chapelets « *pour que la Vierge Marie les aide à débusquer les Tutsi survivants* ». Il rapportera également que d'autres se recueillaient devant la statue de la Vierge avant de se livrer aux plus abominables tueries [38]. Rappelons qu'au plus fort des massacres l'une de ces collégiennes expliquait que « *le Christ n'aime pas qu'on tue bien sûr. Mais la Vierge Marie va intercéder auprès de son fils pour qu'il nous comprenne* » [39].

Le père Maindron a été témoin du massacre des Bagogwe. Après la campagne d'extermination de 1990 et 1991, quelques rescapés de cette communauté sont venus se réfugier dans sa région, vers la Crête Congo-Nil. Son ami, le bourgmestre de Rutsiro, Raphaël Benimana prévoit alors pour eux un plan d'évacuation forcée : ils sont installés d'office dans un camion-benne qui les déchargera dans un précipice de la colline de Kabaya. Tous périront. En 1993, au moment de l'enquête sur la violation des droits de l'homme au Rwanda, Gabriel Maindron fait signer un texte de soutien à ce bourgmestre par quelques Bagogwe encore vivants, en faisant un chantage à l'aide prévue pour les « déplacés » et en usant de son autorité. L'un d'eux, Boniface Niragira, un des très rares rescapés de tous ces massacres, a révélé l'incroyable cynisme de ce prêtre : « *L'abbé Maindron vint nous faire signer de fausses déclarations selon lesquelles notre bourgmestre était innocent, victime de calomnies.* [...] *Contraints et forcés, nous avons signé.* » Puis, muni de ce papier, nous dit *Golias*, Maindron entreprit les démarches auprès de l'ambassade de France à Kigali où il a l'habitude de se rendre [40].

37. Golias, *Rwanda : l'honneur perdu de l'Église*, ouvrage cité, p. 104.

38. Nicolas Poincaré, *Rwanda. Gabriel Maindron, un prêtre dans la tragédie*, ouvrage cité.

39. Monique Mas, *Paris-Kigali, 1990-1994*, ouvrage cité.

40. *Golias magazine* n° 48-49, ouvrage cité, p. 74.

De nombreux autres témoignages accusent ce père de non-assistance à personnes en danger et de complicité criminelle avec les organisateurs des tueries [41]. Mais, pensant à Maindron, je pense surtout aux jeunes filles tutsi de Kibuye, à celles qu'il appréciait en homme et non en prêtre, et que ses amis ont suppliciées. Je pense aussi à ma jeune belle-sœur qui le connaissait bien. Très grande, fine et délicate, archétype de la « beauté tutsi », elle passerait en France pour un mannequin de haute couture. Elle a été tuée avec sa mère et ses sœurs à la mi-mai, pendant la « normalisation » du génocide, quand les responsables décidèrent que le moment était venu de tuer les femmes et les enfants qui avaient survécu. Ils l'ont laissée agoniser plusieurs jours, un bras coupé et les chevilles sectionnées. On rapporte qu'elle n'a pas cessé de crier et d'appeler pendant son calvaire. Dans cette angoisse sans nom, implorant une mort qui ne venait pas, a-t-elle pensé à Maindron ? L'idée qu'il était tout près, avec ses amis assassins, devait être une souffrance supplémentaire. En 1999, l'abbé Gabriel Maindron coule des jours paisibles à Fontenay-le-Vicomte, dans le diocèse de Luçon, en Vendée.

Le soutien du Vatican au Hutu Power

À l'aube de ce XXIe siècle, Boniface Bucyana est en charge de la paroisse de Rue, près de Fribourg, en Suisse. L'abbé Martin Kabalira a été nommé dans la commune de Saint-Béat près de Luchon, en Haute-Garonne [42]. Le père Wenceslas Munyeshyaka, prêtre milicien et vicaire de l'église de la Sainte-Famille à Kigali, a exercé son ministère en France, à la paroisse de Bourg-Saint-Andéol dans l'Ardèche. Arrêté en 1995, il a été relâché et pris sous la protection des Pères blancs dans la région parisienne, puis aux Andelys, près d'Évreux [43]. Bérôme Carlisquia a été exfiltré par les Pères blancs en Italie, ainsi

---

41. *Ibidem*. L'enquête de Christian Terras est un document essentiel (pp. 71 à 87).

42. *Golias* de mars avril 1999 et *Libération* du 2 avril 1999.

43. *Témoin du génocide* n° 1 : « Succès et déboires de la lutte pour la justice. Le père Wenceslas Munyeshyaka arrêté en France puis relâché », African Rights, Londres, octobre 1995. *Témoin du génocide* n° 9: « Father Wenceslas Munyeshyaka: in the Eyes of the Survivors of Sainte Famille », African Rights, Londres, avril 1999.

qu'Emmanuel Rukindo, Anastase Seromba, Joseph Nduwamungu, Daniel Nahimana. Tous sont des prêtres accusés d'avoir directement participé aux tueries et il y en a bien d'autres. Sans compter tous les complices qui incitaient aux massacres, les organisaient ou se contentaient de les « comprendre » et de les justifier. Ces prêtres, qui relèvent du Tribunal pénal international pour le Rwanda, tendent l'hostie aux paroissiens dans des villages de France ou de Belgique, de Suisse ou d'Italie. L'association African Rights a informé le pape Jean-Paul II des actes criminels commis par ces prêtres recyclés en Europe, en demandant à son magistère de réaliser ses propres enquêtes. Elle n'a reçu aucune réponse et a donc décidé de publier les résultats de ses recherches [44].

Après avoir déclaré devant les fosses communes que « *le sang des martyrs est semence de chrétiens* » [45], l'Église montre autant de mépris ici pour les fidèles européens qui assistent à l'office de ces prêtres assassins que pour les victimes rwandaises. Le lobby chrétien occulte ou banalise le génocide. Quand, devant l'évidence, il est obligé de le reconnaître, il en fait l'« œuvre du diable ». En accusant « le Prince des ténèbres » comme le fait l'abbé Maindron, l'Église catholique évacue toute question de justice et de responsabilité et n'appelle qu'à la « réconciliation » [46]. Un discours qui dissimule l'exfiltration systématique des religieux accusés d'être impliqués dans le génocide [47]. La banalisation du génocide se retrouve dans la position officielle du Vatican, exprimé par *L'Obsservatore Romano*. La livraison du 19 mai 1999 présente un article avec les trois astérisques, signe qui désigne les échelons les plus autorisés de la curie romaine:

« *Au Rwanda, une véritable campagne de diffamation contre l'Église catholique est en cours, afin de la faire apparaître comme*

44. African Rights, *Bulletin d'accusation* n° 2, du 22 novembre 1999.

45. *La Croix* du 4 août 1994. Le cardinal Etchegaray était en juin 1994 l'envoyé spécial du pape au Rwanda, consulteur du Conseil pontifical « Justice et Paix ».

46. J'ai déjà évoqué ces conséquences de la foi religieuse dans *En danger de croire*, L'Harmattan, 1998.

47. Cette logique explique aussi les filières nazies du Vatican après la Seconde Guerre mondiale.

responsable du génocide de l'ethnie tutsi, qui a ravagé le pays en 1994. [...]. *L'arrestation de Mgr Misago* [évêque de Gikongoro, accusé de complicité dans le génocide des 150000 Tutsi tués dans son diocèse], *cinq années exactement après les massacres, doit être considérée comme le dernier acte d'une stratégie du gouvernement rwandais pour réduire ou éliminer le rôle conciliateur qu'a eu l'Église dans l'histoire du Rwanda, dans le passé et jusqu'à aujourd'hui, cherchant par tous les moyens à en salir l'image* [...].

Actuellement, l'attention de la population est polarisée sur le génocide de 1994. Il faut en réalité continuer de préciser qu'il y a eu au Rwanda un double génocide : celui contre les Tutsi (et certains Hutu modérés), commis à partir du 6 avril 1994, qui a fait plus de 500000 victimes, et celui contre les Hutu, à partir d'octobre 1990 jusqu'à la prise du pouvoir par le Front patriotique rwandais (FPR) tutsi, en juillet 1994. Ce génocide des Hutu s'est poursuivi dans la forêt zaïroise, où les Hutu en fuite ont été massacrés pendant des mois sans la moindre protection de la communauté internationale. Le nombre de victimes hutu s'élève à environ un million. Les deux génocides ont été horribles et les deux doivent être rappelés, si l'on veut éviter une propagande unilatérale. » [48]

Réagissant à cet article, *Billets d'Afrique* écrit fort justement : « *Ce dernier paragraphe, dûment autorisé, est en lui-même une tragédie – compte tenu de l'influence de l'Église au Rwanda. On peut discuter de la qualification des massacres des exilés hutu dans la forêt zaïroise, et du nombre de tués (sur un maximum de 200000 disparus). Là n'est pas le côté insupportable de ce texte : c'est l'affirmation qu'un deuxième génocide, des Hutu par les Tutsi, aurait été mené d'octobre 1990 à juillet 1994. Cette assertion soulignée, répétée, et l'invocation d'un million de victimes hutu, n'a aucune base historique. Pire, ces propos mûris du Vatican reprennent exactement la thèse des planificateurs hutu du génocide des Tutsi : celui-ci serait une réplique au génocide des Hutu par les Tutsi, une autodéfense. L'organe officieux de l'Église catholique rejoint donc l'idéologie génocidaire, et la réalimente. Bien au-delà du cas de Mgr Misago,*

48. « Génocide rwandais : dernier acte », *L'Obsservatore Romano* du 19 mai 1999.

cette prise de position insensée s'apparente à une complicité intellectuelle. Elle signale une responsabilité par obstination, par entêtement aveugle. Elle montre que l'Église catholique n'est malheureusement pas capable aujourd'hui, pas plus qu'en 1994, de jouer le "rôle conciliateur" auquel elle prétend. » [49] On peut aussi se demander si l'Église n'agit pas simplement et cyniquement selon son intérêt politique : les experts de la curie romaine, ethnistes convaincus, misant à long terme sur la victoire du « peuple majoritaire ».

Un blindage idéologique

L'implication dans l'idéologie génocidaire et le soutien apporté à des religieux accusés de meurtres par les hiérarchies des différentes confessions chrétiennes présentes au Rwanda sont proprement incroyables. Cette compassion pour les bourreaux s'accompagne du mépris pour les rescapés du génocide, accusés de façon globale d'être organisés en « *syndicat de délateurs* » [50]. Revenons aux deux Bénédictines de Sovu au racisme incandescent, sœur Gertrude et sœur Maria Kisito. Christian Terras, directeur de la revue catholique contestataire *Golias*, donne les différentes étapes de leur accueil en France puis en Belgique, organisé par des autorités religieuses : « *Elles sont arrivées par un circuit d'exfiltration, par des communautés religieuses, notamment en France, par les Pères blancs et les organismes de l'Église en place. Elles ont profité des camions de l'opération militaire française* Turquoise *(en juillet 1994), pour se réfugier au Zaïre. Elles y ont été accueillies notamment par des religieux des congrégations espagnoles. De là, elles ont été exfiltrées vers l'Est de l'Afrique, au Kenya. Ensuite, elles ont pu s'envoler, après avoir fait une étape en France, vers la Belgique.* » [51] Depuis, elles ont vécu en Belgique où l'ordre des Bénédictins auquel elles appartiennent a continué de les soutenir.

49. *Billets d'Afrique*, août 1999.

50. Argument mis en avant par la propagande du Vatican pour défendre Misago (Dossier *Fides*) sous le couvert d'Amnesty International. *Agence internationale Fides* n° 4116 du 23 juin 2000.

51. Interview à Radio France internationale (RFI) le 21 avril 2001.

Les Pères blancs se distinguent par leur zèle à innocenter les prêtres et religieuses impliqués dans le génocide. Ainsi, en 1995, le Père blanc belge André Comblin avait été dépêché à deux reprises au monastère de Sovu pour demander aux sœurs qui témoignaient contre les deux Bénédictines de se rétracter. Il a voulu leur faire signer des documents selon lesquels elles reconnaissaient avoir donné de faux témoignages. Les sœurs ont heureusement eu le courage de refuser et de tenir tête à ce représentant de l'Église. Les documents du père Comblin saisis par la police rwandaise ont entraîné l'expulsion de ce prêtre qui exhibait déjà son racisme antitutsi au Burundi. Évacuée en Belgique après le génocide, l'une des deux moniales qui a accepté de témoigner, Mukagira Scholastique, raconte comment elle a été soumise aux pressions de la part de Gertrude et du père abbé de Maredsous [52]. Lors de leur procès à Bruxelles, le lobby chrétien s'est mobilisé pour défendre les deux sœurs de Sovu. Un certain Mgr Albertus Nicolaus, dans une lettre envoyée au président du tribunal, a traité l'avocat de la partie civile, maître Georges Henri Beauthier, d'« *avocat véreux qui se distingue par son antipatriotisme et son gauchisme nihiliste* » et qui « *insulte l'Église tout entière et le pape* ». Il ajoute : « *Nous pensons donc que ce procès est truqué, qu'il est une vaste comédie, mise en route par des francs-maçons et des ennemis notoires de l'Église.* » [53]

On a pu entendre sur les ondes la profession de foi du Père blanc Guy Theunis, animateur de la revue *Dialogue,* en faveur de ces bourreaux : « *Je ne crois pas à l'accusation de participation des prêtres au génocide. Ce qui est clair, c'est que certains prêtres hutu ont exprimé des opinions qui ne plaisent pas au FPR. Ils ont droit d'avoir une opinion. Cela n'est pas un crime.* » [54] En 1995, il avait fait diffuser dans toutes les communautés des Pères blancs un

52. *Le Soir* du 15 mai 2001.

53. Cette lettre, adressée au président de la cour d'assises à Bruxelles, a été lue par le président en début de séance le 1er juin 2001. Elle a été intégralement publiée dans *La Libre Belgique* du 1er juin 2001.

54. Déclaration faite sur les ondes de Radio France internationale, le 28 avril 1998 (Jean-Damascène Bizimana, ouvrage cité, p. 63).

document faisant l'éloge de l'abbé Wenceslas Munyeshyaka : « *Il n'a pu empêcher que certains soient tués. Mais soyons honnêtes, ce n'est pas lui qui les a tués !* [...] *J'aime à répéter qu'accuser l'abbé Wenceslas Munyeshyaka de "génocide" est inacceptable.* » [55]

L'ethnisme, chez ces défenseurs de l'indéfendable, semble être le seul horizon, tout aussi inavouable et indicible que les crimes de ceux qu'ils protègent : un Hutu est par définition innocent, un Tutsi fourbe et menteur. Cette foi ethnique obnubile tout raisonnement. On a vu que la sexualité n'est pas absente de cette diabolisation des Tutsi. Rappelons ici les propos du Père blanc Alvoet, dans le bulletin de cette congrégation : « *Les Tutsi ont réussi à inféoder, noyauter toutes les organisations internationales.* [...] *De jolies filles tutsi rwandaises ont infiltré les organisations humanitaires et conquirent le terrain par leurs charmes inégalables.* » [56] La connotation sexuelle de ce racisme se retrouve en abondance dans la presse hutu extrémiste, telle que le journal *Kangura* [57]. Si pour ces croyants c'est le Diable qui se cache derrière « le Tutsi », chez la Tutsi, c'est la « sorcière » et la « putain » qu'ils croient voir. Ce sont deux des « quatre femmes de Dieu » que l'Église a honnies et persécutées durant des siècles [58]. La beauté elle-même est ici suspecte. Comme le plaisir sexuel qu'elle évoque, elle est soupçonnée d'être au service du Mal [59].

Un ex-grand séminariste chez les Pères blancs, Jean-Damascène Bizimana, signale le racisme institutionnel qui règne dans son ex-congrégation, excluant systématiquement les Tutsi, mettant même à l'écart les prêtres européens qui ne partagent pas ces préjugés

55. Jean-Damascène Bizimana, *ibidem*, p. 66.

56. Bulletin d'information africaine *ANB/BIA* des Pères blancs n° 257 du 1er mai 1994.

57. Voir l'ouvrage de référence sur ce sujet, sous la direction de Jean-Pierre Chrétien *Rwanda, les médias du génocide*, ouvrage cité.

58. Et a d'ailleurs souvent confondues. *Cf.* l'étude de Guy Bechtel, *Les Quatre Femmes de Dieu. La putain, la sorcière, la sainte et Bécassine*, Plon, 2000.

59. Il se trouve que la « Miss France » 2000, Sonia Roland, est tutsi par sa mère et bourguignonne par son père. Ne doutons pas que cela sera utilisé pour étayer les préjugés racistes sur la dangereuse « beauté des filles tutsi » et alimenter encore leurs fantasmes.

ethniques. Il cite le cas de feu le père Robert Defalque, marginalisé et traité avec mépris de « *gatutsi* » (pro-Tutsi) par ses confrères [60]. En France, cette congrégation pourrait être poursuivie pour discrimination raciale ! L'association Amour sans frontières (ASF), basée à Lyon et dirigé par le Père blanc Pierre Jault, désinforme en reprenant la propagande du Hutu Power. Dans ses bulletins, cette association ignore le génocide mais parle de « *guerre civile* » ou d'« *événements de 1994* ». En revanche, elle fait l'apologie de Mgr Perraudin et de Gabriel Maindron. Pour Jean-Damascène Bizimana : « *À la réflexion, il est possible que ces associations chrétiennes* [comme ASF] *véhiculent des messages ethnistes, non pas à cause de la mauvaise foi de leurs membres mais par manipulation de ceux-ci. Manipulation de braves gens* [...] *par des activistes impliqués soit indirectement dans les massacres, soit dans la foi et la connivence idéologique avec les organisateurs* [...] *du génocide. Une manipulation et une désinformation orchestrées par des missionnaires.* » [61]

Mais comment comprendre la force et l'ingénuité de ce racisme ? Comment expliquer la ferveur avec laquelle les fidèles européens continuent à accepter que l'Église et en particulier les Pères blancs aident, défendent et financent des criminels capables de telles atrocités ? Devant la négation de l'évidence chez tant d'associations chrétiennes, on reste parfois pantois. Pour l'historien Jean-Pierre Chrétien, un élément de cette compréhension est l'imagerie d'Épinal qui entourait le régime rwandais. Le nazisme tropical du Hutu Power était invisible et le reste pour nombre d'acteurs chrétiens liés au Rwanda. Il décrit comment s'est mise en place une sorte de blindage idéologique « *compte tenu de la respectabilité qui auréolait le régime en cause et de la bonne conscience sans limite qui habitait ses dirigeants et ses propagandistes* » :

« *L'historien Lucien Febvre nous a appris qu'il était presque impossible d'être incroyant en France au* XV*e siècle, tant la vie*

60. Jean-Damascène Bizimana, *L'Église et le génocide au Rwanda*, ouvrage cité, pp. 76-77.

61. *Ibidem*, pp. 93-95.

collective baignait à cette époque dans un climat chrétien. Jusqu'au génocide de 1994, manifester quelque incroyance à l'égard du caractère exemplaire du régime rwandais, j'allais dire de sa sainteté, semblait relever d'un parti pris blasphématoire.

*En 1985 encore, dans un opuscule de vulgarisation d'inspiration catholique en France (*À la source du Nil, les mille collines du Rwanda, *1985), un ancien conseiller du président Grégoire Kayibanda, Baudoin Paternostre de la Mairieu, évoquait "les paroisses campagnardes du Rwanda, havres de paix, d'équilibre et de sérénité" ainsi que la "grande modération des principaux leaders, leur option démocratique et l'engagement chrétien de leur politique".* [...] *On oublie trop vite l'omniprésence de cette vision idyllique, cautionnée en de nombreux lieux politiques et associatifs, et pas seulement belges ni seulement chrétiens. Aveuglés par cette image, les connaisseurs et les partenaires du Rwanda depuis son indépendance ne pouvaient que très difficilement imaginer l'innommable.* » [62]

À cette imagerie, utilisée surtout pour les fidèles, s'ajoutent de froids calculs politiques des autorités ecclésiastiques. On retrouve alors ici les mensonges de l'Église catholique. Le philosophe chrétien Jean Guitton avait déjà admis la nécessité religieuse du mensonge : « *Pour satisfaire une élite, on troublera huit cents millions de fidèles. Si les chercheurs ont le droit de chercher, les pasteurs ont le devoir sacré de préserver la foi.* » [63] La puissance de la conviction religieuse, cette « force de croire » au mépris du bon sens, de la justice et de la raison, est sous-jacente à toutes ces complicités abominables [64]. Pour les fidèles comme pour les prêtres, la prééminence de la foi sur la vérité est une « valeur » chrétienne acceptée et même revendiquée : « *Je préfère être dans l'erreur avec le pape que dans la vérité contre lui* », écrivait Mgr Eugenio Sales,

62. Jean-Pierre Chrétien, *in Coopération internationale pour la démocratie* n° 7, ouvrage cité.

63. *Le Figaro* du 21 janvier 1980.

64. Voir mon précédent ouvrage *En danger de croire*, ouvrage cité.

archevêque de Rio de Janeiro. « *S'il était réellement établi que la vérité est en dehors du Christ, je préférerais rester au Christ plutôt qu'avec la vérité* », écrivait Gilbert Cesbron [65]. L'Église catholique, qui se veut la plus haute autorité morale, s'était déjà rendue coupable d'indifférence, voire de connivence raciste il y a plus de cinquante ans, lors de la Shoah. C'était alors pour préserver son influence politique en Allemagne [66]. Croyant protéger leur image et leur influence au Rwanda, les stratèges du Vatican mélangent cyniquement la foi en Dieu et la foi ethnique. L'identification christique de la « cause hutu » chez les fidèles européens sincères pourrait expliquer bien des aveuglements, autrement incompréhensibles.

Mais l'attitude de certains prêtres se distingue heureusement de celle de l'Église. L'abbé Ngoga de Kibeho a protégé les Tutsi dans son diocèse. À sa demande d'aide, Mgr Misago aurait répondu : « *Je ne demanderai pas la protection de la gendarmerie, car de toute façon les Tutsi sont condamnés.* » [67] Citons encore Ananie Rusagira, économe au petit séminaire de Ndera, qui réconfortait les familles tutsi qui s'y étaient réfugiées et qui disait aux miliciens « *Tuez-moi à leur place* » [68], et encore Augustin Kezabera, curé de Muramba, et Évide Mwanangu, curé de la paroisse de Zaza, la liste n'est pas exhaustive : ces prêtres et religieux ont préféré être tués plutôt que complices de ces horreurs. D'autres ont survécu comme les Tutsi qu'ils ont réussi à protéger. Entre autres, Oscar Nkundayezo, Félicien Bahizi, Joseph Boneza et le curé de la paroisse Saint-Paul à Kigali, Célestin Hakizimana. Rendons aussi hommage au père Forestier, un Père blanc responsable des médias catholiques au Rwanda, présent pendant les massacres. Il a osé crier son déchirement et sa haine dans une émission du « Jour du Seigneur » : « *J'ai la haine dans le cœur,* [...] *j'en veux profondément, au fond de mon cœur,*

65. Cité par Henri Fabre, ouvrage cité.

66. L'ouvrage de référence est celui d'Henri Fabre, *L'Église catholique face au fascisme et au nazisme. Les outrages à la vérité*, ouvrage cité. Voir aussi Yves Ternon, *L'État criminel*, ouvrage cité, p. 174.

67. *Golias magazine* n° 48-49, p. 122.

68. *Ibidem.*

à tous mes amis que j'ai là-bas et qui ont massacré. Je ne pourrai pas leur pardonner. » [69] Le père Forestier terminait son homélie en disant : « *Au nom des bonnes actions qui ont eu lieu au Rwanda et dans le monde, on n'a pas le droit de minimiser le mal qui a eu lieu, parce que le mal est là et le mal est quelque chose d'atroce contre lequel il faut lutter.* » Et nous venons de voir à quel point la hiérarchie catholique, des Pères blancs au Vatican, est un rouage important de cette machinerie du « mal ».

69. « Chrétiens dans l'enfer du Rwanda », le 9 octobre 1994. Document produit avec une cassette vidéo par « Chrétiens en grandes écoles – Mission étudiante catholique – Île-de-France », 24 octobre 1994.

7. Manipulation des droits de l'homme

Cette base catholique de l'ethnisme pro-hutu a des dérivés dans des associations humanitaires ou de défense des droits de l'homme. Cet engagement passionnel dans l'ethno-racisme de la part d'Occidentaux qui peuvent n'être ni d'extrême droite, ni même politiquement marqués est, comme nous l'avons vu, une séquelle culturelle de la colonisation. Il paraît néanmoins surprenant que cette construction haineuse, qui a été et continue d'être politiquement instrumentalisée, soit soutenue par le staff d'associations censées défendre les droits humains. Ce problème a été brièvement évoqué, notamment en ce qui concerne les dérives de Caritas et d'Amnesty International, dans *Un génocide secret d'État* [1].

La propagande des « cerveaux » du génocide en direction de ces associations est ancienne. Le professeur Léon Mugesera, à l'époque secrétaire général du ministère de l'Information rwandais, publiait en 1991 un dépliant au nom d'une « Association de femmes parlementaires pour la défense des droits de la mère et de l'enfant ». Ce dépliant officiel et en couleur a été largement diffusé de par le monde. Il présentait les « *enjeux réels* » du FPR: « *Restaurer la dictature des extrémistes de la minorité tutsi assise sur un génocide, l'extermination de la majorité hutu* [...]. » Léon Mugesera est connu pour ses discours ponctués d'appels au meurtre des Tutsi. Le massacre déclenché au Bugesera en 1992 est un exemple de l'utilisation du label « droits de l'homme » contre les droits humains. Il a été provoqué par l'annonce, le 3 mars 1992, par un « comité des droits de l'homme » basé à Nairobi, d'un prétendu « plan d'assassinat de cadres hutu » attribué au FPR. Relayée à la radio nationale à plusieurs reprises, cette manœuvre d'intoxication s'est soldée en 1992 par un pogrome causant 300 morts et 15000 déplacés parmi la population tutsi.

---

1. Ouvrage cité, pp. 44, 122-123 et 129-136.

Les exemples qui seront évoqués montrent combien le problème de l'ethnisme déclenche en Occident passions et préjugés. La dérive passionnelle qui conduit à soutenir le Hutu Power est présente dans une myriade de micro-associations d'inspiration chrétienne, surtout belges et suisses, étroitement associées par l'ancien régime à l'encadrement des populations. La conviction qui régit une propagande dynamique et efficace semble être faite une fois pour toutes. « *La référence chrétienne* [...] *est venue renforcer la bonne conscience stupéfiante* [des militants de ces ONG] *qui a accompagné la montée de la logique d'extermination.* »[2] À noter que ces convictions ethniques émanent de personnes dont le dévouement et l'intégrité sont souvent exemplaires. De la même façon, on a pu autrefois être antisémite en toute bonne conscience. On se retrouve là encore dans une situation de croyances consensuelles associées à une symbolique du Bien et du Mal qui s'ancre profondément dans l'inconscient. Il y aurait beaucoup à dire sur ces associations et leurs militants. Dans ce qui suit, seules seront évoquées les grandes ONG : Amnesty International, Reporters sans frontières et la Fédération internationale des ligues des droits de l'homme.

Les dérives d'Amnesty International

En mai 1994, en plein génocide, Amnesty International (AI) « *diffusait, à grand renfort de meetings, une brochure de treize pages intitulée : "La communauté internationale se doit d'agir"* (AI du 17 mai 1994) *sur le génocide annoncé* [des Hutu] *au Burundi* »[3]. Les dérives d'Amnesty International sur le Rwanda et le Burundi sont caricaturales. Un des membres du staff londonien de cette organisation, Godfrey Byaruhanga, a déclaré après le génocide : « *Ce qu'on oublie, c'est d'expliquer les causes, le pourquoi de ces événements.* » Et cet opposant ougandais à Museveni explique que c'est le FPR « *qui a déclenché la guerre et commis des atrocités au Rwanda* », l'accusant

---

2. Jean-Pierre Chrétien, *Le Défi de l'ethnisme*, ouvrage cité, p. 37.

3. *Ibidem*, p. 278.

de surcroît de rendre une justice de vainqueur [4]. Amnesty utilise le fait que des Hutu de l'opposition ont été assassinés en avril 1994 pour démentir l'accusation de génocide, incompatible avec les conceptions ethnistes de certains de ses dirigeants [5]. Les bulletins d'AI s'inspirent souvent directement de la mouvance rwando-burundaise Hutu Power. Amnesty a repris sans aucune vérification des informations mensongères fournies par cette mouvance extrémiste (comme par exemple le bulletin publié à Bujumbura *SOS génocide*), ainsi que l'a montré le journaliste Medhi Ba [6]. Les génocidaires et les Interahamwe, qualifiés de « *groupes armés* » en lutte contre l'APR « *tutsi* », bénéficient chez cette association d'une indulgence qui témoigne d'une totale incompréhension de ce qu'est l'idéologie génocidaire.

Outre Godfrey Byaruhanga, le staff londonien comporte d'autres personnalités marquées par leurs positions ethnicistes. L'historien Filip Reyntjens était à la fois un proche du président Habyarimana jusqu'en septembre 1993 et collaborateur du secrétariat international d'Amnesty International à Londres, pendant la même période [7]. Comme le remarque Charles de Lespinay, spécialiste du droit et de la région des Grands Lacs: « *M. Reyntjens ayant participé à l'élaboration de deux Constitutions du Rwanda qui maintiennent entre autres la carte d'identité "ethnique" et les quotas "ethniques", avant le génocide de 1994 et après plusieurs massacres génocidaires, ne peut être neutre.* » [8]

---

4. « *What usually gets forgotten is for people to be able to investigate the cause – why did it happen ?* [...] *However, it is also known at the same time that they are neighbors of the RPF* [le FPR] *which was fighting a war, who committed atrocities in Rwanda.* » *Talk about Africa*, BBC, émission diffusée le 8 mai 1996, à 19 h-19 h 30. Transcription communiquée par Amnesty International.

5. « L'acte d'accusation d'Amnesty International », *L'Humanité* du 28 avril 1994.

6. « Les liaisons dangereuses d'Amnesty International », *Maintenant, la Lettre* n° 20, avril 1996.

7. Filip Reyntjens était responsable « Afrique Centrale » de la section belge néerlandophone d'Amnesty International.

8. « Génocide et idéologies d'exclusion importées en Afrique des Grands Lacs », in *Parler des camps, penser les génocides*, ouvrage cité, pp. 310-321.

Signalons ici un exemple de désinformation parmi d'autres. Un cas très documenté puisqu'il a fait l'objet d'une enquête de huit mois par l'association African Rights [9]. Le 30 mars 1996, Joseph Ruyenzi, qui présentait les informations sur Radio Rwanda, est arrêté à Kigali. Le 1er avril, Robert Ménard, de Reporters sans frontières, signalait ses craintes pour sa sécurité dans une lettre au président rwandais. Il l'avertissait des « *conséquences très graves qu'aurait une éventuelle opération de purification ethnique au sein des médias d'État* ». Le 2 avril, Amnesty International lançait dans la foulée un appel demandant à ses membres d'écrire des lettres de protestation pour exprimer leur préoccupation concernant « *sa santé et sa sécurité dans le contexte de la victimisation systématique des journalistes menée par le gouvernement du Rwanda* ».

Joseph Ruyenzi était accusé par la justice rwandaise d'avoir violé et sexuellement mutilé une jeune femme, Donatilla Mujawimana. Non seulement ces faits ont été confirmés, mais il est apparu que Ruyenzi était le chef d'une milice locale. Des témoins et des rescapés l'accusent d'être lui-même un assassin, coupable avec ses miliciens de nombreux meurtres racistes. Donatilla Mujawimana, qui avait porté plainte, était une jeune femme hutu mariée à un Tutsi. Ruyenzi et sa bande recherchaient son mari pour le mettre à mort, conformément aux ordres d'extermination des Tutsi, et l'ayant manqué se sont vengés sur elle. Amnesty est donc capable d'émettre des verdicts sans enquête et de relayer la désinformation. Ni Amnesty, ni RSF n'ont par la suite rectifié publiquement leur position. RSF est même allé beaucoup plus loin, manipulant sciemment la vérité pour défendre son action illégitime. Si African Rights n'avait pas mené sa propre enquête, il est clair que RSF et Amnesty auraient réussi à faire de Joseph Ruyenzi un martyr de la cause hutu [10]. Ils ont d'ailleurs partiellement réussi, car leur audience internationale est largement supérieure à celle de la petite association londonienne.

---

9. *Témoin du génocide* n° 5, « Joseph Ruyenzi, "prisonnier d'opinion" sans conscience », African Rights, janvier 1997.

10. *Témoin du génocide* n° 5, ouvrage cité. Voir aussi l'enquête de Mehdi Ba dans *Maintenant, la Lettre* n° 20, avril 1996 : « Amnesty International et Reporters sans frontières volent au secours d'un violeur présumé ».

Cette partialité à coloration ethniste rend finalement suspects les rapports d'Amnesty sur le Rwanda, notamment celui de juin 1998 sur les « disparitions » qui se multiplieraient dans ce pays [11]. L'association des rescapés du génocide, Ibuka, a protesté et regretté que ce rapport, bien qu'il ait été publié après les crimes ignominieux de Kayove, Nkamira et Nyange commis par les Interahamwe, ne les condamne pas, mais que son effet soit plutôt de les masquer [12].

RSF : Reporters des Services français [13]

Un autre cas doit être signalé, celui du père André Sibomana, lauréat du « prix RSF » en 1995 et dont Amnesty International fait en écho un éloge dithyrambique [14]. Ethniste convaincu, apôtre du « panhutuisme » et de la « révolution sociale » de 1959, André Sibomana était rédacteur en chef de *Kinyamateka*, journal officiel de l'Église catholique, dont la ligne éditoriale était restée très proche de l'ancien MDR-Parmehutu sudiste. À ce titre, son opposition au régime nordiste relevait de la rivalité entre clans hutu et non d'une conception citoyenne de la politique. *Golias* a dénoncé ses amitiés avec les extrémistes du Hutu Power et sa contribution à l'exfiltration de prêtres et de laïcs impliqués dans le génocide [15]. En réaction, Reporters sans frontières mènera une virulente campagne de presse contre *Golias*. RSF l'attaquera même en justice à deux reprises, mais sera chaque fois déboutée. Pendant le génocide auquel il a assisté, passivement et impavide, Sibomana a déclaré en public, au cours d'une messe : « *On les envoie tuer des gens* [les miliciens] *et ils s'en prennent à Nyakibandwa* [une vieille femme tutsi tuée au début des massacres]. *Croient-ils vraiment*

11. « Rwanda. Faire face à la vérité », AFR/47/98, juin 1998 et « Rwanda. Chaque jour apporte son lot de disparitions et d'homicides », AFR/47/26/98, juin 1998.

12. Comme le remarque son secrétaire général, Anastase Mulumba, *ARI/RNA* du 18 au 24 juin 1998.

13. Ou « Reporters sans scrupule », en référence au titre de l'article de Michel Sitbon, *Maintenant, la Lettre*, 20 septembre 1995. Sur RSF, voir aussi *Billets d'Afrique*, « À fleur de presse », juin 1996.

14. Article de Bernard Debord dans *La Chronique d'Amnesty* de mai 1996.

15. Enquête de Christian Terras, *Golias magazine* n° 48-49, été 1996.

que c'est la meilleure cible ? » [16] André Sibomana sait très bien que les miliciens ne se battent pas contre les soldats du FPR. Les gens qu'ils tuaient alors systématiquement sous le prétexte d'être des *ibyitso,* des « complices » du FPR, étaient les Tutsi, à commencer par les personnalités inscrites sur les listes.

André Sibomana, décédé en 1998, à la suite d'une maladie qui l'affectait depuis 1976, livre ses conceptions racistes dans un livre préfacé par Noël Copin, ancien rédacteur en chef de *La Croix* et président de RSF: « *La pudeur sexuelle est différente entre ces trois ethnies. La sexualité des Twa répond à des règles spécifiques. Les Hutu sont réputés très pudiques. En revanche, il est de notoriété publique que les Tutsi ont pratiqué l'inceste et l'adultère.* » [17] On peut supposer que les mots « réputés » et « il est de notoriété publique » sont des corrections éditoriales destinées à adoucir la version de l'auteur. On peut supposer aussi que d'autres fragments de ce style ont été purement et simplement supprimés. Néanmoins la persistance de ce passage, à travers les relectures de Noël Copin et des coauteurs Laure Guilbert et Hervé Deguine, est révélatrice des préjugés ethnistes ancrés chez ces derniers. C'est probablement grâce à ce fan-club influent et militant qu'André Sibomana a été déclaré à titre posthume « héros de la liberté de la presse » à Boston le 3 mai 2000 [18]. Retiendra-t-on de lui ce titre de gloire ? En oubliant l'ethniste insensible qui invitait « *ceux qui doivent mourir* », selon ses termes, à aller se faire tuer ailleurs que dans son église [19].

Un autre homme de presse hutu, Sixbert Musangwamfura, dont il a déjà été question, devient à la fin du génocide le consultant de

16. *Ibidem*, p. 93. Cette déclaration a scandalisé des Hutu non extrémistes et terrifié les Tutsi qui assistaient à l'office.

17. André Sibomana, *Gardons espoir pour le Rwanda*, entretiens avec Laure Guilbert et Hervé Deguine, Desclée de Brower, 1997.

18. La journée mondiale de la liberté de la presse, « World Press Freedom Days ». André Sibomana fait partie des cinquante héros de ces cinquante dernières années. Voir le site http://www.unesco.org/webworld/com_media/wpfd/3may_fr. html

19. Témoignage de Victoire Uwambaye, originaire de la paroisse d'André Sibomana (Muyunzwe), *Golias magazine* n° 48-49, p. 103.

Reporters sans frontières pour son enquête sur *Les Médias de la haine*[20]. Son nom apparaît dans le rapport de mission intitulé « Rwanda: médias de la haine ou presse démocratique? »[21]. L'annexe n° 5 est entièrement consacrée à un entretien avec ce personnage. Sixbert Musangwamfura était effectivement un grand spécialiste de la question puisqu'il avait écrit le 27 octobre 1991, dans le journal rwandais *Isibo* dont il était le directeur, un article au titre explicite: « Si nous n'exterminons pas les Tutsi, ce sont eux qui vont le faire ». Il s'agit d'un appel au génocide, deux ans et demi avant la date, dans le style cher à *Kangura*. En voici quelques extraits traduits du kinyarwanda par le journaliste Faustin Kagame (les notes sont du traducteur):

« *Les* Inyenzi [cafards] *n'ont jamais cessé d'attaquer le pays, mais autant on les passe au fil de l'épée, autant ils laissent la consternation dans leur sillage. Puis vient une trêve de quelques années pendant lesquelles ils rassemblent leurs forces, et ils reviennent.* [...] *Ils se sont promis de combattre leur ennemi, le Hutu, jusqu'au bout.* [...] *Comme les Hutu sont nombreux, personne n'aurait pu en venir à bout sans les diviser pour qu'ils s'entre-déchirent.* [...] *Le Hutu s'est fait avoir par l'estomac* [la nourriture]*; ils ont continué à lui agiter des biens matériels sous le nez, les grosses sommes d'argent, les pots-de-vin et d'autres choses. Il s'est fait avoir sur le lit: les* Bizungerezi [péjoratif, désignant les belles femmes tutsi] *choyées aux sourires enjôleurs, ce sont elles qui ont attiré certains Hutu dans le piège.* [...]

Au fait, ces Hutu du Nord se trompent, espèrent-ils qu'il y ait un seul Tutsi à leur pardonner ce qui s'est passé à Kibirira[22]*, ce qui s'est passé avec les Bagogwe et les Bahima dans leurs zones?*[23] *Et*

20. Reporters sans frontières, *Les Médias de la haine*, La Découverte/Essais, 1995.

21. Rapport de la mission du 16 au 24 septembre 1994: « Rwanda: médias de la haine ou presse démocratique? », Reporters sans frontières, réalisée avec l'appui financier de la Commission européenne. Rapporteurs: Jean-Pierre Chrétien, Jean-François Dupaquier et Robert Ménard.

22. Kibilira: site du nord du Rwanda où fut perpétré un massacre de centaines de familles tutsi en octobre 1990.

23. Bagogwe et Bahima: groupes de pasteurs qui vivaient avant 1990 plus ou moins à l'écart de la société rwandaise et de ses relations raciales pathologiques. Ils ont été massacrés en octobre 1990 et en février 1991 (milliers de victimes) par le pouvoir du président Habyarimana.

les Hutu du Sud eux-mêmes, ont-ils oublié si soudainement "la petite machette" [24] *de Gikongoro, de Butare, de la Nyabarongo et d'ailleurs ? De toutes ces péripéties, le Tutsi qui en réchappe ne cesse de consigner tout ça dans le livre des "tentatives inachevées" comme celui des Juifs.* »

Et l'article se conclut par « *Si nous n'exterminons pas les Tutsi, ce sont eux qui vont le faire !* » Cet article appelait à l'union de tous les Hutu, qu'ils soient du Nord ou du Sud, par la fraternité dans le sang versé et dans le crime raciste. La « petite machette » évoque ici des massacres à caractère génocidaire, sans distinction du sexe ou de l'âge des Tutsi. Ces tueries sont même qualifiées de « tentatives inachevées », comme pour mieux mobiliser en faveur de la « solution finale » qui sera entreprise en 1994.

Signalons un beau geste de Reporters sans frontières : en octobre 1994, cette association distribue à chaque journal rwandais 1 000 dollars américains, avec une faveur pour le catholique *Kinyamateka* qui en reçoit six fois plus. En décembre, le président de RSF, Robert Ménard, vient en mission à Kigali et invite chaque responsable de journal, un par un, dans sa chambre d'hôtel. Il leur explique qu'une presse pluraliste est une presse critique, c'est-à-dire négative vis-à-vis du pouvoir. Il demande donc à chacun d'infléchir sa ligne éditoriale afin de critiquer davantage le gouvernement. Certains directeurs s'en étonnent et refusent poliment, expliquant qu'ils sont libres d'apprécier ou de critiquer ce que fait le gouvernement et que les 1 000 dollars donnés n'y changeront rien [25]. À partir de janvier 1995, la même stratégie reprend. Un envoyé spécial de RSF, Thierry Crivelier, s'installe même pendant six mois dans les locaux de *Kinyamateka*, en face du bureau de son directeur, l'abbé

24. Dans la préfecture méridionale de Gikongoro surtout (Kibeho, Kaduha, Cyanika), environ 15000 Tutsi furent massacrés dans des conditions qui préfiguraient le génocide de 1994. Généralement exécutées à la machette, les victimes (femmes, hommes et enfants) étaient ensuite jetées à la rivière Nyabarongo.

25. Rapporté ainsi que ce qui suit par Thierry Laniesse, rédacteur en chef de *Liaison-Rwanda*. Voir le n° 13, septembre-octobre 1997.

André Sibomana. Entre-temps, celui-ci est devenu grâce à RSF « journaliste de l'année ». Les autres journaux sont conviés à suivre son exemple et à dénoncer les « dérives intolérables et les exactions du gouvernement » s'ils veulent obtenir une aide financière.

Thierry Crivelier s'intéresse, cela va de soi, à l'ethnie des directeurs de ces journaux. En quelques mots, il explique que le régime actuel de Kigali est à mettre sur le même plan que celui, raciste, de Habyarimana. RSF organise une surenchère contre le nouveau régime et laisse entendre qu'il faut combattre le pouvoir actuel avec toute la détermination possible pour éviter un autre génocide. Quelques journaux qui répondent aux avances obtiennent une aide substantielle: *Intego* (ex-*Messager*), *Le Partisan*, *Umuhavumba* et bien sûr *Kinyamateka.* Certains articles publiés par ces journaux montrent une ligne éditoriale ouvertement négationniste ou révisionniste. Des journalistes réfractaires à ces avances se demandent « *comment ce monsieur peut-il prôner la critique du gouvernement rwandais au nom d'une presse libre et pluraliste et contribuer à répandre les thèses de son propre gouvernement ?* ». En effet, François Mitterrand parlait dans le même temps de double génocide... Et l'Élysée combattait le nouveau Rwanda en armant secrètement le Hutu Power. Reporters sans frontières se ridiculise ainsi aux yeux des Rwandais. L'agent de RSF achèvera son séjour sous les rires des journalistes en intitulant son rapport de mission: « Rwanda. L'impasse » [26].

Les faux défenseurs des droits humains

Human Rights Watch a lancé dans son rapport de décembre 1994 une campagne pour la libération d'Antoine Sibomana, bourgmestre de Mbazi [27]. Or ce bourgmestre a fait tuer les Tutsi dans sa commune natale de Mbazi (Butare) comme l'établit sans équivoque un remar-

26. *La Lettre de Reporters sans frontières*, du 10 juin 1996: « Triste continuité au Rwanda », voir l'analyse qui en est faite par *Billets d'Afrique* de juillet 1996.

27. Sans parenté avec le père André Sibomana. En revanche, l'oncle de ce dernier, Apollinaire Karany et son fils Gatera, de même que son cousin Mushyanyi se sont illustrés par leur activisme meurtrier pendant le génocide.

quable travail d'enquête réalisé par African Rights [28]. Près du stade, trois fosses communes ont été exhumées. Elles contenaient 4250 corps, une partie des hommes, des femmes et des enfants assassinés sous ses ordres. Les dépouilles de nombreuses autres victimes du génocide ont été dévorées par les chiens, déchiquetées par les corbeaux, jetées au hasard dans d'innombrables fosses et latrines ou encore dans les cours d'eau voisins. Soixante-trois témoins, des rescapés mais aussi des miliciens ayant collaboré aux tueries ont apporté des preuves irréfutables. « *Le bourgmestre* [Antoine Sibomana] *disait aux criminels qu'il fallait tous les tuer car, lorsqu'il y a un seul rat dans la maison, au bout de quelques jours la maison est remplie de rats.* » Il déclarait : « *Les Tutsi sont comme des rats, il faut tous les finir* », a témoigné une femme hutu, Belancilla Mukamazimpaka.

Human Rights Watch, qui a pourtant réalisé par ailleurs un travail exemplaire, reprenait ici les affirmations mensongères d'une complice de cet individu, mais vice-présidente de l'ADL (Association rwandaise pour la défense des droits de l'homme et des libertés civiles), Monique Mujawamariya [29]. Les faux défenseurs des droits humains abondent au Rwanda. C'est un moyen de manipulation utilisé par des criminels habiles pour leurrer les ONG trop naïves. C'est aussi la voie royale qu'utilisent de nombreux intellectuels pour rallier l'opinion publique européenne à la « cause hutu ». Joseph Matata, « *secrétaire permanent de l'Association rwandaise de défense des droits de l'homme* » comme il se présente, produit et diffuse de Bruxelles où il réside nombre de communiqués ravageurs. Par exemple celui du 16 décembre 1996 intitulé « Rwanda : imminence d'un nouveau génocide » : « *Les extrémistes tutsi déclencheront une guerre civile après le retour de tous les réfugiés hutu du Zaïre et de Tanzanie pour les massacrer sous couvert de troubles ethniques.* » [30]

28. *Témoin du génocide* n° 7, septembre 1997, « La vérité enterrée au nom des "droits de l'homme". Antoine Sibomana et ses défenseurs ».

29. Voir *Liaison-Rwanda* n° 15, janvier-février 1998.

30. Centre de lutte contre l'impunité et l'injustice au Rwanda. Communiqué n° 8/96 du 16 décembre 1996, signé « Joseph Matata, coordinateur ».

Françoise Bouchet-Saulnier, juriste à MSF, a diffusé de fausses informations sur le massacre de Kibeho d'avril 1995, prétendant qu'il a été « *organisé et planifié* » par le gouvernement rwandais [31]. Le fait que Joseph Matata a été une des vedettes (avec elle dans le rôle principal) de son court métrage *Maudits soient les yeux fermés* explique peut-être cela. Comme cela expliquerait aussi son recourts à la vulgate ethniste quand elle explique que les Tutsi voudraient ôter aux Hutu « *l'envie de relever la tête* » [32]. Matata se démasque totalement dans le témoignage de soutien qu'il a apporté à Fulgence Niyonteze, un bourgmestre condamné par la justice suisse pour participation active au génocide: « *Il* [Matata] *a expliqué que les viols pendant le génocide étaient une manifestation de la faiblesse humaine saisissant les assassins au moment de la mise à mort, et non une torture intentionnelle.* » [33] En somme, le viol ne faisait pas partie du programme qui normalement devait se limiter à l'extermination. Excuse ou circonstance atténuante que seul un véritable « militant des droits de l'homme » comme Joseph Matata est capable de proférer.

La liste de ces faux défenseurs des droits humains serait trop longue. Concluons donc cet aperçu en revenant à André Sibomana. Il était en 1995 président de l'ADL. Fort du soutien de RSF et rendu tout-puissant par son statut d'administrateur apostolique (il avait alors rang d'évêque), il utilisera son influence pour protéger son ami Jean Rubaduka. Ce dernier, journaliste à *Kinyamateka,* était accusé d'être un organisateur des tueries pendant le génocide par le Collectif des ligues et associations de défense des droits de l'homme au Rwanda, le Cladho. Ce collectif venait en effet de remettre un gros rapport sur le génocide, où le rôle de Jean Rubaduka était précisément révélé: « *Début mai 1994, il a téléphoné au conseiller du secteur (Odette Nyirabagenzi) pour lui annoncer que les opérations allaient bon*

31. Dans une interview à *Témoignage chrétien* du 8 mars 1996. Voir à ce sujet *Billets d'Afrique* d'avril 1996 et le passage du présent livre consacré à Kibeho, pages 205-210.

32. Dans la même interview à *Témoignage chrétien.*

33. Lettre de l'Association rwandaise des victimes du génocide au journal *Le Matin* (Lausanne). Fulgence Niyonteze a été condamné à l'emprisonnement à vie le 30 avril 1999 par un tribunal militaire suisse à Lausanne.

train, mais qu'il restait encore des Inyenzi [des cafards] *en la personne de Théodore Simburudali (agent de la Banque régionale de développement) et sa famille. Le conseiller de secteur lui a répondu que ce n'était pas ce qui était le plus urgent; qu'elle allait s'en occuper plus tard, mais que pour le moment il fallait bien boucler le quartier. Il est à noter que ce Rubaduka était justement responsable du "Comité de patrouille" dans le quartier des maisons du "Minitrape", lequel comité était chargé de dresser les listes des personnes à tuer.* »[34] De tout son poids, André Sibomana dénoncera et diffamera ce rapport. Et comme il n'y a pas de meilleure défense que l'attaque et de protection que les droits de l'homme, il proposera son ami Rubaduka à la direction du Cladho ![35]

La FIDH et le Rwanda

Lors d'un meeting sur le Rwanda organisé en 1995 par l'association Non-Complices dans la banlieue parisienne[36], la spécialiste Afrique de la Fédération internationale des ligues des droits de l'homme, Catherine Choquet, m'a stupéfié par une indifférence qui frisait le mépris pour les victimes et la complaisance pour des personnalités compromises. Les Hutu et les Tutsi étaient comparés dans son discours à des chats et des chiens et les conclusions qu'elle tirait

34. Cladho, « Rapport de l'enquête sur les violations massives des droits de l'homme commises au Rwanda à partir du 6 avril 1994 », Kigali, le 10 décembre 1994, p. 257. Ce collectif comprend, outre l'ADL, l'Association rwandaise de défense des droits de l'homme (Ardho), l'Association des volontaires de la paix (AVP), la Ligue pour la promotion et la défense des droits de l'homme (Liprodhor). Une cinquième association « Kanyarwanda » pour la promotion de l'union et pour la justice sociale a également collaboré à la rédaction de ce rapport.

35. Le 17 août 1995, plusieurs représentants du Cladho tenteront de s'y opposer, mais en vain, André Sibomana était alors le président de séance. Sibomana s'est employé à aviver la « conscience hutu » dans ces associations, sans toujours y parvenir. La secrétaire permanente de l'une d'elles (l'AVP), Bernadette Kanazayire, osera en effet signaler que l'abbé André Sibomana avait brutalement refoulé pendant le génocide des Tutsi qui tentaient de se réfugier au Centre Saint-Paul. *Golias magazine* n° 48-49, p. 95.

36. Le 7 février 1995 à Gargenville.

du génocide étaient qu'« *il faudra bien que ces gens-là parviennent à vivre ensemble* » ! Une Rwandaise a heureusement pris la parole à la fin de la réunion pour dire son écœurement devant ces clichés ethno-racistes simplistes qui conduisent à accepter pour « ces gens-là » une justice à part. Comme si le fait de tuer, massacrer, violer était beaucoup moins grave au Rwanda, pays peuplé de chiens et de chats haineux, qu'en France, peuplée d'êtres humains. Cette intervenante anonyme revendiquait simplement pour les victimes une justice et une dignité à part entière. J'ai écrit ensuite à plusieurs reprises à maître Baudoin, directeur de *La Lettre de la FIDH*, à laquelle je suis abonné depuis 1994, pour protester contre ce que je ressentais comme une tendance sous-jacente de cette publication à relativiser le génocide rwandais, et, en tout cas, à ne pas prendre au sérieux l'idéologie qui le sous-tendait.

Par exemple, en 1996, *La Lettre de la FIDH* expliquait qu'il y avait au Burundi « *une crise de confiance* » dans la justice, parce que « *le corps judiciaire est composé en majorité de Tutsi* » [37]. Là encore, comme si la justice elle-même relevait de considérations raciales. Je posai à son directeur la question : « *L'application des droits de l'homme est-elle fonction de la race ?* » On attendait de la FIDH qu'elle plaide pour une justice effective et réelle, et non pour un rééquilibrage ethnique. Un tel équilibrisme nécessite l'identification ethnique des avocats du barreau burundais. On en revient à la conception ethnoraciale du pouvoir. *La Lettre* était silencieuse pendant les massacres des Tutsi du Masisi au Zaïre en 1995. L'été 1996, pendant que s'intensifiaient les meurtres des rescapés et des témoins par des commandos venus des camps d'exilés hutu du Zaïre, elle ose écrire qu'elle « *n'ignore pas les responsabilités du gouvernement rwandais dont les incursions au Zaïre ont chassé de leurs camps des centaines de milliers de réfugiés, et constituent une violation du droit international* » [38]. La FIDH commet là une double tromperie : en qualifiant de « réfugiés » les exilés hutu maintenus sous la coupe des organi-

37. *La Lettre de la FIDH* n° 649-650, du 25 juillet-1er août 1996.

38. *La Lettre de la FIDH* n° 669-670, du 28 novembre-5 décembre 1996. Communiqué de la FIDH et de ses affiliés, le Cladho (Rwanda) et la LDH (Zaïre).

sateurs du génocide, et en omettant de dire que l'installation des camps à quelques centaines de mètres de la frontière rwandaise était elle-même une violation du droit international. Ce rapprochement des camps permettait aux ex-FAR et aux milices de conduire leurs raids ciblés au Rwanda et justifiait l'intervention du gouvernement rwandais.

Plus récemment, on a pu lire dans *La Lettre* un article anonyme intitulé « La France et le statut de la CPI » [39]. Cet article est un plaidoyer pour que la France renonce au scandaleux article 124 qui lui permet de refuser la compétence de la Cour pénale internationale (CPI) pour les crimes de guerre pendant une période de sept ans. L'initiative est donc louable. L'inconvénient, c'est que son auteur explique que l'article 124 « *est d'une certaine façon l'expression d'une crainte quelque peu "obsessionnelle" des militaires français* [...] *ainsi que d'une défiance de nature souverainiste vis-à-vis d'un juge autre que national* ». Visiblement, l'auteur de cet article souffre d'amnésie. Le Rwanda serait-il déjà passé, en l'an 2000, aux oubliettes de l'histoire ? Le rôle des militaires français au Rwanda ou en Bosnie est ignoré et remplacé par une très compréhensible et honorable motivation « souverainiste ». Alors que ce recours à l'article 124 était l'occasion d'évoquer ce qui s'est passé au Rwanda, le rôle de l'Élysée, de sa cellule africaine et de son état-major, notamment des généraux J.-P. Huchon et C. Quesnot, l'article n'en parle pas. Cette omission ne peut être que volontaire et calculée. En manifestant ainsi son adhésion au consensus qui veut qu'« au Rwanda la France n'est pas coupable », la FIDH envoie un message très fort vers l'état-major : que l'article 124 soit signé ou pas, peu importe, de toute façon, on vous couvre...

Dans une lettre ouverte à cette association, j'écrivais alors : « *Le recours à l'article 124, confirmé par Jacques Chirac le 15 février 1999, revient à réclamer l'impunité pour l'armée française et occulter ce que fut l'engagement militaire français, dès 1990 et jusqu'en 1998, avec les forces qui ont préparé, puis réalisé le génocide. La responsabilité de cette armée a été suffisamment documentée, y compris*

39. *La Lettre (La Nouvelle Lettre de la FIDH)* n° 32, du 14 février 2000 (pp. 7 et 8).

par la FIDH[40]*, pour être évoquée. Si la FIDH ferme les yeux sur la complicité de hauts responsables français dans le génocide rwandais, elle perd sa raison d'être : elle n'est plus un contre-pouvoir, mais un alibi de ce même pouvoir dans l'un de ses crimes les plus graves de la fin de ce siècle.* »[41]

Mauvaises intentions

Au final, on peut s'interroger sur l'infiltration de ces grandes associations « clés » par des agents ou, simplement, de la présence parmi leurs dirigeants ou responsables d'« honorables correspondants » des services secrets français. On conçoit que le principe même de leur fonctionnement, basé sur le bénévolat, rende la chose aisée et que leur contrôle discret soit un enjeu important pour le pouvoir. Ainsi, le numéro deux de la DST, Raymond Nart, a confié que certains responsables de l'association lyonnaise Équilibre n'étaient autres que des officiers de la DGSE[42]. Une révélation qui est uniquement liée à un concours de circonstances : ils avaient été pris en otages en Tchétchénie. Cette information éclaire l'attitude de cette ONG en 1994 et en particulier les critiques faites par son président, Michel Alain, contre les autres ONG qui ne soutenaient pas l'opération *Turquoise* : « *En prenant position contre l'engagement français au Rwanda certaines ONG sont sorties de leur rôle et ont fragilisé un peu plus cette mission.* »[43] Dans *L'Enquête explosive*[44], Paul Barril relate comment les services secrets ne se contentent pas d'infiltrer systématiquement les associations loi de 1901, mais en créent même parfois de toutes pièces pour les besoins de la cause.

Un autre livre est aussi très instructif. Il s'agit de *La Face cachée de Greenpeace, infiltration au sein de l'Internationale écologiste,*

---

40. Qui est partenaire associé au livre d'Alison Des Forges, *Aucun témoin ne doit survivre*, ouvrage cité.

41. Lettre ouverte publiée dans *Liaison-Rwanda* n° 28, mars-avril 2000.

42. *Le Canard enchaîné* du 28 mars 2001.

43. « Rwanda : chassé-croisé », *Le Monde* du 25 juillet 1994.

44. Ouvrage cité.

écrit sous le pseudo d'Olivier Vermont [45]. L'auteur, Olivier Schmouker, raconte par le détail ses aventures « secrètes », un moyen usuel d'organiser la communication. Son livre explique comment il est parvenu à infiltrer Greenpeace, qu'il décrit comme une association de voleurs et de terroristes. Comme il accuse également au passage l'Union démocratique bretonne d'être une organisation terroriste, cela lui vaut les foudres des Bretons de l'UDB [46]. Greenpeace est depuis l'affaire du *Rainbow Warrior* dans le collimateur de la DGSE et d'autres services français. Était-ce une raison pour réaliser une désinformation aussi grossière ? Fait rare dans ce domaine, ce travail sera fustigé par un dirigeant des services secrets suisses : « *Qu'importe ce que révèle cet "agent infiltré", qu'il dise en gros la vérité, qu'il la travestit plus gravement. Quoi qu'il en soit, sur la base de quelques papiers volés, il accuse Greenpeace d'avoir détourné des dons versés dans le cadre de la lutte contre le tunnel du Somport, alors qu'une vérification, normale pour un journaliste, lui aurait fait abandonner de tels soupçons. De telles méthodes doivent être condamnées.* » [47]

Qui est ici visé, l'« *agent infiltré* » Olivier Schmouker ou les services secrets français qui sont probablement au-dessus ? Pour rendre cette remontrance d'autant plus percutante, ce colonel suisse justifie en même temps la nécessité d'infiltrer « *au nom de la sécurité nationale* » et cela « *même avec des moyens qui ne relèvent pas forcément de la morale d'enfant de chœur* ». Ces pratiques sont nécessaires, explique-t-il, pour rechercher des informations « *que des associations, des individus et des gouvernements cherchent à cacher parce qu'ils ont de "mauvaises" intentions* ». Ce militaire, qui se veut « plus propre » que ses homologues français, aborde sans le vouloir le problème de fond : qui décide des « mauvaises intentions » de l'autre ? Révéler la vérité, dénoncer les pratiques mafieuses ou criminelles, voire les crimes qui se cachent derrière le secret d'État, est-ce avoir de « mauvaises intentions » ? Il est trivial de constater que

45. Albin Michel, 1997.

46. Dans *Le Télégramme de Brest* du 25 février 1997.

47. *Revue militaire suisse*, juin 1997, éditorial du colonel Hervé de Weck : « Le journalisme d'infiltration, inacceptable ! » ; site Web www.military.ch/RMS/rms970-6.htm

les services secrets ne sont pas faits pour être au service de l'intérêt général, mais bien au service d'hommes qui utilisent le pouvoir de l'État à leur profit: pour rester au pouvoir, pour s'enrichir, pour rendre service à leurs amis et aux membres de leurs réseaux. Ou bien, et ce n'est pas le moins grave, au service de fantasmes nationalistes ou racistes qui n'ont rien à voir avec l'intérêt de la population.

8. L'imposture humanitaire

« *La bêtise humanitaire, c'est grave docteur ?* »
Annie Faure, *Blessures d'humanitaire* [1].

Les assassins aux beaux habits [2]

Organisé par *Turquoise*, le repli des forces génocidaires en juillet 1994 au Zaïre face à l'avancée des troupes du FPR a permis au gouvernement intérimaire (GIR) de maintenir son pouvoir sur les masses hutu emmenées en exil. De 1994 à 1996, l'ordre génocidaire régnait dans les camps où les ex-FAR et les Interahamwe étaient utilisés comme police. Des exécutions sommaires de Tutsi avaient lieu discrètement, la nuit, quand les expatriés rejoignaient leurs baraquements. Les paysans étaient rassemblés par leurs préfets, leurs bourgmestres, leurs instituteurs, ceux-là mêmes qui avaient supervisé les massacres, reproduisant à l'identique les structures villageoises. Ces anciennes autorités étaient les intermédiaires obligés du HCR et des ONG. Tous savaient que pendant le génocide « *ces assassins aux beaux habits ont laissé les "paysans" se salir les mains, mais* [qu'] *ils étaient juste en deuxième ligne pour cordonner les opérations* » [3], mais ils le taisaient. Face à la communauté internationale, les notables du génocide utilisaient les masses sous leur contrôle pour asseoir leur légitimité.

---

1. Balland, 1995.

2. Selon l'expression de Jean-Pierre Chrétien, « Le nœud du génocide rwandais », *Esprit*, juillet 2000.

3. *Ibidem*.

Le gouvernement intérimaire (GIR) maintint dans les camps la logique raciale. Les responsables de MSF, sur place, en firent le constat : « *Toute personne suspectée d'être tutsi fait l'objet d'une justice expéditive. Au début du mois d'août, quatre-vingt-cinq personnes sont tuées à Benaco* [camp de Tanzanie]. *Toutes sont tutsi ou soupçonnées de l'être. Médecins sans frontières, ainsi que d'autres organisations humanitaires, a été, à plusieurs reprises, le témoin impuissant de tels actes de barbarie. Cinq hommes ont été tués à Kibumba pour le même motif ethnique. L'un d'entre eux a tenté de trouver refuge dans un centre de nutrition. Il a été lapidé devant les équipes humanitaires. Un matin à Benaco, les équipes découvrent qu'un infirmier a tout simplement débranché les perfusions de deux bébés tutsi qui ont été retrouvés morts* [...]. *Les camps doivent être ethniquement purs, c'est le génocide qui continue.* » [4] Dans les camps du HCR, les anciennes autorités finissaient donc en toute impunité d'éliminer les Tutsi encore présents, y compris les enfants perdus ou les épouses ayant suivi leurs maris. Ils n'épargnaient pas non plus les Hutu candidats au retour. Selon le HCR, ces assassinats auraient produit quelque trente morts par jour dans la région de Goma en novembre 1994 [5].

Parallèlement à l'épuration ethnique qu'elles poursuivaient dans les camps, les forces du génocide se préparaient à reprendre l'offensive : « *Les ex-FAR recevaient des cargaisons d'armes dans les camps, organisaient des exercices militaires, recrutaient des combattants et (selon les termes utilisés dans des documents trouvés par la suite dans l'un des camps) se préparaient pour une "victoire finale" et une solution définitive aux antagonismes Hutu-Tutsi.* » [6] Les plus hauts responsables du génocide constituèrent un « gouvernement en exil » à Bukavu en décembre 1994 et se comportèrent comme s'ils constituaient le « gouvernement légal » expatrié. Jean Kambanda, Premier ministre du GIR, et son ministre des Affaires étrangères, Bicamumpaka, quittèrent Bukavu en décembre 1994 pour une visite

---

4. *Médecins sans frontières*, « Réfugiés rwandais », décembre 1994.

5. HCR, *Les Réfugiés dans le monde*, La Découverte, 1997, p. 66.

6. Rapport de l'OUA : *Un génocide évitable*, chapitre XIX, ouvrage cité.

à Paris [7]. Théodore Sindikubwabo, président du GIR, décréta une relance de la guerre. Le responsable des milices Interahamwe, Mathieu Ngirumpatse, indiquera à l'Agence France Presse, début octobre 1994, qu'il rentrait d'un voyage en France. L'ancien maire de Kigali, François Karera, devenu chef du camp de Katale, pouvait déclarer bien haut à la communauté internationale : « *Les Tutsi sont mauvais à l'origine.* [...] *Si les motivations sont justes, les massacres sont justifiés.* » [8] Théoneste Bagosora expliquait quant à lui que les exilés se préparaient à « *une guerre qui serait longue et meurtrière jusqu'à ce que le pays soit complètement débarrassé de la minorité tutsi* » [9].

L'embrigadement idéologique se poursuivait. Gaspard Gahigi, le rédacteur en chef de la fameuse Radio-Télévision Libre des Mille Collines, continuait son travail de propagande à l'aide d'un journal, *Amizero*, largement diffusé dans tous les camps. « *À la fin de l'année 1996, on a retrouvé au camp de Mugunga* [après la fuite des Hutu] *des documents de propagande qui faisaient état d'une répression incessante exercée par les Tutsi contre les Hutu. Ces documents appelaient à une juste guerre de libération contre les oppresseurs et faisaient porter toute la responsabilité de ce qui était arrivé au FPR dominé par les Tutsi.* » [10] En Belgique, *Trait d'union,* une revue financée par les ONG Coopibo, Vredeseilanden (Îles de la Paix) et SOS-Faim, relayait en Europe cette propagande dite de la « troisième voie ». Quant à La Croix-Rouge française, elle appelait à « *sauver du choléra les victimes du génocide* » [11]. Pendant deux ans, ces « humanitaires » ont travaillé ouvertement au retour des assassins à Kigali. Et les livraisons d'armes n'ont pas cessé. Après juin, les troupes du président Mobutu prennent le relais des Français. Interrogé par Human Rights Watch, le vice-consul de France à Goma justifia ces livraisons en disant qu'il s'agissait de remplir des contrats déjà signés avec le

7. *Le Soir* (Bruxelles) du 20 décembre 1994.

8. Interviewé par le *Herald Tribune* du 16 août 1994.

9. Human Rights Watch, *Rearming with Impunity: International Support for the Perpetrators of the Rwandan Genocide,* 1995.

10. *Un génocide évitable*, ouvrage cité.

11. Alex de Waal, *Famine business*, ouvrage cité, p. 160; *Solidaire*, septembre 1994.

gouvernement du Rwanda [12]. Cette aide se manifestait aussi par le transport des ex-FAR dans les véhicules militaires français. La Mission d'information parlementaire établit la livraison par la France d'au moins dix tonnes de nourriture aux ex-FAR à Goma [13].

Les responsables de Médecins sans frontières font le constat de la démission de la communauté internationale. Absente pendant le génocide, elle laisse régner l'ordre génocidaire dans les camps [14]. L'aide est détournée massivement. Elle sert à réarmer les ex-FAR et à financer les dignitaires de l'ancien régime. Sur plusieurs milliards de dollars d'aide, l'ONU estime que de 25 % à 30 % étaient récupérés par les responsables politiques des camps. Dans *Le Monde diplomatique*, Alex de Waal signale qu'il s'agit là d'un fait historique d'une importance considérable : « *Au nom des principes humanitaires, le HCR et bon nombre d'agences humanitaires ont donc "couvert" une force militaire extrémiste. Deux ans et demi durant, l'ONU n'a pris aucune sanction contre l'utilisation abusive de ses programmes : des centaines de millions de dollars destinés à l'aide humanitaire avaient pourtant été détournées pour soutenir un nouveau génocide.* » [15] En France, le gouvernement de droite et le président Mitterrand tablaient toujours sur le retour victorieux du Hutu Power au Rwanda. Le poids de la France et son influence sur le continent africain imposaient cette vision à la communauté internationale.

Qu'il était bon, ce choléra !

« *Qu'il était bon, ce choléra !* », écrit l'ancien président de MSF, Rony Brauman… « *Si bon que d'Europe, d'Amérique et d'Asie ont alors accouru tous ceux que les massacres qui l'avaient précédé*

12. Human Rights Watch, *Rearming with Impunity*, ouvrage cité.

13. Mission parlementaire, tome I.

14. *Médecins sans frontières*, « Réfugiés rwandais », décembre 1994. MSF quittera les camps pour cette raison fin 1994.

15. *Le Monde diplomatique*, avril 1998, p. 32. Alex de Waal, analyste, est directeur de Justice Africa, ONG basée à Londres. Il a travaillé pour African Rights, Human Rights Watch et InterAfrica Group.

avaient à peine troublés. [...] *Quelle aubaine de voir un génocide transformé en vaste théâtre humanitaire où tous, rescapés, complices, innocents et bourreaux, prennent enfin la seule figure désormais convenable, celle de la victime.* » [16] Les ONG se bousculèrent auprès des dirigeants génocidaires qui forment l'interface avec les « réfugiés hutu ». Il n'y a plus de génocide, plus de bourreaux, plus d'assassins, seulement des victimes ! Des victimes comme le sont éternellement les Hutu selon la propagande du Hutu Power. Doublement victimes, à la fois des Tutsi et du choléra. « *Et vive le choléra et vive les médias et vive le service de communication du ministère de la Défense, qui ont réussi à faire passer le génocide sous la dysenterie bacillaire !* », s'exclame à son tour Daniel Mermet [17]. Il sera le seul journaliste français à dénoncer l'imposture humanitaire sur les ondes radio, dans son émission « Rwanda sous silence » sur France Inter, en juillet 1994.

Cette « aubaine » pour les complices de ce génocide était-elle si imprévue que cela ? Au Kivu où j'ai résidé en tant que jeune coopérant, Goma était bien connue comme une zone de choléra endémique et redoutée comme telle. On peut se demander si les logisticiens de *Turquoise* l'ignoraient quand ils décidèrent d'installer les camps dans cette zone au sol dur et volcanique, où le creusement des latrines est pratiquement impossible. De surcroît, à quelques kilomètres de la frontière, en violation de la légalité internationale qui l'interdit (convention de l'OUA de 1969). Le résultat fut énorme, monstrueux, 30000 morts en quelques jours. La négation du génocide trouva dans la détresse de ces exilés hutu une nouvelle consistance. Les victimes du choléra ont été « médiatisées » par une armée de photographes et de cameramen conduite par le Sirpa. Une « aubaine » médiatique qui prit le relais de l'écran de fumée des « troubles interethniques ».

Le rapport de l'OUA montre bien que, si Mitterrand avait été « déçu » par ses alliés, l'espoir d'un retournement de situation subsistait : « *Tout au long de juillet, d'août et de septembre, selon des*

16. *Devant le mal. Rwanda, un génocide en direct,* Arléa, 1994.

17. *Là-bas si j'y suis*, ouvrage cité.

fonctionnaires des Nations unies, l'aviation militaire française transporta un grand nombre de génocidaires vers des destinations inconnues, dont le leader du génocide, le colonel Théoneste Bagosora, ainsi que des troupes des Interahamwe, des ex-FAR et des milices. [...] *Ils allaient retourner "terminer le travail". Grâce à l'occasion imprévue qui leur était fournie en grande partie par la France, ils pouvaient maintenant commencer à se réorganiser à partir du Zaïre et d'ailleurs.* » [18] C'était aussi l'avis de l'Élysée. Bruno Delaye, conseiller spécial pour l'Afrique de Mitterrand, le déclarera à un journaliste : « *Nous n'inviterons pas les nouvelles autorités rwandaises au prochain sommet franco-africain. Elles sont trop controversées, sans compter qu'elles vont s'effondrer d'une minute à l'autre.* » [19] C'était bien le but du génocide dans l'esprit de ses complices, supprimer la base ethnique du FPR, de façon qu'il ne puisse se maintenir au pouvoir. Le nouveau Rwanda ne fut donc pas invité au sommet franco-africain de Biarritz, mais il ne s'effondra pas pour autant.

Le Vatican aussi tablait à l'époque sur le retour victorieux des ex-FAR à Kigali. L'ONG Caritas Internationalis, qui dépend directement du Vatican, a contribué à faire tourner la machinerie génocidaire des camps avec un budget de 55 millions de francs suisses : « [Au camp d'] *Inera, près de Bukavu,* [...] *règne en maître sur 52 000 réfugiés hutu un prêtre catholique de Caritas Espagne, le père C.* [...] *À la bibliothèque, on trouve le journal des extrémistes hutu,* Kangura, *célèbre pour ses appels aux meurtres. Le père C., qui "ne fait pas de politique", nie qu'il y ait eu un génocide des Tutsi* [...]. *À Bukavu, l'organisation caritative du Vatican est complètement engagée aux côtés des ex-militaires et miliciens hutu* [...] *qu'elle voit tous les jours s'entraîner sous ses yeux.* » [20] Ce qui fait dire à Renaud Coppietters, ex-magistrat belge, chargé d'un audit de Caritas-Bukavu : « *L'Église catholique est massivement présente ici, à travers*

---

18. *Un génocide évitable*, ouvrage cité.

19. Rapporté en communication privée par Gérard Prunier le 17 octobre 1994. Gérard prunier, *Rwanda, le génocide,* ouvrage cité, p. 376.

20. Jean-Philippe Ceppi, *Le Nouveau Quotidien* (Lausanne) du 22 juin 1995.

Caritas, pour conserver son influence historique sur les Hutu. Rome a une stratégie pour se maintenir dans la région. Et je comprends les accusations qu'on lui fait, de complicité avec les auteurs des massacres, d'hostilité aux Tutsi et de soutien aux Hutu. » [21]

En 1945, le nazisme a été défait, éliminé de la scène politique. En 1994, la « patrie des droits de l'homme », en synergie avec le Vatican, a préservé le Hutu Power de la déroute morale. Pendant que l'armée française devenait une force de paix aux yeux de l'opinion, dans le vaste complexe militaro-humanitaire des camps, les forces génocidaires se préparaient à attaquer Kigali. Les responsables militaires français et l'Église catholique utilisaient l'aide humanitaire pour recoller les débris des FAR et réparer les effets d'une bataille perdue. Car pour eux « les Hutu » avaient perdu une bataille, mais non la guerre.

La grande foire de l'humanitaire

Dans cette mystification humanitaire s'engouffreront une bonne centaine d'ONG, rivalisant de zèle et d'exhibitionnisme publicitaire, une nouvelle habitude que l'on retrouvera régulièrement ailleurs, de l'Éthiopie au Kosovo. Mais dans les camps des faux réfugiés hutu du Zaïre et de Tanzanie, l'« *imposture* » a pris une dimension exceptionnelle. Daniel Mermet, observateur écœuré, en résume le fonctionnement et les principes : « *À nouveau, l'imposture humanitaire a permis de dissimuler l'irresponsabilité politique. Notre indignation face à la tyrannie, notre révolte face à la folie destructrice planifiée par un groupe d'extrémistes, notre contestation basée sur les valeurs sacrées qui sont les nôtres : démocratie, droits de l'homme, et toutes ces belles choses, tout ça disparaît sous la pression émotionnelle. De l'émotion sinon rien. La pression médiatique donne à plein. L'urgence annule tout débat, toute protestation.* » [22]

21. Cité par Jean-Philippe Ceppi, *ibidem*.

22. Daniel Mermet, *Là-bas si j'y suis*, ouvrage cité.

L'urgence et l'émotion sont des ressorts qu'il faut savoir remonter en temps opportun. Ignorés pendant trois mois de massacre à grande échelle où l'on tuait des gens pour le crime d'être nés, ces sentiments seront exploités au maximum pour les « réfugiés hutu » victimes du choléra. Ceux-ci devinrent en quinze jours le sujet majeur des chaînes de télévision occidentales. Cette médiatisation du « désastre humanitaire » de Goma, après le silence glacé du génocide, s'inscrit dans la logique du « combat des médias ». Un combat qu'évoquait pendant le génocide le général Huchon [23]. D'avril à juin 1994, il s'agissait d'un gigantesque massacre programmé et organisé par un gouvernement soutenu par la France : les médias n'étaient pas là. Fin juin, il s'agissait pour l'opération *Turquoise* de mettre à l'abri ceux qui avaient organisé ces massacres : raz-de-marée médiatique. Le Sirpa organise la visite guidée des colonnes de « réfugiés » hutu, fuyant « l'avancée du FPR ». Par un carton d'invitation trouvé incidemment dans ses locaux, on sait que France 2 organisa même un cocktail pour fêter ce succès d'audience. Le carton, signé Jean-Luc Mano (directeur de l'information), annonce: « *Devant le succès de la "spéciale" sur le Rwanda, la direction de l'information vous invite au cocktail qu'elle organise le mardi 28 juin à 13 heures.* » [24] Petits fours, champagne et congratulations pour un génocide si bien occulté.

Dans la foulée de *Turquoise*, on orchestre donc le grand cirque des ONG caritatives. « *La foire humanitaire a trouvé un terrain fertile au Rwanda où la course aux assistés n'a rien à envier aux recherches de part d'audience des télés privées.* » [25] Goma est devenu un eldorado pour des dizaines d'organisations dont le principal souci est de se faire voir, d'apposer partout leurs sigles et labels. « *Les ONG étrangères ont probablement réussi à recueillir 500 millions de dollars auprès du grand public, ce qui conférait aux réfugiés rwandais un*

---

23. Propos rapportés par le colonel des FAR Ephrem Rwabalinda. Rapport de mission reproduit dans « Les Dossiers noirs n° 1 », *Rwanda: la France choisit le camp du génocide*, l'Harmattan, 1995.

24. Invitation reproduite intégralement dans *Charlie hebdo* n° 111, du 10 août 1994.

25. Alain Kassa, coordinateur général, *Médecins sans frontières-Suisse* n° 38, hiver 1995.

grand attrait commercial. Elles se faisaient une concurrence intense pour attirer l'attention – le meilleur moyen d'exploiter un désastre et d'attirer davantage de fonds. » [26] On apprend, en lisant le rapport financier de 1994 de Médecins sans frontières, que « l'effet Rwanda » aurait rapporté à cette association entre 30et 40millions de francs supplémentaires… « Qu'il était bon ce choléra ! »

Annie Faure a travaillé au Rwanda avec Médecins du monde, de mai à juillet 1994. Son témoignage donne un éclairage cru sur l'utilisation de l'aide humanitaire par le pouvoir. « *En ce début mai, dès mon arrivé à Kampala, en Ouganda, je fus immédiatement plongée dans un bain négationniste avec un parfum de raison d'État.* » [27] Dans sa communication à l'Institut des hautes études sur la justice, qui ne figurera pas dans les actes publiés en 1995 « avec le concours de l'Agence de coopération culturelle et technique », Annie Faure explique que les humanitaires sont d'abord briefés par le consulat de France. Ils apprennent que le FPR est bien l'ennemi et que la cellule d'urgence de l'Élysée va porter secours aux exilés hutu. Le mot génocide est ignoré. En revanche, on explique que les Tutsi ont aussi commis des massacres. Le discours est centré sur les exactions du FPR. « *Personne ne les avait vus, tout le monde en parlait. Cette ambiance de diffamation était pénible. Les propos diffamatoires se répandaient de bouche à oreille au Rwanda, s'amplifiaient en Ouganda, loin du FPR. À l'hôtel White Horse, à Kabalé, la bêtise et la bière amplifiaient une véritable psychose paranoïaque.* » Cette soumission passive des ONG au discours officiel est la conséquence évidente de leur inféodation financière. La part des fonds publics qui était de 3 % en 1973 est passée à 40 % en 1985 et atteignait en 1995 plus de 50 %. Comme le remarque Annie Faure, « *leur blason non gouvernemental est erroné* » [28].

26. Groupe d'études informel de l'OCDE/CAD sur les conflits, la paix et la coopération pour le développement (Paris : OECD/OCDE), septembre 1999 n° 11.

27. Annie Faure : « L'humanitaire sous influence », communication au colloque « Rwanda. Un génocide du XXe siècle », Paris, Institut des hautes études sur la justice, 16 et 17 juin 1995, actes publiés à L'Harmattan, 1995.

28. Annie Faure, *Blessures d'humanitaire*, Balland, 1995.

Le résultat dépassera sans doute les espérances des officiels et militaires français. La foire humanitaire, son clinquant et sa course aux subventions seront indissociables d'un vrai mépris pour les rescapés, pour les anciens réfugiés et pour les Tutsi en général. Nombre d'ONG se contentent de prendre livraison du matériel à Kigali et de partir immédiatement le distribuer à Goma et Bukavu, en connivence avec les génocidaires qui dirigent les camps. Les gentils humanitaires ignoreront l'horreur des massacres réalisés la veille, comme s'il s'agissait d'une vieille histoire sans intérêt. Ils afficheront en revanche une méfiance consensuelle pour le nouveau gouvernement. Les informations distillées contre le FPR élimineront toute curiosité et toute compassion pour le drame que venait de subir ce pays. L'exemple déjà cité de l'abattoir moderne installé par des ONG dans le camp de Mugunga, près de Goma, est suffisamment éloquent: le bétail provenait des éleveurs tutsi congolais que les « réfugiés » étaient en train de massacrer. Les Tutsi qui échappèrent aux massacres vinrent se réfugier au Rwanda.

On a vu que le camp de déplacés de Kibeho était un « *centre d'hostilité et constituait une menace pour la sécurité intérieure* » [29]. Au sein de ce camp, des ONG « *contrecarrèrent activement les actions du gouvernement du Rwanda en encourageant les déplacés à rester au camp et en se livrant à des pratiques d'embauche discriminatoire. En outre, le refus de la part d'un certain nombre d'ONG de coopérer à l'opération de fermeture après qu'elle eut commencé exacerba la crise humanitaire* » [30]. Certaines ONG, en particulier celles d'inspiration chrétienne, retrouvaient à Goma, Benako, Kibeho et Bukavu leurs anciens interlocuteurs et leur credo ethniste. Les exilés sont hutu et donc des victimes de la perfidie tutsi. Ces « humanitaires » exprimaient leur conviction profonde en restant dans le cadre idéologique du Hutu Power. D'autres ONG adopteront la même attitude pour des raisons différentes: un génocide fait intervenir victimes et

29. Marc Brisset-Foucault et collaborateurs*: Report of the Independent International Commission of Inquiry in the Events at Kibeho*, rapport cité, p. 4. Traduction d'Alex de Waal dans *Famine business*, ouvrage cité.

30. *Ibidem*, p. 11.

bourreaux. Une telle affaire est beaucoup trop compliquée pour le public européen. De plus, le génocide est nié, dissimulé ou justifié (souvent simultanément) par ces exilés et les Occidentaux qui les aident. L'utilisation des rescapés pour susciter l'émotion et les dons n'est pas simple, celle des exilés, qualifiés de réfugiés et de surcroît victimes du choléra, est beaucoup plus efficace. Ceux-ci seront présentés au grand public comme les « survivants » d'une explosion aveugle de violence entre des tribus africaines. Les donateurs retrouvent la mythologie coloniale toujours très appréciée. À Goma, l'humanitaire est devenu négationniste et le négationnisme est devenu humanitaire.

En 1995, devant ces dérives, le Rwanda fera le ménage. Le personnel des ONG, rapidement recruté dans l'urgence et le flot des financements, offrit trop souvent le visage du néocolonialisme et de son racisme. « *Le Rwanda a vu débarquer des baroudeurs alcoolisés, des anciens militaires ivres de colonialisme retrouvé* », nous dit le médecin humanitaire Annie Faure [31]. L'aide humanitaire se préoccupait davantage des reportages télévisés destinés aux campagnes de financement qu'aux priorités et aux demandes du nouveau gouvernement. Sur les cent cinquante-quatre ONG qui se manifestèrent et intervinrent au Rwanda et dans les camps, pratiquement sans coordination entre elles, le gouvernement en expulsa trente-huit, dont MSF-France, et suspendit les activités de dix-huit autres [32]. Cela permit à ces dernières de diaboliser encore un peu plus le FPR. En particulier, MSF-France prétendra que « *le gouvernement rwandais ne veut garder que les organisations qui se taisent* », accusant donc explicitement les autres (plus d'une centaine) de participer à la « complicité du silence ». Pour approfondir la question sur ce mélange répugnant de désinformation, de sensationnalisme médiatique et de curée humanitaire, je renvoie au rapport de l'OUA, *Un génocide évitable*, qui constitue l'étude synthétique la plus complète.

31. Communication au colloque « Rwanda. Un génocide du XXe siècle », ouvrage cité.

32. Rudolph von Bernuth, « The Voluntary Agency Response and the Challenge of Coordination », *Journal of Refugee Studies*, 9 n° 3, septembre 1996.

L'exemple d'une dérive : Médecins du monde

Médecins du monde a lancé en 1999 une campagne de publicité par affichage sur les murs. On y voyait son sigle accompagné d'une question : « *Dans un génocide, le plus important, c'est soigner les blessés ou désigner les coupables ?* » Cet extraordinaire aveu renferme toute la logique d'un humanitaire dévoyé. Pour les dirigeants de cette organisation, c'est une évidence qu'ils « affichent », une certitude qui justifie toute leur conception de l'humanitaire. Si on leur dit qu'ils se servent ici du serment d'Hippocrate pour manipuler le public, ils ne comprennent pas. La proposition de soigner les blessés sans arrêter la machine qui les produit est déjà hideuse. Dans le cas d'un génocide, elle n'a pas même de sens. Un génocide ne produit pas de blessés. Le but est l'extermination. Les rescapés, les survivants sont rares (moins de 1 % dans certaines régions du Rwanda).

Cette campagne de publicité a heureusement provoqué des protestations [33]. La pétition lancée par Rwandanet expliquait courtoisement et pédagogiquement à Médecins du monde que dans le génocide des Tutsi, comme dans celui des Arméniens et des Juifs, les victimes étaient assassinées et non blessées ou mutilées. Soigner les victimes d'un génocide, insistait la pétition, c'est surtout prévenir les assassinats et pour cela il est du devoir de tous – et même des médecins humanitaires – d'identifier et de désigner les coupables. Si personne ne reproche les soins aux blessés, en revanche on peut critiquer la façon dont est pensée et utilisée l'action humanitaire, « service après-vente » aveugle et docile de la barbarie. Cette opération de communication de Médecins du monde montre aussi comment le terme de génocide, utilisé à des fins publicitaires, est dénaturé, banalisé et galvaudé. On retrouve ici l'impudeur et le négationnisme implicite de la folle ruée des ONG sur Goma de juillet-août 1994.

Les dictatures françafricaines constituent le débouché essentiel des ONG. L'action humanitaire est devenue le complément indis-

33. Dont une pétition organisée par Jean-Luc Chavagnieux, sur son site Web, Rwandanet (www.rwandanet), et relayée par *Liaison-Rwanda* n° 25, septembre octobre 1999.

pensable d'un système politique basé sur la dictature, la corruption et le détournement du bien public. Il est devenu le visage humain d'une barbarie organisée. Cette utilisation de l'humanitaire renforce le pouvoir de dirigeants corrompus dans les pays les plus misérables de la planète. Pour les donateurs, la compréhension des causes politiques des « désastres humanitaires » est évitée. Elle est remplacée par la bonne conscience que permet la charité, par le sentiment de sa grande humanité que procure un don à l'humanitaire. La charité était indispensable à l'ordre social féodal – et l'a été jusqu'au début de l'ère industrielle. Elle empêchait toute remise en cause de cet *ordre*, avec le double mouvement de donner bonne conscience aux plus riches et consolation aux plus pauvres. De même, l'humanitaire est devenu un rouage de l'ordre néocolonial, indispensable au foncionnement des régimes les plus corrompus de la planète [34] au seul bénéfice de leurs parrains occidentaux. L'apolitisme prétendu de Médecins du monde est en réalité très politique, comme tout apolitisme.

L'utilisation politique de l'humanitaire

L'utilisation politique et médiatique de l'humanitaire a une histoire. C'est de retour de la guerre du Biafra (1966-1970) que Bernard Kouchner a créé Médecins sans frontières. Il déclare en septembre 1968 qu'il n'y a pas de « *bons et de mauvais morts : des morts de gauche et des morts de droite* » [35]. Au Biafra, on veut bien croire qu'il n'y avait que des « bons morts » : ils étaient tous instrumentalisés par le Sdece (service secret qui deviendra la DGSE en 1981) et la propagande foccartienne, dans une des plus ignobles aventures de la Françafrique – avec le Rwanda. Les avions de La Croix-Rouge transportaient des mercenaires et ont déversé au Biafra des tonnes d'armes et de munitions. Ces avions « humanitaires » étaient affrétés par le Sdece et les réseaux ivoiriens de Jacques Foccart dans une tentative

34. Alex de Waal donne un aperçu synthétique des dérives de l'humanitaire dans son livre *Famine business*, ouvrage cité.

35. Cité par Bertrand Lebeau, « Bernard Kouchner, symbole d'une génération », *Médecins du monde, le journal destiné aux donateurs* n° 59, juin 2000.

sanglante pour déstabiliser le Nigeria. L'humanitaire servait alors à camoufler une aide militaire dont la conséquence a été de prolonger les souffrances du peuple ibo. Vingt-cinq ans avant le Rwanda, l'Élysée et ses réseaux, avec l'aide de la présidence ivoirienne, tiraient déjà les ficelles d'une « guerre tribale ». Vingt-cinq ans avant le Rwanda, l'Élysée agissait sous couvert d'humanitaire et se moquait du Parlement [36].

Sous l'égide de la télévision publique (l'ORTF), une grande campagne de collecte de fonds sera lancée pour le Biafra. Les méthodes médiatiques utilisées « *pour galvaniser la générosité des Français en faveur du Biafra* » [37] anticiperont celles de *Turquoise*. Foccart expliquera le stratagème : « *Les journalistes ont découvert la grande misère des Biafrais. C'est un bon sujet. L'opinion s'émeut et le public en demande plus. Nous facilitons bien entendu le transport des reporters et des équipes de télévision par des avions militaires jusqu'à Libreville et, de là, par les réseaux qui desservent le Biafra.* » [38] Dans un colloque tenu à Paris en 1998 sur « Les ONG humanitaires face aux pouvoirs », l'un des orateurs, ex-directeur des opérations internationales de La Croix-Rouge, a expliqué que La Croix-Rouge française était intervenue au Biafra à la demande expresse du général de Gaulle. Il voulait manifester ainsi la compassion de la France pour les victimes de la guerre. L'orateur a admis que les autres ONG françaises impliquées avaient également été sollicitées par le général de Gaulle [39].

L'autre idée est de faire intervenir les *french doctors*. Pour mobiliser l'opinion, il faut des hommes célèbres et populaires. Or, les *french doctors* sont précisément des hommes illustres. C'est du moins ainsi que le journal *Médecins du monde* présente Bernard Kouchner : « *On peut donc lui trouver tous les défauts du monde :*

---

36. On lira une excellente présentation de cette guerre dans le livre de François-Xavier Verschave, *La Françafrique*, Stock, 1998, pp. 137-153.

37. *L'Express* du 17 avril 1972.

38. Jacques Foccart et Philippe Gaillard, *Foccart parle : entretiens avec Philippe Gaillard*, I, Fayard/Jeune Afrique, 1995, p. 346.

39. Michel Sitbon, communication personnelle.

qu'il est cabot, narcissique, imbu de lui-même, petit chef, qu'il se comporte en diva – "un tiers-mondiste, deux tiers mondain" –, que n'a-t-on entendu ! Tout cela est vrai, mais sans importance. Car Bernard Kouchner est un homme illustre. » [40] L'obsession fondamentale du *french doctor* Kouchner serait, nous dit ce journal, « *qu'un nouvel Auschwitz ne puisse avoir lieu dans le silence et l'indifférence* ». Dans le cas du Rwanda, c'est précisément ce qui s'est passé. On peut s'étonner que cela n'ait pas été relevé. La rédaction de ce « journal destiné aux donateurs » (dont j'étais) ne fait aucun commentaire. Soit elle considère qu'il s'agit d'une figure de style sans contenu, soit que le génocide des Tutsi n'est qu'un « détail » trop insignifiant pour être signalé.

Jean Kambanda, organisateur du génocide et condamné à la prison à vie pour ce crime, expliquait pendant les massacres : « *Pour mettre fin aux tueries, il faut d'abord arrêter la guerre. En effet à ce moment, la population nous demande des armes pour pouvoir défendre le pays contre l'invasion du FPR. La seule solution est un cessez-le-feu et un retour aux tables de négociations.* » [41] Les Français et le gouvernement de Jean Kambanda demandaient un cessez-le-feu au FPR. Pour l'obtenir, ils envoient Bernard Kouchner au Rwanda en mai 1994. Or, l'entreprise génocidaire était indépendante de la guerre. La guerre et le génocide étaient deux choses différentes que réalisait simultanément le GIR. « *Un cessez-le-feu aurait gelé les lignes de front, permettant à l'armée et aux milices de poursuivre les massacres* [sans être inquiétées] *dans la plus grande partie du pays contrôlée par le gouvernement intérimaire. Un cessez-le-feu comme prélude à un règlement négocié de la guerre aurait signifié l'octroi d'une certaine forme de légitimité ou de reconnaissance au gouvernement intérimaire responsable du génocide. Cela aurait eu pour effet de renforcer les extrémistes au pouvoir dans la plupart des régions du Rwanda et d'empêcher que les responsables du génocide soient amenés devant les tribunaux.* » [42] De retour du

40. Bertrand Lebeau, *Médecins du monde* n° 59, juin 2000.

41. *Rondom Rwanda* n° 3, p. 21, mai 1994.

42. Alex de Waal, *Famine business*, ouvrage cité, p. 153.

Rwanda, Bernard Kouchner ne dit pas qu'un génocide est en train de se dérouler au Rwanda [43]. En revanche, il déclare devant les journalistes : « *La paix et un cessez-le-feu sont les premières nécessités.* » [44] Le cessez-le-feu allait permettre d'éliminer les derniers Tutsi encore vivants. Gérard Prunier écrira qu'il n'avait « *visiblement rien compris à la situation* » [45].

Rien compris ? On l'espère. Mais cette analyse « naïve » n'est guère tenable, eu égard aux antécédents de Bernard Kouchner dans les manœuvres foccartiennes du Biafra. Le 17 juin, l'ancien secrétaire d'État aux Affaires humanitaires retourne à Kigali voir le général Dallaire, avec dans ses bagages « *une carte sur laquelle était tracée une ligne délimitant la zone qui devait se retrouver sous le contrôle français* » [46]. Il s'agit de préparer *Turquoise*. Voici comment Alison Des Forges rapporte l'entretien : « *Kouchner aurait pressé Dallaire de solliciter l'intervention des troupes françaises pour sauver des orphelins et des missionnaires bloqués derrière les "lignes Interahamwe", dans la capitale.* » Le but était d'utiliser Dallaire pour promouvoir l'opération *Turquoise*. Suspicieux quant aux intentions françaises, Dallaire répondit : « *Non ! Je ne veux pas voir de Français ici. Si vous voulez nous aider, donnez le matériel et les moyens de transport nécessaires aux troupes qui attendent de rejoindre la Minuar.* » [47] Ce refus de Dallaire a probablement évité une aide militaire décisive au gouvernement génocidaire en interdisant Kigali à *Turquoise*, limitant cette fausse opération humanitaire à un débarquement au Zaïre.

L'humanitaire, comme le devoir d'ingérence, est une excellente idée, mais dont l'utilisation demande une véritable démocratie, à la

---

43. C'est étonnant pour quelqu'un qui écrira sept ans plus tard : « *J'ai assisté aux massacres à la machette d'enfants de douze ans par des enfants de quatorze ans dans les rues de Kigali* », *Le Monde* du 26 octobre 2001.

44. *Le Monde* du 20 mai 1994.

45. Gérard Prunier, *Rwanda, le génocide*, ouvrage cité p. 321.

46. Alison Des Forges, *Aucun témoin ne doit survivre*, ouvrage cité, p. 780. Interrogé par l'auteur, Bernard Kouchner ne se souvient pas qui lui a donné cette carte !

47. Alison Des Forges, *ibidem*.

fois dans les faits et les institutions. Une démocratie qui contrôlerait et maîtriserait parfaitement ses services secrets et son armée. Ce n'est pas le cas en France. Il n'en existe malheureusement pas vraiment en Occident et encore moins dans le reste du monde. Certains humanitaires ont parfaitement vu le rôle pervers de leur spécialité : « *L'une des conséquences de ces événements historiques est l'occupation par l'action humanitaire de l'espace laissé vacant par le politique. C'est aussi la récupération, ou le détournement du discours humanitaire transformé en idéologie de secours, voire en diplomatie de substitution par l'État.* » [48] Mais c'est, hélas, bien plus. L'humanitaire, on l'a vu, peut être détourné et utilisé dans l'arsenal de ses « coups tordus » par un pouvoir sans garde-fou. Il peut être manipulé par les services secrets aux fins d'une politique inavouable.

48. Rony Brauman et René Backman, *Les Médias et l'humanitaire, éthique de l'information ou charité spectacle*, CFPJ, 1996.

9. Complicités intellectuelles

« *Je tiens la complaisance envers le mensonge, de quelques prétextes qu'elle puisse se parer, pour la pire lèpre de l'âme.* »
Testament de Marc Bloch, professeur d'histoire médiévale à Strasbourg, fusillé par la Gestapo le 16 juin 1944.

L'ethnisme hutu-tutsi en France

L'ethnisme est l'idéologie qui a servi de support consensuel à l'entreprise génocidaire. Il s'agit ici d'un retour au sens d'origine du concept d'ethnisme forgé par l'idéologue raciste Vacher de Lapouge [1]. Le terme d'ethnie a été définitivement adopté en France après sa vulgarisation par Georges Montandon, directeur de *L'Ethnie française*, une « *revue de doctrine ethno-raciale et de vulgarisation scientifique* », comme elle se définissait elle-même [2]. Le professeur Montandon, apôtre de l'« Europe nouvelle », professait un racisme moderne et opérationnel de type nazi. Il deviendra d'ailleurs « ethnologue » officiel du secrétariat d'État à la question juive, sous Vichy. Comme le racisme a, depuis, mauvaise presse, l'ethnisme hutu-tutsi dissimule sa nature d'idéologie raciale sous une fausse connotation scientifique. « *Le mot "ethnie" a acquis une sorte de dignité à cause de son aspect savant, prolongé par "ethnographie" et "ethnologie" (qui existent en français depuis les années trente).* » [3] Cela lui donne

1. *Les Sélections sociales*, publié en 1896, repris par A. Fouillé dans *Psychologie du peuple français*, 1914.

2. Publiée à Paris à partir de mars 1941. *L'Ethnie française* est aussi un livre à succès du même auteur, Payot, 1935.

3. Jean-Pierre Chrétien, « Citoyenneté et ethnie en Afrique », sous la direction de Claude Fievet, *Invention et réinvention de la citoyenneté*. Actes du colloque international de Pau, 9-11 décembre 1998, université de Pau et des Pays de l'Adour. Éditions Joëlle Sampy, 2000.

un aspect plutôt culturel, qui lui permet d'apparaître « politiquement correct ». En deux mots, c'est un racisme « de bon aloi », ce qui explique à la fois sa banalisation actuelle et la bonne conscience de ses adeptes occidentaux.

La désignation ethno-raciale est toujours un modèle paradigmatique accepté pour l'Afrique comme le montrent les articles et les publications « scientifiques » dont il sera question plus loin. On trouve aussi très fréquemment chez les chercheurs et les universitaires une forme peu conceptualisée de l'ethnisme, spontanée et parfois inconsciente. On peut s'en étonner: depuis la Shoah, le racisme est unanimement rejeté par les intellectuels. L'idée que toute hiérarchie raciale « *ne repose sur aucune base scientifique* » [4] est devenue une vérité solidement établie et non démentie depuis la Seconde Guerre mondiale. Le manichéisme hutu-tutsi ferait-il exception ? Le fait que cet engagement idéologique n'est pas unanimement dénoncé et condamné n'est pas dû à un déficit d'analyse. Depuis les travaux de Jean-Pierre Chrétien, ce racisme est parfaitement identifié. Sa logique et sa genèse sont comprises et expliquées en tant qu'enjeux politiques et de pouvoir. L'ethnisme « *se révèle être la grille de lecture où s'inscrivent les frustrations sociales, les ambitions politiques et les jeux internationaux* ». Cet auteur en fait une synthèse très complète dans *Le Défi de l'ethnisme* [5]. De fait, le racisme est indépendant de l'analyse rationnelle, ce qui rend tous les discours scientifiques contre le racisme inopérants et souvent maladroits. Comme le remarque Viktor Stoczkowski, le racisme s'ancre dans des schémas culturels plus triviaux « *que notre culture continue à nous inculquer dans leurs emplois "non racistes"* » [*].

Avant 1994, les acteurs idéologiques du racisme hutu-tutsi fonctionnaient en vase clos. Ils évoluaient dans des chapelles africanistes très spécialisées ou des réseaux religieux, cultivant le non-dit, la passion,

4. *Le Racisme devant la science*, brochure de l'Unesco de 1960, rééditée en 1973.

5. Karthala, 1997, ouvrage cité.

* Viktor Stoczkowski, « Les fondements de la pensée de l'exclusion », *La Recherche* n°349, janvier 2002, pages 42-48. Voir aussi : Denis Blondin, *Les deux Espèces humaines. Autopsie du racisme ordinaire,* L'Harmattan, 1995.

dans une ambiance d'inimitiés ou de complicité intime. L'ethnisme, comme tout racisme, est le domaine des passions. Et ces passions touchent autant, sinon plus, les observateurs étrangers que les Rwandais eux-mêmes. « *Cette sensibilité à la question dite hutu-tutsi a débordé en fait les frontières de l'ancien tuteur colonial, elle divise les spécialistes de la région et les associations qui s'y sont investies pour le meilleur ou pour le pire.* » [6] Les responsabilités du tuteur colonial dans la mise en place de cette construction idéologique sont connues. Mais il semble que la tutelle pesante des puissances néocoloniales, belge puis française (à partir de 1990), et surtout celle de leurs « experts », ait été tout aussi significative dans la consolidation mentale de l'ethnisme au Rwanda. On y retrouve la même approche passionnelle qu'au temps des missionnaires, du pro-tutsi Mgr Classe au pro-hutu Mgr Perraudin. Ces concepts, dissimulés sous l'honorable défense d'une bonne cause, celle des opprimés, rejoignent tous ceux qui, au nom de l'antiracisme, « *nous dotent de réflexes cognitifs dont peuvent dériver ensuite les raisonnements d'exclusion* » [*].

Aujourd'hui, cette passion déborde. Le génocide de 1994, reconnu par les instances internationales, met en question à l'étranger la respectabilité des institutions politiques et militaires françaises. L'élargissement de la confrontation raciale hutu-tutsi à l'échelle du continent est alors un moyen de se disculper pour les responsables français. Par cette mondialisation du conflit hutu-tutsi, « *le génocide de 1994 devient un simple épisode, pratiquement d'autodéfense, et ses promoteurs peuvent continuer à appeler au combat* » [7]. Trois ans après le génocide, les spécialistes des Services français parlent encore d'une « légion tutsi » enrôlée par l'Ouganda. Le spécialiste du *Monde*, Jacques Isnard, parle des « *nostalgiques de l'empire tutsi* » dans un article intitulé « Une "légion tutsi" de 15000 hommes, formée par l'Ouganda, aurait appuyé les forces rebelles, selon les services occidentaux » [8]. Ces fantasmes, dignes des *Protocoles des Sages de Sion*, « *ont pris ces*

6. Jean-Pierre Chrétien, *Esprit*, août-septembre 2000.

* Viktor Stoczkowski, article cité.

7. Jean-Pierre Chrétien, *Le Défi de l'ethnisme*, ouvrage cité, pp. 371-372.

8. *Le Monde* du 13 mai 1997.

derniers temps figure d'informations géopolitiquement correctes sous des plumes autorisées » [9]. Bernard Debré y a consacré un livre pousse-au-crime et Pierre Péan plusieurs articles du même niveau [10]. Hubert Védrine, complètement englué dans l'ethnisme, avait fait des propositions de découpage du Rwanda en un Hutuland et un Tutsiland [11]. Stephen Smith appelle toujours les « *Hutu majoritaires* », réduits « *en ilotes, citoyens de seconde zone au fond des collines* » *(sic)*, à briser leurs chaînes [12]. Alexandre Adler y participe aussi, dans *Courrier international*, qualifiant d'« *aristocraties armées* » les États rwandais et ougandais [13]. La propagation de ce racisme devient pour les autorités concernées, leurs services et leurs serviteurs, un moyen d'escamoter les responsabilités françaises au Rwanda.

Il y a un dénominateur commun à tous ces articles de presse, livres et déclarations politiques : une vision ultra manichéenne de la politique internationale. D'un côté, les forces du bien, la France, les Hutu et, de l'autre, des forces du mal, un complot américano-tutsi. Comme si un petit cercle de militaires d'extrême droite obsédés par le complot juif-tutsi-américain mondial manipulait l'information fournie par les Services, à l'interface avec les politiques et les journalistes [14]. Le génocide est désespérément dénoncé, à travers les articles de Marie-Roger Biloa, d'*Africa International* ou de Stephen Smith,

---

9. Jean-Pierre Chrétien, *Le Défi de l'ethnisme*, ouvrage cité, pp. 371-372.

10. Bernard Debré, *Le Retour du Mwami*, ouvrage cité, et *Le Figaro magazine* du 16 novembre 1996. Pierre Péan et col. dans *L'Almanach d'Actuel* ou *Le Vrai Papier Journal*, articles cités.

11. *Le Point* du 23 novembre 1996.

12. Stephen Smith : « L'injustice internationale », *Le Monde* du 18 mai 2001. Cet article est un condensé de toute la propagande des services secrets français (dans sa version extrémiste), sur un ton agressif. Stephen Smith a quitté *Libération* pour être repris par *Le Monde*.

13. « Aristocraties armées », éditorial édifiant de *Courrier international*, 15 au 21 décembre 1994. Voir également du même auteur : « Zaïre : la main de l'Ouganda, les arrière-pensées des États-Unis », *Courrier international*, 7 au 13 novembre 1996.

14. Ces agents seraient plutôt proches de la DRM du général Jean Heinrich (actuellement passé au privé), la DGSE paraissant moins psychorigide et plus pragmatique (certains de ses « experts » pourraient être à l'origine de la tentative élyséenne de rallier Kagame à la Françafrique).

comme « *une rente de situation morale* » utilisée par un pouvoir rwandais organisateur de « *l'élimination systématique des intellectuels hutu* » [15]. Le fait que le colonel Michel Castilon, à la tête du Bureau d'action psychologique (BAP), centre nerveux de la DRM, milite au Front national depuis son récent passage à la retraite [16], étaye cette possibilité. « *Et l'on s'étonne, après ça, que les informations distillées à l'exécutif par ce genre de "service" suivent une grille de lecture ethniste...* », commente *Billets d'Afrique* [17].

Ceux qui dénoncent l'ethnisme comme un outil de manipulation politique sont souvent accusés d'être pro-tutsi. De fait, seuls les « défenseurs de la cause hutu » mettent en avant cette option idéologique. Ces derniers font même du primat de l'unité nationale ancestrale une « pensée tutsi », alors que le primat de l'appartenance ethnique serait, selon eux, une « pensée hutu ». Mais, comme le remarque Jean-Pierre Chrétien: « *Être pro-hutu ou pro-tutsi est une option intellectuelle tellement ridicule que sa mise en avant prend le plus souvent un tour allusif, au ras du sol et à forte odeur de diffamation: les profits matériels ou professionnels ou encore l'influence des femmes tutsi sont par exemple tranquillement suggérés.* » [18] Le conférencier Alain Verhaagen, chercheur au Centre d'études des relations internationales et stratégiques (Bruxelles) que j'avais invité en 1995 à une série de conférences dans le Sud-Ouest, s'est fait apostropher sous mes yeux, lors de sa conférence à l'université de Bordeaux, par un géographe bordelais haineux qui l'accusait d'être « *payé par le FPR* ». Ce géographe faisait partie d'un comité de soutien à Sosthène Munyemana, le « boucher de Tumba », qui travaillait alors dans cette université [19]. Il est cohérent que ceux qui adhèrent de près ou de loin à l'ethnisme Hutu Power se servent des

15. Stephen Smith, *Le Monde* du 18 mai 2001.

16. *Libération,* 18 septembre 1997.

17. *Billets d'Afrique,* octobre 1997.

18. Jean-Pierre Chrétien, *Le Défi de l'ethnisme*, ouvrage cité, p. 370.

19. Exfiltré de Goma, ce médecin avait été recruté par hôpital Saint-André à Bordeaux et bénéficiait d'une bourse de la Coopération française. Lire la publication d'African Rights, *Témoin du génocide* n° 2, « Sosthène Munyemana. Le boucher de Tumba en liberté en France », mars 1996, 37 pages.

clichés racistes sur les femmes tutsi, un des leitmotiv de cette idéologie. Les insinuations et sous-entendus dans ce sens ne sont pas rares, même en milieux universitaire ou humanitaire.

L'un des tenants les plus radicaux de l'intégrisme ethnique, Pierre Erny, légitime ainsi la passion qui peut conduire à de telles diffamations : « *L'opposition viscéralement passionnelle entre Tutsi et Hutu conditionne tout le reste.* [...] *On est toujours, d'une manière ou d'une autre, à des degrés divers, favorable à l'un ou l'autre camp.* » [20] Une légitimation à rapprocher des propos de Claudine Vidal : « *Et même l'analyste étranger, je l'ai souvent constaté, s'il tient à l'objectivité, ne doit pas s'imaginer sans parti, faute de quoi, en toute inconscience, il en prendra un. De l'auto-observation et l'on constate* (sic) *que l'on vient à dire ou à penser "les Tutsi, les Hutu..." comme si cette désignation se suffisait à elle-même, et c'en est fini du travail d'objectivation.* » [21] Cet aveu d'une sociologue pratiquant l'« *auto-observation* » peut paraître sympathique. Mais il dénote une grande confusion entre des concepts raciaux et les idées, préjugés ou fantasmes auxquels ils sont généralement associés. Ceux qui se veulent sans parti pris ethnique sont ainsi insidieusement accusés d'être en réalité des « pro-tutsi » qui s'ignorent. Ils le seraient « en toute inconscience » nous dit Claudine Vidal. On voit que cette confusion conceptuelle rend impossible d'être « sans parti » : ce serait être en langage codé pro-tutsi. Elle n'accorde une possible « objectivité » scientifique qu'à ceux qui revendiquent de prime abord leurs « préférences » ethniques, en général pour les Hutu. De ce fait, le dualisme Hutu-Tutsi est présenté comme un horizon insurpassable. On retombe sur l'idée sous-jacente à la démonstration que la *réalité sociologique* de l'ethnisme compte bien plus que sa nature de *construction idéologique*.

---

20. *Rwanda, 1994*, ouvrage cité, pp. 24-25. On suppose qu'entre « Aryens » et « Sémites », il a également choisi.

21. Transcription exacte (avec les erreurs syntaxiques) du texte de Claudine Vidal intitulé « Situations ethniques au Rwanda » p. 167, dans *Au cœur de l'ethnie*, Amselle et M'Bokolo, 1985, réédité en poche chez Seuil – La Découverte, 1998.

Sans commentaire

La sérieuse revue *Commentaire*, plutôt bien implantée en milieu universitaire, a publié un article « militant » de Roland Hureaux, professeur associé à l'Institut d'études politiques de Toulouse et par ailleurs membre du comité de rédaction de cette revue [22]. L'article est intitulé « Rwanda: est-ce vraiment la faute à Voltaire ? » [23]. Comme son titre l'indique, il s'agit d'une défense de la politique française, la France étant comme chacun sait le pays des droits de l'homme et de Voltaire. On y retrouve l'argument imparable: « *Ce n'est pas la coopération militaire française en tout cas qui a appris aux milices hutu le maniement de la machette.* » Argument qui donne le profil de l'auteur. L'article fait penser à une version pseudo-intellectuelle du *Retour du Mwami* [24], où se multiplieraient les erreurs historiques, omissions et confusions.

Le seul intérêt de cet article est de montrer comment un professeur d'études politiques ne peut s'empêcher d'afficher sa perception ethno-psychologique des Tutsi. Comme si, parce qu'il s'agit du Rwanda, cette exhibition de préjugés racistes était légitime: « *Mais, avant de juger, ceux qui n'ont jamais vécu dans cette région doivent mesurer la séduction exceptionnelle qu'exerce sur les Européens ce groupe d'hommes* [les Tutsi], *auxquels s'appliquent plus qu'à quiconque les qualificatifs de "sûrs d'eux-mêmes et dominateurs", éveillés, curieux de l'étranger, qui surent être tour à tour des serviteurs stylés, des élèves brillants, des soldats disciplinés et des politiciens retors.* » [25] L'auteur conclut son article en prophétisant le renversement du régime actuel, « *très minoritaire* [qui] *ne se maintient que par la terreur* », par les Hutu, « *moins évolués certes, mais beaucoup plus nombreux* » [26]. La panoplie des caractères raciaux est donc complète. En 1967, le général de Gaulle avait déjà qualifié de « *sûrs*

22. Son directeur, Jean-Claude Casanova, professeur à l'Institut d'études politiques de Paris, est devenu éditorialiste associé au *Monde* (*Le Monde* du 19 octobre 2001).

23. Roland Hureaux, *Commentaire* n° 84 (21), hiver 1998-1999 (Éditions Plon).

24. Bernard Debré, ouvrage cité.

25. Roland Hureaux, « Rwanda: est-ce vraiment la faute à Voltaire ? », article cité, p. 101.

26. Roland Hureaux, *ibidem*, p. 1004.

d'eux-mêmes et dominateurs » les Israéliens [27]. À l'époque, l'ensemble de la presse s'était ému des connotations antisémites de ces propos. Aujourd'hui, lorsqu'un universitaire reprend les mêmes termes pour qualifier les Tutsi, personne ne juge bon de le relever. Pour la revue *Commentaire*, tout cela semble aller de soi, s'agissant du Rwanda.

L'ethnisme implicite [28]

Le livre de l'historien Gérard Prunier sur le Rwanda [29] est un document de référence, donnant des informations essentielles sur le rôle des acteurs français (souvent glissées en notes de bas de page). Prunier assimile dans ce livre le FPR (et le président ougandais Museveni) à une « *élite tribale antitribaliste* ». Il faut rendre hommage au fait qu'il est un des rares analystes à souligner les idéaux anti-ethnistes du FPR. N'oublions pas le contexte ethniste ambiant. Les soutiens occidentaux au régime de Habyarimana s'évertuaient à présenter les « Tutsi du FPR » comme des féodaux perfides et dominateurs. Lorsque les idéaux anti-ethnistes du FPR n'étaient pas escamotés, ils étaient mis sur le compte de la « perfidie » des Tutsi que Roland Hureaux qualifie de « *politiciens retors* ». C'est aussi ce qu'explique sans pudeur Bernard Debré : « *Quant aux Tutsi, ils évitent soigneusement toute allusion ethnique dans leurs discours.* [...] *Ils prônent fortement, la bouche en cœur, la démocratie et la liberté... Qui s'élèverait contre ?* » [30] On retrouve cependant une forme implicite de l'ethnisme dans l'ouvrage de Prunier. Dans l'introduction, il présente les origines ethniques de deux de ses collègues historiens rwandais, l'un Hutu, l'autre Tutsi, comme un moyen d'authentifier leurs dires : lorsqu'ils dénoncent une exaction commise par *leur* ethnie, ils ne peuvent dire que la vérité.

27. Conférence de presse du 27 novembre 1967. Charles de Gaulle précisait que les « *malveillances* » dont les Juifs ont été victimes au fil des siècles ont été « *provoquées* » par les Juifs eux-mêmes, ce qu'il corrige aussitôt par « *suscitées* ».

28. Texte repris partiellement de l'article : « Les soutiens européens à l'ethnisme », *Quasimodo* n° 6, « Fictions de l'étranger », printemps 2000, pp. 39-52.

29. *Rwanda, le génocide*, ouvrage cité.

30. Phrase tirée du *Retour du Mwami*, déjà citée page 73 pour ses analogies avec un commentaire d'Hitler sur les Juifs.

Le mélange d'ethnisme implicite et d'anti-ethnisme explicite est assez courant dans les articles scientifiques, comme si la réalité politique rwandaise devait rester obstinément méconnue ou caricaturée. Il est affligeant de voir que le credo idéologique de la « cause hutu », pourtant quelque peu terni par le génocide, peut apparaître comme allant de soi et être présenté comme la seule option tenable. L'enquête menée par Luc Cambrézy, chercheur à l'Institut de recherche pour le développement (IRD), sur les « réfugiés » hutu du Kenya est de ce point de vue éclairante. L'actuel gouvernement rwandais est qualifié de « *régime inéluctablement minoritaire dont la "meilleure" carte politique semble être encore la mémoire du génocide* » [31]. L'auteur ajoute que le terme de « génocide » est une « *dénomination que beaucoup* [des membres de la diaspora hutu] *contestent d'ailleurs plus ou moins ouvertement* ». L'auteur s'étonne ensuite que « *trois ans après la prise de Kigali on n'ait encore jamais entendu parler d'éventuelles pressions exercées par les puissances influentes sur le gouvernement rwandais pour imposer le pouvoir des urnes* ». Une élection, nous dit l'auteur, « *signerait la fin du gouvernement du FPR* ». D'où le reproche indigné qui conclut l'article: « *Les pays du Nord pourtant prompts à donner des leçons de bonne gouvernance font exception pour le Rwanda.* » Après un génocide destiné à supprimer la « base ethnique du FPR », on laisse apprécier le cynisme de ces propos.

Mais il y a plus. Le thème du « peuple majoritaire » (*Rubanda nyamwinshi*), cette confusion entre majorité ethnique et majorité politique, est repris par cet auteur, avec une sorte de candeur et sous un label « scientifique ». Comment ignorer qu'il s'agit d'une manipulation de l'idée démocratique par les ethnocrates hutu depuis 1959? Si les Hutu et les Tutsi sont des entités homogènes et irréductiblement opposées par on ne sait quel déterminisme racial, que fait-il des milliers de démocrates hutu assassinés en avril 1994? Comment ne pas voir que ces slogans, d'apparence correcte, ont justifié la mise

31. Luc Cambrézy, *Politique africaine* n° 68, décembre 1997: « Un aspect méconnu de la crise rwandaise, les réfugiés de Nairobi », 134-141. Largement repris dans « Une enquête chez des réfugiés urbains: le cas des exilés rwandais de Nairobi », *Autre part, Cahiers des sciences humaines, Nouvelle série* n° 5, 1998, pp. 79-94.

à mort de plusieurs centaines de milliers d'innocents, dont le seul tort était d'être nés « Tutsi » ?

L'idéologie ethniste est aussi incompatible avec l'instauration d'un État de droit que l'était l'idéologie nazie qui amena légalement Hitler au pouvoir. Et il n'est pas possible de faire la critique du gouvernement rwandais actuel sur la base d'une idéologie qui a conduit ce pays à l'abîme en 1994. Ce débat me semble devoir être posé clairement, sans faire aucun procès d'intention. Dans son enquête, Luc Cambrézy signale d'ailleurs que « *la question ethnique semble aujourd'hui d'une actualité renouvelée* », et évoque « *le problème tutsi* », pour reprocher aux régimes précédents de l'avoir occulté *(sic)*. Cette allusion à un « *problème tutsi* », écho au « *problème racial indigène* » du *Manifeste des Bahutu*, n'est pas sans évoquer celui de la « question juive » à la base de l'antisémitisme allemand [32]. L'idée même qu'il existait une *Judenfrage* (question juive) était une souscription implicite à l'antisémitisme. « *Chaque fois que ce mot était prononcé, entendu ou lu, les participants à la conversation sociale activaient le modèle cognitif qui lui donnait son sens.* » [33] Quand on sait que le problème de la *Judenfrage* était évoqué par tous les Allemands de façon quasi axiomatique et comment il a conduit logiquement à la Shoah, on peut s'étonner qu'un chercheur français évoque le « problème tutsi ». Il fait de surcroît de la « mémoire du génocide » une simple carte politique, comme si le génocide n'était qu'un *détail* de l'histoire.

Dans la même veine, on trouve l'article de Marc-Antoine Pérouse de Montclos, également chercheur à l'IRD, intitulé « Les séquelles d'un génocide : quelle justice pour les Rwandais ? » [34]. Cette « étude » emprunte tous les artifices de la rhétorique et du jargon scientifique pour justifier l'injustifiable. On peut s'étonner que le comité de lecture de *Politique africaine* ait accepté de le publier. L'auteur s'interroge

---

32. Illustré par le *Manuel de la question juive*, édité par Theodor Fritsch à Hambourg, 1907 (26e édition). Voir Édouard Conte et Cornelia Esner, *La Quête de la race, une anthropologie du nazisme*, Hachette, 1995, pour suivre le parallélisme troublant de ces deux racismes.

33. Ce qu'a bien montré Goldhagen, *Les Bourreaux volontaires de Hitler*, ouvrage cité, pp. 119 et suivantes.

34. *Politique africaine* n° 69, mars 1998, pp. 109-118.

même sur la réalité du génocide: « *Génocide ou gigantesque pogrom ?* », questionne-t-il. Il convient de la seconde explication: « *En réalité, après une première vague très ciblée sur Kigali, le génocide rwandais a pris des allures de pogroms populaires, spontanés et aléatoires.* » Ce serait même « *une forme de jacquerie* »! En conclusion, « *les massacres de 1994 ne peuvent correspondre précisément à la définition ethnique que donne du génocide l'article 2 de la Convention de Genève du 9 décembre 1948* ». Inutile d'en dire plus, sinon que, comme Claudine Vidal, il rejette, presque offensé, toute comparaison avec la Shoah. « *La machette d'Afrique de l'Est, la* panga, *n'est pas une chambre à gaz* », fait-il remarquer avec perspicacité. Cet article, publié en mars 1998, est de toute évidence un contre-feu à la brutale émergence de la vérité qui se manifestait à ce moment-là dans la presse. Un contre-feu qui cible les lecteurs spécialisés de *Politique africaine.*

Une hypothèse de travail non dite

Pour Jean-François Bayart, il était « *inimaginable que la diplomatie française ait pu cautionner des livraisons d'armes postérieures à la destruction de l'avion du président Habyarimana* » [35]. La réaction des africanistes est résumée par ce mot clé: « *inimaginable* ». On la retrouve dans l'expression de Gérard Prunier « *des gens qui, au Rwanda, se sont mouillés au-delà de l'imaginable* » [36]. L'inimaginable, l'inconcevable, l'impensable, l'invraisemblable, l'incroyable, l'insoutenable est l'hypothèse forte, non dite, de tous les travaux des africanistes français, quasiment sans exception. Par exemple, les Forces armées rwandaises procédaient à l'éradication des Tutsi en les désignant comme « l'ennemi infiltré ». Relatant ce mensonge, Jean-Pierre Chrétien dira: « *Même les troupes françaises de l'opération* Turquoise *tomberont dans le panneau.* » [37] Il est impensable que des officiers

35. Interview au *Quotidien* le 17 juin 1994.

36. « Grands Lacs: les clés d'une guerre sans fin », entretien avec Vincent Hugeux, *Politique internationale*, hiver 1998-1999.

37. Jean-Pierre Chrétien, « Le nœud du génocide rwandais », *Esprit*, juillet 1999, p. 97.

français soient complices d'une telle horreur : ils sont « tombés dans le panneau » ! L'affirmation de Paul Quilès : « *Au moment où il se produit* [le génocide], *la France n'est nullement impliquée dans ce déchaînement de violence* » est acceptée, car ne pas l'accepter serait accepter l'inconcevable. Comme le dit le rapport de la Mission d'information : « *La France a accepté elle-même de se laisser piéger.* » Même François-Xavier Verschave dans une phrase semble en accepter l'idée : c'est « *un "autopiège" qui l'a conduit à financer, armer, instruire, légitimer et protéger les auteurs d'un génocide* » [38].

On retrouve cette profession de foi en la probité des responsables de la politique africaine de la France dans *La France au Rwanda. Un discours de légitimation morale* [39]. Ce livre constitue un exercice de style de langue de bois *évoluée*, noyant dans une mélasse moralisante l'enjeu politique et la raison d'État. Toute vraie question est éludée en admettant d'emblée l'hypothèse de la « cécité » : « *Comment expliquer la "cécité" des autorités françaises devant la réalité des faits qui ont marqué cette expérience dramatique ?* » (p. 79). Car « *la sensibilité des décideurs français aux malheurs d'autrui ne saurait être mise en doute* » (p. 65). « *La question de l'implication française dans le génocide de 1994, pour indirecte et involontaire qu'elle ait évidemment pu être* [...] » (p. 111). Le « évidemment » résume la position de l'auteur et les limites de la démarche qui prétend tout expliquer par la morale. Ainsi, l'utilisation du discours moral se retournerait contre l'État français manipulateur pris au piège de sa manipulation. L'auteur essaye de faire passer l'opération *Turquoise* pour un « *engagement moral* », qui n'aurait pas existé si « *les conjonctures passées n'avaient pas amené les autorités françaises à privilégier tant la paix et le sort des populations civiles* » (p. 110). Ce serait presque drôle s'il ne s'agissait pas d'événements aussi dramatiques. Malgré des efforts méritoires et un certain raffinement rhétorique, l'auteur s'embrouille et n'est pas

---

38. *Noir silence*, ouvrage cité, p. 11. Mais ce livre est la démonstration du contraire.
39. David Ambrosetti, *La France au Rwanda. Un discours de légitimation morale*, Karthala, 2001. Livre qui est la version publiée d'un diplôme d'études approfondies de science politique obtenu à l'Institut d'études politiques de Bordeaux, université Montesquieu-Bordeaux IV.

crédible. Pour ma part, je n'aurais pas accordé le diplôme d'études approfondies à cette tentative universitaire.

La réflexion de Marc Le Pape sur le rapport de la Mission parlementaire est d'un autre style mais d'une même valeur [40]. La perle par laquelle il conclut son développement dans *Politique africaine* en résume la profondeur : « *En général, on attend des plans d'action politique qu'ils tiennent comptent des faits. Or, les promoteurs de la politique française au Rwanda ont agi comme si la réalité devait s'adapter à leurs principes politiques et ils ont continué d'agir et de penser ainsi malgré les démentis successifs que les faits portaient aux accords sur les principes.* » [41] Ce qui signifie que, si les faits contredisent la présomption d'innocence (dans tous les sens du terme) des politiques ou des militaires français, ce sont les faits qui ont tort… de ne pas avoir pas été vus. En somme, le seul reproche que fait Marc Le Pape aux « promoteurs de la politique française au Rwanda » est d'être bornés, psychorigides ou stupides ! Cela revient à reprendre maladroitement l'explication de la « *cécité* » ou de « *l'aveuglement de l'Élysée* » dont parlent d'autres auteurs [42]. Il est possible que des acteurs français aient été ignorants ou n'aient rien compris. Certains ont été effectivement abusés. C'est en particulier le cas de soldats embarqués dans les opérations *Noroît*, *Amaryllis* et *Turquoise* et qui ont été traumatisés parce qu'ils ont vu et fait [43]. Mais est-il bien raisonnable de dire qu'aucune des personnes impliquées dans la chaîne des décisions ne savait ? Les services de renseignements français étaient en 1994 actifs au Rwanda depuis quatre ans ! « *Les hommes du 1er RPIMa* [ceux du Dami-*Panda*], *qui sont entraînés à monter des opérations clandestines dans la profondeur d'un territoire et à s'y camoufler le temps de recueillir le renseignement, ont*

40. « Le Rwanda au Parlement. Une enquête sur la tragédie rwandaise », *Esprit* n° 252, mai 1999.

41. « Les engagements français au Rwanda » *in* Réflexions sur les rapports parlementaires de la Belgique et de la France, *Politique africaine* n° 73, mars 1999.

42. Cette dernière expression est utilisée par Jean-François Bayart dans *Les Temps modernes* n° 583, juillet-août 1995.

43. Comme l'ont rapporté des journalistes. Il faudrait que ces soldats prennent enfin la parole, sans attendre.

pour mission d'établir des contacts permanents avec les plus hautes autorités politiques et militaires à Paris qui gèrent les crises en Afrique », comme l'explique le chroniqueur militaire du *Monde*, Jacques Isnard [44].

On peut s'étonner de la légèreté de l'analyse. Suffit-il de dire comme Marc Le Pape « *l'hypothèse d'un plan de communication* [lors de l'audition à la Mission d'information] *auquel tous les responsables se seraient conformés n'est pas crédible* » [45], pour évacuer « l'inimaginable » ? L'irrecevabilité d'une compromission de certains responsables français, militaires et politiques, dans un génocide est-elle en soi un argument ? « L'inimaginable » pour les africanistes est-il un élément de preuve suffisant pour établir qu'il s'agissait d'aveuglement ou d'invisibilité des faits ? En outre, cette « innocence politique » des acteurs français n'est jamais présentée comme une hypothèse de travail, un axiome de départ sur laquelle on bâtirait une réflexion. C'est une vérité implicite qui n'a pas besoin de véritable démonstration, ni même d'être formulée clairement. Considérer cette innocence comme une hypothèse de travail et non comme une vérité implicite, ce serait pour ces chercheurs s'engager sur un terrain difficile, instable, aussi impraticable qu'une piste africaine en saison des pluies. Elle les conduirait à voir ce qu'ils ne veulent pas voir.

Car l'évidence de l'implication française crève les yeux. Les faits rendent impossible cette vision idéale des hommes politiques. Personne n'ignorait à Paris ce qui était en train de se commettre au Rwanda en avril et mai 1994, alors que le colonel des FAR était reçu au ministère de la Coopération et les représentants du GIR à l'Élysée. Pas plus qu'en 1990 les instructeurs du Dami dans leur centre de Bigogwe ne pouvaient ignorer les meurtres des Bagogwe réalisés sous leurs yeux, dans la même commune. Mais voilà, l'admettre est « inimaginable ». Il était

44. *Le Monde* du 21 mai 1998.

45. Marc Le Pape signale pourtant que seul Michel Rocard a eu au Parlement une attitude critique et « *a plaidé la non-responsabilité* » – mais pour s'en moquer aussitôt en suggérant son « *irresponsabilité* », puisqu'il était alors Premier ministre. Autrement dit, il aurait mieux fait de se taire ! « Les engagements français au Rwanda », article cité.

sans doute difficile à un fonctionnaire sous Pétain d'admettre qu'il travaillait pour un État coupable de crimes. Mais c'était possible, l'État collaborationniste avait contre lui le fait d'être bâti sur une défaite et sur l'occupation du pays par une armée étrangère. Sous Mitterrand, l'État français n'a connu de défaite que par l'intermédiaire d'Africains coupables de génocide. Les intéressés l'ont assez répété, « ce ne sont pas les soldats français qui tenaient les machettes ». Comment envisager que ces africanistes fassent, à chaud, ce constat dramatique de la complicité de l'État français dans un génocide au Rwanda, quand l'histoire des crimes de la colonisation n'est même pas encore écrite [46] et que la vérité sur la torture en Algérie émerge à peine [47] ?

Critique « dénonciatrice » et théorie du complot

Dans son article intitulé « Le Rwanda au Parlement. Une enquête sur la tragédie rwandaise » [48], Marc Le Pape lance un anathème contre ceux qui auraient selon lui une « *démarche de dénonciation* » qu'il condamne, et non une critique légitime. N'étant donc pas un simple laudateur du travail parlementaire, il donne un bon exemple de la « *critique non dénonciatrice* » qu'il assume sur la question de l'ethnicité : « *En soulignant ces références ethniques de l'analyse des forces politiques, je ne donne pas raison à la critique dénonciatrice : celle-ci suppose une adhésion des responsables français aux engagements ethnistes des milieux politiques rwandais ; or le fait qu'ils prennent appui sur une grille de lecture ethnique n'implique évidemment pas qu'ils adhèrent aux convictions ethnistes de ces derniers.* » Il reconnaît donc que les responsables français s'appuient sur une grille de lecture ethnique pour leur action au Rwanda. Mais, nous dit-il, ceux-

---

46. Le *Calendrier des crimes de la France outre-mer* de Jacques Morel en donne un excellent aperçu, L'Esprit frappeur n° 100, 2001.

47. On peut remercier ici sincèrement le général Paul Aussaresses pour son livre *Services spéciaux. Algérie 1955-1957*, Perrin, 2001, dont les aveux dérangent les hommes politiques solidaires de ceux qui ont couvert la torture en Algérie, une pratique dont se vante ce général récipiendaire de la Légion d'honneur. La torture avouée, même effrontément, ne peut qu'appeler jugement et condamnation.

48. *Esprit*, article cité.

ci ne sont pas crédules: ils ne croient pas vraiment aux préjugés racistes, ils les utilisent seulement. Qui dit le contraire ? Pensant les disculper, Marc Le Pape ne fait que pointer du doigt le cynisme des dirigeants français et des militaires impliqués au Rwanda. Comme Monsieur Jourdain faisait de la prose, il fait de la « critique dénonciatrice » sans le savoir ! Restent les propos ethnistes caricaturaux de Robert Galley, de Bernard Debré, de Paul Dijoud et de militaires haut gradés. Si Marc Le Pape les évite, c'est sans doute par décence. Mais en ferait-il la marque d'un racisme tout simple et tout bête, ou d'un degré supplémentaire dans le cynisme ? [49]

À quoi aboutit la critique légitime revendiquée par Marc Le Pape ? « *Cela revient à dire que les choix faits entre 1990 et 1993 n'étaient pas vraiment clairvoyants* », nous dit-il en conclusion. Mais cet article introduit cependant quelque chose de plus sérieux : la notion de complot. Cette notion a été étudiée en effet par Karl Popper et identifiée dans son concept de *conspiracy theory of society* [50]. Marc Le Pape explique que ces « *démarches de dénonciation* [...] *prétendent engager un travail de dévoilement des secrets d'État.* [...] *cette offre de révélations, diversifiées (elle provient de journalistes, d'associations, d'universitaires, de témoins...), répond au goût du public pour le clandestin en dénonçant les scandales de la politique secrète* ». La « critique dénonciatrice » contre la politique africaine de la France relèverait donc, selon Le Pape, d'une théorie du complot. Elle mettrait en jeu une « *sphère d'actions secrètes conduites soit par des acteurs officiels, soit par des agents parallèles* », relevant uniquement de l'imagination des « *dénonciateurs* ». Dans la foulée de cet article, Marc Le Pape attaque François-Xavier Verschave, président de l'association Survie, avec l'aide de sa compagne Claudine Vidal, en reprenant ce thème. Selon ces deux professeurs à l'École des hautes études en sciences sociales (Ehess), cette association ne ferait que privilégier « *une version conspiratoire* (sic) *et souterraine de l'histoire* ». Dans un texte intitulé « Les très contestables méthodes de *Billets d'Afrique* », ils expliquent que « *la technique consiste à dénoncer l'existence de*

49. Je n'ai personnellement pas de réponse nette à cette question.

50. Karl Popper: *Conjonctures et réfutations. La croissance du savoir scientifique*, Payot, 1963, pp. 187-189.

complots, de faits secrets, de liaisons clandestines, d'agents et de bureaucraties cachées qui domineraient les institutions publiques, grâce à la complicité d'acteurs officiels » [51].

Dénoncer une « théorie du complot » est dans le cas présent une imposture géniale : cette théorie a été en effet vulgarisée par Léon Poliakov à propos des *Protocoles des Sages de Sion.* Poliakov parvient à établir avec force comment cette manipulation politique participe de l'imaginaire antisémite. Le « complot juif mondial » postulait une vision paranoïaque du monde dans laquelle il fallait perpétuellement décoder les informations pour comprendre qu'en réalité les Juifs manipulaient tout. Poliakov a parfaitement démontré que cette structure de raisonnement a été l'armature de la haine des Juifs ou des francs-maçons telle qu'elle s'est développée au XIXe et au XXe siècles. Seulement, si les *Protocoles des Sages de Sion* étaient un faux, le rôle des acteurs français au Rwanda s'appuie sur des faits documentés et précis. Dans un cas on a une conspiration imaginaire – dont le mythe permit d'en arriver à un génocide –, dans l'autre, un génocide dont on essaye de dissimuler les complices en les faisant passer pour les victimes de ce type de conspiration imaginaire.

Il s'agissait ici pour Vidal et Le Pape de tourner la page de l'affaire rwandaise. La mission Quilès a eu pour charge de l'enterrer. Claudine Vidal a été consultée en tant qu'experte, tout a été dit, l'affaire est close. En d'autres termes : « Circulez, il n'y a plus rien à voir ». Comme l'association Survie est la seule en France à faire une critique radicale du rapport Quilès, il faut disqualifier cette association pour enterrer le Rwandagate. Vidal et Le Pape remettent donc un texte intitulé « Les très contestables méthodes de *Billets d'Afrique* », le 16 juin 1999, lors de la réunion de l'Observatoire permanent de la Coopération française (OPCF) dont est alors membre Claudine Vidal [52]. La saisissante dénonciation de l'association Survie comme un avatar de la police tsariste et de *Billets d'Afrique* comme celui des

51. Ce texte ainsi que la réponse de François-Xavier Verschave se trouvent dans le n° 72, juillet-août 1999, du mensuel *Billets d'Afrique*. Cette lettre mensuelle de l'association Survie est consultable avec le moteur de recherche du Réseau Voltaire : http://www.reseauvoltaire.net

52. Intégralement cité dans *Billets d'Afrique* n° 72, juillet-août 1999.

Protocoles des Sages de Sion devait dans l'esprit du tandem semer le doute ou l'effroi parmi les *observateurs*. Hélas, Marc le Pape et Claudine Vidal, malgré leurs titres universitaires, ne parviendront pas à créer une scission au sein de l'OPCF. Claudine Vidal sera la seule à démissionner. En revanche, Marc Le Pape entrera aussitôt au conseil d'administration de MSF-France.

Pour montrer comment Survie propage l'idée fausse et tendancieuse d'un complot françafricain, Vidal et Le Pape ont eu la bonne idée de mettre en avant le cas du capitaine Barril : « *Autre exemple. Il faut d'abord dire, redire, répéter, que l'on sait que le capitaine Barril est celui qui en a fait le plus, qui en connaît le plus. De cette affirmation (sans preuve) d'un savoir sur l'occulte, on pourra ensuite tirer argument pour dénoncer.* » Si les liens de l'ex-gendarme de l'Élysée avec les services secrets « officiels » et l'État français n'existent pas, s'ils ne sont qu'un pur produit de l'imagination délirante de Survie, que Marc Le Pape et Claudine Vidal expliquent alors les observations et constatations suivantes qui ne vont pas précisément dans ce sens :

— va-et-vient entre services officiels et services officieux. Par exemple le commissaire à la DST Pierre-Yves Gilleron, l'ami de Gilles Ménage, quitte la cellule de l'Élysée en 1987 pour rejoindre la société « Secret » de Paul Barril ;

— recrutement de mercenaires par Barril pour Sassou N'Guesso en 1991 [53] ;

— remplacement par Barril du général Jeannou Lacaze (ex-patron du Sdece, future DGSE), comme premier conseiller militaire auprès de Mobutu en avril 1994, au moment où Jacques Foccart s'activait auprès du dictateur et mettait au point l'alliance secrète France-Zaïre ;

— achat d'armes pour les génocidaires rwandais par Barril pendant le génocide. Barril et le chef de la Mission militaire de coopération, le général Jean-Pierre Huchon, étaient en contacts étroits et

53 *Libération* du 4 avril 1991, article signé Éric Landal (pseudonyme de Pierre Péan, selon François-Xavier Verschave, *Noir silence*, ouvrage cité, p. 51).

fréquents avec le lieutenant-colonel des FAR Cyprien Kanyumba, chargé en France de ces achats au moins jusqu'au 18 juillet 1994 [54];

— dans un courrier du 13 juillet 1994 avec un marchand d'armes français, Paul Barril se pose en représentant du gouvernement génocidaire (GIR) alors que ce gouvernement était soutenu par la France [55];

— Barril était recommandé par François de Grossouvre auprès des chefs d'État, il est souvent présenté comme « envoyé par l'Élysée » sous le règne mitterrandien. Il serait également l'ami de Charles Pasqua qui lui a facilité l'obtention de marchés de « sécurité », notamment en Centrafrique [56];

— Barril est chargé de la surveillance de l'hôtel Crillon, lors des visites des potentats africains. C'est « *une forme d'habilitation politique* », dit François-Xavier Verschave [57];

— alors que Barril était inculpé de proxénétisme, le juge Frédéric N'Guyen n'a jamais reçu l'autorisation du parquet d'enquêter. Barril n'a pas été inquiété, comme s'il jouissait d'une protection intégrale [58].

Si le « cas Barril » est la preuve ultime, assenée par Vidal et Le Pape, de l'adhésion de Survie à une « théorie du complot », il est plutôt mal choisi. Car qui prétend détenir des éléments de la plus haute importance sur l'attentat, sinon Paul Barril lui-même? [59] Et si

54. Patrick de Saint-Éxupéry « France-Rwanda: des silences d'État », *Le Figaro* du 14 janvier 1998.

55. *Ibidem.*

56. *Noir silence*, ouvrage cité, pp. 307-309: « Le cas Barril ».

57. *Ibidem.*

58. Comme pour se justifier en se comparant à Jacques Foccart, Paul Barril explique que ce dernier manageait (indirectement) des prostituées de haut rang à l'hôtel Ivoire d'Abidjan pour recueillir les « confidences sur l'oreiller » des illustres personnalités de passage. Paul Barril, *L'Enquête explosive*, ouvrage cité.

59. *Le Monde* lui consacrera même une pleine page: « Rwanda, l'énigme de la boîte noire », *Le Monde* du 26 juin 1994.

Paul Barril répand lui-même des « affirmations sans preuve », que n'a-t-il été auditionné par la Mission d'information ? L'association Survie a tout fait pour qu'il le soit. Rappelons encore les faits suivants : Paul Barril a séjourné au Rwanda pendant le génocide. Il y était conseiller du chef d'état-major de l'armée rwandaise et dirigeait une opération pendant le génocide. Alors que cette armée procédait à l'extermination de ce qu'elle nommait les *Inyenzi* ou cafards, c'est-à-dire des Tutsi, l'opération de Paul Barril avait reçu le nom de code d'« opération insecticide ». Paul Barril aurait touché 1200000 dollars (à l'époque 7 millions de francs) sur ordre du ministre de la Défense du gouvernement génocidaire [60]. Cela ne demandait-il pas un minimum d'investigations de la part de la Mission parlementaire ?

Il est en revanche intéressant de considérer les implications idéologiques d'une telle démarche de la part de ces deux intellectuels, professeurs à l'Ehess. Elle revient à fustiger tous ceux qui n'acceptent pas les conclusions lénifiantes de Paul Quilès : ces individus seraient de dangereux illuminés. Le hic, c'est que la reconnaissance du GIR et la visite officielle à Paris le 27 avril 1994 de ce gouvernement criminel sont des faits clairement attestés. Ils se situent en dehors de toute théorie du complot et suffisent pour qualifier le Rwandagate. Ils sont en eux-mêmes la preuve de la collusion criminelle de responsables français avec les auteurs du génocide. L'entrevue occultée du général Huchon et de Rwabalinda entre les 9 et 13 mai 1994, pendant le génocide, est une autre omission de la Mission d'information. Cette entrevue avec un représentant des forces armées génocidaires a pourtant été évoquée lors de l'audition d'Alison Des Forges, mais n'a plus été abordée par la suite. Pour Claudine Vidal, s'en étonner relève d'une « *vision conspiratrice et souterraine de l'histoire* ». Pour finir sur le « cas Barril », l'utilisation de ceux qui se présentent flatteusement comme des « *corsaires de la République* » [61] par les dirigeants français, est lui aussi un fait avéré, confirmé par Pierre Marion, ancien chef

60. Mission parlementaire. Annexe, témoignage de l'attaché militaire de l'ambassade du Rwanda de l'époque. Patrick de Saint-Éxupéry ayant transmis les documents à la Mission, celle-ci n'a pu faire autrement que de les publier à la fin de ses annexes. Sans aucun commentaire.

61. Bob Denard, *Corsaire de la République*, Robert Laffont, 1998. Il dit même, page 422, avoir été sollicité par les services français pour le Rwanda.

des services secrets français [62]. Finalement, pour Vidal et Le Pape, toute interrogation sur la Mission d'information relèverait de délires paranoïaques. Il faut pourtant bien convenir que les lacunes et les omissions de la mission Quilès sont suffisantes pour faire du dossier « Rwanda » une affaire non classée.

L'affrontement de David et Goliath

La thèse officielle de la succession d'erreurs politiques est présentée par ces deux professeurs comme la preuve d'un « *désir de transparence* », à l'honneur de la France. Une telle franchise serait en soit absolutoire. Car si erreurs il y a, ce sont bien sûr des « erreurs de la France » (ou de l'État français), c'est-à-dire d'une entité vague et collective (nous tous). Une entité par essence apolitique et donc irréprochable. Il faut encore insister sur cet artifice qui dédouane à bon compte les responsables. Je souscris aux propos de Jean-Pierre Chrétien, qui, dans un article intitulé « La France n'est pas coupable », écrivait: « *Dire que "la France" est coupable est une formule hâtive.* [...] *Pour sortir de cette accusation globalisante et réductrice, il est nécessaire d'identifier les responsabilités précises au sein de l'État et de la société française depuis 1990.* » [63] Identifier les responsabilités précises des acteurs français dans le drame rwandais, c'est ce que la mission Quilès n'a pas fait et qu'elle a même surtout cherché à éviter [64]. Qu'importe, les experts universitaires Vidal et Le Pape s'estiment habilités à lui donner le « permis d'inhumer ». D'où cette tentative de clore le débat en lançant la polémique interne sur la place publique. Leurs critiques de l'association Survie et de son président François-Xavier Verschave, pour le coup « dénonciatrices », parviendront étrangement à *La Lettre du continent* avant le débat interne de

62. Pierre Marion, *La Mission impossible*, ouvrage cité.

63. *Le Monde* du 14 mars 1998.

64. Par exemple, le témoignage de Pierre et Yvonne Galinier, bien qu'évoqué dans le tome I du rapport de la Mission (p. 285), a été finalement occulté par le rapport, entre autres parce qu'il mettait en cause M. Poulain, directeur de la Caisse française de développement à Kigali (qui a refusé l'évacuation d'Yvonne pendant l'opération *Amaryllis*). Voir leur témoignage en annexe.

l'OPCF. *La Lettre du continent* est une sorte d'antithèse de *Billets d'Afrique* [65]. Le directeur de la rédaction, Antoine Glaser, expliquera alors triomphalement sous le titre « Survie étrillée par deux chercheurs » que cette association venait d'être « *disqualifiée* » [66].

Si Vidal et Le Pape utilisent des arguments aussi grossiers et des accusations aussi faciles, c'est que, pour faire taire les critiques et enterrer le scandale, il n'est plus question de déontologie. Tous les coups sont permis. De la part d'intellectuels, cette tentative de tirer le voile sur une politique sinistre et cynique est une démission ou une compromission, une autre forme de la « trahison des clercs » [67]. À *Liaison-Rwanda*, cet acharnement à la défense de l'*establishment* ne nous a pas étonnés. En effet, déjà en 1995, Le Pape et Vidal avaient trouvé « *intolérables* » nos pétitions dénonçant le traitement de l'information sur le Rwanda par *Le Monde* et *Libération* [68]. Claudine Vidal avait trouvé également insupportable le témoignage d'Annie Faure dans un colloque tenu à Paris les 16 et 17 juin 1995 à l'Institut des hautes études sur la justice [69]. Nous avons vu que ce médecin y dénonçait certaines pratiques des « humanitaires » et leur manipulation par les autorités françaises. Pour comprendre ces positions et cette irritabilité à la « critique dénonciatrice », il faut faire un retour en arrière et examiner les antécédents.

Claudine Vidal a écrit quelques textes magnifiques contre le racisme et les assassins de la mémoire. Certaines de ses phrases trahissent toutefois la pesanteur « sociologique » des globalisations ethniques simplificatrices. Ainsi, elle écrit en 1985 dans *Au cœur de l'ethnie* [70]:

---

65. *La Lettre du continent*, publication bimensuelle éditée par le groupe Indigo Publications (directeur de publication Maurice Botbol), est une lettre confidentielle très prisée dans les milieux de la Françafrique.

66. *La Lettre du continent* du 17 juin 1999.

67. Julien Benda, *La Trahison des clercs*, Grasset, 1981.

68. Pétition lancée par *Liaison-Rwanda* n° 2, août-septembre 1995, et n° 3, octobre-novembre 1995.

69. Colloque « Rwanda : un génocide du XXe siècle », ouvrage cité. La contribution d'Annie Faure est absente.

70. Ouvrage collectif sous la direction d'Amselle et M'Bokolo, 1985, réédité en 2000 chez Seuil (collection La Découverte/Poche).

« *au Burundi, où, à l'inverse du Rwanda, les Tutsi avaient conservé le contrôle de l'État* ». Comme si c'était « les Tutsi » qui étaient au pouvoir au Burundi ! C'est précisément faire le travail de la propagande raciste que d'assimiler une clique au pouvoir (comprenant d'ailleurs des Hutu) à tous les Tutsi. Elle ajoute plus loin « *Grégoire Kayibanda, emblème de la lutte révolutionnaire hutu contre l'oppression tutsi* ». Était-ce une déclaration d'amour pour le père du Parmehutu ? C'était en tout cas une affirmation quelque peu simplificatrice de la part d'une scientifique. Il est surprenant qu'elle ait pu assimiler la prise du pouvoir par Kayibanda, avec l'aide de l'armée coloniale et d'une Église réactionnaire en diable, à une « lutte révolutionnaire ». Dans le même ouvrage, Jean-Pierre Chrétien fait une critique limpide de l'idéologie ethniste qui conduit à de telles impostures historiques. Il est vivement conseillé, pour se faire une idée, de lire les communications de ces deux auteurs qui se suivent dans le recueil [71].

En 1973, Claudine Vidal a vécu au Rwanda la chasse aux Tutsi et l'épuration ethnique de l'administration, de l'enseignement et des entreprises. Alors que des centaines de Tutsi sont chassées, brutalisés et tués [72], elle écrira dans *Le Monde* du 20 mars 1973 : « *Je n'ai vu personnellement, à cette époque, aucune liquidation physique de Tutsi.* [...] *Il est indispensable de réfuter ces calomnies. Le meilleur démenti à ces accusations réside dans l'actuelle modération du gouvernement rwandais* [le Parmehutu de Kayibanda] *qui, il faut l'espérer, réussira à contenir tout désordre pouvant entraîner des effusions de sang.* » Ces pogromes étaient en réalité organisés par le gouvernement rwandais [73]. En 1995, après le génocide, elle reviendra sur ces affirmations dans « Les politiques de la haine » [74], expliquant, mais un peu tard, qu'il s'agissait d'« *une campagne de diversion lancée "d'en haut", nullement spontanée* ».

---

71. *Au cœur de l'ethnie,* ouvrage cité : Jean-Pierre Chrétien, « Hutu et Tutsi au Rwanda et au Burundi », p. 129 ; Claudine Vidal, « Situations ethniques au Rwanda », p. 167.

72. Au minimum 400 ou 450 tués dans les villes. Probablement beaucoup plus dans le reste du pays.

73. Voir Gérard Prunier, Luc de Heusch et Jean-Claude Willame, ouvrages cités.

74. *Les Temps modernes* n° 583, juillet-août 1995.

Si Claudine Vidal n'a pas eu cette lucidité en 1973, c'est qu'elle était à l'époque du côté officiel. En 1999, elle est toujours du côté du pouvoir. Elle dénonce la critique gênante de Survie comme étant « *un appel systématique à la recherche des coupables* », une attitude qui « *criminalise en permanence la responsabilité politique et s'arroge la position de juge procureur* » [75]. En réalité, Survie se bat au contraire contre la Françafrique avec une bonté et une humanité qui lui font souvent attribuer au laxisme, à l'auto-intoxication ou à la cécité, ce qui relève à mon avis du calcul et du cynisme le plus cru. Comme le remarque l'historien-géographe Dominique Franche dans un article remarquable sur le rôle des intellectuels, cette immense confiance dans le genre humain dont témoigne son président, François-Xavier Verschave, peut même lui inspirer certaines erreurs [76]. Le professeur Odile Tobner-Biyidi [77] résume magnifiquement le paradoxe et le secret de cette association : « *Comment ce qui est petit, sans moyens, peut-il défier victorieusement ce qui s'étale d'écrasante puissance. Éternel affrontement de David et Goliath, dont l'histoire a montré maint exemple. C'est inexplicable mais c'est comme cela. Si on veut gagner, mieux vaut encore parier sur la vertu et l'honnêteté. Elles n'ont pas l'air de payer bien cher leurs fidèles, mais elles les payent en vérité, dont un atome est plus précieux qu'une montagne de fausseté.* » [78]

Docteur ès racismes

S'il ne faut pas s'étendre sur les pires écrits qui n'ont pas besoin de commentaires, il n'est pas inutile de les signaler. Des thèses négationnistes sur le Rwanda ont déjà été soutenues. Une autre a été rejetée, grâce à la vigilance d'un membre du jury qui a perdu pour cette raison son poste d'enseignant à l'université Paul-Valéry de

---

75. Texte donné dans *Billets d'Afrique* n° 72, juillet-août 1999.

76. Dominique Franche, « Différence et indifférence. L'Afrique et la passivité des intellectuels », *Vacarme* n° 16, été 2001.

77. Écrivain, épouse de l'écrivain camerounais Mongo Béti.

78. Odile Tobner-Biyidi, communication personnelle. Article écrit pour *Le Messager*, Yaoundé, en juillet 2000.

Montpellier. Ce sont d'ailleurs ces représailles de la part du directeur de thèse, à l'encontre de l'examinateur courageux, qui ont rendu l'affaire publique. Elle a l'intérêt de montrer jusqu'où peut aller le racisme antitutsi dans le cadre universitaire.

Il s'agit d'une thèse présentée en 1996 et intitulée « Vivre et mourir au Rwanda. Un exemple de géographie d'une catastrophe humaine », présentée par Jean-François Gotanègre, maître de conférences à l'université Paul-Valéry, sous la direction d'Henri Picheral, lui-même vice-président de cette université [79]. Extraits: « *Les Tutsi sont en éthologie ou science du comportement l'exemple même du parasite social à l'instar des rapports entre* Formica rufa *et* Formica fusca *ou entre* Formica sanguinea *et* Formica fusca *que l'on peut assimiler aux Hutu.* » Suivent deux paragraphes où les mœurs de ces insectes sont décrites minutieusement. L'auteur explique ensuite: « *Les Tutsi sont progressivement passés du parasitisme-symbiose dans lequel l'hôte ne subissait aucun dommage au parasitisme-dommage dans lequel l'hôte néglige sa propre identité pour nourrir, entretenir le commensal qui finit par le supplanter.* » (pp. 117-118) [80]

Dans cette thèse, la connotation entomologique se double d'une connotation religieuse intégriste: « *Le Rwanda porte les stigmates d'une destruction quasi totale des acquis de quatre-vingt-dix ans de chrétienté et d'occidentalisation.* » Auxquelles s'ajoute parallèlement un négationnisme agressif « *Le suicide collectif a bouleversé l'évolution du pays.* » Ce « *suicide* », explique Gotanègre, est « *le moyen choisi par la société rwandaise pour retrouver son optimum de peuplement* ». Le génocide n'existe pas, il s'agit d'une « *implosion ou catastrophe interne. Cette implosion qui supprima l'effectif d'un doublement démographique est due à l'introduction de maléfices externes: pénétration armée d'anciens réfugiés et d'irrédentistes qui provoquèrent la guerre de 1990-1994 avec sa cascade d'atrocités* [...] ».

79. Université Paul-Valéry, Montpellier III, UFR III – géographie, 8 janvier 1996.

80. Ces arguments d'un sociobiologisme de pacotille feraient rougir de honte le père de cette discipline contestée, Edward Wilson, auteur de *L'Humaine Nature*, Stock, 1979, qui n'a rien à voir avec un tel racisme primaire.

On y apprend également que le « *FPR pilonna jusqu'au 23 mai plus de 100000 civils rassemblés autour de l'École technique officielle (ETO) de Kicukiro à Kigali. Les morts et les blessés n'ont jamais été comptabilisés. Les quatre autres méthodes utilisées par le FPR pour tuer les Hutu se faisaient et se font toujours actuellement lors des épurations, par empoisonnement au DDT dans les prisons, par ablation des organes sexuels et selon deux méthodes utilisées du temps de la féodalité:* l'agafuni *et* l'akandoya » (p. 601). C'est la version française, scientifique et universitaire de *Kangura*, média du génocide qui publia les « Dix commandements du Hutu ».

Les conceptions de Gotanègre sur le rôle maléfique des Tutsi dans la diffusion du sida avaient déjà trouvé des *referees* favorables et une rédaction complaisante dans une revue à comité de lecture *Les Cahiers d'outre-mer*. En juillet 1993, cet universitaire publia dans cette revue de l'Institut de géographie de Bordeaux, au comité scientifique impressionnant, un article intitulé « Analyse géographique de l'incidence du VIH et du sida au Rwanda en 1990 » [81]. On y apprenait que « *si toute la population* [du Rwanda] *devait être frappée par l'épidémie* [du sida], *le carré du coefficient de corrélation mettrait en évidence le fait que 76 % des cas de VIH et de sida appartiendraient au groupe ethnique tutsi* ». Ce qu'il explique par des pratiques sexuelles « *propres à cette minorité* »: « *échange de partenaires* » et « *homosexualité* ». « *Par ailleurs, de par leur beauté, les femmes tutsi sont recherchées comme maîtresses occasionnelles ou appointées par des hommes appartenant à d'autres groupes.* » [82] Mais l'ordre moral est aussi invoqué: « *De plus, en contrôlant les Églises chrétiennes (catholiques et protestantes) dans un pays peuplé à 90 % de Hutu, ces Tutsi provoquent un désintérêt de plus en plus grand par la population des règles morales occidentales et un grand relâchement des mœurs.* »

Cet universitaire publiera un an plus tard dans le *Bulletin de la Société languedocienne de géographie*, société dont le secrétaire est

81. Jean-François Gotanègre, *Les Cahiers d'outre-mer* n° 46 (183), juillet-septembre 1993, pp. 233-245.

82. Voir l'analyse de cette question par Frédéric Baillette, « Figure du corps, ethnicité et génocide au Rwanda », article cité.

justement à l'époque son directeur de thèse Henri Picheral, un autre texte remarquable intitulé « Surpopulation et guerre: l'exemple du Rwanda ». Il y développe la thèse indiquée par le titre « *Tous les essais pour équilibrer population/ressources s'étant montrés vains, que restait-il ? A. Laisser faire la nature, c'est-à-dire laisser la malnutrition et les maladies éliminer les plus faibles.* [...] *B. L'élimination physique. L'éthologie animale* [...] *démontre que l'effet de masse, la densité, débouchent toujours sur la régulation d'un stock d'animaux confinés.* [Il donne des exemples avec les rats noirs, les souris et les surmulots] [...] *ce comportement agressif ne se manifeste que quand les animaux sont enfermés dans leur territoire familier, sinon ils fuient. Tous les ingrédients étaient réunis au Rwanda pour le déclenchement de l'agressivité: enclavement, fermeture des frontières, surpeuplement, autorité remise en cause, rivalités pour les maigres ressources.* » [83] Son argumentation, fondée sur le modèle éthologique « rongeur », est celle de sa thèse (pp. 591-593). Ajoutons, pour ceux que de telles comparaisons fascineraient, qu'il n'y a en fait aucun rapport entre densité et génocide: la carte des violences faites aux Tutsi depuis trente ans ne correspond pas à celle des taux de pression démographique, comme l'a montré l'africaniste Jean-Claude Willame [84].

L'idéologie de *Kangura* n'est pas confinée chez les Français à quelques sphères militaires extrémistes frayant avec leurs collègues des FAR, aux mercenaires privés ou aux agents des services secrets présents sur place au Rwanda. Elle peut aussi s'exprimer dans un cadre universitaire et scientifique. Il faut bien comprendre que c'est uniquement la détermination d'*un* des membres du jury qui a permis de briser le consensus qui préside à la soutenance d'une thèse universitaire en France. Sans cette vigilance, Gotanègre serait docteur d'État ès lettres et sciences humaines.

---

83. Jean-François Gotanègre, conférence, janvier 1996, *Bulletin de la Société languedocienne de géographie* n° 30, (1-2) janvier-juin 1996, pp. 33-47.

84. *Aux Sources de l'hécatombe rwandaise*, ouvrage cité, pp. 130-131.

Racisme et négationnisme à l'université

Le thème explicatif de la « surpopulation » ou les poncifs gobiniens de l'opposition raciale bantu-hamite ne se limitent malheureusement pas à cette thèse. Ils se retrouvent, évidemment nuancés ou déguisés, dans bien d'autres écrits « scientifiques ». L'adhésion à ces simplismes ou, cette fantasmagorie raciste est à la fois étonnante et préoccupante. Elle est présente chez des intellectuels ayant acquis une certaine notoriété comme l'africaniste belge Filip Reyntjens ou l'historien Bernard Lugan, dont il a déjà été question. Ces universitaires ont sans doute trop fréquenté les ethnocrates hutu au pouvoir depuis l'indépendance, dans cette « Suisse de l'Afrique » qui leur a laissé un souvenir inoubliable. C'est aussi le cas de l'« ethnologue » Pierre Erny, dont les prises de positions « pro-hutu » expriment une véritable passion, à peine étayée par une historiographie très sommaire [85]. Dans *Rwanda 1994*, cet éminent professeur d'ethnologie à l'université des sciences humaines de Strasbourg explique que le fait racial est une réalité incontournable : « *Les spécialistes de langue française ont aujourd'hui comme une phobie devant la notion de race par peur d'être accusés de racisme. La raciologie est un de ces domaines où sévit chez nous un véritable terrorisme intellectuel.* [...] *On semble d'ailleurs assister sur un plan qui se veut purement scientifique à un réexamen de cette scotomisation, voire à une réapparition en force de cette notion contestée depuis plusieurs décades* (sic). » [86]

Pierre Erny affirme clairement que la société rwandaise est divisée en plusieurs races et que les Tutsi sont des envahisseurs aristocratiques : « *On peut affirmer qu'historiquement Tutsi et Hutu forment deux ethnies, voire deux races distinctes, que les premiers ont été des envahisseurs qui se sont érigés en classe dominante aristocratique par la violence, et que depuis lors le peuple rêve d'être un jour libéré.* » [87] Les historiens et les sociologues, y compris Claudine Vidal, ont fait justice de ces contrevérités. Cela ne semble pas

85. Voir notamment son article publié par *La Croix* le 20 mars 1997.

86. Pierre Erny, *Rwanda 1994*, L'Harmattan, 1996, p. 35.

87. *Ibidem* p. 27.

concerner cet « ethnologue » qui va jusqu'au bout de sa logique, puisqu'il justifie même la mention ethnique sur les cartes d'identité: « *De toute manière, ne manquait-on pas de se dire, tout le monde sait qui est qui et qui est quoi: ne valait-il pas mieux alors que les choses soient officialisées plutôt que d'être livrées aux supputations et aux rumeurs ?* » (p. 83). De tels arguments ont déjà été entendus sous l'Occupation pour justifier le port de l'étoile jaune.

Pour Pierre Erny, le système des quotas était « *loin d'être aussi diabolique qu'on a bien voulu le dire* » (p. 85). En effet, « *laisser faire librement l'offre et la demande aurait conduit à ce que les Tutsi, plus favorisés matériellement, socialement et surtout culturellement, submergent l'école et l'administration, et finalement remettent en cause la République.* [...] *Les quotas avaient pour effet de les maintenir dans une certaine mesure au rang qui statistiquement leur revenait* [...] » (p. 82). C'était précisément le discours du gouvernement de Vichy concernant les Juifs [88]. Pour conclure en beauté, il pense que les droits humains ne sont pas adaptés à la réalité socioculturelle du Rwanda: « *Nous avons une tradition universaliste des droits de l'homme* [...] *issue de la Révolution française,* [...] *qui a d'ailleurs longtemps posé problème à la pensée religieuse en nos pays, issue qu'elle était pour une bonne part de mouvements souterrains comme la franc-maçonnerie.* [...] *Elle s'appuie sur une anthropologie abstraite, considérant l'homme dans sa généralité, hors du contexte culturel qui l'enveloppe* » (p. 226). Ces écrits de Pierre Erny respirent la nostalgie pour la raciologie du début du siècle, professée sous Vichy par un autre « ethnologue », Georges Montandon [89]. C'est elle qui inspira d'ailleurs l'ethnisme rwandais. Une petite exégèse du livre *Rwanda, 1994* a été faite par un universitaire strasbourgeois, Jacques Morel, dont la lecture est recommandée [90].

88. Voir entre autres Robert Badinter, *Un antisémitisme ordinaire*, ouvrage cité.

89. C'était d'ailleurs son titre officiel, au sein du Commissariat aux Questions juives.

90. Jacques Morel, « Pierre Erny, un savant raciologue persécuté », avril 1995, suivi du « Manuel du parfait petit raciologue, d'après *Rwanda 1994* de Pierre Erny », document disponible à *Liaison-Rwanda*, 125, avenue du Petit-Train, 34000 Montpellier.

Ces amis d'un certain Rwanda, celui de l'apartheid ethnique, sont clairement identifiés idéologiquement en Belgique. En France, ils jouissent encore d'une réputation d'honorabilité. Les nombreux articles que Pierre Erny a pu faire publier dans *La Croix* ou *Les Dernières Nouvelles d'Alsace* en témoignent. Leur option ethnique, à laquelle s'accrochent encore nombre d'historiens, de journalistes et d'hommes politiques, s'est pourtant bien révélée être une effroyable impasse. Les arguments d'un racisme ranci qu'utilise Pierre Erny sont en eux-mêmes accablants: « *Vouloir biaiser une réalité biologique et sociale à partir de considérations morales est le meilleur moyen de tout embrouiller. Si l'on élimine artificiellement le paramètre racial au lieu de le traiter objectivement et sans passion, on le conduit inévitablement à resurgir dans l'irrationnel* » (p. 35). On sait pourtant depuis la Shoah que le danger est au contraire dans l'exploitation idéologique et donc rationnelle des catégorisations « raciales ». Au Rwanda, on a évité l'irrationnel: le paramètre racial était inscrit sur les cartes d'identité. On touche là l'essence même du racisme: cette volonté de donner à la haine un fondement objectif [91].

Dans *Le Retour du Mwami*, Bernard Debré a remercié Bernard Lugan, professeur à l'université de Lyon III, pour l'avoir « *aidé à comprendre ce pays* ». Les idées de Lugan sur « *les peuples dont les femmes ont le ventre le plus fécond* » et qui « *ne sont pas forcément les plus doués pour diriger et pour administrer* » [92] pourraient apparaître contradictoires avec le « hutuisme » primaire de Bernard Debré. En réalité, il n'en est rien. Il n'y a pas de contradiction réelle entre un Lugan « pro-tutsi » et un Debré « pro-hutu », mais communion dans l'idée raciale. « *Dans les Afriques* [...] *vivent des peuples aux différences innées et irréductibles* », écrit Bernard Lugan. On ne saurait être plus clair. D'ailleurs, ce « *spécialiste de l'histoire ethnique* », comme il se qualifie, regrette de devoir mettre « *par précaution* » des guillemets lorsqu'il emploie le mot « race ». Pour Lugan et Debré, c'est l'appartenance « ethnique » qui détermine les

91. Christian Delacampagne, *Une Histoire du racisme,* Le Livre de Poche/France Culture, 2000.

92. Bernard Lugan, *Afrique, de la colonisation philanthropique à la recolonisation humanitaire*, Christian de Bartillat, 1995.

caractéristiques psychologiques. Ajoutons que même si Lugan croit que les Tutsi sont supérieurs aux Hutu « *pour diriger et administrer* » [93], ils n'en sont pas moins des Noirs. Les articles qu'il a écrits dans *Minute* [94] expriment une vision à la fois paternaliste et raciste, où les Noirs sont des êtres de toute façon inférieurs aux Blancs.

Bernard Lugan ne cache d'ailleurs pas son appartenance à l'extrême droite. Voici comment le présente Christian Terras: « *Bernard Lugan est un illuminé d'extrême droite, connu pour ses pitreries: tantôt il vient faire cours avec un fouet et un casque colonial (cela se passe dans une université française!), tantôt il organise un pèlerinage au village de Martel, dans le Lot; qui à ses dires est le vrai endroit où Charles Martel aurait... arrêté les Arabes.* » [95] Ancien responsable du service d'ordre de Restauration nationale (Action française), il a publié en 1990 un manifeste de soutien à son collègue négationniste Bernard Nottin; il donnait en 1991 des cours à l'université d'été du Front national jeunesse (FNJ); il a également participé à un agenda célébrant Hitler et Mussolini, a collaboré en 1992 à un recueil dédié à un membre de la Waffen SS, etc. [96] Et, comme nous l'avons vu, il a présidé en 1985 une thèse antisémite d'un chercheur tunisien qui se réclamait des *Protocoles des Sages de Sion*. Présider une telle thèse montre que le professeur Lugan n'est pas trop difficile sur le plan de la qualité scientifique. On retrouve ce manque de rigueur lorsqu'il écrit: « [...] *et pourtant, depuis qu'ils existent, Tutsi et Hutu s'entre-tuent... Comme cette réalité perturbe les intellectuels, ils la nient.* » [97] C'est confondre la réalité, telle qu'elle a été patiemment mise au jour par le travail d'enquête rigou-

---

93. Exprimé sans fard dans *L'Afrique réelle* n° 5-6, « L'Afrique des massacres » (automne 1994 - hiver 1995).

94. Je n'ai pas poussé l'héroïsme jusqu'à vérifier dans les autres journaux qu'il honore de sa prose: *National hebdo, Présent, Le Crapouillot.*

95. Les dossiers de Golias *Les Faussaires de l'Histoire. Lyon, capitale du négationnisme*. Éditions Golias, 1999, p. 27.

96. Pour en savoir plus sur le personnage, voir *La Vache folle* n° 14, juin-septembre 1997, l'article de Mehdi Ba dans *Golias* n° 71, mars-avril 2000, et une enquête de Didier Daeninckx sur le site Web Amnistia: http://www.amnistia.net

97. Bernard Lugan, *Afrique, l'histoire à l'endroit*, Perrin, 1989, p. 187.

reux de nombreux historiens sérieux, avec ses propres fantasmes. C'est revisiter l'histoire précoloniale avec les yeux des idéologues du Hutu Power. Il n'y a aucune trace de guerre systématique et raciale entre Hutu et Tutsi avant la colonisation. Cette invention, dénuée de tout fondement historique, est utilisée ici par Bernard Lugan pour justifier l'idéologie raciste à laquelle il adhère.

Dans son livre caricatural *Afrique, de la colonisation philanthropique à la recolonisation humanitaire*, Bernard Lugan fait une véritable apologie de l'ethnisme, intitulant la seconde partie et pièce maîtresse de l'ouvrage « *Les ethnies: une chance pour l'Afrique* ». Le génocide des Tutsi donne une idée de la « chance » que l'on semble ici souhaiter aux Africains ! Un intéressant encadré se trouve en page 148, intitulé « L'Afrique des massacres » et illustré de la main de Lugan. On y voit une Afrique tailladée et ensanglantée par un bras tendant triomphalement une machette dégoulinante de sang. Triomphe de la *real politik*, un tableau sous l'illustration dresse le bilan des massacres du Biafra à la Somalie, en passant par le Mozambique : « *En affirmant leurs différences d'une manière sanglante, les ethnies ont démontré qu'elles existent* », dit Lugan. Elles montrent plutôt leur manipulation par les pouvoirs politiques et la perversité de ce cercle vicieux, la haine ethnique s'entretenant par la violence qu'elle génère.

La réalité est en effet partout celle d'une manipulation idéologique de l'ethnicité à travers les luttes de pouvoir. Dans presque tous les cas de « conflits interethniques » modernes, il s'agit d'une ethnicité artificielle, politiquement construite et très éloignée du tribalisme traditionnel. Le Congo (Brazzaville) en est une récente et saisissante démonstration. Les nouvelles milices qui sont apparues en 1999 et qui ont mis ce pays à feu et à sang, dans l'ombre d'Elf et de la Françafrique, l'illustrent parfaitement: les Zoulous de Pascal Lissouba, les Ninjas de Bernard Kolelas et les Cobras de Sassou N'Guesso, sont formés et instrumentalisés par des élites corrompues et prébendières. Elles sont armées par les parrains français qui restent maîtres du choix et dirigent le jeu. Et que dire de la « nouvelle ethnie », les *Nibolek*, pour les ressortissants des régions administratives du Niari, de la

Bouenza et de la Lekoumou ! Il ne s'agit pas d'affrontements ataviques ou traditionnels, mais d'une « *mystification sociale sous prétexte culturel* » déjà décrite par Claude Meillassoux [98]. Les Cobras, Ninjas et autres Zoulous sont mieux définis par référence aux bandes dessinées occidentales et japonaises que par l'exclusivisme des origines. « *En aucun cas il ne s'agit de "résurgence de lutte ancestrale". La recomposition mise en scène se lit dans les terminologies "mondiales"* », écrit Jean-Pierre Chrétien [99]. Comme pour les enfants des rues recrutés dans les milices « ethniques » au Burundi et qui ne savent pas très bien s'ils sont hutu ou s'ils sont tutsi, l'ethnicité n'est là que comme prétexte pour alimenter, organiser et exploiter le racisme.

Si Lugan accorde tant d'importance à l'« ethnicité », mélangeant ethnisme social et tribalisme politique, substrat traditionnel et construction idéologique postcoloniale, c'est que l'« ethnicité » est le nouveau support des idéologies racistes, européennes et modernes, dont il est apparemment un croyant illuminé. Pour lui comme pour Pierre Erny, l'ethnicité est la voie royale du retour de la pensée raciste, de sa « *réapparition en force* » comme dit Erny dans *Rwanda, 1994* [100]. Affirmer que les ethnies noires « s'entre-tuent depuis toujours », fustigeant avec une lancinante obsession « les intellectuels qui nient cette réalité », reste finalement assez trivial. Cette affirmation reflète un aveuglement passionnel et peu de qualités scientifiques. Mais cette vision doit avoir, dans un certain milieu universitaire, beaucoup d'adeptes honteux, admirant Lugan et son culot, mais eux-mêmes trop timorés pour affirmer tout haut leurs obsessions racistes. En effet, Bernard Lugan a été membre du Conseil national des universités (CNU) l'organisme chargé de gérer les carrières des enseignants du supérieur [101]. Signalons également que, le 27 mars 2001, le bureau de l'université de Lyon III a décidé l'avancement de ce professeur au rang de maître de conférences « hors classe » par onze voix sur

98. Claude Meillassoux, « Problèmes identitaires et enjeux démocratiques en Afrique », *in Sociétés africaines*, L'Harmattan, 1996.

99. Jean-Pierre Chrétien, « Citoyenneté et ethnie en Afrique », communication citée.

100. Ouvrage cité.

101. Les dossiers de Golias, *Les Faussaires de l'Histoire*, ouvrage cité.

dix-huit, sur une liste de quarante-six postulants, dont quatorze avaient une ancienneté supérieure [102]. Qui veut faire croire qu'en France les fonctionnaires ne progressent pas au mérite ?

L'apathie intellectuelle [103]

De nombreux instituts français sont impliqués dans la recherche pour le développement [104]. Les chercheurs de ces instituts sont donc particulièrement concernés par les scandales en matière de politique africaine. Lorsqu'ils mettent sur pied un programme de recherche en coopération avec l'Afrique, ils devraient de toute évidence parler des pratiques françafricaines : corruption, pots-de-vin, passe-droits, etc. Elles représentent pour eux une difficulté considérable sur le terrain. Les chercheurs sont en effet confrontés aux maux que subissent leurs collègues, interlocuteurs et partenaires africains : le détournement des fonds et des moyens. Or, tout se passe comme s'il fallait éviter d'en parler autrement qu'en termes comptables pour surévaluer les financements en incluant le prix de la corruption. Comme s'il s'agissait de faits inhérents à la condition africaine, aussi naturels et incontrôlables que la mousson sous les tropiques. Dans ces vitrines honorables de la coopération, les débats sur la politique qui permet et entretient ces pratiques sont absolument proscrits. Quant à évoquer

102. Olivier Bertrand : « L'extrême droite de la fac renforce ses rangs », *Libération* du 5 juin 2001. L'université de Lyon III est un bastion de l'extrême droite intellectuelle française.

103. Ce texte reprend un article publié dans *Afrique info* n° 24, novembre 1999 : « Les scientifiques et l'autocensure ».

104. Principalement : l'Institut de recherche pour le développement (IRD), ex-Institut de recherche pour le développement en coopération qui avait conservé le sigle Orstom de son ancienne dénomination, Office de la recherche scientifique et technique d'outre-mer ; le Centre de coopération international en recherche agronomique pour le développement (Cirad-EMVT), auquel se rattache le département Élevage et médecine vétérinaire pour les pays tropicaux, ex-IEMVT, de Maisons-Alfort ; les Instituts Pasteur. D'autres grands organismes de recherche le sont également à divers degrés : le Centre national de la recherche scientifique (CNRS), l'Institut national de la recherche agronomique (Inra), l'Institut national de la santé et de la recherche médicale (Inserm) et les universités.

les dérives criminelles infiniment plus graves, telles que le génocide des Tutsi, c'est absolument impossible. Le sujet est tabou : une telle approche serait considérée non seulement comme hors sujet mais totalement inconvenante.

L'autocensure est donc la règle dans ces instituts. Elle est rigide et totale. Il y a pourtant matière à questionnement sur la politique africaine de la France. Qu'ils soient chercheurs ou techniciens, la finalité affichée de leurs activités est précisément d'apporter un mieux-être aux populations africaines. D'un côté, ils travaillent avec conscience et application sur des programmes de recherche pour le développement. Ils discutent des stratégies en matière de santé, d'alimentation, d'érosion des sols ou d'accès à l'eau, multipliant les réunions, ateliers, séances de travail et congrès. D'un autre côté, l'État français, qui les paye et finance leur recherche, a soutenu jusqu'au bout le maréchal Mobutu et le pillage organisé de l'ex-Zaïre qu'il supervisait. Il a armé et entraîné les génocideurs du Hutu Power. Il aide les tueurs de Khartoum, massacreurs des minorités animistes et chrétiennes au Soudan et assiste indirectement les psychopathes de l'Armée de résistance du Seigneur (LRA) ougandaise, etc. Sans parler du soutien, civil, diplomatique et militaire aux chefs d'État de la Françafrique, Biya, Bongo, Déby, Eyadéma, Gouled, Sassou et consorts, dont chacun est libre d'évaluer s'ils sont ou non des tyrans corrompus. L'amélioration du sort des populations, qui est le but et l'intérêt explicites de ces recherches appliquées, est le dernier souci de l'État qui les finance. Cette contradiction logique est aussi incontestable qu'inacceptable.

On peut s'étonner d'une telle indigence intellectuelle. C'est oublier que la politique africaine est une « chasse gardée » présidentielle, dans laquelle même le Parlement évitait de regarder de trop près. Et des rappels à l'ordre sont faits régulièrement dans le milieu scientifique. Par exemple, le ministre de la Recherche, François Fillon, lors de la réunion du CNC [105], le 14 février 1995, indiquait que « *la*

105. Comité national de coordination pour la recherche au service du développement, alors sous la présidence d'Anne de Lattre. *Note d'information de l'Orstom* (DIR/95/006).

recherche au service du développement est pour la France un enjeu stratégique ». Et il concluait en disant : « *La recherche publique pour le développement comme toute la recherche française est au service de la nation, au service de notre société comme de notre politique nationale et internationale.* » On ne peut être plus clair. Cet aspect politique de la recherche avec les « pays en voie de développement » (PVD), et en particulier avec l'Afrique, est en général implicite. Une fois n'est pas coutume, le ministre de la Coopération, Jacques Godfrain, rappelait ces règles du jeu, dans *La Lettre de l'Orstom*, une feuille mensuelle à l'usage des personnels de cet institut (devenu IRD) : « *Chacun d'entre vous se trouve en situation dans des pays étrangers. Cela fait de vous non pas seulement un chercheur mais un représentant de notre pays.* » [106] Les chercheurs français sont clairement désignés comme des agents de cette politique. Comment pourraient-ils oser la critiquer ?

De telles consignes explicites et à usage strictement interne tranchent avec l'expression usuelle de la langue de bois humanitaire, démocratique et développementaliste, de rigueur dans les sphères de la coopération. Mais bien que ce message soit d'ordinaire sous-entendu, il est toujours parfaitement compris. Collectivement. Le silence des intellectuels sur le rôle de la France au Rwanda serait plus un phénomène d'ordre psychosocial qu'une démission pleinement assumée. La société imposerait sa vérité consensuelle avant que ne se pose au chercheur la conscience d'une autocensure. Les chercheurs ajusteraient ainsi automatiquement leurs convictions à la tonalité ambiante. Par exemple, en 1998, une avancée de l'information sur le génocide du Rwanda a mis brusquement en évidence le rôle de la coopération française militaire et civile [107]. Il est apparu alors aux yeux du plus grand nombre qu'il s'agit d'une dérive criminelle pleinement assumée par l'état-major militaire et les responsables politiques français. Or, cette vérité n'est

106. *La Lettre de l'Orstom* n° 65, septembre 1995.

107. Précédant le lancement de la mission Quilès. Il s'agit des fameux articles du *Figaro* du 12 janvier et du *Monde* du 31 mars 1998, ainsi que les séries d'articles qui ont suivi.

apparue que l'espace d'un instant et est rapidement retournée aux oubliettes. Le temps que la mission Quilès maîtrise, puis étouffe le scandale. Après une courte tempête, un pesant mais rassurant silence s'est à nouveau installé. Les consciences nettoyées, les chercheurs ont continué leurs recherches.

Cette apathie des intellectuels révulse l'historien Dominique Franche : « *En laissant les mains libres à notre exécutif, à notre lobby militaro-industriel et à nos entreprises corruptrices, notre passivité nous rend coresponsables des crimes les plus effarants. C'est sur ce plan, celui de la responsabilité de chacun, et non pas sur celui de la culpabilité collective, que nous devons nous situer.* » [108] En France, le référendum sur le quinquennat présidentiel en septembre 2000 est une magnifique illustration de la façon dont le pouvoir manipule les citoyens. Il leur donne l'impression de participer à la vie politique en les écartant de tout choix essentiel. L'implication française dans le génocide des Tutsi est tout entière contenue dans cette réalité politique : notre démocratie est plus formelle que réelle, le pouvoir nous manipule à notre insu. Derrière le paternalisme de façade, l'implication française dans un génocide en Afrique donne la mesure réelle du mépris de nos dirigeants pour les Africains. Ce mépris cynique, ils s'évertuent à le faire partager aux Français à travers l'image de l'Afrique que fabrique le néocolonialisme. Le pouvoir françafricain joue sur cette corde raciste. L'indifférence pour la politique africaine se fait toujours sur un fond de mépris. Ils le savent. Sortir de notre apathie, c'est sortir du mépris.

108. Dominique Franche, « Différence et indifférence. L'Afrique et la passivité des intellectuels », *Vacarme* n° 16, été 2001, pp. 29-33.

10. Haro sur le FPR

« *Savoir et voir, c'est aussi arracher à ceux qui la détiennent cette espèce de monopole de la mémoire qu'ils s'arrogent et qu'ils présentent au public des médias.* »
Pierre Vidal-Naquet, *Les Assassins de la mémoire* [1].

Le racisme qui structure la pensée de certains intellectuels français est surprenant comme nous venons de le voir. Ce racisme a été très subtilement aiguillé vers la haine du FPR et du gouvernement rwandais. En effet, pourquoi une telle haine, si perceptible, si souvent avouée et exposée, alors que seule une critique sereine devrait être recevable à l'encontre d'un parti ou d'un gouvernement ? C'est bien qu'il s'agit de l'avatar d'une haine raciste : derrière la haine du FPR, il y a la haine du Tutsi. Après un génocide, cette haine est difficilement avouable. La haine du FPR est en revanche pratiquée sans complexe. Les idéologues hutu de la solution finale retrouvent sur ce terrain leurs compagnons de route français, suisses et belges. La confusion entretenue entre victimes et bourreaux, le développement du négationnisme, les thèses du double génocide en sont les aspects les plus souvent pratiqués. Un fantastique effort d'occultation, de modification et de transformation de la réalité est ainsi entrepris par des acteurs aussi différents que les exilés hutu d'une diaspora de tendance Power, des prêtres et religieux fidèles aux consignes du Vatican, des intellectuels occidentaux tentant après coup de justifier une politique criminelle et, enfin et bien sûr, des services spéciaux français, dont c'est le travail.

1. Ouvrage cité, p. 185.

Or, le travail de désinformation ne peut pas changer ce qui a été. Il peut influencer l'opinion publique, c'est d'ailleurs sa fonction et son objectif, mais il ne peut modifier l'histoire à la façon du Big Brother du célèbre roman d'Orwell, *1984*. Quelles que soient les dérives passées, actuelles et futures du régime rwandais, celles-ci ne modifient en rien la réalité du génocide de 1994 et les complicités qu'il a nécessitées pour être mis en œuvre. On peut étendre au génocide des Tutsi ce que Pierre Vidal-Naquet a écrit pour la Shoah [2] : « *Les pires crimes que pourraient commettre les Israéliens ne seraient pas justifiés par Treblinka, mais inversement, ils ne changeraient pas un iota au caractère intégralement criminel de ce que furent Auschwitz et Treblinka. Le présent peut transformer l'image de ce que fut le passé, il n'a pas la possibilité de transformer le passé lui-même dans sa réalité.* » La défense de l'*establishment* conduit au révisionnisme. Se sentant probablement engagée dans cette dérive, Claudine Vidal a cru bon de s'en défendre, sans grande conviction il est vrai [3]. Le révisionnisme est une tentation à laquelle il est apparemment très difficile de résister.

Les historiens de la Shoah ont dû affronter et affrontent toujours le révisionnisme. Leur combat peut malgré tout être considéré comme gagné. Dans le cas du génocide des Tutsi, la lutte contre le négationnisme et le révisionnisme ne bénéficie pas de l'aide d'États vainqueurs d'un nazisme unanimement rejeté. On se trouve ici dans la situation contraire où l'ombre d'un État complice plane sur le travail des historiens. Comment s'étonner de la puissance et de l'arrogance qu'exhibent les tenants du négationnisme et du révisionnisme ?

Le FPR coresponsable du génocide

Certaines attaques contre le FPR viennent de personnes très compromises avec l'ancien régime génocidaire. Elles expliquent que l'actuel régime rwandais équivaut au précédent. L'ancien régime

2. Pierre Vidal-Naquet, *Les Assassins de la mémoire*, La Découverte, 1987, p. 174.

3. Claudine Vidal, « Rwanda : refuser la tentation révisionniste », *Libération* du 2 novembre 2000.

ayant disparu, il conviendrait selon elles de concentrer tous les tirs sur Kigali et le FPR. Comme si ce zèle les dédouanait de leur aveuglement passé ! Auditionné comme témoin par le Tribunal pénal international d'Arusha le 14 octobre 1997, l'africaniste belge ethnicisant Filip Reyntjens a déclaré que le FPR est « *politiquement coresponsable* » du génocide des Tutsi. Il justifie abruptement cette prise de position : « *S'il n'y avait pas eu la guerre, il n'y aurait pas eu le génocide.* » Autrement dit, le génocide a été provoqué par l'attaque du FPR. Le professeur Josias Semujanga s'étonne qu'on ose tenir un tel raisonnement : « *Reyntjens tiendrait-il les mêmes propos si certains sécessionnistes flamands attaquant la Belgique à partir des Pays-Bas, le gouvernement belge organisait le génocide des Flamands du royaume de Sa Majesté Albert Ier ? Soit ce chercheur ignore les faits du génocide des Tutsi du Rwanda, soit il fait montre de mauvaise foi.* » [4] La foi ethnique est certes une mauvaise foi.

Remarquons que Reyntjens ne fait que reprendre à son compte l'assertion des extrémistes hutu, expliquant et justifiant les massacres par l'attaque du FPR. Les responsables français tenaient (et tiennent toujours) le même raisonnement fétide. Le général Augustin Bizimungu avait fait savoir en juin 1994 qu'il arrêterait le génocide, si le FPR cessait les combats et se retirait [5]. On pouvait douter de sa sincérité. La mise à mort de la population tutsi avait été décidée et planifiée et la promesse de son interruption n'était qu'une feinte hypocrite, une ruse grossière. Le cessez-le-feu n'aurait pas empêché ces criminels de l'exécuter. Au contraire, il aurait décuplé leurs moyens. En se battant, les soldats du FPR pouvaient espérer l'empêcher, ce qu'ils ont fait, même s'ils ont surestimé leur capacité à l'arrêter rapidement. Les massacres organisés de 1990 à 1993 montraient que, quelle que soit l'attitude du FPR, la « solution finale » était au programme. Le but du génocide était à la fois d'éliminer l'opposition au régime (politique et ethnique), et de créer un engagement irréversible des Hutu en faveur du Hutu Power. La

---

4. Josias Semujanga, *Récits fondateurs du drame rwandais*, ouvrage cité, p. 227.

5. Rapport du 28 juin 1994 de René Degni-Segui, Genève, Commission des droits de l'homme de l'ONU.

démocratisation du régime était évitée et remplacée par un pôle ethnique hutu, un front commun de race contre le FPR, assimilé au Tutsi. Cet échange, l'arrêt des combats contre l'arrêt du génocide, n'était pas crédible.

L'analyse de l'OUA explique pourquoi le raisonnement du professeur Reyntjens ou des responsables français assurait la réalisation du génocide : « [Parvenir] *à un cessez-le-feu et à entamer les négociations* [étaient] *deux résultats susceptibles d'être en parfaite correspondance avec les objectifs et la stratégie des génocidaires. L'extermination des Tutsi se serait poursuivie tandis que les armées auraient fait la trêve et que les négociateurs se seraient chamaillés. En réalité, tout ce qui pouvait ralentir la marche du FPR vers la victoire militaire était à l'avantage des forces hutu, et c'est en fin de compte sa victoire qui a mis fin au génocide et sauvé les Tutsi qui étaient encore en vie en juillet. Nous estimons qu'il est heureux pour le Rwanda que la trêve militaire – l'unique initiative continuellement poursuivie par la communauté internationale – n'ait jamais été conclue.* » [6] La diplomatie française (et celle de l'ONU, sous influence française) s'efforçait de faire du gouvernement génocidaire un partenaire honorable avec lequel le FPR devait négocier. Quel degré de mépris et de morgue fallait-il pour défendre cette option ! Et quelle dose d'hypocrisie ! Ce cynisme révèle le vrai visage des responsables politiques en France. Il suffit, pour ceux qui s'interrogent encore, à expliquer l'implication française dans un génocide au Rwanda.

Filip Reyntjens, ancien conseiller du régime Habyarimana, reste un conseiller écouté après le génocide comme le montre sa convocation en tant que témoin au TPIR. Le fait qu'il a participé à l'élaboration des deux Constitutions qui maintenaient la carte d'identité ethnique et les quotas, comme nous l'avons déjà vu, ne lui donnait pourtant peut-être pas toute l'autorité et les qualifications requises pour stigmatiser ceux qui ont précisément arrêté le génocide, supprimé les cartes d'identité ethnique et l'apartheid racial [7]. Qu'il

---

6. *Le Génocide évitable*, ouvrage cité.

7. Charles de Lespinay, « Génocide et idéologies d'exclusion importées en Afrique des Grands Lacs », communication citée.

nous permette de ne pas accepter son accusation contre le FPR et d'estimer en revanche qu'il pourrait être lui-même un coresponsable intellectuel du génocide. Sa correspondance pour le moins familière avec un des cerveaux du génocide, l'espion de l'*akazu* à Genève, Fabien Singaye (voir le document en annexe), ne va pas à l'encontre de cette supposition.

Une autre critique consiste à dire que le FPR a délibérément provoqué le génocide pour s'emparer du pouvoir. « *À qui profite le crime ?* », a demandé le général Quesnot lors de son audition [8]. Le fait que le FPR est constitué en grande partie par les enfants ou les parents des paysans tutsi du Rwanda est tenu pour négligeable. Or, quasiment tous les dirigeants de ce mouvement avaient de la famille au Rwanda. La propre tante de Paul Kagame a été assassinée pendant le génocide [9]. Tous les cadres du FPR ont perdu une partie de leur famille, voire la totalité de leurs proches, soit plus de deux cents personnes dans certains cas. Selon cette thèse, ils auraient sacrifié leur famille à leur goût du pouvoir. Cette accusation est une tentative de plus pour désigner les « Tutsi du FPR » comme des monstres, de véritables « Khmers noirs » [10].

En avril 2000, la campagne de presse sur l'attentat contre Habyarimana a relancé le débat. L'incrimination du FPR dans cet attentat en ferait, pour des journaux français tels que *Marianne*, le responsable du génocide, suivant le même type de raisonnement qui fait de la Shoah une ultime manipulation juive. Ces journaux ont ainsi ouvert une troisième voie qui s'ajoute au négationnisme et à la théorie du double génocide, déjà utilisés simultanément par les plus zélés des partisans de l'ethnisme hutu. Une brèche où se sont aussitôt précipités les inculpés du Tribunal pénal international pour demander une révision de leur procès. Le fait qu'ils donnent davantage d'importance au signal utilisé pour déclencher les massacres qu'aux massacres

8. Mission parlementaire, tome III. Auditions, p. 343.

9. François Misser, *Vers un nouveau Rwanda ? Entretiens avec Paul Kagame*, Luc Piré – Karthala, 1995.

10. Terme utilisé pendant le génocide par le général Christian Quesnot, rapporté par Pierre Favier et Michel Martin-Roland, *La Décennie Mitterrand*, ouvrage cité, p. 478.

eux-mêmes ne trouble pas leurs avocats qui exploitent sans vergogne cet argument [11]. Ces présumés génocidaires restent donc en accord avec la conception et la planification des massacres pour lesquels ils sont inculpés. Le génocide devait être présenté à l'opinion publique internationale comme le résultat de la « fureur populaire » déclenchée par cet assassinat. La veuve Habyarimana, figure numéro un de l'*akazu*, écrivait en juillet 1994 : « *La responsabilité des massacres ethniques actuellement menés au Rwanda ne saurait incomber qu'aux seuls auteurs de l'attentat* [...] » *

Le FPR coupable d'un second génocide

Toutes les imperfections du Rwanda actuel, tous les délits et les crimes qui s'y commettent sont attribués au FPR dont on faisait le double mimétique du Hutu Power [12]. La Mission parlementaire présentera implicitement la CDR et le FPR comme des « *extrémismes inverses et symétriques* » [13]. Le raisonnement ethniste implique la réciprocité: puisqu'il ne s'agit que de guerres tribales, il était attendu que le FPR soit également responsable d'un génocide des Hutu. Alain Juppé, comme Mitterrand dans son discours à Biarritz le 8 novembre 1994, utilise le terme de « *génocides* » au pluriel, impliquant un génocide des Hutu par les Tutsi [14]. Interrogé sur ce pluriel de la version écrite de son discours, le président François Mitterrand répondra, mielleux: « *Voulez-vous dire que le génocide s'est arrêté après la victoire des Tutsi ? Je m'interroge aussi.* » S'il n'y a aucune trace d'un second génocide, peu importe: les pourfendeurs du FPR laissent planer le soupçon que l'intelligence supérieure et la fourberie des Tutsi leur auraient permis de réaliser un génocide sans aucune trace. On retrouve cette affirmation chez le « raciologue » Pierre

---

11. Leur avocat français, maître François Roux, a expliqué que si l'avion du président Habyarimana a été abattu par le FPR, cela change la responsabilité de ses clients. Arusha, le 29 mai 2000, Agence de presse Hirondelle au TPIR.

* Dans une lettre au *Nouvel Observateur* du 28 juillet au 3 août 1994, page 22.

12. Comme le signale *Billets d'Afrique*, octobre 1995.

13. Bernard Cazeneuve, Mission parlementaire, tome III, vol. 2, p. 165.

14. Alain Juppé: « Intervenir au Rwanda », *Libération* du 16 juin 1994.

Erny [15] : il oppose au génocide de la population tutsi, qu'il n'est plus décent de nier et qu'il qualifie de « *sale* », un génocide « *propre* » commis « *sans témoin gênant ni trace* », réalisé par « *les auteurs d'innombrables autres Kibeho* ». Nous avons vu ce qu'il en a été de Kibeho, en avril 1995.

En 1995, Filip Reyntjens dénonçait, ni plus ni moins, « *des camps de concentration* » du FPR : « *La dérive totalitaire est visible à tous les niveaux.* [...] *Certaines zones interdites d'accès et de survol aux observateurs étrangers (notamment le parc de l'Akagera) abriteraient des camps de concentration.* [...] *Tout comme les Tutsi, soupçonnés de sympathies pour le FPR, ont fait l'objet d'un génocide "prophylactique" l'année passée, les Hutu aujourd'hui à l'intérieur, soupçonnés de constituer une cinquième colonne des assaillants, risquent de subir le même sort* [...] *en cas de réelle menace militaire.* [...] » [16] Comme si le génocide faisait partie des représailles « normales » dans cette région ! En accusant le FPR de préparer un « génocide prophylactique », Filip Reyntjens montre qu'il a intégré à son propre raisonnement la logique du Hutu Power. On ne lance pas une rumeur de « camps de concentration » à la légère quand on est un expert renommé [17]. Cette terrible allégation est faite sur la base d'une prétendue interdiction « d'accès et de survol » dans l'Akagera. Or, à l'époque, la Minuar survolait tout le pays et circulait partout – y compris dans le parc de l'Akagera. Une visite de ce parc pouvait être organisée pour qui le souhaitait. Interrogé immédiatement à Genève par *Billets d'Afrique*, le HCR a confirmé avoir accès à tout le territoire rwandais... Et a démenti catégoriquement l'existence de camps de concentration. « *Trop de milieux ont besoin que se vérifie a posteriori la démonisation du FPR* », conclut *Billets d'Afrique* [18].

---

15. *La Croix* du 17 juin 1995.

16. *Le Soir* (Bruxelles), « L'an un du "nouveau Rwanda" », 20 juillet 1995, Carte blanche à Filip Reyntjens.

17. Rappelons que Filip Reyntjens était le spécialiste de la région des Grands Lacs de l'association Amnesty International.

18. Octobre 1995.

Après le génocide, les enquêteurs de l'opération HRFOR [19], envoyés en hélicoptère à la recherche de charniers de l'APR y compris dans l'Akagera, sont rentrés bredouilles. Ce n'est pas faute d'avoir cherché. Il est édifiant de lire à ce sujet l'enquête d'African Rights sur cette opération de l'ONU [20]. Les consignes données expressément au personnel du HRFOR n'étaient pas tant d'enquêter sur le génocide que de recueillir tous les éléments qui pouvaient discréditer le gouvernement actuel. African Rights souligne l'incroyable absence de rigueur professionnelle et l'incompétence organisée qui ont marqué l'onusienne HRFOR. Devant cette partialité politique malsaine et l'absence d'objectivité qu'elle entraîne, de nombreux enquêteurs, écœurés, ont préféré démissionner.

Une telle diabolisation du FPR est parfaitement logique de la part des complices internationaux du génocide. Ils redeviennent ainsi d'honnêtes courtiers entre deux barbaries. On a vu que cela concerne la France, pour sa politique d'aide aux génocidaires, mais aussi l'ONU, coupable d'acceptation passive et de non-intervention. La dénonciation de Kigali par certains ex-supporters du régime hutu n'a aucune limite, même pas celle de la vraisemblance. Ils assènent l'excuse de la vigilance, de la prudence et du principe de précaution : l'on n'est jamais assez prudent. Ils se sont trompés en soutenant Habyarimana, mais aujourd'hui, disent-ils, ils ne feront pas la même erreur. Si leurs accusations contre le régime actuel de Kigali sont fausses, qu'importe ! C'est pour la bonne cause, pour prévenir d'autres génocides. On a vu comment Stephen Smith s'est distingué dans cette « vigilance ». Sous sa plume, *Libération* a titré à la une : « Plus de 100000 morts », victimes de la « terreur tutsi » [21]. Si ce n'est pas vrai, cela pourrait l'être. Là aussi, l'on n'est sans doute jamais assez prudent... Dans ce contexte, la « vigilance » autorise-t-elle tout ?

---

19. Human Rights Field Operation in Rwanda, opération dépendant du Haut Commissariat des droits de l'homme de l'ONU.

20. African Rights, « Rwanda. Un espoir gâché. L'opération de l'ONU pour les droits de l'homme », mars 1995, 74 pages. Les enquêteurs avaient pour consigne de répertorier tout ce qui peut criminaliser le régime de Kigali. Un document important sur une opération trop peu connue.

21. Le 27 février 1996.

Cette curieuse « prudence » s'apparente davantage aux « accusations en miroir » des génocidaires qu'à un désir de paix.

Les accusations contre le FPR ne sont pas nouvelles, elles ont commencé bien avant sa victoire contre les génocidaires. Journaliste à Radio France internationale, Monique Mas donne, dans son livre *Paris-Kigali, 1990-1994*, un exemple caractéristique de la désinformation qui a entouré ce parti dès le début de la guerre, dans un chapitre intitulé « Épouvantail FPR et diplomatie française » [22]. Des massacres avaient été imputés au FPR conjointement par les services secrets français (DGSE) et la propagande de Habyarimana. Une enquête réalisée par dix journalistes rwandais et cinq représentants d'associations rwandaises pour la défense des droits humains a dénoncé cette manipulation: flagrant délit de mensonge (« *Les soixante cadavres déclarés à la Radio Rwanda n'ont pas été observés* ») et accusation gratuite (« *Rien ne prouve que c'est le FPR qui a tué ces gens comme l'affirme Radio Rwanda* »). Le rapport établit aussi que, « *lors de leurs attaques du 8 février 1993, les combattants du FPR demandaient aux civils de fuir les lieux de combats* » [23]. Information confirmée en 1992 par l'Association rwandaise pour la défense des droits de l'homme (ADL): « *Tous affirment que les* Inkotanyi [les soldats du FPR] *ne tuent pas quand ils entrent sur le territoire rwandais. Ils invitent la population à s'écarter des lieux de combats. Mais quand ils sont chassés par l'armée nationale, on trouve des cadavres de civils sur les lieux de combats.* [...] *Selon son témoignage* [un ancien prisonnier du FPR], *les* Inkotanyi *veulent que les paysans reviennent vivre avec eux; ils ne leur veulent pas de mal. Ils disent que leur mission, c'est de destituer le président Habyarimana et son régime dictatorial.* » [24] En 1992, l'ADL osait contredire la propagande assourdissante du régime et des services français contre le FPR. Qui l'a entendu?

---

22. Monique Mas, *Paris-Kigali, 1990-1994,* ouvrage cité, p. 280. Un travail d'archivage remarquable.

23. Dans un rapport intitulé « Déclaration sur les massacres perpétrés à Ngarama depuis le 8 février 1993, date de reprise des hostilités ».

24. *Rapport sur les droits de l'homme au Rwanda. Septembre 1991 – septembre 1992.* ADL, Kigali, rapport cité, dans le chapitre intitulé « Témoignage de ceux qui ont approché les *Inkotanyi* [le FPR] ».

Le FPR a commis des crimes de guerre au Rwanda et au Kivu, au moment de la libération des camps. Des crimes de guerre ont été également et simultanément commis au Kivu par les milices interahamwe, par les soldats zaïrois et par les FAR. Ces derniers ont utilisé les masses qu'ils avaient emmenées dans leur fuite comme un bouclier humain, les plaçant en première ligne [25]. Les FAR en déroute ont tué les paysans hutu récalcitrants et massacré des villageois congolais, ce que les accusateurs du FPR ne disent jamais. Cette passion et ce parti pris rendent très difficile le discernement entre les véritables crimes du FPR et la désinformation qui entoure ce parti, comme si celle-ci semblait légitime et indispensable à l'équilibre ethnique. Tout se passe comme si le génocide commis par des Hutu étant avéré, il faudrait rétablir l'équilibre en chargeant les « Tutsi » du FPR de crimes équivalents. On retrouve ce souci de l'équilibre chez des Occidentaux modérés, spontanément associé à leur vision ethniste de la réalité rwandaise, comme chez des auteurs hutu non extrémistes. Par exemple, le livre de Vénuste Nshiyimana *Prélude du génocide rwandais* amalgame systématiquement le génocide des Tutsi avec des meurtres attribués au FPR. L'auteur évite en permanence d'identifier les victimes, par une sorte de négationnisme insidieux. Il n'est pas étonnant que ce livre soit préfacé par Filip Reyntjens [26].

Le génocide, du « fonds de commerce » au « cadeau des États-Unis »

Si certaines critiques du FPR se débarrassent du génocide en quelques mots, juste le minimum pour éviter de paraître négationniste, d'autres en revanche en parlent d'abondance, mais le réduisent à une arme idéologique utilisée par le gouvernement rwandais. Le génocide n'est plus qu'un moyen de chantage, un « fonds de commerce », une « carte politique » que joueraient les « Tutsi du FPR » [27]. « *Au Rwanda, le crime contre l'humanité est devenu une monnaie d'échange* », expliquent Rony Brauman, Stephen Smith et

25. Voir *Le Monde* du 2 mai 1997.
26. Vénuste Nshiyimana, *Prélude du génocide rwandais. Enquête sur les circonstances politiques et militaires du meurtre du président Habyarimana,* Quorum (Bruxelles), 1995.
27. Thème développé dans de nombreux articles et tout particulièrement dans celui de Stephen Smith, *Libération* du 6 mars 1997.

Claudine Vidal, dans la prestigieuse revue *Esprit* [28]. On retrouve la même accusation concernant la Shoah et l'État d'Israël, dans les écrits de David Irving [29] ou le livre de Norman Finkelstein *L'Industrie de l'holocauste*, dont Rony Brauman a écrit la postface [30]. Finkelstein fait de la Shoah « *une arme idéologique* » du sionisme. Dans les deux cas, on se trouve en présence d'une forme particulièrement perverse du négationnisme sous un aspect politiquement correct.

Pour les articles concernant le Rwanda, il s'agit de faire taire le nouvel État, d'empêcher ses récriminations envers la France et, bien sûr, lui interdire toute demande de réparation pour les rescapés. C'est aussi une tentative d'intimidation contre les ONG qui veulent la vérité et qui sont accusées d'être « *réglées au diapason de Kigali* », ou d'être des « *milieux sectaires* » [31]. Pour *L'Industrie de l'holocauste*, c'est la frontière entre antisionisme et antisémitisme qui n'est pas toujours claire. Au moment précis où l'on assiste à une résurgence de l'antisémitisme, ce n'est pas un détail. D'un côté, Renaud Camus tient dans le neuvième volume de son *Journal* des propos qui s'apparentent à une tentative de réhabilitation de ce racisme. De l'autre, Ernst Nolte le réduit à n'être qu'un effet secondaire d'une lutte justifiée de l'Allemagne contre le bolchevisme [32]. Encore plus révélatrice à mon avis a été la cabale agressive contre Daniel Goldhagen [33]. Cet auteur a eu l'impudence de révéler l'importance décisive et l'efficacité funèbre de cette idéologie dans *Les Bourreaux volontaires de Hitler* [34].

---

28. Rony Brauman, Stephen Smith, Claudine Vidal, « Politique de terreur et privilège d'impunité au Rwanda », *Esprit*, août-septembre 2000. Brauman serait la caution humanitaire, Vidal, la caution universitaire et Smith le journaliste dont il faut refaire la vertu.
29. Condamné pour négationnisme, racisme et antisémitisme par la Haute Cour de Londres. *Le Monde* du 13 avril 2000.
30. Norman Finkelstein, *L'Industrie de l'holocauste. Réflexions sur l'exploitation de la souffrance des Juifs*, postface de Rony Brauman, éditions La Fabrique, 2001.
31. Dans l'article cité de Rony Brauman, Stephen Smith, Claudine Vidal et dans l'article de Marc Le Pape qui suit le précédent : « L'exportation des massacres, du Rwanda au Congo-Zaïre », *Esprit*, août-septembre 2000.
32. Ernst Nolte, *La Guerre civile européenne, 1917-1945. National-socialisme et bolchevisme*, éditions Des Syrtes, 2000.
33. Voir entres autres : Dominique Vidal, « Nouvelles polémiques autour d'un livre sur la Shoah. De *Mein Kampf* à Auschwitz », *Le Monde diplomatique*, août 1998, p. 8, Nicolas Weill, « Réquisitoire idéologique contre Daniel Goldhagen », *Le Monde* du 3 septembre 1999.
34. Daniel Jonah Goldhagen, *Les Bourreaux volontaires de Hitler. Les Allemands ordinaires et l'holocauste*, Seuil, 1997.

La jonction entre antisémitisme et antitutsisme est déjà faite à travers divers courants où se mêlent sur fond de communautarisme, dans une bouillie théorique nauséabonde, la théorie du complot juif, une dénonciation de l'impérialisme anglo-saxon, un anticapitalisme primaire et divers registres du négationnisme-révisionnisme. L'exemple type est la Nouvelle Solidarité, racolant dans les milieux antisionistes, en lien avec une nébuleuse de sites Internet dont certains sont ouvertement pro-nazis. L'idée est de dénoncer le complot juif-tutsi en « révélant » que le génocide des Tutsi a été inventé par les capitalistes américains selon « un plan d'assujettissement et de neutralisation du Congo et de l'Afrique » [35]. Ces théoriciens « rouge-brun » qui surfent sur la vague puissante de l'antiaméricanisme et de l'anticapitalisme ne sont pas sans évoquer dans leur discours Georges Sorel ou Marcel Déat [36], relookés selon les tendances de la mode « de gauche » actuelle. Ils ont aussi beaucoup de succès chez les intellectuels congolais (Kinshasa). Le nationalisme ne semble pouvoir s'exprimer chez ces derniers qu'à travers un racisme antitutsi délirant. Toute une littérature d'une veine fétide, rappelant le nazisme tropical de *Kangura*, est actuellement exhibée sur Internet en lien avec les sites extrémistes hutu [37].

Le Congolais (Kinshasa) Donatien Banota est l'un de ces intellectuels qui participent à la théorisation de ces idées [38]. Pour lui, le génocide des Tutsi est l'élément central d'un plan d'asservissement du Congo. La logique de son raisonnement est la suivante: « *Pourquoi ce qui marche si bien au Moyen-Orient ne devrait-il pas s'appliquer ailleurs et notamment en Afrique où le besoin de contrôle et de neutralisation des peuples se fait sentir* [...] *? Créer un Israël et ses Juifs*

35. Thème développé à de nombreuses reprises dans son journal *Executive Intelligence Review* (www.larouchepub/eirtoc/).

36. B. Montagnon, Adrien Marquet, Marcel Déat, *Néo-socialisme ? Ordre, autorité, nation*, Grasset, 1933.

37. Voir Catherine Tshefu, le « docteur Tumba Tutu de Mukose » et les nombreux sites Internet congolais (ex-zaïrois) dont certains textes se retrouvent sur le site extrémiste hutu Inshuti.

38. Donatien Banota, « Génocide tutsi de 1994: élément central du plan d'asservissement du Congo », *Demain le Congo,* Kinshasa, 4 juin 2000.

en Afrique devenait un objectif prioritaire et un préalable pour le contrôle de l'Afrique. » Pour cela il fallait un holocauste et « *les États-Unis, prévenants, s'engageaient à le fournir cousu main aux Tutsi* ». Le génocide, ce « fonds de commerce » dont parlent d'éminents africaniste-sociologues, journalistes et humanitaires, a ainsi sa justification théorique : c'est un cadeau des États-Unis aux Tutsi ! « *On n'est pas l'élu de Dieu gratuitement* », remarque Banota. D'ailleurs, nous dit cet intellectuel congolais, « *les Hima-Tutsi présentaient quelques similitudes avec les Juifs (le même esprit de caste fermé, la même volonté d'organisation, de discipline et de solidarité...),* [...] *Tout comme les Juifs sémites, les Hima-Tutsi sont en conflit permanent avec tous leurs voisins.* [...] *De même, ils ont tendance à essaimer systématiquement dans tous les pays dont ils revendiquent ensuite la nationalité tout en conservant leur allégeance au Rwanda* » [39].

Contrairement à ce qu'exposent ces thèses, le complot américain pro-tutsi relève plus du fantasme et de l'intoxication des Services français que de la réalité. En effet, la Banque mondiale et le FMI ont différé leur aide et réclamé à un pays exsangue le payement de la dette qui a financé l'armée du génocide, ce qui ne pouvait se faire sans l'aval des États-Unis. « *La communauté internationale allait-elle indemniser le pays pour son refus d'intervenir et de sauver des centaines de milliers d'êtres humains innocents ? À ces deux possibilités, on allait répondre par un "non" catégorique. Par exemple, une aide financière avait été accordée pour la reconstruction ; mais le gouvernement du Rwanda n'y avait simplement pas accès. La Banque mondiale avait mis de côté 140 millions de dollars pour le Rwanda ; mais le pays devait rembourser 4 500 000 de dollars d'arriérés avant que le nouveau crédit ne puisse être débloqué.* » [40] Sous ces manœuvres pour saborder le nouveau Rwanda, se dissimule probablement un travail souterrain de la diplomatie française, avec l'accord et l'aide des États-Unis. Les autorités américaines étaient au

39. *Ibidem.*

40. *Un génocide évitable*, ouvrage cité. Le chapitre XVII du rapport de l'OUA est en partie consacré à ce scandale parfaitement dissimulé par la presse et les médias en général.

courant du génocide préparé puis mené au Rwanda, mais ont choisi l'inaction et l'alignement passif sur la politique française. Cette stratégie politique est désormais établie grâce aux efforts d'un organisme de recherche indépendant, la National Security Archive, qui a publié sur Internet en août 2001 seize documents déclassifiés [41].

Chante avec les loups

Paul Barril, dans un courriel envoyé le 30 avril 2000 à l'association Survie, écrit « *Kagame est un vrai terroriste, à côté de lui Carlos semble un jeune délinquant des banlieues.* » On a vu que le général Quesnot expliquait de son côté que « *le FPR est le parti le plus fasciste que j'ai rencontré en Afrique, il peut être assimilé à des Khmers noirs* » [42]. Inutile de citer ici la propagande des extrémistes hutu qui dit exactement la même chose. Dans l'article « Politique de terreur et privilège d'impunité au Rwanda », évoqué plus haut, Rony Brauman, Stephen Smith et Claudine Vidal abondent dans ce sens sans prendre aucune précaution pour se démarquer de la propagande extrémiste [43]. S'ils évitent de parler de cette propagande pourtant lancinante et omniprésente, ce n'est pas sans raison. Même si le désir de combattre un régime manifestant une indéniable « *dérive militariste* » à « *l'israélienne* » [44] est grand, même si la critique du FPR est sincère et justifiée, faut-il pour autant hurler avec les loups ?

---

41. Ces documents déclassifiés sont consultables sur le site www.gwu.edu/~nsarchiv. Le chercheur à qui l'on doit ces révélations, William Ferroggiano, a utilisé la loi sur la liberté de l'information, *The Freedom of Information Act* qui permet aux citoyens d'obtenir des documents ayant servi à définir les choix politique du gouvernement fédéral. Il n'y a pas d'équivalent en France où les secrets d'État servent à dissimuler les crimes d'État (un ministre peut garder des documents sans les verser aux archives, partir avec ou les détruire).

42. Propos rapportés par Pierre Favier et Michel Martin-Roland, dans *La Décennie Mitterrand. 4. Les déchirements*, ouvrage cité, p. 478.

43. *Esprit*, août-septembre 2000.

44. Comme l'écrit Christian Delacampagne dans son livre *Une histoire du racisme*, ouvrage cité, p. 274, en précisant que cette obsession sécuritaire avait des « *raisons compréhensibles* ».

Quel est le sens de leur phrase: « *Il faut transgresser les tabous interdisant l'analyse lucide de la politique menée par le nouveau pouvoir rwandais* » ? Si cela signifie chanter avec les Interahamwe et rejoindre les lobbies ethnistes, c'est plus qu'une erreur tragique, c'est un acte de complicité criminelle. Alors que la « solution finale au problème tutsi » persiste dans les mentalités de nombreux exilés hutu, alors qu'elle est en ce moment même toujours d'actualité au Congo-Kinshasa, cet appel à la transgression est un appel au meurtre. Le ton passionné de leur article ou le flou de leur argumentation sont en tout cas bien loin de l'« analyse lucide ». La diaspora extrémiste hutu ne s'y est pas trompée: tous les sites négationnistes ou révisionnistes qui abondent sur Internet en ont fait leurs choux gras. Ces auteurs iraient-ils jusqu'à s'allier avec les néonazis pour combattre le sionisme ?

Le trio semble vouloir faire feu de tout bois. Quand par exemple ces auteurs parlent du racisme anti-hutu du régime en place, ils le font par insinuation: « *En réalité, dans tous les domaines de la société, plus particulièrement dans le secteur politico-administratif et celui des activités modernes, pèse sur les Rwandais hutu* ***la menace*** [souligné par moi] *d'être spoliés, arrêtés, assassinés, sans que les responsables de ces exactions ou de ces meurtres ne fassent jamais l'objet de poursuites.* » S'ils l'étaient réellement, « spoliés, arrêtés, assassinés », les trois auteurs l'écriraient. Ils donneraient, en bon journaliste et en bon scientifique, des exemples qui étayeraient et illustreraient leurs propos. Comme ce n'est pas le cas, ils parlent de « menaces » [45]. La justice au Rwanda est loin d'être parfaite, on l'a vu. Mais s'ils connaissent des cas d'impunité pour des crimes racistes, ils devraient les citer. Car les exemples inverses existent. Des officiers de l'APR ont été jugés et sévèrement condamnés pour des crimes qu'ils ont commis.

Au final, ces trois auteurs justifient leurs attaques contre le régime rwandais par le louable souci d'éviter un nouveau génocide: « *Maintenant, comme en avril 1994, le silence vaut approbation, signifie indifférence au sort de populations menacées* [...]. » Ils osent se comparer à ceux qui ont dénoncé les crimes du régime Habyarimana de 1990 à 1994 et qui ne furent pas entendus. Il est

45. Il est étonnant qu'un tel procédé ait été accepté par la revue *Esprit*.

risible de comparer Stephen Smith à Jean Carbonare, membre de la Commission d'enquête de 1993 [46]. Dans le rapport de 1993 sur la violation des droits humains au Rwanda, Jean Carbonare a enquêté sur les meurtres et des exactions « réelles » réalisés par le régime de Habyarimana, en ayant lui-même contrôlé l'exhumation des corps des victimes. Les enquêteurs ne parlaient pas alors de « menaces ».

Dans une lettre ouverte qu'il a adressée à Stephen Smith [47], Jean Carbonare évoque ainsi leur rencontre : « *Nous nous sommes rencontrés lors de votre arrivée à Kigali, et j'avais immédiatement compris que vous étiez venus, non pas pour faire une évaluation de la situation actuelle, mais seulement pour régler des comptes avec les autorités tutsi, en réchauffant toutes les rumeurs vraies ou fausses qui circulent dans le pays.* » Il y dénonce les articles de Smith dans *Libération* comme ayant pour conséquence de « *raviver toutes les peurs, toutes les haines, tous les antagonismes, toutes les violences potentielles* » [48]. Jean Carbonare sait combien le rôle de la presse européenne sur l'intelligentsia africaine est important. Autant le silence des médias occidentaux a été criminel pendant le génocide, autant certains articles sur le génocide peuvent l'être aussi. Dans le contexte africain où l'ethnisme est exacerbé et manipulé, ce sont des appels au crime.

Regard critique sur la critique

Pour les Rwandais qui viennent de vivre le cataclysme du génocide, l'exercice de la critique est non seulement nécessaire, mais salutaire. Ce droit à la critique, par voie de presse, de manifestation et de vote est le seul moyen de contraindre les dirigeants à ne pas accaparer le

---

46. Coauteur du *Rapport de la commission internationale d'enquête sur les violation des droits de l'homme au Rwanda depuis le 1er octobre 1990*, FIDH, Africa Watch, mars 1993. Président d'honneur de Survie, il a travaillé à la reconstruction du Rwanda, après le génocide.

47. Cette lettre, en date du 1er mars 1996, commence par ces mots : « *Monsieur Smith, vous n'êtes pas un journaliste honnête.* » Or, j'ai une profonde admiration pour Jean Carbonare, dont l'honnêteté, la droiture et le dévouement sont exemplaires.

48. Jean Carbonare, « Lettre ouverte à Stephen Smith », cette lettre est publiée dans *Maintenant* du 20 mars 1996.

pouvoir à leur seul profit. Le pouvoir corrompt, on le sait. Il faut donc rappeler aux hommes politiques le contenu et le sens de leur propre discours, à savoir que l'État doit être au service de la justice et du bien public. Le citoyen n'a que sa conscience critique à opposer à l'État et à ceux qui en sont maîtres. Il lui faut donc avoir les moyens de l'exprimer. L'exercice de la critique est d'autant plus nécessaire que le régime rwandais donne depuis le début de l'année 2000 des signes de durcissement inquiétants. Nous verrons dans le chapitre suivant les critiques que peuvent lui faire les Rwandais.

Mais si, pour les Rwandais, l'exercice de la critique relève d'une problématique de la vie quotidienne, pour les observateurs occidentaux, elle a un autre sens. Toute critique externe exige la mise en perspective du régime actuel dans l'histoire immédiate. Or, leurs propres pays ne sont pas étrangers à cette histoire. La plupart des pays occidentaux avaient des relations politiques avec la dictature qui a conduit le Rwanda à l'un des plus grands génocides du XXe siècle. Leurs relations avec le régime rwandais étaient même du genre *idyllique*. Les analystes doivent donc intégrer à leur analyse au moins les relations de leur propre gouvernement avec le régime Habyarimana. Pour les Français, ce lien entre États n'est pas un *détail*, car le FPR s'est battu contre « la France » qui soutenait le Hutu Power. Et l'a battue.

La France n'est pas seule en cause. Des pays comme la Belgique, l'Allemagne et la Suisse entretenaient avec le régime corrompu, mais également roublard et manipulateur, du président Habyarimana une coopération qu'ils jugeaient exemplaire. Le « pays des mille coopérants » vivait de ces aides internationales qui fournissaient des ressources considérables aux gouvernements et à la société civile, via un réseau associatif étroitement contrôlé par l'État. Cette aide fournissait environ 10 % du PNB avant le génocide, soit plus de 80 dollars américain par habitant [49] et finançait 70 % des dépenses publiques

49. Ce qui était supérieur à l'investissement privé et aux exportations commerciales cumulées : Peter Uvin, *L'Aide complice ? Coopération internationale et violence au Rwanda*, L'Harmattan, 1999.

en capital. Tous ces pays louaient unanimement le Rwanda pour « la grande modération de ses leaders, leur option démocratique et l'engagement chrétien de leur politique », ainsi pouvait-on le lire dans une publication de 1985 d'inspiration catholique [50]. Ceux qui glorifiaient béatement le Rwanda pour « sa paysannerie laborieuse, son administration honnête et son christianisme rayonnant », en étant aveugles au Rwanda sur les pogromes et l'apartheid ethnique, ne sont pas spécialement des critiques crédibles du régime actuel.

Sont aussi suspectes les critiques qui condamnent le régime rwandais sans aucune référence ni comparaison avec les dictatures françafricaines (Togo, Cameroun, Congo, Tchad, Djibouti, etc.). Ces « honorables » procureurs reprochent surtout au Rwanda de ne plus en être une, mais ne le diront évidemment pas. Il est en effet difficile de condamner au nom des droits humains le régime de Kigali en louant ceux du Congo, du Gabon, du Togo ou du Tchad ! L'implication de certains hauts responsables français dans le génocide des Tutsi ; la reprise, par la propagande française des services secrets, de la thématique du complot Hima-Tutsi [51] ; la persévérance de ces responsables français à armer et financer l'appareil du génocide même après sa déroute, rendent nécessaire de contrôler le degré d'allégeance françafricaine de ces redresseurs de torts. Car la guerre franco-rwandaise ne s'est pas arrêtée en 1994. Alors que le Rwanda de l'après-génocide avait besoin d'un plan Marshall et d'un Nuremberg à sa mesure, il n'a eu ni l'un ni l'autre [52]. Au contraire, les autorités françaises ont tout fait pour bloquer l'aide à ce pays pendant plus d'un an. « *L'Union européenne avait prévu des crédits spéciaux se chiffrant à près de 200 millions de dollars américains pour le Rwanda, mais les Français mirent leur veto pour empêcher le déblocage de*

50. Baudoin Paternostre de la Mairieu, *À la source du Nil, les mille collines du Rwanda*, Téqui, 1985, p. 31.

51. Dont *Le Retour du Mwami* de Bernard Debré, ouvrage cité, est un « révélateur externe ».

52. Comme l'a déclaré l'ancien ambassadeur du Rwanda à Paris, Christophe Mfizi, en 1995.

ces fonds jusqu'à la fin de 1994 et la somme ne put être débloquée qu'en partie. » [53] Ces éléments factuels permettent de comprendre qu'il faille examiner les critiques du FPR d'un œil lui-même critique.

Le problème subsidiaire à toute critique du FPR est la pratique du mensonge en milieu politique hutu. Toute la propagande du génocide a été construite sur des mensonges, savamment distillés par radio et relayés par les instances politiques, pour manipuler l'opinion tant intérieure qu'internationale. Aujourd'hui, dans les communiqués et témoignages des exilés hutu dénonçant le FPR, il s'agit de démêler les exactions réelles des montages tendant à diaboliser l'adversaire. Quel crédit accorder à ceux qui dénonçaient de 1990 à 1994 un génocide des Hutu par le FPR, ou qui, à travers l'éditorial de Jean-Marie Colombani dans *Le Monde* du 18 juin 1994, affirmaient que « *le FPR fait le vide autour de lui, est responsable de l'exode et surtout ne veut laisser rentrer que les paysans, sous prétexte de récoltes, ce qui lui permet d'exclure les intellectuels hutu* » [54]? Ce sont les mêmes qui affichaient en 1997 le nombre de Hutu tués par le FPR à l'unité près (312726 selon Sixbert Musangwamfura); qui signaient dans le camp de Goma en 1994 un mémorandum dénonçant (en français) les exactions du FPR à Sa Sainteté le pape et qui dans le même temps expliquaient (en kinyarwanda) aux paysans crédules et terrorisés comment les soldats tutsi, aux yeux rouges et aux pieds fourchus, dévoraient le cœur de leurs victimes.

Après le génocide, l'utilisation massive et impudente du mensonge est devenue, chez les leaders hutu, systématique. Les témoignages recueillis par Maria Malagardis et Pierre-Laurent Sanner en donnent un aperçu [55]:

---

53. Millwood, *Étude* 4 n° 34 (note 12).

54. Comme l'explique Colette Braeckman, dans son article « Désinformation et manipulation », *Le Soir* (Bruxelles) du 25 juillet 1994. Voir à ce sujet *Le Monde, un contre-pouvoir ?*, ouvrage cité, pp. 53-55.

55. Maria Malagardis, Pierre-Laurent Sanner, *Rwanda, le jour d'après. Récits et témoignages au lendemain du génocide*, Somogy – Médecins du monde, 1995.

« Ils n'ont pas attendu la fin des massacres pour justifier l'inacceptable. Les cadavres et les charniers sont une réalité difficile à nier. Alors on a tout de suite mis l'accent sur les violences dont les autres pourraient être coupables. "Les médias internationaux n'ont jamais parlé des attaques contre les Hutu. Moi à Gitarama, j'ai été attaqué par une bande de Tutsi armés de machettes. Ils ont tenté de me découper en morceaux avant de me jeter dans une fosse", clame Thacien, un ancien journaliste réfugié à Goma.

Compromis dans les massacres, les anciens dignitaires ont entrepris de réécrire l'Histoire. Le génocide ? C'est le FPR qui l'a commis "en massacrant systématiquement les leaders, l'élite et le peuple hutu partout sur son passage", écrivent-ils dans "Le peuple rwandais accuse", l'un des pamphlets qui composent leur abondante littérature. On attribue aux autres les crimes commis, on banalise le meurtre en invoquant la réciprocité. […] Délibérément on confond les crimes de guerre et les massacres planifiés. On parle de "double génocide", de "guerre civile" et bien sûr d'"affrontements interethniques". Le nouveau credo de ces révisionnistes : "Tout le monde a tué tout le monde." Ils écrivent. Beaucoup. Ils ont soif d'explication pour mieux nier les évidences. »

Alors, le FPR, ange ou démon ? Bien entendu, ce parti n'est ni l'un ni l'autre. La tendance à démoniser le FPR est tout aussi irrationnelle que celle qui consiste à le sanctifier. Une chose est certaine : les critiques contre le FPR, comme les éloges en sa faveur d'ailleurs, ne sont acceptables que si elles établissent la vérité et ne sont utiles que si elles favorisent la justice. Mais au lieu d'être crédibles, elles se présentent trop souvent comme une compilation de tous les éléments commis ou supposés, vérifiés ou non, susceptibles de criminaliser le régime de Kigali, en ignorant tout le reste. Ces critiques découpent une réalité complexe à l'emporte-pièce du manichéisme ethnique. Elles insinuent, l'absence de preuve étant compensée par un parti pris que les accusateurs affichent impudiquement, avec une suffisance agressive et bornée. Elles sont le plus souvent incomplètes, manquant d'éléments contradictoires. Pour certains Occidentaux, il s'agit de justifier *a posteriori* la politique française, celle du Vatican, ou encore celle de l'IDC qui combattaient toutes le FPR et soutenaient le Hutu Power. Elles ne sont pas constructives, elles ne cherchent pas à améliorer le nouveau régime rwandais, mais à abattre ce régime « *sorti des fosses communes* », pour reprendre l'expression de prédilection de Stephen Smith.

11. Réalités rwandaises

Est-on capable d'imaginer le traumatisme inouï que représente l'extermination de 15 à 25 % de la population d'un pays ? Au lendemain du génocide, le gouvernement a dû prendre en charge un pays économiquement détruit, totalement pillé, sans aucune infrastructure et dont la population venait d'être atrocement meurtrie. Et cela en l'absence de toute aide internationale. Les blessures morales des survivants sont indicibles. Selon leur propre expression, ils sont devenus des « *morts ambulants* » [1]. Les femmes qui ont survécu ont été violées, humiliées et nombre d'entre elles ont contracté le sida. L'Unicef estime que sur six enfants rescapés, cinq ont été témoins de scènes de viols, de meurtres ou de tortures [2]. Rappelons aussi qu'« *il y avait des corps en putréfaction partout ; dans les cours de récréation des écoles, dans les rues, et l'on n'avait ni le matériel ni le personnel pour les évacuer. Les hôpitaux, les églises et les écoles avaient été transformés en boucheries nauséabondes. Quelque 150000 maisons, la plupart appartenant à des Tutsi, avaient été détruites* » [3]. La polarisation ethnique dans ces conditions ne pouvait qu'être paroxystique. Il est impossible d'analyser la situation actuelle du pays sans faire référence à ce qu'il a vécu en 1994.

1. On lira le recueil de témoignages de Jean Hatzfeld, *Dans le nu de la vie, Récits de marais rwandais*, Seuil, 2000.

2. Unicef, « Exposure to War Related Violence among Rwandan Children and Adolescent », cité dans le rapport de l'OUA *Un génocide évitable*.

3. Rapport de l'OUA, *Un génocide évitable*, ouvrage cité, chapitre XVII.6.

Crimes de guerre

S'émanciper de l'ethnisme, en surmontant les séquelles d'un génocide qui en est la consécration, est une redoutable épreuve pour les officiers et les soldats de l'APR qui ont souffert dans leur chair. Certains d'entre eux ont commis des crimes de guerre et des crimes contre l'humanité. Beaucoup ont été jugés, condamnés et passés par les armes. Mais d'autres, plus proches des cercles du pouvoir, semblent jouir d'une impunité qui entame la crédibilité des dirigeants actuels. On peut cependant apporter au crédit du FPR d'avoir réussi à éviter des représailles qui, si elles avaient été faites à l'échelle du génocide, auraient été incomparablement plus sanglantes. L'évaluation des exactions commises par le FPR à l'encontre des civils varie selon les organismes des droits de l'homme. L'association African Rights restitue dans une juste mesure ces exactions [4]. Même les critiques les plus dures, celles formulées par Human Rights Watch dans le livre d'Alison Des Forges [5] et par Amnesty International [6], rendent hommage à des forces de libération disciplinées. Elles ont su éviter des représailles massives.

Les soldats et officiers de l'APR n'étaient pas des anges, mais leur discipline a évité l'hécatombe que le FPR aurait pu mettre sur le compte de la « *fureur de l'après-massacre* » [7]. Car le Rwanda a été transformé en un gigantesque camp d'extermination. Chaque village, chaque hameau avait son « abattoir » devant une fosse commune. Pendant trois mois, on y a conduit les Tutsi. Déterrés de leurs cachettes, extirpés des bananeraies, arrachés aux familles hutu qui les protégeaient, ils étaient conduits par la foule aux abattoirs locaux. Les témoins expliquent que tuer les Tutsi était devenu « normal », les laisser vivre était donc anormal. Et c'est ce pays que

---

4. *Rwanda : Death, Despair and Defiance*, Londres, 1995.

5. *Aucun témoin ne doit survivre*, ouvrage cité.

6. Amnesty International : « Rwanda : Recrudescence alarmante des massacres », Londres, secrétariat international, 12 août 1996.

7. Pour reprendre les termes de Gérard Prunier, *Le Monde diplomatique* n° 547 d'octobre 1999.

le FPR a libéré. Le FPR a incroyablement bien maîtrisé ses troupes et réussi à éviter une dérive qui aurait pu être effroyablement plus grave. Que l'on songe, par comparaison, aux 20000 exécutions sommaires répertoriées en 1945 lors de la Libération en France, où la population n'avait pourtant pas subi un traumatisme comparable. Au moment de la libération des camps nazis, des GI américains ont massacré, fous de rage, tous les SS qu'ils purent trouver.

Alison Des Forges dresse un tableau aussi complet et sévère que possible des crimes imputables au FPR. Cependant, aucun de ceux-ci n'est utilisé pour masquer les responsabilités françaises [8]. Certains « crimes » du FPR font désormais partie d'un credo intégré par tous les lobbies pro-hutu. Or il s'agit en réalité d'événements au mieux non informés, au pire désinformés. Le drame de Kibeho est l'un de ces exemples de récupération idéologique, utilisés aussi bien par les extrémistes du Hutu Power que par les Pères blancs, en passant par des ONG et même des « experts » [9]. Nous avons vu ce que recouvrait cet épisode dramatique. Dénoncer ces désinformations et ces manipulations triviales n'empêche nullement de dénoncer aussi les dérives du régime rwandais. Jean-Pierre Chrétien, dans le numéro d'août-septembre d'*Esprit*, fait une critique sévère de Kigali, mais en intégrant toutes les dimensions du problème [10]. En particulier, il souligne les responsabilités ahurissantes de la communauté internationale et leurs conséquences.

Au Rwanda en 1994-1995 et dans l'ex-Zaïre en 1996-1997, les militaires tutsi ont pu se livrer à une justice expéditive inadmissible. Que ces crimes aient été planifiés en hauts lieux ou réalisés par des officiers extrémistes plus ou moins indépendants reste à établir. Dans tous les cas, aucune tolérance ne doit leur être accordée. Ceux qui les ont commis et ceux qui les ont éventuellement commandés doivent être arrêtés et jugés. Impérativement, l'État rwandais doit contribuer

---

8. Contrairement aux notes de lecture qu'en font Stephen Smith et Gérard Prunier respectivement dans *Libération* du 31 mars 1999 et dans *Le Monde diplomatique* d'octobre 1999.

9. Comme Pierre Erny, ou Brauman, Smith et Vidal déjà cités.

10. « Le Rwanda piégé par son histoire », *Esprit*, août-septembre 2000.

à faire toute la lumière et empêcher une impunité sélective. Il manifestera ainsi clairement son désir de justice et sa volonté de mettre fin à de tels crimes. Pour cela, les auteurs de ces crimes doivent comparaître devant le Tribunal pénal international pour le Rwanda. Ce tribunal n'est pas une « juridiction de vainqueurs ». Le procureur du TPIR, la Suissesse Carla del Ponte, affirme avoir évoqué la question avec le président rwandais Paul Kagame et obtenu sa collaboration. Elle promet de poursuivre les plus hauts responsables de ces crimes de guerre [11].

La conclusion sur les « crimes du FPR » se fera ici en reprenant celle du chapitre XVII du rapport de l'OUA :

« *Nous espérons que ce chapitre servira de contexte, mais non d'excuse, au nouveau gouvernement du Rwanda. Le FPR a soigneusement noté chaque affront, chaque humiliation et trahison, chaque injustice dont il a fait l'objet. L'héritage d'amertume qui s'était accumulé avant et durant le génocide à cause de l'indifférence internationale est maintenant devenu pour la nouvelle élite une source d'indignation profonde et durable. Le gouvernement et l'armée du FPR se sont rendus coupables de graves atteintes aux droits de l'homme au cours des quatre dernières années, ce que le Groupe condamne sans réserve. Ce comportement est inexcusable. Le génocide des Tutsi ne justifie en aucun cas le massacre de civils hutu innocents. Mais nous comprenons que ce gouvernement a souvent agi en réaction à l'insondable incapacité de la communauté internationale depuis le génocide à désarmer les génocidaires.* »

L'intervention au Congo

Hissé au pouvoir par la coalition rwando-ougandaise, Kabila ne tardera pas à se prendre pour un nouveau Mobutu. Avec l'aide de quelques réseaux françafricains, il se retournera contre ses trop encombrants alliés. Depuis leur victoire sur Mobutu, les *warlords* rwandais et ougandais vivaient de l'état de guerre, s'affranchissant plus ou

11. *Diplomatie judiciaire* du 15 décembre 2000. http://www.diplomatiejudiciaire.com/Actu.htm

moins des régimes de Kigali et Kampala. Ils estimaient que leur soutien décisif en 1997, qui a permis de vaincre le dinosaure zaïrois [12] et ses mercenaires françafricains, valait, sinon butin, du moins droit de préemption sur les richesses minières du Kivu. Ces militaires sans conscience ont omis des facteurs politiques décisifs, comme de s'assurer de la neutralité de l'Angola. En quelques mois, Kabila a rallié à sa cause la junte angolaise, leur vendant son rival Savimbi agrémenté d'un droit de prédation [13]. Il a passé dans le même temps un *deal* avec Mugabe, le dictateur usé du Zimbabwe: son aide contre le Rwanda et l'Ouganda en échange du pillage à grande échelle des zones diamantifères. La guerre du Congo est devenue en l'an 2000 l'un des conflits les plus complexes et difficiles à résoudre que le continent africain ait jamais connu [14]. Il fait intervenir au moins huit armées nationales et vingt milices et impose un enfer aux populations civiles qui en sont les principales victimes.

Depuis son utilisation politicienne par Mobutu, la haine raciale est institutionnalisée dans l'ex-Zaïre [15]. Pour détourner les frustrations et l'exaspération dues à son pillage du pays, Mobutu suscitait la xénophobie et le racisme contre les populations civiles d'origine rwandaise. Il faisait ainsi germer l'idée raciste d'une population composée de « Zaïrois de souche » et d'autres, désignées comme « étrangères », exposées à la vindicte et la haine. La Conférence nationale souveraine zaïroise était déjà en 1972 manipulée par les tendances ethnistes. Elle a rejeté hors du jeu politique les Banyarwanda

12. Par référence à l'excellent livre de Colette Braeckman, *Le Dinosaure*, Fayard, 1992.

13. Rival d'Eduardo Dos Santos au pouvoir en Angola, Jonas Savimbi est financé secrètement par ceux qui tirent profit de cette guerre interminable qui ravage l'Angola depuis trente ans.

14. Dans ce jeu très complexe, le rôle de la Françafrique est lui-même incertain. Différentes opérations et alliances ont été tentées qui dépassent le cadre françafricain pour rejoindre des intérêts mafieux internationaux. Voir *Billets d'Afrique* n° 93 et 94 (juin et juillet-août 2001) et les articles de Pierre Bigras dans *l'Observatoire de l'Afrique centrale* (www.obsac.com).

15. Privat Rutazibwa, *Les Crises des Grands Lacs et la question tutsi*, éditions du Crid-Kigali, 1999 (disponible en France à *Liaison-Rwanda* qui en a fait un compte rendu dans son n° 28, mars-avril 2000).

congolais, sans distinguer d'ailleurs clairement entre Hutu et Tutsi. Désignés lors de la séance du 4 septembre 1992 comme des « personnes à nationalité douteuse », les rwandophones ont été exclus de la nationalité congolaise sur des critères relevant d'un « tribalisme » raciste [16]. Kabila n'a eu qu'à déchaîner la xénophobie latente de la population, cultivée par le pouvoir mobutiste et alimentée depuis des années par des milieux journalistiques, artistiques (certains chanteurs populaires), associatifs et religieux (tels les jésuites de Bukavu) [17]. Par son alliance avec le Hutu Power qui ciblait la haine sur les seules populations tutsi, il a suivi l'exemple de Mobutu, allié de la Françafrique pendant et après le génocide, mais en disposant en plus d'un facteur amplificateur énorme: la honte des Kinois d'avoir leur immense pays « occupé » par le petit Rwanda. Kabila et son ministre Abdoulaye Yerodia ont ainsi pu déclencher en 1998 des pogromes contre les Tutsi à travers tout le pays.

En 1996, les Tutsi banyamulenge du Sud Kivu étaient harcelés par les FAZ, Forces armées zaïroises de Mobutu, puis, après la victoire et le retournement de Kabila, par les FAC, Forces armées congolaises, et leurs alliés, les ex-FAR, les milices congolaises Maï-Maï et les Interahamwe. Des villages étaient, il y a encore peu de temps, régulièrement agressés et de nombreux Tutsi isolés se sont fait tuer. Cependant, les Banyamulenge se sont défendus efficacement et souvent victorieusement. Les contre-attaques et les représailles des Banyamulenge, déformées par la propagande de Kinshasa, colportées et amplifiées par les milieux racistes, ont été utilisées pour attiser la haine antitutsi. Si les contre-attaques étaient bien légitimes, en revanche les représailles, pour compréhensibles qu'elles soient, étaient évidemment condamnables. Le pouvoir a ainsi pu consolider sa position en utilisant l'éclosion d'un « nationalisme congolais ». Ce sentiment nationaliste a été souvent considéré comme *positif* par les

16. Comme l'atteste un document officiel: Kabuya Lumuna Sando, *Les Conflits de l'Est du Zaïre*, Éditions du ministère de l'Information et de Abdoulaye Presse, Kinshasa, 1997.

17. Qui éditent *Asuma-Usuma*, feuille confidentielle d'information aux propos souvent ouvertement racistes.

observateurs étrangers. Pourtant, le racisme et la xénophobie contagieuse qu'il exprime n'ont rien à voir avec la citoyenneté républicaine. Signalons qu'il existe bien des Congolais de toute origine résolus à faire sortir leur pays du cycle des violences ethniques. Mais ils restent isolés, manquant de soutien et de moyens [18].

La reprise de la guerre au Kivu par le Rwanda était justifiée par la mise au service du régime de Kabila de 10000 Interahamwe, les miliciens du génocide, et des ex-FAR. Ceux-là mêmes dont la neutralisation avait déjà été le but d'une intervention libératrice au Zaïre en 1996. Cette menace génocidaire justifie, comme celle de 1996, l'intervention du Rwanda. Rappelons que le pays devait alors subir les incessantes incursions armées des ex-FAR et Interahamwe, évacués au Zaïre par les militaires français lors de l'opération *Turquoise*. L'APR se bat au Congo en 2001 contre les mêmes criminels qu'en 1994. On a accusé le gouvernement rwandais de mettre en scène les Interahamwe sortis des prisons rwandaises « *amenés au Kivu,* [et] *contrôlés par l'armée rwandaise, avec pour mission d'attaquer et de piller des paroisses, des centres de développement ou de se livrer à l'exploitation minière* » [19]. Cela pour avoir le prétexte de rester et de piller le Congo [20]. Cette prise de risque ne semble pas réaliste étant donné la nécessité pour Kigali de maintenir sa sécurité. Quel crédit doit-on apporter à ces « rapports de terrain » cités comme sources d'informations et qui émanent le plus souvent de milieux religieux dont on connaît le racisme antitutsi virulent [21].

Le Rassemblement congolais pour la démocratie (RCD-Goma), aidé et armé par le Rwanda, est actuellement en lutte contre les milices Maï-Maï, guerriers locaux mystiques qui l'accusent d'« amener des

---

18. *Le Cycle du conflit: quelle issue dans les Kivus ?,* African Rights, 2001.

19. Colette Braeckman, « La mort de Kabila: nouvelle donne dans la guerre en RDC », *Politique africaine* n° 82, juin 2001, p. 157.

20. Colette Braeckman, « La tension monte à Bukavu. Le Sud-Kivu déchiré par la guerre », *Le Soir* (Bruxelles) du 8 septembre 2000.

21. L'assertion faite par Colette Braeckman d'une manipulation des Interahamwe par l'État rwandais est évidemment très grave. Voir la discussion engagée sur ce sujet par Jean-Damacène Bizimana dans *Liaison-Rwanda* n° 32, janvier-février 2001, et la réponse que fait Colette Braeckman dans le n° 35 de ce bulletin, juillet-août 2001.

étrangers », c'est-à-dire des Tutsi [22]. Les Maï-Maï sont depuis 1998 instrumentalisés, regroupés et armés par des acteurs européens. Ils sont même fédérés sous l'autorité d'un chef qui conduirait l'action militaire. Leur porte-parole a par ailleurs expliqué: « *Nous avons des antennes en Europe, ici en Afrique et même en Amérique.* » [23] Cette lutte entraîne un cycle de représailles suivies de réactions des milices qui n'est pas sans évoquer la situation burundaise. Au Kivu comme au Burundi, les exactions commises contre les populations civiles se multiplient. Elles sont inexcusables et intolérables, qu'elles émanent du pouvoir local ou des milices fanatisées et exterminatrices.

L'abandon des rescapés, l'oubli des héros

L'aide aux rescapés est insignifiante, leur soutien moral et financier est dérisoire. Les Fonds d'assistance aux rescapés du génocide (Farg) mis en place en 1998 n'ont toujours aucune concrétisation financière, trois ans après avoir été décidés. Sur les 40000 habitations accordées sur le papier pour ces gens qui ont tout perdu, leur famille, leurs proches et leurs biens, seules 1000 ont été construites. Il en va de même pour la prise en charge scolaire des enfants rescapés, seules 20 % des demandes ont été satisfaites et pour les soins de santé consécutifs au génocide, 5 % seulement. Quand on sait que le régime actuel trouve sa légitimité dans le fait d'avoir arrêté le génocide, il se condamne lui-même en n'aidant pas suffisamment ceux qui y ont survécu. C'est peut-être un des reproches les plus graves que l'on peut faire au nouveau régime, avec celui des dérives autoritaires et des « bavures » contre les droits humains qu'il peut commettre. Cet abandon des rescapés remet en question sa propre légitimité.

On peut aussi critiquer la rigueur avec laquelle le nouveau Rwanda applique les Accords d'Arusha. Négociés avant le génocide, ils excluaient de restituer les maisons des réfugiés tutsi qui avaient fui les persécutions de 1959-1963 et 1973. Ayant occupé les biens

---

22. Propos rapportés par Gabriel Kahn de RFI, cités dans *La Lettre de la FIDH* n° 41, septembre 2000.

23. Gabriel Kahn, *ibidem*.

laissés par les exilés hutu de 1994, des réfugiés des années soixante et des rescapés ont été régulièrement expulsés au fur et à mesure de leurs retour à partir de 1996 et 1997. Même ceux qui avaient repris les maisons construites par leur père ou leur grand-père ont été délogés. Après le génocide, la presse occidentale avait mis en avant l'occupation de quelques maisons bourgeoises de notables hutu pour dénoncer les « spoliations » du nouveau gouvernement. Tous les journaux se vautraient sur ce sujet. Avec insistance et unanimité, ils en faisaient un scandale majeur. En revanche, ils évitaient l'évocation des centaines de milliers de foyers de paysans tutsi détruits, pillés, brûlés, rasés, nettoyés du sol comme pour en effacer la mémoire. Pour complaire aux Occidentaux, fallait-il mettre sous *sheeting* (bâches de plastique où campent les sans-abri) ces gens privés de tout, qu'aucune ONG n'a secourus, contrairement aux génocidaires ?

La misère des paysans et paysannes rescapé-e-s du génocide n'est pas seulement matérielle, elle se double d'un désespoir moral qu'illustre bien l'anecdote suivante. Des veuves du génocide qui devaient bénéficier de l'aide de la Caritas-Belgique se font spolier par la religieuse hutu en charge de la distribuer. Cette sœur les chasse d'une des maisons qui leur ont été attribuées pour y placer sa nièce Mujawayezu et sa famille. Ces gens traumatisent les rescapées restantes pour les faire partir. Scènes de la vie quotidienne dans Kigali rural raconté par *The New Time* [24] : « *Antoinette Nyirabukara a perdu ses enfants pendant le génocide. Aujourd'hui, les poules de sa voisine Mujawayezu portent les noms des mêmes enfants tués. En plus de cela, Mujawayezu et des amis animent des soirées dansantes au cours desquelles ils ne chantent que des chansons remémorant le génocide d'avril-juillet 1994, au vu et au su des rescapées occupant les maisons d'à côté.* » Ces femmes subissent en plus l'arrogance de celles qui ont incité aux massacres et qu'elles croisent quotidiennement sur les collines. Leurs moqueries rendent la survie des veuves encore plus difficile : « *Dans la rue, il y avait des filles hutu du quartier. Elles venaient avec les génocidaires et*

24. N° 112, octobre 1999.

les excitaient à violer les filles. » [25] Ces femmes et ces filles qui ont encouragé les meurtriers n'ont rien à craindre de la justice. Elles s'exhibent, se vantent et agressent les rescapées. Pour les survivantes, cette cohabitation dont personne ne parle est une souffrance qui s'ajoute à leur malheur [26].

Si peu a été fait pour les rescapés, rien n'a été fait pour commémorer l'héroïsme de ceux qui ont sauvé des Tutsi. Alors qu'il était dit et même chanté que la prochaine génération hutu serait débarrassée des Tutsi, jusqu'à en ignorer l'existence [27], certains Hutu ont résisté à la folie ambiante. Ces résistants, souvent de simples paysans et paysannes, n'ont rien à voir avec les cadres impliqués dans les massacres et qui ont sauvé quelques vies parce que cela les arrangeait et ne leur coûtait rien. Ou qui, comme le prêtre Wenceslas Munyeshyaka, sauvaient quelques jeunes filles tutsi pour en abuser sexuellement [28]. Presque tous les inculpés d'Arusha revendiquent d'ailleurs avoir sauvé quelques Tutsi. Ce genre de sauveurs à double face a été relativement fréquent, même parmi les génocidaires les plus féroces : c'était aussi un moyen de montrer sa puissance. C'était la jubilation de disposer du droit de vie et de mort sur autrui, selon son bon vouloir. Mais d'autres ont refusé la logique du génocide. Des Hutu ont rejeté le consensus génocidaire qui voulait que les Tutsi n'aient plus le droit de vivre. Ils ont refusé les croyances, les mots d'ordre des chefs, les commandements de l'État et ont rarement survécu à cette désobéissance. Pour sauver des vies, ces gens ont risqué et bien souvent perdu leur vie. Rendre hommage à ces nombreux actes de résistance anonymes est aussi indispensable que de condamner les génocidaires.

---

25. Jean-Marie Quéméner et Éric Bouvet, ouvrage cité, témoignage de Ziad, 28 ans.

26. Cette situation, le traumatisme vécu et une inévitable insécurité font que des rescapé-e-s tutsi ont demandé l'asile politique en France et l'ont heureusement obtenu.

27. Notamment par Kantano Habimana le 2 juillet 1994 à la RTLM. *Rwanda, les médias du génocide*, ouvrage cité, p. 205.

28. Voir *Témoin du génocide* n° 1 et n° 9, ouvrages cités.

La journée nationale des héros a été commémorée à Kigali le 1er octobre 2000 par une grande cérémonie. Mais ces actes n'ont pas été recensés. Ils n'ont pas été célébrés au Rwanda, ni leurs auteurs traités en héros. Est-ce parce qu'aucun pouvoir ne peut célébrer une désobéissance ? Les seuls héros reconnus par l'État rwandais « *doivent avoir exercé une activité militaire* » [29]. Or, ces résistants hutu sont civils et anonymes, comme les paysans tutsi morts sans sépulture. Ils ont combattu à leur façon la logique du génocide, même s'ils ne pouvaient le faire par les armes. Qu'importe si ces martyrs d'un État ne sont pas reconnus par un autre ! Il est peut-être même bien que leur mémoire n'ait pas été récupérée par une quelconque propagande d'État. Comme les Tutsi assassinés dans les collines, ils font simplement partie de la mémoire de l'humanité. Ils ont rejoint les victimes de la Shoah et toutes les victimes de la foi ethnique. Ils représentent la résistance à l'emprise des convictions racistes, le refus de l'ordre criminel, la désobéissance à l'État. J'écrivais : « *Leur mémoire, c'est cette force qui brûle en nous pour "lutter contre le mal".* » [30] Le mal étant les souffrances gratuites que des humains infligent à d'autres êtres [31]. Tous ces morts n'ont que notre mémoire pour sépulture. Le plus grand hommage qu'on pourrait leur faire serait d'établir la vérité sur ce génocide.

Improbable justice [32]

La grande presse autant que les feuilles de liaison d'Amnesty International, de la FIDH et des diverses associations humanitaires telles que Médecins sans frontières, Médecins du monde et

29. Comme le général-major Fred Rwigema, mort dès les premiers jours du conflit, en octobre 1990. *Grands Lacs hebdo* du 11 octobre 2000.

30. *Un génocide sans importance. La Françafrique au Rwanda*, ouvrage cité.

31. Le mal est simplement la négation même de notre nature de primate sociable. Notre nature d'être culturel, qui s'ajoute à la première, fait du Mal une mystique. Fausse, prétentieuse et méprisable, comme toute mystique (celle du Bien n'étant que le double interchangeable de l'autre). Voir *En danger de croire, I. La foi une histoire culturelle du mal*, ouvrage cité.

32. Ces paragraphes ont été écrits avec la collaboration de Jean-Damascène Bizimana.

Reporters sans frontières, se sont faites très largement l'écho du « scandale des innocents emprisonnés » au Rwanda. Ainsi, Bernard Debord écrira dans *La Chronique d'Amnesty* de décembre 1995 que de 20 à 40 % des personnes détenues dans les prisons rwandaises seraient innocentes. Dans une « Action urgente », Amnesty soutient de même que « *74000 détenus* [...] *sont probablement innocents* [à l'époque plus de la moitié] » [33]. Le secrétaire général de la FIDH, François-Xavier Nsanzuwera, ancien procureur de la République au parquet de Kigali exilé en Belgique, nageant dans le sens du courant, déclarait en 1995 qu'il y a 20 % d'innocents dans les prisons du Rwanda [34]. Selon les explications répandues, ces gens auraient été incarcérés « *soit par zèle de militaires, soit par dénonciations des voisins malveillants ou voulant s'approprier un bien, soit encore par pure confusion* » [35]. On peut s'étonner de cette affirmation. Les fausses dénonciations pour spolier des innocents sont à vérifier. C'est d'autant plus facile que la plupart des maisons ont été rendues aux familles de leurs anciens propriétaires. Mais accuser le gouvernement rwandais d'emprisonner des innocents par « zèle » ou négligence, alors que le nombre des coupables de ce crime de masse est nécessairement de beaucoup supérieur au nombre des prisonniers [36], c'est lui faire endosser un niveau de bêtise ou d'inconscience qu'il n'a pas.

En 1996, l'ancien procureur connaissait la réalité rwandaise et l'omniprésence des tueurs qui, sur les collines, continuaient de tuer les rescapés, qui sont à 90 % des femmes. Or, il n'en parle pas [37]. L'enquête d'African Rights *Rwanda, la preuve assassinée* pouvait

33. Amnesty International, *Urgent Action* du 29 juillet 1996.

34. *La Croix* du 19 mai 1995, entretien avec Agnès Rotivel. Il a été haut fonctionnaire de 1990 à 1994 alors que l'État procédait à des arrestations, meurtres et tortures.

35. Bernard Debord, *La Chronique d'Amnesty International* n° 109, décembre 1995.

36. Il faut imaginer combien de tueurs – volontaires ou réquisitionnés, peu importe ici – ont été nécessaires pour tuer un million et demi de personnes à l'arme blanche.

37. François-Xavier Nsanzuwera *La Lettre de la FIDH* n° 655-656, 5-12 septembre 1996. Il n'en parlera qu'en 1998 dans une lettre ouverte aux dirigeants rwandais, cosignée avec son épouse, Immaculée Mukamuhirwa: « La lutte contre l'impunité. Quelle justice pour les Rwandais », *La Lettre de la FIDH* n° 733-734, 19-26 février 1998, p. 8.

pourtant l'en informer [38]. Elle rapporte des centaines de témoignages, comme celui de Narcisse Kayigamba, un rescapé de trente-sept ans du secteur de Bisesero : « *Après le génocide, nous nous sommes retrouvés sans maison, sans ustensiles de cuisine, on n'avait rien du tout. Nous nous sommes installés au centre de Mubuga pour partager, vivant ensemble les mêmes souffrances. Nous avons commencé à accuser les génocidaires qui ont tué les membres de notre famille, mais les autorités nous demandaient de trouver cinq témoins pour pouvoir emprisonner un génocidaire. Cependant, il est impossible de trouver cinq témoins parce que presque toutes les familles ont été tuées. Ainsi, les génocidaires et leurs familles se baladent dans les collines en se moquant de nous.* » Des parents de Narcisse, survivants de Bisesero, se sont fait assassiner juste avant l'enquête. Rien qu'à Kibuye, les tueurs ont éliminé des dizaines de ces survivants réduits à la misère. Ceux-ci ont mentionné à African Rights le nom de centaines de tueurs vivant en liberté dans les collines et expliqué leur impuissance devant cette impunité. Ils préfèrent le plus souvent se taire. Leur insécurité prolonge indéfiniment le cauchemar de 1994 et multiplie leur souffrance. Qu'importe, ces gens-là n'existent pas. Ils auraient dû être tués. Pour RSF et Amnesty, il n'y a au Rwanda que « des innocents emprisonnés ».

Invité par le pouvoir rwandais à rentrer et prendre un poste de responsabilité en 1997, François-Xavier Nsanzuwera aurait exigé comme préalable à sa participation au gouvernement la libération de tous les prisonniers sans dossier [39]. Il ne m'a pas confirmé ni infirmé cette exigence. Si c'est bien le cas, on peut s'étonner que la réaction d'un homme de droit soit celle de libérer aveuglément des présumés génocidaires, plutôt que d'envisager l'instruction des dossiers. Si l'on s'inquiétait vraiment des éventuels innocents emprisonnés, on n'escamoterait pas ainsi la question de cette innocence. Personne ne

38. *Rwanda, la preuve assassinée. Meurtres, attaques, arrestations et intimidations des survivants et témoins*. Avril 1996. Enquête dont la lecture est indispensable à qui veut comprendre le Rwanda de l'après-génocide.

39. Gérard Prunier, communication personnelle, 1998. Exigence également formulée par de nombreuses ONG, notamment par Amnesty.

conteste la possibilité, intolérable, qu'il y ait des innocents emprisonnés. Mais il s'agit ici de discours répétitifs et émotionnels où les « sans-dossier » sont implicitement assimilés à des innocents, ce qui est un amalgame inacceptable. Il y a de nombreuses circonstances qui font qu'un grand nombre de personnes suspectées de meurtres sont sans dossier au Rwanda. Dans leur grande majorité, les détenus ont été pris sur le fait et incarcérés par l'APR en juin et juillet 1994. Ce sont donc des tueurs avérés pris la machette à la main. L'absence de survivants et la complicité ou la peur des témoins, après un génocide aussi efficace que celui-là [40], rendent souvent difficile sinon impossible la constitution de dossier.

Si la plupart des chefs connus peuvent avoir des dossiers, ils ont aussi souvent les moyens financiers d'acheter leur disparition. La corruption persiste au Rwanda et les dossiers disparaissent moyennant finances ou relations. L'ex-ministre de la Justice, Faustin Nteziryayo, a essayé en 1997 de renvoyer sept substituts et surtout une secrétaire qui le gênaient pour effacer des dossiers. Cette secrétaire avait auparavant réussi à arrêter la subtilisation de dossiers opérée par l'ancien procureur Munyagishali Silas [41]. Selon des observateurs rwandais, Nteziryayo a réussi à en faire disparaître un bon nombre [42]. Dans ce pays où les fonctionnaires sont sous-payés, ces pratiques sont une source de financement appréciable. En octobre 1998, on dénombrait dans le seul parquet de Kigali 538 dossiers volés ou dont les éléments de preuve avaient été subtilisés. Quant aux petits tueurs locaux, miliciens ou paysans, certains n'en auront jamais : les gens qu'ils ont tués ne sont pas là pour les dénoncer. Ils peuvent répondre comme Bagosora avec cynisme : « *Va chercher ceux que j'ai tués !* » [43]

---

40. Dans l'Ouest et le Sud du Rwanda 20 à 35 % de la population étaient tutsi et ont étés exterminés à plus de 99 %.

41. Arrêté depuis, jugé et exécuté pour implication dans le génocide.

42. Ce ministre démissionné n'était pas écrasé par son adjoint Gérard Gahima. Il exerçait un pouvoir réel, mais aux dépens de la justice. Voir l'éditorial de Jean-Damascène Bizimana, *Liaison-Rwanda* n° 14, de novembre 1997.

43. Devant les caméras de FR3, « État d'urgence », émission de Jean-Marie Cavada, le 21 septembre 1994 à 20h50 : « Rwanda. Autopsie d'un génocide ».

À cette corruption pratiquement inévitable s'ajoute le fait que les parquets ont très peu de moyens et de liberté d'action pour constituer les dossiers. Ils sont confrontés au contraire à des pressions constantes en faveur de la libération des détenus les plus riches, les « notables » et les « intellectuels » du génocide. En outre, des ministres, de nombreux fonctionnaires des parquets (procureurs, substituts, officiers et inspecteurs de la police judiciaire, secrétaires) gèrent les dossiers de leurs proches, amis et parents inculpés. Certains, toujours en exercice, sont eux-mêmes accusés de conduites criminelles pendant le génocide. L'ampleur des meurtres réalisés en 1994 fait que, dans un très grand nombre de familles hutu, se trouvent des exécutants ou des responsables du génocide. Si l'on ajoute le fait que des milliers de petits tueurs n'auront jamais de dossier pour la simple et tragique raison qu'il n'y a aucun survivant pour témoigner, on a une idée du défi qu'affronte la justice au Rwanda. L'ex-ministre de la Justice démissionné, Faustin Nteziryayo, a réussi à faire passer au Conseil du gouvernement, le 6 octobre 1998, la libération inconditionnelle de certaines catégories de prisonniers: les sans-dossier, mais aussi les malades, les vieux et les mineurs. Bien des personnalités veulent profiter des libérations massives pour régler la question de leurs amis et proches accusés de génocide. En 1999, ces libérations ont été décidées pour plus de 10000 prisonniers, malgré les protestations des rescapés.

La loi rwandaise demande pour procéder à une inculpation de cinq à dix témoins. Lorsqu'un miracle a fait que quelques personnes d'une même colline survivent à l'hécatombe, ces rescapés ont du mal à émerger de leur marasme post-traumatique. Et si, surmontant leur malheur, ils trouvent assez de force pour agir en justice, les apôtres fielleux de l'ethnicité dénoncent l'existence de « *syndicats de délateurs* »[44]. « *La stratégie* [de dénoncer des] *"syndicats des délateurs" est devenue une arme commune (à mon avis politique)*

44. Spécialité de Joseph Matata, par exemple dans son « Mémorandum adressé à madame Carla del Ponte », le 16 janvier 2001. Joseph Matata est responsable d'un « Centre de lutte contre [pour ?] l'impunité et l'injustice au Rwanda », voir le chapitre VII, « Les faux défenseurs des droits humains », pp. 263-266.

de tous ceux qui défendent les auteurs présumés du génocide rwandais et les demandeurs d'asile suspectés de participation au génocide. S'il est vrai que la délation existe au Rwanda, il est par contre révoltant d'en faire un phénomène de société chez les rescapés du génocide qui réclament que justice leur soit faite. Parlant des témoins venus du Rwanda, le président du Tribunal militaire de Lausanne les a qualifiés de "sincères, honnêtes, courageux, étonnants, exempts de désir de vengeance". » [45] L'image des « syndicats des délateurs » est une image-choc, qui discrédite immédiatement l'accusation. Ceux qui ne connaissent pas la situation des rescapés au Rwanda peuvent s'y laisser prendre. Ils sont hélas nombreux. Les autres sont au contraire pris de nausée devant l'arrogance et la morgue des divers « amis du Rwanda », des ONG et des prêtres (jusqu'au Vatican) qui utilisent cette diffamation pour défendre des présumés génocidaires et salir des témoignages.

Dans le Rwanda de l'après-génocide et dans une moindre mesure encore aujourd'hui, certains prisonniers libérés constituaient une menace pour les rescapés capables de les dénoncer, ou même simplement pour ceux qui s'insurgeaient contre ces décisions. Parmi les rares survivants du génocide, trop d'hommes et de femmes se sont fait assassiner après juillet 1994, dans ces mêmes collines du Rwanda où ils avaient échappé à l'hécatombe. Les riches prisonniers libérés peuvent commanditer également l'assassinat de témoins hutu [46]. Les veuves et orphelines du génocide ont été violées, traumatisées, terrorisées. Ces libérations contribuent encore à leur insécurité et leur calvaire quand elles croisent leurs bourreaux sur les collines ou dans la rue. Même des assassins qui ont été reconnus par plusieurs personnes ne sont plus emprisonnés au Rwanda. Les autorités multiplient les entraves à leur incarcération: elles demandent jusqu'à dix témoins, ce qui est, on l'a vu, impossible à trouver parmi les rescapés, étant

45. François-Xavier Nsanzuwera, secrétaire général de la FIDH, « Justice internationale: Un tribunal militaire suisse condamne un auteur présumé du génocide rwandais », à propos de la condamnation de Fulgence Niyonteze à perpétuité le 30 avril 1999. Un précédent historique. www.ifrance.com/astree/num8/rwanda.htm

46. *Rwanda, la preuve assassinée. Meurtres, attaques, arrestations et intimidations des survivants et témoins*. African Rights, ouvrage cité.

donné le faible nombre des survivants. Quant aux témoins hutu, la participation massive de la population aux tueries leur impose la loi du silence : parler serait dénoncer un voisin ou un membre de la famille. Quelques rescapées ont témoigné de cette situation en 1998. Ces témoignages se répètent de façon lancinante à travers tout le Rwanda [47] :

« *Je gagne 300 francs* [rwandais, soit moins de 5 FF] *par jour en cultivant le champ des autres. Je dois aller loin. Je ne peux pas travailler chez mes voisins : ce sont eux qui ont tué ma famille. Je ne peux pas les dénoncer non plus : le tribunal demande des témoins. Et ils sont tous morts, ceux qui auraient pu m'appuyer* » (Aurélie, 56 ans).

« *Les gens qui étaient méchants le sont restés. Ils tuent encore de la même façon. Une famille voisine a été pillée dernièrement. Ils les ont agressés à coups de machette* » (Odette, 35 ans).

« *Et de la peur : peur de ces gens emprisonnés qui ne sont toujours pas jugés, peur de ceux qu'ils ont relâchés sous prétexte que leurs dossiers sont incomplets. Mais qu'est-ce que la justice attend ? Nous avons toutes témoigné... On a peur aussi qu'ils tuent nos enfants, ou qu'ils nous tuent en nous empoisonnant. Nous savons qu'ils craignent que les enfants rescapés puissent un jour témoigner contre eux, dire la vérité* » (Mathilde, Antoinette, Rose, Francine, Berthilde).

« *Ils ont tué, j'ai pu retenir certains visages. J'en ai reconnu parmi les détenus qui ont été libérés. Mais que faire ? Je laisse à Dieu le soin de s'en occuper* » (Fébronie, 61 ans).

« *Certains génocidaires sont mes voisins. L'un d'entre eux a été libéré quand même. Alors je suis retourné voir le bourgmestre pour raconter mon histoire. Il m'a dit qu'il fallait trouver dix témoins... Dix témoins ! Je ne peux pas les trouver. Ils sont tous morts. Tous ont été tués* » (Isabelle, 36 ans).

Tant que la justice n'a pas la possibilité d'instruire tous les dossiers (en l'absence de moyens financiers), tant que les rescapés et les témoins ne sont pas protégés, ces libérations de prisonniers sans dossier sont

47. Témoignages recueillis en 1998 par Jean-Marie Quéméner et Éric Bouvet dans leur livre-album photographique extraordinairement poignant *Femmes du Rwanda. Veuves du génocide*. Catleya Éditions, 1999.

une dangereuse imposture. Elles ne servent qu'à aviver la tension et font le jeu des extrémistes. Quant à la libération catégorielle des jeunes, des vieux et des malades, elle n'a aucun sens si ce n'est d'accorder la licence à tout acte de vengeance réalisé par des jeunes, des vieux ou des malades. Ces libérations réamorcent le cercle vicieux de l'impunité. Une anecdote tragique aide à comprendre ce que peuvent être leurs conséquences au Rwanda. En 1998, soixante-seize inculpés sans dossier ont été libérés à Ririma (7604 détenus) [48]. Kayigamba, adjudant de l'APR et unique survivant d'une famille exterminée pendant le génocide, se rend à Nyamata où vivait sa famille (Kigali rural). Parmi les prisonniers récemment libérés de Ririma, il reconnaît des voisins qui se moquent de lui. Ils affirment que tous les prisonniers seront bientôt libérés et que « *ceux qui les accusent en subiront les conséquences* ». Kayigamba revient avec une arme, mais les imprécateurs ont disparu. Il se rend alors dans la prison de Gikondo, jette une grenade et se suicide. Il fera un mort parmi les détenus et trente et un blessés, dont huit seront hospitalisés à Kigali.

La plupart des ONG, des institutions internationales et des gouvernements étrangers font pression sur le Rwanda pour faire libérer un maximum de prisonniers. Sous-jacente à cette demande de libération, il y a une volonté d'amnistier les tueurs, au prétexte qu'il n'y a plus personne pour porter plainte. La libération des prisonniers est même présentée comme un préalable à la réconciliation. Devant un génocide presque total, cette intention peut être aussi bien l'expression d'une foi religieuse, irraisonnée par définition mais sincère, que celle d'une ignoble hypocrisie. L'impunité signe en effet la réussite de l'entreprise d'extermination, la victoire de ses concepteurs, tant rwandais que français. On se souvient que la libération des prisonniers était une exigence de l'émissaire de l'Élysée auprès du gouvernement rwandais, en septembre 1995 [49]. Ce concept de « réconciliation » est le dernier avatar de l'idéologie ethniste qui a conduit au génocide. Elle s'y affirme indirectement, mais d'autant plus insidieu-

48. En août 1999, 527 prisonniers sans dossier ont été libérés à Kigali, soit près d'un millier au total.

49. Le dénommé Okumu. Voir chapitre III, « Implications politiques », p. 130.

sement qu'elle en est l'arrière-plan non dit. Consécration cachée de l'ethnisme, la réconciliation s'accompagne de la bénédiction de l'Église, qui met tout en œuvre pour y parvenir. Pour lutter contre le racisme, une meilleure méthode serait de faire fonctionner la justice.

La justice, défi immense et improbable, n'est pas rendue. Des centaines de milliers de petits tueurs, paysans ou chômeurs – et l'on a vu l'extrême cruauté dont ils ont fait preuve –, jouissent de l'impunité sur les collines comme dans les villes. Amnesty International n'évoque jamais ce déni de justice [50]. Les prisons sont pleines, les témoins souvent complices et les rares survivants sont souvent si désespérés qu'ils se taisent. Dans de trop nombreux endroits, les Tutsi ont été exterminés en totalité. Le nouveau Rwanda, c'est surtout cette absence de justice. Si l'ancien procureur de Kigali, François-Xavier Nsanzuwera, se trompait en réclamant en 1996 la libération immédiate des sans-dossier, en revanche c'est avec sagesse qu'il pense en 1998 que « *même les paysans qui ont participé au génocide doivent en répondre. Leur donner des circonstances atténuantes sous prétexte qu'ils sont des paysans, qu'ils sont des bourreaux-victimes (ce qui est vrai) serait une insulte à la paysannerie rwandaise car la majorité des rescapés sur les collines le sont par le courage de leurs voisins paysans.* [...] *le châtiment du coupable est une question de justice et fait partie des préalables de la réconciliation.* [...] *C'est l'impunité qui risque de créer le chaos* » [51].

L'affaire Misago

Mgr Misago a été emprisonné en 1999 sous l'inculpation de participation au génocide et acquitté finalement le 15 juin 2000, sous la pression du pape et de l'Église catholique. Le pape Jean-Paul II est intervenu directement et personnellement lors du procès, en envoyant un message de soutien, « *formulant ses vœux pour que la liberté lui soit rapidement redonnée* ». Vœux qu'il accompagnait de sa bénédic-

50. Amnesty International, « Faire face à la vérité », AFR/47/98, juin 1998.

51. François-Xavier Nsanzuwera et Immaculée Mukamuhirwa, *La Lettre de la FIDH*, 19-26 février 1998.

tion apostolique. En juin 1994, alors que le génocide s'achevait tout juste, Misago invitait le cardinal Etchegaray [52], de passage au Rwanda, à « *envisager sérieusement une solution au problème du clergé tutsi, dont la population rwandaise ne voulait plus* » [53]. Cet aveu et cette demande auprès des oreilles attentives du Vatican, alors même qu'il est suspect de participation au génocide, dressent le portrait du personnage. Pendant le génocide, il aurait refusé de protéger la population massacrée, estimant que « *de toute façon les Tutsi sont condamnés…* » [54]. Au curé de la paroisse de Cyanika qui lui demandait de l'aide [55], Mgr Misago « *lui signifiera une fin de non-recevoir. Il* [ce curé] *sera tué dans les conditions les plus humiliantes et les plus atroces* » [56]. Il était tutsi.

Selon des témoins hutu et des rescapés tutsi, Misago a collaboré avec le préfet Laurent Bucyibaruta et le major Bizimungu, commandant de la gendarmerie, qui organisaient l'extermination des 150000 Tutsi parqués dans divers refuges autour de Gikongoro. Pour l'avocat des parties civiles, maître Rwangampuhwe, « *ceux qui se sont réunis pour organiser le génocide ne peuvent être innocents. Misago participait à ces réunions au cours desquelles on exhibait les statistiques des Tutsi déjà tués, des Tutsi qui ont survécu et des Tutsi qui restent à abattre* ». Il a déclaré à la fin du procès : « *La justice rwandaise vient de rater là son rendez-vous avec l'histoire.* » Pour maître Mutagwera, président de l'association Ibuka, « *Mgr Misago était puissant* ». Il a comparé sa libération avec celles des bourgmestres de Mushubati et Butare, libérés également à la suite de jeux d'influences [57]

52. Envoyé spécial du pape au Rwanda, consulteur du Conseil pontifical « Justice et paix ».

53. Propos rapportés par de nombreux témoins et dont Jean-Damascène Bizimana, *L'Église et le génocide au Rwanda*, ouvrage cité, se fait également l'écho p. 100.

54. Selon l'enquête de *Golias magazine* n° 48-49, p. 122.

55. Il s'agit de Joseph Niyomugabo.

56. *Golias magazine, ibidem.*

57. Jean-Damascène Bizimana, dans *L'Église et le génocide au Rwanda*, ouvrage cité, fait un tableau précis du procès Misago, de la campagne en sa faveur et de la confusion volontairement entretenue par le Vatican qui le présente comme un procès de l'Église. Voir également le dossier de l'Agence rwandaise d'information, *ARI/RNA* n° 199, du 15-21 juin 2000, dont sont tirées ces citations.

On peut se demander quelles ont été les tractations politiques derrière cet acquittement. L'impunité pour Misago signifie-t-elle l'impunité pour les *warlords* de l'APR auteurs de crimes de guerre au Congo ? Ou simplement un message de soumission adressé au Vatican ? Ce procès montre aussi que les dossiers de certains hauts responsables du génocide emprisonnés au Rwanda sont susceptibles de disparaître. La justice rwandaise vient de perdre là une grande partie de sa crédibilité. À cette dérive de la justice s'ajoute l'initiative politique de la réconciliation qui remet en cause la lutte contre l'ethnisme en tant qu'idéologie, comme nous l'avons vu.

En ayant institué un « ministère de la Réconciliation » et en organisant en grande pompe un sommet national sur l'unité et la réconciliation du 16 au 22 octobre 2000, le gouvernement rwandais s'aligne sur la position de l'Église catholique. En février 2001, cette dernière a mis en scène le spectacle affligeant de « la veuve reconvertie de Musha », lors de son jubilé consacrant le « premier centenaire de l'évangélisation du Rwanda » [58]. Dans le grand stade de Kigali, en présence de l'envoyé spécial du pape, le cardinal Roger Etchegarray, des milliers de Rwandais ont assisté à la confession publique de Niragire, veuve de la paroisse de Musha. « [Elle] *a demandé publiquement pardon à tous les Hutu du Rwanda pour son acharnement à vouloir chercher la vengeance contre tout membre différent de son ethnie coupable d'avoir massacré son mari et ses enfants mâles* (sic) », ainsi que l'écrit triomphalement le journal de l'Église *Kinyamateka* [59].

De quelle « réconciliation » veut-on parler si ce n'est celle des ethnies tutsi et hutu ? Qui doit se réconcilier, avec qui et pourquoi ? s'interroge le journal rwandais *Ukuri*. « *Est-ce que quelqu'un acceptera de se réconcilier avec un génocidaire qui a exterminé tous les siens ?... Ce malfaiteur doit plutôt être puni de façon exemplaire. Est-ce qu'un Tutsi se réconciliera avec un Hutu innocent qui n'a joué aucun rôle dans le génocide ?* [...] *Si vous n'avez aucun litige avec personne, il n'y a aucune raison de se réconcilier !* » [60] Le prêche

58. Centième anniversaire de l'inauguration de l'église de Save le 8 février 1901.

59. *Kinyamateka* n° 1569 du 1er février 2001, p. 10. Article de Ferdinand Murara « Si Dieu est mort à Auschwitz, il est ressuscité à Musha ».

60. *Ukuri* n° 128, cité par *Grands Lacs hebdo* du 25 octobre 2000.

pour la « réconciliation » entre ethnies est une impasse dangereuse. Le fond de cette impasse a été atteint par la « confession de Detmold » où « *chrétiens hutu et chrétiens tutsi* » demandent « *pardon à Dieu et aux hommes* » pour les crimes « *exercés par les nôtres* » [61]. Une très curieuse façon de vouloir « guérir le Rwanda de la violence » en s'attachant à l'idéologie qui la sécrète. La plupart des rescapés ne veulent pas se voir imposer une réconciliation qui ferait l'économie de la justice. Ils veulent la justice. Ce n'est que si la justice est rendue qu'ils pourront, s'ils le désirent, se réconcilier avec ceux qui ont participé au génocide et même accorder le pardon à leurs bourreaux. Encore faut-il que ces derniers *le demandent*.

En février 2000, le secrétaire général du FPR, Charles Muligande, participe à la « journée d'action de grâce et de prière », organisée par l'Assemblée des Églises pentecôtistes du Rwanda (Adepr), accompagné de la présidente de la Commission nationale pour l'unité et la réconciliation [62]. Le pouvoir utilise donc la religion de la même façon que la dictature du très catholique Habyarimana. Veut-on recommencer en 2001 l'ancienne théocratie rwandaise et dédier à nouveau le pays au « Christ Roi » comme l'avait fait Mutara III ? Tout le monde en connaît les conséquences. Faut-il rappeler aux fidèles rwandais que la Sainte Vierge avait annoncé en mai 1994, lors de ses apparitions à Kibeho, dans le fief même de Mgr Misago, que « *le très bon parent Habyarimana a été reçu au ciel* » [63] ? Trop de compromissions avilissantes avec une Église catholique et des sectes religieuses minées par leur alliance avec le Hutu Power ont été acceptées par le gouvernement. La libération de Misago, malgré des témoignages accablants, peut être le signe de l'évolution vers un partage (explosif) du pouvoir entre les extrémistes des deux bords, une évolution qui n'a d'autre issue qu'une impasse ethnique à la burundaise. Où sont passés les idéaux laïcs, anti-ethnistes et panafricanistes du FPR ?

---

61. *Guérir le Rwanda de la violence. La confession de Detmold* de Rubayiza Fulgence, L'Harmattan, 1998.

62. Mme Aloysia Inyumba. Le dimanche 20 février 2000, *ARI/RNA* n° 182 du 17 au 23 février 2000.

63. *Grands Lacs hebdo* n° 233, 19 février 2001.

Le piège du pouvoir

« *C'est un des drames de l'Afrique, on la juge à travers des élites que Fanon disait "décérébrées". Ce sont elles qui manipulent les idées ethniques.* [...] *Notre véritable tragédie, c'est d'être affublés de ces élites complètement désaxées, prêtes à jouer avec la misère et le désespoir des populations dans de sanglantes luttes de pouvoir.* »

Boubacar Boris Diop, écrivain sénégalais [64].

Autrefois, les postes de responsabilité étaient distribués sur des critères d'ethnicité et de parenté : ils étaient réservés en priorité aux *Bakiga*, aux Hutu de la région du président et de son *akazu*. La belle-famille de Habyarimana s'était partagé presque toutes les maigres ressources que pouvait offrir le pays, y compris celles du détournement de l'aide internationale, des commerces illicites et des trafics divers. Le nouveau Rwanda doit désormais faire la preuve d'une rupture avec ces pratiques. Les cadres démis de leur fonction en raison de leur incompétence ou pour corruption ne diront jamais que c'est pour ces raisons qu'ils quittent le Rwanda. S'ils sont tutsi, ils dénonceront le « totalitarisme » du FPR. S'ils sont hutu, ils évoqueront des motifs liés à la persécution d'un régime « tutsi », ainsi que les y encouragent les ennemis occidentaux du régime. En exil à l'étranger, certains d'entre eux se disent « en réserve de la République hutu ». De même que les anciens cadres et les ex-dirigeants déchus, ils sont tentés de rejouer la carte du *Rubanda Nyamwinshi*, « peuple majoritaire », ou de réclamer des quotas en fonction de l'appartenance ethnique.

Les ethnocrates hutu ont bénéficié pendant trente-quatre années d'un électorat captif, voué par la naissance à reconnaître leur légitimité ethnique. Cette situation a laissé des séquelles. Les Tutsi étaient des otages, réduits à être des boucs émissaires, des citoyens de seconde

---

64. « La vraie tragédie de l'Afrique, ce sont ses élites », entretien publié par le quotidien dakarois *Le Soleil*, du lundi 5 février 2001. L'article est sur le site Web du *Soleil* : http://www.lesoleil.sn. Boubacar Boris Diop est l'auteur de *Murambi, le livre des ossements*, Stock, 2000, roman-témoignage consacré au génocide dans le cadre du projet « Écrire par devoir de mémoire » (Fest'Africa, Lille, juin 2000).

zone, des êtres sans parole. Ils étaient étrangers dans leur propre pays, où les Hutu constituaient la « bonne ethnie » comme le révèlent ces propos d'un intellectuel contrôlé sur une barrière : « *On me demanda ma carte d'identité et je leur ai répondu que j'étais hutu et donc citoyen de plein droit de ce pays.* » [65] Depuis 1994, les références ethniques des cartes d'identité ont été supprimées et tous les Rwandais doivent avoir les mêmes droits. Pour nombre d'intellectuels hutu, l'idéalisme est dramatiquement réduit et se borne à la religion ethnique. Par contraste, nombre de Tutsi rentrés au pays étaient de véritables idéalistes. Certains ont abandonné en France des salaires d'enseignants, de médecins, d'universitaires, la sécurité de l'emploi et un niveau de vie élevé, pour mettre leurs compétences au service de leur pays. En échange d'un salaire de misère.

À côté de cet idéalisme admirable coexiste le pire. Les responsables dénoncés pour corruption, qu'ils soient tutsi ou non, semblent inamovibles s'ils sont proches des cercles du pouvoir. Cette situation est le signe d'une confiscation mafieuse du pays par une nouvelle oligarchie. Aux yeux de ses détracteurs ethnicisants, ces dérives sont dénoncées comme la preuve de la véritable nature « tutsi » du nouveau régime. Cela les comble d'aise. Ils ont des armes supplémentaires pour le combattre, au nom du « peuple majoritaire ». L'allégeance faite au Vatican par l'acquittement de Mgr Misago, la préservation des privilèges exorbitants de l'Église catholique et des sectes protestantes, notamment leur mainmise sur la santé et l'enseignement, vont dans le sens de l'établissement d'une nouvelle *nomenklatura*. À long terme, cette confiscation du pouvoir conduit à la régression économique, à la faillite humaine et politique. Le nouveau régime est sur la sellette. S'il n'applique pas les critères d'égalité de tous devant la loi, s'il ne s'émancipe pas de la tutelle pesante de l'Église, il se met au niveau des Républiques hutu qui l'ont précédé. Dans la lutte impitoyable que mènent contre ce nouvel État tous les complices de l'ancien régime, dont l'Église catholique, ce serait suicidaire.

---

65. African Rights, entretien à Gitarama le 11 juin 1994.

12. Justice et réparations

Sortir des ténèbres

> « *Ce qui peut séduire c'est cette volonté inébranlable des hommes et des femmes de s'en sortir, de vaincre les démons de la haine et de la peur. Le pays se construit* […] *en étant habité par la rage de survivre, de renaître.* »
>
> Koulsy Lamko, écrivain tchadien [1].

La peine de mort a été infligée à des instigateurs du génocide, le 24 avril 1998, dans le respect de la législation rwandaise et malgré d'énormes pressions sur le gouvernement rwandais de la part des États occidentaux (y compris des États-Unis), du Vatican et des ONG. Une coalition curieusement beaucoup plus motivée sur ces dossiers des génocidaires rwandais que sur les exécutions auxquelles procède régulièrement la grande « démocratie américaine » à l'encontre de prévenus généralement noirs et sans moyens financiers pour assurer leur défense. Depuis, il n'y a plus eu d'application de la peine capitale au Rwanda. La peine de mort est dans l'absolu inacceptable et indéfendable. Mais il faut constater que ces condamnations ont eu au Rwanda un impact psychosocial important: elles ont marqué la fin de trente-quatre ans d'impunité pour les bourreaux. Cet acte symbolique fort était attendu. La population rwandaise l'a ressenti comme le signe qu'elle est désormais protégée de l'abomination et de l'inhumanité d'un génocide. Le nouvel État, auquel participent les partis politiques signataires des Accords

1. Koulsy Lamko est l'auteur de *La Phalène des collines*, ce roman est aussi son témoignage d'écrivain africain sur le génocide (« Écrire par devoir de mémoire », Fest'Africa, Lille, juin 2000). Il est directeur du Centre universitaire des arts à Butare au Rwanda. Entretien avec Sylvain Marcelli pour *L'Interdit* (www.interdits.net).

d'Arusha, marquait ainsi sa rupture avec l'État génocidaire. Les partis au gouvernement (excepté le FPR) ont tous eu en leur sein une tendance Hutu Power en 1993-1994. Cette cassure spectaculaire de l'impunité était un choix politique indispensable.

La peine de mort était-elle nécessaire ? Dans la situation très particulière de ce pays, après un génocide, on peut en discuter. En revanche, que penser de cette phrase, écrite peut-être en relation avec ces condamnations : « *Je pense que si les Tutsi pouvaient tuer tous les Hutu, ils le feraient de bon cœur. Mais ils ne le peuvent pas.* » [2] Or même des rescapés de l'horreur, malgré l'immensité de leur souffrance, m'ont confié ne pas avoir de telles pensées. L'auteur veut dire qu'on ne peut exterminer que les minorités, et que cette activité qu'« ils feraient de bon cœur » est donc réservée aux Hutu majoritaires et non aux Tutsi. De telles affirmations « politiquement branchées » provoquent peut-être la fascination du lecteur occidental. Mais comment peuvent réagir à ces lignes les Rwandais qui ne sont pas de la tendance Hutu Power ? Que ressentent-ils devant ces « experts » qui pensent pour eux et parlent à leur place, qui, au prétexte de tout expliquer, les enferment dans leurs catégorisations simplistes. Car ce ne sont pas des paroles en l'air, des affirmations sans conséquences. Elles contribuent à l'ethnicisation de la réalité, à la banalisation et l'intégration de ces concepts dans les mentalités. Il y a derrière ce « réalisme ethnique » des centaines de milliers de morts africains. Autant de drames individuels et familiaux.

Nombreux sont les Rwandais qui voudraient en finir avec cette dichotomisation obligatoire. Ils en ont plus qu'assez de ces prisons ethniques et revendiquent d'abord leur citoyenneté rwandaise. À un journaliste français qui l'interrogeait sur son ethnie, le Premier ministre Agathe Uwilingiyimana avait répondu que c'est en tant que Rwandaise qu'elle assumait ses fonctions politiques. Hutu elle-même, elle sera torturée et assassinée quelques jours avant le génocide, par les forces du Hutu Power. Les personnes qui placent leur appartenance à la nation rwandaise au-dessus de leur origine ethnique sont beaucoup plus nombreuses que les experts en ethnicité veulent le croire ou le

2. Gérard Prunier, *Politique internationale*, hiver 1998-1999, p. 370, dans un entretien intitulé « Grands lacs : les clés d'une guerre sans fin ».

faire croire. Pour le nouveau Rwanda, rompre avec l'ethnisme ne signifie évidemment pas revenir aux quotas, mais signifie au contraire tenir compte des compétences et non de l'ethnie. Les portes de la fonction publique doivent être ouvertes à tout Rwandais acquis aux notions de bien public et de citoyenneté. L'incorporation de cadres de l'ancien régime était réclamée par les complices occidentaux du génocide. Mais le scénario du grand oubli et du grand pardon, du style « embrassons-nous, Folleville ! », n'était pas jouable. Non seulement en raison du mépris qu'il signifiait à l'encontre des rescapés, mais aussi parce que l'impunité n'est pas une solution. Un tel scénario, à la fin du génocide, donnerait finalement raison à ses concepteurs.

Des africanistes réclament des élections au Rwanda, convaincus qu'elles « *signeraient la fin du gouvernement du FPR* » et fustigent « *les pays du Nord pourtant prompts à donner des leçons de bonne gouvernance* [qui] *font exception pour le Rwanda* » [3]. Il est pourtant évident que le suffrage universel n'aura de sens dans ce pays qu'à la condition que cette idéologie de la haine soit réellement rejetée par la population et légalement interdite. Comme l'a souligné le sénateur belge Alain Destexhe dans sa réflexion sur le génocide : « *L'idéologie nazie a été mise hors la loi, et ceux qui s'en réclamaient ont été exclus des fonctions publiques et de toutes activités politiques* » [4]. Au Rwanda, la condamnation de l'ethnisme est essentielle : « *Tout dirigeant africain appelant à la haine ethnique, au racisme, à la xénophobie et au génocide devrait être automatiquement inéligible.* » [5] Il est nécessaire de mettre hors la loi l'idéologie du Hutu Power pour reconstruire une société viable. Des associations comme Ibuka et des juristes comme Raïna Luff ont pris conscience de cette nécessité et font appel au gouvernement rwandais pour que des textes de loi condamnent l'ethnisme [6]. Cette idée, aussi évidente qu'elle puisse paraître, semble absolument incompréhensible à nombre d'experts, d'ONG et de lobbies catholiques prisonniers de leurs convictions ethniques.

3. Luc Cambrézy, *Politique africaine* n° 68, décembre 1997.
4. *Rwanda. Essai sur le génocide*, Éditions Complexes, 1994.
5. Sema Kweli, *ARI/RNA* n° 191, 20-26 avril 2000.
6. Raïna Luff : « Appel urgent au législateur rwandais », *Grands Lacs hebdo* n° 256 du 30 juillet 2001. Voir aussi l'éditorial du n° 257 du 6 août 2001.

Le passif du pays est lourd. Le Rwanda émerge d'un régime dictatorial. De 1973 à 1994, il a été placé sous la coupe du parti unique de Habyarimana. La Constitution de 1978 énonçait que tout Rwandais en était obligatoirement membre « *dès sa naissance* ». Le président Habyarimana, issu d'un coup d'État meurtrier, sera réélu en 1988 avec 99,8 % des voix. La démocratie exige, on le voit, une rupture radicale avec les pratiques dictatoriales de la défunte « République hutu ». Les Rwandais savent aussi que l'histoire de leur pays a été falsifiée depuis la colonisation et qu'ils sortent de trente ans de conditionnement à l'idéologie du « peuple majoritaire ». Une idéologie socio-raciale identifiée comme « nazisme tropical » après une analyse comparative dûment circonstanciée et étayée [7].

Le nouveau régime a obtenu en cinq ans, malgré un environnement méfiant et souvent hostile, quelques acquis importants : le redressement du pays, l'instauration de la paix civile, la liberté de la presse. Des victoires encore fragiles qui peuvent, à tout moment, être remises en question. Sans être un modèle de démocratie, le régime rwandais peut favorablement tenir la comparaison avec celui des « tyrannosaures » françafricains. Il suffit d'évoquer les régimes de Sassou N'Guesso, Eyadéma, Hassan Gouled, Idriss Déby, Ngema et autres Biya [8]. Des officiers de l'APR sont régulièrement jugés, emprisonnés et condamnés pour avoir commis des actes criminels. On aimerait que les pourfendeurs de l'APR soient aussi critiques vis-à-vis des gardes présidentielles et des forces armées des dictatures que la coopération militaire française entraîne, finance et encadre.

Bien des choses doivent être améliorées : la justice, le sort des prisonniers, les méthodes d'investigation des services spéciaux, la lutte contre la corruption, etc. L'idéologie du « peuple majoritaire » n'a pas été remplacée par une prétendue « solidarité tutsi » au sein du pouvoir. Cet argument de propagande n'est réservé qu'aux adeptes les plus naïfs de l'intégrisme hutu. La suppression du fichage ethnique administratif et de la mention ethnique sur les cartes d'identité est

7. Jean-Pierre Chrétien, « Un "nazisme tropical" au Rwanda ? Image ou logique d'un génocide », *Vingtième siècle*, octobre 1995, pp. 131-142.

8. Respectivement « présidents » du Congo (Brazzaville), du Togo, de Djibouti, du Tchad, de la Guinée équatoriale et du Cameroun.

plus qu'un signal fort : c'est une garantie. Cependant, il reste au nouveau régime à prouver son refus de tout accaparement familial, sectaire ou régional du pouvoir, avec ce que cela représente de passe-droits et de corruption, d'inégalité des Rwandais devant la loi. L'espérer est un pari risqué mais encore ouvert. La Commission nationale pour les droits de l'homme de Gasana Ndoba constitue un formidable espoir. Il faut souhaiter l'accroissement de son pouvoir politique et moral.

Le Tribunal pénal international d'Arusha

Après la victoire du FPR en juillet 1994 et la mise en place d'un gouvernement d'union nationale, le Rwanda a demandé la création rapide d'un tribunal international chargé de juger les criminels [9]. Cependant, il votera contre la résolution 955 du Conseil de sécurité de l'ONU créant un Tribunal pénal international pour le Rwanda (TPIR) [10]. En effet, il était inacceptable pour le Rwanda que celui-ci limite sa compétence aux actes commis en 1994, comme si le génocide était sorti du néant. Le Rwanda, enfin, s'est inquiété de la participation au processus de nomination des juges de pays qui ont soutenu le régime génocidaire. Car la France, membre permanent du Conseil de sécurité, est en effet partie prenante dans ce génocide. Comme ce sont les mêmes instances internationales qui ont permis le génocide et qui ont créé le TPIR, il est assez logique de penser que ce tribunal est plus un moyen de maintenir l'obscurité que de faire la lumière. Ce constat a d'ailleurs déjà été fait : « [après sept ans] *le travail du tribunal n'a pas réussi à davantage faire la lumière sur le plan, le mécanisme, la chronologie, l'organisation et le financement du génocide, ni à en identifier les vrais auteurs.* » [11]

Le TPIR partage avec le Tribunal pénal international pour l'ex-Yougoslavie (TPIY) le bureau du procureur et la chambre d'appel.

---

9. ONU S/1994/115 du 29 septembre 1994 et déclaration du président rwandais le 6 octobre 1994 à l'Assemblée générale des Nations unies, 49e session, 21e séance, p. 5.

10. Résolution 955 du 8 novembre 1994.

11. Analyse du Crisisweb : the International Crisis Group's on-line system, Nairobi-Arusha-Bruxelles, 7 juin 2001 (site : www.crisisweb.org)

La juge canadienne Louise Arbour en était la procureure à l'origine. Elle a été remplacée le 15 septembre 1999 par la Suissesse Carla del Ponte. Le TPIR a été dès ses débuts dénoncé pour sa mauvaise gestion et son inefficacité. Ce tribunal s'est en effet doté de ressources matérielles et humaines insuffisantes, malgré un budget comparable à celui du TPIY : « *Avec un effectif de plus de 800 employés, trois chambres de première instance occupant neuf juges et un budget d'environ 90 millions de dollars américains, le bilan du TPIR est lamentable.* » [12] Ce petit tribunal situé au milieu de la brousse africaine à Arusha, en Tanzanie, à près d'un millier de kilomètres de Kigali, a été confronté jusqu'à tout récemment à des tensions internes, à l'exaspération justifiée du Rwanda et au manque de coopération de la part de plusieurs gouvernements africains. Dès sa mise en place, « *le TPIR a acquis une triste réputation d'inefficacité et d'incompétence* » [13]. Les dysfonctionnements du TPIR sont trop importants pour n'être dus qu'au hasard.

La puissance néocoloniale en Afrique des hommes au pouvoir en France est immense. Ils ont maintenu un système d'inféodation des colonies du continent noir par le contrôle des chefs d'État. Ceux-ci, mis en place pour la plupart par un coup d'État supervisé par les officines officielles ou « privées » et les réseaux en place, sont des dictateurs maintenus au pouvoir par des élections truquées avec l'aide des Services français. Un discours condescendant peut alors mélanger la langue de bois des intentions vertueuses et le prétexte que « l'Afrique n'est pas mûre pour la démocratie ». Le ministère de la Coopération et les responsables français y excellent. Dans ce contexte, il est inévitable que l'ombre de la Françafrique plane sur Arusha. Cette ombre gigantesque, et totalement occultée par tous les commentateurs, explique vraisemblablement l'essentiel des dysfonctionnements du TPIR. Il faut garder à l'esprit que ce tribunal est constitué pour juger les membres d'un gouvernement reconnu et soutenu par les autorités françaises : « *Aucun des grands planificateurs présumés du génocide n'a été jugé, y compris le colonel*

12. Crisisweb, Nairobi-Arusha-Bruxelles, 7 juin 2001, document cité.

13. *Ubutabera* n° 70 du 13 septembre 1999 (www.diplomatiejuciaire.com).

Théoneste Bagosora, en prison depuis cinq ans. La plupart des vrais cerveaux du génocide, qu'ils soient officiellement recherchés par le TPIR ou non faute de preuves, circulent librement entre différents pays, dont la RDC, le Gabon, le Kenya, mais aussi la France et la Belgique. » [14]

Quel est le rôle de la diplomatie française dans le choix d'Arusha plutôt que Kigali ? Ce choix est un procès d'intention contre le régime rwandais. Choisir Kigali aurait permis de prendre le gouvernement rwandais au mot et de l'aider à avoir une justice équitable et efficace, par l'exemple et par l'entraide judiciaire. Arusha est un choix *politique* qui témoigne de la confusion née de la complicité française dans ce génocide, difficilement gérable par le TPIR. La symbolique de « Nuremberg 1935-1946 » [15] a été délibérément ignorée et remplacée par le mépris pour les Rwandais, privés de la valeur exemplaire de ce tribunal. La demande des experts de l'OUA de « *déménager le TPIR au Rwanda dans un délai raisonnable* » exprime cette simple et évidente constatation [16]. Sans pouvoir affirmer qu'à Kigali le tribunal aurait mieux fonctionné, il faut constater qu'à Arusha il a été caractérisé par une procédure d'une lenteur incompréhensible. Ce tribunal n'a opéré aucune inculpation entre octobre 1996 et juin 1997, au moment où la « guerre de basse intensité » de la Françafrique contre le Rwanda était la plus forte. Le pli est pris. « *Entre juillet 1999 et octobre 2000, la seule activité judiciaire s'est réduite au procès d'un seul accusé, Ignace Bagilishema, ancien maire de la commune de Mabanza, au Rwanda, dont le verdict devrait être rendu le 7 juin* [2001]. *Cinq juges sur neuf ont alors passé plus d'un an et demi sans procès, l'un d'entre eux réussissant en mars dernier à atteindre le record de vingt-huit mois sans procès.* » [17]

---

14. Crisisweb, Nairobi-Arusha-Bruxelles, 7 juin 2001, document cité.

15. Des « lois de Nuremberg » du 15 septembre 1935, officialisant l'antisémitisme, au tribunal du même nom.

16. *Un génocide évitable*, rapport cité. Ce rapport est très critique pour le TPIR. À noter que ses remarques pourtant très pertinentes sont citées ironiquement et sur le ton du mépris par la journaliste Stéphanie Maupas, *Diplomatie judiciaire* (TPIR) du 9 juillet 2000.

17. Crisisweb, Nairobi-Arusha-Bruxelles, 7 juin 2001, document cité.

À l'opposé, le Tribunal de Nuremberg, décidé le 8 août 1945 par l'accord de Londres, a été mis en place le 6 octobre 1945, cinq mois à peine après la défaite des nazis. Et il rendait ses jugements le 1er octobre 1946 ! Le choix d'une procédure de type anglo-saxon (le *common law*) plutôt que celle du Tribunal de Nuremberg est très critiquable. La faiblesse de l'accusation et les moyens donnés à la défense contrastent avec la gravité des crimes commis. « *Aucune représentation des victimes n'est prévue dans le procès. Elles ne sont pas considérées comme des parties* », constate la juriste Marie-Anne Swartenbroekx [18]. L'organe d'instruction du TPIR qui est chargé de recueillir les preuves montre une singulière incompétence. Par exemple pour Ferdinand Nahimana, universitaire idéologue du génocide et ancien directeur des programmes de la RTLM, les enquêteurs du TPIR n'avaient pas consulté les archives de l'université nationale du Rwanda à Butare. Des correspondances qui éclairent les relations de Ferdinand Nahimana avec le pouvoir y ont été trouvées par des consultants qui n'étaient pas venus pour faire ce travail d'enquête. En revanche, les avocats de la défense s'étaient rendus, eux, à Butare [19]. La documentation audio se trouvait encore après cinq ans d'existence du TPIR dans un état déplorable et un « *classement chaotique* » : « *Doubles emplois, listes contradictoires, dates absentes, confusions entre RTLM et Radio Rwanda, sources mal identifiées, repérages des transcriptions et des traductions à compléter... Sur 567 enregistrements disponibles, près de la moitié n'avait été ni transcrits ni traduits après cinq ans d'exercice et 20 % seulement étaient traduits en français ou en anglais.* » [20]

L'absence d'un procureur propre au TPIR ne permet pas un bon fonctionnement du tribunal. La procureure doit se partager entre La Haye, où elle a son siège, Arusha où siège le tribunal, et Kigali qui devrait être normalement le centre des enquêtes. À cela s'ajou-

18. Marie-Anne Swartenbroekx : « Le Tribunal pénal international pour le Rwanda », *in La Justice internationale face au drame rwandais*, sous la direction de Jean-François Dupaquier, Karthala, 1996, p. 107.

19. Droit de réponse des auteurs de *Rwanda, les médias du génocide*, ouvrage cité, à l'article diffamant de Stéphanie Maupas et Thierry Cruvellier (*Diplomatie judiciaire*, 29 novembre 2000). Site de *Diplomatie judiciaire* : http://www.diplomatiejudiciaire.com/Tpir/Nahimana14.htm

20. Jean-Pierre Chrétien *et al.*, Droit de réponse, *ibidem*.

taient en 1997 des maux bien plus graves relevés par une enquête interne de l'ONU : incompétence des responsables de l'accusation et du greffe. « *Il n'y a pas un secteur du greffe qui fonctionne efficacement.* » [21] « *Au manque de moyens* [malgré le budget important] *s'ajoute la débandade du personnel (népotisme, coulage, affaires de mœurs).* » [22] Le pire est l'absence de toute protection prévue pour les témoins qui craignent pour leur vie. Ce point était important en 1995-1996, alors que les Interahamwe sévissaient encore au Rwanda même, éliminant les rescapés, et que les réseaux élyséens-françafricains finançaient et armaient toujours le Hutu Power. En 1995, ces forces lançaient des raids contre le Rwanda à partir de l'île d'Iwawa (sur le lac Kivu). L'exclusion du traitement des dommages et intérêts des victimes par le TPIR est une décision également révoltante. En 1997, la presse rwandaise pouvait à juste titre s'indigner : « *Le TPIR a 180 yeux qui ne voient pas* » [23] (par référence aux quatre-vingt-dix enquêteurs de l'époque) ; « *Je reviens d'Arusha et du TPIR, ce véritable nid de vipères pour le Rwanda.* » [24] Trois ans plus tard, c'est le luxe insolent de la prison d'Arusha, où les inculpés vivent dans un confort qui contraste avec la misère des rescapés : « *Mes enfants ont été tués sous mes yeux. On a voulu me noyer mais j'ai survécu par miracle. Pourquoi les bourreaux vivent-ils aujourd'hui mieux que nous ?* », demande une rescapée à la procureure Carla del Ponte [25]. Il faut bien constater que des assassins qui se sont enrichis en puisant dans les caisses de l'État, qui ont spolié les biens de leurs victimes, continuent à jouir de ces richesses volées ainsi que leur famille, alors que l'immense majorité de ceux qui ont survécu à l'extermination organisée par ces criminels vit dans un total dénuement [26].

---

21. Réalisée par le service de contrôle interne, dit « Bureau de l'inspecteur général de l'ONU ». Le diplomate allemand Karl-Theodor Pashke est responsable de l'enquête. *Le Monde* du 14 février 1997.

22. *Billets d'Afrique*, mars 1997.

23. *Imvaho* n° 1188, du 30 juin 1997.

24. *Rwanda libération* n° 24, mai 1997.

25. *La Tribune de Genève*, 20-21 mai 2000.

26. En 1995 (absence de récolte) et en 2000 (sécheresse du Bugesera) alors que la famine torturait des rescapés au Rwanda, ceux-ci regardaient les camions de la Croix-Rouge acheminer dans les prisons une abondante nourriture à laquelle ils n'avaient pas droit.

Pour payer les frais de la défense au TPIR et au TPIY, 17 millions de dollars ont été dépensés par les Nations unies en 1999 et 2000. Cette somme colossale s'explique par ce que tous les détenus du TPIR ont été déclarés indigents, sur la foi de leur seule déclaration, malgré des fortunes accumulées par le pillage du pays sous le régime Habyarimana. « *Faute d'enquêteurs spécialisés dans la localisation des actifs financiers* », indique le Bureau des services de contrôle interne des Nations unies (BSCI) [27]. De plus, ils reçoivent des cadeaux importants de la part des avocats de la défense, notamment du matériel informatique. Une enquête interne de l'ONU [28] a révélé le scandale du « *partages d'honoraires entre conseil de défense et détenus* ». Ces « *articles électroniques de prix* » et l'aide « *d'autres visiteurs* » du TPIR « *d'un certain pays* » (dont le rapport ne donne pas le nom) auraient ainsi permis à Hasan Ngeze (rédacteur en chef de *Kangura*) et Jean-Bosco Barayagwiza (idéologue de la CDR), en cours de jugement, d'avoir chacun leur site Internet [29]. Ces sites méritent d'être visités. On y apprend notamment que Jean-Bosco Barayagwiza est chevalier de l'Ordre du mérite de la République française. Signalons la présentation anodine dans le journal *Le Monde* du site d'Hasan Ngueze, qui y explique être « *persécuté pour avoir exercé son droit à la libre expression* » [30]. Selon le représentant spécial du gouvernement rwandais auprès du TPIR, les détenus du centre de détention de l'ONU financent les milices hutu interahamwe qui poursuivent

---

27. *TPIR-News*, fondation Hirondelle, 5 avril 2001. « Des détenus de l'ONU pourraient abuser du système, selon un rapport officiel », fondation Hirondelle, 31 mars 2001.

28. Rapport du Bureau des services de contrôle interne des Nations unies (BSCI), daté du 1er février 2001.

29. Le site de Ngeze, est http://www.hassanngeze.s5.com/ Le site de Jean-Bosco Barayagwiza est http://www.multimania.com/barayagwiza/ (préservé comme document historique sur le site de Wiwira http://users.skynet.be/wirira/barayagwiza/index-barayagwiza.htm et /index-hassanngeze.htm). À noter que les autorités carcérales tanzaniennes assurent à présent qu'elles ne donnent plus de lignes téléphoniques permettant la connexion Internet aux pensionnaires de la prison d'Arusha. Cependant, ils disposent d'ordinateurs PC et de GSM, ce qui permet de se connecter.

30. Géraldine Faes : « Un ex-journaliste rwandais jugé par le Tribunal pénal international organise sa défense sur Internet », *Le Monde* du 1er mars 2001.

leurs attaques sur le Rwanda à partir de l'ex-Zaïre (Congo-Kinshasa). Il a ajouté que trois des enquêteurs de la défense actuellement engagés par le TPIR figurent dans la « Catégorie 1 » de la liste établie par Kigali des principaux suspects de génocide [31]. L'un d'eux a été arrêté en mai 2001 à Arusha par les services tanzaniens de l'immigration [32]. Après ces révélations, le TPIR aurait résilié en juillet 2001 les contrats de quatre enquêteurs suspects d'être eux-mêmes génocidaires [33]. On conçoit que ces enquêteurs, parfaitement au courant des dossiers, étaient de remarquables effaceurs de témoignages. L'un d'entre eux était chargé de l'affaire de Ferdinand Nahimana, directeur-fondateur de la RTLM.

Le président de l'organisation Human Rights Watch, Ken Roth, se demande si « *l'absence totale d'enthousiasme de la France pour le travail du TPIR n'a pas contribué à ces errements* » [34]. En janvier 1996, la France n'avait toujours pas versé sa contribution au TPIR. Il a été déjà souligné que le Rwanda s'était opposé à la décision de l'ONU de limiter la compétence de ce tribunal aux crimes commis à partir du 1er janvier 1994. Pourquoi en effet cette limitation ? Le génocide n'a pas surgi spontanément en 1994. Une période de planification l'a précédé. De plus, depuis 1990 jusqu'en 1993, les « coups d'essai » du génocide s'étaient multipliés. Mais l'armée rwandaise les a réalisés avec l'aval des autorités politiques, alors que la coopération militaire française l'encadrait, l'instruisait et la finançait. Citons les massacres de Kibilira en octobre 1990 ; celui des Bagogwe en 1990-1991 : « [En janvier et février 1991] *l'armée a assassiné un millier de Bagogwe, les derniers nomades au nord du pays* » [35] ; en 1992, les massacres du Bugesera (mars), de la région de Kibuye

31. *IRIN-CEA,* bulletin n° 1149 du mercredi 4 avril 2001 (site : http://www.reliefweb.int/IRIN).

32. Il s'agit de Simeon Nchamihigo, employé sous le nom de Sammy Bahati Weza, qui utilisait un passeport congolais. Arusha (AP) le 20 mai 2001.

33. Il s'agit d'Augustin Basebya, d'Augustin Karera, d'Aloys Ngendahimana et de Thaddée Kwitonda (*Grands Lacs hebdo* n° 255 du 23 juillet 2001).

34. Afsané Bassir Pour, « Un rapport de l'ONU met en cause le Tribunal pour le Rwanda », *Le Monde* du 14 février 1997.

35. *L'Humanité* du 22 novembre 1991. En fait des bergers misérables et marginalisés.

(août) et de Gisenyi (décembre). En fermant les yeux ou en qualifiant ces « coups d'essai » de « rumeurs », les autorités françaises se rendaient complices et aidaient concrètement à la réalisation du génocide. C'était beaucoup plus qu'un symbolique feu vert donné aux programmateurs du génocide.

Lors de l'opération *Turquoise*, l'armée française a collecté des documents destinés en principe à devenir des pièces à conviction au service du TPIR. Selon le Premier ministre Alain Juppé, la France voulait ainsi apporter « *sa contribution aux instances internationales chargées d'établir la vérité* ». Mais le Tribunal a « *reçu des documents dont des paragraphes entiers ont simplement été barrés à l'encre noire* » [36]. *Billets d'Afrique* a évoqué l'aversion de l'exécutif français envers toute possibilité de sanction internationale des crimes contre l'humanité [37]. Notamment « *le refus de l'Élysée de laisser les officiers français aller témoigner à La Haye devant le TPI pour l'ex-Yougoslavie.* [...] *L'état-major français redoute l'insupportable : la convocation à Arusha et le questionnement fouillé, par le TPIR, des officiers français qui opérèrent au Rwanda de 1990 à 1994 – sans même l'excuse d'un mandat de l'ONU* [jusqu'à *Turquoise*]. *Et* [le ministre français de la Défense Alain Richard] *en profite pour opposer une chicane au zèle du TPIY : les officiers français ne témoigneront que sur la base d'une procédure écrite, permettant d'étudier les questions à la loupe. Un précédent qui serait bien utile face aux convocations du TPIR...* » [38]. Convocations dont on peut cependant douter qu'elles soient un jour demandées !

36. Selon un responsable de ce tribunal. *La Libre Belgique* du 2 mars 1998, cité par *Billets d'Afrique* d'avril 1998.

37. *Billets d'Afrique*, avril, mai et juillet 1998, mars et avril 2000. Officiellement, la France approuve le projet de création d'une Cour criminelle internationale (CCI) mais Jacques Chirac, exprimant la décision du lobby militaire, la saborde tout d'abord en exigeant l'accord préalable des États concernés. La création d'une Cour pénale internationale (la CCI devenant CPI) a été votée le 17 juillet 1998 à Rome, bien que la France continue à refuser sa compétence pour les crimes de guerre, puis avec le recours à l'article 124, interdisant pour sept ans à la CPI de poursuivre des Français pour crimes de guerre.

38. *Billets d'Afrique*, janvier 1998.

Le sentiment d'hostilité justifié du Rwanda pour le TPIR s'est traduit par une manifestation contre la procureure Louise Harbour, organisée à Kigali par Ibuka, le 27 mai 1997. Pourtant, Louise Harbour s'était indignée du manque de coopération de la France pour le TPIY, dénonçant le fait que dans le secteur bosno-serbe sous contrôle français « *se trouvent beaucoup de criminels de guerre, et ils s'y sentent en sécurité absolue* ». Hubert Védrine, ministre des Affaires étrangères, prend alors la relève de son collègue Alain Richard pour remettre la juge téméraire à sa place : « *Les autorités françaises ont été profondément choquées* », fait-il savoir dans un communiqué. Louise Harbour fera rapidement machine arrière. Notons que le TPIR prévoit pourtant « *sa compétence sans limitation temporelle, pour quiconque aura planifié, incité à commettre ou aidé et encouragé à commettre l'un des crimes relevant de sa compétence matérielle* » [39]. Les complices sont donc, *théoriquement*, concernés. Or, le colonel Théoneste Bagosora, l'homme de la Françafrique qui a fait sa formation militaire en France à l'École de guerre, n'est pas encore jugé. Bagosora est l'homme clé du génocide. C'est celui que les Services français avaient choisi pour prendre la tête du Rwanda, comme ils le font pour les autres dictateurs de leur zone d'influence. La stratégie qui consiste à « diluer » son procès au milieu des seconds couteaux, n'est peut-être pas innocente.

Carla del Ponte est de nationalité suisse. L'enquêteur général, Laurent Walpen, est également suisse, comme l'archiviste-documentaliste en chef, comme son porte-parole et conseiller. Cette « concentration » de personnel suisse est remarquable. La Suisse a en effet un passif très lourd de collaboration avec les deux Républiques hutu, de Perraudin, éminence grise de Kayibanda, aux cinq conseillers personnels successifs de Habyarimana, en passant par les banques populaires et la coopération. Ajoutons que la Fondation Hirondelle qui couvre le TPIR est un média également suisse, financé par la coopération : c'est cette fondation qui est à l'origine de Radio Agatashyia (hirondelle en kinyarwanda). Une radio mise en place

39. Article 6, paragraphe 1 du statut du TPIR. Ce que Louise Arbour confirmera à Kigali, au terme d'une visite d'adieu le 7 août 1999.

en avril 1996 au Zaïre, à deux pas du siège du gouvernement génocidaire en exil. Elle recyclait des journalistes Hutu Power, sans évidemment aucun Tutsi dans son personnel [40]. Il ne faut donc pas s'étonner que ce tribunal fasse venir comme « témoin de l'accusation » l'historien belge ethnicisant Filip Reyntjens, alors que celui-ci est un ancien conseiller du régime qui a produit le génocide. D'où le « *révisionnisme rampant* » que les auteurs des *Médias du génocide*, consultés à titre d'experts, retrouvaient dans les couloirs d'Arusha : « *Tout se passe en effet comme si, au nom de la présomption d'innocence des inculpés, la présomption de non-génocide fondée sur un prétendu "équilibre" interethnique s'était insidieusement diffusée autour du TPIR.* » [41]

Malgré cet apparent bilan négatif, un assainissement notable du parquet a été accompli et le tribunal a réussi à redresser son image, y compris au Rwanda. Le nombre de procès instruits y est pour quelque chose : vingt-neuf actes d'accusation ont été établis à l'encontre de cinquante personnes. En juin-juillet 2001, trois suspects ont été arrêtés : l'abbé Emmanuel Rukundo, dont nous avons déjà parlé [42], l'animateur Simon Bikindi qui propageait la haine raciale sur les ondes de la RTLM (une de ses chansons s'intitule *Je hais les Tutsi*) et enfin Emmanuel Ndindabahizi, ancien ministre des Finances du GIR. Le TPIR a aménagé un quartier pénitentiaire de cinquante-six cellules dans les locaux de la prison d'Arusha. Au total, quarante-quatre personnes étaient détenues au 1er septembre 2000. Le Premier ministre du gouvernement génocidaire, Jean Kambanda, a été condamné à la prison à vie, ainsi que Jean-Paul Akayesu, Georges Rutaganda, Clément Kayishema et Alfred Musema. Ont été condamnés respectivement à vingt-cinq et quinze ans d'emprisonnement Obed Ruzindana et Omar Serushago, et à douze ans Georges Ruggiu. Ils ont tous été reconnus coupables de génocide. Ce déchaî-

40. Jean Musy, *L'Objectif* (Genève) du 29 janvier au 11 février 1999.

41. J.-P. Chrétien *et al.*, Droit de réponse, *ibidem*.

42. Arrêté à Genève, Suisse. En revanche, l'Italie a refusé l'arrestation de l'abbé Athanase Seromba, alias « Don Anastasio Sumba Bura », boucher de la paroisse de Nyange, toujours en activité à Florence (conférence de presse de Carla del Ponte du 12 juillet 2001).

nement criminel est enfin identifié et sanctionné comme tel par la justice internationale. En plaidant coupable, Jean Kambanda « *aura rendu un service considérable à l'histoire de son pays, contre tous les révisionnismes* » [43]. Mais s'il a bien administré le projet d'extermination des Tutsi et prononcé à la radio des discours haineux, il n'était pas, comme le Colonel Bagosora, dans la conspiration première. Jean Kambanda a été choisi par l'ambassadeur de France Marlaud et le colonel Bagosora parce que plus « présentable » à cette phase du processus. On attend donc le procès du colonel.

Réparations, aide et pardon

> « *Après le génocide rwandais, il y a eu juste de vagues controverses, les uns ont menti, les autres ont démenti et l'on est passé à des choses plus sérieuses, en laissant les victimes dans les ténèbres et les rescapés avec leurs douloureux souvenirs.* »
> Boubacar Boris Diop, écrivain sénégalais [44].

La presse, au début de l'année 1998, avait libéré la parole, révélé le secret, raconté en long et en large l'inimaginable, l'incroyable, l'impossible complicité. Souvenons-nous des articles de Patrick de Saint-Exupéry dans *Le Figaro*, de Vincent Hugeux dans *L'Express*, ce « syndrome de Vichy » dont parlait le *International Herald Tribune*. Et du silence officiel assourdissant qui faisait suite à ces révélations. Souvenons-nous, seule une déclaration du ministre des Affaires étrangères était venue interrompre ce silence pesant : un communiqué démentant toute livraison d'armes par la France en violation de l'embargo. C'était tout. Juste cette déclaration qui s'avérera être un mensonge supplémentaire des autorités françaises [45]. Les révélations du *Figaro* étaient en effet précises, recoupées et vérifiées [46]. Mais la

43. *Billets d'Afrique*, octobre 1998.
44. *Le Soleil* du lundi 5 février 2001.
45. Comme le montrent les documents publiés en annexe au rapport de la Mission parlementaire.
46. Patrick de Saint-Exupéry, *Le Figaro* du 12 janvier 1998.

mission Quilès lave plus blanc que blanc. « *On savait depuis longtemps que, pour enterrer un problème ou un scandale, il suffisait de créer une commission d'enquête. Saura-t-on dorénavant que, pour en nier l'existence même, on dispose de mieux encore : une "mission d'information" ?* » [47]

En France, il n'est toujours pas question de pardon ni de repentance, comme l'avait déclaré Paul Quilès d'entrée de jeu. Cela faisait partie du cahier des charges de la mission Quilès. Mission accomplie. Les coulisses du génocide des Tutsi sont toujours dans la nuit. L'implication des autorités françaises dans une telle horreur est trop « inimaginable » pour que les Français se fassent la violence de contester un discours lénifiant et rassurant. Ils se sont ralliés à la raison d'État. La mission est intervenue au bon moment pour laver les soupçons. Tout cela serait très décourageant s'il ne restait pas, dans un repli caché, une interrogation qui ne part pas si facilement au lavage parlementaire.

Les révélations de la presse et les émissions radiotélévisées qui ont suivi ont laissé des traces. Il reste, à côté de la bonne conscience affichée, l'empreinte des révélations douloureuses qui ont, un moment, interpellé l'opinion. Il reste le souvenir d'avoir lu quelque part que les soldats français contrôlaient l'ethnie des Rwandais dans un pays qui allait commettre un génocide. Ou encore la réminiscence d'une coopération militaire qui aurait entraîné les forces du génocide. L'idée que des Français auraient laissé celui-ci s'accomplir, qu'ils auraient aidé les responsables à se mettre en lieux sûrs, à échapper à la justice.

En novembre 1994, alors que les restes du Rwanda brûlé par ces trois mois de tuerie fumaient encore, François Mitterrand n'invitait pas les nouvelles autorités rwandaises au dix-huitième Sommet franco-africain à Biarritz. Un an après, à la conférence annuelle des chefs d'État africains francophones au Bénin, le nouveau président de la République française, Jacques Chirac, n'a pas invité lui non plus son homologue rwandais. Il a ouvert la réunion par une minute de silence à la mémoire de l'ancien président Habyarimana, sans dire un mot des victimes du génocide. La Françafrique n'honore que les dictateurs.

---

47. Dominique Franche, *Les Inrockuptibles* n° 178, 16 décembre 1998.

Alors que la France s'enfonce dans le silence et le mépris, le Premier ministre belge, Guy Verhofstadt, au nom de la Belgique, a demandé pardon aux Rwandais [48] :

« *Nul au monde n'ignore les horreurs du génocide rwandais. Les victimes de ce génocide hantent l'histoire collective de l'humanité, comme les victimes de la Shoah, des* killing fields *et des autres barbaries du siècle qui s'achève. On n'oubliera plus les noms de Murambi, de Ntarama, de Kibeho, ou de Kibuye. Ils sont devenus synonymes d'horreur et d'atrocité. Pour toujours, ils auront la couleur brune du sang séché.* [...]

Pour que le Rwanda puisse tourner son regard vers l'avenir, vers la réconciliation, nous devons d'abord assumer nos responsabilités et reconnaître nos fautes. Au nom de mon pays, je m'incline devant les victimes du génocide.

Au nom de mon pays, au nom de mon peuple, je vous demande pardon.

[...] *Je suis venu vous dire au nom de la Belgique que nous voulons, avec vous, reconstruire un monde meilleur, plus généreux, plus juste. Cette volonté de bâtir des projets communs, de donner à nos enfants plus de chances pour ce nouveau siècle, ne nous dispense pas de ce devoir de mémoire et de justice. Il faut que le monde se souvienne toujours de l'horreur perpétrée ici. Nous devons trouver la force et la volonté de ne plus jamais tolérer de tels massacres, qui font injure à l'intelligence et aux valeurs essentielles de l'humanité.*

Puissent les fils et les filles du Rwanda, unis dans le souvenir, retrouver le souffle de l'espérance et de la fraternité. Puissent-ils bâtir un pays nouveau dans la paix, la réconciliation et la concorde nationale. »

Ce discours rend éloquent le silence des responsables français. Ceux-ci ont joué dans ce drame un rôle incomparablement plus grave

48. À Kigali le 7 avril 2000, souligné par moi.

que ne l'a été celui de la Belgique. Le problème pour la France n'est pas comme pour la Belgique de demander pardon. Il est de dire la vérité et de rendre justice. La première étape sur le chemin du pardon est de reconnaître ses responsabilités, de révéler les noms des complices militaires et politiques de cette abomination.

Les crimes coloniaux ont longtemps été dissimulés au public et admis par les autorités militaires et politiques, aux noms du Progrès et de la Civilisation. Ils bénéficient toujours en France d'une tradition d'impunité que la mission « Afrique centrale » a inaugurée il y a un siècle et dont elle est devenue un symbole [49]. Sous les commandements des officiers Voulet et Chanoine, les militaires ont rasé des villages de l'ancien Soudan, passé au fil des baïonnettes des populations entières, femmes et enfants compris. À Paris, on expliqua que Voulet avait dû devenir fou. « *Les crimes des autres furent excusés et oubliés. La France conserva les villes prises. Lorsque la gauche parvint au pouvoir en 1899, elle ne montra guère d'envie de creuser l'affaire davantage. La droite encore moins. L'abominable vérité resta dans les cartons de l'enquête.* » [50] L'auteur de ces lignes, Sven Lindqvist, relatant les nombreux crimes coloniaux, estime que la politique d'extermination nazie y trouva ses justifications. Le génocide des Tutsi s'inscrit dans la droite ligne de ces crimes impunis.

Lindqvist termine son livre par cette constatation pessimiste : « *Vous le saviez déjà. Moi aussi. Ce ne sont pas les informations qui nous font défaut. Ce qui nous manque, c'est le courage de comprendre ce que nous savons et d'en tirer les conséquences.* » Cette phrase s'adresse aux historiens, aux sociologues, aux journalistes, aux africanistes. Les autres manquent surtout de savoir. Peut-être manquent-ils aussi « du courage de savoir », comme les intellectuels manquent du « courage de comprendre » ce qu'ils savent ? Mais le fait est là. Face à cette tradition d'impunité, la société civile a été jusqu'à présent indifférente. Les temps changent cependant, des livres sur le génocide des Tutsi sont publiés, les forums d'Internet font circuler l'informa-

49. Jean-Claude Simoën, *Les Fils de roi. Le crépuscule sanglant de l'aventure africaine*, J.-C. Lattès, 1996. Un crépuscule qui n'en finit pas.

50. Sven Lindqvist, *Exterminer toutes ces brutes*, ouvrage cité, p. 224.

tion et quelques émissions radiophoniques ou télévisuelles courageuses jettent quelques pavés sur les ondes. La dissimulation est moins facile, le passé remonte et vient interpeller le présent. L'opinion peut briser sa carapace d'indifférence. Le besoin de justice peut surgir et bouleverser toutes les prédictions. Tout le problème est là, dans cette autoconstruction imprévisible de l'opinion. Celle-ci semble être le résultat d'un mouvement irrépressible, induit par « l'air du temps ». On oublie que c'est le résultat d'un travail complexe et contradictoire de désinformation par les services appropriés de l'État et parfois d'information par les contre-pouvoirs, c'est-à-dire par nous tous.

Car ce drame demande justice et réparation. L'existence misérable des survivants du génocide, leur dénuement, leur pauvreté, leur abandon, est un crime qui vient s'ajouter au crime. Comme en 1994, notre silence est toujours criminel. Les blessures et la détresse de ceux qui ont tout perdu sont aussi psychiques que matérielles [51]. Assister les victimes dans le Rwanda de l'après-génocide, c'est en premier lieu les aider financièrement. Même si c'est tard, il est toujours temps. C'est aussi, en seconde instance, aider la justice, c'est réparer les blessures psychiques. « *Aider les Rwandais à reconstruire leur justice, c'est permettre que soit nommé le mal.* » [52] Il est urgent que la justice française évalue aujourd'hui les responsabilités des acteurs de cette politique. Ce n'est pas aux historiens de le faire, dans cinquante ans.

Il est regrettable que de nombreux militants d'associations pour les droits humains, y compris parmi les plus conscients des complicités françaises, ne parlent que des « responsabilités de la France ». Au point qu'on peut se demander s'il y a vraiment chez eux une réelle envie que la vérité soit dite et que soient inquiétés les responsables. Accuser « la France » cela revient à englober tous les Français dans une responsabilité collective et à dissimuler les acteurs politiques.

---

51. Pour tenter de le comprendre, on peut lire le recueil de témoignages de Jean Hatzfeld, *Dans le nu de la vie* (ouvrage cité), en pensant à ceux qui, en France, sont la cause de leurs malheurs et dont l'auteur ne parle pas.

52. Maria Malagardis, Pierre-Laurent Sanner, *Rwanda, le jour d'après,* ouvrage cité, p. 15.

Ces critiques s'adressent à « la France », qui a bon dos. La complicité criminelle répondait de 1990 à 1998 à une politique précise, faite par des êtres humains identifiables, dans des circonstances connues. Elle n'a jamais été commise par une entité abstraite.

Dénoncer « la France », c'est accuser tout le monde et personne. On peut ainsi battre sa coulpe et se contenter de cette autoflagellation. Le masochisme chrétien y trouve son compte, mais pas la justice. Les acteurs de la politique criminelle conduite au Rwanda bénissent d'autant plus les Don Quichotte qui chargent au grand galop les moulins à vent, qu'ils redoutent d'être mis en cause nommément et directement. Qui plus est, ils peuvent alors dénoncer « l'anti-France », le parti de l'étranger, le « complot anglo-saxon… » Les parlementaires chargés de la Mission d'information ne parlaient que de « la France ». Ils ont pu ainsi éviter de se fixer comme objectif l'élucidation des responsabilités de chacun dans la chaîne des décisions politiques.

Faut-il juger les Mitterrand ?

« [François Mitterrand est] *un lutteur en faveur des droits de l'homme et pour la démocratie.* »
Omar Bongo, président du Gabon [53].

« *S'il est un domaine dans lequel l'action de François Mitterrand a eu des effets positifs, c'est bien l'Afrique noire.* »
Pierre Bergé, président de l'Association des amis de l'Institut François-Mitterrand [54].

Le premier livre sur le génocide des Tutsi était sous-titré « *Faut-il juger les Mitterrand ?* » [55] Dans le monde politique, le sujet semble tabou à droite comme à gauche. La mémoire de François Mitterrand a des défenseurs fanatiques d'une agressivité et d'une virulence redoutables. Souvenons-nous de la volée de bois vert que reçut Michel

53. *Blanc comme nègre*, Grasset, 2001.

54. Pierre Bergé, *Inventaire Mitterrand*, Stock, 2001, p. 232.

55. Pascal Krop, *Le Génocide franco-africain*, ouvrage cité.

Rocard, quand il osa critiquer l'illustre disparu en 1998, au moment de la mission Quilès. « *Mon vrai problème, c'était que François Mitterrand n'était pas un honnête homme* », avait-il dit dans un entretien à *La Revue du droit public*. Michel Charasse l'a aussitôt traité de « *petit gris, fripé, triste et raté* » ; Louis Mermaz a jugé « *tout à fait indignes* » ces « *bassesses* » et parlé d'un « *dérapage tragique* » ; Jack Lang a affirmé que « *Michel Rocard a manifestement pété les plombs* » ; François Hollande a « *déploré avec tristesse* » des propos dans lesquels il voit « *le prolongement inutile et blessant d'un contentieux personnel et ancien* », et Jean-Marc Ayrault a invité Michel Rocard « *à regarder vers l'avenir et puis, surtout, à arrêter de régler des comptes* » [56].

Constatant l'étouffement du Rwandagate par la mission Quilès, Michel Rocard s'est empressé de suivre les conseils de Jean-Marc Ayrault. Il a mis ses critiques dans sa poche, son mouchoir dessus, et est devenu un parfait Françafricain ! L'initiation a été rapide. Du jour au lendemain, il est devenu au Parlement européen le griot de Eyadéma et le défenseur du sanguinaire régime tchadien [57]. Si les lobbies pro-Mitterrand sont tellement actifs et puissants, c'est qu'il ne s'agit pas seulement de la mémoire d'un homme mais de l'ensemble d'un système, de sa continuité et de ses intérêts. François Mitterrand, explique l'association Survie, « *a réduit les relations franco-africaines à la courtisanerie des pouvoirs et dictatures en place, nourries de cadeaux et prébendes* » [58]. En fait, il a encore

---

56. Florilège cité par *L'Humanité* du 21 novembre 1998. Voir aussi : « L'éternelle révolte du souffre-douleur » de Serge July, *Libération* (Rebonds) du lundi 23 novembre 1998.

57. « *On savait que Rocard entretenait d'excellentes relations avec Omar Bongo – via son émissaire Michel Dubois. On s'inquiétait de ses relations comoriennes* (*Billets d'Afriques* n° 69, avril 1999). *On apprenait ses sympathies pour le groupe Bolloré. La déclaration pro-Eyadéma signe un basculement sans doute définitif* », écrit *Billets d'Afrique* n° 70, mai 1999, à propos de sa déclaration dans *Togo-Presse* du 18 mars 1999 qui confirme ses déclarations en tant que président de la commission Développement du Parlement européen (rapport du 1er avril aux instances de l'Union européenne). Détail significatif, c'était au moment où des centaines de corps d'opposants à Eyadéma venaient s'échouer sur les rivages, vraisemblablement jetés vivants à la mer, comme le faisaient en leur temps les généraux argentins.

58. *Dossiers noirs de la politique africaine de la France* n° 5, ouvrage cité, p. 333.

accentué et généralisé le système néocolonial mis en place par Jacques Foccart. Les voix averties qui s'élèvent pour défendre le président ne peuvent plaider que son irresponsabilité. Sur l'affaire rwandaise, il n'y a pas d'autre argument possible. Les autres, ceux qui méconnaissent ou méprisent le continent noir, en parlent le moins possible : éluder reste encore la meilleure défense. Or, cette entreprise de confiscation des indépendances africaines était parfaitement consciente, préméditée et non irresponsable. L'absolutisme du prince de l'Élysée est un fait trop connu et qui a fait couler suffisamment d'encre pour pouvoir le contester. Soutenir l'irresponsabilité de François Mitterrand, c'est refuser de comprendre l'organisation de ce monde sans loi, même si on en dénonce pertinemment la réalité.

Éditeur de cet ouvrage, Michel Sitbon s'élève contre ce « devoir de mystification » dont nous serions tous redevables, ultime privilège du monarque qui a régné pendant quatorze ans à la tête de l'État français [59] :

« *Mitterrand a présidé une des plus fantastiques entreprises de corruption de tous les temps. De Crédit Lyonnais en frégates taïwanaises, on a une idée de la dimension de ces fastes, et on a vu comment les plus proches, de Jean-Christophe Mitterrand à Roland Dumas, n'ont pas été les plus mal servis. On a même le témoignage de la petite amie de Gérard Collé qui nous raconte les déjeuners des marquis, le mercredi midi à l'Élysée, où le président réunissait ses hommes de main, Michel Charasse en tête, pour tirer tout le parti possible des décisions du conseil des ministres du matin. Et Mitterrand expliquant à Collé comment détourner l'argent du Loto… Mitterrand organisant l'affaire de la raffinerie allemande, etc. Ce n'est pas du "cadeautage", mais bien de la corruption caractérisée. Ce qui est étonnant dans le dossier Mitterrand, c'est l'envergure et la détermination de cette entreprise de pillage. Ses prédécesseurs gaullistes n'avaient pas été des enfants à ce jeu, mais de même que Chirac fera monter d'un cran l'entreprise de pillage de la ville de Paris, ces mêmes années, à une autre échelle, Mitterrand intensifiera le ratis-*

59. Michel Sitbon, correspondance avec François-Xavier Verschave, communication personnelle, février 2001.

sage au sommet. À une échelle probablement jamais vue, en tout cas encore jamais identifiée dans l'histoire moderne.

On ne peut parler d'irresponsabilité s'il y a préméditation. Or les éléments rassemblés imposent l'évidence de la préméditation. Dès qu'on s'éloigne de la description des responsabilités réelles, et d'ailleurs assumées, revendiquées en quelque sorte, bien qu'escamotées [...], *il faut recourir à une "main invisible" des réseaux qui seraient à la politique africaine ce que les marchés sont à l'économie libérale. L'explication est peu probante pour un événement de la nature et de la dimension d'un génocide. Cette "main invisible" sans tête et spontanée est peu compatible avec ce qu'on observe du fonctionnement de l'État, avec son domaine réservé, son secret défense, et ses services spéciaux rigoureusement hiérarchisés, comme il se doit.* [...] *De quelque côté qu'on le prenne, on y revient toujours. La responsabilité de Mitterrand est écrasante, flagrante. L'atténuer, lui retirer sa valeur, c'est retirer sa clef de voûte au système, empêcher sa compréhension.* »

Les pratiques françafricaines demandent le secret et les masques. Si le masque de l'irresponsabilité de François Mitterrand tombe, bien d'autres tomberont, y compris ceux de très « respectables » personnalités de la scène politique. François Mitterrand est-il seulement coupable de « laxisme familial » ? La catastrophe rwandaise est-elle « *l'épouvantable résultat de ce laxisme* », ainsi qu'on a pu l'écrire [60] ? François Mitterrand était tout sauf irresponsable [61]. Certes, il n'était pas seul. La Françafrique est tissée de réseaux et de connivences enchevêtrées. Mais les « sous-fifres », Bagosora, Huchon, Quesnot, Marlaud, Martres, n'étaient que des maillons dans la chaîne de décision. Si Jacques Foccart est bien intervenu dans la mise en place des opérations en rencontrant Mobutu à Gbadolite, en avril 1994, il n'y a en revanche, par exemple, quasiment pas trace de l'activisme de Charles Pasqua. Mitterrand et Pasqua se rencontraient souvent et

60. *Dossiers noirs de la politique africaine de la France*, *ibidem*.

61. Ce que Michel Sitbon a parfaitement montré dans *Un génocide sur la conscience*, ouvrage cité.

réfléchissaient ensemble. Ce dernier représente une branche très active de la Françafrique. Il pouvait éventuellement *prêter ses hommes* aux réseaux élyséens, mais tout indique la prééminence de François Mitterrand sur le dossier rwandais.

François Mitterrand n'avait pas, comme de Gaulle, un Foccart à ses côtés pour être *au parfum* et sentir mauvais à sa place. Il n'était pas seulement la figure tutélaire. Il était le patron effectif. Au moment des décisions stratégiques, de Gaulle prenait ses responsabilités, mais il n'intervenait jamais directement. Au Biafra, pour doubler l'aide aux sécessionnistes, c'est bien lui qui a décidé, mais c'est Foccart qui s'en est occupé et qui a réalisé l'essentiel du travail diplomatique. François Mitterrand était encore plus solitaire que de Gaulle. Il portait beaucoup plus d'attention à ces problèmes françafricains que le général qui les méprisait ouvertement. Parmi les Gilles Ménage, Guy Penne, Bruno Delaye et autres Hubert Védrine, aucune figure ne se dégage pour faire contrepoids à l'égomanie de François Mitterrand. « *Lors des crises extérieures, comme le rappelle Hubert Védrine* [dans son livre *Les Mondes de François Mitterrand*, Fayart, 1996], *le président tranche en dernier recours et ne s'embarrasse pas des avis de son gouvernement.* » [62] S'il y a trace d'un activisme débordant, c'est celui de son état-major particulier. Mais il agissait directement sous les ordres et avec l'accord de François Mitterrand.

La chaîne des responsabilités est claire. François Mitterrand, chef de l'État et des Armées, est directement impliqué dans toutes ces souffrances provoquées et dans toutes ces vies détruites. Michel Sitbon en résume l'écrasante responsabilité [63]:

« *Que les "réseaux" aient partagé l'idéologie génocidaire, ne suffit pas pour engager le passage à l'acte. Il faut au contraire beaucoup de détermination dans la direction pour oser une telle entreprise. Si le génocide avait été entrepris sans la volonté de François Mitterrand, celui-ci aurait eu beau jeu de s'en désolida-*

62. Frédérique Dufour et Jean-Louis Dufour, « François Mitterrand et l'emploi des forces armées », sous la direction de Samy Cohen: *Mitterrand et la sortie de la guerre froide*, ouvrage cité, pp. 381-408.

63. Michel Sitbon, *ibidem*.

riser, d'exprimer au moins sa distance, et si c'était contre sa volonté, rien ne l'empêchait de mettre un terme à cette politique à tout moment. Chevènement a décrit comment Mitterrand a décidé de l'intervention en 1990. Il n'y avait pas deux chefs des armées. Dans ce système, particulièrement en matière de politique africaine comme en matière de guerre, a fortiori en matière de guerre africaine, la décision appartient au roi, ainsi que le Giscard avait pu en ressentir le frisson en envoyant les paras sur Kolwezi. Le prince est maître de ses nominations, et si un conseiller lui conseille une politique qui ne lui convient pas, il est libre de changer de conseiller. Plus la personnalité du monarque est forte, plus il use ou abuse de cette capacité. Reconnaissons que Mitterrand n'en était pas dépourvu. [...]

Sans la décision opérationnelle de la cellule de l'Élysée, pas de livraisons d'armes. Pas de machettes. Aussi distrait que soit un président dirigeant une telle cellule, aussi imprégné soit-il de ses "envolées lyriques" sur la dette du tiers-monde, une décision telle que de livrer, ou pas, des armes dans une telle situation de crise ne peut lui échapper. Le calibre – de quel type d'armes il s'agit, lourdes ou légères, frégates ou machette – fait partie de la décision, comme la quantité, le montant, le prix. La date. Même lorsque l'affaire est conclue, le politique reste maître de la transaction jusqu'à la livraison. Le cas n'est pas rare de marchandise payée, partiellement acheminée, mais non livrée à la dernière minute parce que la situation politique a changé, et le commanditaire a modifié ses instructions en cours de route. Pendant le génocide, un ordre de payement donné à la BNP, à Paris, ne pouvait qu'émaner de la cellule africaine et indique seulement le degré de précipitation de son intervention à ce moment-là. Manifestement, Bagosora avait besoin de surplus imprévus, et non moins nécessaires, puisqu'il délaissera lui-même le front quelques jours pour aller aux approvisionnements. À Paris, on payera dans l'urgence, sur place. Sans même prendre le temps de passer par quelque filière égyptienne du Crédit Lyonnais, comme cela s'était fait auparavant. Qui paye ? Qui décide ? C'est le centre. Le centre avec sa tête. Pas n'importe quelle tête dans le cas de Mitterrand. Une tête forte, dominatrice et excessivement sûre d'elle. »

Mais cette thèse de l'irresponsabilité du Prince est insubmersible. Plongée dans l'évidence, elle émerge à nouveau en changeant de registre. Elle utilise alors des moyens subtils : en donnant à la notion de responsabilité un sens philosophique ou religieux. Le problème théorique devient alors – et à juste titre – infiniment complexe, comme l'est toute personnalité humaine, et donc indéterminable. Une telle position n'est ni politiquement, ni pratiquement acceptable. Elle rend en effet impossible la vie sociale qui exige que la responsabilité de chacun puisse être définie, y compris et surtout celle des hommes de pouvoir. Définir cette responsabilité, c'est le travail d'une justice indépendante de l'exécutif. Une justice que réclame spontanément la société civile. L'alibi de la complexité serait utilisable par tous les criminels, dans toutes les situations, ce qui le rend irrecevable. Qui dit irresponsabilité, dit impunité. Le danger est ici évident : on retombe dans l'impunité françafricaine où les réseaux se mettent, par d'autres artifices, en dehors des lois, plaçant l'Afrique dans le domaine où *tout est permis*. Car le fond du problème est là. Ne pas condamner le nom de Mitterrand comme on a condamné celui d'Hitler, c'est laisser systématiquement la porte ouverte à un recommencement. C'est se refuser les moyens de comprendre comment on a pu en arriver là et s'empêcher de réfléchir au comment faire pour l'éviter.

Par un curieux concours de circonstances, en avril 1994, se déroulait en même temps que le génocide le procès de Touvier, l'ancien chef de la Milice lyonnaise. Un collectif d'associations de victimes trouvait alors « *surprenant que le premier magistrat de France exerce une ingérence, même indirecte* [il se prononçait pour l'amnistie], *dans un procès intenté à un ancien milicien* » [64]. François Mitterrand, qui a toujours refusé de reconnaître la responsabilité de la France dans le génocide des Juifs français, l'engageait au même moment dans celui des Tutsi. Cette coïncidence met l'une en face de l'autre l'attitude de François Mitterrand devant la Shoah, déjà évoquée, et sa responsabilité au Rwanda. François Mitterrand n'a pas promulgué à nouveau les lois antisémites de Vichy. Mais ses liens passés avec les activistes de l'extrême droite témoignent bien d'affinités ou du

64. Collectif regroupant le Consistoire central, le Consistoire de Lyon, le Crijf de Lyon, le B'nai B'rith de France. *Le Monde* du 21 avril 1994.

moins de complaisances idéologiques [65]. « *J'ai essayé de me mettre dans la peau d'un décideur et je ne pense pas que Mitterrand se frottait les mains à chaque massacre de Tutsi* », écrit Jean-François Bayart [66]. Le fait que ce chercheur réputé s'est posé cette question est plus intéressant que la réponse triviale qu'il y apporte. Car faut-il chercher ici des circonstances aggravantes ou atténuantes ? Qu'importe si, sous la rude écorce des *décideurs* de la politique africaine de la France, il y ait eu ou non une infâme jubilation. Cela ne change rien à leur responsabilité.

Devant les révélations de Jean d'Ormesson [67] sur les propos antisémites de son père, Mazarine Pingeot réclame « *des preuves* ». « *La douleur devient intolérable lorsqu'il est question de sa dignité* », écrivait-elle [68]. Sa dignité, François Mitterrand l'a perdue en recevant à l'Élysée les représentants d'un gouvernement en train de réaliser un génocide. Stigmatisant ses responsabilités au Rwanda, Dominique Franche écrit : « *Deux millions d'yeux sont dans la tombe et regardent François Mitterrand.* » [69] Certes, l'image est belle et forte. Mais on peut objecter que si la vérité sur la déportation des Juifs français ne préoccupait pas Mitterrand, celle sur l'extermination des Tutsi ne devait pas davantage l'empêcher de dormir. François Mitterrand n'est pas le Caïn de l'Évangile. Les millions d'yeux luisants dans sa tombe doivent faire, dans sa nuit éternelle, l'effet d'un joli ciel étoilé. S'en remettre à la justice divine serait la pire injustice. Des millions d'yeux sont dans la tombe et regardent notre conscience. Oui, il est temps de juger Mitterrand et sa politique africaine. Pour notre propre dignité. Pour les fantômes torturés du Rwanda. Pour tous les vivants que la Françafrique continue de tuer.

---

65. Voir dans le chapitre IV, « Soutiens militaires » : « L'extrême droite et l'armée française », pages 164-171. Également le chapitre « L'homme de la Cagoule », dans le livre de Georges-Marc Benamou *Jeune homme, vous ne savez pas de quoi vous parlez*, ouvrage cité.

66. « *Bis repetita* : la politique africaine de François Mitterrand de 1989 à 1995 », p. 293, communication citée.

67. Jean d'Ormesson, *Le Rapport Gabriel*, Gallimard, 1999.

68. Mazarine Pingeot : « La diffamation et la haine », *Le Monde* du 27 août 1999.

69. Dominique Franche, *Généalogie d'un génocide*, ouvrage cité, p. 77.

La banalité du mal

> « *Les ventes d'armes* [...] *constituent un élément important de notre balance des paiements. Et il faut bien que les armes soient exportées quelque part.* »
>
> Jacques Chirac [70].

En 1961, le procès d'Eichmann révélait la nature banale, triviale de l'extermination de 4 à 6 millions de Juifs par l'État allemand. Pour Hannah Arendt, qui suivait ce procès, il s'agissait en grande partie de « crimes de bureau ». Elle en établit alors la nature conformiste et ordinaire et la banalité du mal. La Shoah n'a pas été un abîme de la civilisation, une faille de la raison humaine, mais un travail de fourmis, réalisé par des fonctionnaires consciencieux et méticuleux, œuvrant pour la « raison d'État ». Le génocide des Tutsi repose sur des complicités aux plus hauts niveaux de l'État français, sur le travail d'une chaîne d'agents secrets, de fonctionnaires de différents services de la République. Ce sont eux qui ont fait suivre la désinformation, assuré le ravitaillement en armes et moyens de communication des tueurs, abandonné à la mort leurs employé-e-s tutsi « parce que les instructions voulaient qu'on ne prenne pas les Rwandais », détruit toutes les archives avant de quitter l'ambassade de France à Kigali. Après le génocide, ils ont procédé à l'évacuation des responsables au Zaïre et assuré leur armement dans les camps pour la reconquête du Rwanda.

Des rescapés rwandais ont dit trouver « civilisés » les camps de la mort nazis parce que l'on y tuait par gazage et non à l'arme blanche. La barbarie, l'extrême cruauté, masque cet aspect « banal » du génocide des Tutsi. Cependant, il n'échappe pas à l'écrivain Boubacar Boris Diop : « *Les assassins désignaient les massacres par le mot "travail". Ils tuaient à heures fixes et certains ne voulaient rien faire en dehors des heures de bureau.* » [71] Aussi banal que l'ont été quarante

70. Interrogé par un journaliste sur l'affaire Falcone-Gaydamak, lors du sommet franco-africain de Yaoundé. Cité par *Le Canard enchaîné* du 24 janvier 2001.

71. Interview au *Soleil* (Dakar) du 5 février 2001.

ans de pratiques néocoloniales [72]. Dénoncer le mal est difficile, précisément parce qu'il est « banalisé ». Les pratiques françafricaines sont intégrées à l'activité « normale » de grandes sociétés françaises, telles qu'Elf, Total, Bolloré, etc. Plus grave encore, de Gaulle et Foccart les ont introduites dans le dispositif étatique. François Mitterrand les a consacrées par sa politique africaine qui abolissait dans ce domaine toute différence entre la droite et la gauche au pouvoir.

En Françafrique, la corruption est plus une conséquence qu'une cause. Placer des dictateurs obligés à la tête des néocolonies relève d'abord du mépris pour les populations, avant d'être une affaire d'argent. Un mépris qui a conduit au million et demi de morts du génocide. Mais, derrière ce mépris pour l'« Africain », se trouve aussi le mépris pour les Français que l'on implique dans des crimes réalisés en leur nom. Il est urgent de mettre la politique africaine de la France hors de l'influence des lobbies militaires et des réseaux corrupteurs. Les pratiques françafricaines des élites politiques sont sources de pouvoirs et de profits. Elles ne seront pas abandonnées sans une contrainte politique forte, la détermination de la société civile. Aux Français de dire non aux secrets d'État, comme les héros rwandais ont dit non au crime d'État.

Un sursaut citoyen

L'opération *Turquoise* a permis d'évacuer sur le Zaïre les responsables du génocide, au lieu de les arrêter, comme tout État signataire des conventions sur les génocides devait le faire [73]. Elle a sauvé les FAR et les Interahamwe d'une défaite totale, à la fois militaire et morale. Devant la Mission d'information, Balladur transforme le calcul cynique en héroïsme humanitaire : « *Que cette action de notre pays puisse servir aujourd'hui d'aliment ou de prétexte à une*

72. Pratiques dont *La Françafrique*, de François-Xavier Verschave, et sa suite *Noir silence* (ouvrages cités) donnent un aperçu édifiant.

73. Les conventions de Genève du 12 août 1949, ainsi que la convention de New York du 10 décembre 1984 « contre la torture et autres peines ou traitements cruels, inhumains ou dégradants ».

campagne contre lui a quelque chose de révoltant. Je suis persuadé que le ressentent ainsi, non seulement nos soldats, mais aussi l'ensemble des Français qui ont toutes les raisons, en la circonstance, d'être fiers de leur pays et de l'action humanitaire qu'il a menée seul. » [74] Plus loin, il précise qu'il donne ici ses « *réactions, pas même celles d'un parlementaire, mais celles, simplement, d'un citoyen* ». Le mensonge est évidemment banal, trivial en politique. Ici, il « couvre » le meurtre de plus d'un million de personnes. Edouard Balladur ne s'adresse plus aux seuls Français, mais à l'humanité entière. Quand, enfin, les Français refuseront-ils d'être impliqués dans des crimes que d'autres ont réalisés et réalisent toujours *en leur nom*? Tant qu'ils accepteront d'être englobés dans une responsabilité collective comme l'a fait la mission Quilès, les bourreaux rwandais pourront les associer dans leurs crimes. Ils savent, eux, que ce génocide ne pouvait être réalisé sans l'aide et l'accord de ceux qui étaient à la tête de l'État français. Une réaction s'impose pour montrer ce qu'est la citoyenneté à celui qui prétend s'exprimer en « citoyen ».

Balladur s'indignait devant les députés d'« *une campagne de haine médiatique contre la France, visiblement orchestrée par des services et des intérêts étrangers* ». Vouloir faire la vérité sur le drame rwandais accule les responsables à parler d'un complot de « l'anti-France », alors que la politique africaine de la France se fait à l'insu de ses citoyens. Il faut redire ici encore qu'en matière de politique africaine le garde-fou parlementaire n'existe pas. La réaction de l'opinion publique est le *seul* moyen d'éviter les dérapages de l'exécutif. Encore faut-il que le public soit averti par une presse républicaine, consciente de son devoir d'alerte et d'information. Nulle part ailleurs la nécessité d'un contrôle citoyen est aussi manifeste. Il aurait permis d'éviter le million et demi de morts du génocide. L'enjeu démocratique est justement de parvenir à mettre le domaine franco-africain hors de l'influence des lobbies militaires, des réseaux corrupteurs et criminels. Avec la médiatisation des scandales, la Françafrique devient de plus en plus visible pour la société civile. Cette conscience émergente peut tout changer.

---

74. Mission parlementaire, ouvrage cité.

La lutte contre l'impunité

> « *Alors même que nous étions en train de commémorer le cinquantième anniversaire de la fin de l'horreur nazie, alors même que – la main sur le cœur – nous répétions : plus jamais ça, alors même que nous commémorions également le cinquantième anniversaire du massacre d'Oradour-sur-Glane, il y avait cinquante, il y avait cent Oradour au Rwanda, en direct. Oui Primo Levi, oui David Rousset, oui Robert Antelme, oui Robert Desnos, nous avons craché sur vos mémoires, conchié nos sacrés droits de l'homme et tous ces falbalas. Cinquante ans après la Shoah, nous avons consenti à ça.* […] *Il faut dire nous à cause de la part de responsabilité des autorités françaises.* »
>
> Daniel Mermet, « Rwanda sous silence », 1994.

Il existe en France une tradition d'impunité pour les crimes commis lors des guerres coloniales qui permet toutes les dérives. Cette impunité a permis les massacres du Soudan, du Cameroun, de Madagascar, de Sétif, du Biafra, et la torture en Algérie. L'orgie sanglante de la prise de Birni n'Konni en pays haoussa par la colonne de Voulet et Chanoine, déjà évoquée, en est le symbole parfait en raison de sa cruauté et sa gratuité, mais aussi par l'occultation réussie de cet événement. Absent des médias de l'époque, il l'est encore des livres d'histoire d'aujourd'hui [75]. Le rôle des militaires français au Rwanda n'est nullement un incident exceptionnel. Il est en droite ligne issue de cette tradition. Aujourd'hui comme alors, ces crimes sont la conséquence d'une même politique.

La complicité du silence de la « grande muette » sur l'action du Dami-*Panda* au Rwanda n'étonne personne. La tradition militaire est de *couvrir* ce genre de pratique. Même les militaires qui ne sont pas directement impliqués dans les dérives de l'ex-coloniale et qui

75. Comme l'est toute l'histoire coloniale de la France. Lire à ce propos dans *Manière de voir* n° 58, juillet-août 2001 (bimestriel du *Monde diplomatique*) : « Polémique sur l'histoire coloniale », en particulier l'excellent article de Maurice Maschino : « La mémoire expurgée des manuels scolaires », pp. 20-27.

les réprouvent sont solidaires, par esprit de corps. Aucune sanction n'a été prise à aucun niveau. Les responsables politiques et militaires impliqués dans le génocide n'ont eu aucun compte à rendre. Personne, aucun fusible ni même un vulgaire lampiste, n'a été sanctionné ou désigné. C'est la logique du secret d'État : un petit accroc et tout pourrait se démailler, et le fil peut remonter jusqu'à François Mitterrand. La mort d'un million et demi d'innocents a eu moins d'effet que le minage du *Rainbow Warrior*. L'action des services secrets français a été couverte dans le premier cas, dans le second il a fait sauter un ministère. Ce constat est une démonstration supplémentaire de l'existence d'une politique cohérente et assumée au plus haut niveau pour le génocide.

Sur le plan idéologique, les prises de position ethnicistes de Robert Galley n'ont pas suscité de remarques particulières, ce qui montre que l'ethnisme est toujours l'idéologie acceptée et même revendiquée. Si *Le Monde* en a bien relevé le côté amusant, personne n'a été scandalisé outre mesure [76]. Or cette idéologie raciale fait depuis 1994 des ravages en Afrique. Tant que les stratèges français impliqués dans le génocide des Tutsi seront impunis, ou pis, récompensés, pourquoi veut-on que cette idéologie soit bannie des schémas stratégiques ? Les « cellules africaines » continuent de travailler à plein rendement. Quoi qu'en dise la propagande, les malversations et les crimes de la Françafrique ne se sont jamais arrêtés. Cette option idéologique est probablement à la source des dérives de la politique africaine de la France, avant même la corruption qui lui est associée.

Une prise de conscience en ce début de siècle se fait heureusement jour : les scandales financiers [77], partie émergée de l'iceberg, donnent une idée aux citoyens – et aux juges – de ce qui reste invisible dans les eaux troubles du pouvoir. Les affaires Elf-Dumas-

---

76. Rémy Ourdan : « Rwanda : les bons Hutu et les méchants Tutsi de Robert Galley », *Le Monde* du 15 mai 1998.

77. Dont par exemple l'affaire Méry, apparue incidemment, aux détours d'obscurs règlements de comptes : dans un enregistrement vidéo posthume, un des acteurs de ces pratiques, Jean-Claude Méry, dévoile la corruption liée au financement des partis politiques français.

Sirven, et l'affaire Falcone-Jean-Christophe Mitterrand-Marchiani-Roussin permettent de divulguer par à-coups l'existence des réseaux, découvrant progressivement le cœur mafieux de la République. La nature françafricaine des institutions françaises est symbolisée par l'actuel président de la République, Jacques Chirac, qui n'a jamais caché son admiration pour son principal instigateur, Jacques Foccart. Le procès intenté à François-Xavier Verschave par trois potentats africains, Omar Bongo (Gabon), Idriss Déby (Tchad) et Denis Sassou N'Guesso (Congo-Brazzaville) et leur avocat Jacques Vergès, pour « crime de lèse-majesté », a provoqué une nouvelle et forte émergence de la vérité [78].

Dans un éditorial (anonyme) de 1998, intitulé « Françafrique, rien ne change » [79], *Le Monde* semble découvrir le terme de Françafrique et ce qu'il représente : « *On découvre que les vieilles habitudes où se mêlent corruption et paternalisme, dédain pour la démocratie et mépris des principes proclamés, ont toujours cours.* » Le concept de Françafrique était utilisé depuis quatre ans par l'association Survie, notamment dans le titre du Dossier noir n° 2 : *Les Dérives mafieuses de la Françafrique* [80]. Ce terme étant désormais consacré par *Le Monde*, autant en rappeler le sens exact : « *La Françafrique désigne une nébuleuse d'acteurs militaires, politiques et économiques, en France et en Afrique, organisée en réseaux et lobbies, et polarisée sur l'accaparement de deux rentes : les matières premières et l'aide publique au développement.* » [81] Deux ans après, la Françafrique devenant un peu trop visible et le terme ayant contribué à cette visibilité, le quotidien du soir fait marche arrière. À deux reprises, il refait l'étymologie du terme et en attribue la paternité à l'ancien président de la Côte-d'Ivoire, Houphouët, ce qui est un moyen rusé d'en inverser

78. Les trois jours d'audience sont intégralement rapportés dans *Noir procès*, Les Arènes, 385 pages. Un condensé d'histoire françafricaine.

79. *Le Monde* du 9 décembre 1998.

80. L'Harmattan, 1995.

81. Dossier noir n° 7, *France-Cameroun. Carrefour dangereux*, L'Harmattan, 1996. Voir aussi sur la genèse, le fonctionnement de cette nébuleuse aux dérives criminelles et mafieuses : le Dossier noir n° 7, *Jacques Chirac et la Françafrique*, L'Harmattan, 1995, et François-Xavier Verschave, *La Françafrique*, Stock, 1998.

le sens [82]. Effort remarquable. D'un côté, l'idée perce, se généralise, ce qui signifie que la réalité qu'il recouvre commence à être connue. De l'autre, pour contrer cette prise de conscience qui est en train de se faire, de mûrir dans l'opinion, on assiste à une tentative de récupération et de désamorçage.

Les systèmes de défense se mettent en place. Des contre-feux s'allument partout. Paul Barril s'y met aussi dans son dernier livre [83]. Dans le royaume de Françafrique, on serait même prêt à démanteler quelques réseaux archaïques : une mue est parfois nécessaire et cela peut même stimuler une meilleure adaptation. La réaction de la presse nationale face à cette émergence révèle le parfait contrôle qu'exercent sur elle les officines du pouvoir. Obligés de lâcher un peu d'information par la multiplication des affaires, les médias se rattrapent en dénégations vagues, cherchant à minimiser le rôle actuel de la France en Afrique. Il s'agit de faire croire que si dérives il y a eues, aujourd'hui c'est fini, c'est le passé. « *Les médias bombardent le même refrain : la Françafrique, c'est fini – depuis l'arrivée de Chirac ou celle de Jospin, selon que le locuteur penche à droite ou à gauche. "La page de la Françafrique est tournée" martèle le ministre de la Coopération, Charles Josselin.* » [84] « Jospin l'a promis : la Françafrique c'est fini », titre en gros *Libération*, rapportant les propos du Premier ministre en voyage officiel en Afrique du sud : « *L'Afrique des zones d'influence, l'Afrique des interventions inappropriées doit être derrière nous.* » [85] *Le Monde* en rajoute, sous la plume de Stephen Smith : « *La Françafrique, le continent fusionnel imaginé par Houphouët-Boigny, est morte.* » [86] À ce chœur s'associent les ONG « contrôlées » qui, comme Amnesty International, contribuent à la désinformation [87]. Cette méthode Coué sera-t-elle efficace ?

---

82. *Le Monde* du 28 novembre 2000 et l'éditorial du *Monde* du 25 décembre 2000 : « Une honte pour la France ».
83. *L'Enquête explosive*, ouvrage cité. Une tâche néanmoins difficile et à double tranchant, même pour un spécialiste de la manipulation et du brouillage de cartes !
84. Éditorial de *Billets d'Afrique* n° 89 : « La Françafrique au rancart ? », février 2001.
85. Eric Aeschimann, *Libération* du 1er juillet 2001.
86. *Le Monde* du 28 novembre 2000, en première page !
87. *La Chronique d'Amnesty* de janvier 2001.

Au même moment, au Tchad, base militaire française et source de la manne pétrolière, Idriss Déby [88] se faisait réélire par le biais d'élections truquées organisées avec l'aide française : « *L'armée française a en effet imprimé les bulletins de vote, deux avions militaires ont apporté urnes et matériel de vote dans les provinces les plus reculées.* » [89] Le dispositif militaire français *Épervier* a été utilisé dans cette fraude massive pour faire voter des dizaines de milliers de Soudanais de l'ethnie présidentielle. Malgré un recensement électoral faussé, des listes difformes, des bulletins disparus, des scrutateurs chassés et les urnes bourrées, le pouvoir n'a pu cacher qu'il était battu [90]. Pour protester contre ce hold-up électoral, une manifestation a eu lieu le 30 mai 2001 à Paris, au cours de laquelle les militants tchadiens se sont fait tabasser par les CRS dans la meilleure tradition françafricaine. François Bangui, fils d'un ancien ministre, a eu le nez cassé puis a été placé avec d'autres manifestants en garde à vue au commissariat du XVIe. À N'Djamena, un militant était froidement tué. Le candidat le mieux placé à l'issue de ces élections, Yorongar, était séquestré par la Garde présidentielle et frappé durant trois heures avec des barres de fer. Des femmes ont également été brutalisées devant l'ambassade de France. Ainsi, en 2001, au Tchad, l'aide publique française au développement finance la prolongation d'une dictature trafiquante, prédatrice et sanguinaire… pour un projet d'oléoduc Tchad-Cameroun et de gros intérêts pétroliers. La Françafrique continue !

Dire la vérité et rendre la justice sur le drame rwandais est le moyen le plus radical d'assainir la politique africaine de la France. Les intellectuels ont là une très grande responsabilité, car cette politique les instrumentalise. À eux de parler, d'écrire, d'informer, d'interpeller sur ce drame qui est le révélateur de l'action souterraine de la France dans ses néocolonies. Le devoir de réserve qui contrain-

---

88. Sur ce personnage, lire *Noir silence* et *Noir procès* de François-Xavier Verschave, ouvrages cités.

89. Selon un communiqué du ministère de la Défense, rapporté par *Digipress* le 19 mai 2001.

90. *Billets d'Afrique* n° 94, juillet-août 2001. Même *Le Monde* du 24 mai 2001 a dû dénoncer la fraude.

drait les fonctionnaires au silence a été évoqué. Mais devant des dérives criminelles qui vont jusqu'à la complicité de génocide, ce *devoir de réserve* est lui-même une complicité incompatible avec une conception républicaine des institutions. Il devient alors clair qu'au milieu de cette monstruosité politico-financière le génocide des Tutsi est le talon d'Achille de la Françafrique. Point d'orgue de quarante ans de néocolonialisme, il a en lui l'immensité du crime, son rejet unanime par les populations. L'horreur absolue que constitue cette ignominie a la force potentielle de mobiliser l'opinion et de lui faire stopper la machinerie françafricaine.

La nuit rwandaise est remplie du cri des centaines de milliers d'hommes, de femmes et d'enfants assassinés. Elle est pleine de leurs pleurs, de leur peur. Cette nuit d'horreur n'est plus supportable. Il est temps d'aider la vérité à se faire jour.

Annexes

Quand Charlie hebdo faisait le travail du SIRPA

(mai 1994)

L'humour est utilisé pour faire passer les messages de..

lutte ethnique

Tignous, *Charlie hebdo* du 22 juin 1994.

tueries traditionnelles

Willem, *Charlie hebdo* du 26 mai 1994.

Willem, *Charlie hebdo* du 13 avril 1994.

où Tutsi et Hutu s'entre-tuent équitablement

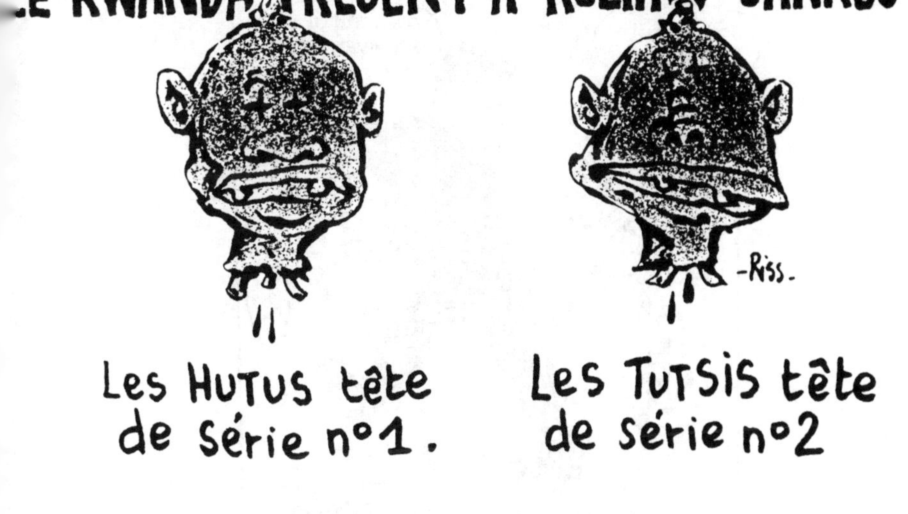

Riss, *Charlie hebdo* du 25 mai 1994.

Le génocide présenté comme une calamité naturelle

Benard, *Charlie hebdo* du 3 août 1994.

Au passage on apprend que les militaires français sauvent les Tutsi

Cabu, *Charlie hebdo* du 6 juillet 1994.

L'humoriste fait semblant de défendre ce qui lui fait horreur. Ça s'appelle la dérision. Ça peut choquer. *'ailleurs c'est fait pour ça »*, dit Wolinski (*Charlie hebdo* du 9 janvier 2002).
: suis d'accord. Encore faut-il qu'il sache de quoi il parle, qu'il comprenne de quoi il s'agit. uand ce n'est pas le cas, ça donne ça. D'autres dessins, publiés au même moment dans *'harlie*, étaient heureusement plus pertinents. La frontière est étroite entre le meilleur et : pire. Un défaut d'information et l'humoriste passe, sans le vouloir, de l'autre côté.

Riss, *Charlie hebdo* du 27 avril 1994.

Où les grands se font " raccourcir " par les petits

Wolinski, *Charlie hebdo* du 25 mai 1994.

La " viande hachée " : une note d'humour pour dédramatiser

Cabu, *Charlie hebdo* du 20 avril 1994.

Contre le génocide : l'Alka-Seltzer

Lendemain de cuite au Rwanda

Charb, *Charlie hebdo* du 27 juillet 1994.

La caricature utilisée pour inciter à la haine raciale...

Écho des 1000 collines, n° 3, juillet 1991
(L'appel à la haine et au pogrome présentée comme une auto-défense légitime : « *Fuyez, un Tutsi veut exterminer les Hutu* »).

ou pour véhiculer la désinformation

Serguei, *Le Monde* du 15 septembre 1995, illustrant un article de Jean Hélène.

Télégramme de Fabien Singaye à Elie Sagatwa

Télégramme étiqueté « Confidentiel », de Fabien Singaye à Elie Sagatwa, daté de février 1992.

Fabien Singaye est un extrémiste de la mouvance Hutu Power. Deuxième secrétaire de l'ambassade du Rwanda en Suisse, il utilisait ce pays comme base pour ses activités d'espionnage jusqu'en 1999, date à laquelle il a été expulsé par le gouvernement suisse. Des documents retrouvés au domicile de Habyarimana en juin 1994 ont révélé ses activités d'espionnage en lien avec l'*akazu*. Fabien Singaye est le beau-fils du responsable des milices interahamwe et financier de la RTLM, Félicien Kabuga.

Elie Sagatwa est le principal responsable des escadrons de la mort avant le génocide et responsable des massacres prégénocidaires de 1990 à 1993. C'est un des personnages clés de l'*akazu*. Il a été tué avec le président Habyarimana dans l'attentat.

Ce télégramme montre que ces deux organisateurs du génocide sont déjà en 1992 en relation avec Paul Barril : « *Voir également comment on peut mettre sur pied un plan de travail avec Barril.* »

Extrait d'un Rapport au colonel SAGATWA

CONFIDENTIEL

MOIS DE FEVRIER 1992 STOP EN EFFET COMMA J'AI APPRIS QUE LES DEUX INTERESSEES PLAIDENT LA CAUSE DU F.P.R. ET DE L'OPPOSITION AU RWANDA STOP IL PARAITRAIT QUE LA SEMAINE DERNIERE MADAME SIMON AURAIT EU DES ENTRETIENS A PARIS AVEC BIHOZAGARA STOP SACHEZ EGALEMENT QUE LES DEUX JOURNALISTES DOIVENT SE TROUVER AU RWANDA DURANT LA PERIODE PRECITEE POUR ETRE TEMOINS D'EVENEMENTS PARAIT-IL IMPORTANT QUI DOIVENT SE PASSER AU MILIEU DU MOIS EN COURS STOP EVIDEMMENT COMMA J'IGNORE DE QUEL EVENEMENT IL S'AGIT STOP A CE SUJET COMMA J'ANNEXE A LA PRESENTE NOTE LE TEXTE DE JEAN-PIERRE CHRETIEN ENVOYE A MADAME SIMON DU JOURNAL LE MONDE POUR PUBLICATION QUI ACCUSE LE GOUVERNEMENT RWANDAIS DE SOUTENIR LE PALIPEHUTU DANS L'AGRESSION CONTRE LE BURUNDI EN NOVEMBRE 1991 ET DENONCANT LA COMMISSION D'ENQUETE AU BURUNDI QUI ETAIT DIRIGEE PAR FILIP REYNTJENS ET MADAME ERLER STOP IL SIED DE NOTER QUE LEDIT TEXTE N'EST PAS ENCORE PARU MAIS IL NE VA PAS TARDER A ETRE PUBLIE D'ICI QUELQUES JOURS STOP AUSSI MON COLONEL COMMA JE FERAI TOUT MON POSSIBLE POUR SUIVRE LES MOUVEMENTS DE BIHOTAGARA EN SUISSE MAIS JE VOUS RAPPELLE QUE MON TRAVAIL DEVIENT TRES DIFFICILE A CAUSE D'UNE PART DU MANQUE DE MOYENS ET D'AUTRE PART A CAUSE DE MON PATRON QUI NE ME LAISSE AUCUNE CHANCE D'AGIR TRES LIBREMENT STOP IL DEVIENT URGENT QUE VOUS REAGISSIEZ NON PAS UNIQUEMENT POUR MOI COMMA MAIS POUR LE BIEN DU PAYS ET DE NOUS TOUS EN VOUS PENCHANT SERIEUSEMENT SUR MON CAS STOP VOIR EGALEMENT COMMENT ON PEUT METTRE SUR PIED UN PLAN DE TRAVAIL AVEC BARRIL STOP

FABIEN

FAX DE FILIP REYNTJENS À FABIEN SINGAYE

Fiilip Reyntjens est historien, belge, ancien conseiller du président Habyarimana et membre du staff d'Amnesty International.

Fabien Singaye est l'espion de l'*akazu* en Suisse.

Dans ce fax, Filip Reyntjens évoque un texte de Jean-Pierre Chrétien (une lettre au journal *Le Monde* où son collègue français dénonce une désinformation à propos d'une enquête internationale conduite au Burundi). Il se trouve que Filip Reyntjens était l'un des responsables de cette enquête. Filip Reyntjens demande à Fabien Singaye, comme à un vieux camarade, « *des munitions* » contre Chrétien !

universitaire
instelling
antwerpen

Departement Rechten

datum
[illegible] kenmerk
uw kenmerk
tel. inklesnr (03) 820.2. . . . .

Fax n° 00-41-31-24.48.60

A l'attention de M. Fabien SINGAYE

Mon cher Fabien,

Voici le texte de Chrétien. Je serai obligé de me défendre et toutes les munitions seront les bienvenues.

Bien à toi,

Filip

Filip Reyntjens

Rwanda : quand Mitterrand jouait les ignorants

Pendant le génocide, une conversation plutôt détendue à l'Elysée.

CABINET MILITAIRE

Le Général

N° 5035/CAB.XVII.1/CD

PARIS, le 30 juin 1994

CONFIDENTIEL DÉFENSE

Le Président :
s'interroge alors sur ce qui se passe réellement dans la zone occupée par le FPR.

Amiral Lanxade :
difficile de répondre mais un constat : la fuite des populations Hutus.

Le Président :
Avant l'attentat, on ne m'avait pas signalé de drames particuliers inter-ethniques. Est-ce l'assassinat qui a déclenché cela ? Votre appréciation ?

Amiral Lanxade :
Les extrémistes existaient, étaient durs à contrôler mais c'est tout ce qu'on savait.

**Extraits du procès-verbal, classé « confidentiel-défense » et rédigé par le cabinet militaire du Premier ministre Balladur, à la suite du conseil restreint tenu à l'Elysée.
Le Front patriotique rwandais (FPR) est le bras armé de la National Resistance Army, organisation politico-militaire tutsie installée en Ouganda.
L'attentat auquel Mitterrand se réfère est celui qui le 6 avril 1994 provoqua l'explosion de l'avion Falcon du président Habyarimana qui allait se poser sur l'aéroport de Kigali, capitale du Rwanda. La mort de ce chef d'Etat hutu provoqua aussitôt de nombreux massacres, puis un véritable génocide des Tutsis.**

Document du *Canard enchaîné*, publié le 22 avril 1998

Ce document « confidentiel défense » est extraordinaire. Publié au moment crucial (lancement de la Mission Quilès), il est en lui même de toute évidence un stratagème de communication, préparé et pensé par l'état-major particulier du président de la République. Il est destiné blanchir François Mitterrand qui y déclare: « *Avant l'attentat* [déclencheur du génocide], *on ne m'avait pas parlé de drames particuliers interethniques.* » Ainsi, ce document innocente Mitterrand des crimes qui viennent de se dérouler au Rwanda: il ne savait pas. La « fuite » de ce document classé confidentiel Défense qui se retrouve au *Canard* (procédé classique), permet d'en informer le public tout en authentifiant le message. L'extraordinaire est que les services de communication de l'Élysée aient osé concocter un « vrai-faux » document confidentiel défense dans ce but.

Quant au *Canard enchaîné*, il ne joue le jeu qu'à moitié: s'il n'aborde pas le point important – la « vraie-fausse » nature du document (qui signerait la complicité de génocide) –, il n'en trouve pas moins dramatique la légèreté du ton de ce document et souligne l'énormité de ce qu'il est censé faire gober au public.

COMPTE RENDU D'INTERROGATOIRE D'EUGÈNE NAHIMANA

Eugène Nahimana était l'attaché de presse du parti MRND en Belgique. Il a été interrogé par l'auditorat militaire, le 12 août 1994 à Bruxelles, dans le cadre de l'enquête sur la mort des dix Casques bleus belges.

Il s'explique notamment sur le fait que l'on a retrouvé dans ses notes manuscrites des numéros de téléphones avec la mention « Bravo Barill Paul » (*sic*):

« *Je sais que le président Habyarimana était ami avec Paul Barril, l'ancien capitaine du GIGN français. Cette annotation est antérieure à la mort du président. J'ai eu contact avec la secrétaire de Paul Barril qui m'a dit que lorsque je ne pouvais avoir Paul Barril directement, il fallait demander à parler à "Bravo". Je suppose qu'il s'agit d'un adjoint* [...]. *Kayumba est un homme de Byumba qui étai en contact avec M. Barril. Il était à Paris ... Je peux dire que M. Barril et sa secrétaire souhaitaient que je fasse le même travail pour la France qu'en Belgique, c'est-à-dire les tenir informés de ce que nous faisions et de ce que nous savions.* »

– Ann. 3 → N. Moet Rand een speudicuster voor CDR

– Ann. 4 → direct contact ...

– Ruggiu – De Backer

– IDC [communicatie voor ... rechtstreeks/rechtstreekse ... CVP/PSC]

1444

GENDARMERIE
Détachement judiciaire
Auditorat Militaire
Palais de Justice
1000 BRUXELLES
02/508.60.11

PV n° 1386

PRO JUSTITIA

...cause :

...

- - - -

...chef de :

...ssassinats

- - - -

...et :

...dition Nahimana Eugène

- - - -

...te à l'apostille n° 02
...45 N94 C8 dd 21.04.94
...nant de Monsieur
...uditeur Militaire
...ruxelles

...) Ver Elst-Reul

-=-=-=-=-=-=-=-=-

Ce jourd'hui deuze août mil neuf cent

nonante-quatre , à 1500 heures;

Nous soussigné(s) Artiges Guy, adjudant - CPJ

de gendarmerie,

en résidence à Bruxelles - Aud.Mil.

en tenue civile, (1)

rapportons avoir entendu en nos services, aux date et heures du présent :

Nahimana Eugène
né à Cyugi-Ciciye (Rwanda) le 06.04.62
NN 620406491-77
étudiant
n° SP 4.100.291
n° CI 085346 FLY
dlié à Wavre, rue de la Source 26/6

qui nous déclare :

" Je désire m'exprimer en langue française et fais choix de cette langue en Justice.

Je suis en Belgique depuis le 27 septembre 90. J'étais boursier de la CEE, sur demande de ma société d'assurance La Sonarwa. Actuellement je n'ai plus de bourse depuis septembre 93. J'étais arrivé en fin de formation. Je suis resté en Belgique pour terminer mon mémoire et aussi parce que mon épouse n'avait pas terminé sa formation. Elle était boursière du gouvernement Rwandais. Depuis nous n'avons plus de revenus.

En plus de mes activités d'étudiant j'exerçais la fonction d'attaché de Presse MRND en Belgique. C'est le Président du MRND Ngirumpatse Mathieu qui m'a invité à faire ce travail en avril 93.

L'IMMATRICULATION ETHNIQUE

Deux éléments sont nécessaires aux tenants d'une idéologie raciste : 1) catégoriser des êtres humains selon des caractéristiques réelles, supposées ou fantasmées, 2) stigmatiser ou valoriser les différentes catégories ainsi établies.

L'immatriculation ethnique des futures victimes est la première étape du génocide. Sans cette première étape, le processus d'extermination est impossible. Le port de l'étoile jaunes pour les Juifs avait cette fonction. La mention ethnique (ubwoko) sur les cartes d'identité au Rwanda également (voir documents).

Dans le procès intenté à Fribourg (Suisse) par un extrémiste hutu à un journaliste suisse, le juge posera à un témoin la question : « *Est-ce que votre épouse est tutsi ?* » (le mardi 19 octobre 1999, à Fribourg). Le contexte dans laquelle cette question a été posée est particulièrement éclairant : une salle de tribunal avec d'un côté une douzaine d'extrémistes hutu rwandais et de l'autre des victimes du génocide et leurs sympathisants. Au Rwanda, cette question a décidé en 1994 de la vie ou de la mort d'êtres humains. La distance entre le Rwanda et l'Europe gomme-t-elle le racisme que cette question véhicule ?

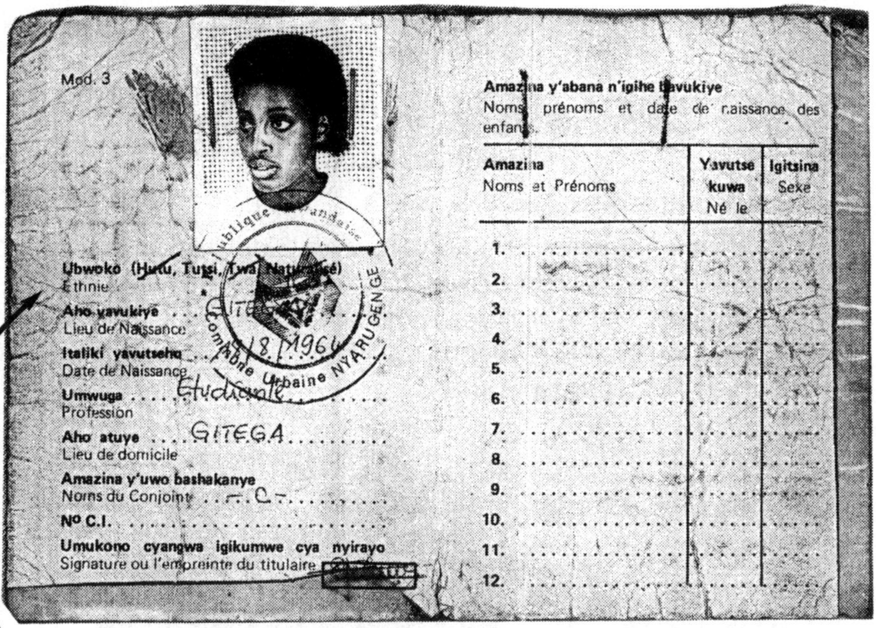

Mod. 3

Ubwoko (Hutu, Tutsi, Twa, Naturalisé)
Ethnie

Aho yavukiye ... GITEGA
Lieu de Naissance

Italiki yavutseho ... 18/1964
Date de Naissance

Umwuga ... Etudiante
Profession

Aho atuye ... GITEGA
Lieu de domicile

Amazina y'uwo bashakanye
Noms du Conjoint ... — C —

Nº C.I. ...

Umukono cyangwa igikumwe cya nyirayo
Signature ou l'empreinte du titulaire

Commune Urbaine NYARUGENGE

Amazina y'abana n'igihe bavukiye
Noms, prénoms et date de naissance des enfants.

Amazina Noms et Prénoms	Yavutse kuwa Né le	Igitsina Sexe
1.		
2.		
3.		
4.		
5.		
6.		
7.		
8.		
9.		
10.		
11.		
12.		

Carte d'identité rwandaise n° 594288 d'Yvonne Mutimura, avec mention de l'*ubwoko* ou « ethnie ».

Livret d'identité délivré en 1957 par l'administration belge, avec mention de la « race ».

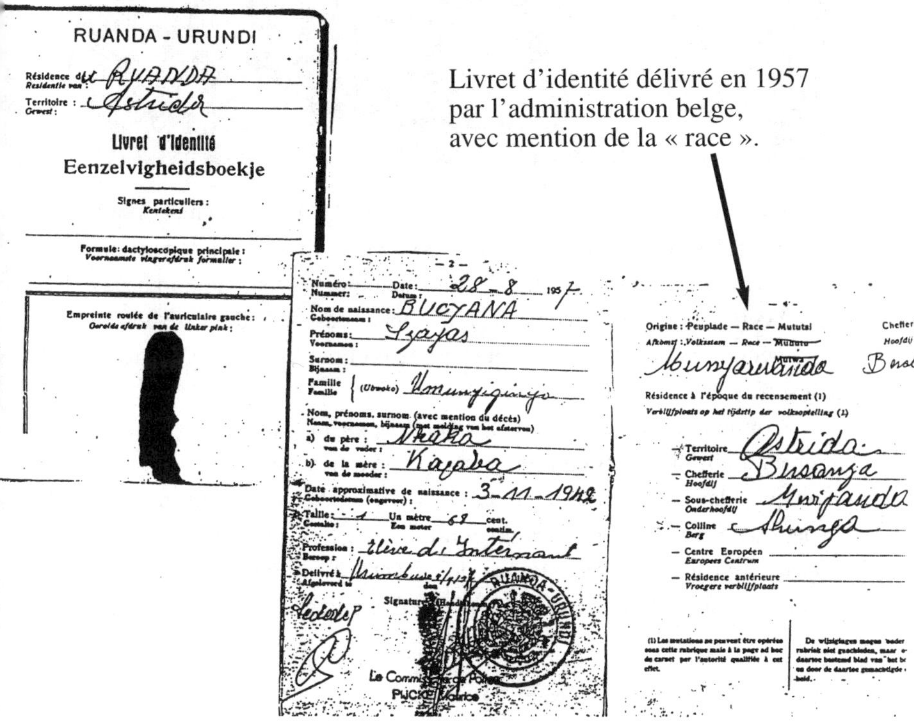

RUANDA - URUNDI

Résidence de / Residentie van : RUANDA

Territoire / Gewest : Astrida

Livret d'Identité
Eenzelvigheidsboekje

Signes particuliers : / Kentekens

Formule dactyloscopique principale : / Voornaamste vingerafdruk formulier :

Empreinte roulée de l'auriculaire gauche : / Gerolde afdruk van de linker pink :

— 2 —

Numéro: / Nummer: — Date: / Datum: 28-8-1957

Nom de naissance: / Geboortenaam: BUCYANA

Prénoms: / Voornamen: Izajas

Surnom: / Bijnaam:

Famille / Familie (Ubwoko) Umunyiginya

Nom, prénoms, surnom (avec mention du décès) / Naam, voornamen, bijnaam (met melding van het afsterven)

a) du père : / van de vader : Nkaka

b) de la mère : / van de moeder : Kayaba

Date approximative de naissance : / Geboortedatum (ongeveer) : 3-11-1942

Taille : / Gestalte : 1 Un mètre 69 cent. / Een meter centim.

Profession : / Beroep : Elève de Internant

Délivré à / Afgeleverd te Usumbura 5/4/57

Signature

RUANDA-URUNDI

Le Commissaire de Police
PUCK Maurice

Origine : Peuplade — Race — Mututsi
Afkomst : Volksstam — Race — Mututsi

Munyarwanda

Chefferie / Hoofdij : Busanza

Résidence à l'époque du recensement (1)
Verblijfplaats op het tijdstip der volkstelling (1)

— Territoire / Gewest : Astrida

— Chefferie / Hoofdij : Busanza

— Sous-chefferie / Onderhoofdij : Nyanda

— Colline / Berg : Shinga

— Centre Européen / Europees Centrum

— Résidence antérieure / Vroegere verblijfplaats

(1) Les mutations ne peuvent être opérées sous cette rubrique mais à la page ad hoc du carnet par l'autorité qualifiée à cet effet.

De wijzigingen mogen 'boder rubriek niet geschieden, maar op daartoe bestemd blad van het boekje door de daartoe gemachtigde overheid.

TÉMOIGNAGE D'YVONNE MUTIMURA ET PIERRE GALINIER

Yvonne Mutimura était employée comme nutritionniste dans un projet du ministère de la Coopération. Son compagnon, **Pierrre Galinier,** travaillait au Rwanda comme « volontaire du progrès » à l'Association française des volontaire du progrès (AFVP) dans la commune de Huye (Butare), dans le cadre d'un projet de jumelage Castres-Huye.

Pierre et Yvonne Galinier avaient écrit à Paul Quilès le 30 mars 1988, soit six jours avant les premières auditions de la Mission d'information, pour demander à être entendus. Ils avaient envoyé leurs témoignages avec celui de Jeanne Uwimbabazi, une jeune rescapée de seize ans au moment du génocide, blessée et évacuée en France avec la Chaîne de l'espoir.

Comme cela a été dit dans l'avant-propos, ni Pierre ni Yvonne ne seront auditionnés. Bien plus, alors même que ces témoignages sont évoqués dans le premier tome du rapport de la Mission d'information (page 285, ligne 5), ils seront occultés et ne figureront pas dans les annexes. Le témoignage de Jeanne, émouvant et beaucoup moins compromettant, sera publié par la Mission d'information. Ce sera la seconde publication de ce document, puisque étant en relation avec Jeanne Uwimbabazi j'avais déjà mis son témoignage en annexe d'*Un Génocide secret d'Etat*.

Paul Quilès a téléphoné le 27 avril 1998 à Yvonne pour l'informer de l'« *impossibilité matérielle* » de les auditionner, expliquant qu'« *il n'y a plus de place, les spécialistes, les experts et les acteurs devant être privilégiés* ». Les rescapés, dont Yvonne aurait pu être porte-parole, n'auront droit qu'à se taire. De surcroît, Paul Quilès la prendra violemment à partie au cours de cet entretien téléphonique. Le mépris pour les victimes du génocide est sans doute la caractéristique la plus marquante de la Mission d'information. Dans un contexte « normal », il aurait pu apparaître extraordinairement choquant et incompréhensible. Dans le contexte de la complicité française dans ce crime, ce n'est de la part des parlementaires français qu'un signe de cohérence politique, la marque de leur servilité ou de leur résignation devant le secret d'État.

Le 9 novembre 1998, Pierre Brana, rapporteur de la Mission, leur demande leur témoignage. Pierre et Yvonne envoient à nouveau le 12 novembre 1998 leur témoignage à Pierre Brana, toujours en recommandé. Le lendemain, ils font le même envoi à Bernard Cazeneuve, l'autre rapporteur de la Mission. Le 16 novembre, ils transmettent encore divers documents à Pierre Brana, en indiquant les pressions qu'ils sont en train de subir après le face-à-face télévisuel du 7 mars 1998 (« Le grand forum » sur Canal +) très tendu avec Hubert Védrine : des appels anonymes en français et en anglais, invitant Yvonne tout d'abord « *à travailler officiellement pour un service de renseignements* », puis à « *rencontrer un homme politique français pour trouver un compromis* » et enfin « *à se calmer* »... Pierre Brana en accusera réception le 18 novembre.

Pierre et Yvonne interrogeront les rapporteurs de la Mission sur le refus de leurs témoignages. La raison officielle qui leur a été donnée est leur envoi trop tardif. Or les accusés de réception prouvent que ces témoignages avaient été reçus avant même le début des auditions. Cependant, ils ont appris indirectement (par l'attaché parlementaire du député Pierre Brana) que Paul Quilès leur reprochait de mentionner un nom dans leur

Yvonne GALINIER-MUTIMURA
15, rue d'empare
81100 Castres

Jeanne UWIMBABAZI
Pratnau
81170 Souel

Castres, le 30 mars 1998

Monsieur Paul QUILES
Député du Tarn
Assemblée Nationale
126, rue de l'université
75007 PARIS

Monsieur le Député,

Nous avons appris que vous présidez une Mission d'Information sur les activités de la France au Rwanda de 1990 à 1994. Vous avez l'intention d'auditionner un nombre important d'experts sur le sujet.

Nous pensons que vous ne pourrez être informé de manière complète sans le témoignage des principales victimes du génocide des tutsi , nous les rescapés.

Nous avons vu et subi les dérives de l'intervention française et de l'O.N.U. dans notre pays et nous voulons le dire.

Qui sommes- nous ?

*- **Jeanne UWIMBABAZI** : âgée de 16 ans au moment du génocide, j'ai perdu la quasi-totalité de ma famille en 1994. Réfugiée avec ma famille à l'Ecole Technique Officielle de Kigali, nous étions protégés par les militaires de l'ONU, qui nous ont abandonné face aux miliciens hutu. Ceux-ci juste après leur départ ont exterminé plus de 2000 personnes... Les tendons d'Achille sectionnés et blessée à la tête, j'ai survécu parmi les cadavres de mes compatriotes et de ma famille. Sauvée par les militaires du F.P.R j'ai été rapatriée par "Médecins du Monde" en France où je vis depuis dans une famille française à Souel (5km de Cordes).*

*- **Yvonne GALINIER-MUTIMURA** : nutritionniste, employée de la coopération française à Kigali, j'ai perdu la totalité de ma famille durant le génocide excepté mes deux petites nièces que j'ai adoptées avec mon mari. Après une tentative d'assassinat par des miliciens hutu, nous avons été sauvés, mon mari et moi le 10 avril par des militaires de l'O.N.U. belges qui nous ont placé dans l'hôtel Méridien à Kigali. Là les autorités françaises responsables du convoi des français en direction de l'école française puis de Bangui ou Bujumbura, ont refusé de me prendre avec eux, parce que je n'étais pas mariée avec Pierre. Celui-ci a refusé de partir seul. Nous sommes restés deux jours de plus alors que l'hôtel était sur la ligne de front et était continuellement sous les coups de mortiers. Le mardi 12 avril, les militaires belges nous ont fait embarquer dans un convoi de prêtres européens jusqu'à l'aéroport de Kigali, puis un avion militaire néerlandais nous a déposé à Nairobi (Kenya).*

J'ai été témoin aussi des violences perpétrées par les militaires français contre des jeunes filles rwandaises. J'ai été contrainte de montrer mes pièces d'identité à des militaires français à plusieurs endroits dans le pays.

J'ai vu l'armée française entraîner les miliciens hutu avant le génocide à Nyarugunga (près de l'aéroport de Kanombe).

Nous tenons à témoigner devant les parlementaires membre de la Mission d'Information pour leur dire tout cela, pour que la vérité apparaisse au peuple français.

Nous savons que c'est aussi votre objectif.

Nous vous prions d'agréer, Monsieur le Député, nos salutations distinguées.

Jeanne UWIMBABAZI

Yvonne GALINIER-MUTIMURA

ASSEMBLÉE
NATIONALE

RÉPUBLIQUE FRANÇAISE
LIBERTÉ-ÉGALITÉ-FRATERNITÉ

MISSION D'INFORMATION SUR LES OPERATIONS MILITAIRES MENEES PAR LA France, D'AUTRES PAYS ET l'ONU AU RWANDA ENTRE 1990 ET 1994

Paris, le 9 Novembre 1998

Madame,

J'ai appris ce que vous avez vécu pendant le drame rwandais.

J'attacherai une grande importance à recevoir de vous le plus rapidement possible – nous sommes entrés dans la phase de rédaction du rapport – votre témoignage écrit sur ce que vous avez vu et entendu de 1990 à 1994 et tout particulièrement lors de l'évacuation d'avril 1994.

Vous en remerciant par avance,

Je vous prie de croire, Madame, à l'assurance de mes sentiments les meilleurs.

Pierre BRANA
Rapporteur de la mission d'information sur le Rwanda

Madame Yvonne GALINIER
1, Impasse Barral
81100 - CASTRES

PIERRE GALINIER
15 RUE D'EMPARE
81100 CASTRES

Castres le, 16 Novembre 1998

M. PIERRE BRANA
Rapporteur de la Mission d'informat. sur le Rwanda

Monsieur,

Afin de vous aider dans votre travail, je vous fais parvenir plusieurs documents portant sur nos témoignages ainsi que sur les différents cris d'alarme lancés par des groupes politiques ou par des associations de droit de l'homme au Rwanda, au Burundi et en France.

Pour compléter le témoignage de ma femme et de moi-même, vous trouverez ci-joints, la photocopie de la carte d'identité d'Yvonne où figure la mention ethnique, l'article de "Libération" du 27/05/94 où est fait mention "d'un garagiste français" (Alain BOSSAC), ainsi que les différents courriers adressés à M. Quilès et M. Cazeneuve.

Je tiens aussi à vous faire part, comme je l'ai dit à votre assistant, M. Delehaye, des diverses pressions dont ma femme a été victime par le biais de plusieurs appels téléphoniques anonymes en français et en anglais, où on l'invitait d'abord "à travailler officiellement pour un service de renseignement", puis à "rencontrer un homme politique français pour trouver un compromis", et enfin à "se calmer"...

Les appels avaient débuté peu après le face à face tendu qu'avait eu ma femme avec notre Ministre des Affaires Etrangères, M. Védrine, le 7 Mars 1998 dans l'émission "Le Grand Forum" sur Canal+.

Ils ont cessé juste après les avoir signalés au responsable des Renseignements généraux de Castres.

Vous trouverez enfin, les copies de trois lettres dénonçant l'attitude de la France au Rwanda. Datées de Février 1993, elles stigmatisent l'augmentation des efforts de l'armée française à cette époque, après l'attaque de Ruhengeri par le F.P.R. Ce fut le début des contrôles d'identité, des barrages franco-rwandais...

Je suis à votre disposition pour des questions éventuelles, je vous prie de croire, Monsieur, en l'assurance de mes sentiments distingués.

[signature]

PIERRE GALINIER

ASSEMBLÉE NATIONALE

ommission des Affaires étrangères

RÉPUBLIQUE FRANÇAISE

LIBERTÉ ÉGALITÉ FRATERNITÉ

Paris, le 18 novembre 1998

Madame, Monsieur,

Je vous remercie de m'avoir envoyé votre témoignage qui m'a beaucoup touché, sur les conditions dans lesquelles vous avez été évacués du Rwanda.

Il représente un document précieux pour les travaux de la mission.

Avec mes remerciements, je vous prie d'agréer, Madame, Monsieur, l'expression de ma considération distinguée.

Pierre Brana
Député

M. et Mme Yvonne et Pierre GALINIER
15 rue d'Empare
81100 CASTRES

témoignage : celui de M. Poulain, directeur de la Caisse française de développement à Kigali. En refusant l'évacuation d'Yvonne Mutimura, ce responsable, avec lequel elle avait déjà été en contact du fait de son travail à la coopération, la condamnait à mourir avec les autres. Non seulement il opposa un refus catégorique à l'évacuation de « la Rwandaise » Yvonne Mutimura pendant l'opération *Amaryllis*, mais songea même à faire évacuer de force son compagnon qui refusait de l'être sans elle. On peut supposer que dans cet exercice parlementaire, si l'on donnait un nom – un seul – d'un Français directement impliqué dans des faits précis, c'était amorcer une réaction en chaîne. Paul Quilès avait, semble-t-il, pour mission d'éviter le grand déballage des responsabilités françaises. Au risque de se dévoiler, comme ici, en refusant (illégalement ?) des témoignages… Cependant, les témoignages de Pierre et Yvonne Galinier sont très précis et l'évocation de M. Poulain n'est pas le seul aspect « dérangeant » qui a contribué à cette occultation.

Les parlementaires ne trahissent pas le secret d'État, aussi lourd que celui-ci soit à porter. Mais ils ne peuvent dissimuler en totalité l'information : les quatre volumes du rapport de la Mission d'information contiennent assez d'éléments pour attester l'implication de responsables français dans une complicité de génocide, en totale contradiction avec ses propres conclusions et les déclarations que son président, Paul Quilès, a faites aux médias.

EXTRAITS DU TÉMOIGNAGE D'YVONNE MUTIMURA

Le témoignage d'Yvonne signale la présence des Français sur les barrières stratégiques suivantes :

— l'aéroport international de Kanombe ;

— la radio nationale ;

— la banque de Kigali (privée) ;

— l'hôtel des diplomates ;

— l'entrée du camp Kami ;

— la station FM de Jali en commune de Rutongo ;

— les réserves d'essence de Gatsata et celles de Kabuye.

Les militaires français s'étaient aussi installés à « Remera Nord » et tiraient à partir de cette colline. Ils lançaient des tirs de mortiers en direction du FPR.

Ils entraînaient aussi les miliciens du MRND [les Interahamwe]. Ils n'étaient pas du tout gênés d'être escortés par des camions militaires ou des bus de l'Onatracom (Office national des transports en commun) qui transportaient les hommes et les femmes en pagne du MRND [uniforme des miliciens interahamwe].

Les camps d'entraînement des miliciens étaient à plusieurs endroits, je peux citer le camp de Nyarungunga-Kanombe (Kigali), Jali (commune de Rutongo), Bugesera et Ruhengeri. Dans ce dernier camp, il s'agit des instructeurs français de l'Egena, École de gendarmerie nationale. […]

Je ne reviendrai pas sur le refus des officiels français, en particulier de M. Poulain, directeur de la Caisse française de développement, de m'évacuer du Rwanda lors du génocide, puisque mon mari, Pierre Galinier a tout dit, mais je tiens à dire que je n'ai pas été, malheureusement, la seule dans ce cas.

Parmi les gens que je connaissais et qui ont été abandonnés à la mort et qui travaillaient pour les français, il y a :

— Immaculée Bihomora et sa famille. Elle a appelé désespérément au secours, mais les responsables de son service lui ont dit qu'elle leur ferait courir un risque s'ils la prenaient, étant donné qu'elle était tutsi. Elle a été tuée avec toute sa famille. Elle travaillait pour la Mission de coopération française.

— Tony Kabanda a été tué avec sa famille. Il travaillait lui aussi pour la Mission de coopération française. Il a demandé du secours à ses responsables, mais en vain. Quelqu'un a par ailleurs répondu au téléphone à sa sœur qui vit à Paris et qui demandait de ses nouvelles, qu'il ne savait pas pourquoi il n'était pas venu pour être évacué et qu'il ne comprenait pas qu'il ne se soit pas présenté à son travail depuis deux jours… C'était le 7 avril 1994 et il s'est fait assassiner ce jour-là.

— Christine Umwali, ma belle-sœur, travaillait à la Depeperai, un projet français d'éducation, elle était la secrétaire du projet. Un coopérant français, Paul Auger (qui vit aujourd'hui en France), a demandé qu'on lui donne une Jeep avec des militaires pour aller la chercher. Ils ont refusé. Elle s'est fait massacrer avec son mari (mon frère adoptif) et ma sœur. Ses deux filles qui ont maintenant neuf et dix ans ont survécu. Nous les avons adoptées, le 7 mars 1997 avec mon mari.

— Mzee Abdhallah a demandé à plusieurs reprises aux responsables de la Mission de coopération française pour laquelle il travaillait de le secourir. Il a été assassiné avec toute sa famille.

— Tout le personnel de maison du village français a été assassiné parce qu'il a été abandonné dans les maisons des coopérants français. Pourtant, le village français se trouvait à côté de l'école française, lieu de rassemblement des Français.

Si j'ai tenu à témoigner pour la Mission d'information sur le Rwanda, c'est pour que la vérité se sache, pour que les Français apprennent ce qui a été fait en leur nom, c'est en mémoire des miens qui ont disparu sans raison dans le génocide et qui ne peuvent pas témoigner, c'est pour Katia et Nadia, mes filles adoptives.

Yvonne Mutimura

Témoignage de Pierre Galinier

Lors de mon séjour au Rwanda, du 11 juin 1991 au 12 avril 1994, j'ai toujours été surpris par la manière dont la France a pris part au conflit rwandais, s'impliquant ouvertement avec son armée (le 8e RPIMa de ma ville natale, Castres, notamment) sur le terrain.

J'ai été, ensuite, consterné par la manière dont la plupart des faits accomplis par les militaires français au Rwanda que j'ai vus, durant trois années, sont aujourd'hui niés ou transformés. C'est pourquoi je tiens, en préambule à mon témoignage sur la non-évacuation de ma femme Yvonne Mutimura durant le génocide, à rapporter des situations que j'ai vécues, illustrant l'implication militaire française.

Lors de la réunion d'accueil des volontaires du Service national en septembre 1991 qui a lieu chaque année, l'ambassadeur Georges Martres et le colonel Cussac nous ont présenté la situation du Rwanda. J'ai appris que la France avait envoyé des militaires pour protéger les ressortissants français (opération *Noroît*). Le colonel Cussac nous a expliqué l'attaque du FPR par une « *invasion du Rwanda par des combattants ougandais, puisque plusieurs militaires français avaient assisté à l'interrogatoire de prisonniers du FPR et que ceux-ci s'exprimaient en anglais* ».

Au mois de janvier 1992, trois militaires français en uniforme rwandais sont venus chez moi, à Huye, préfecture de Butare. Ils m'ont déclaré qu'ils avaient vu un autocollant de la Ville de Castres dans un magasin de Butare et que la propriétaire leur avait indiqué mon existence et les rapports que j'avais avec la ville de Castres. Ils m'ont déclaré faire partie du 8e RPIMa basé à Castres et être curieux de rencontrer un habitant de cette ville.

C'était le soir, je leur ai proposé de boire une bière. Après une conversation portant sur mon travail, sur la vie au Rwanda… le plus âgé (quarante, quarante-cinq ans) m'a demandé si j'avais remarqué des personnes de type éthiopien ou somalien qui se seraient infiltrées dans la région en provenance de la forêt de Nyungwe. Je lui ai répondu que je n'avais rien remarqué de particulier puis je lui ai demandé l'objectif de cette question. Il m'a répondu que son travail était de s'informer sur la situation dans le pays, il m'a dit qu'il n'avait pas le droit d'en dire plus. Nous avons repris notre conversation. Après une heure environ, ils ont décidé de partir. Au moment du départ, le plus âgé m'a demandé d'informer de tout fait me paraissant inhabituel dans ma commune Alain Bossac, garagiste français travaillant à Butare depuis une dizaine d'années. Je n'ai jamais informé cet homme.

Alain Bossac, qui se disait ancien pilote d'avion, ancien militaire et au moment de l'opération *Amaryllis* « consul honoraire de Butare », a été un des trois Européens (avec un couple de pasteurs suisses) à rester à Butare pendant le génocide (Stephen Smith, *Libération*, mai 1994). Il a été en relation permanente avec les responsables des FAR pendant trois mois. Il a été évacué par des militaires de l'opération *Turquoise* la veille de la prise de Butare par le FPR (en juillet 1994).

Le mercredi 6 avril 1994 à 22 h15, de retour d'un restaurant, Yvonne et moi nous nous sommes faits arrêter à un barrage de militaires de la Garde présidentielle au carrefour de Kacyiru (près de l'hôtel Méridien et du Conseil national du développement). Les militaires étaient très nerveux, ils nous ont fait avancer près de véhicules déjà stationnés. Ceux-ci étaient toutes portes ouvertes et personne n'était à l'intérieur, ni près d'eux.

Les militaires m'ont demandé d'éteindre mes phares et le moteur. Par chance, ils n'ont pas remarqué Yvonne et m'ont demandé de faire demi-tour lorsque, ayant sorti la tête de la voiture, ils se sont aperçus qu'ils avaient affaire à un étranger.

Nous sommes rentrés chez nous, dans la maison de passage des volontaires français en face de l'orphelinat « SOS Village d'enfants », où nous avons retrouvé un collègue. Nous avons appris la mort du président Habyarimana par téléphone vers minuit. Les tirs ont commencé le jeudi 7 avril à 5h30. Il s'agissait au début de tirs de mitraillettes, puis vers le soir les tirs de mortiers ont débuté. Nous n'avions pas de radio pour capter des informations, et le téléphone a été coupé le vendredi 8 avril au matin.

La population, armée de machettes, avait encadré tout le quartier dès le jeudi matin. Il était impossible pour Yvonne (tutsi) de s'enfuir et c'était extrêmement délicat pour nous.

Le samedi soir, ayant pu atteindre un voisin belge qui possédait une radio OC, nous avons appris que des militaires français et belges avaient atterri à Kigali pour évacuer les étrangers.

Le dimanche matin, Yvonne, mon collègue et moi-même avons rejoint notre voisin chez lui. Celui-ci et mon ami ont décidé d'aller en voiture à l'hôtel Méridien. Yvonne et moi sommes restés dans le jardin de la maison (le voisin ayant oublié de nous laisser les clés). Les risques étaient trop grands pour Yvonne, de plus en plus d'Interahamwe patrouillaient autour de la maison.

Une heure après leur départ et au vu de l'excitation grandissante des miliciens dans le quartier, j'ai décidé d'aller chercher du secours. Je suis d'abord allé dans une église où un curé italien m'a accompagné jusqu'à une villa abritant des Casques bleus. Je leur ai demandé de venir avec moi chercher Yvonne. Ils ont refusé prétextant que « *si j'avais pu arriver jusqu'à eux mon amie aurait pu aussi...* ». Ils m'ont conseillé d'aller demander de l'aide au Méridien. Je suis parti seul. Il n'y avait personne sur cette route goudronnée, j'ai appris plus tard que c'était la ligne de front, le Méridien venant, une heure avant, d'être pris par le FPR.

En arrivant à l'hôtel, j'ai été accueilli par des militaires du FPR et de la Minuar, ils avaient tous des mitraillettes braquées vers moi pour protéger mes arrières. Après mes explications, un officier belge de la Minuar a pris la décision de m'accompagner, il avait été averti par mon camarade une heure auparavant mais n'avait pu venir à cause des bombardements. Je suis monté dans une jeep équipée d'une mitrailleuse, il y avait trois militaires, nous étions suivis d'un camion avec neuf ou dix militaires.

Pendant ce temps, Yvonne, cachée dans le jardin, a assisté impuissante à l'exécution d'une paysanne tutsi et de son bébé, tués à coups de machette par les miliciens, devant la maison. Un obus de mortier tomba près d'elle et blessa le chien du voisin. Les miliciens ont demandé au gardien de la maison si « *la Tutsi était encore là* ». Il répondit par la négative. Puis après quelques minutes, ils ont défoncé la porte et le grillage et se sont introduits dans le jardin. Ils ont dit à Yvonne qu'elle allait mourir. Ils hurlaient de joie...

C'est à cet instant précis que nous sommes arrivés. Nous avons pris la décision de contourner la maison pour éviter l'entrée principale pleine de miliciens. Yvonne a accouru vers nous. Les militaires belges étaient en position défensive. Elle est montée dans le camion avec moi. Le gardien, malgré l'insistance d'Yvonne, a refusé de venir avec nous. Les militaires ont ensuite continué leur mission, ils ont sauvé une femme et ses deux enfants guidés par le mari qui avait fait comme moi. Cette famille rwandaise vit aujourd'hui en Belgique. Nous sommes rentrés au Méridien vers 12heures.

Vers 14heures, j'ai été convoqué à une « réunion des Français ». Ils étaient une trentaine et s'étaient visiblement organisés. Cette réunion concernait l'évacuation des ressortissants français vers l'école française en vue d'un départ pour Bangui ou Bujumbura. Après la réunion, j'ai demandé à un des responsables, le directeur du Méridien M. Lefèvre, l'autorisation d'emmener Yvonne avec moi. Il m'a demandé si nous étions mariés, j'ai répondu par la négative, il m'a alors dit que c'était impossible. Je lui ai demandé de barrer mon nom de la liste des partants. Ce qu'il a fait.

J'ai ensuite appris qu'un convoi du personnel étranger de l'ONU se préparait aussi. J'ai demandé l'autorisation de partir avec eux à M. Benaïssa (orthographe incertaine), fonctionnaire algérien de l'ONU, responsable du convoi. Il a refusé de prendre Yvonne.

Suite à ces deux demandes, M. Benaïssa et un consultant français m'ont demandé de partir avec eux en laissant Yvonne, disant qu'« *il ne fallait pas faire de sentiments, qu'ils savaient ce que c'était..., que l'hôtel allait être pris d'assaut par le FPR et qu'il n'y aurait aucun survivant* ». Ils ont ensuite tout fait pour convaincre Yvonne de me persuader de la laisser, en particulier M. Poulain, directeur de la Caisse française de développement que connaissait Yvonne grâce à son travail, avec pour arguments « *qu'elle est rwandaise et ce qui se passe la concerne elle seule, qu'il vaut mieux qu'un des deux s'en sorte, qu'il faut penser à ma famille...* ». La possibilité de me prendre de force a même été évoquée !

Finalement, au moment du départ des Français, vers 16h30, l'officier belge qui avait sauvé Yvonne m'a demandé pourquoi je ne partais pas. Il a ensuite pris contact avec le responsable du convoi français, M. Poulain, pour qu'il accepte Yvonne: refus catégorique.

Le colonel belge de la Minuar, responsable de l'hôtel, m'a alors rassuré en me disant que je pouvais rester avec eux en attendant un autre convoi. Le lendemain 11 avril, un nouveau convoi est parti avec des ressortissants belges, le personnel de l'ONU et des familles rwandaises avec enfants, vers l'aéroport. Le manque de place dans ce convoi nous a contraints à rester dans l'hôtel. Ce jour-là, le convoi a été attaqué par des miliciens, le convoi suivant que nous devions prendre a été annulé.

Le mardi 12 avril, nous avons pu profiter de la déviation vers notre hôtel d'un convoi « de la dernière chance » composé essentiellement de religieux, de commerçants, ayant refusé au début de partir et de personnes récupérées à l'extérieur de Kigali au dernier moment. Nous sommes partis avec eux, Yvonne était cachée sous des vêtements. Nous sommes partis à Nairobi vers 10heures, dans un avion militaire néerlandais.

Arrivés à l'aéroport de Nairobi, nous avons rencontré la première conseillère de l'ambassade de France qui a pu nous faire embarquer dans un avion de ligne pour Paris.

Yvonne travaillait comme nutritionniste, depuis un an et demi, pour la Coopération française dans le projet « Appui à la santé publique ».

J'ai travaillé trois ans au Rwanda pour l'AFVP (Association française des volontaires du progrès) dans la commune de Huye, dans la préfecture de Butare pour le jumelage Castres-Huye.

Yvonne et moi sommes mariés depuis le 4 juin 1994, nous avons adopté ses deux nièces orphelines, Katia et Nadia, huit et dix ans, le 7 mars 1997.

Pierre Galinier

ENTRETIEN D'YVONNE MUTIMURA-GALINIER avec Marie-Laure Colson, *Libération* du jeudi 26 février 1998

Yvonne Galinier Mutimura est rwandaise, rescapée du génocide. Tutsi, même si elle n'aime pas être présentée comme cela. Elle travaillait depuis un an et demi pour la Coopération française comme nutritionniste, quand les massacres ont commencé. Pierre, le Français qui est aujourd'hui son mari, travaillait pour une ONG dans la préfecture de Butare. Le 6 avril 1994, ils étaient à Kigali. Leur maison était encerclée par des miliciens. C'est un officier belge de la Minuar qui les a aidés à rejoindre l'hôtel Méridien où s'était regroupés les étrangers. Personne, y compris les représentants de l'administration française qui connaissaient très bien Yvonne, n'a accepté de prendre le risque de la faire monter dans un convoi pour l'aéroport. Pierre a refusé de partir sans elle. L'officier belge les a pris sous sa protection. Ce n'est que le 12 avril qu'ils ont pu monter dans un convoi, composé essentiellement de religieux, Yvonne cachée sous des vêtements. À l'aéroport, une représentante de l'ambassade de France les a fait embarquer dans un avion pour Paris. Pierre et Yvonne vivent depuis dans le Sud de la France.

Qui est l'ennemi ?

« En février 1993, juste après l'attaque du FPR (le Front patriotique rwandais), les contrôles militaires ont été renforcés. Sur les barrages, près de Kigali, il y avait le drapeau français et le drapeau rwandais. Les militaires français contrôlaient les papiers, regardaient l'ethnie [l'origine ethnique de chaque personne était indiquée sur les cartes d'identité]. Un jour, à peu près à quinze kilomètres de Kigali, j'étais avec ma sœur et ma belle-sœur. On est arrivées à un barrage tenu uniquement par des Français. Ils nous ont arrêtées : "*Montrez vos papiers.*" On leur a dit : "*Mais pourquoi vous nous contrôlez ? Ça ne vous regarde pas, c'est pas une histoire de Français, c'est une histoire de Rwandais.*" Ils nous ont répondu : "*Mesdemoiselles, on est désolés mais on doit vous contrôler pour voir qui est l'ennemi.*" On leur a demandé : "*Quand vous voyez nos cartes, comment vous voyez qui est l'ennemi ?*" Ils ont dit: "*On sait très bien que les Tutsi sont les ennemis...*". [1]

Sur la barrière de Nyacyonga (en commune de Rutongo à environ treize kilomètres de Kigali) à Kabuye, c'était scandaleux, parfois ils étaient plus d'une dizaine, en train de boire des bières. Ils étaient saouls tout le temps. Il y avait des filles qui étaient violées par les militaires français. J'ai vu ça à Kabuye, à Kacyiru aussi, à environ six kilomètres de l'aéroport de Kigali. À côté de chez Lando, qui était ministre des Affaires sociales. Il possédait un bar, avec hôtel-restaurant, un truc sympa où tout le monde allait. Il y avait des gens qui étaient chargés de la sécurité. Lui-même était menacé, il était tutsi. En rentrant de chez lui un soir, avec des amis, on a vu les militaires français qui violaient des filles sur la route. Elles criaient. Ils étaient en uniforme et on ne pouvait rien dire. On ne pouvait pas dire aux soldats rwandais, allez secourir ces personnes, parce que les militaires rwandais étaient avec les Français. »

Miliciens hutu

« À côté de l'aéroport de Kigali, à Kanombe, à un endroit qui s'appelle Nyarugunga, il y avait un camp d'entraînement des extrémistes hutu. C'était officiel. Ils avaient des uniformes en pagnes, même les gamins savaient que c'était des miliciens. Quand ils allaient s'entraîner, ils y allaient avec des machettes, des gourdins et des couteaux. Tout ce qu'il faut pour tuer. Ils y allaient en bus du gouvernement. C'était ouvert, comme un grand terrain de foot, on voyait que c'était les Français qui entraînaient les miliciens. Ils avaient des uniformes kaki avec des bérets rouges. C'était fin 1992 et 1993. Je m'en souviens car j'étais à l'université, j'allais faire des stages à Kigali. Ils faisaient partie de l'opération *Noroît*. Les Dami (Détachements d'assistance militaire et d'instruction) portaient en général l'uniforme rwandais. On savait faire la différence même si on n'y comprenait pas grand-chose. À côté, il y avait des chars avec des mitraillettes. Et puis des rigoles avec des sacs de sable. Les Français commandaient et les miliciens écoutaient attentivement.

1. Sa sœur, Providence Umurungi, et sa belle-sœur, Christine Umwali, seront assassinées toutes les deux le 22 avril 1994 à Kigali.

Après février 1993, beaucoup de choses ont changé dans le pays. Des gens étaient tués. Moi je viens de Rutongo, une commune voisine de Kigali, et là, c'était l'endroit où tout le monde passait pour aller au Nord. On voyait des camions des militaires rwandais qui passaient et ceux des Français qui suivaient. On voyait bien que c'était des Blancs, mais ils se déguisaient. Ils se mettaient des trucs noirs sur la figure, mais on voyait les yeux apparaître et le cou. C'était un peu ridicule et en même temps très choquant parce qu'ils se déguisaient pour ressembler aux Noirs, pour aller combattre aux côtés des soldats rwandais.

Ces militaires français, ils ont obéi à leur gouvernement. Ces gens-là, comme les Hutu qui ont tué, parfois je me dis qu'ils étaient tous victimes. Du pouvoir Habyarimana et des gouvernements français qui se sont succédé. Ce qui m'écœure, c'est qu'au Rwanda, la population, pour la plupart, c'est des paysans, des gens qui arrivent à peine à se nourrir, à vivre. Ils ne connaissent rien de la politique, de ce qui se passe à l'extérieur. Ils vivent au jour le jour, les Tutsi comme les Hutu, ils partagent les mêmes misères, les mêmes joies. Tout ce qu'ils savaient venait de la radio, l'intoxication politique du pouvoir rwandais. Et, à la radio, on entendait "*Mitterrand c'est notre ami*", il y avait même des chansons à sa gloire. Quand je suis arrivée en France, j'ai été étonnée de voir comment les gens sont normaux. Je me représentais la France comme un État rwandais en blanc. »

Mépris

Si Pierre n'avait pas été là, je serais morte. Quand on est arrivés au Méridien, après mille problèmes, il y avait tout un tas de Français, des Belges. Il y avait un étage pour les Blancs, un pour les Noirs. Des toilettes pour les Blancs, d'autres pour les Noirs. Les Français essayaient de convaincre Pierre pour qu'il me laisse. Il a refusé. Ils ont fait une réunion. Et après, des fonctionnaires français et un fonctionnaire de l'ONU sont venus me voir. Ils m'ont demandé de laisser Pierre partir. "*On sait très bien, les relations entre les Français et les Rwandaises...*" Ils voulaient dire qu'on était des "putes". C'était un tel mépris, je ne savais pas si j'allais pouvoir faire cinq mètres en sortant du Méridien. On m'a dit: "*L'hôtel va être pris, tout le monde va être tué, c'est votre barbarie, c'est votre histoire, assumez votre guerre.*" C'était le dimanche 10 avril, toute ma famille avait été assassinée le 8, il restait ma sœur et mon père qui ont été tués plus tard. On a demandé aux militaires belges de l'ONU de nous aider. Ce qu'ils ont fait n'a pas de prix, alors qu'ils étaient plus menacés que les Français. C'est ces gens-là qui ont dit : "*On va essayer de vous sauver en vous cachant sous les bâches dans les camions.*" Ils ont risqué leur vie. »

Propos recueillis par Marie-Laure Colson.

ENTRETIEN D'AGNÈS ROTIVEL grand reporter à *La Croix*, avec Isabelle Gaudin

L'intégralité de l'entretien est donnée dans le mémoire de maîtrise d'histoire contemporaine d'Isabelle Gaudin : « Les crises rwandaises depuis 1959, vues à travers *La Croix*, *L'Humanité* et *Le Monde* », ouvrage cité. (La cassette de cet entretien est disponible chez l'auteur. L'enregistrement a eu lieu au siège de *La Croix*, rue Bayard, le 25 juin 1996.)

Quelles ont été vos conditions de travail ? Aviez-vous facilement accès à des sources diversifiées ?

Agnès Rotivel – Sur le terrain, j'ai rencontré beaucoup de gens et je n'ai pas eu de mal à avoir les informations, sauf certaines concernant la France. J'ai cherché à croiser ces informations au Rwanda. Je n'ai pas eu beaucoup de *feed-back*. C'est là que j'ai rencontré Jean-Philippe Ceppi, journaliste à *Libération*. Paul Kagame lui avait donné l'autorisation de consulter les archives à Kigali. Honnêtement, je n'ai jamais eu de barrages du côté du FPR et, pourtant, je représentais la France et, qui plus est, un journal catholique. Du côté de l'administration récemment mise en place au Rwanda, j'ai eu quelques réflexions d'un homme qui me disait qu'il n'avait aucun intérêt à me parler. Or, à ce moment-là, je cherchais à savoir quelle était l'importance des propriétés des Pères blancs au Rwanda, mais cet homme a refusé de me donner l'information.

Pour ce qui est des sources d'information en France, Jean-François Bayart, que j'avais rencontré, m'avait bien dit que j'évoluais en terrain miné. Il m'avait donné quelques contacts au ministère de la Coopération. Ce sont des gens qui n'ont jamais voulu me parler en direct. Ils me donnaient rendez-vous dans des cafés. C'était la première fois (et pourtant j'ai traité de bien des sujets brûlants) où tout se passait comme dans un roman policier. J'ai eu affaire à quelqu'un qui connaissait bien l'Ouganda et qui pouvait me parler du FPR. Nous nous sommes donné rendez-vous dans des conditions tout à fait rocambolesques, tout ça pour que nous soyons sûrs de ne pas être suivis ou écoutés ! J'allais de découverte en découverte. Avec mon contact du ministère de la Coopération, le rendez-vous n'a finalement pas eu lieu. Il fallait que je l'appelle à un numéro qui n'était pas sur écoute. C'était du délire… Jean-François Bayart m'avait même prévenue que si je travaillais sur le Rwanda, ma ligne téléphonique serait sur écoute. Je peux vous dire que sur ce sujet-là (du Rwanda, NDLA), beaucoup de documents circulaient ; du côté des membres sympathisants du FPR, il y avait des gens qui avaient fait un tas de photocopies de documents compromettants. Le problème était de savoir quelle en était l'authenticité, on ne peut pas publier de documents si on n'est pas sûr de leur authenticité. La France ne pouvait pas ne pas savoir ce qui se préparait au Rwanda. Beaucoup de gens savaient beaucoup de choses, mais le problème était d'avoir ces informations, et du côté du gouvernement français c'était « bouche cousue ».

Excepté ces quelques contraintes du côté français, il suffit d'avoir un nom, d'être recommandé, et vous découvrez tout un réseau incroyable (aux États-Unis, au Canada, en France, sur Internet…). Sur place, en septembre notamment, le problème était de faire la part des choses. Les gens avaient peur, particulièrement dans les camps du côté du Zaïre. Et là c'était terrible, parce que je parlais à des gens dont je savais qu'ils avaient tué. Il y avait d'énormes pressions. Cela se voyait dans les yeux des gens quand je leur demandais pourquoi ils ne rentraient pas au Rwanda. Il y a, de plus, cette espèce de désinformation qui fonctionne très bien là-bas : il y a des « tas » d'anciens fonctionnaires rwandais qui montent les gens les uns contre les autres, qui se sont organisés et vivent de trafics. […] Il faut toujours être sur ses gardes et se demander si on n'est pas en train de se faire manipuler. Ceci est valable pour tous les sujets, mais principalement ici. Ces gens-là (en parlant des FAR, des ex-fonctionnaires du gouvernement, NDLA) ont un talent particulier pour manipuler les populations. Ce qui est important, c'est de recouper ses sources, d'interroger plusieurs personnes sur le même sujet. Au Rwanda, beaucoup de gens m'ont raconté des histoires. Par exemple, sur l'affaire Wenceslas, je n'avais pas les mêmes informations de la part des gens qui s'étaient réfugiés dans l'église de la Sainte-Famille. Mais, contrairement à ce qu'on peut dire, on avait assez facilement accès aux informations. C'est vrai qu'il n'est pas facile de joindre les gens, de les faire reparler du passé, de ce qu'ils ont vécu. Il faut vivre. Je m'imaginais l'ambiance qui régnait en France à la Libération.

Avez-vous connu des pressions quelconques ?

Agnès Rotivel – Lorsque je suis rentrée en France, on a fait toute une série d'articles sur l'implication de la France au Rwanda, ce qui m'a quand même valu d'être appelée par la « Cellule africaine » de l'Élysée, pour un petit commentaire que j'avais fait. J'ai été convoquée, pour m'entendre dire que j'étais une *pro-tutsi,* que je cédais à la tentation de la presse française, c'est-à-dire prendre parti pour les Tutsi. Le message était : « *Vous n'avez rien compris à la politique africaine de la France.* » La discussion s'est mal terminée, et deux jours après j'ai été rappelée par la même personne qui s'excusait et voulait que l'on reprenne l'entretien plus calmement. Je lui ai demandé de m'expliquer alors la politique africaine de la France : « *Que faisiez-vous au Rwanda ? Quels étaient les intérêts de la France ? Pourquoi la France a-t-elle détaché autant de militaires ? Pourquoi la France a-t-elle pris position contre le FPR, pour le président Habyarimana, aux côtés des militaires ?* » Je me suis rendue pour la deuxième fois à la « Cellule africaine » et l'entretien a été aussi vide de sens que le premier. [...] Ce qui était difficile pour nous, c'était de faire notre travail de journaliste, alors que globalement il y avait un gouvernement en France qui avait des intérêts qui allaient à l'encontre de ce que pouvait être le récit de la vérité. Dire ce qui se passait réellement au Rwanda ne plaisait pas forcément à tout le monde. Moi, je n'avais aucun *a priori* sur le Rwanda, je n'avais pas travaillé sur le sujet avant. J'ai donc raconté, expliqué ce que j'ai vu, mais j'allais à l'encontre de ce que le gouvernement français voulait dire et c'est pour cela que cela rendait nos articles suspects. En outre, le gouvernement pense que les journalistes n'ont pas le droit d'aller à l'encontre des intérêts de la France qui sont supérieurs à l'intérêt de la vérité. C'est le fameux « secret d'État ». [...]

Comment vos articles étaient-ils accueilis par la rédaction ?

Agnès Rotivel – Avec méfiance, il faut le reconnaître, et très difficilement quand il s'est agi de l'Église. [...].

Le problème s'est posé avec la rédaction lorsque j'ai ramené un papier sur l'Église au Rwanda, où j'avais fait parler des prêtres qui avaient survécu au génocide. Il y avait beaucoup de vieux prêtres dévastés par ce qui s'était passé, car tout d'un coup ils réalisaient que toute la culture religieuse qui leur avait été enseignée par les Pères blancs n'avait servi qu'à une chose, à cette espèce de boucherie dans les églises. J'ai expliqué dans mon article que ces gens-là avaient beaucoup d'amertume envers l'Église catholique, parce que l'évangélisation n'avait pas pris. « *Ce que l'Église a fait finalement, c'est de nier ce que nous étions au départ* », m'a dit un prêtre rwandais. C'est-à-dire que, quand les premiers missionnaires allemands puis belges sont arrivés, ils ont fait comme s'il n'y avait rien avant eux. Tout a consisté à faire table rase du passé pour établir l'Église catholique. J'ai rencontré des gens amers, des gens tristes. [...] *La Croix* n'a pas été capable d'assumer cela jusqu'au bout. C'était un article qui s'appuyait sur des faits réels. L'abbé Perraudin avait, par exemple, un hymne en son nom ; tous les enfants chantaient quand il arrivait, c'est dire le degré de personnalisation que l'on avait atteint. J'ai eu une discussion avec le responsable du service religieux de *La Croix*, qui pensait que mon article était très partisan, que c'était l'Église vue par les Tutsi. J'étais très furieuse. Je lui ai dit qu'il fallait faire très attention, que l'on avait affaire à des prêtres et que cela arrangeait tout le monde de voir les problèmes à travers l'ethnie. Cela arrangeait le gouvernement français et l'Église. Il ne s'agissait que d'une histoire de Tutsi et de Hutu. [...] Mon texte est passé pendant que j'étais absente. Le responsable du service religieux a censuré mon papier d'environ deux tiers (toute la partie émotionnelle de gens très croyants qui se livraient – des religieux et des laïcs – a été supprimée ; c'était celle qui était la plus difficile à entendre). Donc, je dirais que *La Croix* a été capable d'aller jusqu'à un certain point, mais dès qu'on touche à l'Église catholique, et particulièrement en Afrique, c'est beaucoup plus difficile.

Propos recueillis par Isabelle Gaudin.

Human Rights Watch Arms Project
1522 K Street, NW, #910
Washington, DC 20005-1202
Telephone: (202) 371-6592
Facsimile: (202) 371-0124
E-mail: hilterj@hrw.org

HUMAN RIGHTS WATCH

arms project

Décembre 1995

Destinataires: Toute personne intéressée par la question des ventes d'armes au Rwanda

De la part de: Joost Hiltermann

Comme le savent nombre d'entre vous, nous nous sommes opposés au quotidien Libération sur la façon dont il a couvert les conditions du réarmement des forces du gouvernement rwandais responsables du génocide de 1994.

Notre propre enquête nous a permis de rassembler grâce à plusieurs témoignages, des preuves irréfutables de la participation de la France à des livraisons d'armes aux FAR, au cours du printemps 1994 en dépit de l'embargo des Nations Unies décrété contre le Rwanda. Les informations relatives aux transferts d'armes violant l'embargo proviennent de multiples contacts avec des officiels locaux, des officiers de l'armée zaïroise, des équipages des companies de frets aérien ainsi que des membres du personnel des agences internationales et des organisations humanitaires présentes sur place.

Ces preuves ont été exposées dans le rapport intitulé "Réarmement dans l'Impunité: Soutien International aux Auteurs du Génocide Rwandais" publié en mai 1995. Dans un article paru dans Libération le 31 juillet dernier, Stephen Smith a tenté de discréditer notre rapport en jetant un doute sur le témoignage d'une de nos nombreuses sources.

Beaucoup d'entre vous nous ont interrogé sur la suite que nous avons donnée à l'article de Stephen Smith. Parce que Libération a refusé de publier notre réponse, nous avons joint l'article de M. Smith ainsi que la lettre envoyée à Libération à la fois en anglais et en français. N'hésitez pas à nous contacter si vous avez d'autres questions.

Sincèrement,

Joost R. Hiltermann
Directeur

Réarmement dans l'impunité

Le dossier d'une désinformation: le droit de réponse d'Human Rights Watch censuré par *Libération*

Le 29 mai 1995, Human Rights Watch Arms Project a publié un rapport intitulé « Réarmement dans l'impunité: soutien international aux auteurs du génocide rwandais ». Ce rapport fait le point sur la façon dont les responsables du génocide ont entrepris de reconstruire une force militaire, principalement au Zaïre, et sont en train de se réarmer pour retourner au Rwanda. Le rapport met sur la sellette plusieurs membres de la communauté internationale dont la France, le Zaïre, l'Afrique du Sud, la Chine et les Seychelles qui ont contribué activement à l'effort de réarmement, soit en fournissant directement des armes aux forces rwandaises hutu, soit en facilitant l'acheminement d'armes en provenance d'autres pays. Le rapport se fondait sur les résultats d'une enquête approfondie d'une durée de quatre mois, en Afrique centrale.

Notre rapport a été cité à de nombreuses reprises et a notamment été à l'origine d'une invitation de la Commission d'enquête sur les armes des Nations unies récemment créée. Cette Commission a notamment ouvert des enquêtes sur tous les rapports relatifs à l'entraînement militaire et aux transferts d'armes aux anciennes forces gouvernementales rwandaises et dans la région d'une manière générale. Nous avons présenté, en séance privée, des preuves plus détaillées que ce que nous permettait le rapport public, en dévoilant notamment des indices sur nos sources d'information. Dans les vingt-quatre heures qui ont suivi cet exposé, des membres de la Commission se sont rendus en Afrique Centrale pour commencer leurs propres recherches en se basant en partie sur les faits relatés dans notre rapport. Les recherches initiées par la Commission sont en cours.

Le 31 juillet, le quotidien *Libération* publiait un article d'un de ses correspondants, Stephen Smith, sous le titre « Livraisons d'armes aux Rwanda : retour sur un rapport contestable – Human Rights Watch accuse sans preuves Paris d'avoir armé les FAR ». Dans son article, M. Smith s'efforçait de discréditer le rapport de Human Rights Watch en mettant en doute le témoignage d'une seule source parmi celles interrogées par Human Rights Watch. La personne en question, ancien vice-consul honoraire de France à Goma, au Zaïre, a accepté que ses propos soient utilisés publiquement et nous a donné des détails concrets sur les livraisons d'armes françaises au gouvernement rwandais de l'époque, au mois de mai et de juin 1994. Au cours d'un entretien avec M. Smith à la suite de la publication du rapport de Human Rights Watch, le témoin est apparemment revenu sur les déclarations précédemment faites à notre enquêteur. Une copie de l'article de *Libération* est jointe à ce courrier.

Le 31 août, Human Rights Watch a répondu à *Libération* par une lettre à publier dans ses colonnes en tant que droit de réponse. Cette lettre en anglais et sa traduction française sont jointes avec ce courrier.

Le 11 octobre, Pierre Haski, l'éditeur de la section internationale de *Libération* faisait connaître par lettre à Human Rights Watch la décision de *Libération* de ne pas publier notre droit de réponse : « *Je comprends votre désir de protéger la réputation de votre organisation mais les arguments que vous employez ne répondent pas à ceux avancés par notre reporter.* »

Droit de réponse à publier dans *Libération*

L'article de M. Stephen Smith « Livraison d'armes au Rwanda : retour sur un rapport contestable », publié dans *Libération* du 31 juillet, remet en cause un rapport réalisé avec de grandes précautions par la division Arms Project de l'association Human Rights Watch sur l'assistance militaire accordée aux auteurs du génocide par, entre autres pays, la France, en attaquant la crédibilité d'un des nombreux témoins interrogés.

Si l'on en croit M. Smith, le témoin de Human Rights Watch, ancien représentant de la France à Goma au Zaïre, revient à présent sur les déclarations détaillées qu'il a faites à Mlle Kathi Austin, directeur du département Afrique à l'Institute for Policy Studies. Mlle Austin a effectué les recherches sur le terrain en tant que consultante de Human Rights Watch pour le rapport « Réarmement dans l'impunité : soutien international aux auteurs du génocide rwandais » daté du mois de mai 1995. Lors de son entretien avec Mlle Austin, M. Jean-Claude Urbano, l'ancien vice-consul honoraire de France à Goma, s'est lui-même présenté comme un ancien représentant de la France qui, en tant que tel, était à même d'évoquer officiellement les activités françaises liées aux livraisons d'armes aux Forces armées rwandaises (FAR) *via* Goma. Il était ainsi unanimement considéré dans la communauté locale comme « le consul de France » et *de facto* comme un représentant du gouvernement français. Si Human Rights Watch a mentionné le titre présumé de M. Urbano, ce dernier n'est pas cité en tant que représentant officiel du gouvernement français, mais en tant que simple témoin parmi d'autres en raison de sa connaissance personnelle des événements en question.

L'entretien avec M. Urbano s'est déroulé le 15 février entre 9h30 et 10h45 dans son bureau et non dans un bar, tel que le relate M. Smith. Il était entendu auparavant que l'entretien porterait spécifiquement sur le problème des armes françaises. M. Urbano a accepté que ses propos, traduits par un interprète rémunéré par Mlle Austin, soient utilisés publiquement. De fait, le témoignage de M. Urbano n'a fait que confirmer ce que nous avions déjà appris d'autres témoins visuels, parmi lesquels cinq personnes qui ont directement participé aux différentes étapes de l'expédition de cinq cargaisons d'armes, envoyées par le gouvernement français en mai et juin 1994, aux FAR au Rwanda, *via* Goma. Selon M. Urbano, ces envois se justifient par l'existence d'un contrat de vente signé avant l'embargo sur les armes, imposé par l'ONU, le 17 mai 1994. La force obligatoire du contrat ou la recherche de bénéfices commerciaux auraient donc précédence sur l'impératif moral de lutte contre le réarmement des auteurs du génocide. Mlle Austin a découvert que M. Urbano n'était pas seulement au courant de l'existence de ces cinq envois (ainsi que d'autres en provenance d'autres pays), mais il était aussi à même de donner des détails sur la nature des armes et leurs conditions d'acheminement – le type d'appareil et le calendrier de certains des vols. Le caractère très détaillé des informations fournies par M. Urbano remet en cause l'affirmation de M. Smith selon laquelle la fiabilité de nos informations est entachée par des problèmes de traduction. De fait, M. Smith a lui-même évoqué cinq livraisons d'armes et de munitions à Goma, en mai 1994, dans un article publié dans *Libération* du 4 et 5 juillet 1994. Dans ce même article, il utilise des « sources » non identifiées parmi lesquelles « *des expatriés français bien placés* » qui expriment leur « *certitude* » que ces livraisons d'armes ont été « *payées par la France* ».

Human Rights Watch a en effet reçu récemment une lettre de M. Urbano dans laquelle il nie avoir reçu et livré des armes aux FAR. Human Rights Watch n'a jamais soutenu que M. Urbano était personnellement engagé dans ces livraisons d'armes. Il a simplement été cité comme témoin en raison de sa *connaissance* intime de ces opérations. Dans sa lettre, M. Urbano se déclare « *particulièrement étonné* » que Human Rights Watch affirme qu'il « *avait eu connaissance de l'origine et de la destination des livraisons d'armes pendant la guerre du Rwanda* ». La surprise feinte de M. Urbano est en contradiction totale avec la connaissance détaillée des envois d'armes dont il a fait preuve lors de l'entretien.

M. Smith se plaît à souligner le fait que Human Rights Watch ne révèle pas ses sources. C'est là cependant une pratique courante aussi bien parmi les journalistes que parmi les organisations de protection des droits de l'homme qui consiste à ne pas révéler l'identité de leurs sources d'information lorsque cela peut mettre leur vie en danger. Ceci est particulièrement crucial pour ceux qui continuent à vivre et travailler au Zaïre et qui s'exposent à des risques importants en révélant les détails du marché local des armes.

M. Smith conteste aussi nos affirmations selon lesquelles la France aurait participé à l'entraînement des milices rwandaises et burundaises dans ses bases militaires situées en République centrafricaine à l'automne 1994. Par ailleurs, cela ne nous étonne guère qu'une équipe de télévision, par définition très visible, qui n'est restée qu'une semaine en RCA en février 1995, n'ait pu découvrir ces faits. À l'inverse, Mlle Austin a, pendant quatre mois, enquêté sur le terrain et développé des contacts avec plusieurs informateurs, parmi lesquels beaucoup avaient peur de parler au début. L'information sur cette formation militaire provient de chefs hutu responsables de l'envoi des miliciens en RCA. Ces mêmes personnes nous ont aussi communiqué la liste d'un groupe de personnes envoyé en RCA, dans ce but, en octobre 1994.

Nous apprécions les efforts consacrés par *Libération* et M. Smith à l'examen de ce rapport et de ses conclusions, notamment sur le rôle de la France dans le réarmement des auteurs du génocide. Nous sommes convaincus que notre rapport ne fait qu'effleurer les conditions de la participation de la France. La question qui se pose est la suivante : si le gouvernement français n'a rien à se reprocher, pourquoi alors refuse-t-il de discuter de ces questions avec nous et pourquoi les autorités françaises semblent-elles si irritées chaque fois que celles-ci sont posées par d'autres gouvernements ? Nous espérons sincèrement que M. Smith continuera son enquête sur le rôle du gouvernement français au Rwanda.

Joost Hiltermann
Directeur du Human Rights Watch Arms Project.

Repères chronologiques

La colonisation du Rwanda

1885 – Partage de l'Afrique entre les puissances européennes (accords entre Léopold II, l'Angleterre et l'Allemagne).
Attribution du Rwanda (règne de Mutara II Rwogera) à l'Empire allemand.

1892-1894 – Entrée des Allemands au Rwanda. Découverte des collines rwandaises. Règne du Mwami Kigeli IV Rwabugiri.

1897 – Le Mwami Yuhi V Musinga confie les relations extérieures du royaume à l'Empire allemand.

1900 – Administration indirecte du royaume par les Allemands qui ouvrent une résidence à Kigali.
– Fondation de la première mission catholique par les Pères blancs à Save.

1907 – Refus de Mwami Musinga de prendre part à la cérémonie d'ouverture d'une église construite par les Pères blancs.

1916 – Guerre mondiale. Attaque de Shangi par les troupes belges. Passage du Rwanda sous l'occupation belge.

1918 – Mandat accordé à la Belgique par la Société des nations.

1930-1932 – Commencement d'une politique d'épuration et de remodelage des pouvoirs coutumiers, menée par le gouverneur Voisin. Déposition par les Belges de Mwami Yuhi V Musinga, opposé à l'Église. Intronisation de son fils Mutara III Rudahigwa, catholique.

1931 – INTRODUCTION DE LA CARTE D'IDENTITÉ MENTIONNANT L'ETHNIE.

1946 – Passage du Ruanda-Urundi sous le statut de la tutelle belge au nom de l'ONU.

1954 – Nomination de Grégoire Kayibanda, ancien séminariste, au poste de rédacteur en chef de *Kinyamateka*, édité dès 1933 par les Pères blancs.

– Mutara III Rudahigwa affirme ses orientations nationalistes. Le Conseil supérieur du pays (CSP) abolit le régime du *buhake* et des cultures obligatoires, prenant l'initiative sur le vice-gouverneur Harroy.

1955 – Nomination de Mgr Perraudin, prélat d'origine suisse, au poste de vicaire apostolique de Kabgayi, puis archevêque de Kigali, avec Grégoire Kayibanda comme secrétaire particulier.

1957 – Publication du *Manifeste des Bahutu* avec l'aide intéressée de missionnaires catholiques. Le Tutsi y est désigné comme une race étrangère. Aide des Pères blancs et du Mouvement ouvrier chrétien belge à la « révolution hutu ».

1959 – Kayibanda fonde le Parti du mouvement de l'émancipation des Bahutu (Parmehutu).

La première République hutu

1959 – **25 juillet:** Mort suspecte de Mwami Mutara III Rudahigwa à Bujumbura, après une injection faite par un infirmier belge.

– **28 juillet:** Intronisation de Kigeri V, dernier roi du Rwanda.

Création de plusieurs partis politiques.

Premiers massacres de Tutsi faisant 20000 morts: massacres de la « Toussaint rwandaise ». Début de la « révolution sociale », lancée, appuyée et supervisée par l'Église, l'armée et l'administration coloniale. Des dizaines de milliers de Tutsi sont tués, leurs biens pillés et leurs maisons brûlées.

Regroupement d'une partie des rescapés dans des camps dans le sud-est du pays. Fuite d'une autre partie vers les pays limitrophes. Nomination du colonel Logiest comme Résident spécial.

1961 – **28 janvier:** Coup d'État de Gitarama: proclamation de la République par Kayibanda, conseillé par Logiest et sous le contrôle de l'administration belge.

Élections et victoire du parti Parmehutu de Kayibanda. Nouvelle flambée de violence anti-tutsi. Massacre et exode de milliers de Tutsi.

– **25 septembre:** Référendum. Arrestation puis expulsion de Kigeri V par les autorités belges.

La mention de l'ethnie sur la carte d'identité, instituée par l'administration coloniale, est obligatoire et doit désormais figurer sur toutes les pièces administratives.

1962 – **1er juillet:** Indépendance de la République rwandaise. Triomphe d'une « *révolution sous tutelle* » ou « *assistée* », selon le gouverneur Harroy. Premiers raids de réfugiés tutsi entraînant des représailles massives sur la population civile tutsi prise en otage. Les massacres organisés en présence de l'armée coloniale belge font plusieurs milliers de morts. L'appartenance ethnique devient un élément déterminant de la vie sociale : accès à l'emploi, à l'éducation, aux postes administratifs.

1963 – ORCHESTRATION DU « PETIT GÉNOCIDE » DE GIKONGORO PAR KAYIBANDA : Plusieurs dizaines de milliers de victimes, hommes, femmes et enfants. Fuite de 200 000 Tutsi vers l'Ouganda, le Zaïre et le Burundi. Bertrand Russel déclare qu'il s'agit du « *massacre le plus horrible et le plus systématique depuis l'extermination des Juifs par les nazis* ». Dissimulation du drame par les autorités rwandaises, par la tutelle belge et par la hiérarchie catholique. Exécution de membres tutsi du gouvernement.

1964 – Consolidation du pouvoir du Parmehutu. Élimination des opposants, instrumentalisation des pogromes anti-tutsi. Poursuite de l'exode des Tutsi vers les pays voisins. Déportation des rescapés des massacres dans les zones inhospitalières : les marais du Bugesera (Nyamata) pour les Tutsi du Nord et les forêts de Rukumberi pour ceux du Sud.

1965 – Élections de Kayibanda qui revendique 98 % des suffrages. Monopolisation du pouvoir par le Parmehutu, parti tribaliste et sudiste qui fonctionne comme parti unique sans opposition. L'armée et la police sont réservées exclusivement aux Hutu, particulièrement à ceux du Sud. Les Hutu du Nord (Gisenyi et Ruhengeri) restent nombreux dans l'armée.

1966 – Passage au parti unique.

La seconde République hutu

1973 – **Février :** Nouvelles vagues de persécutions anti-tutsi, animées par des « Comités de salut public » soutenus par un Père blanc, le père Naveau. Pogromes sanglants. Expulsion des Tutsi de l'administration et de l'éducation. Épuration ethnique des élèves du secondaire et des étudiants de l'université nationale de Butare.

– **Juillet :** PRISE DU POUVOIR PAR JUVÉNAL HABYARIMANA À L'ISSUE D'UN COUP D'ÉTAT MILITAIRE. La faction nordiste au sein de l'armée accapare le pouvoir. Plus d'une cinquantaine de membres de l'administration et du gouvernement sont assassinés.

1974 – Mort de Kayibanda dans sa prison, à la suite de mauvais traitements et peut-être d'empoisonnement. Quadrillage du pays par la police et l'armée, transformées en garde prétorienne. Habyarimana reprend à son compte la politique ethnique de son prédécesseur excluant les Tutsi de l'armée et des postes de responsabilité.

1975 – Signature d'un accord d'assistance militaire entre le président français Giscard d'Estaing et Habyarimana, à l'occasion d'un safari mémorable. Fourniture d'une aide en armement par la France, à hauteur de 4 millions de francs par an.

Monopolisation des responsabilités politiques et économiques par les Hutu ressortissants des préfectures nordistes de Gisenyi et Ruhengeri.

1976 – Nomination de l'archevêque de Kigali, Mgr Nsengiyumva, au comité central du Mouvement républicain national pour le développement (MRND).

1978 – Adoption d'une nouvelle Constitution. Maintien de l'identification ethnique sur les cartes d'identité. Intégration de chaque Rwandais, dès sa naissance, au parti unique : le MRND. Élection du président Habyarimana avec 99 % des voix.

1979 – Création de la Rwandese National Union (Ranu) par des réfugiés tutsi au Kenya, futur Front patriotique rwandais (FPR).

1981 – Engagement de nombreux jeunes réfugiés tutsi dans les rangs du National Resistance Movement, la rébellion de Yoweri Museveni en Ouganda.

1982 – Introduction de Jean-Christophe Mitterrand, fils du président, à la cellule franco-africaine de l'Élysée qu'il dirigera peu après, jusqu'en 1992. Jean-Christophe Mitterrand entretient des relations avec de nombreux chefs d'État africains et leurs enfants – dont Jean-Pierre Habyarimana.

1982 – **Octobre :** Refoulement à la frontière par le général Habyarimana de 80000 réfugiés tutsi expulsés d'Ouganda par le régime de Milton Obote. Détresse et décimation des réfugiés, mortalité effrayante due aux manques de nourriture et de soins.

1983 – Réélection de Juvénal Habyarimana avec 99,8 % des voix.

1987 – Célébration du 25e anniversaire de la République hutu.

La Ranu devient le Rwandese Patriotic Front (FPR).

1988 – **Décembre :** RÉÉLECTION DE HABYARIMANA AVEC 99,98 % DES VOIX. Refus par Habyarimana d'accueillir les réfugiés tutsi. Naissance et développement d'une opposition démocratique forte et dynamique. Amplification de la crise : corruption, emprisonnements arbitraires, sévices. Multiplication des arrestations d'opposants hutu du Sud.

L'opposition au régime de Habyarimana

1989-1990 – Assassinat de la députée Nyiramutarambirwa par des agents de la « Sûreté nationale ». Elle s'était opposée à la politique des quotas. Assasinats de plusieurs journalistes par la Sûreté, dont le directeur du journal catholique *Kinyamateka*.

1990 – Rédaction par Erik Orsenna du discours de La Baule pour le président François Mitterrand (il en dénoncera plus tard la politique africaine).

L'opposition armée du FPR, issue de la seconde génération des réfugiés tutsi, appuie l'opposition intérieure sudiste et démocratique au régime de Habyarimana.

– 1er octobre : Première attaque du FPR depuis la frontière ougandaise.

Opération *Noroît*

1990 – **4 octobre :** Intervention française dans le conflit (opération *Noroît*) sur décision du président François Mitterrand. Envoi sur le front d'une compagnie (150 hommes) du 2e Régiment étranger de parachutistes (2e REP) stationné en République centrafricaine, suivi de l'aide des Belges et des Zaïrois (Mitterrand ajoute ensuite 450 hommes). Retour accéléré des 3000 hommes de la Division spéciale présidentielle du maréchal Mobutu en raison de leurs excès criminels à l'encontre des populations.

– Nuit du 4 au 5 octobre : Simulation d'une attaque sur Kigali avec le concours des militaires français (de la Mission d'assistance militaire et de *Noroît*).

– 5 octobre : Discours de Habyarimana à la radio nationale expliquant que l'ennemi avait attaqué en force la capitale et décrétant l'état de siège, l'instauration d'un couvre-feu intégral, appel à la vigilance et à la délation. Arrestation dans la foulée de 10000 Tutsi et d'opposants politiques hutu à Kigali.

– 8 octobre : MASSACRES PAR REPRÉSAILLES DE LA POPULATION CIVILE TUTSI (BAHIMA) DU MUTARA (UN MILLIER DE VICTIMES). Les tueries sont présentées comme un travail collectif respectable (*umuganda*) par les autorités.

– 11-13 octobre : Massacre de Tutsi dans la commune de Kibilira.

– **Fin octobre :** Appui des troupes françaises repoussant le FPR en Ouganda. Début de la guérilla.
Retrait de la Belgique du Rwanda après un vif débat au Parlement dénonçant les crimes du régime Habyarimana. Seules restent les troupes françaises. Suivi très attentif de la situation militaire au Rwanda par François Mitterrand, même pendant ses déplacements.

– **Novembre :** Accord par la France d'un prêt de 84 millions de francs « pour le développement », en réalité pour l'achat d'armements.

– **Décembre :** Accord par la Caisse centrale de coopération économique de Paris d'un autre prêt au Rwanda de 49 millions de francs « pour la réalisation de divers projets ».
Diffusion du texte raciste dit des « Dix commandements du Hutu », dans la revue *Kangura*, notoirement soutenue par la belle-famille du président Habyarimana (l'*akazu*). Photo de Mitterrand en 4e de couverture, avec en légende le dicton : « Les vrais amis, on les rencontre dans les difficultés. »

1991 – **Janvier :** Implantation du FPR dans la région de Byumba, dans le nord-est du Rwanda et libération de plus de 1000 prisonniers politiques de la prison de Ruhengeri, fief de Habyarimana. Intervention d'un détachement français.
Affirmation par l'ancien membre des escadrons de la mort Janvier Africa – dont les témoignages peuvent être amplement recoupés – d'avoir été formé durant quatre mois, à partir de février 1991, par les militaires français.

– **Janvier-février :** EXTERMINATION DE 2000 TUTSI BAGOGWE en représailles. Organisation de massacres à caractère génocidaire (extermination d'hommes, de femmes et d'enfants) à l'instigation du gouvernement Habyarimana (par le bourgmestre de Kinigi, le préfet de Ruhengeri, et d'autres autorités). Participation du président Habyarimana et de son épouse aux réunions préparatoires [1].

– **29 mars :** Accord de cessez-le-feu signé à N'sele (Zaïre).

– **Avril :** Nomination du général Christian Quesnot comme chef d'état-major particulier du président Mitterrand. Le général Jean-Pierre Huchon est son adjoint.

Participation d'officiers français aux interrogatoires « musclés » de prisonniers FPR [2].

---

1. Fédération internationale des ligues des droits de l'homme : « Rwanda. Violations massives et systématiques des droits de l'homme depuis le 1er octobre 1993 », Paris, février 1993.

2. Selon maître Éric Gilet de la Fédération internationale des ligues des droits de l'homme (FIDH)

Conférence de Dar es-Salaam sur le droit au retour des réfugiés.

– 10 juin 1991 : Modification de la Constitution, reconnaissance du pluripartisme, du droit de grève pour les fonctionnaires et de la liberté de la presse. Apparition de plusieurs partis d'opposition : le Mouvement démocratique républicain (MDR), le Parti libéral (PL), le Parti social-démocrate (PSD), le Parti démocrate-chrétien (PDC).

1992 – MANIFESTATIONS POPULAIRES CONTRE LE GOUVERNEMENT.

– 8 janvier : Manifestation à Kigali (100000 personnes), à Gitarama et à Butare.

– 15 janvier : Seconde grande manifestation de l'opposition à Kigali. Le lieutenant-colonel Chollet, détaché par la Mission militaire de coopération auprès de Habyarimana, dirige et réorganise l'armée rwandaise.
Contact de Paul Barril avec les extrémistes hutu de l'*akazu*.

– Mars : Nouveau massacre à Kibilira. Création de la Coalition pour la défense de la république (CDR), qui rassemble les ultras hutu et distille ouvertement un racisme anti-tutsi agressif.
MASSACRES DES TUTSI DANS LE BUGESERA, dans le sud du Rwanda, après des appels au meurtre par Radio-Rwanda, dirigée par Ferdinand Nahimana.

– Avril : Dismas Nsengaremye dirige un gouvernement de compromis MRND-opposition (sans le FPR).

– Mai : Création d'une milice de tueurs, les Interahamwe, par le MRND, présentée comme le « mouvement de jeunesse du parti ». Certains sont formés par des militaires français.

– 29 mai, 6 et 7 juin : Rencontres de Bruxelles. Discussions, à Bruxelles puis à Paris, entre l'opposition démocratique et le FPR. Création d'un front commun en faveur des accords de paix.

– 8 juillet : Près de 300000 personnes sont déplacées en raison des combats dans le nord du pays.

Les Accords d'Arusha

1992 – **12 juillet :** Signature à Arusha (Tanzanie) d'un accord de cessez-le-feu, puis à Addis-Abeba (Éthiopie).

– Début août : Mise en place à Arusha des fondations pour un État de droit. Entente entre le gouvernement et le FPR pour l'établissement d'un gouvernement transitoire pluraliste.

– **Fin août :** MASSACRES DE TUTSI DANS LA RÉGION DE KIBUYE, perpétrés par les milices, juste après la signature des Accords d'Arusha.

« Couverture », par le Crédit Lyonnais, d'un contrat égyptien de 6 millions de dollars de fourniture d'armes au Rwanda. Livraison au Rwanda pour 86 millions de dollars d'armes par an, par la manufacture d'armes sud-africaine Armscor, entre 1990 et 1993.

– **Octobre :** Dénonciation, par le sénateur belge Kuypers, du rôle des « escadrons de la mort » (les « réseaux Zéro ») et de la politique raciste du régime Habyarimana.

– **Novembre :** Discours du président Habyarimana aux militants du MRND, dénonçant le « chiffon de papier » des premiers Accords d'Arusha. Léon Mugesera, membre du bureau politique du MRND, prône la liquidation des Tutsi.

– **Décembre :** Pogromes contre des Tutsi et des opposants hutu à Kibilira et dans la région de Gisenyi, région natale du président Habyarimana.

1993 – **Janvier :** SIGNATURE DU PROTOCOLE DES ACCORDS D'ARUSHA sur le maintien de l'État de droit, la fin des massacres, la constitution d'un gouvernement de transition à base élargie, incluant le FPR.

– **8 février :** Nouvelle offensive du FPR pour faire cesser les massacres et mettre en œuvre les accords. Arrêt de l'offensive devant Kigali grâce à l'appui français. Envoi par la France de deux compagnies additionnelles au Rwanda.

– **20-22 février :** Violences commises par les milices interahamwe et CDR à Kigali. Massacres de Tutsi et d'opposants hutu dans les préfectures de Gisenyi, Ruhengeri, Kibuye et Byumba.

– **Février :** Engagement du capitaine Paul Barril par le ministre rwandais de la Défense, en vue d'une mission (nom de code : « *opération Insecticide* »). Interrogé par un officier militaire français de haut rang, François Mitterrand répond que Barril n'a reçu aucun ordre de lui.

– **Mars :** Enquête internationale sur les massacres. Affirmation par l'un des membres de cette commission, Jean Carbonare, d'avoir vu des instructeurs français dans le camp de Bigogwe, où « *l'on amenait des civils par camions entiers. Ils étaient torturés et tués* ». Dénonciation par la commission des pratiques de génocide au Rwanda et de la responsabilité au plus haut niveau des autorités rwandaises dans ces massacres.

– 25 février-2 mars : Rencontres de Bujumbura, entre le FPR et l'opposition.

– 28 février : VISITE DU MINISTRE DE LA COOPÉRATION MARCEL DEBARGE À KIGALI. Appel à un « *front commun* » contre le FPR. Cette déclaration officielle d'un ministre français sera suivie de l'oprganisation par Habyarimana d'une réunion entre le MRND, la CDR et les extrémistes anti-tutsi des autres partis : MDR, PSD, PL et PDC, approuvant la présence française et appelant la population à « *la défense civile du pays* ». Création de la mouvance Hutu Power à la suite de cette réunion.

– Mars : Conclusion d'un nouvel accord de cessez-le-feu à Dar es-Salaam entre le gouvernement rwandais et le FPR, prévoyant la reprise des pourparlers d'Arsusha et le départ des troupes étrangères (françaises). Adoption de la résolution 852 du Conseil de sécurité de l'ONU, visant à mettre en place une force internationale d'interposition. Début du retrait des troupes françaises. Retour du FPR sur ses positions d'avant février 1993.

– Avril : Nomination du général Huchon, adjoint au chef d'état-major particulier du président Mitterrand, ancien commandant du 1er Régiment parachutiste d'infanterie de marine (1er RPIMa), à la tête de la Mission militaire de coopération. Il succède au général Jean Varret, « démissionné » pour avoir manifesté son désaccord sur la politique conduite par la France au Rwanda.

– Mai : Conclusion de nouveaux accords à Arusha, prévoyant la constitution d'une armée nationale unifiée.

– Juin : Mise en place du gouvernement de transition.

– 17 juillet : Agathe Uwilingiyimana, issue du parti MDR, est nommée Premier ministre.

– 4 août : Signature des Accords d'Arusha dont les trois composantes sont : 1) la mise en place d'un État de droit sous la responsabilité d'un gouvernement de transition à base élargie ; 2) le retour des réfugiés rwandais ; 3) la constitution d'une armée nationale de transition intégrant les FAR et l'APR.

Début des émissions racistes et incendiaires de la Radio-Télévision Libres des Mille Collines (RTLM), avec à sa tête Séraphin Rwabukumba, beau-frère du président Habyarimana, membre des réseaux Zéro, et Ferdinand Nahimana.

1993 – **Octobre :** Massacre de Tutsi au Burundi à la suite de l'assassinat, le 21 octobre, du président Melchior Ndadaye. Représailles de l'armée. Fuite des responsables des massacres au Rwanda.

– **Novembre :** Le bataillon belge compte 450 hommes au lieu des 800 attendus.

– **Décembre :** Retrait des troupes françaises. Mise en place de la Mission des Nations unies pour l'assistance au Rwanda (Minuar), dirigée par le brigadier-général Roméo Dallaire.

– **27 décembre :** La Minuar compte 1 260 militaires.

– **28 décembre :** Arrivée triomphale à Kigali des 600 militaires du 3e bataillon d'élite du FPR, choisis pour représenter ce parti dans la capitale, sous le commandement du colonel Charles Kayonga. Ils accompagnent les représentants du FPR au gouvernement et seront cantonnés au parlement (CND).

Le génocide des Tutsi

1994 – **21 janvier :** Interception par la Minuar à Kigali d'un avion cargo qui avait chargé à Châteauroux (France) des munitions pour les FAR.
Blocage des Accord d'Arusha : refus de la faction présidentielle Hutu Power de mettre en place un gouvernement de transition élargi au FPR.

– **23 février :** Assassinat du leader du PSD Félicien Gatabazi. Lapidation de Martin Bucyana, le dirigeant de la CDR, en représailles. Les violences font plusieurs dizaines de morts. Report *sine die* de l'installation des institutions de transition.
Onze militaires français du Département d'assistance militaire à l'instruction (Dami), en civil, sont identifiés à Kigali. Ils avaient officiellement quitté le Rwanda depuis décembre 1993.
Présence à Kigali du capitaine Paul Barril, prestataire de services spéciaux auprès du régime rwandais.

– **Mars :** Arrivée des 800 militaires du contingent ghanéen de la Minuar qui compte alors 2 508 hommes provenant de 22 pays.

– **29 mars :** Tenue à Kigali d'une réunion présidée par le chef d'état-major des Forces armées rwandaises (FAR) pour préparer et organiser, sous la responsabilité de l'armée, l'élimination des « infiltrés » (les Tutsi) et des « traîtres » hutu.

– 4 avril : Lors d'une réception à la Minuar, le colonel Bagosora déclare que les Accords d'Arusha « *n'offrent aucune garantie* » et parle d'exterminer tous les Tutsi [3].

– 6 avril, 20h30 : DESTRUCTION DE L'AVION TRANSPORTANT JUVÉNAL HABYARIMANA ET LE PRÉSIDENT DU BURUNDI CYPRIEN NTARAMIRA.
En moins d'une d'heure, avant même que la nouvelle soit annoncée à la radio, installation de barrages aux grands carrefours de Kigali. Les rues de la capitale s'encombrent de cadavres. La Garde présidentielle interdit à la Minuar de se rendre sur les lieux de l'attentat. Le commandant français de Saint-Quentin y a accès. Le colonel Bagosora, omniprésent, lance et supervise les tueries.

– 7 avril : Assassinat par la Garde présidentielle du Premier ministre Agathe Uwilingiyimana, des dix Casques bleus belges qui assuraient sa protection, ainsi que de plusieurs ministres et de responsables hutu démocrates.
Présence pendant le génocide de Paul Barril à Kigali, où il réside à l'ambassade de France.
Début du massacre systématique des Rwandais tutsi, de ceux qui les protègent et des partisans d'une politique de conciliation nationale.

– 8 avril : Extension du génocide hors de Kigali : massacres dans les paroisses de Zaza (10 et 12 avril), Kanzenze (11 avril), Kabarondo (13 avril), Nyarubuye (14 avril), Kibungo (15 avril)…

Opération *Amaryllis*

1994 **– 9 avril :** Envoi de troupes à Kigali par la France (opération *Amaryllis*) et la Belgique (opération *Silverback*) pour l'évacuation des expatriés et des Occidentaux. Les soldats belges, contrairement aux Français, évacuent quelques Tutsi.
Évacuation sur Paris d'Agathe Habyarimana, épouse du président, cofondatrice de la RTLM et co-inspiratrice des « réseaux Zéro », dont la famille est au cœur du dispositif génocidaire, et prise en charge de celle-ci et de sa suite par le gouvernement français. Hébergement à Paris de ses frères Séraphin Rwabukumba et Protais Zigiranyirazo, ainsi que de l'idéologue Ferdinand Nahimana, personnages centraux du Hutu Power.
Remise à Paris par le ministère de la Coopération, sur ordre de Mitterrand, d'une somme de 200000 francs à Agathe Habyarimana, pour ses frais personnels.

3. Filip Reyntjens, *Rwanda. Trois jours qui ont fait basculer l'histoire*, Institut Africain-Cedaf, L'Harmattan, 1995.

Évacuation par la France de l'orphelinat Sainte-Agathe, permettant l'exfiltration de 34 « accompagnateurs », notamment des responsables des massacres.
Destruction précipitée à l'ambassade de France de toutes les archives sur ordre de l'ambassadeur, Jean-Michel Marlaud. Accueil à l'ambassade du personnel politique de l'ancien régime. Les Tutsi menacés d'extermination sont abandonnés à leur sort, y compris le personnel de l'ambassade et des services culturels français.
Constitution du GIR (Gouvernement intérimaire rwandais) à l'ambassade de France et au ministère de la Défense, sous la houlette de l'ambassadeur Marlaud et du colonel Bagosora.

– 12 avril : Offensive à Kigali des forces du FPR.

– 16 avril : FIN DE L'OPÉRATION AMARYLLIS. PERPÉTRATION DU GÉNOCIDE dans la nuit rwandaise, à travers tout le pays.

– 19 avril : Diffusion par Radio Rwanda d'un discours du président du GIR, Théodore Sindikubwabo, en voyage à Butare, invitant la population du Butare à se « *mettre au travail* ». Début des massacres à Butare.

– 21 avril : Vote de la France au Conseil de sécurité de l'ONU pour la réduction du nombre de Casques bleus de la Minuar (qui passe de 2700 à 450).

– 21-25 avril : Massacres à l'hôtel Ibis et à l'hôpital de Butare.

– Fin avril : Opposition de Jean-Bernard Mérimée, représentant de la France au Conseil de sécurité de l'ONU, à la qualification de « génocide » pour les massacres perpétrés contre les Tutsi.

Accueil du ministre des Affaires étrangères du gouvernement génocidaire, Jérôme Bicumumpaka, et du représentant de la CDR, Jean-Bosco Barayagwiza à l'Élysée et à Matignon.

1994 **– 27-28 avril :** Rencontre à Gbadolite (Zaïre) entre Mobutu et Jacques Foccart, accompagné de Michel Aurillac, ancien ministre de la Coopération de Chirac (1986-1988), et de l'avocat Robert Bourgi. Présence de Herman Cohen, ancien sous-secrétaire d'État pour les Affaires africaines sous le président Bush (francophone et marié à une Française, ami de Jacques Foccart, Herman Cohen est un partisan actif du président Mobutu à Washington).

– 1er mai : Déroute des FAR qui entraînent dans leur fuite des centaines de milliers de civils.

Entretiens à la Mission militaire du ministère de la Coopération (rue Monsieur à Paris) de l'adjoint du chef d'état-major des FAR avec le général Jean-Pierre Huchon. Fourniture par celui-ci d'un matériel de communication cryptée pour maintenir le contact entre les FAR et Paris. Promesse d'une aide militaire. Le général Huchon prodigue des conseils pour « *retourner l'opinion* » en faveur du camp génocidaire.

– **17 mai :** Vote, par le Conseil de sécurité de l'ONU, du déploiement de 5 500 Casques bleus et d'un embargo sur les armes au Rwanda. Le représentant de la France, Jean-Bernard Mérimée, s'était efforcé d'empêcher cet embargo en soutenant la position du représentant du GIR.
Annonce au GIR, par un message du 2e secrétaire de l'ambassade du Rwanda au Caire, de la livraison de trente-cinq tonnes d'armes (munitions et grenades) pour un montant de 765 000 dollars. Ce document mentionne une transaction faite à Paris.

– **22 mai :** Prise de l'aéroport de Kigali par le FPR.

– **Avril-juin :** Ravitaillement des FAR en armes et munitions par des avions Boeing 707 atterrissant à Goma au Zaïre. Livraisons payées par la France selon les sources sur place.

– **Fin mai :** Réunion à huis clos à Paris des ambassadeurs des pays d'Afrique francophone « amis de la France », incitant les dirigeants français à s'opposer à la « déstabilisation » du Rwanda par le FPR.

– **Juin :** Payement à Paul Barril de 1 200 000 dollars pour un contrat de « service et assistance » signé avec le gouvernement Habyarimana, selon un document publié par la Mission parlementaire sur le Rwanda.

L'opération *Turquoise*

Recul des FAR devant le FPR

1994 – **11 juin :** Alain Juppé, ministre des Affaires étrangères, déclare que la communauté internationale devra prendre de nouvelles initiatives si les combats et les exactions se poursuivent au Rwanda.

– **16 juin :** Alain Juppé parle de « génocide » et annonce l'imminente intervention militaire française, l'opération *Turquoise*. Le projet de François Mitterrand d'envoi de parachutistes français sur Kigali est empêché par Balladur et les membres plus prudents de l'exécutif de cohabitation [4].

4. Selon Jacques Baumel, vice-président de la Commission de la défense de l'Assemblée nationale.

– 22 juin : Autorisation par le Conseil de sécurité d'une intervention humanitaire, sur proposition de la France.

Condamnation de l'intervention française par le FPR et les partis de l'opposition démocratique, notamment par le Premier ministre désigné par les Accords d'Arusha, Faustin Twagiramungu.

– 13 juin : Prise de Gitarama par le FPR. Installation du gouvernement génocidaire à Gisenyi, à la frontière zaïroise.

– 23 juin : Entrée officielle des forces françaises au Rwanda par Cyangugu : « *C'est là que nous trouverons* [...] *tous les Tutsi vivants dont nous avons besoin pour la télé* » (argumente Gérard Prunier, conseiller de l'opération).

– 27 juin : Paul Barril affirme sur France 2 que l'attentat contre Habyarimana serait l'œuvre du FPR avec la complicité de militaires belges dont il a reconnu l'accent sur des interceptions radiophoniques.

– 28 juin : Publication du rapport des Nations unies (rapporteur : René Degni-Segui) établissant la réalité du génocide des Tutsi.

– 4 juillet : Refoulement des FAR de Kigali et de Butare.

Création par *Turquoise* d'une « Zone humanitaire sûre » (ZHS) au Sud-Ouest, zone où se réfugient les responsables du génocide (dont les animateurs de la RTLM) et les populations qu'ils contrôlent. Continuation du massacre des Tutsi survivants dans la « Zone humanitaire sûre ».

– 14 juillet : Prise de Ruhengeri, principale ville du nord du Rwanda, par le FPR.

Les FAR en déroute fuient au Zaïre grâce à un couloir ouvert par l'opération *Turquoise*.

Afflux de 2 millions de Hutu au Kivu (Zaïre). Début de l'épidémie de choléra parmi les populations conduites à Goma au Zaïre dans une région endémique pour cette maladie.

1994 **– 17 juillet :** PRISE DE GISENYI PAR LE FPR, QUI DÉCLARE LA FIN DE LA GUERRE. Le Rwanda est presque entièrement libéré, à l'exception de la ZHS contrôlée par les Français.

Formation d'un gouvernement d'union nationale à Kigali, comprenant des membres du FPR et des survivants de l'opposition démocratique.

Durant l'opération *Turquoise*, aucune interpellation des responsables (préfets, sous-préfets, bourgmestres et chefs miliciens) ayant localement organisé les massacres n'a été faite par les militaires français (l'ONU avait pourtant établi la qualification de génocide). Le chef des FAR, le général Augustin Bizimungu, est vu à Goma dans un véhicule de l'armée française. Des officiers français de *Turquoise* dissuadent les officiers des FAR désireux de rallier le gouvernement d'union nationale à Kigali.

– 28 juillet : Agathe Habyarimana écrit : « *La responsabilité des massacres ethniques actuellement menés au Rwanda ne saurait incomber qu'aux seuls auteurs de l'attentat perpétré le 6 avril 1994.* »

– 8 août : Nouveau déplacement de Foccart à Gbadolite, au Zaïre, où il rencontre le président Mobutu, pour le réconcilier avec son Premier ministre Kengo wa Dongo, dont la mère est une Tutsi rwandaise.

– 21 août : Fin de l'opération *Turquoise*.

RÉORGANISATION DES FAR qui ont rejoint le Zaïre et bénéficient de l'aide de Mobutu. Présence d'environ 500 militaires français au Zaïre jusqu'à la fin septembre.

Au Rwanda : le fichage ethnique est supprimé sur les cartes d'identité et dans tous les fichiers.

La guerre de basse intensité contre le Rwanda

Utilisation des camps d'exilés hutu à la frontière du Rwanda comme base armée des ex-FAR et camps d'entraînement. Contrôle des camps par les anciens militaires et miliciens rwandais, ainsi que par les anciens responsables politiques. Ceux-ci empêchent le rapatriement des exilés hutu, estimés à près de 2 millions. Dans les camps, de nombreux intellectuels impliqués dans le génocide (instituteurs, médecins, journalistes, cadres d'ONG locales) sont employés par les agences humanitaires.

1994 **– Octobre :** Mathieu Ngirumpaste, président du MRND et responsable des miliciens interahamwe, annonce à l'AFP son retour d'un voyage en France.

– Novembre : Jérôme Bicumumpaka, « ministre des Affaires étrangères » du GIR en exil au Zaïre, déclare avoir été de nouveau officiellement reçu en France.

« *Herman Cohen, qui* [en 1995] *conserve une influence dans les affaires africaines à Washington, s'engage personnellement* [...] *à obtenir à la position française le soutien des États-Unis* » (G. Prunier).

– 8 et 9 novembre : Sommet franco-africain de Biarritz. Refus de François Mitterrand d'inviter le Rwanda. Déclaration de son conseiller spécial pour l'Afrique, Bruno Delaye : « *Nous n'invitons pas les nouvelles autorités rwandaises,* [...] *elles sont trop controversées, sans compter qu'elles vont s'effondrer d'une minute à l'autre* » (G. Prunier).

– 9 novembre : Création du Tribunal international pour le Rwanda (TPIR) par le Conseil de sécurité de l'ONU.

– 21 novembre : Déclaration du secrétaire général de l'ONU, Boutros Boutros-Ghali : « *Il y a des raisons de croire que ces éléments* [les ex-FAR] *préparent une invasion armée du Rwanda.* »

– 23 novembre : Manchette de *Libération* sur le « rapport Gersony », accusant le FPR d'avoir massacré 30 000 civils dans la région de Byumba, au moment où une opération de rapatriement massif des réfugiés est envisagée par le Haut Commissariat aux réfugiés (HCR). Report immédiat de l'opération [5].

1994 **– 25 novembre :** Face à l'indignation croissante, Paris, qui bloquait l'aide financière au nouveau régime de Kigali, accepte que l'Union européenne accorde un premier soutien au Rwanda de 67 millions d'écus.

– Décembre : Rapport de la Commission d'enquête de l'ONU constituée le 1er août, concluant que « *des actes de génocide ont été commis à l'encontre du groupe tutsi par des éléments hutu agissant de manière planifiée, systématique et méthodique* ».

1995 **– Janvier :** Intégration dans les rangs des anciennes Forces armées rwandaises (ex-FAR) de milliers d'anciens miliciens interahamwe et recrutement massif des jeunes dans les camps. Lancement du parti RDR (Rassemblement pour le retour des réfugiés et la démocratie au Rwanda) dans le camp de Mugunga, présidé par l'ancien ministre du Commerce François Nzabahimana et encadré par des personnalités proches du Hutu Power, rassemblant les cadres militaires des ex-FAR, dont les généraux Bizimungu et Kabiligi. Le RDR permet à, d'ajouter une pression politique à une pression militaire de plus en plus forte.

---

5. Exemple d'une manipulation de l'information. Voir Colette Braeckman, *Terreur africaine*, Fayard p. 318 ; Gérard Prunier, *Rwanda. Le génocide*, Éditions Dagorno, pp. 384-385 ; Alain Frilet « Polémique sur les représailles rwandaises », *Libération* du 24 octobre 1994, et « Reportage en situation de guerre », *Les Temps modernes*, juillet-août 1995.

– 18 janvier : Conférence internationale à Genève sur la reconstruction du Rwanda.

Multiples attaques des ex-FAR dans l'ouest du pays à partir de leur base située dans l'île d'Iwawa sur le lac Kivu.

– 16 avril : DRAME DE KIBEHO, dernier camp de déplacés hutu au Rwanda, renfermant de nombreux miliciens et responsables du génocide. À l'annonce de la fermeture du camp, la foule des déplacés est poussée en avant par les miliciens. Panique des jeunes soldats de l'Armée patriotique rwandaise, qui tirent dans la foule.

– 19 mai : La Commission internationale d'enquête chiffre à 1 800 le nombre de morts, la majorité par piétinement, d'autres tués à la machette par les miliciens du camp. Kibeho deviendra emblématique de la désinformation concernant l'APR.

– 27 juin : Installation à La Haye du Tribunal pénal international (TPI) devant juger les instigateurs du génocide.

– 28 août : Démission du Premier ministre Faustin Twagiramungu et de 4 autres ministres, dont Seth Sendashonga, ministre de l'Intérieur. Nomination du Premier ministre Pierre-Célestin Rwigema.

– Octobre : Découverte sur l'île d'Iwawa, lors du débarquement de l'Armée patriotique rwandaise (APR), grâce aux embarcations fournies par le Canada, d'un matériel de propagande identique à la presse du génocide et notamment des tracts demandant aux Hutu de « *terminer le travail* ». Mort de 300 ex-FAR pendant cette opération.

– 5 novembre : Tenue du Colloque international de Kigali sur le génocide et l'impunité, qui souligne la responsabilité de l'État français et lui demande de contribuer à l'indemnisation des victimes.

La guerre du Kivu et le retour des exilés hutu

1996 – Massacre des Tutsi du Masisi dans le Nord-Kivu par les ex-FAR et les miliciens, à partir des camps d'exilés hutu. Participation de l'armée zaïroise aux massacres et aux pillages.

– 27 février : Annonce d'une nouvelle tentative de rapatriement des exilés hutu par le HCR. Manchette de *Libération* : « Rwanda. Enquête sur la terreur tutsi. Plus de 100000 Hutu auraient été tués par le FPR ». « *Cette information qui suscita la surprise dans tous les milieux diplomatiques et onusiens de Kigali fut largement relayée par l'ensemble de la presse francophone en Europe et en Afrique* » (C. Braeckman). Nouvel arrêt du rapatriement.

– Juillet-août : Extension de la « chasse aux Tutsi » au Sud-Kivu. Les Banyamulenge (Tutsi zaïrois du Sud-Kivu) organisent leur autodéfense avec l'aide du Rwanda.

– 24 avril: En dehors de tout agenda officiel, Jacques Chirac rencontre Mobutu à l'Élysée. Jacques Foccart le rencontre également. Déclaration du porte-parole de Mobutu au retour à Kinshasa: « *Le Parlement est prêt pour donner son accord à une déclaration de guerre au Rwanda.* »

– 19 juillet: Visite du ministre de la Coopération Jacques Godfrain au Zaïre. Annonce de la reprise de la coopération franco-zaïroise.

– 14 septembre: RÉBELLION DES BANYAMULENGE mettant l'armée zaïroise en déroute. Prise de la ville de Fizi, au sud d'Uvira.

– 18 octobre: Création de l'Alliance des forces démocratiques pour la libération du Congo-Zaïre (AFDL). Kabila est placé à la tête du mouvement.

– 20 octobre: Démantèlement des camps hutu de la région d'Uvira par la rébellion. Fuite de 20000 exilés.

Défaites successives de l'armée zaïroise, des ex-FAR et des Interahamwe.

– 30 octobre: Prise de Bukavu, démantèlement des camps de la région de Goma.

Rencontre de Charles Pasqua et Mobutu à Lausanne, ainsi que des responsables foccartiens de la cellule Afrique de l'Élysée.

– 4 novembre: Proposition par la France d'une intervention militaro-humanitaire internationale. Titre du *Monde*: « Zaïre: il faut y aller ». Dépôt par la France d'un projet d'intervention à l'ONU.

– 15 novembre: Retour au Rwanda de 800000 Hutu. Fuite dans la forêt zaïroise de 200000 exilés, parmi les plus impliqués dans le génocide (notamment les familles des militaires et des miliciens), où ils sont pourchassés et victimes des représailles de l'AFDL et de l'APR. Massacre de plusieurs milliers de civils hutu.

– 8 décembre: Renonciation à l'intervention internationale.

– 17 décembre: Retour du maréchal Mobutu au Zaïre, organisé par les « Services » et la diplomatie française.

1997 – Multiplication des interventions du ministre français des Affaires étrangères, Hervé de Charette, sur la scène internationale, pour mettre en place une nouvelle « opération humanitaire ». Proposition d'organisation de la part de l'armée française. Les journaux *Le Monde* et *Libération* travaillent l'opinion dans ce but.

– 28 février: Évacuation du personnel humanitaire du camp de Tingi-Tingi.

– 7 mars: Demande d'une nouvelle réunion d'urgence par l'Élysée qui n'y gagnera qu'un spectaculaire camouflet diplomatique.

Constitution d'une base armée dans le camp d'exilés hutu de Tingi-Tingi au Zaïre. Utilisation des avions de l'aide humanitaire pour acheminer des munitions.

– 12 mars : Prise de Kindu et Tingi-Tingi par l'AFDL.

Soutien de « spécialistes » français aux combats de la Division spéciale présidentielle de Mobutu, épaulés de « vrais-faux » mercenaires recrutés notamment par l'émissaire pasquaïen Jean-Charles Marchiani. Recrutement en nombre de militaires serbes et bosno-serbes impliqués dans les crimes de guerre en ex-Yougoslavie.

– 15 mars : Prise de Kisangani par l'AFDL.

– 17 mars : MORT DE JACQUES FOCCART.

Présence au Kivu d'éléments du 13e Régiment de dragons parachutistes (13e RDP) et des Crap (Commandos de recherche et d'action en profondeur), soit 500 hommes venus de Bangui pour prêter main-forte aux Forces armées zaïroises (certains déguisés en mercenaires). Ils ne pourront empêcher leur déroute.

Transit de l'armement pour Mobutu (deux gros porteurs Antonov 124 en provenance de Biélorussie) par Marseille, où la douane française ferme les yeux.

– 9 avril : Prise de Lubumbashi par l'AFDL.

– 16 mai : Fuite précipitée du maréchal Mobutu.

– 17 mai : Prise de Kinshasa.

Déroute des mercenaires qui parviennent à s'enfuir. Évacuation des officiers zaïrois de haut rang, des autorités civiles et de certains mercenaires par un Transall français.

–18 juillet : Arrestation par le TPIR à Nairobi de 7 anciens dignitaires hutu, parmi lesquels Jean Kambanda, Premier ministre du GIR, Hassan Ngeze, rédacteur en chef de *Kangura*, le colonel Kabiligi, et George Ruggiu, animateur belge de la RTLM.

– Août-septembre : Massacres au Rwanda de rescapés du génocide à Mutara, Rugerero, Giciye, Nkuli (préfectures de Gisenyi et Ruhengeri). Infiltrations massives d'ex-FAR et de miliciens pour la reconquête du Rwanda. Déstabilisation de tout le Nord-Ouest.

Massacres de Tutsi congolais, hommes, femmes et enfants, réfugiés au Rwanda dans le camp de Mudende.

– 7 septembre : Mort du maréchal Mobutu au Maroc.

– 10 octobre : Affrontement au Rwanda entre l'APR et des groupes importants d'ex-FAR et de miliciens infiltrés.

– 11 décembre: Second grand massacre de réfugiés Tutsi congolais à Mudende, un millier de tués (1643 selon les rescapés) avec les méthodes et l'idéologie du génocide. Les 15000 réfugiés sont déplacés vers Byumba.

Déclaration du secrétaire général de l'ONU, Kofi Anan: « *Ces atrocités s'inscrivent dans la continuation du génocide de 1994.* »

Le ralliement de Kabila à la Françafrique

1998 **– Janvier:** LES RESPONSABILITÉS FRANÇAISES DANS LE GÉNOCIDE DÉNONCÉES EN FRANCE. Révélation dans *Le Figaro* par Patrick de Saint-Exupéry de la complicité des autorités françaises. L'*International Herald Tribune* intitule un article: « La France au Rwanda: le syndrome de Vichy du silence coupable ». La presse et les autres médias suivent progressivement.

– Février-mai: Massacres de rescapés du génocide et de Hutu « traîtres » dans le nord-ouest du Rwanda. Tri ethnique dans les bus et tueries sélectives d'écoliers tutsi. Ces massacres font en dix mois plus de 2000 morts au total. Répression et représailles de l'APR contre les Interahamwe et la population civile soupçonnée de complicité. Condamnation à 5 ans de prison ferme pour 6 officiers de l'APR reconnus coupables de représailles disproportionnées lors d'une attaque d'infiltrés en mars 1997.

– 3 mars: Création en France de la Mission d'information sur le Rwanda, présidée par Paul Quilès, pour contrôler le scandale. La volonté d'« absoudre la France » est affichée dès le départ.

– 24 avril: Premières (et jusqu'à présent unique) exécutions capitales au Rwanda pour crime de génocide.

– Mai-août: Massacre de réfugiés tutsi de 1959 dans le camp de Kinihira. Les ex-FAR et les miliciens infiltrés au Rwanda seront finalement rejetés par la population du Nord-Ouest, presque exclusivement hutu. Les prisonniers libérés par les infiltrés regagnent leur prison. Pacification progressive du Rwanda.

Multiplication des dissensions entre Katangais et rwandophones au sein de l'état-major de Kabila. Consommation du divorce quand les Katangais escortent des colonnes d'Interahamwe vers le Rwanda pour relancer la guerre civile. Recrutement de 10000 ex-FAR et miliciens interahamwe par Kabila. Ils sont entraînés dans la base militaire de Kamina au Katanga.

Échec d'un putsch fomenté par le Rwanda et l'Ouganda pour éliminer Kabila.

– Juillet : La France fait obstruction à la Cour criminelle internationale (CCI). Le ministère de la Défense fait valoir qu'une telle institution « *pourrait limiter la marge de manœuvre de nos militaires et mettre en cause des officiers français pour leur rôle en Bosnie et au Rwanda* » [6].

– Août : Manipulation des passions xénophobes et racistes anti-tutsi de la population zaïroise par les autorités. Appels radiodiffusés de Kabila aux pogromes anti-tutsi. Abdoulaye Yerodia, conseiller de Kabila et psychanalyste lacanien, incite les habitants de Kinshasa à « *éradiquer la vermine* ». Déclenchement de la chasse au faciès dans tout le Congo-Kinshasa. Massacre de plus d'un millier de Tutsi et de personnes ressemblant au morphotype « tutsi ».

Soutien à Kabila de l'Angola et de son vieil ami le leader zimbabwéen Robert Mugabe. Création d'un front anti-Museveni. Elf et Total financent les deux parties de la guerre civile angolaise. Voyage de Kabila à Khartoum pour ressusciter l'axe zaïro-soudanais. Le Soudan envoie 2000 soldats pour continuer leur *djihad* contre l'Ouganda. La guerre se transforme en un conflit régional complexe gigantesque faisant intervenir au moins 8 armées nationales prédatrices et 20 milices dont le Hutu Power. Les *warlords* exigent leur part de butin.

– 4 septembre : Premier jugement du Tribunal pénal international (TPIR) : condamnation à perpétuité de Jean Kambanda, Premier ministre du Gouvernement intérimaire (GIR).

Laurent-Désiré Kabila, qui représentait l'humiliation et la défaite de la Françafrique, remplace désormais pour Paris l'allié Mobutu, dont il mime le comportement prédateur et les dérives criminelles : pillage du pays, refus de la démocratie, népotisme, utilisation de la haine ethnique comme instrument politique. Les alliés traditionnels de l'Élysée soutiennent Kabila : le Soudan, le Hutu Power, l'Angola, le Tchad, ainsi que la Libye, récemment ralliée à la Françafrique. La Libye fournit des armes avec l'assistance technique de l'armée française.

– Septembre : Envoi par le dictateur tchadien Idriss Déby d'un renfort de 2000 soldats à Kabila, aussitôt après la visite au Tchad du ministre français de la Coopération Charles Josselin.

– Novembre : Déclaration de Kabila à la presse : « *Les Tutsi sont traditionnellement sanguinaires.* [...] *Ils ont amené 1500 soldats séropositifs pour violer les femmes congolaises* » (*Le Figaro* 30 novembre 1998).

---

6. *L'Événement du jeudi* du 25 juillet 1998.

– 18 novembre : Rapport de l'ONU (S/1998/1096) qui révèle qu'entre 25 000 et 30 000 ex-FAR et miliciens interahamwe sont toujours financés et massivement enrôlés dans les guerres qui déchirent l'Afrique (par Kabila dans l'ex-Zaïre, par Sassou N'Guesso au Congo Brazza, par la junte islamiste au Soudan).

– 15 décembre : DÉPÔT DU RAPPORT DE LA MISSION D'INFORMATION SUR LE RWANDA. Paul Quilès convoque les médias audiovisuels juste avant le journal de 20 heures pour expliquer que « *la France n'était nullement impliquée* ». Il se félicite que le rapport « *rejette les accusations inacceptables* » suscitées par l'étranger et l'anti-France.

Paul Barril n'a pas été entendu par la mission.

1999 – **Janvier :** Déclaration du gouvernement du Zimbabwe selon laquelle son intervention militaire en République démocratique du Congo « *est financée par la France l'Angola et la Libye* » (*BBC News*, 7 janvier 1999).

– Octobre : Voyage de Charles Josselin à Kinshasa pour célébrer « *des retrouvailles qui n'ont que trop tardé* ».

Création d'un climat de génocide par les Interahamwe aux ordres de Kabila. Dans le nord-est de l'ex-Zaïre, massacre à la machette de plusieurs milliers de voisins hema (population d'éleveurs considérée comme « cousine des Tutsi ») par des groupes de miliciens lendu.

Instruction des soldats de Kabila par des anciens légionnaires du 2e Régiment étranger de parachutistes (2e REP).

– Début décembre : Le général Jeannou Lacaze, ancien directeur du Sdece, ancien conseiller militaire de Mobutu, se met au service de Kabila.

Protagonistes français du génocide des Tutsi

(D'après les *Notes d'information du Réseau Voltaire*)

Cette liste n'est pas exhaustive et ne prétend évaluer ni le rôle ni les responsabilités des personnes mentionnées, impliquées avec l'État français dans un génocide réalisé par un gouvernement reconnu et soutenu par lui.

Aurillac (Michel)

Né le 11 juillet 1928 à Marseille, ancien élève de l'ENA (promotion « Paul-Cambon »). Fondateur du Club 89. Ministre de la Coopération (1986-1988). Il est l'un des experts Afrique de Jacques Chirac au RPR. Il participa, fin avril 1994, à une réunion secrète à Gbadolite (fief zaïrois de Mobutu), avec Herman Cohen (le « Foccart américain »), Robert Bourgi (autre conseiller Afrique du RPR), Jacques Foccart lui-même, et Max-Olivier Cahen (conseiller du PS belge). La rencontre visait à réhabiliter le Zaïre de Mobutu sur la scène internationale, afin qu'il serve de base arrière aux génocidaires en déroute. Avocat, il participe à la défense de présumés génocidaires rwandais.

Balladur (Édouard)

Né le 2 mai 1929 à Smyrne, ancien élève de l'ENA (promotion « France-Afrique »). Conseiller du Premier ministre Georges Pompidou (1966-1968), puis secrétaire général de l'Élysée pendant la maladie de Georges Pompidou (1973-1974). Ministre de l'Économie et des Finances (1986-1988), Premier ministre (1993-1995), candidat malheureux à la présidence de la République (1995). Informé des événements en préparation, il anticipe un voyage en Chine pour ne pas être présent à Paris le 6 avril 1994 et pouvoir dégager sa responsabilité. Il reçut néanmoins en visite officielle Jean-Bosco Barayagwiza (leader du parti raciste CDR) et Jérôme Bicamumpaka (ministre des Affaires étrangères du gouvernement intérimaire), deux responsables du génocide, le 27 avril 1994, alors que celui-ci durait depuis vingt jours.

Barril (Paul)

Né le 13 avril 1946 à Vilnay, gendarme de carrière, Paul Barril devient le responsable de l'organisme antiterroriste français d'élite, le GIGN, au début des années quatre-vingt. Bien qu'étiqueté à l'extrême droite, il fut recruté par Charles Hernu pour assurer la sécurité de François Mitterrand. Il collabore alors étroitement avec l'unité antiterroriste du cabinet présidentiel, dirigée par Christian Prouteau. Impliqué dans de nombreuses affaires et coups tordus, en France et à l'étranger, sans que l'on ne sache jamais s'il travaille pour des services d'État ou pour lui-même. Il dirige aujourd'hui une nébuleuse de sociétés privées de renseignement (Secret, Protection Conseil Sécurité, Groupe privé Barril, Quiétude).

En 1990, il est engagé pour réaliser un audit de l'armée rwandaise (*cf. Libération* 29 juillet 1994). Gérard Prunier suppose qu'à cette date il avait déjà monté avec son ami Pierre-Yves Gilleron, ex-membre de la cellule de l'Élysée, une compagnie de « services spéciaux ». Les deux hommes devaient rapidement se séparer dans les plus mauvais termes. Il se présente lui-même comme ancien conseiller du président Habyarimana. Fin 1993, il est conseiller à la sécurité du président burundais Melchior Ndadaye, qui sera assassiné le 21 octobre 1993. Il aurait été alors très proche, selon Gérard Prunier, des extrémistes hutu burundais du Frodebu, tels que Jean Minani, qui a immédiatement déclenché un génocide des Tutsi au Burundi « *en représailles du meurtre du président* » (*Rwanda: le génocide*, pp. 261-264). Dans une interview à *Playboy* (mars 1995), il déclare : « *Il y aurait matière à écrire un livre sur l'héroïsme des services secrets français au Rwanda, face à l'Ouganda et au FPR [...]. Des types qui ont pris des initiatives folles, qui ont fait des cartons à l'extérieur avec seulement quelques hélicoptères et quelques canons.* » Selon Colette Braeckman, des témoins assurent l'avoir vu à Kigali avant l'attentat contre l'avion du président rwandais. Lui-même confie (*Guerres secrètes à l'Élysée*) s'être trouvé au Rwanda le 7 avril 1994. Il y était encore le 27 avril, où il lève les couleurs à l'ambassade de France. Il prétend avoir agi seul et qu'il n'avait pas « *à attendre un quelconque accord du Quai d'Orsay pour intervenir* ». Il réside néanmoins à l'ambassade de France pendant son séjour à Kigali, après le 12 avril. À la mi-juin, il est à nouveau de passage à Kigali.

Le rapport de la Mission parlementaire signale que Paul Barril avait été chargé par des hauts responsables rwandais de veiller à la bonne exécution d'un contrat de vente d'armes conclu en mai 1993 par le gouvernement de Kigali avec l'homme d'affaires Dominique Lemonnier, accrédité auprès des services secrets français. Ce dernier aurait perçu une avance de 1600000 dollars mais n'aurait livré qu'une faible partie de la commande. Paul Barril aurait joué alors le rôle d'agent de recouvrement du gouvernement génocidaire rwandais (GIR), allant jusqu'à déclencher une enquête judiciaire contre Dominique Lemonnier. Celui-ci sera écroué en 1995, puis libéré sur un non-lieu. À son tour, Lemonnier porte plainte contre Paul Barril et fait savoir qu'il solliciterait un dédommagement de l'État français. Il meurt opportunément d'une crise cardiaque le 11 avril 1997, en sortant d'un déjeuner d'affaires à Annecy (*Le Figaro*, 14 janvier 1997).

Selon Patrick de Saint-Exupéry (*Le Figaro*, 31 mars 1998), le marchand d'armes Dominique Lemonnier aurait reçu la demande d'un proche de Barril de lui fournir deux missiles sol-air entre novembre 1993 et février 1994. Il n'aurait pas donné suite, mais aurait appris que cette demande avait été reformulée auprès d'une autre « société autorisée d'exportation de matériel de guerre ». L'ancien attaché militaire rwandais à Paris, le colonel Cyprien Kayumba, a signalé à la Mission Quilès que Paul Barril a perçu 1200000 dollars en 1994 pour un « contrat de services et assistances ». Paul Barril dément et répond « amusé » au journaliste Hervé Gattegno que ce colonel aurait trahi le régime hutu (*Le Monde* du 17 décembre 1998). Or, les annexes de la Mission d'information montrent au contraire que Cyprien Kayumba faisait encore livrer le 18 juillet 1994 une cargaison d'armes aux forces du génocide à Goma, alors sous contrôle des militaires français de *Turquoise*.

Personnage clé dans l'affaire rwandaise, Paul Barril n'a été convoqué par la Mission d'information parlementaire qu'à l'issue de ses travaux, le 9 décembre 1998. Malheureusement, le capitaine, qui était en déplacement aux États-Unis, n'a pu répondre à cette invitation. Il a déclaré au *Monde* (du 17 décembre 1998) : « *J'avais souhaité, dès l'origine, être entendu par la Mission, mais M. Quilès a déclaré publiquement que je n'étais pas un interlocuteur sérieux.* » Paul Barril s'est efforcé de persuader les médias fin juin (*Le Monde* et France 2) que le FPR avait abattu l'avion du président

Habyarimana, affirmant détenir de nombreuses pièces à conviction (le 28 juin 1994, au journal télévisé de 13 heures sur France 2). Il s'attribue d'ailleurs la paternité de l'ouverture d'une information judiciaire, au mois de mars 1998, sur les circonstances de l'attentat mortel commis en 1994. Il assure qu'il a « *réussi à convaincre de porter plainte pour assassinat* » un parent de l'un des membres français de l'équipage de l'avion abattu, « *malgré les pressions exercées sur les familles* ». Cette procédure a été confiée au juge Jean-Louis Brugière. Barril a informé Paul Quilès qu'il « *réservait les informations et documents dont il dispose à la justice et au juge Brugière* ».

En juin 1994, ce capitaine de gendarmerie a été promu « commandant de la gendarmerie dans le cadre de la réserve », de toute évidence en relation avec son action au Rwanda.

Beaucé (Thierry Martin, de)

Né le 14 février 1943 à Lyon, ancien élève de l'ENA (promotion « Jean-Jaurès »). Initialement étiqueté « gaulliste de gauche », il fonda l'Association des démocrates et fut associé au gouvernement socialiste d'ouverture. Personnalité brillante, il devint l'un des courtisans les plus proches du président Mitterrand. Ayant réalisé un beau mariage avec Simone Leclerc de La Verpillière, il est devenu propriétaire de l'abbaye de La Tour-de-Saint-Loup (Seine-et-Marne), où le président Mitterrand aimait à passer ses week-ends avec ses familiers. Ce parcours sinueux lui permit d'occuper diverses fonctions stratégiques comme conseiller d'Albin Chalandon (alors parlementaire en mission) pour les affaires pétrolières (1974-1976), conseiller de l'ambassade de France au Maroc (1978), directeur des affaires internationales d'Elf (1981-1986) lorsque Albin Chalandon en était président, secrétaire d'État auprès des Affaires étrangères (1988-1991), chargé de mission pour les Affaires africaines et malgaches à la présidence de la République (1991-1995). Il rejoint alors la direction de la Générale des eaux, rebaptisée Vivendi.

Cazeneuve (Bernard)

Rapporteur de la Mission d'information. Député socialiste de la Manche, membre de la Commission de la défense et des forces armées de l'Assemblée nationale. « *Nous sommes allés plus loin, sur la base de documents, que nous n'aurions pu le faire avec Barril lui-même, car il n'a pas pu jouer la stratégie de l'écran de fumée* », dira-t-il énigmatiquement pour justifier l'absence de Paul Barril à la Mission d'information (*Le Soir* du 5 novembre 1999). Une façon élégante d'éviter un dossier très embarrassant.

Chollet (lieutenant-colonel)

Conseiller du chef d'état-major des Forces armées rwandaises. Une note verbale (correspondance diplomatique officielle d'usage habituel entre États) du ministère des Affaires étrangères rwandais, adressée à l'ambassadeur de France à Kigali le 3 février 1993, indique qu'à compter du 1er janvier 1992 « *le lieutenant-colonel Chollet, chef du détachement d'assistance militaire et d'instruction (*Dami*) exercera simultanément les fonctions de conseiller du président de la République, chef suprême des forces armées rwandaises et les fonctions de conseiller du chef d'état-major de l'armée rwandaise* ». Il fut remplacé par le lieutenant-colonel Maurin. *La Libre Belgique* (21 février 1992) venait en effet de révéler qu'il était le véritable chef des armées rwandaises. Sa mission était « *l'organisation de l'armée rwandaise ; l'instruction et l'entraînement des unités ; l'emploi des forces* » (source : ministère des Affaires étrangères du Rwanda, lettre de mission du 3 février 1992, reproduite en annexe du rapport de la Mission française d'information). À ce titre il est responsable des opérations de répression contre le FPR et l'opposition intérieure, c'est-à-dire des massacres racistes de populations civiles tutsi qui ont précédé le génocide, dans lesquels l'armée rwandaise était impliquée. Comme le constate Jean-François Bayart, chercheur au Centre d'études et de recherches internationales (Ceri) : « *Nous avons couvert des réseaux d'assassins qui ont organisé à plusieurs reprises des meurtres d'opposants et des massacres qui avaient lieu* [...] *à partir des camps où des soldats français étaient en fonction* » (propos recueillis par Agnès Rotivel, « Meurtres sous pavillon français », *La Croix* du 23 mai 1994).

Debarge (Marcel)

Né le 16 septembre 1929 à Courrières, militant socialiste. Il fut notamment secrétaire national du PS chargé des relations extérieures (1981-1985), plusieurs fois sénateur ou secrétaire d'État, puis ministre délégué à la Coopération et au Développement (1992-1993). À ce titre, il déclarait au *Monde*, le 13 février 1993, « *La France a favorisé et participé aux rencontres d'Arusha qui ont permis un accord entre pouvoir et opposition pour la formation d'un gouvernement de transition.* » Quelques jours plus tard, le 28 février, il appelait à Kigali les Hutu à faire « *un front commun* » contre le FPR (*cf.* Gérard Prunier, *Rwanda, le génocide*, Éd. Dagorno, 1997). Dans le contexte d'exaspération ethnique, sa déclaration fut accueillie par le Hutu Power comme un appel à la guerre raciale.

Debré (Bernard)

Né le 30 septembre 1944 à Toulouse, fils de l'ancien Premier ministre gaulliste Michel Debré et frère jumeau de Jean-Louis Debré, ancien ministre de l'Intérieur. Urologue de réputation internationale, il devint le chirurgien de François Mitterrand. Pouvant difficilement se passer de sa présence, ce dernier, dont l'état de santé empirait, le fit nommer ministre de la Coopération (1994-1995). Très proche de Charles Pasqua, il soutint Édouard Balladur contre Jacques Chirac. Considéré comme proche de l'Opus Dei, il présente les Hutu comme porteurs d'une « *foi catholique sincère et pure* ». Il s'est violemment positionné contre les Accords d'Arusha qui étaient, selon lui, « *d'une stupidité à toute épreuve* [...], *une conjonction de bêtise et d'aveuglement* ». Ceux qui y croyaient étaient « *soit des utopistes, soit des hypocrites, soit des imbéciles – Rien n'interdisant d'être les trois à la fois !* » Dans son livre, *Le Retour du Mwami*, il dénonce ce qu'il considère comme une volonté hégémonique des Tutsi sur l'Afrique. Au cours de cette diatribe antitutsi, il commet d'étranges erreurs qui ne sont pas sans rappeler les théories du Hutu Power sur les « faux Hutu » (les opposants). Ainsi, il imagine qu'Agathe Uwilingiyimana, Premier ministre hutu issu de l'esprit d'Arusha, assassinée le premier jour du génocide, était tutsi. Il diffuse l'idée d'un double génocide : « *Le nettoyage ethnique organisé par les Tutsi se révèle aussi brutal et organisé que le génocide perpétré par les Hutu.* » Il qualifie les Tutsi de « *nazis* ».

Decraene (Philippe)

Né le 5 octobre 1930 à Paris, auditeur à l'IHEDN. Journaliste, ancien responsable de la rubrique Afrique du *Monde*, Philippe Decraene, devenu directeur du Centre des hautes Études pour l'Afrique et l'Asie modernes (Cheam), dirige la lettre confidentielle *Marchés tropicaux*. Son épouse, Paulette Decraene, elle aussi spécialiste des affaires africaines et de défense, fut coresponsable du secrétariat particulier de François Mitterrand pendant ses deux septennats. Notons que Philippe Decraene, ex- grand journaliste au *Monde*, a été le premier civil nommé à la direction du Cheam dès le début du septennat de François Mitterrand. Ce poste avait été jusque-là occupé par un représentant du ministère de la Défense. Il a contribué à répandre le mythe des « Khmers noirs » dont l'état-major français avait affublé le FPR.

Dans *Marchés tropicaux* (9 avril 1993), il présente Habyarimana comme « *un modéré démocrate* [...] *dont l'image a été ternie par la maladresse et les excès de quelques extrémistes hutu* ». Dès 1973, Philippe Decraene avait déjà dressé un tableau ethniste de la réalité rwandaise : « *Ici, on communique en kinyarwanda, langue des Hutu agriculteurs sédentaires bantous, réduits à merci par les pasteurs Tutsi géants venus des rives du Nil aux environs du onzième siècle* » (*Le Monde* du 28 février 1973). Il avait repris cette appellation de « Khmers noirs » pour qualifier les troupes du FPR. Il expliquait sous le titre, « Négociations sans lendemain et exaction des “Khmers noirs” » : « [...] *au-delà des meurtres de caractère ethnique,* [les Tutsi] *procèdent à la liquidation physique systématique des notables, se comportant ainsi en véritables “Khmers noirs”* ». Les « *rebelles tutsi du FPR* » sont accusés par Decraene de se livrer « [...] *à des opérations de purification ethnique de l'ampleur de celle que connaît la Bosnie* ».

Decraene explique enfin ces exactions des « Khmers noirs » par des mobiles ethniques géopolitiques : « [...] *Au-delà de la volonté hégémonique des Tutsi au Rwanda et au Burundi, c'est celle des Hima, vaste ensemble ethnique dont les Tutsi ne constituent qu'un modeste rameau, qui prend corps du Soudan à la Tanzanie en passant par l'Ouganda et le Kenya.* » Ces fantasmes raciaux opposant Hima et Bantou, repris de groupes extrémistes issus des services secrets français, n'ont aucun fondement scientifique mais relèvent de la même obsession raciste, aujourd'hui mise en veilleuse, concernant la lutte entre Aryens et sémites. Il est donc intéressant de signaler que ces théories sont professées ici par un directeur du Centre des hautes études pour l'Afrique et l'Asie modernes.

Delaye (Bruno)

Né le 8 mai 1952 à Casablanca, ancien élève de l'ENA (promotion « Léon-Blum »). Conseiller technique au cabinet du ministre de l'Industrie Pierre Joxe (mai-juin 1981) puis des ministres des Relations extérieures Claude Cheysson et Roland Dumas (1981-1984). Fonctionnaire délégué aux Affaires internationales auprès des ministres du Commerce extérieur Édith Cresson et Michel Noir (1985-1987). Ambassadeur au Togo (1991-1992), conseiller du président Mitterrand en remplacement de Jean-Christophe Mitterrand (1992-1995), puis ambassadeur au Mexique en remplacement de Paul Dijoud (depuis 1995). Il vient d'être nommé, au moment où ce livre est écrit, directeur de la coopération scientifique à la Direction générale de la coopération internationale et du développement (DGCID). Ce poste réactive le personnage dans les circuits françafricains et lui donne une position clé de « verrouillage ».

Interrogé par Alison Des Forges, il laissa entendre que, chez les Africains, les massacres étaient une pratique habituelle qui ne pouvait être facilement éliminée. Interrogé par le journaliste Patrick de Saint-Exupéry sur l'imprudence qu'il y avait à rencontrer les représentants d'un gouvernement engagé dans un génocide, Bruno Delaye répondit : « *J'ai dû recevoir dans mon bureau 400 assassins et 2000 trafiquants de drogue. On ne peut pas ne pas se salir les mains avec l'Afrique* » (*Le Figaro* du 12 janvier 1998). « *Le FPR, nous lui casserons les reins !* », a-t-il affirmé aux rapporteurs de la Commission internationale d'enquête en 1993 (propos qu'il démentit officiellement par la suite). Lorsqu'il dirigeait la cellule africaine de l'Élysée, il fit preuve de son autorité sur les milices génocidaires. Par un simple appel téléphonique, il arrêta les miliciens qui s'apprêtaient à donner l'assaut – filmés par plusieurs caméras de télévision – de l'hôtel des Mille Collines où s'étaient réfugiées de nombreuses personnes, notamment les familles de membres de l'opposition démocratique.

Depaigne (Jacques)

Né le 25 septembre 1938 à Saint-Lô, ancien élève de l'ENA (promotion « Marcel-Proust »). Diplomate. Il fut notamment conseiller diplomatique du chef d'état-major des armées (1986-1989), et ambassadeur au Zaïre (1993-1995).

Dewatre (Jacques)

Né le 5 juin 1936 à Limoges, saint-cyrien et préfet, il est le beau-frère de l'amiral Jacques Lanxade. Jacques Dewatre fut chef de cabinet des ministres socialistes de la Coopération Jean-Pierre Cot (1981-1982) et Christian Nucci (1983), préfet de divers départements et régions, puis directeur général de la DGSE (depuis 1993).

Dijoud (Paul)

Né le 25 juin 1938 à Neuilly, ancien élève de l'ENA (promotion « Montesquieu »). Élu député giscardien des Hautes-Alpes (1967-1973), il fut nommé secrétaire d'État dans les gouvernements Messmer, Chirac et Barre (1973-1977) et président du Parti républicain pour la région Paca. Surtout, il fut le directeur général de la Compagnie commerciale Sucres et Denrées (1982-1987) (*Notes d'information du Réseau Voltaire* n° 98/0375) et de la Comidex (1984-1986). En 1988, il entra dans la carrière diplomatique et fut nommé ambassadeur en Colombie (1988-1991). Bien qu'il fût ancien ministre, et contrairement aux usages de la fonction publique, François Mitterrand le nomma directeur des Affaires africaines et malgaches au ministère des Affaires étrangères (1991-1992), puis ambassadeur au Mexique (1992-1994). Il se trouve à Mexico alors qu'un officier de renseignements français, Joseph-Marie Cordoba-Montoya, était chef du bureau du président de la République Salinas de Gortari. Il s'avérera que Cordoba-Montoya assurait la liaison entre le président et les cartels.

En 1994, Paul Dijoud devient ministre d'État de la principauté de Monaco. Alors qu'on le présentait comme antichiraquien, Jacques Chirac le nomme, en janvier 1997, chargé de mission à l'Élysée pour l'Amérique latine, puis ambassadeur à Buenos Aires. Recevant Paul Kagame, en janvier 1992, alors qu'il était directeur des Affaires africaines et malgaches, il menaça : « *Si vous n'arrêtez pas le combat, vous ne retrouverez pas vos frères et vos familles, parce que tous auront été massacrés !* »

Dumas (Roland)

Ministre des Affaires étrangères (1988-1993).

« *Les Tutsi étaient non seulement de bons guerriers mais de bons stratèges.* » (Auditions, vol. 2, p. 233.)

Germanos (Raymond, général)

Ancien sous-chef des opérations à l'état-major des armées du 1er mai 1994 au 1er septembre 1995.

Auditionné à huis clos le 20 mai 1998 par la Mission parlementaire, il affirme : « Turquoise *a permis d'arrêter l'exode de plus d'un million et demi de personnes,* [...] *elle a évité que le pays soit vidé de sa population en direction du Zaïre, objectif recherché par le FPR.* » Il estime que le FPR « *avait trouvé une tactique militaire très simple pour déstabiliser les FAR: le bombardement des camps* ». Il conclut en disant: « *Museveni incarnait la République tutsi.* »

Godfrain (Jacques)

Né le 4 juin 1943 à Toulouse. Considéré par Jacques Foccart comme son fils spirituel, il fut l'un des responsables du financement du SAC. Il participe à l'organisation de la manifestation du 30 mai 1968 sur les Champs-Élysées et devient le trésorier des CDR, association chargée de structurer la réaction. Député de l'Aveyron (depuis 1978), il devient ministre de la Coopération en 1995. Le 11 juin 1997, il déclarait dans *L'Autre Afrique*: « *Les résultats de l'Afrique francophone sont excellents. Elle est aujourd'hui complètement démocratisée.* »

Grossouvre (François, de)

Né le 29 mars 1918 à Vienne (Isère), médecin. Membre des Chevaliers du Glaive (et du complot de la Cagoule), puis du Service d'ordre légionnaire (SOL), il rompt avec Darnan, en 1943, et rejoint le maquis de la Chartreuse (près de Grenoble). À la Libération, il affirme avoir été agent de l'Organisation de la résistance armée (ORA) infiltré au SOL. Sous le nom de code de « Monsieur Leduc », il devient le chef du réseau stay-behind « Arc-en-ciel », installé par l'Otan en France, dans le cadre de l'opération « Gladio ». Simultanément, il est chevalier de l'Ordre de Malte et ambassadeur de cet État souverain auprès du royaume du Maroc. Il conservera l'ensemble de ses fonctions secrètes et diplomatiques jusqu'à sa mort. Par ailleurs, il dirige les sociétés Le Bon Sucre (1944-1963) et A. Berger et Cie (1949-1963) où il est l'associé de Gilbert Beaujolin, le bras droit de Jacques Foccart. Très proche de François Mitterrand, il est le parrain de sa fille Mazarine et veille sur les secrets de famille, dont aucun ne sera révélé de son vivant. En 1981, il est nommé chargé de mission à la présidence de la République. Il suit particulièrement les dossiers liés au Liban, au Maroc, au Gabon et à la Corée du Nord. En 1985, il est mis fin à ses fonctions, de sorte qu'il puisse être conseiller international des avions Marcel Dassault (1985-1986). Il reste néanmoins président du Comité des chasses présidentielles mais prend progressivement de la distance avec François Mitterrand. Il est retrouvé mort par balle le 7 avril 1994 dans son bureau du palais de l'Élysée. L'enquête judiciaire, écourtée, conclut au suicide.

Plusieurs témoins ont assuré que François Durand de Grossouvre était opposé à une opération qui se montait à Kigali. Ceux qui, à l'Élysée et au sein des Services, se heurtaient à lui interprétèrent son opposition comme une inféodation aux États-Unis, dont il était le contact officieux à l'Élysée. Des proches de François Mitterrand (Hubert Védrine en premier, puis René Souchon et Roland Dumas) ont intempestivement tenté d'accréditer la thèse du suicide en évoquant la sénilité du défunt, argument qui a été formellement démenti par son médecin personnel. À l'inverse, son ami Paul Barril, lui-même acteur important du drame rwandais, a soutenu la thèse de l'exécution (*cf. Guerres secrètes à l'Élysée*, Albin Michel, 1996), ainsi que Jean-Paul Cruse, très proche de Barril (*cf. Un Corbeau au cœur de l'État*, éditions du Rocher, 1998). Relatant avec force détails comment réaliser techniquement cet assassinat, Paul Barril démontre pourquoi il ne pouvait pas s'agir d'un suicide. Il invite de plus à faire le rapprochement entre l'attentat contre Habyarimana et le « suicide » vingt-quatre heures plus tard de Grossouvre. Jean-Paul Cruse, lui, présente également l'assassinat de Grossouvre comme lié à l'attentat. Selon lui, ce meurtre aurait été accompli (« *dans l'urgence et la mort dans l'âme pour éviter qu'il ne parle… Je n'en sais pas plus* ») par un spécialiste connaissant parfaitement l'Élysée et ses dédales. La justification politique de cette opération est « comprise » par Cruse : « *Je partage* […] *les motivations de ces "opérateurs"* », écrit-il. Aux obsèques du défunt, sa famille, qui ne croit pas à la version du suicide, refusa que le président Mitterrand se tienne à ses côtés alors qu'elle s'afficha avec le président Amine Gemayel.

Jehanne (Philippe)

Officier de la DGSE et bras droit de Michel Roussin. « *Philippe Jehanne était* [...] *l'officier traitant de nombreux aventuriers et mercenaires en Afrique.* » selon *La Lettre du continent* du 29 septembre 1994.

Heinrich (Jean)

Saint-cyrien, diplômé de l'université de Belgrade. Chef du service action de la DGSE (1987-1990), il se voit confier par le président Mitterrand la dissolution du réseau stay-behind français de l'Alliance atlantique. Directeur du renseignement militaire (1992-1995). Après l'affaire Gourmelon (officier de la DRM accusé de protéger le criminel de guerre serbe Radovan Karadzic) et d'autres scandales qui impliquent des réseaux, nébuleuses et filières liés à la DRM alors sous sa direction (voir *L'Affaire Yann Piat* d'André Rougeot et Jean-Michel Verne, Flammarion 1997, et *Noir silence*, ouvrage cité), le brillant et charismatique fondateur de la DRM refuse sa cinquième étoile de général et démissionne des armées. Il devient directeur des projets de la société Geos où se retrouvent nombre de ses anciens subordonnés du 11e Choc. Il se rapproche ensuite du groupe Bolloré où il rejoint Michel Roussin.

Question : La DRM avait-elle prévu le génocide (« les événements d'avril-mai 1994 ») ?

Réponse : « *Les prémices de novembre 1993 étaient annonciatrices au moins d'exactions, le FPR ayant déjà à cette époque commis des actions de ce type* [génocide] *dans la région de Ruhengeri et de Gisenyi.* »

(Auditions, vol. 2, p. 172)

Huchon (Jean-Pierre, général de division)

Né le 11 août 1940 à Montigny-lès-Cormeilles, saint-cyrien. Officier de renseignements, il fut en poste au Zaïre (1979-1981) et au Liban (1984), colonel commandant le 1er RPIMa (1984-1986). Très lié au général Quesnot, il fut son adjoint à l'état-major particulier du président Mitterrand (1989-1993), puis chef de la Mission militaire de coopération au ministère de la Coopération (1993-1995). En 1995, il est nommé chef adjoint de la Force d'action rapide en ex-Yougoslavie, laissant ses fonctions à la mission de coopération à l'autre protégé du général Quesnot, le général Michel Rigot. À l'état-major du président de la République et au ministère de la Défense, il défendit l'approche classique des troupes de marine (RPIMa) et se montra favorable à une instrumentalisation de l'ethnisme au service des intérêts français.

Le général Huchon avait en charge le dossier rwandais, c'est pourquoi il s'est exprimé à huis clos devant la Mission d'information, tandis que ses supérieurs, le général Quesnot et l'amiral Lanxade, furent auditionnés en public. Du 9 au 13 mai 1994, en plein génocide, il reçut le lieutenant colonel Rwabalinda et l'assura d'un soutien diplomatique et matériel. Le rapport d'Ephrem Rwabalinda à ses supérieurs est reproduit dans le 1er Dossier noir Rwanda : *La France choisit le camp du génocide*, Agir ici et Survie, L'Harmattan, 1994, ainsi que dans *Rwanda, un génocide français*, Mehdi Ba, L'Esprit Frappeur, 1997.

Joxe (Pierre)

Né le 28 novembre 1934 à Paris, petit-fils de l'historien Daniel Halévy et fils de l'ancien ministre Louis Joxe. Ancien élève de l'ENA (promotion « Albert-Camus »). Il entra dans les cabinets ministériels en 1967, alors que son père était garde des Sceaux du gouvernement Pompidou. Il fut chargé de mission auprès des ministres des Affaires étrangères Maurice Couve de Murville et Michel Debré (1967-1970) [période pendant laquelle Édouard Balladur était secrétaire général adjoint de l'Élysée, et Jacques Chirac secrétaire d'État]. À cette date, il change d'étiquette politique et devient secrétaire général adjoint de la Convention des institutions républicaines. Désormais marxiste, il est élu député socialiste de Saône-et-Loire en 1973. Éphémère ministre de l'Industrie, en mai-juin 1981, il attache Bruno Delaye à son cabinet, avant de prendre la présidence du groupe socialiste à l'Assemblée nationale. Il est ministre de l'Intérieur de 1984 à 1986, et à nouveau de 1988 à 1991. À cette date, il est contraint de changer de fonction en raison de l'« affaire Doucé » et devient ministre de la Défense. En 1993, François Mitterrand le nomme premier président de la Cour des comptes. Il représente officieusement le gouvernement Jospin lors des négociations de Mariehamm (1998) au cours desquelles fut élaboré le « processus de Matignon » pour la Corse.

Juppé (Alain)

Né le 15 août 1945 à Mont-de-Marsan, ancien élève de l'ENA (promotion « Charles-de-Gaulle »). Fidèle de Jacques Chirac, il a appartenu à ses divers cabinets et gouvernements, depuis 1976. Il fut également conseiller technique du ministre de la Coopération (Robert Galley, 1976-1978), secrétaire général des Clubs 89 (1981), ministre des Affaires étrangères (1993-1995), Premier ministre (1995-1997) et président du RPR (1995-1997). Comme l'ensemble des responsables français, il considère que la dictature de Juvénal Habyarimana était légitime car issue de l'ethnie majoritaire. Il reçut en visite officielle Jean-Bosco Barayagwiza et Jérôme Bicamumpaka, deux responsables du génocide, le 27 avril 1994, alors que celui-ci durait depuis vingt jours.

Kouchner (Bernard)

Actuel ministre, il était présent au Rwanda du 10 au 17 mai 1994. Bernard Kouchner commence sa carrière comme gastro-entérologue à l'hôpital Cochin. Après avoir milité au PCF, il part comme médecin humanitaire au Biafra. La guerre de sécession du Biafra (1966-1970) est une opération soutenue par le réseau Foccart pour contrer les Anglo-Saxons. Les services secrets français ont livré des armes par pont aérien intercalé entre les avions de la Croix-Rouge. Les armes et les munitions arrivaient dans des caisses de lait. Cette guerre inutile aura coûté des millions de morts, mais aura permis aux Services français de briller par leur technique de désinformation. Il est certain que Bernard Kouchner ne pouvait rien ignorer de tout cela. À la suite de cette opération, il fonde en 1971 Médecins sans frontières. À la suite de divergences, il crée en 1980 Médecins du monde.

En 1985, il s'intéresse à la politique et se présente aux législatives où il est battu. Cela ne l'empêche pas de devenir en juin 1988 secrétaire d'État à l'Action humanitaire auprès du Premier ministre, puis en 1991 auprès de Roland Dumas. Il ajoute la Santé en 1992 à sa carte de visite. Il travaille avec les ministres des Affaires étrangères et de la Coopération. Multicarte, il peut faire appel aux services des autres ministères. Alors qu'il n'est plus ministre, il se rend en Ouganda et au Rwanda en mai 1994, mandaté par le secrétaire général de l'ONU, Boutros-Ghali. Curieusement, dans l'interview qu'il donne au *Monde* le 20 mai 1994 à son retour du Rwanda, il ne dénonce pas le génocide. Comme Barril, il ne sera pas auditionné par la Mission parlementaire.

Lafon (Jean-Pierre)

Directeur des Nations unies et des Relations internationales au ministère des Affaires étrangères (1989-1994).

« *Les exécutions sommaires perpétrées par le FPR depuis la reprise des combats* [en 1993] *préfiguraient une généralisation de la violence.* »

(Auditions, vol. 2, p. 124)

Lanxade (Jacques, amiral)

Né le 8 septembre 1934 à Toulon. Il fut chef du cabinet militaire des ministres de la Défense André Giraud et Jean-Pierre Chevènement (1988), puis chef de l'état-major particulier du président Mitterrand pendant la guerre du Golfe (1989-1991), et chef d'état-major des Armées (1991-1995). En ce qui concerne la torture en Algérie, on distingue trois niveaux. Celui des exécutants, les barbouzes du service Action, dont Paul Aussaresses était l'ancien chef. Ce dernier a décrit complaisamment la torture systématique qu'il a pratiquée durant la bataille d'Alger, en 1957. Au niveau supérieur se trouvait déjà, en 1957, le ministre de la Justice François Mitterrand. Il est en 1994 président de la République, chef des Armées. L'amiral Lanxade était le chaînon intermédiaire, serviteur fidèle, mitterrandien inconditionnel. Il persiste, contrairement au général Paul Aussaresses, dans l'attitude de dénégation qui a permis cette complicité de génocide, après d'innombrables crimes coloniaux et néocoloniaux.

Le génocide a commencé dans la nuit du 6 au 7 avril 1994. Le 9 avril, Paris déclenche l'opération *Amaryllis* pour évacuer les ressortissants européens, exfiltrer quelques VIP rwandais et, accessoirement, livrer un supplément d'armes. L'amiral Jacques Lanxade était alors le chef d'état-major des Armées. Dans les Mémoires qu'il a publiés, *Quand le monde a basculé* (Nil éditions, 2001), il écrit à propos de cette opération : « *Nous n'avions pas alors d'informations sur un début des massacres.* » Personne ne peut croire que le chef d'état-major a envoyé ses troupes d'élite débarquer à Kigali sans connaissance du contexte. D'autant que le Rwanda était depuis quatre ans surinvesti par les services de renseignements français. Il ne dit donc pas la vérité.

L'amiral Lanxade déclarait en juillet 1994 : « *La France n'a pas de mandat d'arrêt concernant les membres du gouvernement* [rwandais] *précédent* [les organisateurs du génocide]. » L'appui français aux génocidaires rwandais a contribué à faire plus de victimes que la torture en Algérie. Son mensonge hiérarchique n'est-il pas, finalement, encore plus insupportable que les crimes des exécutants ?

(extrait d'un communiqué de Survie du 14 mai 2001)

La Sablière (Jean-Marc Rochereau, de)

Né le 8 novembre 1946 à Athènes, ancien élève de l'ENA (promotion « François-Rabelais »). Diplomate, il fut représentant permanent adjoint de la France à l'ONU (1990-1992) et directeur des Affaires africaines et malgaches au ministère des Affaires étrangères (depuis 1992).

Lemonnier (Dominique Yves)

Marchand d'armes, il avait décroché, par l'intermédiaire de Jean-Christophe Mitterrand, un plantureux contrat avec le régime de Kigali, en mai 1993, pour plus de 12 millions de dollars. Le 3 mai, au moment de la signature du contrat de livraisons d'équipements militaires à Kigali, sa société d'import-export, DYL-Invest Limited, n'était pas encore légalement constituée. Elle ne verra le jour que le 19 mai 1993 dans un paradis fiscal (*Le Monde* du 2 février 1995, article d'Hervé Gattegno et d'Erich Inciyan). Mais le promoteur de cette transaction avait pris soin de faire inscrire sur le contrat le siège légal de sa société, située à Cran-Gevrier, dans la banlieue d'Annecy.

Dominique Lemonnier, visiblement dénué d'expérience et de structures fiables, avait débarqué fraîchement dans l'entourage du président Juvénal Habyarimana, introduit, dit-on, par le médecin personnel du chef de l'État rwandais. Or, à Kigali, personne n'ignorait que le Dr Akinyerebe faisait partie de la bande des familiers de Jean-Christophe Mitterrand. Ce marchand d'armes n'était-il qu'un prête-nom ? Ou jouissait-il de protections suffisamment influentes pour que Kigali lui fasse confiance, sans exiger la moindre garantie ? Quoi qu'il en soit, le personnage était bien connu de Paul Barril. Celui-ci fut même chargé par la famille Habyarimana, après le génocide au Rwanda, de récupérer une partie de la somme versée par Kigali sur le compte de DYL-Invest Limited, pour des fournitures d'armements qui ne furent jamais livrées. Devant le refus du débiteur, Paul Barril fut contraint de porter l'affaire devant les tribunaux français.

Dominique Lemonnier fut inculpé et écroué à Annecy, en janvier 1995. Malheureusement, sa mort inopinée, quelques mois plus tard, devait éteindre l'action en justice. L'affaire n'a jamais été élucidée. D'après l'article de Gaétan Sebudandi, « Jean-Christophe Mitterrand rattrapé par les "Affaires africaines" », *D+C, Développement et Coopération*, de mars-avril 2001.

Léotard (François)

Né le 26 mars 1942 à Cannes, ancien élève de l'ENA (promotion « François-Rabelais »). Giscardien, puis léotardien, il fut président du Parti républicain (1988-1997). Ministre de la Défense (1993-1995), il se rallia à toutes les options militaires du président Mitterrand. « *La personne qui définissait avec le plus de précision les rapports de force entre les Anglo-Saxons et nous dans cette région, c'était le président de la République, avec un grand sens de la stratégie et de l'histoire. Le président de la République avait une conception géostratégique dans cette région tout à fait précise, culturellement et historiquement étayée, qu'il exprimait sans cesse dans les conseils de Défense* » (21 avril 1998).

Martres (Georges)

Né le 31 janvier 1938 à Narbonne, diplomate français ayant accompli l'essentiel de sa carrière à l'ombre du gouvernement congolais. Ambassadeur de France à Kigali (1989-1993), Georges Martres rédige, en octobre 1990, un rapport sur de prétendus « *combats intenses dans la capitale* » qui justifie l'envoi d'importants effectifs militaires français. Cette opération est une intoxication menée par les FAR sous les conseils et avec la participation des militaires français du Dami-*Panda* et des services secrets, dans la nuit du 5 au 6 octobre 1990 (Vénuste Kayimahe, *Rwanda : les coulisses du génocide*, Éditions Dagorno, 2001).

Le 15 février 1991, dans un entretien à *Kangura*, le journal raciste paragouvernemental, il invoque la « *situation exceptionnelle* » qui explique les nombreuses entorses aux droits de l'homme. Il avait déjà réfuté point par point les accusations de l'africaniste Jean-François Bayart quand celui-ci avait rédigé en octobre 1990 pour le compte du Centre d'analyse de prévision du Quai d'Orsay un rapport accablant sur les crimes du régime.

En mars 1992, un massacre de plusieurs milliers de Tutsi a lieu au Bugesera. Un haut fonctionnaire de la Coopération s'en inquiète, mais, « *de retour à l'ambassade de France à Kigali, on m'a seulement dit: Vous n'aviez pas l'autorisation de vous rendre là-bas!* » explique-t-il (*Le Canard enchaîné*, 23 juin 1994). L'ambassadeur refuse de se joindre aux représentants diplomatiques des pays de l'OCDE qui viennent s'en inquiéter auprès de Habyarimana.

En 1993, il explique à un membre de la Commission internationale des droits de l'homme (conduite par la FIDH et Human Rights Watch) que les nouveaux massacres qui viennent d'avoir lieu dans le Nord-Ouest ne sont que des « *rumeurs* ». Georges Martres s'employait à disqualifier toutes ces informations d'une gravité extrême. Dans les cercles diplomatiques de Kigali, Martres fait l'objet d'une plaisanterie: il ne serait pas l'ambassadeur français au Rwanda, mais l'ambassadeur rwandais auprès de la France. Le général Habyarimana l'apprécie tellement qu'à son départ il écrit au président Mitterrand pour lui demander de le maintenir à son poste.

Marlaud (Jean-Michel)

Né le 3 novembre 1953, ancien élève de l'ENA (promotion « Pierre-Mendès-France »). Diplomate. Conseiller technique du ministre du Commerce extérieur Édith Cresson (1983-1986) [auprès duquel Bruno Delaye était délégué]. Sous-directeur des relations avec les PVD au ministère des Affaires étrangères (1988-1993), ambassadeur au Rwanda (1993-1994), puis en Bolivie (depuis 1994). Jean-Michel Marlaud abrita au sein de l'ambassade de France les organisateurs des massacres dès le début du génocide. Il sera l'interlocuteur du colonel Bagosora pour la mise ne place du Gouvernement intérimaire rwandais (GIR) qui exécuta le génocide.

Lors de l'opération *Amaryllis*, il organisa le retrait des ressortissants français en refusant d'évacuer le personnel tutsi de l'ambassade, voué à une mort certaine et imminente. « *On n'évacue pas les Rwandais* », répondait madame Marlaud aux familles qui la suppliaient (témoignage de Josephe Ngarambe, recueilli par la journaliste Anne Crignon et reproduit dans *Le Génocide franco-rwandais* de Pascal Krop, éditions J.-C. Lattès, 1994; témoignage de Pierre Gakumba, recueilli par Colette Braekman, dans *Rwanda: histoire d'un génocide*, Fayard, 1994; témoignage de Vénuste Kayimahe, *Rwanda: les coulisses du génocide*, Éditions Dagorno, 2002). Jean-Michel Marlaud tente de négocier avec le général Kagame, qui refuse de le rencontrer le considérant comme un inconditionnel de Habyarimana. Le FPR lui envoie finalement le colonel Alexis Kanyarengwe (ex-FAR rallié au FPR) pour traiter avec lui.

Maurin (Jean-Jacques, lieutenant-colonel)

Bras droit du lieutenant-colonel Chollet, qui dirigeait l'armée rwandaise. Il remplace Chollet à partir d'avril 1992, lorsque des « fuites » dans la presse rendent celui-ci trop voyant, continuant la même politique, mais plus discrètement que son prédécesseur.

Mercier (Philippe, général de corps d'armée)

Né en 1938, saint-cyrien, aide de camp à la présidence de la République (1981-1983), chef adjoint du cabinet du chef d'état-major de l'Armée de terre (1985-1987), chef de division à l'état-major des Armées (1991-1992), chef du cabinet militaire du ministre de la Défense (François Léotard, 1994-1995), chef d'état-major de l'Armée de terre (depuis 1996). Chargé de plusieurs missions humanitaires, sur divers théâtres d'opérations, dont *Turquoise* au Rwanda, il s'opposa aux officiers ultras qui souhaitaient en découdre avec le FPR. Ce républicain, très indépendant d'esprit, s'est opposé, en octobre 1997, aux modalités de réorganisation des armées.

Mérimée (Jean-Bernard)

Représentant permanent de la France à l'ONU (1991-1995).

« *Le Front patriotique n'a jamais eu qu'une ambition, celle de reprendre le pouvoir et rejeter la responsabilité du génocide sur la France afin d'avoir sur elle un moyen de pression qui aurait fait couler une manne ininterrompue de crédits français.* » (Auditions, vol. 2, pp. 147-148)

Michaux-Chevry (Lucette)

Née le 5 mars 1929 à Saint-Claude (Guadeloupe), avocate. Initialement militante socialiste, elle fut élue conseiller général (PS) de Saint-Claude, en 1976. En 1981, quelques mois avant l'élection présidentielle, elle quitte le PS et rejoint l'UDF. Progressivement, elle se rapproche de Michel Debré et finit par passer au RPR, pour qui elle devient député, en 1986. Elle devient l'égérie de Jacques Foccart. Jacques Chirac s'entiche d'elle et la pousse comme ministre déléguée chargée des Affaires humanitaires dans le gouvernement Balladur (1993-1995).

Mitterrand (François)

(1916-1996). Étudiant, il scandait « *Mort aux métèques!* » au Quartier latin; président de la République, il déclarait à propos du drame rwandais: « *Dans ces pays-là, un génocide, ce n'est pas trop important* » (confidence faite à l'un de ses proches au cours de l'été 1994, propos rapporté par Patrick de Saint-Exupéry dans *Le Figaro* du 12 janvier 1998).

François Mitterrand, homme de la IVe République, mène une politique explicitement coloniale. Sa nomination de ministre de la France d'outre-mer (1950-1951) détermine son action future. Il l'expliquera lui-même plus tard: « *Mon passage au ministère de la France d'outre-mer est l'expérience majeure de ma vie politique dont elle a commandé l'évolution* » (*Politique*, Fayard, 1977, p. 53). Durant les années cinquante, il défend avec virulence la colonisation française. « *Sans l'Afrique, il n'y aura pas d'histoire de France au XXIe siècle* », écrivait-il en 1957 dans un livre intitulé *Présence française ou abandon?* (Plon, 1957, p. 237). Face au mouvement indépendantiste algérien, il affirme: « *La seule négociation, c'est la guerre.* »

Après les décolonisations, il continue de défendre ses idées pendant les années 1960-1970: « *Ce à quoi je croyais il y a vingt ans, j'y crois encore* » (*Politique*, présentation). « *Je dis que le premier devoir de la France, c'est de tout faire pour que les liens ne soient pas coupés, de tout faire pour que nos frères africains restent unis à notre destin... La France reste celle qui conduit, celle dont on a besoin, celle à laquelle on se rattache. Il ne pourra y avoir d'histoire de l'Afrique si la France est absente* » (*Politique*, p. 86).

Président de la République, il n'opère pas de modification de sa vision des relations franco-africaines. « *Je ne peux pas me résigner – et je m'y refuserai – à la disparition de la France de la surface du globe, en dehors de son pré carré* » (*Le Monde* du 18 novembre 1983). Après le génocide rwandais, son discours reste le même et il déclare en novembre 1994: « *Je le dis solennellement: la France doit maintenir sa route et refuser de réduire ses ambitions africaines. La France ne serait plus tout à fait elle-même si elle renonçait à être présente en Afrique* » (discours d'ouverture de la conférence de Biarritz, 8 novembre 1994).

Lorsque François Mitterrand arrive à la présidence, la France a déjà remplacé la Belgique au Rwanda, depuis les accords de 1962. Il établit aussitôt des relations amicales avec le président Habyarimana. Il lui déclare, en 1982: « *Nos relations sont anciennes et la France a déjà reconnu en vous un ami fidèle, un homme sur lequel nous pouvons fonder une amitié durable.* »

Le président français est informé de l'offensive du FPR d'octobre 1990 alors qu'il se trouve dans un avion revenant d'Oman. Il prend seul et secrètement la décision d'envoyer des troupes pour soutenir l'armée rwandaise. Le 10 décembre 1990, le journal rwandais *Kangura*, publication raciste financée par des proches de Habyarimana, publie un portrait de François Mitterrand avec en légende: « *Les grands amis, on les rencontre dans les difficultés.* » C'est dans ce même numéro que furent publiés les fameux « Dix commandements du Hutu » qui appellent à la haine raciale antitutsi.

De 1990 à 1994, François Mitterrand attache une importance particulière à un pays dont il affirme que le dictateur « *représentait à Kigali une ethnie majoritaire à 80 %* ». Lors de ses déplacements, il se tient en permanence informé de la situation militaire au Rwanda. Durant le génocide, il apparaît comme le responsable français le mieux informé de la question. Lors des innombrables réunions de cellules de crise ou comités interministériels consacrés au problème, il expliquait aux autres la situation. Opportunément, une « fuite » vers *Le Canard enchaîné* d'un document « confidentiel défense » du 30 juin 1994, rédigé par le cabinet militaire, veut faire croire que Mitterrand ignorait tout. Ce document retranscrit un dialogue avec l'amiral Lanxade où Mitterrand explique: « *Avant l'attentat* [déclencheur du génocide], *on ne m'avait pas parlé de drames particuliers interethniques.* »

Mitterrand continue de recevoir les concepteurs et les réalisateurs du génocide alors même que celui-ci était dénoncé par la communauté internationale. Il fait porter des fleurs à Agathe Habyarimana à son arrivée en France et utilise le ministère de la Coopération pour lui donner de l'argent, bien qu'elle soit membre du clan ultra qui a planifié les massacres. Au cours du mois d'avril 1994, il reçut Jean-Bosco Barayagwiza et Jérôme Bicamumpaka, deux responsables du génocide, respectivement leader du parti raciste CDR et ministre des Affaires étrangères du Gouvernement intérimaire, que la France fut le seul État à reconnaître. Pour minimiser le génocide, François Mitterrand défend alors l'idée d'un double génocide. Ainsi, au sommet franco-africain de Biarritz, fin 1994, il parle « *des* » génocides.

Mitterrand (Jean-Christophe)

Né le 19 décembre 1946 à Boulogne-Billancourt, fils aîné du président Mitterrand. Journaliste et professeur d'histoire contemporaine, correspondant de l'AFP en Mauritanie (1977), puis au Togo (1980-1981), professeur à l'École nationale d'administration de Mauritanie (1976-1977) puis à l'université du Bénin (1979-1980). Conseiller du président de la République (1982), il seconde d'abord Guy Penne avant de traiter seul les Affaires africaines en octobre 1986. Devenu « conseiller aux Affaires africaines et malgaches » il s'appuie sur Thierry Martin de Beaucé et Gilles Vidal (1986 à 1992). Les Africains lui attribuent alors le sobriquet de « Papamadit ».

La cellule Afrique de l'Élysée, que Jean-Christophe Mitterrand a dirigée de 1986 à 1992, a toujours eu une réputation sulfureuse. Le fils de François Mitterrand sera notamment accusé d'avoir permis au président togolais Gnassingbé Eyadéma de se maintenir au pouvoir au prix d'une sanglante répression... Les dictateurs africains voient avec plaisir s'installer auprès de Guy Penne le fils du président, Jean-Christophe Mitterrand. Les chefs d'État africains restent ainsi en prise directe avec l'Élysée. Conseiller occulte, élu sénateur en 1986, Guy Penne laisse à Jean-Christophe Mitterrand son vaste bureau qui donne sur un agréable jardin en bordure de l'avenue Gabriel. Tout en occupant ses fonctions institutionnelles, il développe, avec son épouse Élisabeth Dupuy, des affaires privées dans le cadre du groupe Sagaie, de Jean-Pierre Fleury et Georges Kentzler, et dans le cadre du groupe Sucres et Denrées, de Serge Varsano, Paul Dijoud et Georges Kentzler (*Notes d'information du Réseau Voltaire* n° 98/0375). En 1985, il entre au conseil d'administration de la Comuf (uranium) et de la Comilog (manganèse), les sociétés minières d'Omar Bongo. Son bureau se trouve alors au siège d'Éburnéa, une société de Georges Kentzler.

Le 2 octobre 1990, il reçoit à son bureau de la cellule africaine de l'Élysée un appel téléphonique du général Habyarimana lui demandant de l'aide face à l'offensive du FPR, auquel il répond favorablement. Il explique à Gérard Prunier, qui se trouvait dans son bureau à ce moment et raconte la scène : « *Nous allons lui envoyer quelques bidasses au petit père Habyarimana. Nous allons le tirer d'affaire. En tout cas, cette histoire sera terminée en deux ou trois mois* » (Gérard Prunier, *Rwanda, le génocide*, Éditions Dagorno, 1997, page 128). Lors de son audition, il minimise son rôle : « *Les conseillers successifs chargés des affaires africaines du temps du président Mitterrand n'avaient pour rôle et seul rôle que d'informer le président, de répondre à ses questions.* » Il niera connaître le fils du président Habyarimana et démentira avoir été mêlé à des affaires louches dans cette région d'Afrique.

En 1992, il quitte ses fonctions élyséennes pour la Compagnie générale des eaux. À la mort de son père, en 1996, il perd son emploi. Il serait aujourd'hui consultant à son compte. Il est écroué en avril 2001 à propos d'une affaire de blanchiment d'argent et trafic d'armes entre la France et l'Angola. Une commission rogatoire internationale a été délivrée aux autorités mauritaniennes pour enquêter sur ses investissements en Mauritanie. Les juges parisiens en charge de l'affaire de trafic d'armes, Philippe Courroye et Isabelle Prevost-Deprez, ont lancé une commission rogatoire. Le fils de l'ancien président, notamment poursuivi pour « complicité de trafic d'armes, trafic d'influence et recel d'abus de biens sociaux », affirme avoir investi en Mauritanie 9 millions de francs sur les 10 millions de francs que lui a versés Pierre Falcone, dirigeant d'une société de ventes d'armes.

Monchal (Marc, Amédée, général)

Ancien chef de cabinet du ministre de la Défense, d'avril 1989 à avril 1991. Auditionné à huis clos le 29 avril 1998 par la Mission parlementaire, il dit avoir reçu un coup de téléphone de l'amiral Lanxade l'informant que le président de la République demandait une intervention au Rwanda. Aux questions : Pourquoi les troupes françaises sont-elles restées au Rwanda au-delà des délais, après Arusha ? Pouvez-vous expliquer la présentation officielle de l'opération *Noroît* et dire quel était son rôle réel ? Il ne donne pas de réponse. Il dira en revanche que « *l'accord d'assistance militaire de 1975 prévoyait que des officiers français étaient mis à disposition sous uniforme rwandais conformément à l'avenant de 1983* ».

Myard (Jacques)

Né le 14 août 1947 à Lyon, diplomate. Conseiller technique au cabinet du ministre de la Coopération (Michel Aurillac, 1986-1988), député (RPR) des Yvelines (depuis 1993). Il est surtout secrétaire général adjoint des Clubs 89. Membre de la Mission d'information, il en a refusé les conclusions. Dans son explication de vote, il indique : « *Les citoyens de ce pays sont désormais en droit de demander des comptes à ceux qui ont animé une véritable campagne de haine médiatique à l'encontre de la France, en pratiquant l'amalgame, la reprise de témoignages douteux jamais vérifiés, mais répétés à l'envi pour fabriquer ainsi une vérité! Cette démarche haineuse, dont les aspects mercantiles doivent être soulignés – vente de livres ou d'articles à sensation sur fond de millions de victimes –, a visiblement été orchestrée par des intérêts et des services étrangers, relayés par quelques idiots utiles, journalistes ou, ce qui est plus grave, quelques universitaires en mal de renommée!* [...] *Après plusieurs mois de travail sur ce dossier, je suis une nouvelle fois arrivé à la conclusion que la cause de la tragédie du Rwanda est à rechercher d'abord dans la surpopulation de ce pays.* »

Quesnot (Christian, général d'armée)

Né le 24 mai 1938 à Vire, saint-cyrien. Officier de renseignements affecté au Tchad (1979-1980), au Liban (1983-1984). Chef de l'état-major particulier du président Mitterrand (1991-1995) en remplacement de l'amiral Lanxade. Le général Quesnot s'appuie sur ses fidèles: le général Huchon, qu'il a placé à la tête de la Mission militaire de coopération, et le général Rigot. Le général Quesnot a considéré les Accords d'Arusha comme paroles en l'air: « *J'estimais que ces accords faisaient une part exorbitante au FPR.* [...] *Ce serait extrêmement difficile à mettre en œuvre, sinon impossible.* »

Quilès (Paul)

Né le 27 janvier 1942 à Saint-Denis-du-Sig (Algérie), polytechnicien. Élu député (PS) de Paris, en 1978. Plusieurs fois ministre: Urbanisme et Logement (1983-1985), Défense (1985-1986), Postes, Télécommunications et Espace (1988-1991), Intérieur et Sécurité publique (1992-1993). A proposé la création d'une Mission d'information sur le Rwanda, dont il a assumé la présidence, afin d'empêcher la constitution d'une commission d'enquête parlementaire, aux pouvoirs beaucoup plus étendus. Défenseur inconditionnel du mitterrandisme et du lobby militaro-industriel.

Rannou (Jean, général)

Chef du cabinet militaire du ministre de la Défense d'avril 1991-mai 1994. Lors de son audition à huis clos par la Mission parlementaire, le 27 mai 1998, il dément toute intervention militaire française dans les opérations en

Ouganda, sous la forme des Craps. Il dément l'opération *Panda*. Interrogé sur les raisons du départ prématuré de Jean Varret (chef de la Mission militaire), il répond que ces raisons ne sont pas liées au changement politique, mais de la « *relève normale* ». Il a « *reclassé* » Jean Varret « *à la demande de la présidence* ». Il estime « *inconcevable* » que l'état-major particulier du président ait pu court-circuiter les chaînes de commandement habituelles, dément que des militaires français aient assisté à des interrogatoires et confirme qu'aucune boîte noire n'avait été trouvée. Cette dernière affirmation semble indiquer qu'une boîte noire a bien été retrouvée et dissimulée, étant donné les autres informations données par ce militaire, dont on sait qu'elles sont systématiquement mensongères (à noter qu'en 1994 les enquêteurs belges mandatés pour enquêter sur la mort des dix Casques bleus disent que « *la boîte noire de l'appareil* [a été] *recueillie sur les lieux de l'attentat par le commandant de Saint-Quentin* [et que] *jusqu'à présent elle est classée secret défense* », *Le Soir* du 24 juin 1994).

Roussin (Michel)

Né le 3 mai 1939 à Rabat. Officier de renseignements, il a fait ses classes avec son ami le général Christian Quesnot. Commandant militaire de l'Hôtel Matignon sous Jacques Chirac (1972-1976). Directeur de cabinet d'Alexandre de Marenche au Sdece (1977-1981). Chef de service au ministère de la Défense (1980-1981). Chargé de mission auprès du président de la Générale des eaux (1981-1983). Chef de cabinet de Jacques Chirac à la Ville de Paris puis à Matignon (1984-1986). Ministre de la Coopération (1993-1994). Selon la presse italienne, il aurait appartenu à la Loge P2 au début des années quatre-vingt.

Philippe Jehanne, ancien des services secrets (DGSE) travaillant à son cabinet, a déclaré, le 19 mai 1994, à Gérard Prunier : « *Nous livrons des munitions aux FAR en passant par Goma. Mais, bien sûr, nous le démentirons si vous me citez dans la presse.* » Alors que les armes acheminées dans des Boeing 707 atterrissaient à Goma dans l'ex-Zaïre, Michel Roussin déclarait : « *Par où pourrions-nous fournir des armes et par quels moyens ? Cela serait en totale contradiction avec la politique africaine du gouvernement* » (déclaration faite à Marie-Pierre Subtil, « La France s'efface au Rwanda », *Le Monde* du 7 juin 1994).

Mis en examen dans l'« affaire Méry », il démissionne de ses fonctions ministérielles, puis bénéficie d'un non-lieu. Selon une source très informée: « *Roussin connaît énormément de choses. Sur l'activité des services secrets français, naturellement en Afrique et ailleurs, sur la mairie de Paris, sur l'organisation interne du RPR. Tous ces domaines sont d'ailleurs liés* » (Jean-Paul Cruze, *Un corbeau au cœur de l'État*, Éditions du Rocher, 1998, p. 160). En 1996, il devient président de SAE International, une filiale du groupe Eiffage. En 1998, il obtient un poste d'administrateur à la Compagnie minière de l'Oogoué (Comilog, sous-filiale du holding public Erap). Fin 1999, l'Élysée le nomme au Conseil économique et social. Il est en 2000 chargé d'un comité spécial au sein de la direction du Medef. Il travaille depuis 1999 pour Vincent Bolloré, second conglomérat françafricain après Elf-Total, en compagnie de Jean Heinrich, ex-patron de la Direction du renseignement militaire (DRM).

Schill (André)

Colonel. Chef de la cellule « affaires humanitaires » de *Turquoise* (juin-août 1994).

« *À leur arrivée, le premier travail des militaires en Zone humanitaire sûre avait été d'assurer la sécurité et de créer les conditions d'un fonctionnement minimum des administrations et des organismes de support de la population* » (c'est-à-dire très précisément les instances qui venaient d'organiser et d'exécuter le génocide). (Auditions, vol. 2, p. 218)

Thibaud (alias Tauzin, colonel)

Conseiller militaire de Habyarimana de 1990 à 1993. Il déclarait au journal télévisé de France 2 sa volonté de « *casser les reins au FPR* ». Il repartira au Rwanda en juin 1994 dans le cadre de l'opération *Turquoise* avec d'autres militaires des fameuses forces spéciales qui dépendent du Commandement des opérations spéciales (COS) et de la Direction du renseignement militaire (DRM).

Urbano (Jean-Claude)

Vice-consul de France à Goma (Zaïre). C'est par Goma que transitèrent les livraisons d'armes aux génocidaires. Interrogé par l'association

Human Rights Watch (HRW) Arms Project, il avait confirmé les livraisons françaises au Hutu Power. Pressé par le gouvernement français et le journaliste Stephen Smith, il se rétracta et porta plainte contre HRW puis se désista avant que l'on ait pu entendre les arguments de l'association.

Védrine (Hubert)

Conseiller diplomatique de François Mitterrand (1981-1986), porte-parole de l'Élysée (1988-1991), secrétaire général de l'Élysée (1991-1995), membre du Conseil d'État (1995), ministre des Affaires étrangères depuis juin 1997.

Né le 31 juillet 1947, Hubert Védrine est le fils de Jean Védrine. Ce dernier participa à la Cagoule et fut, à ce titre, arrêté pour complot contre l'État, en même temps notamment qu'Eugène Deloncle, tandis que Gabriel Jeantet prenait la fuite. Jean Védrine devint chef du secrétariat particulier du chef de l'État français, Philippe Pétain, de qui il reçut la Francisque n° 2172. C'est pourtant lui qui, à la Libération, établit l'histoire de la Résistance et assura le blanchiment de François Mitterrand. Pourtant, celui-ci avait également servi l'ex-maréchal et avait reçu de lui la Francisque n° 2202 après avoir été parrainé par Gabriel Jeantet, alors responsable des mouvements de jeunesse. Quant à Robert Mitterrand, le frère de François, il épousa la nièce d'Eugène Deloncle dont il eut un fils, Frédéric.

Hubert Védrine poursuivit des études à l'IEP avant de faire l'ENA (promotion « Simone-Weil »). Il fut alors affecté au ministère de la Culture, puis aux Affaires étrangères. Parallèlement, il milita à Échanges et Projets, alors présidé par Jacques Delors. François Mitterrand l'appela à l'Élysée dès 1981. Il y occupa diverses fonctions diplomatiques avant de devenir secrétaire général et porte-parole de la présidence de la République. Au fur et à mesure de la progression de la maladie de François Mitterrand, il fut conduit à jouer un rôle de plus en plus important. En 1995, le président de la République étant devenu incapable d'assumer ses fonctions et se limitant à de la représentation, Hubert Védrine, Anne Lauvergeon et Michel Charasse assumèrent ensemble la réalité du pouvoir.

Hubert Védrine avait pour domiciliation le plus grand studio de photographies pédophiles découvert en Europe : le presbytère de Saint-Léger-des-Vignes (Nièvre) du père Nicolas Glencross. Hubert Védrine est conseiller municipal de Saint-Léger-des-Vignes. Le père Nicolas Glencross est un vieil ami de son père, Jean Védrine. Les photographies du père Glencross étaient transmises par l'entremise du pasteur Joseph Doucé à l'éditeur néonazi Michel Caignet qui les commercialisait. Michel Caignet diffusait également les photographies de Bernard Alapetite, un ancien du PFN proche de Gabriel Jeantet. Le père Glencross décéda en décembre 1991, peu après sa sortie de détention préventive (il a été interpellé en juin 1990) et le pasteur Doucé fut assassiné. L'affaire s'éteignit sans qu'Hubert Vedrine ait été entendu dans le cadre de l'enquête (source: *Notes d'information du Réseau Voltaire* n° 97/03339 du 23 juin 1997.)

Hubert Védrine est membre du Siècle depuis 1990. Son épouse, Michèle Froment, fut conseillère technique au cabinet de René Teulade. En tant que secrétaire général de l'Élysée, il a eu à connaître, comme François Léotard et Jean-Claude Gaudin, des questions de vente de terrains militaires dans le Var. En 1995, il intégra le Conseil d'État avant de rejoindre le cabinet d'avocats… Jeantet & Associés. Il assurait également des chroniques dans *Le Point* (rubrique « Étranger »), aux côtés de Claude Allègre (rubrique « Science »). En 1996, Hubert Védrine est entré à la Commission trilatérale. En signe de protestation, l'ambassadeur Gilles Martinet en a immédiatement démissionné. Gilles Martinet fut l'un des rares dirigeants socialistes à s'opposer à la prise de contrôle de la SFIO par François Mitterrand en soulignant, en vain, l'engagement pétainiste de celui-ci. La désignation d'Hubert Védrine aux Affaires étrangères fut exigée par le président Chirac. Par le passé, Jean Védrine fut un des plus riches colons de Tunisie et du Maroc. Nous n'avons pas pu vérifier l'information selon laquelle la famille Védrine disposerait d'intérêts croisés avec la famille royale chérifienne. Quoi qu'il en soit, Hubert Védrine séjourne fréquemment au Maroc.

Hubert Védrine a récemment publié *Les Mondes de François Mitterrand* dans lequel il réécrit l'histoire diplomatique des derniers septennats et revendique la politique africaine malgré le génocide rwandais. Le considérant comme l'un des responsables du génocide, des associations rwandaises ont demandé sa comparution devant un Tribunal pénal international. Hubert Védrine a dénoncé les Accords d'Arusha, dont il était censé être un promoteur, et justifié le point de vue des extrémistes: « *Ils disent: "On est la majorité. Il n'y a aucune raison pour qu'on partage le pouvoir avec des gens qui sont partis, qui ne représentent plus rien, et qui veulent revenir reprendre leurs terre."* [...] *Au fond, de quoi la France se mêlait-elle en allant exiger du gouvernement hutu, immensément majoritaire, d'avoir à partager le pouvoir, on se demande pourquoi, avec une infime minorité tutsi – et qui plus est une minorité dans la minorité, puisque c'est la minorité armée de l'étranger ? Pourquoi ? On peut considérer, en effet, qu'il y a eu maladresse sur ce plan, ou inconséquence* » (audition du 5 mai 1998).

Vidal (Gilles)

Né le 15 septembre 1946 à Ménerville, diplomate. Chargé de mission à la présidence de la République (1989-1993), puis ambassadeur au Cameroun (depuis 1993).

Index

C

D

E

F

G

J

K

L

M

N

Q

R

S

T

U

V

W

Y

Z

Remerciements

Sans les innombrables discutions que j'ai eu avec Michel Sitbon, ce livre n'aurait pu être écrit. Merci donc à lui pour avoir contribué à son élaboration, et, ce qui n'est pas négligeable, pour en assurer l'édition. Merci aussi pour la compréhension d'Irène Adamopoulos qui l'a mis en page avec compétence et patience malgré l'incompétence et l'impatience de l'auteur. Je suis aussi reconnaissant à Ivan Caillat et Yves Bonnardel, éditeurs d'*Un génocide sans importance* (Éditions tahin party) pour leurs concours volontaires. Ce livre a aussi bénéficié des relectures d'Élisabeth Partouche et de Jean-Victor Verlinde, de Jean-Michel Héry et de Christian Chapiron pour la capture des images, de la documentation mise à ma disposition par l'association Survie, dont je suis membre, ainsi que d'enrichissantes conversations avec Faustin Kagame. Je les remercie tous pour leur contribution. Je dois aussi beaucoup à la confiance que m'a accordé Thierry Méot qui a osé éditer, en 1998, *Un génocide secret d'État* (Éditions Sociales). Qu'il me permette ici de lui témoigner ici toute ma gratitude.

C'est aussi l'occasion de rendre hommage à tous les belgo, franco, germano, suisso-rwandais sans qui le génocide des Tutsi ne serait pas sorti de la nuit rwandaise. Ils sont nombreux et leurs familles, particulièrement ciblées par les assassins du Hutu Power ont été terriblement éprouvées. Leurs témoignages ont été et restent essentiels. Je les remercie pour toutes les actions qu'ils ont entreprises et entreprendront dans ce sens. Ceux que je connais personnellement m'ont encouragé et témoigné leur amitié, qu'ils en soient infiniment remercié.

Je tiens particulièrement à mentionner ici :

Yolande Mukagasana et Jean-Loup Denblyden, Yvonne Mutimura et Pierre Galinier, Wolfang Blam et Jacqueline Mukandanga, Willy Fabre et Uwera Marie, Sara Mukamwezi et Thierry Laniesse, Luc Pillionnel et Léopoldine Rose-Marie Kabagema, Jean-François Dupaquier et Eugénie Gatary, Jean-Marie Nduwumwe et Ulrike

Osterhage, Jean-Michel Yung et Drocella Mukandekezi, Jean-Luc Chavagneux et Letitia Uwase Sebyeza, Jean-Ulrich Furrer et Béatrice Mukarwego, Gaétan Sebudandi et Thérèse Coly, Emmanuel Cattier et Immaculée Mpinganzima, Alain Gauthier et Dafroza Mukarumongi.

Et enfin mon épouse Mukashema Kabano sans laquelle je serais, comme beaucoup d'autres Français, ignorant ou incrédule sur le rôle de leur pays dans un vague « conflit interethnique » en Afrique. Les couples mixtes ont été les témoins en Occident du drame rwandais et porte-parole de ses victimes. Un grain de sable que les stratèges de l'Élysée n'avaient pas prévu…

Du même auteur

Livres

En danger de croire. La foi : une histoire culturelle du mal. L'Harmattan (col. Questions contemporaines), 1998.

Un génocide secret d'État. La France au Rwanda 1990-1997. Éditions Sociales, 1998. (Disponible à SURVIE, 57, av. du Maine, 75014 Paris.)

Le Monde, un contre-pouvoir ? Désinformation et manipulation sur le génocide rwandais. L'Esprit Frappeur, 1999.

Un génocide sans importance. La Françafrique au Rwanda. Tahin-Party, 2001.
Éditions Tahin Party (tahin.party@free.fr)
20, rue de Cavenne - 69007 Lyon

Ce petit livre de 157 pages constitue une introduction à *La Nuit rwandaise*. Il permet d'aborder rapidement l'aspect occulté des responsabilités françaises dans le génocide des Tutsi du Rwanda, à partir des points les plus importants : les complicités militaires et politiques. De façon à la fois condensée et claire, ce livre montre comment ces complicités, établies à travers les opérations militaires *Noroît, Amaryllis* et *Turquoise* qualifiées « d'humanitaires », ont été nécessaires à sa réalisation, puis à sa dissimulation. *Un génocide sans importance* évoque également un procès qui a conduit l'auteur à témoigner à décharge en Suisse, pour soutenir le combat que mènent des citoyens de ce pays contre le négationnisme et le révisionnisme des élites arrogantes du *Hutu Power* et de leurs amis en Europe.

Articles :

Quatre livres sur le Rwanda (avec Marc Jarry). *Trans-Discipline,* (Université de Pau et des Pays de l'Adour), n° 10, décembre 1994, p. 14-15.

Rwanda : la France et le génocide. *Beafrika International* (Bangui, Centrafrique), n° 3, août-septembre 1994, p. 20-23.

Rwanda : la responsabilité de la France (sous le pseudo de Pierre Cougot). *L'Éveil Hebdo*, Marseille, n° 676, 9-15 septembre 1994, p. 2.

Rwanda : appel contre l'oubli. *Bulletin Cridev,* n° 119, novembre 1994, p. 6.

Rwanda : la France et le génocide (sous le pseudo de Pierre Cougot). *Politis*, 3 novembre 1994, p. 15-16.

Hutu « modérés » et « radicaux ». *Le Soir* (Bruxelles) du 12 mai 1995.

Rwanda : banalisation des génocides. *Rouge,* n° 1641, 8 juin 1995, p. 12.

Idéologie et massacres inter-ethniques au Rwanda-Burundi. *Golias Magazine,* n° 43, juillet-août 1995, p. 22-27.

Cent mille miliciens contre Kigali ? (sous le pseudo de Paul Montégut). *Le Nouvel Afrique Asie*, n° 70-71, juillet-août 1995, p. 19-22. Article repris par *Rwanda Libération* (Kigali, Rwanda), n° 9, du 3 août au 3 septembre 1995, p. 3.

Politique africaine de la France : Prenons les responsables aux mots ! (sous le pseudo de Paul Avenant). *Initiative Républicaine*, n° 15-16, décembre 1996, p. 8.

Rwanda : un pas vers la vérité. *L'Est Républicain*, 1er avril 1998.

Mission d'information parlementaire sur le Rwanda : le « front commun de la bonne conscience » l'emportera-t-il ? *Initiative Républicaine*, n° 24, septembre 1998, p. 2-3.

France-Rwanda : une armée au-dessus de tout soupçon ? *Politis*, n° 517, du 8 octobre 1998, p. 24-25.

Les scientifiques et l'autocensure. *Afrique Info*, n° 24, novembre 1999.

La France au Rwanda, une neutralité coupable. *Afrique Info*, n° 25, décembre 1999.

Les soutiens européens à l'ethnisme. *Quasimodo*, n° 6, printemps 2000, p. 39-51.

Articles parus dans « Liaison Rwanda » (à l'exception des notes de lectures) :

Les soldats français ne tenaient pas les machettes, n° 0, février 1998, p. 5.

Ethnisme et droit de l'Homme, n° 0, février 1998, p. 8.

En attendant la justice (avec Alphonse Karagirwa, éditorial), n° 2, août-septembre 1995.

Vœux de nouvel an (éditorial), n° 4, janvier 1996.

Un combat pour l'information (avec Alphonse Karagirwa, éditorial), n° 5, avril 1996.

L'ethnisme, idéologie du génocide (éditorial), n° 7, septembre 1996.

Intervention au Kivu ? (éditorial), n° 8, novembre 1996.

Les oubliés du génocide (éditorial), n° 9, janvier 1997.

L'humanitaire aveugle, p. 2, Nouvelle guerre secrète de l'Élysée, n° 9, janvier 1997, p. 4.

Les ennemis du Rwanda (éditorial), n° 10, mars 1997.

Paradoxe humanitaire, n° 11, mai-juin 1997, p. 4.

Les médias de la haine, suite, n° 11, mai-juin 1997, p. 5.

Jospin et le Rwanda, n° 12, juillet-août 1997, p. 4.

Les femmes et le génocide, n° 13, septembre-octobre 1997, p. 8.

L'expertise ambiguë, n° 15, janvier 1998, p. 3.

Les « réfugiés » hutu étaient-ils des réfugiés ? (éditorial), n° 18, juillet-août 1998.

La guerre au Congo, c'est la faute aux étrangers (avec Thierry Laniesse), n° 19, septembre-octobre 1998, p. 4.

Le front commun de la bonne conscience, n° 19, septembre-octobre 1998, p. 6.

Dérapage (avec Thierry Laniesse), n° 21, janvier-février 1999, p. 2.

« Il n'y a pas les bons d'un côté, les méchants de l'autre », n° 22, mars-avril 1999, p. 5.

L'ignoble banalité du crime, n° 23, mai-juin 1999, p. 3.

Rwanda : le devoir de vérité (éditorial), n° 24, juillet-août 1999.

Claudine Vidal et les événements de 1973 au Rwanda, n° 25, septembre-octobre 1999, p. 3.

Le négationnisme à l'œuvre, n° 25, septembre-octobre 1999, p. 3.

Rwanda, la 25e heure, n° 26, novembre-décembre 1999, p. 2.

Le Rwanda dans les brouillards de l'après-génocide, n° 27, janvier-février 2000, p. 2.
Lettre ouverte à la FIDH à propos du Rwanda, n° 28, mars-avril 2000, p. 6.
La complicité française jetée aux oubliettes ?, n° 28, mars-avril 2000, p. 7.
Le Rwanda devient-il une dictature ? (avec Thierry Laniesse, éditorial), n° 29, mai-juin 2000.
Êtes-vous pro-Tutsi ou pro-Hutu ? (éditorial), n° 30, juillet-août-septembre 2000.
La mort programmée : une démarche intellectuelle, n° 30, juillet-août-septembre 2000, p. 6.
La banalité du mal (éditorial), n° 33, mars-avril 2001.
TPIR : des dysfonctionnements dus au hasard ?, n° 33, mars-avril 2001, p. 4-5.
Lutter contre le mal (éditorial), n° 34, mai-juin 2001.
Le génocide, un scénario moderne (éditorial), n° 35, juillet-août 2001.
Pas de réconciliation sans justice, n° 36, septembre-octobre 2001, p. 5.
Trois minutes de silence, n° 36, septembre-ocotobre 2001, p. 8.
Burundi : le masque « ethnik » (éditorial), n° 37, novembre-décembre 2001.
Presse servile et complice, n° 37, novembre-décembre 2001, p. 8.

Pour que vive la mémoire !

Au terme de cet ouvrage, je souhaite vivement m'adresser à vous qui avez saisi la portée de la monstruosité rwandaise, pour solliciter votre soutien à la création d'une Maison de la mémoire du Génocide des Tutsi du Rwanda, afin d'aider à préserver le souvenir et la dignité des victimes. Car l'oubli de leur calvaire et de leur immolation consacrerait l'anéantissement éternel des morts en une dernière et terrible torture, et achèverait les survivants par un désespoir sans nom.

Le génocide des Tutsi du Rwanda s'est déroulé au grand jour, était diffusé sur les télévisions de toute la planète. Ce drame annoncé, connu, médiatisé et parfois soutenu, a été d'une ampleur et d'une cruauté inégalables. Le martyre et l'humiliation des victimes ont été indescriptibles, plus atroces que la mort elle-même qui souvent était accueillie comme une délivrance par ceux-là qui enduraient de telles souffrances. C'était une plaie purulente et infecte, un enfer visqueux et envahissant, une énorme abjection accrochée, trois mois durant, sur le visage du monde. C'est incontestablement un génocide sur la conscience de l'humanité.

Nous n'avons pas le droit de permettre l'escamotage de cette abomination vers les oubliettes de l'histoire. Il faut protéger de l'effacement par le temps, l'indifférence, l'amnésie volontaire, le révisionnisme et le négationnisme, cette accablante tranche de l'histoire du Rwanda, de l'Afrique et du monde. Il faut dire halte à l'oubli qui tue la mémoire.

La Maison de la mémoire ne sera ni un monument aux morts ni un lieu de recueillement, (nous laissons le soin de s'en occuper à d'autres organisations) mais simplement une institution libre et indépendante où l'on viendra se documenter sur le génocide tutsi et les autres génocides inscrits dans son histoire par la main cruelle et meurtrière de l'homme. Elle sera parrainée par une Association internationale pour la mémoire du génocide au Rwanda (AIMGR) et aura pour tâches principales de :

— participer à la conservation de la mémoire du génocide tutsi en recueillant le plus grand nombre de témoignages possible auprès des rescapés, des criminels repentis, des témoins neutres et de tous les autres acteurs directs ou indirects de la tragédie, rwandais ou non ;
— redonner une identité et donc une dignité aux victimes anonymes par l'établissement des listes nominatives des disparus ;
— mettre à la disposition des chercheurs, des étudiants, du grand public une documentation assez importante sur le génocide tutsi ;
— jouer un rôle d'éducation et de sensibilisation auprès des Rwandais et d'autres pour les éveiller à la culture du respect de la vie humaine et de la mémoire des victimes de nos bêtises et de nos injustices.

Les documents recueillis seront étudiés, analysés, commentés, rassemblés et fixés sur tous les supports disponibles afin d'en faciliter l'accessibilité et la compréhension pour tous les intéressés. La Maison de la mémoire, en collaboration avec des artistes, des écrivains, des dramaturges, en tirera des œuvres de fiction, des essais, des pièces de théâtre, des contes, des nouvelles, ainsi que des documents audiovisuels tels que des films de fiction et des documentaires... Toute cette documentation sera mise gracieusement à la disposition d'autres créateurs et du public et diffusée auprès des écoles, des associations, des universités et d'autres collectivités. Ainsi, en plus du volet information, pourra-t-elle aussi jouer un rôle pédagogique au profit de la société rwandaise.

Dans ce travail de recueil, priorité sera accordée aux vieilles personnes et aux malades, à tous ceux qui, très vulnérables, peuvent ne plus exister demain, risquent d'emporter dans la mort, comme cela est déjà arrivé pour bon nombre de rescapés, leurs souvenirs qui sont aussi l'héritage macabre de notre monde. Nous devons prendre conscience qu'il y a urgence, qu'il y a une mémoire à sauvegarder, laquelle, même si elle n'est chargée que d'indicibles horreurs, est notre patrimoine à nous tous, les humains.

La Maison de la mémoire comportera en son sein un Centre de recherche sur le génocide tutsi confié à un personnel instruit, motivé et formé aux techniques de l'enquête et de l'interview, créera un site internet pour diffuser sur le Web les informations acquises, un magazine qui publiera ses réalisations, une bibliothèque constituée de ses propres ouvrages mais aussi des livres existants sur les génocides, une salle polyvalente qui accueillera des spectacles (théâtre, projections, conférences, concerts…) se rapportant au génocide et au travail de mémoire. Elle envisagera par ailleurs à long terme la création d'une maison d'édition spécialisée dans la publication d'écrits sur le génocide ainsi que d'un centre de formation permanente sur « le génocide et la mémoire » ouvert aux personnes de tous âges et de tous horizons.

La Maison de la mémoire, héritière et gardienne de cette fresque extrêmement douloureuse de notre histoire, veut et doit exister aussi pour rappeler à ce peuple rwandais à la fois sa propre barbarie et sa propre tragédie, et au monde entier ses manquements et ses responsabilités. Et, par là, contribuer à mettre en garde, de manière constante, la société des hommes contre elle-même, contre les terribles convulsions de ses démons qui la menacent et peuvent à tout moment causer des ravages n'importe où parmi elle.

Grâce à la Maison de la mémoire et aux multiples volets de ses activités, nous nous emploierons à dénoncer et à prévenir, autant que faire se peut, les crimes contre l'humanité là où ils se profileront, tout en continuant de perpétuer la mémoire des morts du Rwanda, victimes du génocide des Tutsi, nos morts, qui sont en fin de compte les morts de notre humanité à tous.

Aux hommes et aux femmes de cœur, à tous ceux qui sont révoltés par la sauvagerie humaine, à ceux qui n'aiment pas la violence commise à l'encontre d'êtres innocents qu'ils soient noirs, blancs, jaunes, rouges, tutsi ou hutu, je renouvelle mon appel plein d'espoir pour leur demander d'apporter leur soutien à la mise sur pied de la Maison de la mémoire du génocide des Tutsi du Rwanda.

Devenez actionnaires de l'espoir des survivants du Rwanda, sans cesses hantés par leurs souvenirs et leur devoir. Soutenez-les par votre solidarité. Ils ont besoin d'appui et de sympathie pour les aider à porter le double et terrible fardeau du souvenir et du devoir de mémoire.

Soyez un réconfort pour les morts innocents du Rwanda. Par votre contribution à l'existence de la maison du souvenir, accompagnez-les dans leur interminable voyage et leur douleurs infinies, ne permettez pas que le négationnisme, l'oubli et l'indifférence les étouffent, les anéantissent pour l'éternité. Ils sont là tout autour de nous et nous réclament ce simple geste. Ils ont besoin de nous pour défendre et perpétuer leur mémoire.

Votre participation financière, matérielle et morale sera une pierre apportée à l'édification d'une nouvelle société rwandaise, d'une humanité qui se remémore et s'amende…

À tous et à chacun, merci.

Merci pour le respect, l'honneur et la mémoire des victimes du génocide tutsi de 1994.

Vénuste Kayimahe,
auteur de *France-Rwanda, les coulisses d'un génocide,*
Dagorno, 2002.

Pour toute réaction, suggestion, information et soutien, vous adresser :

Vénuste Kayimahe B.P. 3382 KIGALI - RWANDA
e-mail : maisondelamemoire@hotmail.com

Pour contacter ou envoyer votre soutien financier à l'association internationale pour la mémoire du génocide au Rwanda (AIMGR) :

AIMGR c/° Robert Genoud : 11 rue de l'Asile Popincourt
75011 PARIS - FRANCE
e-mail : associationaimgr@hotmail.com

Le catalogue complet des ouvrages parus est consultable
sur le http://www.agora-international.com

L'EspritFrappeur/Dagorno ~ 9, passage Dagorno ~75020 Paris

Dépôt légal : 1er trimestre 2002.
numéro d'imprimeur : 37088

BON DE COMMANDE

à retourner à l'adresse suivante

L'ESPRIT FRAPPEUR/DAGORNO

9, passage Dagorno • 75020 Paris

Tél.: 0140096969 ● Fax: 0140096971

http://www.agora-international.com

Nom de l'auteur – *Titre de l'ouvrage*	Réf.	Prix	
❐ Act Up Paris – *Le SIDA*	DAG008	15,24 €	100 F
❐ Albrecht E. et Guyard V. – *Prisons de femmes en Europe*	DAG055	16,77 €	110 F
❐ Auzias Claire – *Un Paris révolutionnaire*	DAG063	29,73 €	195 F
❐ Baquet Frédéric – *Gandhi*	DAG045	3,05 €	20 F
❐ Becker Jasper – *La grande famine de Mao*	DAG039	22,87 €	150 F
❐ Brunnquell Frédéric – *Les associations familiales*	DAG015	13,72 €	90 F
❐ Chesnais Robert – *Médias et politique. Randolph Hearst*	DAG028	19,82 €	130 F
❐ Chollet Laurent – *L'insurrection situationniste*	DAG046	29,73 €	195 F
❐ Collectif – *Dossier noir Birmanie*	DAG006	18,29 €	120 F
❐ Collectif – *Grand tableau antifasciste collectif*	DAG051	21,34 €	140 F
❐ Colonna-Cesari Constance – *Le Pape*	DAG005	13,72 €	90 F
❐ Cottrell Robert – *La fin de Hong Kong*	DAG024	19,82 €	130 F
❐ Cuvellier Mariette – *Le TGV du Prince*	DAG061	18,29 €	120 F
❐ Deldique Pierre-Édouard – *L'ONU*	DAG009	13,72 €	90 F
❐ Deleuse Robert – *Cartouche, prince des voleurs*	DAG010	12,20 €	80 F
❐ Delteil Gérard – *Viva Villa!*	DAG012	12,20 €	80 F
❐ D'Eaubonne Françoise – *Mémoires irréductibles*	DAG057	24,39 €	160 F
❐ Einaudi Jean-Luc – *Un rêve algérien*	DAG014	16,77 €	110 F
❐ Gilder George – *Y a-t-il une vie après la télé?*	DAG019	13,72 €	90 F
❐ Guillermoprieto Alma – *La guerre des ombres*	DAG021	7,62 €	50 F
❐ Hara Tamiki – *Hiroshima. Fleurs d'été*	DAG022	9,15 €	60 F
❐ Hitchens Christopher – *Le mythe de mère Teresa*	DAG033	10,67 €	70 F
❐ Jonquet Thierry – *Du passé faisons table rase*	DAG017	12,20 €	80 F
❐ Kayimahe Vénuste – *France-Rwanda*	DAG052	16,77 €	110 F
❐ Keegan John – *Histoire de la guerre* (éd. intégrale)	DAG027	27,44 €	180 F
❐ Lafargue Freddie – *Ibrahim Lancelot*	DAG013	10,67 €	70 F
❐ Lau San-ching – *Dix ans dans les camps chinois*	DAG054	13,57 €	89 F
❐ Lejop Laurent – *Marilyn Monroe*	DAG044	3,05 €	20 F
❐ Levine Michael – *Blancs comme neige*	DAG032	22,87 €	150 F

Nom de l'auteur – *Titre de l'ouvrage*	Réf.	Prix	
❐ Marcos (Sous-commandant) – *¡ Ya Basta!* Tome 1	DAG029	11,43 €	75 F
❐ Marcos (Sous-commandant) – *¡ Ya Basta!* Tome 2	DAG031	13,72 €	90 F
❐ Martin Roger – *L'affaire Peiper*	DAG007	16,77 €	110 F
❐ Martin Roger – *Les mémoires de Butch Cassidy*	DAG011	12,20 €	80 F
❐ Montigny Philippe – *Quand il fait froid la mort*	DAG018	14,94 €	98 F
❐ Obs. des libertés publiques – *Que fait la police?*	DAG042	13,72 €	90 F
❐ Persichetti P. et Scalzone O. – *La révolution et l'État*	DAG043	18,29 €	120 F
❐ Prunier Gérard – *Rwanda : le génocide*	DAG036	22,87 €	150 F
❐ Rajsfus Maurice – *Journal discordant*	DAG056	18,29 €	120 F
❐ Reboul Claude – *Piazza Beaubourg*	DAG002	14,94 €	98 F
❐ Mme Roland – *Appel à l'impartiale postérité*	DAG004	18,29 €	120 F
❐ Roy Henry – *Regards noirs. Photographies*	DAG030	27,44 €	180 F
❐ Runciman Steven – *Histoire des Croisades* (éd. intégrale)	DAG047	27,44 €	180 F
❐ Sehene Benjamin – *Le piège ethnique*	DAG041	13,72 €	90 F
❐ Tévanian P. et Tissot S. – *Mots à maux. Dictionnaire*	DAG040	13,72 €	90 F
❐ Tisdale Sallie – *Parlons cul. Contre l'hypocrisie puritaine*	DAG034	18,29 €	120 F
❐ Tonantzín – *Mosquito-Maya*	DAG059	9,15 €	60 F
❐ Verbitsky Horacio – *El Vuelo*	DAG025	13,72 €	90 F
❐ Williams Terry – *Crack House*	DAG003	14,94 €	98 F
❐ Wilson Peter Lamborn – *Utopies pirates*	DAG038	19,06 €	125 F
❐ Wu Hongda Harry – *Laogaï*	DAG026	7,62 €	50 F
❐ Zamponi Francis – *La police*	DAG016	13,72 €	90 F

TOTAL TTC de la commande [+ frais de port : 1,52€ (10F)] .... € TTC

Je règle par:

❐ CB n°.. ❐ Mandat

Expire le.. ❐ Chèque (à l'ordre de AGORA)

Signature:

Nom ....

Prénom .... Adresse ....

....

Code postal .... Ville ....